TABLE OF CONTENTS

I0414311

Contents	**Page**

TABLE OF CONTENTS

METHODOLOGY

Pinpoint Demographics uses regression analysis to estimate the most accurate and timely current year population demographics and consumer spending.

Population Demographics

The following steps were used in calculating the estimates in the **Population Demographics** database:
1) 1990, 2000, 2010 and 2011 zip codes data from the U.S. Census were matched. Where zip codes were not able to be matched, data from neighboring zip codes were considered in adjusting data.
2) Regression analysis was used on 1990, 2000, 2010 and 2011 data to calculate the estimates for the current year and forecast year.
3) The most recent U.S. Census 3-year county growth rates are applied to each zip code population demographic.
4) Where the percent change of data from 2010 to current year were too low or too high from an acceptable range, data from neighboring zip codes were considered in adjusting data.

Consumer Spending

The following steps were used in calculating the estimates in the **Consumer Spending** database:
1) The Consumer Spending database were calculated based on the U.S. Census' "Consumer Expenditure Survey" and Pinpoint Demographics' U.S. Population Demographics database.
2) Consumer Spending categories are based on the family income categories, such as $25,000 to $49,999 income each year.

Consumer Spending Database Categories
The Consumer Spending Database has a hierarchy ranking of categories, include the Main category and three sub-categories, notated 1), 2) and 3). The following example describes the hierarchy:
  Main Category: Food
    Sub-category 1): Food-at-home
      Sub-category 2): Cereals and bakery products
        Sub-category 3): Cereals and cereal products
        Sub-category 3): Bakery products

Sub-categories 3) will add up to sub-category 2). Sub-categories 2) will add up to sub-category 1), etc.

METHODOLOGY (continued)

Retail Businesses

The following steps were used in calculating the estimates in the **Retail Businesses** database:

1) Latest industry data from County Business Patterns are input into the Pinpoint economic model and current year data from Barnes Reports' industry databases are applied to calculate current year industry data by zip code.
2) Employee size of establishment estimates are aggregated for number of establishments, industry sales and number of employees.

Services Businesses

The following steps were used in calculating the estimates in the **Services Businesses** database:

1) Latest industry data from County Business Patterns are input into the Pinpoint economic model and current year data from Barnes Reports' industry databases are applied to calculate current year industry data by zip code.
2) Employee size of establishment estimates are aggregated for number of establishments, industry sales and number of employees.

POPULATION SEGMENTS-DEFINITIONS

© 2009 Pinpoint Demographics

	Urban	Suburban	Rural
Population Density Definition	Population within zip code is greater than 50,000	Population within zip code is between than 10,000 and 50,000	Population within zip code is less than 10,000
Pop Increasing Growth	Population growth is greater than 25% from 2000 to 2009	Population growth is greater than 25% from 2000 to 2009	Population growth is greater than 25% from 2000 to 2009
High Black Ratio	Black population is greater than 50% of total population	Black population is greater than 50% of total population	Black population is greater than 50% of total population
High Hispanic Ratio	Hispanic population is greater than 50% of total population	Hispanic population is greater than 50% of total population	Hispanic population is greater than 50% of total population
Diverse Ratio	Black and/or Hispanic population is greater than 25% of total population	Black and/or Hispanic population is greater than 25% of total population	Black and/or Hispanic population is greater than 25% of total population
Declining White Growth	White population has declined by more than 25% from 2000 to 2009	White population has declined by more than 25% from 2000 to 2009	White population has declined by more than 25% from 2000 to 2009
Increasing Minority Growth	Black and/or Hispanic population has increased by more than 25% from 2000 to 2009	Black and/or Hispanic population has increased by more than 25% from 2000 to 2009	Black and/or Hispanic population has increased by more than 25% from 2000 to 2009
Wealth White Collar High Ed	Population has more than 25% of high per capita income and/or white collar workers and/or college graduates	Population has more than 25% of high per capita income and/or white collar workers and/or college graduates	Population has more than 25% of high per capita income and/or white collar workers and/or college graduates
Poverty Blue Collar Low Ed	Population has more than 25% of low per capita income and/or blue collar workers and/or high school dropouts	Population has more than 25% of low per capita income and/or blue collar workers and/or high school dropouts	Population has more than 25% of low per capita income and/or blue collar workers and/or high school dropouts
Young Ratio	Youth population (younger than 25 years old) is greater than 25% of total population	Youth population (younger than 25 years old) is greater than 25% of total population	Youth population (younger than 25 years old) is greater than 25% of total population
Young Growth	Youth population (younger than 25 years old) has increased by more than 25% from 2000 to 2009	Youth population (younger than 25 years old) has increased by more than 25% from 2000 to 2009	Youth population (younger than 25 years old) has increased by more than 25% from 2000 to 2009
Farming	--	Farming jobs are more than 25% of all jobs	Farming jobs are more than 25% of all jobs

POPULATION DEMOGRAPHICS CATEGORIES

© Pinpoint Demographics

Population Demographics Categories	Occupation Catgories	Education Categories	Population Segments
Total population	Managerial	Less than 9th grade	Population Density Definition
Population by gender	Sales occupations	9th to 12th grade, no diploma	Pop Increasing Growth
Population by race	Administrative support	High school graduate	High Black Ratio
Population by age	Service	Some college, no degree	High Hispanic Ratio
Population by occupation	Farming, forestry, and fishing	Associate degree	Diverse Ratio
Population by educational attainment	Production	Bachelor's degree	Declining White Growth
Population by family income		Graduate or professional degree	Increasing Minority Growth
Population by per capita income by race			Wealthy White Collar High Education
			Poverty Blue Collar Low Education
			Young Ratio
			Young Growth
			Farming

CONSUMER SPENDING CATEGORIES

© Pinpoint Demographics

Food Categories	Housing Categories	Transportation Categories	Other Categories
Food	Housing	Transportation	Healthcare
Food at home	Owned dwellings	Vehicle purchases (net outlay)	Health insurance
Cereals and bakery products	Mortgage interest and charges	Cars and trucks, new	Medical services
Meats, poultry, fish and eggs	Maintenance, repairs, insurance	Cars and trucks, used	Drugs
Dairy Products	Rented dwellings	Gasoline and motor oil	Medical supplies
Fruits and vegetables	Utilities, fuels, and public services	Maintenance and repairs	Entertainment
Nonalcoholic beverages	Natural gas	Vehicle insurance	Personal care products and services
Food away from home	Electricity	Vehicle rental, leases, licenses	Reading
Alcoholic beverages	Fuel oil and other fuels	Public transportation	Education
	Telephone services		Personal insurance and pensions
	Water and other public services		Life and other personal insurance
	Household operations		Pensions and Social Security
	Personal services		Furniture
	Household supplies		Floor coverings
	Laundry and cleaning supplies		Major appliances
	Household furnishings and equipment		Small appliances, misc. housewares

		U.S. Population			2017 Gender		2017 Race			
State	County	Total 2017	2010-2017 % chg.	Total 2022	Male	Female	White	Black	Other Race	Hispanic
AK	ALEUTIANS EAST	3,557	-8%	3,929	2,372	1,184	381	151	2,582	443
	ALEUTIANS WEST	4,876	-11%	5,371	3,226	1,650	1,062	315	2,920	579
	ANCHORAGE	317,549	0%	339,034	161,489	156,059	150,170	12,333	131,548	23,498
	BETHEL	15,209	7%	15,754	7,931	7,278	1,269	53	13,731	156
	BRISTOL BAY	562	-29%	513	295	266	357	0	191	14
	DENALI	1,893	8%	2,165	1,035	859	1,670	11	174	38
	DILLINGHAM	3,951	9%	3,943	2,076	1,874	504	10	3,340	96
	FAIRBANKS NORTH STAR	103,084	-7%	110,161	54,337	48,747	62,559	3,311	31,129	6,085
	HAINES	2,764	6%	2,861	1,408	1,357	2,018	16	685	44
	JUNEAU	33,182	8%	34,364	16,921	16,260	16,817	198	14,556	1,611
	KENAI PENINSULA	60,287	5%	65,110	31,612	28,676	38,733	213	19,878	1,463
	KETCHIKAN GATEWAY	13,435	-1%	13,320	6,904	6,530	6,164	52	6,846	373
	KODIAK ISLAND	12,612	-2%	12,481	6,669	5,943	5,356	67	6,260	929
	LAKE AND PENINSULA	1,757	-15%	1,690	927	830	424	8	1,282	44
	MATANUSKA SUSITNA	105,424	2%	128,922	54,414	51,010	73,534	1,328	26,667	3,895
	NOME	10,043	6%	10,449	5,349	4,694	1,122	21	8,834	67
	NORTH SLOPE	7,758	39%	8,138	4,053	3,704	738	43	6,837	139
	NORTHWEST ARCTIC	7,831	2%	8,112	4,197	3,635	772	35	6,959	64
	PRINCE WALES KETCHIKAN	5,482	-6%	5,559	2,994	2,488	1,858	13	3,516	94
	SITKA	9,054	19%	9,114	4,572	4,483	3,969	32	4,599	454
	SKAGWAY HOONAH ANGOON	2,745	-7%	2,763	1,445	1,300	1,645	4	1,004	93
	SOUTHEAST FAIRBANKS	6,656	2%	6,885	3,726	2,930	5,137	43	1,283	193
	VALDEZ CORDOVA	8,141	-3%	7,664	4,338	3,803	5,022	37	2,793	288
	WADE HAMPTON	7,923	7%	8,606	4,223	3,700	137	1	7,779	6
	WRANGELL PETERSBURG	5,219	-5%	4,986	2,708	2,511	3,415	13	1,668	123
	YAKUTAT	632	-4%	620	344	289	107	1	518	7
	YUKON KOYUKUK	5,975	-11%	5,898	3,402	2,573	1,719	13	4,144	99
AK Total		757,603	0%	818,411	392,967	364,636	386,659	18,325	311,723	40,896

State	County	1-9	10-19	20-29	30-39	40-49	50-59	60-69	70 over	Mana-gerial	Sales	Admin support	Service	Farming forestry, fishing	Prod-uction
AK	ALEUTIANS EAST	211	194	411	412	967	928	330	103	199	527	278	442	191	438
	ALEUTIANS WEST	321	535	379	646	1,215	1,097	564	118	585	85	285	220	29	797
	ANCHORAGE	41,388	45,628	48,657	36,428	46,360	51,796	27,522	19,769	53,150	16,190	25,654	27,449	1,084	31,599
	BETHEL	2,828	3,050	2,059	1,568	2,134	2,050	980	541	3,474	1,000	1,027	1,322	429	2,091
	BRISTOL BAY	39	66	47	42	133	156	51	28	61	37	47	40	5	119
	DENALI	207	219	113	236	347	541	185	46	310	100	113	154	0	252
	DILLINGHAM	542	813	482	323	614	689	303	186	532	384	220	231	529	427
	FAIRBANKS NORTH STAR	13,852	13,521	17,506	12,223	14,439	17,280	8,774	5,489	20,763	4,532	7,853	8,573	363	11,882
	HAINES	216	287	170	232	427	681	469	282	548	189	395	117	16	297
	JUNEAU	3,478	4,469	4,122	3,324	5,241	7,357	3,428	1,762	5,856	1,178	2,504	1,999	862	2,147
	KENAI PENINSULA	6,034	8,097	5,996	5,100	9,125	13,628	6,866	5,440	8,961	2,852	4,485	7,980	1,708	7,848
	KETCHIKAN GATEWAY	1,490	1,785	1,582	1,355	2,046	2,871	1,306	1,000	1,373	559	1,727	1,699	92	942
	KODIAK ISLAND	1,722	2,043	1,540	1,320	2,036	2,351	1,068	531	1,077	806	1,347	744	416	2,196
	LAKE AND PENINSULA	268	309	201	155	238	397	129	61	189	86	285	21	207	
	MATANUSKA SUSITNA	15,176	16,262	11,625	11,405	16,676	19,231	9,618	5,431	16,185	4,908	8,822	12,356	1,019	14,030
	NOME	1,767	1,915	1,434	1,042	1,414	1,370	647	454	1,914	843	796	1,468	61	1,275
	NORTH SLOPE	1,285	1,531	1,193	736	1,114	1,134	525	240	1,596	420	566	971	6	832
	NORTHWEST ARCTIC	1,430	1,575	1,201	801	1,122	957	424	321	1,454	279	679	766	0	1,894
	PRINCE WALES KETCHIKAN	628	737	486	496	868	1,189	710	368	795	345	362	470	528	456
	SITKA	989	1,100	1,065	1,025	1,283	1,697	998	897	1,774	301	511	863	421	519
	SKAGWAY HOONAH ANGOON	210	255	272	259	462	651	450	186	281	278	223	170	131	331
	SOUTHEAST FAIRBANKS	779	940	645	650	1,066	1,306	804	465	1,320	280	1,090	479	35	1,094
	VALDEZ CORDOVA	842	1,137	947	663	1,309	1,990	765	490	1,246	367	976	517	223	1,032
	WADE HAMPTON	1,599	2,057	1,205	681	956	799	364	263	1,698	590	1,042	1,181	8	1,014
	WRANGELL PETERSBURG	469	695	445	387	812	1,213	670	529	666	262	376	525	415	395
	YAKUTAT	62	96	49	59	109	142	65	52	98	26	77	18	53	32
	YUKON KOYUKUK	598	925	837	535	793	1,352	602	334	825	216	434	544	166	1,395
AK Total		98,429	110,241	104,669	82,103	113,306	134,852	68,617	45,387	126,974	37,743	61,974	71,586	8,811	85,539

State	County	2017 Educational Attainment							2017 Family Income						
		Less than 9th grade	9th to 12th grade, no diploma	High school grad-uate	Some college, no degree	Assoc-iate degree	Bach-elor's degree	Grad. or pro-fessional degree	Less than $25,000	$25,000-$34,999	$35,000-$49,999	$50,000-$74,999	$75,000-$99,999	$100,000-$149,999	over $150,000
AK	ALEUTIANS EAST	193	300	2,218	237	213	35	59	131	32	44	89	45	39	33
	ALEUTIANS WEST	1,035	224	1,126	1,032	11	363	492	145	49	75	129	134	244	140
	ANCHORAGE	9,996	17,428	56,642	71,675	18,934	50,951	28,080	9,202	5,498	8,590	12,990	11,648	17,281	15,135
	BETHEL	690	1,240	4,243	2,679	417	961	601	595	326	426	467	326	480	482
	BRISTOL BAY	0	10	98	191	77	110	6	6	12	18	28	10	34	24
	DENALI	25	47	433	486	77	418	79	55	12	73	67	122	71	70
	DILLINGHAM	154	292	885	828	199	382	259	169	72	107	179	92	103	156
	FAIRBANKS NORTH STAR	1,312	4,311	18,672	24,628	9,288	14,339	10,041	3,411	1,881	2,725	4,629	4,416	6,003	2,988
	HAINES	22	67	811	548	198	614	142	172	30	153	138	91	36	119
	JUNEAU	206	818	5,107	8,292	2,017	7,481	3,787	844	378	849	1,487	1,239	2,123	1,458
	KENAI PENINSULA	1,145	3,386	13,199	16,952	2,581	7,075	6,065	3,493	1,758	1,586	2,587	1,554	3,388	1,178
	KETCHIKAN GATEWAY	126	507	3,079	4,341	760	1,777	532	798	268	452	503	373	771	317
	KODIAK ISLAND	676	581	2,707	3,567	780	1,022	491	372	300	351	607	391	715	271
	LAKE AND PENINSULA	107	122	385	354	81	190	98	105	38	55	71	64	63	28
	MATANUSKA SUSITNA	2,691	7,651	19,928	26,240	10,024	11,552	4,088	3,933	1,977	2,701	4,976	4,680	4,712	4,049
	NOME	486	575	2,985	1,820	85	799	627	484	211	268	378	194	188	363
	NORTH SLOPE	265	436	2,236	1,440	161	838	434	272	70	159	253	195	419	286
	NORTHWEST ARCTIC	269	823	2,286	1,131	100	536	482	229	129	268	325	159	333	153
	PRINCE WALES KETCHIKAN	48	320	1,661	1,319	319	496	307	368	154	251	191	141	184	107
	SITKA	140	273	1,360	1,653	985	2,334	814	311	151	255	322	309	640	360
	SKAGWAY HOONAH ANGOON	112	219	502	919	56	460	161	144	67	57	118	93	133	75
	SOUTHEAST FAIRBANKS	164	270	1,852	1,471	491	919	272	203	146	224	299	281	289	164
	VALDEZ CORDOVA	153	243	1,478	2,353	808	1,265	452	281	190	254	329	228	429	345
	WADE HAMPTON	409	777	2,060	1,276	90	474	136	384	194	250	354	167	70	39
	WRANGELL PETERSBURG	42	314	1,471	1,656	296	515	81	311	147	171	172	172	281	159
	YAKUTAT	3	14	122	173	16	161	47	24	10	18	23	25	22	27
	YUKON KOYUKUK	302	872	1,671	1,109	171	476	315	566	446	159	293	131	140	41
AK Total		20,770	42,117	149,214	178,370	49,236	106,543	58,948	27,009	14,547	20,541	32,004	27,280	39,191	28,571

2017 Consumer Spending ($Millions)

State	County	Average annual expend-itures	Food	Alcoholic beverages	Housing	Apparel and services	Transport-ation	Healthcare	Entertain-ment	Personal care products & services	Education	Personal insurance & pensions
AK	ALEUTIANS EAST	20.6	2.6	0.2	204.9	21.8	108.9	48.9	33.9	7.7	16.5	85.1
	ALEUTIANS WEST	59.6	7.2	0.5	372.2	38.5	196.7	90.2	59.7	13.8	27.3	140.4
	ANCHORAGE	4,752.8	577.7	42.4	451.2	47.1	240.8	109.7	73.1	16.9	33.1	175.2
	BETHEL	171.8	21.2	1.5	1,486.0	152.8	787.6	363.1	237.1	55.0	104.8	547.2
	BRISTOL BAY	8.9	1.1	0.1	51.3	5.3	27.5	12.6	8.3	1.9	3.5	19.4
	DENALI	29.4	3.6	0.3	1,152.6	123.1	609.3	274.2	190.3	43.3	93.5	477.9
	DILLINGHAM	45.8	5.7	0.4	252.7	27.1	134.2	60.2	42.1	9.5	20.9	107.7
	FAIRBANKS NORTH STAR	1,544.7	190.1	13.5	488.5	52.4	259.6	116.5	81.4	18.4	40.0	208.1
	HAINES	37.2	4.6	0.3	185.1	17.8	93.5	44.9	27.0	6.5	11.3	49.3
	JUNEAU	518.0	62.7	4.6	294.5	30.8	151.6	69.4	47.2	10.8	23.8	112.7
	KENAI PENINSULA	845.5	105.8	7.1	1,191.7	121.0	620.5	289.3	186.1	43.6	82.4	411.6
	KETCHIKAN GATEWAY	191.5	23.9	1.6	70.4	7.0	36.2	17.2	10.7	2.5	4.6	21.9
	KODIAK ISLAND	171.7	21.3	1.5	1.4	0.1	0.6	0.3	0.2	0.0	0.1	0.2
	LAKE AND PENINSULA	21.8	2.8	0.2	1,000.7	102.0	526.0	243.3	157.8	36.9	70.1	355.1
	MATANUSKA SUSITNA	1,544.4	189.9	13.5	786.8	82.9	419.2	189.9	129.0	29.5	60.5	318.1
	NOME	117.0	14.3	1.0	1,375.3	141.8	722.1	332.2	218.8	50.7	100.2	504.5
	NORTH SLOPE	102.1	12.4	0.9	703.4	72.9	361.8	165.7	111.7	25.7	55.6	259.8
	NORTHWEST ARCTIC	94.3	11.6	0.8	1,248.8	132.4	658.7	298.0	204.9	46.7	99.6	508.6
	PRINCE WALES KETCHIKAN	69.3	8.8	0.6	1,189.1	124.0	613.9	281.1	189.5	43.6	93.1	444.7
	SITKA	143.4	17.4	1.3	257.0	24.7	129.3	62.0	37.4	9.0	16.1	67.4
	SKAGWAY HOONAH ANGOON	35.9	4.5	0.3	797.8	77.0	400.7	192.2	116.6	28.1	50.8	213.9
	SOUTHEAST FAIRBANKS	95.3	11.8	0.8	165.1	17.4	86.4	39.0	26.9	6.1	13.5	66.3
	VALDEZ CORDOVA	125.9	15.3	1.1	223.4	24.0	119.9	53.6	37.4	8.5	18.1	95.8
	WADE HAMPTON	68.2	8.8	0.5	694.5	73.3	371.2	167.9	114.3	26.2	53.5	282.8
	WRANGELL PETERSBURG	76.7	9.5	0.7	195.6	19.1	100.1	47.6	29.2	7.0	12.4	57.0
	YAKUTAT	9.4	1.1	0.1	255.9	27.2	136.3	61.5	42.3	9.6	20.3	105.6
	YUKON KOYUKUK	78.3	10.3	0.6	2,726.1	285.8	1,423.2	648.5	440.5	101.1	214.8	1,058.8
AK Total		10,979.6	1,346.0	96.6	17,822.0	1,849.3	9,335.8	4,279.2	2,853.4	658.9	1,340.3	6,695.1

State	County	Total 2017	2010-2017 % chg.	Total 2022	Male	Female	White	Black	Other Race	Hispanic
AL	AUTAUGA	59,738	4%	66,610	28,954	30,784	40,093	10,359	7,413	1,873
	BALDWIN	232,440	16%	281,744	113,856	118,584	177,234	16,495	22,333	16,378
	BARBOUR	28,120	3%	29,158	14,968	13,153	10,839	10,516	2,968	3,797
	BIBB	27,387	24%	30,673	14,595	12,793	20,692	5,530	523	642
	BLOUNT	45,686	4%	48,894	22,655	23,032	31,455	441	3,502	10,289
	BULLOCK	12,026	7%	12,316	6,487	5,539	2,650	7,934	696	746
	BUTLER	21,021	5%	21,122	9,908	11,113	11,228	8,342	1,255	196
	CALHOUN	130,115	15%	135,785	62,951	67,163	89,257	25,031	9,227	6,600
	CHAMBERS	38,987	-17%	40,243	18,647	20,340	22,750	12,977	2,169	1,091
	CHEROKEE	22,199	7%	22,846	10,934	11,264	19,917	993	944	345
	CHILTON	39,764	-4%	40,822	19,636	20,128	23,550	2,913	2,827	10,474
	CHOCTAW	13,952	5%	13,923	6,700	7,251	7,836	5,866	169	81
	CLARKE	28,672	-1%	29,481	13,558	15,114	15,873	11,925	491	383
	CLAY	13,832	-5%	14,287	6,803	7,029	10,465	1,489	966	912
	CLEBURNE	16,432	20%	17,979	8,158	8,274	15,250	494	393	295
	COFFEE	53,371	-10%	56,035	26,404	26,967	30,876	7,214	9,676	5,605
	COLBERT	55,658	3%	57,360	26,715	28,944	41,649	8,596	3,294	2,119
	CONECUH	12,736	-1%	12,644	6,170	6,565	6,541	5,687	258	250
	COOSA	12,018	-2%	12,665	5,946	6,072	7,818	3,883	202	116
	COVINGTON	36,574	-2%	35,828	17,699	18,876	29,975	4,234	1,639	725
	CRENSHAW	16,942	23%	19,129	8,219	8,724	13,239	2,684	793	226
	CULLMAN	78,291	0%	79,135	38,662	39,629	55,525	727	13,623	8,416
	DALE	53,473	14%	56,632	26,413	27,061	36,298	10,296	3,916	2,963
	DALLAS	46,740	5%	46,511	21,610	25,130	13,110	32,175	846	610
	DE KALB	74,934	7%	81,466	37,000	37,935	43,479	479	10,964	20,012
	ELMORE	96,805	11%	106,526	47,628	49,177	69,225	17,137	5,976	4,467
	ESCAMBIA	40,030	6%	40,911	20,718	19,312	21,945	11,743	5,288	1,054
	ETOWAH	99,385	10%	101,517	48,110	51,276	67,561	14,163	9,627	8,034
	FAYETTE	14,798	6%	14,587	7,295	7,503	12,378	1,738	517	165
	FRANKLIN	35,861	14%	37,882	17,941	17,921	17,716	389	9,101	8,655
	GENEVA	29,893	13%	32,048	14,602	15,291	23,230	2,539	2,325	1,799
	GREENE	8,487	-8%	8,366	4,012	4,475	1,522	6,689	172	103
	HALE	23,342	6%	26,064	11,209	12,134	10,582	11,974	330	457
	HENRY	19,054	0%	20,564	9,162	9,892	12,847	4,138	829	1,240
	HOUSTON	100,794	0%	103,719	48,312	52,483	59,780	24,104	12,732	4,178
	JACKSON	61,297	6%	64,175	30,183	31,114	50,629	1,476	7,080	2,113
	JEFFERSON	700,047	1%	715,304	331,780	368,267	315,420	269,798	66,758	48,071
	LAMAR	15,561	-3%	15,510	7,594	7,967	13,214	1,646	308	392
	LAUDERDALE	94,606	1%	96,200	45,372	49,233	73,233	8,239	8,999	4,134
	LAWRENCE	24,917	-6%	23,988	12,074	12,843	16,692	2,751	4,385	1,089
	LEE	125,541	9%	133,492	62,196	63,345	77,774	28,807	13,777	5,184
	LIMESTONE	74,449	-10%	81,290	38,150	36,299	47,156	6,135	13,054	8,104
	LOWNDES	9,070	-13%	8,736	4,273	4,797	2,421	6,501	98	50
	MACON	19,864	-21%	19,307	9,178	10,687	4,015	14,968	472	410
	MADISON	396,168	16%	450,481	194,596	201,571	219,145	88,861	65,352	22,810
	MARENGO	16,427	-2%	15,692	7,685	8,742	7,176	8,608	345	297
	MARION	28,508	-4%	28,446	14,154	14,354	24,319	1,202	1,837	1,150
	MARSHALL	113,455	4%	119,732	55,977	57,478	62,181	882	26,414	23,978
	MOBILE	440,412	1%	466,270	211,837	228,575	229,135	158,033	41,044	12,200
	MONROE	21,298	1%	21,373	10,258	11,040	11,240	9,193	689	176
	MONTGOMERY	243,300	2%	253,730	115,615	127,685	74,459	135,567	22,977	10,297
	MORGAN	141,278	9%	154,085	69,779	71,499	89,842	10,861	22,970	17,605
	PERRY	8,921	-6%	8,548	4,185	4,737	2,441	6,149	122	210
	PICKENS	21,150	8%	21,828	10,092	11,058	11,794	8,360	488	508
	PIKE	33,638	-4%	33,409	16,092	17,546	18,312	11,740	2,402	1,184
	RANDOLPH	25,456	15%	27,440	12,311	13,145	18,669	4,812	894	1,081
	RUSSELL	80,558	7%	91,380	38,652	41,906	45,782	21,926	6,976	5,874
	SAINT CLAIR	84,008	10%	94,034	42,256	41,752	70,546	7,600	2,950	2,911
	SHELBY	243,116	28%	300,773	119,332	123,785	160,882	23,864	28,719	29,651
	SUMTER	12,727	1%	12,470	5,792	6,936	3,079	9,456	118	75
	TALLADEGA	78,987	7%	79,470	38,596	40,391	47,749	23,381	5,930	1,928
	TALLAPOOSA	37,327	-7%	37,764	18,061	19,265	24,198	9,671	1,537	1,920
	TUSCALOOSA	187,449	-6%	196,915	90,805	96,644	107,496	56,421	14,687	8,845
	WALKER	73,159	4%	73,115	35,820	37,339	63,523	2,906	4,817	1,913
	WASHINGTON	17,456	5%	17,715	8,593	8,863	11,839	3,391	2,049	177
	WILCOX	12,487	3%	12,860	5,915	6,572	3,054	9,265	86	82
	WINSTON	28,151	8%	29,658	13,890	14,260	26,313	128	1,034	675
AL Total		5,110,350	5%	5,460,663	2,483,728	2,626,622	3,008,115	1,244,490	517,354	340,392

State	County	2017 Age Ranges (Years)								2017 Occupations					
		1-9	10-19	20-29	30-39	40-49	50-59	60-69	70 over	Managerial	Sales	Admin support	Service	Farming forestry, fishing	Production
AL	AUTAUGA	8,267	8,975	6,337	8,223	9,929	7,457	5,507	5,044	9,112	3,323	4,981	6,113	122	7,533
	BALDWIN	29,386	28,954	23,338	27,814	33,661	35,424	26,645	27,219	42,211	18,439	14,112	20,714	946	24,293
	BARBOUR	3,019	3,059	4,096	3,745	4,320	4,381	2,977	2,523	3,887	1,579	2,239	3,309	113	6,326
	BIBB	3,105	2,965	3,541	4,031	4,219	4,496	2,776	2,254	4,674	1,328	2,008	3,569	703	3,784
	BLOUNT	6,029	6,139	5,021	5,556	6,778	6,478	4,947	4,738	7,367	2,274	2,929	3,413	226	7,900
	BULLOCK	1,292	1,353	1,746	1,448	1,959	2,102	1,145	981	1,173	162	727	3,353	605	1,966
	BUTLER	2,309	2,643	2,423	2,060	3,020	3,758	2,447	2,360	3,288	1,337	1,716	2,014	496	3,839
	CALHOUN	15,893	16,521	16,867	14,789	17,682	19,902	13,722	14,740	18,894	6,355	9,405	12,268	450	22,842
	CHAMBERS	4,586	4,924	4,192	4,505	5,649	6,499	4,744	3,888	4,254	1,810	3,894	3,603	163	7,065
	CHEROKEE	2,405	2,384	1,936	2,277	3,169	3,679	3,554	2,795	2,948	960	2,202	1,695	135	4,513
	CHILTON	5,390	5,021	4,767	5,053	5,607	6,196	4,208	3,523	5,110	2,726	4,118	3,503	230	5,445
	CHOCTAW	1,478	1,699	1,251	1,418	1,972	2,330	1,979	1,824	2,062	721	1,570	1,893	618	1,808
	CLARKE	3,376	3,894	2,631	3,326	4,249	4,484	3,375	3,338	4,609	1,494	2,106	2,576	1,330	4,950
	CLAY	1,474	1,752	1,358	1,554	2,175	2,095	1,732	1,691	2,128	515	1,525	1,064	175	2,304
	CLEBURNE	1,964	2,081	1,733	1,840	2,564	2,325	2,316	1,611	1,990	1,249	1,276	1,636	76	2,498
	COFFEE	6,630	7,011	7,021	6,551	7,524	7,597	5,328	5,709	10,598	3,137	4,283	4,745	253	6,913
	COLBERT	6,146	7,010	5,648	6,043	7,862	8,794	6,701	7,453	8,172	3,393	4,302	4,917	147	9,574
	CONECUH	1,446	1,630	1,124	1,254	1,927	2,408	1,616	1,331	1,831	938	1,580	1,270	74	2,110
	COOSA	1,095	1,524	1,035	1,317	1,933	2,316	1,422	1,377	1,043	457	1,784	1,376	296	1,893
	COVINGTON	4,170	4,353	3,801	3,682	5,254	5,909	4,523	4,881	7,134	2,687	2,350	3,247	250	4,217
	CRENSHAW	1,985	2,157	1,595	1,988	2,492	2,830	1,918	1,977	2,639	1,227	1,324	1,546	254	2,689
	CULLMAN	9,308	10,254	8,700	9,288	11,137	12,034	9,095	8,474	13,305	4,185	5,282	5,046	784	12,083
	DALE	7,222	6,770	6,658	6,430	7,130	8,013	5,819	5,430	6,383	3,428	3,353	8,261	125	8,940
	DALLAS	5,952	6,544	5,326	4,626	6,851	8,016	5,027	4,398	6,945	2,937	5,069	5,026	648	8,964
	DE KALB	10,820	9,780	8,528	9,747	10,295	11,042	7,851	6,872	9,889	3,368	4,395	5,703	524	14,493
	ELMORE	12,637	13,254	12,104	13,439	15,803	13,718	8,839	7,010	18,826	4,115	8,169	8,009	366	13,613
	ESCAMBIA	4,681	4,617	4,749	5,327	5,772	6,310	4,518	4,056	6,040	2,618	3,574	2,716	443	8,220
	ETOWAH	11,714	12,670	10,756	11,787	13,867	16,220	10,903	11,469	19,730	6,160	6,574	8,226	383	13,765
	FAYETTE	1,793	1,808	1,507	1,525	2,000	2,493	1,875	1,796	2,627	528	1,255	1,433	180	2,436
	FRANKLIN	5,025	4,730	4,408	4,772	4,856	4,810	3,626	3,635	5,153	1,764	1,821	2,631	290	7,929
	GENEVA	3,448	3,753	2,969	3,354	4,613	4,628	3,621	3,506	5,242	2,386	1,610	2,878	394	4,034
	GREENE	941	1,170	867	706	1,275	1,637	959	930	850	625	1,370	1,556	22	1,200
	HALE	2,799	3,328	2,456	2,608	3,803	3,857	2,352	2,139	3,496	1,492	1,465	3,478	273	4,015
	HENRY	1,964	2,305	1,765	2,061	2,828	3,146	2,588	2,396	3,816	1,395	1,217	1,335	120	2,388
	HOUSTON	12,943	12,428	11,880	11,735	14,204	16,440	10,370	10,794	18,308	6,606	6,874	9,478	93	10,575
	JACKSON	7,104	7,346	6,062	7,003	8,716	10,065	8,100	6,901	8,501	2,830	3,631	6,298	261	9,596
	JEFFERSON	88,379	92,091	96,979	82,811	99,238	111,104	61,256	68,188	126,079	35,735	65,679	59,249	334	69,891
	LAMAR	1,733	1,721	1,330	1,685	2,106	2,690	2,097	2,199	2,001	1,432	1,394	890	1,203	1,773
	LAUDERDALE	10,111	12,244	11,993	9,956	13,104	14,170	11,000	12,026	15,009	6,708	7,825	8,937	709	10,795
	LAWRENCE	2,821	2,959	2,347	2,851	3,949	4,121	3,187	2,682	3,271	2,218	1,094	3,045	48	3,982
	LEE	14,248	19,403	30,463	13,701	16,157	14,515	9,289	7,765	23,413	6,649	9,109	15,522	202	11,059
	LIMESTONE	9,658	9,110	7,891	9,695	11,786	12,140	8,017	6,152	11,016	4,090	4,538	5,587	150	11,834
	LOWNDES	971	1,129	908	886	1,539	1,672	1,046	919	1,830	366	730	512	337	2,009
	MACON	1,840	3,087	3,547	1,755	2,510	3,241	2,055	1,830	3,878	961	2,434	3,200	120	1,722
	MADISON	52,326	56,910	47,616	47,520	63,539	55,197	37,071	35,990	90,965	17,948	21,594	25,639	224	34,159
	MARENGO	1,934	2,289	1,680	1,673	2,346	2,626	1,901	1,978	2,754	1,211	1,501	1,081	377	2,991
	MARION	3,069	3,223	2,693	3,349	4,142	4,378	3,961	3,693	4,444	1,723	1,792	2,442	289	5,399
	MARSHALL	16,292	14,982	13,076	13,731	15,875	16,229	11,884	11,387	17,208	7,426	7,091	7,984	653	19,274
	MOBILE	56,973	61,354	57,824	49,897	61,368	68,746	42,344	41,906	67,613	29,508	28,443	48,802	2,761	63,121
	MONROE	2,366	3,037	1,948	2,193	3,011	3,796	2,542	2,406	2,996	1,758	1,334	1,847	336	4,191
	MONTGOMERY	31,945	32,650	37,495	29,632	32,991	35,049	21,315	22,223	48,640	12,039	18,560	25,253	779	21,825
	MORGAN	17,551	18,644	15,789	16,953	21,726	21,364	15,391	13,861	17,816	7,731	10,192	10,120	440	26,298
	PERRY	1,122	1,404	1,184	927	1,101	1,230	968	986	1,346	110	557	1,993	90	2,073
	PICKENS	2,333	2,917	2,268	2,117	3,206	3,330	2,405	2,574	4,353	1,596	1,688	1,942	359	2,762
	PIKE	3,415	4,945	7,233	3,291	4,066	4,623	3,348	2,717	5,041	2,257	2,819	4,772	241	3,039
	RANDOLPH	2,995	3,551	2,534	2,759	3,726	4,024	2,977	2,890	4,361	1,741	869	2,296	721	4,204
	RUSSELL	12,486	11,364	11,173	10,603	11,010	10,709	6,355	6,252	16,238	3,772	7,874	5,911	258	9,060
	SAINT CLAIR	10,957	10,404	9,458	11,363	13,334	13,006	8,795	6,691	13,695	5,618	7,103	5,967	475	11,844
	SHELBY	33,854	31,887	27,784	34,093	37,281	36,474	23,034	18,709	52,686	11,889	12,790	15,052	254	18,557
	SUMTER	1,324	1,798	2,052	1,151	1,778	2,040	1,230	1,354	2,368	989	1,009	2,114	314	1,440
	TALLADEGA	8,879	9,756	8,941	9,289	11,925	13,128	9,180	7,887	12,825	4,778	6,446	5,746	253	15,476
	TALLAPOOSA	3,829	4,338	3,647	3,839	5,240	6,654	4,922	4,856	5,209	3,178	4,475	2,575	117	5,123
	TUSCALOOSA	21,801	27,688	40,203	21,413	23,527	24,458	14,113	14,247	36,511	13,235	14,485	12,531	224	19,647
	WALKER	8,276	8,949	7,488	8,302	10,898	12,182	8,872	8,193	12,483	5,092	5,564	7,198	816	10,533
	WASHINGTON	1,984	2,535	1,656	1,838	2,645	2,952	2,005	1,841	3,243	699	1,026	1,150	984	3,120
	WILCOX	1,616	2,107	1,226	1,283	1,746	2,073	1,276	1,160	1,316	990	716	1,613	1,009	3,170
	WINSTON	3,204	3,429	2,606	3,128	4,292	4,690	3,655	3,146	3,561	1,383	2,403	1,552	103	6,064
AL Total		640,087	678,712	653,230	606,566	738,867	776,504	516,614	499,769	888,409	295,380	379,223	452,421	27,748	663,145

2017 Educational Attainment 2017 Family Income

State	County	Less than 9th grade	9th to 12th grade, no diploma	High school grad-uate	Some college, no degree	Assoc-iate degree	Bach-elor's degree	Grad. or pro-fessional degree	Less than $25,000	$25,000-$34,999	$35,000-$49,999	$50,000-$74,999	$75,000-$99,999	$100,000-$149,999	over $150,000
AL	AUTAUGA	920	5,510	14,865	11,677	2,571	6,410	4,869	2,573	1,831	2,184	3,191	2,965	2,770	1,463
	BALDWIN	1,883	15,027	41,129	47,211	15,893	39,578	27,297	11,938	5,775	9,874	13,460	9,883	8,778	7,678
	BARBOUR	997	4,823	9,691	4,758	1,173	1,342	825	2,755	577	1,053	1,375	729	393	194
	BIBB	1,794	3,571	6,864	6,108	1,642	1,948	876	1,717	801	834	1,492	1,036	1,252	141
	BLOUNT	2,001	5,964	12,672	8,174	3,304	2,394	2,062	2,862	1,242	1,905	3,228	1,733	1,747	396
	BULLOCK	827	1,847	4,713	1,956	314	310	169	1,125	270	658	347	153	106	164
	BUTLER	846	1,942	6,666	4,959	713	1,790	448	2,072	613	830	972	874	371	171
	CALHOUN	4,489	14,533	32,499	27,900	4,982	9,169	12,838	10,433	2,824	4,727	6,272	4,755	4,779	2,548
	CHAMBERS	1,573	5,404	11,256	8,934	1,609	1,922	1,150	3,783	1,311	1,458	2,146	1,220	747	419
	CHEROKEE	987	2,889	6,237	3,781	1,486	1,448	1,777	2,136	639	887	1,200	919	578	278
	CHILTON	1,482	5,096	12,455	6,085	1,805	3,037	1,872	2,711	1,135	1,441	2,251	2,199	1,275	468
	CHOCTAW	781	1,442	4,380	2,984	836	894	281	1,531	442	608	635	419	296	119
	CLARKE	862	3,525	9,268	5,267	1,141	2,211	1,107	3,114	1,070	854	1,279	833	855	390
	CLAY	668	1,660	4,937	2,170	901	823	254	1,364	403	594	730	513	299	45
	CLEBURNE	994	2,131	4,937	2,843	472	930	1,132	1,287	491	819	804	756	618	130
	COFFEE	1,854	5,888	9,988	10,449	3,254	7,399	4,251	3,868	1,513	2,119	2,253	2,736	1,751	1,151
	COLBERT	1,596	6,477	15,683	11,447	2,459	4,810	3,540	4,648	1,712	2,112	2,950	2,543	1,672	625
	CONECUH	358	1,125	3,723	2,892	460	1,341	654	1,493	276	570	542	399	212	71
	COOSA	368	1,262	4,545	1,962	595	726	693	938	345	530	805	355	406	51
	COVINGTON	1,569	3,595	10,423	6,673	1,988	3,544	2,478	5,273	1,789	2,537	3,065	1,703	1,730	889
	CRENSHAW	1,079	3,048	3,788	2,577	711	1,442	1,289	1,320	682	756	1,131	501	341	149
	CULLMAN	2,791	7,307	19,272	17,623	4,199	7,385	5,219	6,396	2,688	3,142	4,503	2,849	2,175	1,140
	DALE	1,935	5,760	12,928	11,352	3,500	5,027	2,160	3,975	1,544	2,004	3,372	2,503	1,225	589
	DALLAS	1,757	4,901	14,700	8,014	2,486	3,334	2,315	5,619	1,169	1,520	1,926	1,156	801	509
	DE KALB	3,938	9,059	21,061	14,443	3,949	4,293	2,531	6,337	2,500	3,994	4,326	2,136	1,472	861
	ELMORE	2,389	8,831	22,497	20,807	3,574	12,908	6,493	3,827	2,163	2,922	4,374	4,209	6,209	2,181
	ESCAMBIA	1,162	5,974	10,868	7,381	2,434	3,461	1,828	3,651	1,192	1,406	1,777	1,335	912	238
	ETOWAH	2,485	7,976	22,836	20,463	5,827	12,868	8,901	7,445	3,239	3,779	4,634	4,615	3,458	1,454
	FAYETTE	764	1,700	4,399	2,930	859	770	697	1,540	429	657	823	477	266	90
	FRANKLIN	2,392	5,343	7,522	6,820	2,044	2,744	1,610	2,930	992	1,564	2,473	1,376	768	289
	GENEVA	1,132	3,939	7,428	7,572	2,190	1,490	816	2,896	842	1,454	1,666	990	658	224
	GREENE	381	1,265	2,641	1,419	452	719	156	987	211	355	236	289	128	79
	HALE	671	2,273	5,993	7,350	1,552	711	361	2,109	758	1,163	897	628	671	107
	HENRY	800	2,570	4,222	3,234	870	2,961	1,288	1,601	620	906	968	683	585	261
	HOUSTON	3,035	8,718	24,186	20,425	5,123	12,260	7,706	8,030	3,096	4,183	5,066	3,207	4,034	2,149
	JACKSON	3,437	7,830	17,731	9,579	3,268	6,181	2,518	5,143	1,751	2,607	3,118	3,031	1,822	682
	JEFFERSON	16,810	48,277	138,926	145,311	33,430	113,920	69,666	44,503	17,035	24,343	31,506	25,139	28,927	20,712
	LAMAR	589	1,709	3,885	3,437	1,762	1,158	369	1,420	569	595	825	715	367	97
	LAUDERDALE	2,606	8,676	26,050	19,438	3,820	10,660	7,464	7,808	2,697	3,658	4,472	3,048	3,425	2,203
	LAWRENCE	992	3,068	7,827	5,560	800	1,630	808	1,806	786	1,155	1,334	842	1,180	217
	LEE	3,252	10,785	22,361	21,873	6,496	18,491	17,157	9,456	2,776	3,618	4,749	3,199	3,384	1,583
	LIMESTONE	2,185	5,305	18,092	15,470	2,679	11,205	5,078	4,824	1,887	3,158	3,580	2,951	3,311	2,081
	LOWNDES	627	1,531	2,050	1,778	138	877	550	1,084	249	262	295	156	178	139
	MACON	620	2,875	3,936	5,230	667	1,744	1,760	1,864	414	636	771	339	429	235
	MADISON	6,353	20,264	51,958	75,539	21,384	83,884	55,516	19,270	7,712	10,821	15,168	15,929	22,101	19,163
	MARENGO	584	1,588	4,745	3,349	744	1,178	1,182	1,642	504	712	601	363	676	215
	MARION	1,340	3,295	8,386	6,319	1,784	1,464	1,172	2,711	1,148	1,199	1,668	766	576	267
	MARSHALL	6,641	14,568	27,442	20,746	5,672	10,010	4,617	9,285	3,855	4,757	5,358	3,893	4,226	1,603
	MOBILE	10,772	44,234	101,878	89,004	23,275	50,077	34,467	32,679	11,676	16,136	22,581	17,553	13,639	6,656
	MONROE	950	2,792	5,898	4,262	972	1,003	1,537	2,371	817	695	648	740	528	190
	MONTGOMERY	6,124	21,170	42,592	48,563	9,754	39,308	27,900	17,006	5,670	8,564	10,262	7,625	9,211	5,376
	MORGAN	5,467	15,768	35,386	28,276	6,875	15,787	6,806	10,406	3,958	5,659	6,998	5,132	6,199	2,310
	PERRY	277	1,354	2,253	2,664	221	238	230	960	321	298	347	124	69	73
	PICKENS	521	1,627	5,778	3,987	972	2,125	2,404	2,275	485	736	1,046	717	522	109
	PIKE	1,216	3,369	7,448	5,568	1,030	5,438	4,200	3,358	1,001	1,022	1,415	886	1,105	936
	RANDOLPH	1,180	3,678	7,183	4,034	1,408	1,539	1,690	2,085	843	934	1,441	795	744	237
	RUSSELL	1,423	6,271	16,191	16,518	6,145	6,294	9,376	5,696	2,359	3,420	4,649	3,564	1,932	699
	SAINT CLAIR	2,892	8,675	21,957	16,778	5,478	8,792	3,195	4,851	2,198	3,030	5,046	3,432	3,823	1,654
	SHELBY	3,052	11,641	33,390	48,210	9,847	59,126	26,289	8,613	4,867	7,611	11,074	10,770	14,758	11,377
	SUMTER	821	1,146	3,094	3,115	738	829	907	1,667	291	523	355	126	183	50
	TALLADEGA	2,886	10,273	23,060	17,081	2,692	5,775	3,397	6,616	2,481	3,161	3,999	2,283	2,376	763
	TALLAPOOSA	1,104	3,936	11,844	7,825	1,410	3,650	1,567	3,091	1,323	1,443	1,748	1,338	1,062	647
	TUSCALOOSA	4,117	15,420	38,507	38,252	8,205	32,544	18,113	12,382	4,434	6,244	8,158	7,290	6,718	3,365
	WALKER	2,681	8,401	18,989	16,282	4,715	5,167	4,140	6,011	2,700	2,689	3,543	3,108	2,502	800
	WASHINGTON	974	1,185	4,957	3,196	1,033	832	2,017	1,379	417	563	1,145	809	693	283
	WILCOX	642	2,767	2,401	1,933	1,143	816	150	1,663	426	294	408	161	181	52
	WINSTON	1,591	3,483	8,633	5,828	578	1,845	1,257	2,972	1,013	1,139	1,592	806	521	401
AL Total		148,282	469,331	1,136,104	1,025,650	256,501	667,981	429,439	363,183	135,848	188,080	247,065	191,308	191,707	112,887

2017 Consumer Spending ($Millions)

State	County	Average annual expend-itures	Food	Alcoholic beverages	Housing	Apparel and services	Transport-ation	Healthcare	Entertain-ment	Personal care products & services	Education	Personal insurance & pensions
AL	AUTAUGA	937.7	117.3	8.0	389.7	41.2	207.2	93.6	64.1	14.7	30.5	159.0
	BALDWIN	3,553.0	445.0	30.1	649.1	66.8	345.0	158.7	103.9	24.1	45.7	241.3
	BARBOUR	309.5	40.6	2.4	498.0	50.6	261.6	121.4	78.3	18.3	34.5	175.1
	BIBB	375.8	48.0	3.1	103.6	10.8	54.8	25.0	16.8	3.8	7.9	40.4
	BLOUNT	663.2	84.8	5.4	679.7	66.2	342.4	163.3	100.5	24.1	45.0	192.3
	BULLOCK	112.4	15.0	0.9	109.5	10.9	55.9	26.3	16.8	4.0	7.8	35.3
	BUTLER	265.6	34.7	2.1	617.9	64.3	324.3	148.0	99.2	22.9	46.9	233.7
	CALHOUN	1,794.6	228.7	14.9	1,565.7	168.1	827.5	370.8	260.2	58.9	130.0	665.2
	CHAMBERS	502.7	65.4	4.0	114.8	11.8	61.5	28.2	18.5	4.3	8.0	43.2
	CHEROKEE	311.8	40.3	2.5	901.3	90.5	473.5	221.6	139.6	32.9	58.5	299.2
	CHILTON	569.7	73.1	4.7	506.7	50.5	258.7	121.4	77.1	18.3	35.2	159.4
	CHOCTAW	171.2	22.6	1.3	228.8	23.3	121.5	56.4	36.1	8.4	15.3	80.8
	CLARKE	376.7	49.0	3.0	257.7	26.5	138.1	63.5	41.2	9.6	17.6	94.9
	CLAY	176.5	23.2	1.4	386.6	40.6	205.2	93.4	63.1	14.5	29.5	153.2
	CLEBURNE	242.5	31.2	2.0	365.7	38.9	194.4	87.7	60.3	13.8	28.9	150.6
	COFFEE	791.1	100.3	6.7	380.5	40.8	201.1	90.3	63.1	14.3	31.4	160.9
	COLBERT	772.5	99.8	6.2	362.1	36.9	187.4	86.8	56.5	13.2	26.3	125.5
	CONECUH	150.5	19.9	1.2	130.8	13.7	69.5	31.5	21.4	4.9	10.0	52.6
	COOSA	165.0	21.3	1.3	938.4	96.9	490.9	225.1	149.6	34.7	70.4	348.0
	COVINGTON	765.3	99.5	6.1	341.2	36.4	179.0	80.7	56.2	12.7	28.0	141.1
	CRENSHAW	221.7	28.9	1.7	477.2	48.9	250.1	115.7	75.4	17.6	33.9	170.9
	CULLMAN	1,106.8	142.1	9.0	1,653.7	161.4	836.0	398.2	245.3	58.8	108.5	473.4
	DALE	727.1	93.9	5.9	1,180.7	126.5	626.6	281.2	196.2	44.6	96.9	500.0
	DALLAS	545.9	71.6	4.3	253.7	25.2	133.6	62.8	39.0	9.2	15.9	82.2
	DE KALB	980.5	127.7	7.7	2,535.2	256.3	1,334.2	621.6	395.8	92.7	169.0	866.4
	ELMORE	1,514.3	187.6	13.1	745.9	78.8	393.3	178.3	122.0	27.9	58.8	300.5
	ESCAMBIA	478.4	62.4	3.8	162.9	17.6	85.7	38.3	27.3	6.1	14.1	71.2
	ETOWAH	1,428.1	182.6	11.7	1,154.2	118.3	607.7	280.2	183.0	42.6	82.0	418.6
	FAYETTE	190.1	24.9	1.5	269.3	27.4	143.4	66.4	42.6	10.0	18.1	95.6
	FRANKLIN	480.4	62.5	3.8	603.0	62.4	313.9	144.3	96.0	22.2	45.5	222.7
	GENEVA	389.0	51.0	3.0	429.0	45.6	225.8	102.0	70.6	16.1	34.9	176.5
	GREENE	95.2	12.6	0.7	273.5	28.2	143.8	66.2	43.5	10.1	19.9	100.8
	HALE	285.2	37.4	2.2	136.2	13.7	72.2	33.7	21.3	5.0	8.9	46.2
	HENRY	278.3	35.6	2.3	349.8	38.1	184.5	82.2	58.9	13.2	30.5	155.2
	HOUSTON	1,473.0	187.5	12.2	1,432.4	153.2	762.4	342.5	237.7	54.0	115.4	602.6
	JACKSON	879.9	113.4	7.2	5,176.2	511.7	2,653.8	1,253.2	781.8	185.7	342.6	1,576.3
	JEFFERSON	9,922.5	1,247.1	84.1	4,124.0	421.3	2,142.4	991.6	647.4	150.9	298.5	1,451.0
	LAMAR	207.9	27.2	1.6	108.6	11.5	56.9	25.7	17.8	4.0	8.9	44.7
	LAUDERDALE	1,338.3	170.4	11.1	868.9	93.0	461.0	207.0	144.2	32.7	71.0	366.0
	LAWRENCE	371.4	47.5	3.0	345.0	36.1	181.5	82.8	55.8	12.8	26.5	134.4
	LEE	1,356.3	174.6	11.0	127.5	12.9	67.1	31.2	19.9	4.7	8.6	43.6
	LIMESTONE	1,157.6	145.2	9.8	461.6	47.6	241.4	110.8	73.5	17.0	34.4	170.7
	LOWNDES	95.7	12.6	0.7	397.8	41.7	210.1	95.9	64.5	14.8	30.1	155.8
	MACON	208.1	27.1	1.7	528.6	53.6	271.3	125.9	82.0	19.2	38.8	178.8
	MADISON	6,404.8	781.7	57.0	5,546.2	549.8	2,862.4	1,350.7	842.5	199.9	362.4	1,724.3
	MARENGO	220.7	28.5	1.8	157.2	15.6	84.0	39.5	24.3	5.7	9.4	51.4
	MARION	365.6	47.9	2.8	434.6	45.2	227.9	104.5	70.0	16.2	33.1	166.6
	MARSHALL	1,581.9	203.5	12.8	1,198.0	120.4	619.6	289.4	184.6	43.4	82.6	393.5
	MOBILE	5,877.1	753.9	48.2	796.4	82.9	427.1	195.1	129.2	29.8	57.2	308.6
	MONROE	263.0	34.5	2.1	399.4	42.5	211.7	95.7	65.7	14.9	31.6	163.9
	MONTGOMERY	3,175.7	403.0	26.5	2,220.6	233.5	1,172.3	532.9	361.6	82.8	171.9	880.9
	MORGAN	2,090.2	265.3	17.3	1,231.3	124.4	636.4	296.9	190.7	44.7	86.1	411.9
	PERRY	88.2	11.7	0.7	103.5	10.4	54.9	25.6	16.2	3.8	6.7	35.5
	PICKENS	265.6	34.7	2.1	284.0	30.4	148.6	66.9	46.9	10.6	23.8	118.7
	PIKE	458.9	58.5	3.8	494.6	51.4	259.4	118.4	79.2	18.3	37.6	186.2
	RANDOLPH	334.0	43.2	2.7	360.6	38.7	192.0	86.0	60.1	13.6	29.6	153.7
	RUSSELL	1,083.7	139.8	8.7	238.5	23.5	124.4	58.8	36.3	8.6	14.9	74.1
	SAINT CLAIR	1,282.0	161.4	10.8	796.8	79.9	414.2	194.3	122.7	28.8	53.0	260.9
	SHELBY	4,000.2	489.8	35.3	1,783.9	174.8	906.8	430.4	266.4	63.6	117.3	522.4
	SUMTER	123.1	16.6	0.9	329.3	34.7	173.4	78.6	53.6	12.3	25.9	131.4
	TALLADEGA	1,036.5	133.7	8.4	589.8	59.7	309.0	143.4	92.2	21.6	40.8	203.1
	TALLAPOOSA	508.7	65.3	4.1	388.7	40.8	203.8	92.6	63.0	14.4	30.7	152.8
	TUSCALOOSA	2,465.8	313.2	20.6	1,276.8	130.4	663.0	307.6	200.3	46.7	91.9	448.0
	WALKER	1,035.5	133.3	8.4	801.1	85.0	424.1	191.6	131.8	30.0	63.8	329.0
	WASHINGTON	277.0	35.0	2.3	299.0	30.6	159.9	73.7	47.6	11.1	20.2	108.3
	WILCOX	120.2	16.3	0.9	183.2	18.3	96.4	45.1	28.2	6.7	11.6	60.1
	WINSTON	358.0	47.1	2.8	427.9	44.6	223.8	102.6	68.8	15.9	32.6	163.3
AL Total		72,155.2	9,151.1	601.4	53,663.8	5,483.9	27,993.2	12,951.6	8,445.8	1,967.4	3,854.0	19,004.6

State	County	U.S. Population		2017 Gender		2017 Race			
		Total 2017	2010-2017 % chg.	Total 2022	Male	Female	White	Black	Other Race	Hispanic
AR	ARKANSAS	18,193	-8%	17,865	8,819	9,374	11,198	3,708	2,613	675
	ASHLEY	22,086	4%	21,791	10,755	11,331	13,509	5,047	1,495	2,035
	BAXTER	47,647	8%	53,227	22,902	24,745	44,146	62	2,587	853
	BENTON	253,533	20%	300,242	125,049	128,484	128,456	5,883	49,764	69,430
	BOONE	44,888	14%	49,545	22,101	22,787	40,794	69	2,990	1,034
	BRADLEY	11,610	-5%	11,548	5,647	5,964	4,554	2,066	1,805	3,186
	CALHOUN	3,929	-15%	3,748	1,947	1,982	2,565	800	127	436
	CARROLL	26,799	-6%	27,780	13,205	13,593	13,920	63	4,095	8,722
	CHICOT	11,364	-7%	10,684	5,561	5,803	4,486	5,381	627	870
	CLARK	25,444	7%	26,388	12,219	13,226	16,615	4,395	2,441	1,993
	CLAY	16,204	-20%	16,115	7,921	8,283	15,242	55	578	329
	CLEBURNE	29,768	14%	33,038	14,659	15,108	26,716	80	2,129	842
	CLEVELAND	8,297	-1%	8,401	4,085	4,212	6,933	1,024	183	156
	COLUMBIA	25,288	-4%	25,425	12,084	13,204	14,531	8,771	736	1,251
	CONWAY	21,828	13%	23,536	10,832	10,996	16,703	1,625	2,317	1,183
	CRAIGHEAD	100,711	2%	106,185	49,254	51,457	66,192	12,143	15,994	6,382
	CRAWFORD	72,472	12%	82,249	35,867	36,604	49,784	644	15,375	6,669
	CRITTENDEN	52,431	-4%	55,085	24,906	27,525	21,186	26,690	2,996	1,559
	CROSS	17,993	4%	18,036	8,684	9,310	13,515	3,611	515	352
	DALLAS	8,019	-8%	7,857	3,947	4,072	4,327	3,275	238	179
	DESHA	13,578	-5%	13,298	6,400	7,177	6,341	5,002	574	1,660
	DREW	17,932	-6%	18,338	8,690	9,242	11,501	4,812	967	652
	FAULKNER	122,127	19%	131,511	60,032	62,094	89,258	10,233	15,973	6,662
	FRANKLIN	20,283	5%	21,774	10,042	10,241	17,669	166	1,882	566
	FULTON	11,153	-1%	11,807	5,458	5,695	10,346	43	633	130
	GARLAND	117,522	25%	130,659	57,138	60,385	89,496	7,631	12,410	7,985
	GRANT	17,781	15%	18,921	8,871	8,910	15,985	625	696	474
	GREENE	44,194	2%	47,174	21,648	22,546	39,472	411	2,852	1,459
	HEMPSTEAD	20,907	-5%	21,004	10,014	10,893	7,980	4,559	3,193	5,175
	HOT SPRING	35,872	29%	39,822	18,346	17,526	28,534	3,186	2,460	1,692
	HOWARD	16,534	6%	17,153	8,038	8,496	9,136	2,192	2,462	2,745
	INDEPENDENCE	36,895	-9%	38,741	18,025	18,870	25,990	538	5,774	4,592
	IZARD	14,874	4%	16,022	7,674	7,200	13,472	496	652	255
	JACKSON	14,540	-15%	14,116	7,160	7,379	9,629	2,819	666	1,426
	JEFFERSON	77,371	-9%	76,510	37,924	39,447	29,639	41,281	4,418	2,033
	JOHNSON	27,112	12%	29,483	13,444	13,668	16,284	200	4,855	5,774
	LAFAYETTE	7,244	-7%	6,964	3,496	3,748	4,011	2,951	166	116
	LAWRENCE	21,490	25%	23,989	10,561	10,929	20,738	159	390	203
	LEE	9,816	-2%	9,942	5,800	4,015	4,412	4,802	425	176
	LINCOLN	14,237	-4%	14,772	8,407	5,830	7,939	4,062	1,633	603
	LITTLE RIVER	13,016	-21%	13,025	6,329	6,687	8,823	2,181	1,541	472
	LOGAN	24,464	-3%	25,447	12,272	12,192	21,552	277	2,005	630
	LONOKE	82,204	10%	94,514	40,472	41,731	64,846	3,065	9,412	4,881
	MADISON	17,243	6%	19,282	8,658	8,585	11,862	19	3,861	1,501
	MARION	15,176	-3%	16,036	7,481	7,695	14,001	22	880	272
	MILLER	45,727	-3%	48,050	22,510	23,217	32,609	8,515	3,033	1,570
	MISSISSIPPI	43,959	-15%	42,509	21,273	22,686	24,338	14,277	2,857	2,487
	MONROE	7,546	7%	7,092	3,602	3,944	4,300	2,857	228	161
	MONTGOMERY	8,854	8%	9,610	4,439	4,415	8,148	14	399	294
	NEVADA	9,274	-8%	9,330	4,559	4,715	6,165	2,598	301	210
	NEWTON	8,124	2%	8,770	4,105	4,020	7,602	7	315	201
	OUACHITA	26,355	-14%	25,760	12,538	13,816	14,540	9,548	1,757	510
	PERRY	12,590	15%	13,916	6,275	6,316	11,701	181	328	381
	PHILLIPS	21,074	-5%	20,925	9,861	11,213	7,445	12,805	500	325
	PIKE	11,531	2%	12,244	5,685	5,846	7,990	408	753	2,381
	POINSETT	25,902	1%	26,346	12,605	13,296	20,924	1,825	2,145	1,007
	POLK	22,786	10%	23,625	11,329	11,457	18,151	291	2,705	1,639
	POPE	66,390	8%	70,712	32,944	33,446	48,796	1,257	9,669	6,668
	PRAIRIE	30,222	-6%	29,997	15,009	15,212	27,027	1,364	1,054	776
	PULASKI	438,182	20%	472,138	211,352	226,830	211,965	134,220	58,932	33,066
	RANDOLPH	16,484	0%	16,595	8,034	8,450	15,228	90	488	679
	SAINT FRANCIS	29,498	-8%	30,034	16,098	13,399	11,890	11,426	3,602	2,579
	SALINE	50,577	18%	53,560	24,596	25,982	40,215	3,504	3,812	3,047
	SCOTT	12,392	1%	12,707	6,216	6,175	7,506	48	2,578	2,259
	SEARCY	8,991	-3%	9,397	4,463	4,528	8,276	13	539	163
	SEBASTIAN	127,499	7%	133,406	62,550	64,949	68,718	4,071	27,386	27,324
	SEVIER	18,341	3%	19,493	9,095	9,245	6,322	426	2,384	9,208
	SHARP	24,795	20%	28,020	12,288	12,507	23,222	214	767	593
	STONE	13,037	-4%	14,371	6,415	6,622	12,345	13	358	321
	UNION	39,926	-3%	39,112	19,420	20,506	20,991	11,657	4,828	2,451
	VAN BUREN	16,539	-11%	17,459	8,264	8,275	14,944	79	866	650
	WASHINGTON	244,786	7%	277,306	122,192	122,594	120,822	7,790	57,920	58,253
	WHITE	90,146	12%	99,607	44,278	45,868	75,715	3,628	5,986	4,818
	WOODRUFF	6,191	-4%	5,758	2,945	3,246	4,129	1,611	332	119
	YELL	24,594	5%	26,141	12,263	12,331	9,775	96	4,217	10,507
AR Total		3,134,381	4%	3,373,037	1,540,031	1,594,350	1,986,083	421,958	391,424	334,915

State	County	1-9	10-19	20-29	30-39	40-49	50-59	60-69	70 over	Managerial	Sales	Admin support	Service	Farming forestry, fishing	Production
AR	ARKANSAS	2,090	2,210	2,061	1,986	2,520	3,227	2,020	2,079	3,118	815	1,376	861	400	2,988
	ASHLEY	2,743	2,802	2,164	2,472	3,084	3,617	2,865	2,339	2,981	1,235	1,244	1,949	652	4,496
	BAXTER	4,380	4,840	4,057	3,837	5,792	7,777	8,088	8,876	6,006	4,292	3,720	4,083	65	9,088
	BENTON	42,964	36,543	33,418	37,243	35,845	29,461	18,613	19,447	51,656	13,728	18,870	19,544	604	23,478
	BOONE	5,475	5,675	4,497	4,962	6,412	6,970	5,390	5,508	6,364	3,114	4,249	4,096	65	5,618
	BRADLEY	1,433	1,395	1,377	1,344	1,594	1,777	1,296	1,395	1,940	523	598	1,444	1,381	1,085
	CALHOUN	345	455	312	356	673	686	527	575	540	84	253	283	253	801
	CARROLL	3,294	3,315	2,702	2,754	3,610	4,539	3,451	3,134	4,214	1,919	1,136	2,228	125	4,062
	CHICOT	1,261	1,232	1,345	1,124	1,538	1,953	1,431	1,481	3,261	570	834	797	115	1,383
	CLARK	2,797	3,609	4,592	2,533	3,118	3,661	2,597	2,538	4,073	1,092	2,255	1,041	505	4,261
	CLAY	1,937	2,092	1,404	1,816	2,250	2,573	1,965	2,166	2,134	651	1,310	1,205	121	3,358
	CLEBURNE	3,157	3,551	2,497	2,837	4,057	4,614	4,330	4,725	6,183	1,459	1,826	2,524	38	4,660
	CLEVELAND	1,143	1,047	826	997	1,122	1,194	1,032	936	1,738	422	605	589	187	1,023
	COLUMBIA	2,645	3,822	3,904	2,318	3,517	3,626	2,566	2,889	5,011	1,126	1,462	2,118	149	4,242
	CONWAY	2,653	2,613	2,350	2,518	2,956	3,601	2,583	2,554	3,998	1,733	1,960	1,677	130	2,692
	CRAIGHEAD	14,292	14,339	16,310	12,798	13,135	12,747	8,731	8,359	17,248	4,677	5,625	6,877	161	13,905
	CRAWFORD	9,858	10,535	8,069	8,669	10,763	10,781	7,327	6,469	9,797	3,081	4,841	7,220	344	13,447
	CRITTENDEN	8,150	8,174	6,389	6,346	7,793	7,713	4,194	3,672	8,777	2,658	4,252	4,892	540	8,106
	CROSS	2,069	2,451	1,743	2,082	2,429	3,041	2,250	1,928	3,843	856	1,166	1,590	154	2,397
	DALLAS	853	1,172	898	776	1,069	1,407	913	930	876	181	373	275	1,990	964
	DESHA	1,758	1,782	1,507	1,372	1,799	2,481	1,588	1,290	2,632	620	924	1,592	599	1,843
	DREW	2,052	2,676	2,583	1,873	2,487	2,629	1,806	1,827	3,575	1,580	1,381	870	266	2,055
	FAULKNER	16,980	16,906	23,211	15,828	16,794	15,211	9,203	7,993	24,480	6,012	9,641	7,349	92	11,590
	FRANKLIN	2,662	2,761	2,141	2,239	2,979	2,858	2,424	2,219	4,286	877	1,751	1,318	87	2,783
	FULTON	1,203	1,324	899	1,048	1,597	1,955	1,636	1,490	2,659	585	393	1,279	166	1,342
	GARLAND	11,868	13,025	11,565	10,971	14,395	18,545	17,107	20,047	20,627	7,818	5,731	15,927	869	15,487
	GRANT	2,073	2,355	1,906	2,171	2,553	2,821	2,181	1,721	2,183	701	1,139	989	382	3,821
	GREENE	6,188	6,047	5,155	5,766	6,479	6,100	4,402	4,058	6,918	2,260	3,301	2,603	258	7,534
	HEMPSTEAD	3,121	2,883	2,536	2,371	2,793	3,113	2,260	1,830	2,991	1,249	1,024	1,095	208	4,660
	HOT SPRING	4,443	4,702	4,394	4,230	5,142	5,555	3,865	3,541	4,464	3,622	2,163	2,717	265	5,767
	HOWARD	2,210	2,222	1,794	1,879	2,557	2,347	1,901	1,625	2,726	529	570	1,147	137	3,564
	INDEPENDENCE	4,820	4,634	4,423	4,075	5,293	5,444	4,192	4,013	5,690	1,650	2,164	2,664	295	6,927
	IZARD	1,341	1,656	1,291	1,571	1,979	2,571	2,254	2,210	3,292	740	1,014	1,614	283	1,975
	JACKSON	1,501	1,507	2,081	1,906	2,237	2,300	1,510	1,497	3,041	924	1,122	1,845	204	1,627
	JEFFERSON	9,251	10,470	10,455	8,115	11,332	12,842	7,826	7,081	12,837	3,604	7,177	7,255	163	12,815
	JOHNSON	3,867	3,773	3,513	3,199	3,632	3,938	2,699	2,490	3,162	1,691	1,623	2,480	220	5,521
	LAFAYETTE	849	979	673	719	1,027	1,105	955	937	972	431	335	715	359	1,543
	LAWRENCE	2,501	3,027	2,321	2,276	2,830	3,409	2,631	2,496	4,040	1,162	1,247	1,388	283	3,816
	LEE	828	995	1,553	1,448	1,441	1,590	983	978	1,470	415	1,716	2,314	81	953
	LINCOLN	1,468	1,552	2,230	2,197	2,424	1,811	1,231	1,324	2,879	406	849	1,307	449	3,241
	LITTLE RIVER	1,483	1,599	1,247	1,403	1,726	2,151	1,988	1,419	1,617	405	1,939	706	288	2,054
	LOGAN	2,972	3,334	2,289	2,693	3,480	3,875	3,043	2,779	3,998	1,417	1,620	1,916	120	4,649
	LONOKE	12,474	12,040	10,078	11,586	12,026	10,655	7,583	5,761	17,243	5,002	6,994	3,890	195	8,534
	MADISON	2,049	2,581	1,771	1,895	2,455	2,830	1,906	1,757	3,762	550	857	1,224	70	2,362
	MARION	1,223	1,592	1,136	1,152	2,022	3,187	2,628	2,236	1,966	796	1,404	1,099	22	3,653
	MILLER	6,013	6,007	6,398	5,193	6,297	7,675	4,278	3,866	6,605	5,774	5,886	3,284	213	3,494
	MISSISSIPPI	6,281	6,380	5,111	4,973	6,269	6,871	4,232	3,843	5,782	2,080	3,258	3,155	981	10,070
	MONROE	738	1,005	676	692	1,094	1,363	986	992	1,470	229	334	1,029	300	1,181
	MONTGOMERY	822	1,006	611	790	1,267	1,490	1,452	1,416	2,056	300	677	845	161	1,067
	NEVADA	1,136	1,114	959	1,005	1,247	1,625	1,122	1,066	1,327	257	1,174	480	171	1,582
	NEWTON	857	979	606	796	984	1,491	1,291	1,032	1,423	596	497	665	390	1,035
	OUACHITA	3,113	3,319	2,750	2,444	3,748	4,763	2,926	3,292	3,651	1,637	2,220	2,375	785	4,436
	PERRY	1,424	1,604	1,174	1,423	1,876	2,064	1,465	1,561	2,843	546	997	1,166	17	1,127
	PHILLIPS	2,912	3,341	2,502	2,089	2,715	3,460	2,052	2,002	3,979	1,705	1,725	3,237	259	2,093
	PIKE	1,455	1,584	1,110	1,390	1,571	1,740	1,351	1,330	2,074	517	676	908	180	1,860
	POINSETT	3,201	3,477	2,824	2,911	3,570	4,093	3,123	2,692	3,218	1,133	1,376	2,662	246	5,630
	POLK	2,638	3,390	2,427	2,213	2,913	3,400	3,087	2,630	4,000	934	2,046	1,947	370	3,348
	POPE	8,057	9,666	9,721	7,140	9,709	9,670	6,512	5,915	11,209	4,145	3,533	5,909	163	9,504
	PRAIRIE	3,048	4,208	2,687	3,694	4,678	5,355	3,276	3,275	5,113	279	5,622	1,827	443	1,622
	PULASKI	57,271	53,603	60,798	54,887	62,014	69,692	41,943	37,974	79,866	18,757	35,814	35,634	170	40,121
	RANDOLPH	1,861	2,227	1,784	1,692	2,302	2,345	1,966	2,308	2,855	673	1,315	1,263	139	2,826
	SAINT FRANCIS	3,312	3,233	3,953	4,439	4,626	4,830	2,851	2,254	5,061	2,210	2,462	2,323	318	6,118
	SALINE	7,366	6,748	6,299	6,944	7,191	7,101	4,510	4,418	9,920	2,699	4,441	3,288	102	4,096
	SCOTT	1,722	1,849	1,320	1,387	1,763	1,635	1,464	1,250	2,362	286	390	723	389	2,593
	SEARCY	840	1,045	774	853	1,258	1,534	1,397	1,290	1,571	540	909	869	167	1,226
	SEBASTIAN	17,864	17,254	16,637	15,100	18,840	18,912	11,640	11,252	22,869	5,731	7,062	9,929	283	19,067
	SEVIER	3,378	2,823	2,182	2,235	2,395	2,315	1,550	1,463	2,630	802	823	1,294	582	3,841
	SHARP	2,826	2,818	1,982	2,450	3,172	4,113	3,597	3,837	3,863	1,372	1,510	1,915	182	6,121
	STONE	1,351	1,431	1,049	1,077	1,633	2,373	2,179	1,944	1,818	594	1,806	1,057	95	2,346
	UNION	4,731	5,265	4,246	4,422	5,889	6,936	4,081	4,356	6,279	1,607	3,177	2,815	532	8,015
	VAN BUREN	1,747	1,845	1,553	1,721	2,091	2,571	2,381	2,631	2,426	1,571	750	2,172	167	2,626
	WASHINGTON	38,723	35,977	45,684	33,780	30,712	27,759	16,593	15,558	42,321	12,797	18,047	21,335	323	24,372
	WHITE	11,878	12,418	13,359	10,499	12,168	12,311	9,016	8,495	13,734	5,915	6,629	7,180	345	14,644
	WOODRUFF	665	683	591	603	916	1,169	814	750	1,008	363	437	472	427	782
	YELL	3,514	3,511	2,656	2,933	3,438	3,409	2,441	2,693	4,511	1,606	1,110	2,285	460	3,279
AR Total		415,463	418,104	408,182	375,527	435,110	460,445	317,544	304,005	545,110	166,924	232,735	256,638	23,697	422,384

State	County	Less than 9th grade	9th to 12th grade, no diploma	High school grad-uate	Some college, no degree	Assoc-iate degree	Bach-elor's degree	Grad. or pro-fessional degree	Less than $25,000	$25,000-$34,999	$35,000-$49,999	$50,000-$74,999	$75,000-$99,999	$100,000-$149,999	over $150,000
AR	ARKANSAS	489	1,891	6,303	3,037	675	1,637	959	1,376	693	797	1,229	561	460	190
	ASHLEY	750	2,247	8,339	3,753	905	1,322	654	1,952	685	970	1,427	671	515	229
	BAXTER	1,189	4,119	16,605	10,762	2,317	3,819	2,040	3,896	2,172	2,848	3,146	1,431	976	471
	BENTON	10,153	13,959	45,720	44,849	7,621	52,710	15,769	11,243	6,480	10,517	16,590	9,147	10,050	8,810
	BOONE	1,474	3,377	11,601	12,110	2,961	3,075	1,997	3,410	1,830	2,474	2,813	1,463	712	491
	BRADLEY	672	1,113	3,354	2,488	300	678	927	1,060	470	433	482	282	274	155
	CALHOUN	262	569	1,626	620	94	138	84	436	144	241	103	136	60	3
	CARROLL	1,878	3,433	6,355	3,999	2,376	2,190	1,524	2,030	882	1,364	1,330	992	482	408
	CHICOT	537	1,410	3,174	2,148	574	1,277	357	1,284	311	375	260	496	132	106
	CLARK	654	2,610	7,612	4,913	1,004	2,423	1,979	2,090	623	1,283	930	802	644	223
	CLAY	1,019	1,955	5,650	2,314	435	1,418	426	1,379	633	773	1,049	418	275	105
	CLEBURNE	871	1,874	7,434	8,384	1,065	2,989	2,166	2,240	1,166	1,751	1,910	967	721	386
	CLEVELAND	167	500	2,426	1,779	902	706	123	640	302	289	417	358	328	77
	COLUMBIA	995	1,906	8,529	4,241	727	3,175	1,502	2,154	775	884	945	923	743	311
	CONWAY	1,574	1,684	5,974	5,698	597	1,298	1,108	2,148	535	812	1,119	696	524	294
	CRAIGHEAD	2,615	8,123	25,118	17,693	2,787	14,743	8,558	7,696	2,655	3,236	5,338	3,938	2,992	1,630
	CRAWFORD	3,374	9,097	19,497	13,354	3,545	5,477	2,786	4,986	2,500	3,780	4,655	2,817	1,403	599
	CRITTENDEN	2,210	4,917	12,547	11,407	1,931	5,284	1,990	4,343	1,423	1,463	2,450	1,395	2,377	381
	CROSS	775	1,644	5,451	3,548	1,016	1,145	1,114	1,476	518	1,115	1,025	517	365	141
	DALLAS	401	1,410	2,455	1,245	372	645	30	888	249	331	217	199	157	97
	DESHA	803	1,677	4,537	2,485	274	1,010	209	1,432	371	512	487	357	467	103
	DREW	545	1,413	4,464	3,338	979	3,363	604	1,551	605	647	714	616	562	138
	FAULKNER	1,091	5,894	21,951	25,361	4,523	27,781	10,321	12,474	5,019	7,009	11,971	10,537	12,076	7,154
	FRANKLIN	655	1,774	5,218	5,157	1,064	1,685	724	1,409	609	823	868	666	1,032	254
	FULTON	408	668	2,863	2,998	558	882	919	956	399	596	778	284	249	47
	GARLAND	2,779	10,738	30,876	25,237	4,811	14,884	10,063	8,591	3,876	5,836	7,059	4,581	3,422	1,917
	GRANT	530	1,720	5,608	4,378	372	1,266	584	751	527	704	1,150	847	866	240
	GREENE	1,101	3,786	14,689	8,480	2,245	3,155	1,356	3,249	1,240	2,107	3,051	1,721	834	336
	HEMPSTEAD	1,233	2,202	6,456	3,374	640	1,315	1,130	1,748	578	992	1,180	537	454	120
	HOT SPRING	1,221	4,593	10,210	8,063	1,123	3,239	732	2,216	1,446	1,784	2,401	1,501	975	123
	HOWARD	688	1,382	4,582	3,460	1,023	1,452	580	1,273	487	822	917	392	442	271
	INDEPENDENCE	1,109	2,181	12,417	7,029	1,457	3,566	2,080	3,136	1,443	1,588	1,836	1,398	653	370
	IZARD	317	1,121	3,033	5,402	688	1,424	666	1,297	515	847	905	425	213	45
	JACKSON	617	1,468	4,087	2,219	875	1,531	1,536	1,429	285	627	649	300	251	141
	JEFFERSON	2,123	7,132	20,360	19,640	3,130	6,858	4,038	5,973	1,984	2,731	3,135	3,022	2,547	775
	JOHNSON	1,958	3,722	7,503	4,086	1,012	1,960	1,264	2,431	977	1,120	1,600	619	433	301
	LAFAYETTE	410	746	2,283	1,301	364	477	366	727	221	248	333	235	124	61
	LAWRENCE	1,163	2,584	4,756	4,436	1,273	926	2,159	1,763	855	1,256	1,300	392	315	82
	LEE	481	1,487	3,286	2,505	287	377	115	864	288	338	398	133	81	7
	LINCOLN	665	2,790	4,402	2,264	550	965	404	1,145	329	431	346	519	209	138
	LITTLE RIVER	499	1,090	4,062	3,149	451	1,246	207	995	486	504	511	620	544	89
	LOGAN	1,613	1,750	7,848	4,650	1,055	2,163	762	1,764	646	1,049	1,515	1,012	584	384
	LONOKE	1,779	4,440	19,490	15,504	5,506	9,845	6,694	3,633	1,765	3,283	5,514	4,624	3,486	919
	MADISON	887	2,864	5,391	2,367	240	1,584	412	1,344	549	751	1,268	389	428	229
	MARION	179	1,474	4,336	4,214	744	1,647	573	1,163	623	841	941	596	236	143
	MILLER	306	1,983	3,914	11,894	1,241	8,697	9,298	2,980	1,169	1,542	2,433	1,036	1,933	1,560
	MISSISSIPPI	2,764	7,049	11,368	6,294	2,474	3,015	1,474	3,397	1,321	1,537	2,173	1,820	1,191	401
	MONROE	347	1,092	2,582	960	645	306	432	763	254	341	294	249	71	64
	MONTGOMERY	409	848	2,513	1,346	658	1,442	295	788	327	437	612	276	95	136
	NEVADA	258	1,367	2,997	1,879	202	465	411	839	259	477	563	162	187	89
	NEWTON	656	644	1,627	1,074	646	1,088	1,074	768	287	525	466	198	93	32
	OUACHITA	626	2,799	7,527	5,434	1,545	2,308	1,470	2,734	774	945	1,301	855	626	215
	PERRY	366	963	3,026	2,813	907	1,548	714	782	304	619	678	768	394	108
	PHILLIPS	1,023	2,369	4,520	3,982	1,082	2,202	1,321	2,002	632	857	925	450	419	214
	PIKE	544	1,333	2,912	2,252	850	456	843	977	331	484	574	649	92	120
	POINSETT	1,573	3,334	9,345	4,549	572	972	628	2,512	765	1,219	1,504	647	501	177
	POLK	966	2,251	7,222	5,144	765	1,128	1,149	2,490	871	1,224	1,253	566	360	487
	POPE	2,238	4,870	20,182	12,247	2,016	8,688	3,947	4,792	2,172	3,061	3,356	2,227	2,127	821
	PRAIRIE	3,652	2,891	10,522	5,278	819	964	746	602	201	468	421	247	211	41
	PULASKI	6,254	28,852	91,905	94,650	15,289	72,568	43,714	27,066	11,016	16,729	20,103	16,334	17,247	11,603
	RANDOLPH	715	1,256	5,011	3,850	582	1,066	1,018	1,389	456	617	1,061	878	186	199
	SAINT FRANCIS	1,034	4,346	8,346	5,669	2,488	1,567	1,192	2,725	1,030	1,086	1,142	586	516	256
	SALINE	826	1,986	10,645	12,614	2,399	6,851	4,390	2,122	1,195	2,617	3,378	2,335	1,920	841
	SCOTT	425	1,735	4,028	1,843	334	890	488	948	410	701	822	263	260	84
	SEARCY	320	816	3,268	1,275	1,098	409	432	925	407	491	731	208	71	3
	SEBASTIAN	7,325	9,191	26,798	23,583	5,929	14,488	13,893	8,676	3,534	4,435	6,380	4,574	4,006	2,995
	SEVIER	1,984	1,861	4,229	3,036	494	1,078	887	1,379	651	958	1,044	455	299	96
	SHARP	915	1,946	7,212	5,952	1,479	2,101	1,024	2,265	1,149	1,369	1,682	683	272	120
	STONE	773	1,606	4,106	2,783	157	706	784	1,232	482	769	784	300	249	174
	UNION	1,488	3,265	11,418	8,926	1,383	4,188	1,939	3,527	1,142	1,439	1,740	1,452	1,381	502
	VAN BUREN	678	1,788	4,599	3,664	537	2,154	497	1,426	577	711	1,090	499	317	200
	WASHINGTON	9,455	16,910	51,288	43,039	6,228	34,718	28,197	14,932	6,923	9,887	12,947	7,739	6,618	3,627
	WHITE	3,274	7,691	24,404	13,797	4,230	12,286	6,858	6,107	2,567	4,308	4,611	4,150	2,393	853
	WOODRUFF	263	760	2,459	1,023	162	356	158	706	246	233	212	187	146	40
	YELL	1,927	2,640	5,462	4,127	377	2,005	2,659	1,749	697	1,232	1,577	999	424	160
AR Total		110,302	258,980	775,913	624,418	125,033	391,460	226,526	223,637	93,316	134,500	174,122	116,321	100,278	55,713

2017 Consumer Spending ($Millions)

State	County	Average annual expend-itures	Food	Alcoholic beverages	Housing	Apparel and services	Transport-ation	Healthcare	Entertain-ment	Personal care products & services	Education	Personal insurance & pensions
AR	ARKANSAS	250.7	32.4	2.0	474.5	49.2	251.0	114.8	76.3	17.6	35.0	180.4
	ASHLEY	293.9	38.2	2.3	574.7	57.0	303.3	142.5	87.8	20.8	34.8	181.0
	BAXTER	681.1	88.8	5.3	233.8	23.7	124.8	57.8	37.0	8.6	15.4	83.4
	BENTON	3,921.7	488.6	33.4	572.7	56.5	297.3	140.5	86.7	20.6	36.0	174.8
	BOONE	592.9	77.5	4.6	61.2	6.2	32.9	15.3	9.6	2.3	3.8	21.0
	BRADLEY	138.7	18.1	1.1	326.5	32.9	173.5	80.8	51.2	12.0	21.4	112.8
	CALHOUN	47.5	6.3	0.4	10.2	1.0	5.2	2.5	1.5	0.4	0.6	2.9
	CARROLL	352.2	45.5	2.8	37.6	3.8	19.7	9.2	5.8	1.4	2.4	12.0
	CHICOT	127.2	16.8	1.0	130.4	12.8	65.4	31.0	19.4	4.6	9.0	37.8
	CLARK	302.8	39.4	2.4	48.5	4.8	25.8	12.1	7.5	1.8	2.9	15.7
	CLAY	207.6	27.2	1.6	74.3	7.2	39.1	18.6	11.1	2.7	4.1	21.7
	CLEBURNE	436.0	56.3	3.5	308.0	32.0	163.8	74.9	49.7	11.5	22.4	117.3
	CLEVELAND	120.2	15.4	1.0	253.1	25.8	133.7	61.9	40.0	9.3	17.5	90.6
	COLUMBIA	317.9	41.1	2.6	128.5	13.0	68.3	31.9	20.1	4.7	8.2	44.1
	CONWAY	281.7	36.5	2.3	154.9	16.0	82.4	37.9	24.8	5.7	10.9	57.8
	CRAIGHEAD	1,326.2	170.1	10.8	112.9	10.9	59.9	28.6	16.9	4.0	6.1	32.6
	CRAWFORD	981.8	127.3	7.8	229.8	22.6	122.0	57.4	35.2	8.4	13.6	72.6
	CRITTENDEN	678.2	87.1	5.5	89.2	8.7	47.0	22.4	13.5	3.2	5.0	26.6
	CROSS	240.7	31.3	1.9	174.4	17.2	91.4	43.3	26.5	6.3	10.6	53.6
	DALLAS	89.4	11.8	0.7	6.4	0.6	3.5	1.6	1.0	0.2	0.4	2.1
	DESHA	171.9	22.3	1.4	251.4	25.4	133.0	61.9	39.5	9.3	16.9	87.4
	DREW	230.1	29.8	1.9	31.8	3.0	16.1	7.9	4.5	1.1	1.7	7.3
	FAULKNER	3,669.3	456.3	31.7	285.6	28.7	148.6	69.2	44.2	10.4	19.5	94.8
	FRANKLIN	280.8	35.9	2.3	129.9	13.0	68.6	32.1	20.0	4.7	8.1	42.5
	FULTON	151.4	19.8	1.2	187.9	19.2	100.1	46.3	29.9	6.9	12.7	67.7
	GARLAND	1,706.5	219.2	13.8	164.6	16.9	87.2	40.2	26.3	6.1	11.6	60.9
	GRANT	271.6	34.4	2.2	76.9	7.4	39.9	19.3	11.4	2.7	4.4	21.7
	GREENE	589.0	76.4	4.7	21.5	2.1	11.3	5.4	3.2	0.8	1.2	6.1
	HEMPSTEAD	256.3	33.4	2.0	65.4	6.7	35.2	16.2	10.4	2.5	4.3	23.4
	HOT SPRING	501.3	65.1	4.0	41.2	4.1	21.2	10.0	6.3	1.5	2.8	13.0
	HOWARD	223.4	28.6	1.8	110.2	11.6	58.4	26.6	17.9	4.1	8.4	43.6
	INDEPENDENCE	475.2	61.9	3.8	506.5	51.7	269.3	124.5	80.3	18.7	34.3	181.5
	IZARD	187.2	24.7	1.4	838.3	84.8	447.0	207.8	131.9	31.0	54.7	292.2
	JACKSON	165.3	21.5	1.3	103.7	10.3	54.8	25.8	15.9	3.8	6.3	33.4
	JEFFERSON	990.6	127.2	8.1	287.0	29.9	151.0	69.1	46.1	10.6	21.5	109.3
	JOHNSON	326.1	42.7	2.5	120.1	11.7	62.7	29.9	18.1	4.3	7.0	35.5
	LAFAYETTE	83.0	10.9	0.6	23.0	2.3	12.2	5.7	3.5	0.8	1.3	7.1
	LAWRENCE	260.8	34.4	2.0	190.5	19.1	101.3	47.2	29.8	7.0	12.1	65.2
	LEE	85.1	11.4	0.6	30.5	3.0	15.9	7.6	4.6	1.1	1.7	8.9
	LINCOLN	141.3	18.4	1.1	90.7	9.3	47.6	22.0	14.3	3.3	6.4	32.6
	LITTLE RIVER	185.8	23.9	1.5	20.0	2.0	10.5	5.0	3.0	0.7	1.2	6.2
	LOGAN	338.4	43.4	2.7	128.2	12.3	67.1	32.3	19.0	4.6	6.9	36.3
	LONOKE	1,270.5	160.5	10.6	146.7	15.2	78.4	35.9	23.7	5.5	10.6	56.4
	MADISON	232.6	30.0	1.8	207.3	20.4	107.7	51.1	31.3	7.5	12.6	62.5
	MARION	200.1	26.3	1.5	134.2	13.9	71.4	32.8	21.6	5.0	9.5	50.4
	MILLER	697.6	86.3	6.0	8.5	0.8	4.5	2.1	1.2	0.3	0.4	2.3
	MISSISSIPPI	565.4	73.1	4.6	299.0	30.2	157.9	73.5	46.7	11.0	19.7	102.1
	MONROE	85.9	11.4	0.7	89.2	9.4	47.3	21.5	14.6	3.3	6.8	35.7
	MONTGOMERY	115.2	15.1	0.9	74.1	7.6	39.6	18.2	11.8	2.8	5.0	27.0
	NEVADA	114.1	14.9	0.9	20.9	2.1	11.2	5.3	3.2	0.8	1.2	6.7
	NEWTON	101.8	13.5	0.8	279.3	27.5	147.3	69.5	42.6	10.2	16.8	87.1
	OUACHITA	339.9	44.2	2.7	25.8	2.5	13.6	6.5	4.0	0.9	1.5	8.4
	PERRY	188.9	24.2	1.6	111.8	11.5	60.2	27.6	17.9	4.2	7.5	41.0
	PHILLIPS	241.7	31.6	1.9	87.2	8.6	46.4	21.8	13.4	3.2	5.1	27.6
	PIKE	150.3	19.5	1.2	68.3	6.8	37.0	17.5	10.7	2.5	4.1	22.9
	POINSETT	326.8	42.0	2.6	61.4	6.0	32.7	15.5	9.4	2.2	3.5	19.2
	POLK	319.2	41.5	2.5	142.1	14.6	75.6	34.8	22.6	5.3	9.7	51.5
	POPE	905.5	116.3	7.3	121.9	12.0	65.0	30.6	18.8	4.5	7.0	39.3
	PRAIRIE	103.7	13.5	0.8	490.7	50.0	261.3	120.8	77.7	18.2	33.0	174.5
	PULASKI	6,183.2	779.5	52.1	367.1	36.9	195.7	91.4	57.3	13.5	23.0	124.2
	RANDOLPH	218.9	28.5	1.7	68.9	6.9	36.9	17.2	10.8	2.5	4.2	23.5
	SAINT FRANCIS	310.7	41.0	2.4	62.0	6.1	32.8	15.4	9.5	2.2	3.7	19.5
	SALINE	774.1	97.7	6.4	143.7	14.6	75.9	35.4	22.5	5.3	9.5	49.6
	SCOTT	160.7	20.9	1.3	70.4	6.9	37.3	17.7	10.7	2.5	4.0	21.3
	SEARCY	118.1	15.7	0.9	61.1	6.1	32.5	15.3	9.5	2.2	3.7	20.0
	SEBASTIAN	1,713.4	217.6	14.2	152.0	15.0	80.5	38.0	23.2	5.5	8.9	47.5
	SEVIER	219.7	28.8	1.7	19.5	1.9	10.5	5.0	3.0	0.7	1.1	6.1
	SHARP	322.3	42.7	2.4	299.3	29.6	158.1	74.3	45.9	10.9	18.3	95.6
	STONE	184.5	23.9	1.5	96.7	9.7	51.0	23.9	14.9	3.5	6.1	31.8
	UNION	529.7	68.3	4.3	36.2	3.6	19.0	9.1	5.5	1.3	2.1	10.9
	VAN BUREN	217.1	28.3	1.7	217.7	21.9	115.2	53.8	34.0	8.0	14.2	74.2
	WASHINGTON	3,056.9	391.7	24.9	395.0	38.5	206.1	98.0	59.3	14.2	23.4	116.3
	WHITE	1,215.9	156.9	9.8	169.2	17.2	89.5	41.6	26.6	6.2	11.4	59.6
	WOODRUFF	76.4	10.1	0.6	105.1	10.8	55.9	25.8	16.7	3.9	7.3	38.1
	YELL	325.5	42.2	2.6	83.3	8.1	43.9	21.0	12.6	3.0	4.7	24.8
AR Total		44,264.9	5,655.7	362.6	12,421.9	1,248.6	6,566.6	3,065.3	1,934.7	455.0	804.7	4,194.9

State	County	U.S. Population			2017 Gender		2017 Race			
		Total 2017	2010-2017 % chg.	Total 2022	Male	Female	White	Black	Other Race	Hispanic
AZ	APACHE	46,482	12%	51,471	23,284	23,198	14,068	194	28,178	4,042
	COCHISE	132,287	3%	142,207	66,622	65,664	66,025	3,843	17,541	44,878
	COCONINO	146,318	-9%	153,038	72,009	74,310	74,983	1,435	49,474	20,426
	GILA	57,418	25%	62,562	28,380	29,038	32,943	175	13,788	10,512
	GRAHAM	34,023	-15%	37,267	18,155	15,869	14,946	353	6,612	12,112
	GREENLEE	10,708	5%	13,761	5,547	5,161	3,018	40	915	6,735
	LA PAZ	12,546	-12%	12,709	6,417	6,128	4,956	99	4,129	3,362
	MARICOPA	4,561,501	7%	5,164,118	2,267,317	2,294,184	2,176,828	157,542	674,989	1,552,142
	MOHAVE	209,761	9%	229,887	105,266	104,495	132,650	3,075	29,630	44,406
	NAVAJO	83,886	-8%	87,569	42,101	41,785	34,339	618	38,050	10,878
	PIMA	1,048,034	8%	1,146,982	514,939	533,094	478,624	22,965	150,160	396,285
	PINAL	8,582	-12%	8,196	4,271	4,311	2,790	23	1,179	4,590
	SANTA CRUZ	64,507	1%	77,358	30,774	33,733	9,793	23	1,896	52,796
	YAVAPAI	224,048	9%	258,543	110,278	113,770	160,155	817	23,830	39,245
	YUMA	181,664	0%	195,789	91,111	90,552	50,235	1,358	16,387	113,684
AZ Total		6,821,765	5%	7,641,456	3,386,472	3,435,293	3,256,354	192,560	1,056,758	2,316,093

State	County	2017 Age Ranges (Years)								2017 Occupations					
		1-9	10-19	20-29	30-39	40-49	50-59	60-69	70 over	Mana-gerial	Sales	Admin support	Service	Farming forestry, fishing	Prod-uction
AZ	APACHE	7,116	7,761	4,846	4,395	6,513	6,969	4,970	3,912	11,144	2,347	3,352	8,764	140	7,452
	COCHISE	16,546	16,357	15,457	13,028	16,517	19,711	17,692	16,978	22,656	9,302	11,678	19,595	1,687	13,155
	COCONINO	16,543	21,574	25,672	14,619	18,926	23,686	14,140	11,157	31,285	6,642	8,672	13,631	346	11,402
	GILA	6,230	7,051	5,419	4,056	7,580	9,582	8,619	8,880	8,718	3,746	5,260	10,302	187	7,245
	GRAHAM	5,544	5,061	5,556	3,818	4,089	3,812	2,962	3,180	6,826	851	2,932	3,860	95	6,981
	GREENLEE	1,676	1,456	1,632	1,030	1,305	1,724	1,104	781	1,463	132	387	748	60	3,338
	LA PAZ	1,231	1,330	1,020	958	1,380	1,985	2,529	2,113	2,154	904	1,095	1,472	383	1,676
	MARICOPA	648,915	647,004	596,440	610,314	637,514	593,850	404,798	422,666	819,019	250,456	363,358	382,352	11,184	490,387
	MOHAVE	22,745	25,037	17,492	16,967	26,993	33,960	31,597	34,971	21,741	12,980	19,597	40,043	637	23,585
	NAVAJO	10,866	13,228	8,959	8,135	11,297	12,575	9,457	9,370	14,900	5,782	7,147	12,160	295	12,990
	PIMA	121,748	134,708	145,386	113,548	133,104	158,472	112,417	128,651	203,690	48,926	87,683	109,353	265	101,546
	PINAL	892	1,038	740	719	1,055	1,475	1,214	1,449	1,200	1,004	875	1,532	18	562
	SANTA CRUZ	14,975	9,409	5,115	6,951	6,960	6,723	6,701	7,673	14,222	4,168	8,710	5,291	442	6,312
	YAVAPAI	21,533	25,318	20,686	17,470	27,290	37,675	35,437	38,640	37,838	17,760	21,554	22,435	767	26,245
	YUMA	25,283	26,542	23,676	20,331	21,505	19,533	19,884	24,910	35,370	14,005	16,682	21,199	9,072	22,375
AZ Total		921,844	942,874	878,095	836,336	922,028	931,733	673,523	715,332	1,232,227	379,004	558,981	652,737	25,578	735,250

2017 Educational Attainment | 2017 Family Income

State	County	Less than 9th grade	9th to 12th grade, no diploma	High school grad-uate	Some college, no degree	Assoc-iate degree	Bach-elor's degree	Grad. or pro-fessional degree	Less than $25,000	$25,000-$34,999	$35,000-$49,999	$50,000-$74,999	$75,000-$99,999	$100,000-$149,999	over $150,000
AZ	APACHE	3,259	5,125	11,030	7,850	3,646	2,850	1,837	3,765	1,174	1,312	2,161	1,080	833	315
	COCHISE	6,116	9,536	20,846	35,356	13,712	15,288	7,151	7,521	3,871	5,150	6,532	5,423	3,953	3,386
	COCONINO	5,803	7,660	18,464	30,963	7,054	31,141	19,860	11,569	3,431	4,960	5,824	5,247	5,184	3,034
	GILA	1,436	4,647	10,555	18,436	3,551	5,776	3,534	4,343	1,674	2,823	3,280	2,285	1,244	532
	GRAHAM	829	1,212	6,510	7,018	5,635	1,787	3,221	1,507	546	976	1,704	2,445	604	304
	GREENLEE	1,214	418	2,283	3,145	434	441	236	731	324	452	866	346	201	25
	LA PAZ	546	1,877	3,535	2,960	662	704	358	969	565	524	481	237	304	72
	MARICOPA	300,297	302,301	675,306	864,016	249,516	747,520	440,530	256,781	137,311	200,782	298,526	262,558	313,863	202,753
	MOHAVE	8,337	25,954	59,997	53,375	10,954	10,717	5,478	23,402	9,389	15,976	14,121	7,464	5,848	2,545
	NAVAJO	3,539	7,576	14,492	21,991	4,291	8,993	5,712	6,059	2,295	2,740	3,871	2,783	2,534	656
	PIMA	37,729	68,836	156,139	233,268	61,425	158,319	148,301	68,576	32,975	43,427	55,956	43,910	50,155	30,013
	PINAL	246	430	1,198	4,094	271	486	463	526	156	298	434	520	337	38
	SANTA CRUZ	7,972	9,775	7,056	11,155	2,827	2,671	3,057	5,694	3,308	2,784	3,547	2,039	1,879	1,491
	YAVAPAI	4,206	10,617	47,417	63,316	12,650	26,825	25,432	12,339	6,468	11,513	13,520	9,182	10,776	4,592
	YUMA	16,666	26,696	36,405	41,494	5,302	9,981	6,441	11,319	6,278	8,320	9,897	5,664	4,421	2,597
AZ Total		398,196	482,660	1,071,233	1,398,437	381,929	1,023,501	671,611	415,100	209,765	302,038	420,719	351,181	402,138	252,353

2017 Consumer Spending ($Millions)

State	County	Average annual expend-itures	Food	Alcoholic beverages	Housing	Apparel and services	Transport-ation	Healthcare	Entertain-ment	Personal care products & services	Education	Personal insurance & pensions
AZ	APACHE	469.0	61.4	3.7	332.3	33.5	178.6	83.1	52.3	12.3	20.8	115.8
	COCHISE	1,851.1	233.5	15.6	708.0	70.2	370.4	174.7	108.4	25.6	45.3	225.7
	COCONINO	1,946.6	247.6	16.3	484.0	46.6	244.9	117.5	70.8	17.1	30.0	129.7
	GILA	760.7	98.7	6.1	140.6	14.1	74.0	34.8	21.8	5.1	8.9	46.1
	GRAHAM	425.0	54.2	3.6	41.4	4.0	21.7	10.3	6.2	1.5	2.3	11.7
	GREENLEE	138.1	18.0	1.1	178.3	18.5	95.7	43.8	28.8	6.7	12.5	68.1
	LA PAZ	141.8	18.5	1.1	79.4	7.7	41.3	19.7	11.8	2.8	4.6	22.4
	MARICOPA	93,901.7	11,633.4	812.2	2,253.7	220.6	1,181.4	560.9	340.3	81.1	132.7	678.7
	MOHAVE	3,557.9	464.7	27.9	1,064.0	106.7	564.5	263.9	165.7	39.0	67.8	358.8
	NAVAJO	1,009.3	130.2	8.1	677.0	66.9	351.9	165.9	102.9	24.5	43.4	210.1
	PIMA	16,945.4	2,133.4	142.7	1,773.3	180.9	947.9	437.8	281.6	65.8	118.2	638.6
	PINAL	117.3	15.1	1.0	68.6	6.9	36.9	17.1	10.8	2.5	4.3	24.0
	SANTA CRUZ	986.9	126.5	8.0	338.5	33.5	179.5	84.7	52.0	12.3	20.3	108.0
	YAVAPAI	3,647.3	459.9	30.5	2,320.4	230.2	1,217.1	573.1	355.9	84.4	145.6	742.1
	YUMA	2,340.7	300.8	18.9	70.8	7.0	37.6	17.8	10.8	2.6	4.0	22.1
AZ Total		128,238.9	15,995.8	1,096.6	10,530.3	1,047.3	5,543.4	2,605.1	1,620.2	383.2	660.8	3,401.7

State	County	U.S. Population			2017 Gender		2017 Race			
		Total 2017	2010-2017 % chg.	Total 2022	Male	Female	White	Black	Other Race	Hispanic
CA	ALAMEDA	1,628,447	2%	1,683,493	798,963	829,484	424,513	116,044	715,127	372,762
	ALPINE	1,034	8%	1,079	520	514	634	0	316	84
	AMADOR	40,002	8%	42,599	21,856	18,146	28,555	596	4,984	5,867
	BUTTE	225,104	5%	233,950	111,454	113,650	145,823	2,794	41,564	34,923
	CALAVERAS	50,116	14%	56,426	25,078	25,038	35,825	300	8,249	5,743
	COLUSA	22,457	-1%	24,051	11,560	10,897	4,963	93	2,459	14,941
	CONTRA COSTA	1,019,880	1%	1,060,452	497,131	522,750	374,132	62,137	290,000	293,611
	DEL NORTE	30,177	-1%	31,633	16,806	13,370	14,968	787	8,764	5,658
	EL DORADO	177,897	-4%	182,896	89,014	88,883	125,861	1,172	26,548	24,316
	FRESNO	932,941	1%	978,937	467,027	465,913	188,693	28,676	186,381	529,190
	GLENN	28,395	1%	28,851	14,331	14,064	10,801	167	4,914	12,512
	HUMBOLDT	128,791	5%	132,595	64,568	64,223	82,048	1,147	31,298	14,298
	IMPERIAL	194,375	9%	220,544	101,353	93,022	11,408	3,340	11,073	168,554
	INYO	21,181	-17%	21,182	10,655	10,526	10,863	70	5,824	4,424
	KERN	938,228	5%	1,050,411	485,143	453,085	241,540	25,770	139,683	531,234
	KINGS	171,559	17%	190,976	97,092	74,467	37,406	5,082	25,045	104,025
	LAKE	57,835	-1%	59,643	29,068	28,767	31,638	941	12,387	12,869
	LASSEN	36,668	-1%	38,879	23,150	13,518	19,629	2,114	8,378	6,547
	LOS ANGELES	10,039,666	0%	#NUM!	4,947,904	5,091,761	2,154,189	421,631	2,315,279	5,148,566
	MADERA	161,690	27%	183,471	76,969	84,721	40,279	4,116	18,662	98,633
	MARIN	253,021	2%	257,623	124,642	128,379	150,457	4,902	49,963	47,699
	MARIPOSA	28,026	-10%	28,358	14,071	13,955	16,754	777	7,072	3,423
	MENDOCINO	95,009	4%	97,350	47,500	47,509	48,773	486	19,068	26,681
	MERCED	294,889	7%	316,029	150,373	144,516	64,009	5,053	48,980	176,847
	MODOC	7,967	-6%	7,998	3,998	3,969	5,336	59	1,287	1,284
	MONO	14,811	-5%	16,635	7,936	6,875	6,158	28	4,399	4,227
	MONTEREY	426,077	3%	455,545	220,667	205,409	92,331	7,061	62,050	264,635
	NAPA	122,389	5%	126,346	61,248	61,141	51,872	1,005	18,227	51,285
	NEVADA	99,493	20%	105,884	49,495	49,998	75,126	336	14,224	9,807
	ORANGE	2,968,027	2%	3,146,079	1,467,552	1,500,474	986,959	26,635	862,720	1,091,713
	PLACER	443,673	-4%	519,966	216,649	227,024	285,169	7,875	93,433	57,196
	PLUMAS	18,028	0%	18,296	8,990	9,037	13,631	150	2,660	1,587
	RIVERSIDE	2,501,729	12%	2,964,917	1,244,993	1,256,736	649,302	101,431	430,866	1,320,130
	SACRAMENTO	1,557,858	14%	1,964,871	761,723	796,135	570,166	128,302	500,960	358,430
	SAN BENITO	56,621	-3%	59,352	28,303	28,318	12,017	319	6,977	37,308
	SAN BERNARDINO	2,149,799	-1%	2,312,839	1,069,865	1,079,934	481,506	85,895	370,681	1,211,716
	SAN DIEGO	3,268,779	5%	3,514,457	1,636,179	1,632,600	1,216,546	98,739	792,547	1,160,947
	SAN FRANCISCO	819,272	-3%	843,593	415,204	404,068	304,868	28,116	365,187	121,101
	SAN JOAQUIN	707,625	9%	770,706	350,258	357,367	156,755	31,398	221,294	298,178
	SAN LUIS OBISPO	284,793	11%	303,109	145,391	139,403	172,081	3,888	38,682	70,142
	SAN MATEO	770,410	4%	793,696	379,359	391,051	233,956	10,040	328,926	197,489
	SANTA BARBARA	415,920	-4%	421,505	208,811	207,109	152,414	3,957	57,855	201,694
	SANTA CLARA	1,818,156	4%	1,904,237	911,669	906,487	445,717	25,340	866,494	480,605
	SANTA CRUZ	277,548	8%	287,061	138,841	138,707	120,498	2,003	43,545	111,503
	SHASTA	195,640	0%	207,769	96,234	99,406	135,401	1,165	40,771	18,302
	SIERRA	2,820	-2%	2,760	1,423	1,396	2,342	5	196	276
	SISKIYOU	45,627	-2%	46,224	22,755	22,872	29,146	463	10,624	5,394
	SOLANO	420,591	9%	429,051	210,055	210,537	134,097	42,986	132,294	111,214
	SONOMA	513,466	4%	544,808	252,482	260,983	250,265	5,067	97,685	160,449
	STANISLAUS	537,638	6%	573,714	265,859	271,779	168,897	10,300	99,065	259,376
	SUTTER	105,133	3%	116,371	52,116	53,017	36,834	1,610	31,947	34,742
	TEHAMA	55,177	1%	57,518	27,316	27,861	30,206	227	8,623	16,122
	TRINITY	14,253	0%	15,032	7,331	6,922	10,274	47	2,843	1,088
	TULARE	484,598	-4%	517,306	242,227	242,370	102,911	3,895	54,665	323,126
	TUOLUMNE	55,787	1%	57,863	29,500	26,287	41,523	851	7,315	6,098
	VENTURA	850,975	-6%	881,904	422,428	428,547	328,048	7,335	139,429	376,163
	YOLO	240,317	18%	340,005	117,656	122,661	96,172	4,966	65,924	73,255
	YUBA	81,103	-5%	97,027	40,812	40,291	34,845	1,616	19,294	25,347
CA Total		38,909,484	3%	#NUM!	19,341,553	19,567,930	11,697,131	1,331,308	9,775,707	16,105,337

		2017 Age Ranges (Years)								2017 Occupations					
State	County	1-9	10-19	20-29	30-39	40-49	50-59	60-69	70 over	Mana-gerial	Sales	Admin support	Service	Farming forestry, fishing	Prod-uction
CA	ALAMEDA	198,948	208,939	213,225	231,249	259,467	248,721	135,777	132,120	378,983	61,873	112,901	110,096	320	137,891
	ALPINE	112	104	60	61	155	224	207	112	157	33	89	108	32	82
	AMADOR	2,876	4,379	2,842	3,357	6,007	8,697	6,009	5,835	7,588	2,202	1,715	8,145	615	3,196
	BUTTE	22,770	33,618	38,938	21,200	27,495	34,783	21,958	24,343	49,428	10,627	15,813	29,219	1,995	20,077
	CALAVERAS	3,934	6,714	3,715	3,350	6,993	10,176	7,879	7,354	10,603	3,451	2,542	6,492	243	4,893
	COLUSA	3,585	3,590	2,715	2,538	3,174	3,004	1,862	1,990	3,485	972	1,485	2,850	1,646	2,688
	CONTRA COSTA	126,448	145,535	109,697	116,444	159,503	165,595	95,423	101,235	217,415	57,365	64,356	101,357	536	72,312
	DEL NORTE	2,859	3,853	3,455	3,984	4,974	5,058	2,972	3,022	4,562	1,392	1,811	8,875	944	1,769
	EL DORADO	16,857	24,788	15,274	13,658	28,998	37,032	21,950	19,340	39,782	7,958	12,103	16,659	1,637	11,202
	FRESNO	143,322	161,136	140,852	110,274	124,523	113,751	65,166	73,917	140,200	44,258	59,563	128,376	80,984	98,271
	GLENN	3,971	4,501	3,486	3,040	3,794	4,224	2,691	2,687	5,127	1,166	1,905	2,811	3,200	2,044
	HUMBOLDT	13,070	15,975	21,416	14,166	16,142	23,028	13,592	11,402	25,525	5,136	9,342	14,873	2,963	10,715
	IMPERIAL	27,693	30,787	29,486	26,601	29,019	22,538	12,943	15,307	35,041	12,296	12,675	35,448	17,399	14,898
	INYO	2,098	2,713	1,949	1,769	2,906	4,204	2,616	2,905	2,835	775	1,573	3,775	95	1,889
	KERN	146,895	163,594	133,547	116,719	131,506	118,183	63,529	64,255	132,428	43,933	63,589	131,860	91,366	105,657
	KINGS	24,742	25,079	27,820	25,566	28,286	20,571	9,782	9,713	32,522	8,169	10,449	24,129	20,674	16,783
	LAKE	5,658	7,478	6,010	4,840	8,007	11,662	7,492	6,689	8,922	2,626	4,943	11,729	2,126	5,692
	LASSEN	3,000	4,271	5,729	5,538	6,175	6,163	3,062	2,730	6,867	1,529	3,063	8,482	536	2,470
	LOS ANGELES	######	######	######	######	######	######	798,910	867,238	1,793,364	618,762	799,950	1,150,121	6,119	1,196,095
	MADERA	23,783	25,124	23,675	21,817	22,610	19,414	12,202	13,065	26,996	8,035	11,170	22,320	15,755	17,298
	MARIN	28,856	27,400	18,912	23,917	38,368	50,126	33,028	32,414	64,720	15,132	7,641	17,868	229	9,271
	MARIPOSA	2,472	2,996	2,657	3,730	4,989	4,930	3,276	2,976	3,544	1,694	1,458	5,180	22	3,191
	MENDOCINO	9,840	12,163	10,604	9,562	12,074	18,528	12,222	10,014	15,029	4,794	6,332	13,605	1,938	7,884
	MERCED	46,502	52,990	39,299	36,300	42,344	34,622	22,014	20,818	51,861	12,294	21,957	33,815	16,676	33,992
	MODOC	762	941	692	614	1,063	1,577	1,189	1,129	1,555	227	789	1,109	471	327
	MONO	1,596	1,603	2,261	1,582	2,383	3,201	1,391	795	2,309	377	1,058	1,200	3	1,032
	MONTEREY	60,765	63,467	62,820	56,048	61,411	56,406	31,035	34,126	60,694	18,392	20,950	39,940	65,923	35,765
	NAPA	12,981	16,815	14,261	12,908	17,226	20,887	12,941	14,370	23,644	6,403	6,346	13,230	2,297	9,189
	NEVADA	8,172	11,675	9,384	7,907	13,537	21,548	13,678	13,592	18,834	6,594	6,326	9,621	144	8,804
	ORANGE	369,267	415,950	361,879	368,620	451,166	426,235	262,751	312,158	521,554	157,779	194,444	268,964	3,424	327,610
	PLACER	66,452	60,749	40,709	56,140	64,475	60,268	45,406	49,475	123,184	22,703	30,543	23,752	698	21,564
	PLUMAS	1,367	2,116	1,709	1,220	2,299	4,185	2,703	2,429	3,479	1,072	1,062	2,146	194	2,039
	RIVERSIDE	362,927	432,164	310,847	292,428	367,407	306,743	193,075	236,139	339,616	156,341	187,225	365,917	31,785	361,685
	SACRAMENTO	215,062	230,154	206,167	201,133	224,882	223,225	121,598	135,638	301,587	75,483	137,529	152,203	4,413	151,050
	SAN BENITO	8,304	9,389	6,521	7,202	9,582	7,982	3,936	3,704	10,572	3,518	3,452	5,567	1,154	5,611
	SAN BERNARDINO	301,050	374,298	287,426	253,453	331,799	303,297	161,808	136,668	333,304	115,978	184,106	270,408	4,819	333,812
	SAN DIEGO	401,352	452,921	487,719	419,470	491,398	461,393	257,626	296,901	651,057	170,946	254,051	358,195	4,523	273,887
	SAN FRANCISCO	59,347	57,984	150,240	151,906	126,522	118,079	72,995	82,199	199,134	32,982	36,155	47,531	267	33,872
	SAN JOAQUIN	107,519	122,420	89,654	83,603	100,657	95,440	52,544	55,789	124,557	37,540	61,528	62,683	40,068	78,904
	SAN LUIS OBISPO	24,754	38,585	42,384	24,820	40,538	52,080	28,691	32,941	58,497	13,664	21,031	30,493	4,784	21,719
	SAN MATEO	94,274	88,958	84,059	105,253	123,399	121,998	71,799	80,669	186,105	30,416	42,453	54,966	713	42,969
	SANTA BARBARA	48,925	63,656	69,209	44,390	54,594	56,644	34,462	44,040	72,541	20,267	22,742	40,152	38,713	21,957
	SANTA CLARA	239,683	227,844	222,481	267,697	294,609	257,659	149,803	158,381	486,029	69,759	81,931	97,856	3,320	121,257
	SANTA CRUZ	29,399	39,047	42,391	29,800	39,262	51,589	24,721	21,338	51,016	12,386	11,733	25,834	16,310	15,914
	SHASTA	20,406	26,608	22,098	17,758	26,538	34,063	23,610	24,559	36,118	11,921	14,596	29,242	968	17,551
	SIERRA	227	288	221	189	451	568	537	339	528	35	177	491	20	295
	SISKIYOU	4,090	5,522	4,142	3,373	5,896	9,367	6,720	6,515	9,161	2,677	3,095	6,502	1,410	3,633
	SOLANO	48,684	60,161	52,182	46,182	65,164	69,851	39,491	38,876	73,261	19,955	38,171	43,347	791	45,949
	SONOMA	54,756	69,571	62,656	53,049	75,734	94,465	52,200	51,033	93,435	22,703	34,208	44,371	6,382	44,213
	STANISLAUS	76,377	90,222	70,183	64,024	78,679	73,433	41,228	43,491	87,503	28,558	39,667	58,893	23,093	70,472
	SUTTER	15,315	15,783	13,462	12,915	14,861	13,390	9,389	10,018	15,082	5,255	6,438	13,073	4,495	16,256
	TEHAMA	7,032	8,152	5,979	5,504	7,622	8,317	6,322	6,249	9,937	2,176	4,680	8,253	1,220	6,868
	TRINITY	986	1,735	1,024	1,001	1,955	3,259	2,376	1,916	2,393	539	1,242	2,958	503	1,176
	TULARE	81,947	85,174	67,304	58,765	64,621	57,460	34,966	34,362	68,428	21,537	32,085	50,565	70,229	45,483
	TUOLUMNE	4,134	6,180	5,613	4,542	8,020	10,906	7,482	8,909	11,029	4,528	3,748	7,813	255	5,624
	VENTURA	107,952	128,119	98,601	98,540	131,354	130,758	75,823	81,828	164,822	42,766	63,415	70,519	26,482	62,927
	YOLO	27,112	36,121	53,657	25,497	29,675	31,050	19,148	18,048	51,978	8,921	15,313	26,099	5,247	18,363
	YUBA	12,536	12,276	11,522	10,654	11,367	10,777	6,366	5,605	11,376	4,154	5,837	14,757	2,980	12,509
CA Total		######	######	######	######	######	######	######	######	7,261,302	2,055,026	2,796,554	4,136,845	636,148	4,000,608

State	County	Less than 9th grade	9th to 12th grade, no diploma	High school grad-uate	Some college, no degree	Assoc-iate degree	Bach-elor's degree	Grad. or pro-fessional degree	Less than $25,000	$25,000-$34,999	$35,000-$49,999	$50,000-$74,999	$75,000-$99,999	$100,000-$149,999	over $150,000
CA	ALAMEDA	115,275	98,274	180,717	262,058	68,293	343,421	259,145	60,990	23,621	34,785	54,123	52,203	104,956	136,088
	ALPINE	8	42	113	313	26	294	72	47	21	35	51	14	70	56
	AMADOR	1,043	5,006	6,532	11,814	2,549	3,501	4,716	1,522	834	1,111	1,389	1,818	1,891	1,651
	BUTTE	8,767	14,067	38,296	61,034	12,019	37,493	15,948	13,909	5,103	7,214	11,243	8,178	6,091	3,654
	CALAVERAS	393	3,612	9,878	14,774	4,359	5,820	4,151	2,455	1,212	2,025	2,505	2,318	2,634	1,672
	COLUSA	5,209	1,201	3,985	4,220	1,078	1,187	393	1,097	574	768	1,188	926	593	255
	CONTRA COSTA	61,075	55,354	125,758	203,094	53,673	205,111	115,723	37,933	16,399	27,166	37,469	36,663	66,978	84,232
	DEL NORTE	1,006	6,511	5,849	7,198	1,594	2,591	740	2,212	785	693	1,331	859	756	292
	EL DORADO	2,895	9,471	21,992	52,177	12,347	30,531	19,707	6,104	3,640	4,843	7,255	7,186	11,033	10,274
	FRESNO	141,347	95,594	140,159	165,014	39,546	82,419	49,515	63,581	24,064	31,679	38,959	28,202	28,835	18,695
	GLENN	4,705	2,237	4,745	6,127	1,019	2,470	869	1,931	882	1,103	1,147	1,000	693	468
	HUMBOLDT	2,467	8,609	24,535	30,002	9,248	21,372	12,698	9,013	3,767	4,480	5,723	3,894	3,202	1,945
	IMPERIAL	27,207	21,553	36,860	38,639	7,090	12,278	8,114	13,407	4,663	5,163	7,229	4,687	5,349	2,378
	INYO	515	2,886	3,864	5,019	1,302	1,924	2,274	2,377	485	1,138	842	1,174	1,162	379
	KERN	110,688	100,166	175,679	167,381	43,159	73,596	41,649	58,809	23,988	31,233	41,624	30,694	33,543	21,533
	KINGS	17,830	14,951	39,821	29,766	13,532	14,450	4,457	7,534	3,845	5,378	7,495	5,181	4,688	2,233
	LAKE	1,987	5,695	13,134	16,376	4,339	2,862	4,394	4,733	2,019	2,410	2,035	1,447	1,821	825
	LASSEN	1,206	2,853	8,765	11,200	3,674	2,849	1,143	1,771	693	1,106	1,556	1,316	1,553	659
	LOS ANGELES	######	1,093,699	1,333,542	1,607,247	395,122	1,412,597	799,581	537,418	207,463	280,151	357,838	264,632	351,579	339,321
	MADERA	19,868	19,261	32,396	30,934	6,063	12,118	5,404	8,975	4,583	5,595	7,482	3,476	4,877	2,569
	MARIN	9,772	12,128	16,213	33,362	9,437	74,468	53,715	8,727	3,467	4,930	6,954	5,890	11,769	22,114
	MARIPOSA	243	963	4,432	6,630	3,424	6,124	2,267	1,542	586	1,279	3,817	2,588	2,866	2,682
	MENDOCINO	6,377	8,754	16,298	23,041	7,402	9,245	8,203	6,976	2,532	3,722	5,071	4,244	3,501	2,771
	MERCED	45,434	29,518	53,118	55,704	12,918	17,202	8,614	28,421	14,191	14,108	18,958	13,902	11,913	15,653
	MODOC	385	701	1,552	2,388	650	861	235	815	247	332	280	322	215	57
	MONO	641	1,584	1,724	3,347	765	2,487	1,890	770	375	405	666	700	408	222
	MONTEREY	79,961	46,135	50,197	64,906	18,217	41,621	34,771	15,464	8,512	12,056	16,355	12,717	16,347	11,791
	NAPA	12,252	7,496	14,739	25,746	6,560	21,624	13,252	5,622	2,152	3,414	4,293	3,496	6,481	6,116
	NEVADA	1,035	4,231	16,112	29,111	8,452	15,424	11,485	4,795	2,310	3,142	4,680	4,225	5,215	3,486
	ORANGE	583,728	220,486	269,796	434,938	125,242	468,620	291,829	143,285	52,402	69,696	90,756	78,240	131,320	188,261
	PLACER	8,356	8,111	57,617	113,627	32,527	84,483	41,644	12,654	12,731	8,646	40,763	14,191	33,118	29,848
	PLUMAS	438	799	3,163	6,179	1,807	1,863	1,568	1,219	599	790	878	810	689	203
	RIVERSIDE	358,022	248,353	394,697	477,592	108,038	203,512	140,363	122,507	55,644	74,840	103,217	85,603	106,127	66,794
	SACRAMENTO	99,233	105,569	250,971	351,766	92,353	214,989	121,502	67,559	32,215	47,160	64,831	50,517	71,249	47,807
	SAN BENITO	3,243	4,588	9,126	13,731	3,866	6,153	1,980	871	1,154	2,225	1,971	3,473	2,127	
	SAN BERNARDINO	251,640	270,844	339,270	408,852	103,277	179,755	117,142	110,428	47,943	70,934	96,132	81,188	96,380	63,001
	SAN DIEGO	228,631	216,448	432,816	660,041	179,347	577,778	356,374	145,608	64,942	101,041	132,216	111,386	167,241	160,071
	SAN FRANCISCO	68,833	40,556	65,859	102,579	33,066	265,321	158,812	27,140	8,987	12,902	18,823	16,053	30,760	43,301
	SAN JOAQUIN	60,448	72,694	122,895	144,403	36,665	73,454	30,174	35,398	15,506	25,468	32,397	25,825	37,451	23,342
	SAN LUIS OBISPO	10,553	23,036	43,728	64,810	25,158	45,950	31,480	11,867	5,813	7,527	11,483	10,136	12,617	9,461
	SAN MATEO	48,905	36,469	77,816	120,093	34,295	186,523	125,189	19,950	9,253	16,385	25,382	20,985	42,953	70,314
	SANTA BARBARA	60,550	27,272	49,351	70,779	22,342	65,185	45,360	18,047	7,860	10,923	14,640	11,002	16,711	14,255
	SANTA CLARA	120,762	102,323	178,185	234,068	80,935	400,945	345,581	47,113	18,293	27,880	42,078	39,945	87,783	171,906
	SANTA CRUZ	26,316	14,144	31,876	59,411	14,298	52,477	33,598	10,390	4,384	6,048	8,661	7,975	11,443	12,770
	SHASTA	3,625	15,493	40,939	53,513	14,689	21,762	12,781	13,363	5,651	7,227	10,136	6,790	5,991	3,863
	SIERRA	35	219	705	747	197	458	97	249	50	102	151	84	136	30
	SISKIYOU	1,389	2,469	8,112	13,836	3,467	5,141	4,408	4,083	1,190	2,004	2,313	1,561	1,040	546
	SOLANO	23,610	28,265	72,083	104,356	28,099	60,101	26,786	14,855	7,397	11,431	20,828	17,196	31,623	27,203
	SONOMA	39,877	28,558	68,252	114,586	33,755	88,108	52,786	18,860	8,335	13,260	18,945	17,591	27,427	22,468
	STANISLAUS	61,452	57,602	98,832	100,750	25,652	49,170	24,193	30,229	12,053	17,700	23,500	19,979	20,106	10,210
	SUTTER	10,323	11,342	18,495	21,872	7,385	9,319	3,243	5,852	2,587	4,341	4,815	3,925	3,769	1,731
	TEHAMA	3,275	6,306	12,577	14,084	3,180	3,542	1,630	4,024	1,833	2,568	2,698	1,549	1,286	702
	TRINITY	212	1,047	2,897	3,992	826	2,373	1,077	1,270	548	630	641	430	349	184
	TULARE	81,790	50,577	78,966	90,527	20,143	26,044	13,577	29,442	14,222	19,112	22,800	18,512	20,498	13,726
	TUOLUMNE	669	4,464	12,891	19,043	3,264	4,788	3,805	3,185	1,484	2,093	2,594	1,756	2,300	1,175
	VENTURA	73,511	52,526	111,456	171,350	47,757	141,099	82,398	32,722	15,318	25,159	34,424	29,535	51,607	52,433
	YOLO	20,781	45,522	25,181	34,973	7,003	30,725	30,810	15,404	5,386	7,732	9,911	6,959	10,215	9,989
	YUBA	11,882	9,151	17,891	14,463	3,282	3,075	2,762	3,766	2,379	2,550	3,657	2,285	4,023	1,462
CA Total		######	3,377,785	5,277,447	6,989,585	1,839,773	5,730,650	3,588,946	1,861,402	778,889	1,088,768	1,491,450	1,187,931	1,720,696	1,743,253

2017 Consumer Spending ($Millions)

State	County	Average annual expend-itures	Food	Alcoholic beverages	Housing	Apparel and services	Transport-ation	Healthcare	Entertain-ment	Personal care products & services	Education	Personal insurance & pensions
CA	ALAMEDA	27,784.1	3,311.5	256.3	505.9	49.4	268.9	127.7	76.6	18.3	28.0	153.2
	ALPINE	16.9	2.1	0.1	0.4	0.0	0.2	0.1	0.1	0.0	0.0	0.1
	AMADOR	599.0	73.3	5.3	82.6	8.2	43.7	20.6	12.7	3.0	4.9	26.3
	BUTTE	2,793.0	355.1	23.1	1,002.9	99.5	530.3	249.4	154.4	36.6	61.4	324.1
	CALAVERAS	831.2	103.2	7.2	245.5	24.1	131.6	62.2	37.7	8.9	14.0	78.2
	COLUSA	271.2	34.7	2.2	34.2	3.3	18.1	8.6	5.1	1.2	1.8	10.0
	CONTRA COSTA	17,961.7	2,152.8	164.3	590.1	57.5	309.2	147.2	88.7	21.2	34.0	173.9
	DEL NORTE	319.8	41.4	2.6	88.1	8.4	45.8	22.2	13.0	3.1	4.7	24.0
	EL DORADO	3,027.4	366.1	27.3	554.2	54.2	291.0	138.5	83.8	19.9	32.5	167.4
	FRESNO	11,536.4	1,467.9	95.3	668.2	64.6	351.2	168.4	99.8	23.9	36.4	190.9
	GLENN	337.7	43.6	2.7	257.7	24.6	130.1	62.8	37.3	9.1	15.5	67.2
	HUMBOLDT	1,534.1	196.9	12.5	615.8	59.6	323.8	155.2	91.9	22.0	33.6	175.5
	IMPERIAL	2,063.0	264.5	16.8	177.8	17.1	93.0	44.5	26.5	6.4	9.9	50.8
	INYO	389.6	49.5	3.2	102.1	10.0	54.0	25.8	15.4	3.7	5.6	30.5
	KERN	12,332.5	1,557.4	103.2	1,013.1	98.8	533.9	254.3	152.8	36.5	57.1	301.9
	KINGS	1,894.4	239.9	15.7	58.7	5.7	31.4	14.9	8.9	2.1	3.1	17.7
	LAKE	723.5	93.2	5.8	1,156.9	117.2	618.7	287.4	182.8	42.8	75.4	410.2
	LASSEN	452.1	57.1	3.8	242.9	23.9	127.6	60.3	36.9	8.8	14.6	75.2
	LOS ANGELES	121,544.2	15,143.5	1,042.7	8,715.9	869.2	4,590.0	2,154.9	1,344.8	317.5	550.5	2,846.9
	MADERA	1,859.9	236.9	15.2	206.5	19.8	108.4	52.1	30.6	7.4	10.8	57.6
	MARIN	3,337.8	400.1	30.5	1,034.4	104.7	555.6	258.1	163.1	38.2	65.4	361.5
	MARIPOSA	948.0	114.8	8.5	215.9	21.6	116.3	54.3	33.9	8.0	13.1	74.4
	MENDOCINO	1,526.4	191.4	13.0	1,543.2	152.9	820.3	386.2	237.6	56.1	92.4	497.6
	MERCED	5,772.0	727.1	48.5	617.1	60.8	329.6	155.9	94.9	22.4	35.5	197.3
	MODOC	102.6	13.4	0.8	73.1	7.3	38.9	18.4	11.3	2.7	4.3	23.5
	MONO	179.1	22.8	1.5	104.7	10.1	53.9	25.9	15.5	3.7	6.0	28.8
	MONTEREY	5,115.0	635.0	44.0	558.0	55.1	296.2	139.9	85.3	20.2	32.5	174.5
	NAPA	1,743.9	213.5	15.4	202.8	20.2	106.2	50.0	31.0	7.3	12.7	64.6
	NEVADA	1,537.5	190.7	13.3	411.3	39.9	215.1	102.6	61.6	14.8	23.5	119.6
	ORANGE	41,752.6	5,056.6	376.6	1,099.3	107.6	577.3	274.1	166.1	39.6	64.2	332.1
	PLACER	9,159.0	1,105.4	81.5	815.0	79.8	427.5	203.2	123.3	29.4	48.0	246.6
	PLUMAS	263.2	33.6	2.2	310.7	30.4	163.4	77.6	47.0	11.2	18.2	94.6
	RIVERSIDE	33,245.3	4,147.8	283.9	1,488.0	148.1	785.8	369.7	229.6	54.2	92.3	485.8
	SACRAMENTO	21,202.7	2,626.4	183.3	2,307.8	234.4	1,231.7	571.0	365.0	85.2	152.3	820.9
	SAN BENITO	846.5	102.9	7.6	157.5	15.1	82.2	39.4	23.3	5.6	8.6	43.5
	SAN BERNARDINO	31,004.7	3,859.6	266.5	1,191.7	116.3	624.4	297.8	179.3	42.8	68.7	352.7
	SAN DIEGO	49,646.0	6,079.2	438.3	4,611.2	457.7	2,416.2	1,137.7	706.4	167.2	290.2	1,471.5
	SAN FRANCISCO	8,604.7	1,039.7	77.8	362.5	35.3	191.4	91.3	54.5	13.0	20.2	107.0
	SAN JOAQUIN	10,922.3	1,353.3	94.3	1,799.9	179.3	957.9	448.8	279.0	65.8	110.4	594.2
	SAN LUIS OBISPO	3,811.3	471.6	33.1	743.7	76.1	396.4	182.8	118.3	27.6	50.7	270.4
	SAN MATEO	11,829.1	1,403.2	109.7	1,211.1	118.1	636.2	302.6	182.7	43.6	70.1	363.4
	SANTA BARBARA	5,066.1	626.5	43.9	421.6	41.4	222.9	105.6	64.0	15.2	24.1	128.2
	SANTA CLARA	25,704.4	3,011.4	243.4	2,045.1	209.0	1,074.7	497.7	322.9	74.7	142.7	732.8
	SANTA CRUZ	3,483.6	424.3	31.1	675.5	68.5	363.6	168.4	107.0	25.0	43.2	239.8
	SHASTA	2,608.3	332.5	21.4	1,058.3	106.5	564.5	263.7	165.5	38.8	66.7	360.9
	SIERRA	40.1	5.1	0.3	276.7	27.9	148.2	69.0	43.5	10.2	17.7	96.3
	SISKIYOU	593.7	76.8	4.8	596.8	59.4	317.5	148.4	92.3	21.8	36.5	196.3
	SOLANO	7,954.8	959.1	71.9	99.8	9.7	52.5	25.1	15.0	3.6	5.5	28.9
	SONOMA	7,354.3	897.6	65.2	1,612.7	161.2	859.6	402.5	250.7	59.0	99.4	538.3
	STANISLAUS	6,992.0	882.4	58.6	854.0	85.6	459.2	214.0	133.8	31.4	52.3	292.7
	SUTTER	1,399.0	177.3	11.6	36.9	3.6	19.8	9.4	5.7	1.3	2.0	11.6
	TEHAMA	699.7	90.1	5.6	216.8	21.3	115.0	54.5	33.1	7.9	12.6	67.9
	TRINITY	188.1	24.3	1.5	379.1	38.4	200.2	93.0	59.4	14.0	25.4	131.9
	TULARE	7,163.3	901.7	60.2	455.3	44.3	241.0	114.9	68.7	16.4	25.3	136.0
	TUOLUMNE	741.7	93.9	6.1	341.0	34.4	181.5	84.5	53.5	12.5	22.1	118.2
	VENTURA	14,205.8	1,717.9	127.8	470.8	46.3	247.2	117.0	71.5	17.0	28.1	146.0
	YOLO	3,363.9	419.3	28.9	490.6	48.7	259.4	122.1	75.5	17.8	30.0	158.4
	YUBA	1,088.9	136.6	9.2	256.0	25.9	138.2	64.1	40.5	9.5	16.0	90.1
CA Total		539,469.4	66,355.9	4,726.9	47,465.2	4,717.9	25,088.8	11,798.2	7,311.0	1,726.8	2,923.0	15,380.5

State	County	U.S. Population			2017 Gender		2017 Race			
		Total 2017	2010-2017 % chg.	Total 2022	Male	Female	White	Black	Other Race	Hispanic
CO	ADAMS	485,410	12%	537,928	243,178	242,232	197,553	8,277	70,989	208,591
	ALAMOSA	15,373	-2%	15,931	7,707	7,667	5,537	119	1,725	7,992
	ARAPAHOE	571,245	16%	680,212	281,823	289,422	291,778	41,104	105,914	132,449
	ARCHULETA	15,264	1%	18,645	7,711	7,552	11,280	87	1,369	2,527
	BACA	3,466	-14%	3,322	1,715	1,751	2,898	21	192	355
	BENT	5,691	-10%	5,884	3,617	2,074	2,446	764	691	1,789
	BOULDER	307,129	8%	319,209	153,993	153,137	221,490	2,748	38,086	44,806
	CHAFFEE	17,956	11%	19,176	9,561	8,395	15,059	276	1,105	1,517
	CHEYENNE	1,731	-3%	1,652	860	871	1,397	6	110	217
	CLEAR CREEK	2,632	10%	2,416	1,389	1,243	2,349	13	145	125
	CONEJOS	5,268	-15%	5,068	2,613	2,655	1,556	7	454	3,250
	COSTILLA	4,448	38%	5,859	2,311	2,136	667	7	382	3,391
	CROWLEY	6,286	14%	7,235	4,657	1,629	3,103	314	853	2,017
	CUSTER	4,997	-4%	6,008	2,583	2,414	4,390	33	260	313
	DELTA	34,415	5%	37,902	17,326	17,089	25,135	190	3,558	5,532
	DENVER	655,215	2%	711,318	325,893	329,322	275,560	49,452	87,697	242,506
	DOLORES	1,725	-10%	1,794	881	845	1,389	2	224	111
	DOUGLAS	217,402	14%	252,854	107,836	109,566	164,492	2,200	30,775	19,935
	EAGLE	40,114	-5%	45,886	20,992	19,123	20,360	131	4,321	15,302
	EL PASO	670,526	8%	766,316	333,431	337,095	418,472	31,935	104,482	115,638
	ELBERT	63,122	7%	69,179	31,545	31,577	50,073	342	8,183	4,524
	FREMONT	49,032	-6%	53,053	28,525	20,507	36,587	1,542	4,013	6,890
	GARFIELD	71,699	19%	83,296	37,074	34,625	30,585	272	11,075	29,767
	GILPIN	7,313	16%	12,578	3,874	3,439	6,557	26	275	455
	GRAND	13,930	-3%	14,039	7,416	6,513	11,008	49	1,002	1,872
	GUNNISON	15,127	14%	16,099	8,123	7,004	11,440	31	2,053	1,602
	HINSDALE	789	-2%	863	413	376	721	2	34	33
	HUERFANO	6,402	3%	6,462	3,185	3,218	3,081	44	992	2,286
	JACKSON	1,236	-6%	1,193	650	586	967	0	76	193
	JEFFERSON	573,088	-5%	589,873	284,609	288,479	407,636	5,714	63,421	96,317
	KIOWA	3,235	20%	4,753	1,749	1,486	3,046	24	50	115
	KIT CARSON	8,482	-8%	8,872	4,770	3,712	5,461	328	515	2,178
	LA PLATA	53,868	-4%	57,544	27,411	26,457	40,292	299	7,190	6,086
	LAKE	7,477	10%	7,869	4,002	3,475	3,130	15	742	3,590
	LARIMER	319,657	6%	355,685	158,515	161,142	247,131	2,609	29,414	40,504
	LAS ANIMAS	15,346	18%	15,915	7,865	7,481	7,008	137	1,313	6,888
	LINCOLN	5,704	-3%	6,061	3,355	2,349	3,149	1,137	257	1,160
	LOGAN	23,425	14%	25,133	13,336	10,089	15,117	3,145	1,229	3,934
	MESA	154,961	7%	171,092	76,905	78,057	114,172	737	15,689	24,363
	MINERAL	701	4%	727	354	347	646	2	29	23
	MOFFAT	13,848	-6%	14,516	7,060	6,789	9,979	74	1,279	2,516
	MONTEZUMA	27,744	7%	30,631	13,731	14,013	19,477	64	5,184	3,019
	MONTROSE	41,355	-2%	42,788	20,360	20,995	26,990	189	4,867	9,308
	MORGAN	28,813	-1%	30,288	14,228	14,585	13,756	622	1,750	12,685
	OTERO	16,962	-4%	16,531	8,316	8,646	7,496	109	1,568	7,790
	OURAY	4,380	11%	5,076	2,184	2,196	4,055	7	159	160
	PARK	16,205	13%	18,958	8,447	7,758	14,383	76	598	1,149
	PHILLIPS	4,635	5%	4,745	2,281	2,353	2,484	9	1,086	1,056
	PITKIN	13,613	-18%	14,331	7,232	6,381	11,329	103	962	1,219
	PROWERS	12,232	-7%	12,129	6,055	6,177	6,053	42	822	5,315
	PUEBLO	167,829	-3%	181,384	82,600	85,230	69,790	2,428	17,710	77,901
	RIO BLANCO	6,000	-11%	6,111	3,087	2,913	4,800	39	453	708
	RIO GRANDE	12,096	5%	12,657	5,996	6,100	5,296	27	1,103	5,670
	ROUTT	24,563	-20%	27,554	13,055	11,508	20,296	79	2,042	2,146
	SAGUACHE	4,714	-4%	4,637	2,416	2,298	1,592	7	322	2,793
	SAN JUAN	647	-2%	651	361	286	505	0	85	58
	SAN MIGUEL	9,343	5%	11,341	5,089	4,254	6,804	44	1,458	1,037
	SEDGWICK	2,180	-8%	2,108	1,074	1,106	1,720	7	172	280
	SUMMIT	26,440	-3%	27,653	14,538	11,902	17,628	138	3,266	5,407
	TELLER	26,616	26%	30,757	13,587	13,029	22,997	97	1,884	1,639
	WASHINGTON	4,158	-21%	4,117	2,118	2,040	3,456	39	118	545
	WELD	361,524	16%	495,062	180,597	180,927	213,925	2,493	40,761	104,345
	YUMA	9,645	-13%	9,940	4,778	4,867	4,653	9	1,265	3,718
CO Total		5,296,429	4%	5,948,866	2,652,942	2,643,487	3,154,181	160,843	689,794	1,291,611

State	County	1-9	10-19	20-29	30-39	40-49	50-59	60-69	70 over	Mana-gerial	Sales	Admin support	Service	Farming forestry, fishing	Prod-uction
CO	ADAMS	77,226	68,349	67,768	71,495	70,005	61,799	38,223	30,546	65,845	18,692	40,764	26,321	714	77,351
	ALAMOSA	2,024	2,228	2,502	1,437	2,011	2,390	1,507	1,274	3,127	1,301	958	792	382	1,389
	ARAPAHOE	75,169	77,322	68,874	73,328	82,699	92,743	53,504	47,606	107,993	28,887	35,644	30,423	19	51,727
	ARCHULETA	1,189	1,711	1,257	1,139	2,323	3,538	2,290	1,817	1,969	1,039	881	1,289	11	2,460
	BACA	326	441	292	237	415	655	437	662	1,144	89	102	192	28	265
	BENT	416	465	1,297	962	789	735	489	538	986	254	734	395	752	430
	BOULDER	31,328	41,750	47,815	34,207	48,694	54,205	26,880	22,250	76,287	11,687	12,965	17,812	52	11,927
	CHAFFEE	1,401	1,502	1,688	1,840	2,608	3,569	2,764	2,584	3,489	1,242	1,676	1,624	67	1,874
	CHEYENNE	185	235	138	154	296	308	157	257	499	40	61	134	8	117
	CLEAR CREEK	177	210	282	254	522	645	348	194	455	163	64	185	5	196
	CONEJOS	691	787	495	411	749	943	550	642	985	357	582	458	73	664
	COSTILLA	396	564	255	338	556	848	720	771	629	105	448	1,335	40	378
	CROWLEY	292	445	1,202	1,237	1,385	990	406	329	2,672	85	298	339	73	1,110
	CUSTER	316	486	231	356	618	1,170	1,128	692	1,263	231	211	297	4	662
	DELTA	3,767	4,230	3,281	3,222	4,501	6,041	4,799	4,574	6,288	1,733	2,197	2,917	164	6,051
	DENVER	82,588	68,606	127,916	105,492	84,754	86,055	49,803	50,000	108,884	29,267	36,364	48,878	230	76,851
	DOLORES	179	179	136	130	211	304	276	309	441	74	187	85	4	173
	DOUGLAS	35,178	30,677	16,719	28,695	38,642	38,561	18,356	10,573	57,004	15,006	9,240	5,656	21	6,205
	EAGLE	5,387	4,946	5,197	5,737	6,531	7,620	3,535	1,162	5,864	1,921	1,775	2,720	63	3,396
	EL PASO	90,871	97,176	90,566	77,077	104,028	101,651	58,672	50,487	134,239	33,466	52,569	45,500	147	63,510
	ELBERT	8,769	9,443	3,742	6,187	12,798	12,679	7,029	2,474	11,730	6,482	2,717	3,971	173	3,689
	FREMONT	3,901	4,642	6,364	6,886	8,218	8,172	5,448	5,401	8,891	2,292	3,711	6,534	20	8,843
	GARFIELD	10,407	10,039	9,274	9,420	11,223	12,284	5,355	3,697	7,913	4,544	5,315	4,749	140	9,139
	GILPIN	593	693	620	819	1,491	2,127	763	207	235	547	142	977	273	105
	GRAND	1,396	1,513	1,678	1,494	2,489	2,859	1,612	888	1,018	872	633	782	630	1,380
	GUNNISON	1,455	1,807	3,125	1,861	2,018	2,574	1,443	843	1,625	685	610	1,310	74	1,640
	HINSDALE	119	60	74	54	105	155	135	88	51	199	9	7	0	60
	HUERFANO	443	615	435	454	824	1,472	1,076	1,084	1,780	373	312	423	17	937
	JACKSON	105	131	86	115	194	278	189	139	244	27	150	21	53	96
	JEFFERSON	60,090	70,544	64,500	59,625	90,100	108,929	60,957	58,342	102,007	26,901	35,110	36,525	75	46,113
	KIOWA	406	347	342	352	359	692	316	422	190	4	189	1,007	34	241
	KIT CARSON	824	1,019	1,131	1,023	1,376	1,359	776	973	2,090	175	985	580	168	390
	LA PLATA	5,193	6,511	8,056	5,736	7,871	10,940	5,561	3,999	10,631	3,622	2,667	3,853	44	3,769
	LAKE	910	1,052	1,127	1,051	1,194	1,073	666	404	652	654	217	675	0	1,227
	LARIMER	34,369	41,673	56,330	35,173	42,892	52,624	29,924	26,672	62,179	15,141	15,183	18,767	435	27,696
	LAS ANIMAS	1,630	1,752	1,719	1,458	2,146	2,876	1,978	1,786	3,254	566	881	1,882	184	1,936
	LINCOLN	485	668	823	778	1,051	849	499	551	1,581	129	270	825	8	468
	LOGAN	2,134	3,077	3,781	2,845	3,551	3,528	1,998	2,512	4,220	1,433	1,013	2,692	115	2,576
	MESA	19,157	20,095	21,406	16,023	20,922	24,423	14,679	18,256	24,855	7,329	12,493	14,613	1,050	16,915
	MINERAL	38	60	43	38	97	157	159	109	72	44	21	141	1	48
	MOFFAT	1,941	1,809	1,875	1,383	2,090	2,450	1,340	961	1,206	654	778	1,317	75	2,640
	MONTEZUMA	3,056	3,251	2,582	2,480	3,970	5,309	3,614	3,482	5,090	1,077	2,492	2,608	76	3,269
	MONTROSE	5,043	5,426	4,139	4,019	5,454	6,898	4,979	5,397	4,369	1,968	2,550	4,654	152	7,303
	MORGAN	3,985	4,278	3,356	3,105	4,517	3,947	2,577	3,048	4,635	1,427	1,498	1,879	372	5,545
	OTERO	1,996	2,275	1,770	1,515	2,241	2,619	2,137	2,409	3,807	602	1,704	1,432	209	1,747
	OURAY	338	440	193	424	609	1,089	882	406	875	198	329	291	6	425
	PARK	1,513	1,708	992	1,466	2,863	4,645	2,185	832	3,071	587	1,120	501	179	1,501
	PHILLIPS	578	663	409	408	655	738	475	708	1,505	106	132	325	157	242
	PITKIN	1,128	1,344	1,491	1,527	1,998	2,948	1,911	1,266	2,028	330	584	685	127	593
	PROWERS	1,633	1,758	1,480	1,223	1,496	1,976	1,227	1,440	2,009	566	579	785	552	1,737
	PUEBLO	21,574	23,306	19,752	19,353	22,134	25,100	16,373	20,237	27,438	10,995	15,205	16,480	181	19,847
	RIO BLANCO	723	790	757	575	827	1,046	678	604	1,142	252	235	606	35	615
	RIO GRANDE	1,490	1,502	1,141	1,242	1,581	2,294	1,459	1,388	2,358	1,009	798	781	291	1,246
	ROUTT	2,439	2,712	3,273	2,844	4,099	5,202	3,051	943	3,832	830	985	1,093	54	1,901
	SACUACHE	618	620	514	427	723	939	507	367	983	142	239	264	571	388
	SAN JUAN	46	43	71	66	96	153	122	51	161	9	28	26	0	43
	SAN MIGUEL	844	723	1,197	1,199	1,426	2,452	1,215	287	1,109	223	171	644	1	620
	SEDGWICK	228	212	204	172	283	400	283	398	556	176	117	62	26	139
	SUMMIT	2,218	2,093	6,325	3,860	4,191	4,152	2,838	761	2,662	1,504	708	572	907	958
	TELLER	2,171	3,116	1,828	1,798	4,915	7,068	4,042	1,678	4,135	1,889	1,648	1,343	13	2,756
	WASHINGTON	419	563	390	340	667	743	454	581	1,221	128	132	164	10	388
	WELD	54,392	51,952	46,947	44,807	52,768	53,383	33,246	24,030	76,403	13,069	19,533	23,711	1,392	35,079
	YUMA	1,422	1,298	1,143	1,094	1,220	1,406	995	1,068	2,479	132	632	534	266	604
CO Total		671,321	689,936	724,396	654,462	784,077	851,781	491,998	428,457	978,354	255,531	332,543	348,447	12,007	523,591

2017 Educational Attainment | 2017 Family Income

State	County	Less than 9th grade	9th to 12th grade, no diploma	High school grad-uate	Some college, no degree	Assoc-iate degree	Bach-elor's degree	Grad. or pro-fessional degree	Less than $25,000	$25,000-$34,999	$35,000-$49,999	$50,000-$74,999	$75,000-$99,999	$100,000-$149,999	over $150,000
CO	ADAMS	44,958	41,956	89,105	88,505	26,035	57,589	24,794	18,684	10,052	17,593	33,133	26,465	34,104	21,013
	ALAMOSA	624	696	3,405	3,306	516	2,139	1,790	1,021	333	619	610	209	779	221
	ARAPAHOE	29,691	24,941	72,497	96,813	34,164	126,348	72,413	24,088	11,504	16,777	24,523	21,494	36,559	30,514
	ARCHULETA	129	775	2,385	3,671	547	3,525	2,182	593	265	674	1,178	774	491	609
	BACA	110	362	854	970	197	265	178	288	103	212	171	102	65	32
	BENT	236	810	1,988	1,273	445	220	47	327	245	280	253	143	28	31
	BOULDER	7,661	5,774	21,100	38,024	10,175	96,608	77,925	14,756	6,099	6,920	11,160	11,444	18,190	23,581
	CHAFFEE	124	681	2,925	4,319	1,381	3,721	2,708	830	563	707	832	860	724	380
	CHEYENNE	60	92	260	711	80	185	61	97	36	77	146	57	36	22
	CLEAR CREEK	33	212	522	528	206	595	267	114	47	173	235	300	97	53
	CONEJOS	276	282	1,085	934	490	440	693	398	163	159	282	159	185	30
	COSTILLA	1,445	278	329	1,432	102	185	61	686	162	143	205	27	59	9
	CROWLEY	91	784	1,666	1,514	268	302	1,160	231	137	221	156	124	69	89
	CUSTER	5	270	723	1,336	135	697	1,267	408	113	283	351	241	80	87
	DELTA	1,107	2,149	7,656	9,952	1,107	4,906	1,684	2,034	981	2,047	1,945	1,351	1,026	531
	DENVER	69,575	52,377	74,972	87,456	27,404	142,790	85,141	43,657	14,602	21,954	26,627	19,391	21,667	21,910
	DOLORES	72	258	300	547	84	117	78	121	82	67	121	71	42	14
	DOUGLAS	388	1,672	9,937	32,327	9,681	77,097	33,532	3,043	1,544	3,184	6,972	9,295	18,603	19,911
	EAGLE	3,318	1,433	3,357	5,768	1,245	11,729	5,318	841	382	531	1,600	1,501	2,445	2,170
	EL PASO	7,964	22,556	94,499	136,129	57,229	124,541	87,708	25,569	12,999	22,262	36,428	46,246	37,787	27,172
	ELBERT	255	1,894	8,316	19,041	3,418	11,334	5,134	1,771	1,167	2,426	6,948	8,392	10,801	12,643
	FREMONT	535	5,405	16,190	11,638	2,363	4,111	2,622	2,560	1,362	1,778	2,358	1,230	1,388	382
	GARFIELD	5,697	3,425	10,269	16,428	4,262	12,352	3,568	1,900	1,044	2,225	3,729	4,183	3,673	2,014
	GILPIN	0	93	3,377	1,248	1,246	346	55	190	88	119	424	434	291	84
	GRAND	408	448	1,842	3,930	967	2,886	1,303	332	144	325	947	795	631	444
	GUNNISON	349	210	1,811	3,813	673	4,508	1,617	703	337	544	823	682	425	733
	HINSDALE	5	45	50	240	53	125	110	21	22	34	27	56	68	18
	HUERFANO	97	557	2,250	1,117	340	658	679	557	151	244	278	148	108	74
	JACKSON	52	56	317	227	37	95	279	54	48	39	70	150	12	12
	JEFFERSON	9,831	23,117	91,662	117,071	33,212	130,343	73,038	20,349	10,700	16,385	28,269	27,120	49,427	39,783
	KIOWA	29	20	536	1,858	86	149	13	310	98	163	264	115	61	85
	KIT CARSON	629	735	1,482	2,808	511	741	276	522	193	326	588	296	247	46
	LA PLATA	521	1,176	7,516	12,265	2,763	14,223	7,495	2,378	1,356	2,415	4,004	3,234	3,292	2,459
	LAKE	879	569	1,142	1,710	330	1,126	244	448	155	430	361	119	254	87
	LARIMER	3,292	9,695	40,395	64,932	18,852	83,796	46,672	12,359	5,460	9,125	14,617	12,259	16,675	11,731
	LAS ANIMAS	597	1,007	2,974	4,057	1,255	1,740	1,328	1,123	498	573	815	505	501	141
	LINCOLN	65	741	1,336	1,608	448	339	384	243	144	156	203	313	131	64
	LOGAN	827	2,109	5,638	5,861	2,594	1,535	1,441	1,237	581	1,118	870	1,033	534	408
	MESA	3,074	8,606	32,565	35,595	10,388	23,340	13,037	7,476	4,166	6,973	10,664	7,745	9,375	5,914
	MINERAL	0	29	88	89	88	211	136	28	9	23	112	26	9	10
	MOFFAT	846	1,507	3,191	3,787	659	514	526	876	405	489	796	709	406	126
	MONTEZUMA	683	2,025	7,226	4,505	1,504	2,659	4,526	1,697	765	1,046	1,564	1,260	703	646
	MONTROSE	1,341	2,672	8,856	11,096	1,351	6,738	1,580	3,353	1,956	3,014	3,609	3,687	2,004	1,284
	MORGAN	3,688	1,900	6,031	5,535	1,547	2,470	1,558	1,662	695	1,288	1,849	1,080	626	214
	OTERO	918	1,456	3,840	3,862	1,170	1,735	966	1,574	486	797	874	402	327	107
	OURAY	10	26	316	1,044	634	1,243	561	139	50	130	309	295	103	262
	PARK	67	489	2,221	3,097	1,474	5,463	1,029	438	222	721	997	927	1,228	323
	PHILLIPS	249	247	793	1,216	129	777	310	213	146	218	323	160	145	68
	PITKIN	126	265	743	1,785	374	3,989	4,466	336	285	323	451	321	380	753
	PROWERS	1,531	942	2,332	2,756	1,018	793	407	973	406	418	622	390	285	91
	PUEBLO	3,971	10,438	35,801	36,885	13,201	21,858	12,872	10,941	5,169	6,354	10,521	7,429	5,834	2,791
	RIO BLANCO	107	137	1,465	1,355	604	771	459	236	164	174	418	313	255	95
	RIO GRANDE	477	532	2,502	3,146	1,112	1,874	231	863	371	600	743	281	185	336
	ROUTT	172	226	2,180	5,568	1,705	6,896	4,070	510	318	750	1,215	1,553	1,305	613
	SAGUACHE	1,004	728	578	995	189	245	102	428	212	285	159	107	58	36
	SAN JUAN	3	4	14	179	5	179	188	47	19	30	51	3	29	1
	SAN MIGUEL	2,063	949	523	1,484	427	1,702	933	278	132	186	442	293	369	332
	SEDGWICK	120	119	503	623	73	277	143	168	79	87	136	76	55	30
	SUMMIT	2,751	726	2,074	1,365	519	13,052	2,935	417	177	465	665	1,275	1,472	944
	TELLER	176	602	2,766	6,668	2,683	7,276	2,777	717	564	822	1,891	1,131	1,811	731
	WASHINGTON	169	249	757	1,578	114	408	219	222	139	227	211	149	140	91
	WELD	17,571	17,750	42,579	52,954	19,188	74,123	57,434	12,332	5,594	8,707	15,164	15,399	19,640	19,292
	YUMA	752	761	1,841	2,360	497	875	511	467	319	491	621	393	219	105
CO Total		233,805	263,045	748,451	974,897	305,554	1,103,876	657,236	231,237	106,808	167,930	266,929	246,722	308,518	254,785

2017 Consumer Spending ($Millions)

State	County	Average annual expend-itures	Food	Alcoholic beverages	Housing	Apparel and services	Transport-ation	Healthcare	Entertain-ment	Personal care products & services	Education	Personal insurance & pensions
CO	ADAMS	9,582.1	1,175.1	84.2	605.9	59.2	308.9	146.3	90.5	21.6	39.8	176.8
	ALAMOSA	187.8	24.0	1.5	371.4	37.9	192.7	89.3	58.2	13.5	26.8	129.9
	ARAPAHOE	9,326.3	1,141.3	82.4	603.3	58.6	315.7	150.4	90.4	21.7	34.8	176.2
	ARCHULETA	242.4	30.3	2.1	54.6	5.7	28.1	12.9	8.7	2.0	4.3	20.2
	BACA	42.7	5.6	0.3	688.5	72.2	366.4	166.8	112.2	25.7	51.7	272.3
	BENT	57.1	7.5	0.4	64.8	6.5	34.5	16.1	10.0	2.4	3.9	21.5
	BOULDER	5,379.9	646.8	49.2	1,101.0	114.9	585.5	267.4	178.6	41.1	81.5	429.3
	CHAFFEE	257.4	32.5	2.2	131.0	13.1	70.1	32.8	20.4	4.8	7.9	43.6
	CHEYENNE	23.9	3.0	0.2	421.4	45.2	222.7	99.9	69.9	15.9	34.7	177.5
	CLEAR CREEK	58.1	7.3	0.5	397.3	40.1	213.0	98.7	62.6	14.7	25.5	138.5
	CONEJOS	67.0	8.6	0.5	444.9	45.4	235.1	108.9	70.4	16.4	30.6	158.2
	COSTILLA	48.7	6.6	0.4	467.0	47.7	248.3	114.8	74.0	17.2	31.4	167.5
	CROWLEY	48.3	6.2	0.4	234.8	22.6	119.3	57.5	34.4	8.3	14.1	62.8
	CUSTER	69.9	9.1	0.5	207.8	20.6	109.6	51.6	31.9	7.5	12.7	66.6
	DELTA	483.7	62.1	3.9	717.7	73.1	369.4	170.7	111.9	26.1	53.4	247.6
	DENVER	8,456.9	1,064.3	71.7	1,725.3	182.0	915.1	414.7	282.8	64.6	134.3	698.6
	DOLORES	24.7	3.2	0.2	108.7	11.0	56.6	26.4	16.9	4.0	7.5	37.2
	DOUGLAS	4,029.7	474.6	37.9	167.8	16.9	89.8	41.8	26.4	6.2	10.7	58.9
	EAGLE	579.0	69.6	5.3	947.0	100.1	507.3	228.8	156.2	35.7	72.8	389.0
	EL PASO	12,129.3	1,495.3	106.6	2,909.8	303.2	1,549.2	707.2	471.6	108.7	214.3	1,129.5
	ELBERT	2,659.2	317.6	24.5	669.7	69.9	358.5	163.6	108.7	25.1	48.5	260.1
	FREMONT	544.0	69.9	4.4	197.4	20.0	106.1	49.1	31.2	7.3	12.7	70.1
	GARFIELD	1,107.4	136.8	9.7	653.2	69.6	352.9	158.1	108.9	24.9	50.8	276.7
	GILPIN	97.7	12.1	0.8	135.9	14.2	72.7	33.2	22.2	5.1	10.0	53.5
	GRAND	220.5	27.0	1.9	688.4	71.0	367.3	168.4	110.4	25.6	48.5	257.6
	GUNNISON	217.7	27.1	1.9	402.4	40.3	214.1	99.6	62.7	14.8	25.7	136.6
	HINSDALE	14.6	1.8	0.1	40.3	3.9	21.5	10.3	6.1	1.4	2.1	11.8
	HUERFANO	68.7	9.0	0.5	15.8	1.6	8.5	4.0	2.4	0.6	0.9	5.1
	JACKSON	20.7	2.6	0.2	35.9	3.8	18.8	8.5	5.9	1.3	3.0	14.9
	JEFFERSON	11,877.1	1,430.2	107.7	835.9	85.3	444.2	205.6	132.4	30.9	56.5	299.6
	KIOWA	50.8	6.5	0.4	218.0	22.4	118.0	54.2	35.2	8.2	14.6	82.3
	KIT CARSON	110.5	14.2	0.9	339.8	36.0	180.8	81.9	55.9	12.7	26.5	139.2
	LA PLATA	1,079.2	133.5	9.3	247.2	24.1	124.1	58.3	36.6	8.7	17.7	70.2
	LAKE	89.4	11.5	0.7	155.7	16.1	82.5	37.9	24.9	5.8	11.2	58.3
	LARIMER	4,737.1	582.3	41.6	1,127.4	117.0	596.0	272.7	181.2	41.9	82.8	426.5
	LAS ANIMAS	204.3	26.2	1.7	856.2	89.1	454.1	207.0	138.5	32.1	63.7	330.4
	LINCOLN	63.7	8.2	0.5	212.3	22.6	112.6	50.8	34.9	7.9	16.8	87.0
	LOGAN	290.7	37.1	2.4	714.2	69.9	367.6	174.4	106.9	25.5	45.0	209.3
	MESA	2,888.7	359.3	24.7	1,171.7	119.7	626.1	288.6	186.7	43.4	80.0	428.1
	MINERAL	10.9	1.4	0.1	0.0	0.0	0.0	0.0	0.0	0.0	0.0	0.0
	MOFFAT	193.8	24.8	1.6	1,130.5	122.2	608.1	270.4	191.0	43.1	94.0	501.9
	MONTEZUMA	381.4	48.5	3.2	519.9	51.7	274.9	129.6	80.0	18.8	31.6	167.4
	MONTROSE	964.4	122.8	8.0	677.3	69.3	350.5	161.9	106.4	24.7	50.1	239.7
	MORGAN	361.5	46.6	2.9	853.2	80.5	418.4	202.8	121.0	29.6	54.9	203.6
	OTERO	203.4	26.6	1.6	230.0	23.3	123.4	57.4	36.4	8.5	14.9	81.5
	OURAY	67.5	8.3	0.6	204.6	20.0	103.7	49.3	30.4	7.3	13.4	58.4
	PARK	295.4	36.6	2.6	225.0	22.8	115.6	53.9	34.9	8.1	16.2	76.2
	PHILLIPS	62.3	8.0	0.5	541.2	52.1	274.8	131.9	79.1	19.1	32.8	144.8
	PITKIN	135.1	16.7	1.2	420.3	44.5	227.1	102.3	69.5	15.9	31.9	173.7
	PROWERS	147.9	19.2	1.2	66.0	6.6	35.6	16.7	10.2	2.4	3.8	21.7
	PUEBLO	2,482.5	316.1	20.4	549.8	56.0	294.0	136.2	87.3	20.3	36.4	197.6
	RIO BLANCO	91.8	11.5	0.8	344.6	36.6	185.3	83.3	57.4	13.0	27.0	145.8
	RIO GRANDE	168.4	21.3	1.4	233.3	24.2	125.1	57.2	37.7	8.7	16.5	89.1
	ROUTT	360.1	44.8	3.1	767.0	80.1	407.4	185.8	124.3	28.6	57.0	298.2
	SAGUACHE	53.6	7.1	0.4	299.5	30.7	158.5	73.1	47.5	11.1	20.9	108.1
	SAN JUAN	8.5	1.1	0.1	11.5	1.2	6.1	2.7	1.9	0.4	0.9	4.8
	SAN MIGUEL	107.5	13.3	0.9	643.9	64.0	330.5	153.9	99.1	23.3	45.7	210.3
	SEDGWICK	29.4	3.8	0.2	312.6	30.8	160.9	76.1	47.3	11.2	20.2	96.8
	SUMMIT	352.8	42.5	3.2	432.8	44.1	226.3	104.8	67.9	15.9	30.6	152.1
	TELLER	467.6	57.4	4.1	223.6	23.5	118.1	53.7	36.3	8.3	17.2	88.2
	WASHINGTON	59.4	7.6	0.5	1,144.6	115.9	602.1	279.8	179.3	42.0	77.7	394.6
	WELD	5,803.5	702.0	52.4	3,104.7	309.8	1,605.6	752.8	475.7	112.4	209.2	997.9
	YUMA	131.6	16.9	1.1	626.4	62.8	319.7	150.0	96.0	22.6	44.5	203.0
CO Total		90,377.4	11,090.8	796.4	34,649.5	3,545.6	18,235.0	8,415.4	5,486.6	1,276.7	2,457.2	12,474.0

		U.S. Population			2017 Gender		2017 Race			
State	County	Total 2017	2010-2017 % chg.	Total 2022	Male	Female	White	Black	Other Race	Hispanic
CT	FAIRFIELD	965,250	4%	987,780	469,309	495,941	534,877	80,310	155,509	194,555
	HARTFORD	924,272	2%	937,048	446,695	477,576	511,749	102,032	138,045	172,445
	LITCHFIELD	202,140	8%	210,533	99,367	102,772	170,276	2,562	16,595	12,706
	MIDDLESEX	176,865	8%	183,297	86,402	90,463	142,748	7,383	15,756	10,979
	NEW HAVEN	896,051	1%	910,436	431,224	464,827	505,652	89,660	125,354	175,384
	NEW LONDON	291,670	4%	300,826	145,493	146,176	193,657	15,607	50,900	31,505
	TOLLAND	163,896	9%	172,294	82,709	81,187	132,213	5,506	16,452	9,724
	WINDHAM	127,521	10%	134,368	63,211	64,311	95,818	2,669	12,438	16,597
CT Total		3,747,664	5%	3,836,582	1,824,410	1,923,253	2,286,990	305,729	531,049	623,895

State	County	1-9	10-19	20-29	30-39	40-49	50-59	60-69	70 over	Mana-gerial	Sales	Admin support	Service	Farming forestry, fishing	Prod-uction
CT	FAIRFIELD	128,406	137,421	93,284	112,560	159,203	148,872	84,447	101,058	221,457	53,643	50,257	79,679	165	64,834
	HARTFORD	105,005	129,118	98,505	99,929	147,142	154,003	85,319	105,250	186,861	41,381	60,133	97,012	554	70,529
	LITCHFIELD	19,840	26,916	14,674	18,061	35,885	40,650	22,935	23,178	33,760	8,077	10,769	18,840	217	18,642
	MIDDLESEX	18,337	22,508	15,106	17,745	30,404	33,473	19,003	20,291	38,833	7,895	8,251	13,337	88	10,611
	NEW HAVEN	98,933	127,703	105,958	97,626	141,410	145,743	80,719	97,958	173,762	40,875	59,753	88,316	927	78,161
	NEW LONDON	30,128	38,597	32,987	30,804	49,568	49,809	27,899	31,878	51,108	14,918	15,728	42,412	577	17,467
	TOLLAND	15,348	26,772	21,701	15,261	26,195	28,004	15,957	14,658	32,810	6,015	9,998	12,857	328	10,813
	WINDHAM	12,927	18,580	14,792	14,587	20,966	22,199	11,798	11,672	17,904	7,049	8,011	14,209	1,011	11,872
CT Total		428,925	527,615	397,006	406,573	610,773	622,752	348,077	405,943	756,495	179,853	222,900	366,662	3,867	282,929

State	County	2017 Educational Attainment							2017 Family Income						
		Less than 9th grade	9th to 12th grade, no diploma	High school grad-uate	Some college, no degree	Assoc-iate degree	Bach-elor's degree	Grad. or pro-fessional degree	Less than $25,000	$25,000-$34,999	$35,000-$49,999	$50,000-$74,999	$75,000-$99,999	$100,000-$149,999	over $150,000
CT	FAIRFIELD	40,029	65,550	162,572	111,404	39,360	186,740	155,632	42,614	16,196	23,520	32,860	26,883	47,685	106,363
	HARTFORD	33,165	69,304	201,086	147,721	47,574	146,675	108,133	50,343	18,306	24,753	37,131	33,558	49,597	45,235
	LITCHFIELD	3,430	11,977	52,130	32,910	16,590	29,163	21,807	8,303	3,089	5,242	7,987	8,085	13,618	9,748
	MIDDLESEX	1,686	7,874	37,295	31,224	10,309	31,834	26,533	5,617	2,549	3,434	6,057	6,031	12,633	10,437
	NEW HAVEN	25,118	62,407	213,569	156,152	43,631	121,662	112,680	47,491	17,164	22,718	33,719	30,171	50,547	40,134
	NEW LONDON	5,272	17,225	70,428	52,083	18,776	41,298	37,346	10,286	5,118	8,220	12,462	11,614	17,023	12,124
	TOLLAND	1,791	7,057	33,575	25,928	10,834	28,624	29,996	4,395	1,923	3,146	5,066	6,012	11,228	8,516
	WINDHAM	3,019	10,510	37,642	23,580	7,620	15,033	8,963	5,823	2,204	3,900	6,387	5,858	6,008	3,260
CT Total		113,511	251,905	808,298	581,002	194,694	601,030	501,090	174,874	66,548	94,934	141,667	128,212	208,338	235,817

2017 Consumer Spending ($Millions)

State	County	Average annual expend-itures	Food	Alcoholic beverages	Housing	Apparel and services	Transport-ation	Healthcare	Entertain-ment	Personal care products & services	Education	Personal insurance & pensions
CT	FAIRFIELD	15,432.0	1,845.9	141.6	3,579.5	374.9	1,893.3	861.3	580.6	133.3	272.5	1,398.0
	HARTFORD	14,363.3	1,763.3	126.6	2,331.5	248.5	1,241.5	557.8	386.4	87.9	187.2	975.6
	LITCHFIELD	3,326.7	404.9	29.7	2,631.0	277.0	1,398.9	633.9	430.6	98.5	202.6	1,058.1
	MIDDLESEX	2,846.9	342.4	25.9	2,220.8	234.8	1,167.8	529.3	362.3	82.6	175.4	887.9
	NEW HAVEN	13,537.3	1,662.1	119.2	5,144.4	549.2	2,731.5	1,228.2	851.6	193.5	415.6	2,147.2
	NEW LONDON	4,524.2	553.0	40.0	2,995.4	313.7	1,601.3	728.4	487.9	112.0	222.3	1,177.5
	TOLLAND	2,560.6	307.1	23.4	591.8	61.6	315.8	143.8	95.9	22.1	43.4	229.0
	WINDHAM	1,895.2	235.4	16.4	1,094.8	115.7	580.9	263.1	178.7	40.7	84.3	436.6
CT Total		58,486.3	7,114.2	522.7	20,589.1	2,175.5	10,930.9	4,945.8	3,374.0	770.8	1,603.3	8,309.8

		U.S. Population			2017 Gender		2017 Race			
State	County	Total 2017	2010-2017 % chg.	Total 2022	Male	Female	White	Black	Other Race	Hispanic
DC	DISTRICT OF COLUMBIA	668,499	3%	668,179	315,548	352,951	231,492	275,118	86,007	75,882
DC Total		668,499	3%	668,179	315,548	352,951	231,492	275,118	86,007	75,882

State	County	1-9	10-19	20-29	30-39	40-49	50-59	60-69	70 over	Mana-gerial	Sales	Admin support	Service	Farming forestry, fishing	Prod-uction
DC	DISTRICT OF COLUMBIA	65,669	68,758	142,545	105,087	88,696	89,321	54,539	53,883	167,822	25,058	49,491	60,587	225	36,508
DC Total		65,669	68,758	142,545	105,087	88,696	89,321	54,539	53,883	167,822	25,058	49,491	60,587	225	36,508

State	County	2017 Educational Attainment							2017 Family Income						
		Less than 9th grade	9th to 12th grade, no diploma	High school grad-uate	Some college, no degree	Assoc-iate degree	Bach-elor's degree	Grad. or pro-fessional degree	Less than $25,000	$25,000-$34,999	$35,000-$49,999	$50,000-$74,999	$75,000-$99,999	$100,000-$149,999	over $150,000
DC	DISTRICT OF COLUMBIA	38,852	68,473	114,592	87,487	14,501	111,509	139,205	34,914	10,068	14,175	16,866	13,270	17,909	27,456
DC Total		38,852	68,473	114,592	87,487	14,501	111,509	139,205	34,914	10,068	14,175	16,866	13,270	17,909	27,456

2017 Consumer Spending ($Millions)

State	County	Average annual expend-itures	Food	Alcoholic beverages	Housing	Apparel and services	Transport-ation	Healthcare	Entertain-ment	Personal care products & services	Education	Personal insurance & pensions
DC	DISTRICT OF COLUMBIA	6,597.9	820.1	57.6	4,857.2	489.7	2,544.0	1,185.5	755.9	177.5	327.3	1,640.5
DC Total		6,597.9	820.1	57.6	4,857.2	489.7	2,544.0	1,185.5	755.9	177.5	327.3	1,640.5

		U.S. Population			2017 Gender		2017 Race			
State	**County**	Total 2017	2010-2017 % chg.	Total 2022	Male	Female	White	Black	Other Race	Hispanic
DE	KENT	163,414	8%	174,595	80,111	83,302	96,595	38,690	18,645	9,483
	NEW CASTLE	572,752	3%	613,794	275,975	296,777	287,688	128,905	82,596	73,563
	SUSSEX	246,173	20%	284,028	120,000	126,173	154,370	22,592	28,442	40,769
DE Total		982,339	11%	1,072,416	476,086	506,252	538,653	190,186	129,684	123,816

State	County	1-9	10-19	20-29	30-39	40-49	50-59	60-69	70 over	Mana-gerial	Sales	Admin support	Service	Farming forestry, fishing	Prod-uction
DE	KENT	20,005	22,227	18,280	18,639	28,750	25,757	15,595	14,160	27,355	7,801	12,619	17,584	133	18,801
	NEW CASTLE	69,720	82,301	71,960	67,682	89,736	89,777	50,134	51,442	124,099	21,761	42,678	43,888	462	37,579
	SUSSEX	26,789	27,233	23,347	23,297	34,303	39,248	35,060	36,896	45,357	16,935	13,341	24,743	982	28,918
DE Total		116,515	131,760	113,587	109,618	152,789	154,783	100,789	102,498	196,812	46,497	68,637	86,216	1,576	85,299

State	County	2017 Educational Attainment							2017 Family Income						
		Less than 9th grade	9th to 12th grade, no diploma	High school grad-uate	Some college, no degree	Assoc-iate degree	Bach-elor's degree	Grad. or pro-fessional degree	Less than $25,000	$25,000-$34,999	$35,000-$49,999	$50,000-$74,999	$75,000-$99,999	$100,000-$149,999	over $150,000
DE	KENT	6,428	18,918	34,585	26,708	8,518	22,279	15,293	7,371	2,918	5,139	8,521	7,698	8,184	3,522
	NEW CASTLE	9,895	30,605	120,123	99,134	32,783	104,899	67,291	25,091	10,279	13,475	20,066	19,814	34,006	29,413
	SUSSEX	8,122	24,779	62,732	48,768	14,980	21,896	24,865	12,463	6,721	9,333	14,789	10,384	9,180	6,978
DE Total		24,445	74,303	217,440	174,610	56,281	149,074	107,449	44,925	19,917	27,946	43,376	37,897	51,371	39,913

2017 Consumer Spending ($Millions)

State	County	Average annual expend-itures	Food	Alcoholic beverages	Housing	Apparel and services	Transport-ation	Healthcare	Entertain-ment	Personal care products & services	Education	Personal insurance & pensions
DE	KENT	2,419.3	302.1	20.7	194.1	19.8	102.3	47.5	30.6	7.1	13.3	69.3
	NEW CASTLE	8,996.8	1,091.6	81.0	515.9	51.1	272.1	128.1	79.2	18.8	31.5	165.1
	SUSSEX	3,691.9	463.3	31.1	300.2	30.1	160.9	74.9	47.2	11.1	19.1	104.2
DE Total		15,108.0	1,857.0	132.8	1,010.2	101.0	535.3	250.5	157.0	37.0	63.9	338.6

State	County	Total 2017	2010-2017 % chg.	Total 2022	Male	Female	White	Black	Other Race	Hispanic
FL	ALACHUA	273,586	9%	292,468	132,783	140,803	155,775	44,972	43,547	29,292
	BAKER	36,071	8%	39,229	18,699	17,372	25,529	5,027	2,980	2,535
	BAY	185,299	13%	202,255	91,870	93,430	133,144	18,109	23,438	10,609
	BRADFORD	23,491	6%	23,800	11,919	11,573	16,785	3,661	2,414	631
	BREVARD	599,017	11%	657,969	293,569	305,448	414,069	57,561	67,186	60,201
	BROWARD	1,910,449	10%	2,076,835	923,435	987,014	621,125	453,020	246,529	589,775
	CALHOUN	14,874	14%	15,742	8,098	6,775	10,561	1,684	1,596	1,032
	CHARLOTTE	161,642	22%	180,917	78,800	82,842	126,350	11,231	11,689	12,372
	CITRUS	145,095	0%	153,059	70,247	74,848	109,208	13,331	11,962	10,594
	CLAY	201,592	5%	219,549	98,585	103,006	136,338	20,527	26,665	18,062
	COLLIER	349,758	5%	393,422	173,160	176,598	164,810	17,001	13,045	154,903
	COLUMBIA	53,011	-17%	47,690	27,933	25,078	38,942	7,387	3,410	3,272
	DE SOTO	25,749	-14%	21,948	14,465	11,285	6,434	2,539	2,751	14,025
	DIXIE	15,218	-16%	15,417	8,206	7,011	11,684	1,415	1,365	754
	DUVAL	901,908	1%	959,887	437,357	464,551	405,949	275,129	134,895	85,935
	ESCAMBIA	301,472	8%	308,927	149,466	152,006	174,548	66,055	43,569	17,301
	FLAGLER	100,299	11%	114,647	48,242	52,056	64,180	15,263	8,513	12,343
	FRANKLIN	12,073	9%	13,054	7,083	4,990	8,200	2,104	494	1,275
	GADSDEN	43,713	-2%	43,060	21,309	22,403	13,666	20,800	2,064	7,182
	GILCHRIST	21,470	30%	25,102	11,131	10,339	17,812	875	1,161	1,622
	GLADES	30,623	-5%	30,999	15,729	14,894	20,957	2,455	2,254	4,957
	GULF	18,640	13%	21,045	11,277	7,363	11,332	2,751	2,290	2,266
	HAMILTON	17,287	8%	18,715	10,178	7,108	9,207	4,737	1,146	2,197
	HARDEE	83,798	11%	86,989	42,541	41,258	46,777	4,800	5,471	26,749
	HENDRY	44,869	12%	49,547	23,743	21,126	9,900	2,136	4,379	28,454
	HERNANDO	213,334	7%	235,567	102,418	110,916	148,305	11,503	17,930	35,595
	HIGHLANDS	134,261	3%	139,360	66,944	67,318	76,043	9,242	12,894	36,081
	HILLSBOROUGH	1,279,965	6%	1,391,080	624,286	655,679	564,629	175,795	163,337	376,203
	HOLMES	25,684	11%	28,557	13,604	12,079	21,788	1,598	1,814	484
	INDIAN RIVER	156,706	16%	176,175	75,926	80,781	105,772	13,840	11,977	25,117
	JACKSON	51,357	13%	53,445	28,279	23,078	33,373	11,777	2,794	3,414
	JEFFERSON	15,357	0%	16,524	8,043	7,314	8,957	5,011	728	661
	LAFAYETTE	9,109	25%	10,864	5,805	3,304	5,087	2,019	416	1,587
	LAKE	385,510	6%	420,960	185,904	199,606	261,309	25,350	34,259	64,593
	LEE	701,053	14%	878,353	342,951	358,102	423,847	45,809	55,463	175,934
	LEON	286,142	1%	296,508	136,292	149,850	148,364	86,315	32,941	18,522
	LEVY	40,270	14%	45,040	19,804	20,466	27,290	3,087	4,031	5,862
	LIBERTY	9,350	6%	10,333	5,735	3,615	6,163	1,431	849	907
	MADISON	20,995	17%	22,074	10,897	10,098	11,420	6,937	906	1,732
	MANATEE	375,915	14%	422,794	181,827	194,088	228,971	26,228	41,237	79,480
	MARION	333,518	3%	360,141	159,822	173,696	142,272	107,156	30,698	53,393
	MARTIN	166,458	12%	184,727	82,124	84,334	122,833	6,121	11,377	26,126
	MIAMI-DADE	2,695,388	12%	#NUM!	1,306,819	1,388,569	346,954	289,493	105,966	1,952,976
	MONROE	70,820	-9%	69,809	37,747	33,073	46,960	2,856	3,502	17,502
	NASSAU	84,324	14%	95,516	41,593	42,731	68,776	3,920	7,301	4,328
	OKALOOSA	201,134	3%	212,894	100,976	100,158	134,670	15,227	35,168	16,069
	OKEECHOBEE	47,579	9%	50,942	25,411	22,169	25,907	3,088	5,014	13,570
	ORANGE	1,359,310	11%	1,577,918	668,689	690,621	475,580	226,783	204,251	452,696
	OSCEOLA	331,475	26%	412,987	162,253	169,222	86,193	17,547	33,136	194,599
	PALM BEACH	1,439,714	7%	1,579,324	696,502	743,213	708,716	243,343	157,268	330,387
	PASCO	533,673	6%	596,639	258,010	275,663	352,448	38,452	62,152	80,622
	PINELLAS	915,452	0%	926,207	439,289	476,163	619,587	98,453	108,189	89,224
	POLK	625,490	3%	720,375	305,967	319,523	285,649	82,221	81,294	176,326
	PUTNAM	70,121	1%	72,068	34,746	35,375	45,231	9,577	5,170	10,143
	SAINT JOHNS	206,939	23%	260,520	100,898	106,041	165,778	10,988	17,483	12,690
	SAINT LUCIE	331,068	17%	410,741	161,725	169,342	147,794	54,089	55,221	73,963
	SANTA ROSA	178,132	10%	204,192	90,192	87,940	136,241	8,638	23,768	9,485
	SARASOTA	423,161	8%	460,670	201,952	221,210	325,589	18,773	32,580	46,220
	SEMINOLE	431,941	11%	481,857	209,287	222,654	236,593	39,809	56,705	98,834
	SUMTER	55,481	14%	61,108	31,803	23,678	31,825	7,364	6,310	9,982
	SUWANNEE	37,842	6%	40,522	19,240	18,602	28,237	1,633	3,315	4,658
	TAYLOR	20,781	-12%	19,684	11,615	9,166	14,258	4,105	726	1,692
	UNION	20,037	26%	23,198	13,805	6,233	13,196	4,723	1,025	1,094
	VOLUSIA	536,411	6%	573,579	261,851	274,560	350,043	51,630	53,860	80,878
	WAKULLA	40,346	1%	49,836	22,371	17,976	29,779	5,183	3,453	1,932
	WALTON	47,019	14%	52,362	24,194	22,825	31,998	2,084	7,968	4,969
	WASHINGTON	24,961	2%	26,964	13,751	11,210	17,593	3,922	2,176	1,269
FL Total		20,504,588	8%	#NUM!	10,021,173	10,483,415	9,815,296	2,837,689	2,161,465	5,690,138

State	County	1-9	10-19	20-29	30-39	40-49	50-59	60-69	70 over	Mana-gerial	Sales	Admin support	Service	Farming forestry, fishing	Prod-uction
FL	ALACHUA	24,315	41,329	67,521	27,036	31,594	38,070	22,157	21,564	61,930	11,326	18,383	26,381	1,150	14,171
	BAKER	5,183	5,136	4,414	4,175	5,401	5,109	3,367	3,286	5,200	1,134	3,103	4,365	77	4,947
	BAY	21,055	22,475	23,670	20,746	29,492	29,096	18,429	20,337	26,738	9,938	15,626	23,390	445	21,574
	BRADFORD	2,906	2,694	2,774	2,425	3,248	3,780	2,759	2,905	3,024	1,445	2,024	3,916	62	3,577
	BREVARD	55,353	73,771	50,429	52,270	92,357	97,612	71,615	105,609	107,569	39,295	45,546	71,471	302	55,957
	BROWARD	230,974	269,107	212,548	240,476	320,937	297,209	157,671	181,526	344,665	126,567	144,500	189,769	814	161,880
	CALHOUN	1,648	1,606	1,926	1,993	2,441	2,153	1,554	1,552	2,713	792	1,190	1,945	646	1,823
	CHARLOTTE	10,619	14,057	9,897	10,293	18,770	25,345	29,720	42,941	30,047	14,014	13,441	24,491	192	15,848
	CITRUS	11,234	16,353	9,983	9,654	18,902	24,695	23,543	30,731	25,913	7,496	7,926	23,384	5,403	22,648
	CLAY	23,165	28,242	21,570	22,078	29,017	29,397	22,942	25,180	39,335	8,302	15,337	16,933	74	20,576
	COLLIER	32,915	39,455	32,149	31,149	44,362	44,463	57,269	67,996	59,842	24,292	11,006	49,685	25,248	21,596
	COLUMBIA	6,364	7,473	5,048	4,683	7,816	8,944	6,497	6,186	4,426	1,579	3,889	8,188	1,756	9,754
	DE SOTO	2,388	2,623	3,719	2,169	2,944	2,610	5,315	3,981	2,334	86	407	4,970	6,077	541
	DIXIE	1,499	1,562	1,708	1,658	2,297	2,587	2,008	1,898	1,497	568	1,885	2,146	841	2,740
	DUVAL	114,500	120,746	129,196	113,781	136,652	137,045	74,927	75,062	138,227	40,393	87,861	82,265	1,073	94,715
	ESCAMBIA	32,673	41,110	45,604	30,594	40,571	46,128	30,229	34,563	52,748	19,487	23,033	36,839	1,076	34,038
	FLAGLER	10,094	12,885	8,018	9,630	13,786	14,513	12,729	18,644	20,344	5,009	8,695	16,275	16	8,770
	FRANKLIN	975	923	1,931	1,952	1,860	1,859	1,463	1,110	1,970	668	796	1,664	1,132	1,227
	GADSDEN	5,442	5,353	5,035	4,930	6,698	7,357	4,880	4,018	6,875	1,581	3,530	6,738	820	4,752
	GILCHRIST	2,516	2,936	3,103	2,033	2,861	3,036	2,463	2,522	3,116	2,445	1,760	3,029	176	2,024
	GLADES	2,554	2,614	2,290	3,437	4,261	4,067	4,575	6,824	3,131	1,299	2,223	5,249	346	3,509
	GULF	1,341	1,602	2,495	2,810	3,229	2,913	2,160	2,088	2,647	637	1,354	4,265	377	2,477
	HAMILTON	1,577	1,828	2,826	2,053	2,575	2,922	1,983	1,522	2,694	791	2,171	3,122	759	1,749
	HARDEE	9,055	9,669	9,684	8,733	11,517	12,508	9,922	12,711	6,884	8,698	4,279	5,670	12,247	6,108
	HENDRY	6,820	6,755	6,652	5,548	6,006	5,217	3,777	4,095	2,682	1,474	1,440	3,989	10,220	5,611
	HERNANDO	23,844	25,827	18,170	21,654	29,431	29,467	24,537	40,404	36,058	13,205	19,913	33,286	390	26,418
	HIGHLANDS	12,102	16,732	14,216	11,609	19,562	16,470	17,342	26,227	15,215	4,336	9,800	15,060	16,390	16,722
	HILLSBOROUGH	161,285	185,158	174,362	161,699	197,449	179,801	107,153	113,058	228,248	73,239	110,581	113,306	2,908	105,185
	HOLMES	2,917	3,158	3,252	2,978	3,639	3,714	3,115	2,912	2,579	1,426	2,398	3,921	452	4,484
	INDIAN RIVER	14,136	17,681	12,147	12,763	19,902	23,701	19,605	36,770	24,857	9,764	10,016	26,626	2,148	15,166
	JACKSON	5,257	5,260	6,604	6,780	8,203	8,051	5,822	5,380	10,465	3,343	2,965	8,590	119	4,922
	JEFFERSON	1,368	1,352	1,724	1,820	2,497	2,962	1,977	1,658	2,083	546	1,780	2,619	278	1,164
	LAFAYETTE	862	855	1,810	1,816	1,337	947	693	789	1,679	325	464	2,018	326	837
	LAKE	39,509	38,054	29,273	34,442	47,488	48,825	65,739	82,180	72,939	19,829	29,570	56,031	2,904	35,523
	LEE	71,042	79,094	68,597	67,429	95,695	102,889	96,780	119,526	118,122	52,649	46,973	93,071	3,361	64,376
	LEON	28,171	46,441	71,529	27,739	31,930	39,872	22,539	17,921	62,423	14,417	17,916	26,813	20	11,738
	LEVY	4,133	4,928	3,805	4,025	5,747	6,874	5,616	5,142	5,099	2,367	3,488	4,505	1,020	7,230
	LIBERTY	974	1,087	1,323	1,553	1,596	1,354	803	661	1,016	562	612	1,292	415	1,999
	MADISON	2,175	2,695	2,621	2,164	2,992	3,353	2,586	2,408	3,582	668	1,033	3,398	218	3,591
	MANATEE	40,205	42,789	34,226	36,377	50,591	56,538	50,044	65,147	73,798	24,106	31,014	34,622	1,844	39,453
	MARION	38,433	45,252	35,327	31,343	46,322	46,043	39,282	51,518	56,176	20,621	21,579	31,625	12,304	55,627
	MARTIN	13,331	17,118	11,601	11,789	22,833	25,427	23,422	40,937	32,566	11,257	11,918	24,685	473	14,501
	MIAMI-DADE	312,136	353,532	351,288	370,033	435,797	349,812	238,501	284,289	435,205	183,479	232,341	321,116	19,491	290,402
	MONROE	5,142	5,903	7,046	7,459	12,130	15,647	9,686	7,807	8,375	2,842	4,141	8,686	2,310	6,022
	NASSAU	8,728	10,621	7,821	8,918	12,458	14,781	11,704	9,293	13,768	5,009	7,142	6,319	104	10,053
	OKALOOSA	22,316	24,324	26,511	22,162	30,836	29,508	21,670	23,808	35,647	12,130	16,033	21,067	228	22,718
	OKEECHOBEE	5,365	6,262	5,707	5,750	6,522	6,570	5,268	6,291	1,760	3,020	5,455	5,698	5,497	5,698
	ORANGE	171,561	197,398	214,135	187,450	216,709	177,372	97,397	97,287	242,883	79,365	95,395	123,659	1,502	96,946
	OSCEOLA	45,221	54,640	40,598	44,642	52,013	43,973	26,417	23,971	44,802	21,355	24,971	44,810	74	33,765
	PALM BEACH	152,617	178,284	143,699	150,749	210,642	209,021	141,696	253,005	285,563	87,769	109,048	167,162	5,503	119,005
	PASCO	62,774	66,166	49,644	61,293	81,667	78,064	58,110	75,955	99,577	31,267	54,766	57,677	2,576	49,427
	PINELLAS	87,213	105,135	68,141	78,340	135,516	171,940	122,841	146,326	145,315	41,916	68,550	93,294	1,461	116,355
	POLK	80,751	86,687	70,161	72,712	82,047	85,433	69,120	78,578	92,662	27,943	51,744	66,093	14,185	81,874
	PUTNAM	8,287	8,991	7,291	6,440	9,612	11,443	8,544	9,514	8,139	2,770	6,001	10,321	4,117	10,275
	SAINT JOHNS	26,200	30,566	16,754	21,988	35,919	33,876	21,024	20,613	43,839	13,299	11,402	18,918	238	12,197
	SAINT LUCIE	35,473	44,169	28,958	33,793	49,289	48,379	35,509	55,437	60,428	21,458	25,110	35,040	7,994	32,680
	SANTA ROSA	21,813	24,650	18,228	22,554	29,267	27,398	18,155	16,065	30,006	13,257	11,974	17,328	249	17,801
	SARASOTA	32,589	41,578	29,783	32,597	53,604	68,531	63,271	101,208	74,823	29,754	32,329	58,510	218	39,997
	SEMINOLE	48,655	62,114	55,006	48,973	72,102	68,529	38,737	37,825	81,418	28,909	31,279	31,221	36	25,947
	SUMTER	4,583	5,070	5,769	8,718	9,326	8,029	6,365	7,622	7,989	3,236	5,923	7,832	635	10,464
	SUWANNEE	4,233	4,314	3,919	3,660	5,307	6,010	5,320	5,079	6,646	1,258	2,200	4,580	754	5,968
	TAYLOR	1,960	2,018	2,843	2,476	3,528	3,222	2,539	2,193	1,698	1,001	902	2,777	1,585	2,949
	UNION	1,519	1,908	3,018	2,793	3,714	3,890	2,097	1,098	2,134	1,891	1,411	4,764	203	3,339
	VOLUSIA	50,079	64,961	55,046	51,443	79,274	87,411	65,267	82,929	87,610	33,802	44,732	57,250	2,858	63,166
	WAKULLA	4,706	5,206	4,858	5,510	7,040	6,637	3,772	2,617	5,960	2,901	3,044	3,720	986	3,878
	WALTON	5,714	5,228	6,218	5,837	7,586	7,044	4,756	4,636	5,063	3,705	2,496	7,514	184	5,262
	WASHINGTON	2,600	2,819	3,024	3,757	3,973	3,697	2,884	2,208	4,164	1,536	1,561	2,567	98	4,660
FL Total		######	######	######	######	######	######	######	######	3,540,263	1,235,588	1,590,941	2,279,289	189,981	2,002,395

2017 Educational Attainment   2017 Family Income

State	County	Less than 9th grade	9th to 12th grade, no diploma	High school grad-uate	Some college, no degree	Assoc-iate degree	Bach-elor's degree	Grad. or pro-fessional degree	Less than $25,000	$25,000-$34,999	$35,000-$49,999	$50,000-$74,999	$75,000-$99,999	$100,000-$149,999	over $150,000
FL	ALACHUA	4,350	10,905	38,223	48,006	23,066	50,201	61,196	16,781	5,662	7,759	10,025	9,618	8,105	9,362
	BAKER	908	4,105	11,510	3,761	3,570	2,968	1,554	4,413	1,463	2,103	2,650	2,115	1,251	548
	BAY	2,998	15,493	43,302	42,672	15,177	18,305	15,340	8,995	4,995	7,826	11,699	6,872	7,195	3,741
	BRADFORD	456	2,842	8,365	4,306	1,935	646	713	1,439	491	896	1,169	858	538	190
	BREVARD	9,907	41,867	130,166	132,530	48,234	84,503	61,074	33,036	16,407	23,653	31,058	22,875	24,520	17,500
	BROWARD	60,190	146,965	344,430	339,911	135,446	323,058	192,838	103,088	45,599	59,100	78,752	59,967	80,225	64,588
	CALHOUN	775	1,167	5,711	3,382	599	470	355	1,227	454	526	839	365	207	36
	CHARLOTTE	2,391	12,907	37,677	38,687	9,177	30,452	12,732	9,750	5,078	8,212	11,177	8,034	5,331	3,298
	CITRUS	5,697	23,557	46,522	27,938	7,697	8,328	5,602	14,973	6,076	6,867	7,349	4,662	2,994	1,967
	CLAY	2,341	11,861	40,888	43,771	12,652	23,026	29,909	12,037	6,691	10,760	15,494	10,744	10,495	7,849
	COLLIER	38,120	20,341	45,891	45,576	5,572	78,390	65,550	15,089	7,033	10,191	17,210	14,464	16,006	19,787
	COLUMBIA	2,064	8,278	9,143	14,754	2,092	3,326	3,078	2,969	1,486	1,704	2,105	3,610	2,889	830
	DE SOTO	8,096	3,039	2,701	3,769	2,566	1,735	361	1,276	1,035	939	1,099	4,460	100	60
	DIXIE	1,096	2,790	5,882	2,134	259	341	430	1,296	637	690	783	484	200	96
	DUVAL	20,495	73,436	187,130	205,757	56,685	118,627	65,866	49,550	21,803	30,730	44,178	34,420	36,881	20,026
	ESCAMBIA	6,051	22,822	68,441	69,649	21,949	38,744	24,205	19,629	8,493	12,233	14,179	11,980	9,043	5,478
	FLAGLER	726	4,766	17,641	22,186	9,472	16,750	12,226	5,992	2,748	5,138	6,939	4,186	3,512	3,429
	FRANKLIN	276	2,300	4,066	2,421	325	522	706	751	356	400	576	375	325	122
	GADSDEN	1,587	4,805	14,754	8,042	1,265	2,648	2,629	4,944	1,489	2,312	3,035	2,232	1,359	404
	GILCHRIST	458	3,486	6,087	4,837	543	1,215	1,060	1,472	530	787	879	1,009	540	277
	GLADES	500	2,919	8,946	9,548	847	1,513	2,352	3,072	2,478	2,847	4,697	4,503	5,572	1,470
	GULF	497	2,360	4,895	4,910	1,403	824	1,542	1,173	568	692	779	959	418	228
	HAMILTON	684	3,893	4,067	3,545	1,328	574	771	1,473	379	519	915	364	233	102
	HARDEE	10,952	14,793	17,707	17,449	1,167	7,012	1,283	14,017	6,532	11,095	11,791	11,246	2,961	1,868
	HENDRY	10,528	6,527	8,817	6,039	837	1,467	696	3,152	1,415	2,012	1,631	1,209	792	484
	HERNANDO	4,989	18,249	65,670	46,782	11,366	17,281	11,871	16,181	10,407	13,286	22,299	10,103	12,000	5,069
	HIGHLANDS	6,890	22,933	36,435	25,827	4,456	11,401	6,579	12,591	7,093	10,873	8,071	10,665	9,683	10,633
	HILLSBOROUGH	40,737	98,996	225,750	217,576	84,589	220,372	137,487	78,397	34,886	53,168	67,487	50,701	61,140	54,958
	HOLMES	965	4,480	8,457	4,376	690	1,628	670	1,972	852	1,392	1,424	680	330	107
	INDIAN RIVER	9,290	10,046	33,757	34,060	9,407	22,591	14,982	10,194	5,138	6,302	8,883	5,014	5,259	4,575
	JACKSON	1,814	7,866	13,145	9,081	3,109	5,241	3,383	3,696	1,256	1,963	2,713	1,812	1,087	495
	JEFFERSON	692	1,719	4,170	3,618	709	1,727	705	926	466	643	862	622	206	140
	LAFAYETTE	479	1,891	2,835	1,320	329	295	721	341	117	435	452	250	219	122
	LAKE	7,702	25,937	91,005	95,708	23,592	49,682	32,866	24,264	15,920	31,976	33,620	24,630	19,423	14,375
	LEE	19,738	53,323	158,522	137,722	35,832	121,789	63,531	39,838	22,875	33,802	46,368	34,921	27,882	25,284
	LEON	3,030	16,687	36,343	58,213	22,495	60,576	45,962	22,655	7,889	13,955	17,103	14,814	22,305	12,503
	LEVY	1,021	4,211	10,946	10,243	1,438	3,172	2,652	3,635	1,252	1,428	2,413	1,049	904	515
	LIBERTY	258	1,695	3,720	1,254	144	183	551	636	91	272	286	394	261	108
	MADISON	509	2,791	6,103	5,681	706	911	905	1,477	684	1,016	1,038	637	335	164
	MANATEE	8,757	24,890	74,981	79,099	18,800	61,466	45,739	21,414	10,742	16,931	21,740	18,538	18,124	12,386
	MARION	17,751	40,705	84,554	66,698	23,893	22,844	14,798	28,946	12,767	16,757	18,130	9,245	6,678	5,154
	MARTIN	4,207	9,348	34,048	38,134	9,999	29,338	18,973	9,486	4,398	7,132	7,835	6,092	7,359	6,467
	MIAMI-DADE	260,152	397,178	441,361	397,859	114,310	299,843	268,493	185,966	67,978	86,527	104,903	67,623	76,092	64,489
	MONROE	1,247	4,621	15,978	13,566	6,285	14,062	7,107	3,259	1,734	2,531	3,551	2,812	2,665	2,274
	NASSAU	1,194	5,131	16,727	18,693	5,265	11,784	11,176	3,149	1,664	3,161	4,424	4,151	4,864	2,752
	OKALOOSA	2,972	9,862	38,889	47,567	17,360	28,050	22,729	8,829	4,964	8,454	12,246	8,335	10,800	6,357
	OKEECHOBEE	4,597	5,658	13,503	8,899	2,882	2,980	760	3,185	1,630	1,861	2,425	1,218	1,545	401
	ORANGE	45,476	103,778	208,658	217,003	94,210	257,327	168,950	68,262	32,710	46,460	62,473	43,217	52,755	42,933
	OSCEOLA	10,409	26,199	70,505	62,645	17,894	47,743	23,167	17,632	10,535	14,689	19,614	11,264	9,749	4,019
	PALM BEACH	50,716	95,720	259,356	285,692	84,280	249,959	171,171	81,465	34,674	51,850	65,656	46,892	59,209	59,103
	PASCO	9,392	33,319	141,971	109,111	35,792	66,809	40,310	41,844	20,011	35,098	45,583	34,762	29,850	11,581
	PINELLAS	15,553	96,271	248,648	175,701	51,853	109,378	76,371	54,664	22,994	33,919	42,275	32,973	32,388	29,577
	POLK	28,268	77,946	154,423	122,346	33,015	58,295	26,634	40,181	18,494	27,904	38,396	28,241	19,276	9,913
	PUTNAM	3,442	10,262	22,063	13,252	2,163	3,684	2,685	6,675	2,312	2,220	3,644	2,321	1,424	808
	SAINT JOHNS	1,337	8,110	31,559	36,642	15,138	48,750	23,152	6,764	3,571	6,297	9,860	9,663	12,015	11,075
	SAINT LUCIE	12,654	29,853	70,494	78,435	20,026	29,054	32,979	20,776	10,265	16,137	19,058	11,969	11,245	6,280
	SANTA ROSA	1,924	10,787	33,350	33,012	12,410	32,657	19,628	9,075	4,583	8,417	13,958	10,498	10,433	9,491
	SARASOTA	6,899	21,884	101,835	93,910	23,642	71,936	48,743	26,589	13,755	23,206	27,838	17,207	15,960	12,449
	SEMINOLE	7,766	18,476	74,188	81,845	35,227	81,624	52,657	16,956	9,374	13,768	19,057	15,599	22,053	18,874
	SUMTER	1,380	7,503	17,769	14,021	2,697	3,600	1,533	3,928	1,688	1,832	2,626	2,070	1,101	519
	SUWANNEE	859	3,826	11,295	8,357	2,354	2,856	2,010	2,910	1,149	1,682	2,799	1,078	719	445
	TAYLOR	612	3,006	7,710	4,035	869	1,069	553	4,179	1,966	2,190	2,514	1,636	1,513	249
	UNION	661	3,130	7,637	4,249	563	1,061	313	734	331	452	898	827	364	69
	VOLUSIA	11,863	38,890	139,771	123,627	40,649	60,898	39,493	38,041	18,192	26,110	36,312	24,416	18,251	12,615
	WAKULLA	882	4,036	8,548	8,108	2,800	5,309	3,299	2,081	1,099	1,446	2,682	1,650	1,664	348
	WALTON	941	4,385	11,953	10,305	2,188	6,091	2,954	5,318	1,916	2,138	3,324	1,982	1,989	1,362
	WASHINGTON	1,247	2,782	7,289	6,608	684	1,156	1,275	2,014	724	1,178	1,160	780	822	188
FL Total		803,417	1,816,604	4,158,886	3,916,459	1,239,973	2,942,115	2,014,588	1,262,748	575,043	840,849	1,089,013	794,959	813,627	624,966

2017 Consumer Spending ($Millions)

State	County	Average annual expend-itures	Food	Alcoholic beverages	Housing	Apparel and services	Transport-ation	Healthcare	Entertain-ment	Personal care products & services	Education	Personal insurance & pensions
FL	ALACHUA	3,411.4	427.6	29.3	508.7	51.0	271.1	126.4	79.3	18.7	32.0	171.9
	BAKER	671.6	87.2	5.3	317.0	30.9	166.1	79.1	47.7	11.4	18.3	94.1
	BAY	2,727.7	343.6	22.8	1,479.6	159.1	777.4	348.4	245.8	55.4	125.1	630.7
	BRADFORD	273.1	35.2	2.2	405.2	41.8	218.5	100.2	65.4	15.1	27.9	153.2
	BREVARD	8,949.0	1,121.7	75.7	724.5	72.9	386.2	180.2	113.4	26.6	46.0	247.9
	BROWARD	25,977.8	3,237.9	222.7	1,960.4	200.2	1,049.4	484.0	312.7	72.8	132.3	717.3
	CALHOUN	157.6	20.8	1.2	792.5	85.6	421.4	187.8	133.1	30.0	66.9	346.6
	CHARLOTTE	2,593.7	329.8	21.4	111.5	10.9	59.1	28.0	16.8	4.0	6.2	33.3
	CITRUS	2,003.0	261.3	15.8	241.5	23.2	126.1	60.7	35.6	8.6	12.9	65.6
	CLAY	3,926.7	492.2	33.2	113.3	11.6	60.1	27.7	18.1	4.2	7.9	41.7
	COLLIER	5,187.3	640.9	45.2	572.4	55.4	297.6	142.7	85.0	20.3	32.3	161.7
	COLUMBIA	861.0	108.4	7.3	332.3	34.6	179.1	81.6	54.2	12.5	23.9	130.2
	DE SOTO	463.5	60.1	3.9	24.0	2.3	12.4	6.0	3.5	0.9	1.3	6.7
	DIXIE	180.7	23.8	1.4	147.2	15.6	78.3	35.4	24.3	5.5	11.5	60.8
	DUVAL	12,509.0	1,574.7	105.5	634.4	64.0	335.8	156.2	99.5	23.3	42.0	220.0
	ESCAMBIA	4,020.2	513.1	33.2	428.5	43.4	228.8	106.0	67.7	15.8	28.2	151.8
	FLAGLER	1,664.6	209.1	14.0	369.9	39.2	199.5	89.9	61.3	14.0	28.5	153.7
	FRANKLIN	140.6	18.1	1.1	573.1	63.5	301.3	132.3	98.2	21.8	53.7	268.8
	GADSDEN	738.1	95.9	5.9	628.5	68.4	328.9	146.4	105.6	23.6	55.8	277.8
	GILCHRIST	265.8	34.2	2.2	83.1	8.2	44.4	21.0	12.9	3.0	4.8	27.1
	GLADES	1,380.7	173.1	11.7	37.0	3.7	19.5	9.2	5.7	1.3	2.3	11.8
	GULF	240.9	30.9	2.0	512.8	53.2	272.7	124.7	82.8	19.0	37.5	198.3
	HAMILTON	171.7	22.6	1.3	57.9	6.1	30.9	14.0	9.5	2.2	4.5	23.6
	HARDEE	2,820.3	366.2	22.4	271.9	27.0	139.7	65.7	41.4	9.8	18.5	86.2
	HENDRY	495.3	64.3	3.9	32.3	3.2	17.2	8.1	5.0	1.2	1.9	10.2
	HERNANDO	4,549.4	578.4	37.1	154.7	15.4	81.1	38.2	23.7	5.6	9.7	49.5
	HIGHLANDS	3,683.2	458.4	31.7	369.3	35.3	190.0	91.6	54.0	13.0	20.6	97.5
	HILLSBOROUGH	21,108.3	2,631.2	180.8	2,941.7	297.0	1,558.5	725.3	460.4	107.9	191.9	1,009.1
	HOLMES	297.5	39.2	2.3	316.4	33.3	168.0	76.3	51.7	11.8	24.3	126.7
	INDIAN RIVER	2,224.2	282.2	18.3	375.3	37.7	198.5	93.0	58.4	13.7	24.3	126.8
	JACKSON	612.4	79.3	4.9	1,513.8	160.5	799.9	361.6	248.2	56.5	119.7	613.2
	JEFFERSON	181.5	23.6	1.5	231.2	25.0	121.6	54.5	38.5	8.7	19.6	98.8
	LAFAYETTE	103.4	13.1	0.9	0.0	0.0	0.0	0.0	0.0	0.0	0.0	0.0
	LAKE	8,749.5	1,101.0	73.4	960.3	94.6	503.8	237.6	146.4	34.8	58.6	301.3
	LEE	11,739.5	1,481.1	98.2	1,030.1	100.9	539.8	256.6	155.5	37.0	60.1	310.0
	LEON	6,181.2	767.6	53.7	897.8	95.7	474.1	213.4	148.1	33.6	73.0	372.2
	LEVY	512.8	66.4	4.1	224.1	22.6	118.6	55.3	35.1	8.2	14.6	77.0
	LIBERTY	104.2	13.3	0.9	202.6	21.0	107.3	49.3	32.6	7.5	14.7	77.2
	MADISON	242.7	31.7	1.9	585.9	64.3	306.7	135.8	99.2	22.1	53.3	265.2
	MANATEE	6,285.3	789.8	53.1	302.8	28.8	155.1	75.1	44.0	10.7	16.7	78.0
	MARION	4,389.6	571.0	34.6	653.6	64.1	344.7	163.5	99.4	23.6	38.4	201.8
	MARTIN	2,537.0	317.2	21.6	372.0	38.0	198.6	91.8	59.1	13.7	24.9	134.7
	MIAMI-DADE	31,564.8	4,013.9	261.8	5,809.0	592.2	3,093.2	1,429.1	921.5	214.9	393.0	2,090.7
	MONROE	953.1	120.1	8.0	164.0	16.4	87.0	40.8	25.4	6.0	10.1	53.9
	NASSAU	1,391.3	172.1	12.1	29.7	3.0	15.9	7.3	4.7	1.1	2.0	10.6
	OKALOOSA	3,236.0	404.4	27.4	1,163.1	122.0	620.6	281.8	190.2	43.4	87.7	467.1
	OKEECHOBEE	588.5	75.9	4.7	9.9	0.9	5.2	2.6	1.4	0.3	0.5	2.4
	ORANGE	18,343.4	2,292.6	156.1	1,359.2	135.1	714.1	335.6	208.9	49.3	85.9	438.1
	OSCEOLA	4,365.4	558.7	35.4	297.1	29.7	158.5	74.1	46.2	10.9	18.4	99.2
	PALM BEACH	20,481.5	2,557.1	174.8	3,992.8	403.0	2,125.1	987.4	625.6	146.4	258.6	1,373.8
	PASCO	11,478.5	1,455.5	95.1	789.4	78.2	420.0	197.7	121.6	28.7	47.3	254.6
	PINELLAS	12,688.4	1,595.3	107.2	782.6	77.9	408.1	192.0	119.9	28.3	50.1	249.9
	POLK	9,036.2	1,156.5	73.7	1,224.5	120.8	643.7	303.9	187.1	44.3	74.2	385.4
	PUTNAM	886.8	115.1	7.1	241.1	24.7	128.5	59.4	38.5	8.9	16.7	88.6
	SAINT JOHNS	3,354.1	409.4	29.7	166.3	17.7	87.7	39.4	27.5	6.3	13.7	69.8
	SAINT LUCIE	4,824.2	614.0	39.7	343.8	33.3	180.4	86.1	51.4	12.3	19.1	99.0
	SANTA ROSA	3,720.6	459.4	32.3	363.5	36.0	198.5	94.0	66.5	12.7	21.4	120.5
	SARASOTA	6,851.8	869.4	56.6	410.5	39.1	211.2	102.5	59.8	14.5	22.2	106.7
	SEMINOLE	6,518.9	801.0	57.1	238.5	23.9	124.3	57.9	36.9	8.7	16.2	80.0
	SUMTER	644.3	83.5	5.1	434.7	42.8	229.4	108.5	66.1	15.7	25.4	134.3
	SUWANNEE	504.0	65.2	4.0	45.8	4.5	24.6	11.5	7.1	1.7	2.6	15.0
	TAYLOR	665.4	86.6	5.3	357.9	38.2	191.3	85.9	59.3	13.5	28.3	149.5
	UNION	188.6	24.2	1.5	176.6	18.5	94.3	42.8	28.8	6.6	13.3	69.8
	VOLUSIA	8,661.0	1,103.1	71.2	910.1	94.7	484.4	221.2	147.1	34.0	66.8	351.9
	WAKULLA	578.5	73.5	4.8	357.2	38.0	189.6	85.4	59.0	13.4	28.6	147.8
	WALTON	847.3	108.7	6.8	210.9	22.6	111.4	50.0	35.0	7.9	17.5	89.3
	WASHINGTON	327.6	42.4	2.6	343.0	36.7	183.7	82.3	57.2	13.0	27.6	146.2
FL Total		308,032.9	38,795.7	2,590.0	42,711.6	4,359.1	22,618.5	10,460.6	6,761.2	1,572.5	2,933.6	15,324.2

State	County	U.S. Population		2017 Gender		2017 Race			
		Total 2017	2010-2017 % chg.	Total 2022	Male	Female	White	Black	Other Race	Hispanic
GA	APPLING	18,114	-3%	18,633	9,096	9,018	8,717	2,253	2,079	5,063
	ATKINSON	12,835	6%	13,928	6,305	6,530	4,225	1,629	1,537	5,443
	BACON	9,657	-2%	9,741	4,795	4,862	5,467	1,321	1,672	1,197
	BALDWIN	45,768	-8%	47,236	22,676	23,092	24,083	16,336	4,217	1,132
	BANKS	12,716	4%	13,222	6,360	6,357	9,518	192	1,013	1,993
	BARROW	97,136	34%	122,423	47,802	49,333	55,704	7,280	18,877	15,275
	BARTOW	112,948	20%	127,707	55,752	57,196	75,705	8,835	11,079	17,329
	BEN HILL	19,891	6%	20,592	9,533	10,358	10,368	5,742	1,084	2,697
	BERRIEN	23,989	18%	27,049	11,842	12,148	18,221	2,498	1,372	1,898
	BIBB	158,353	-3%	155,454	74,794	83,559	61,841	75,764	13,208	7,540
	BLECKLEY	14,919	8%	15,727	7,095	7,824	9,380	4,561	371	607
	BRANTLEY	19,160	13%	22,879	9,576	9,583	17,774	544	387	454
	BROOKS	22,420	-12%	22,236	10,666	11,753	10,369	10,669	803	579
	BRYAN	47,384	37%	60,589	23,351	24,033	36,226	5,876	2,870	2,413
	BULLOCH	68,654	-1%	72,683	34,234	34,420	38,068	18,256	7,438	4,892
	BURKE	22,810	9%	23,909	10,883	11,927	10,501	10,954	594	761
	BUTTS	32,140	0%	36,499	16,900	15,241	22,585	5,922	2,374	1,260
	CALHOUN	47,772	19%	55,081	23,475	24,297	16,900	928	8,435	21,508
	CAMDEN	59,184	27%	68,091	29,396	29,787	39,588	10,773	5,186	3,637
	CANDLER	11,853	9%	12,864	5,864	5,989	5,408	1,902	2,005	2,538
	CARROLL	135,443	6%	151,356	66,007	69,436	79,091	23,624	16,773	15,956
	CATOOSA	53,603	-6%	58,889	26,172	27,432	45,675	1,551	4,216	2,162
	CHARLTON	12,175	21%	13,623	6,939	5,236	7,161	3,803	1,004	207
	CHATHAM	291,587	7%	321,586	140,617	150,971	125,063	105,394	39,008	22,122
	CHATTAHOOCHEE	3,510	10%	3,768	1,709	1,801	2,045	1,092	241	132
	CHATTOOGA	30,633	-4%	32,754	15,931	14,701	20,751	3,213	3,338	3,330
	CHEROKEE	219,508	18%	254,065	108,301	111,207	144,745	11,275	23,936	39,552
	CLARKE	133,975	12%	143,986	63,939	70,036	62,069	24,762	22,768	24,375
	CLAYTON	259,252	8%	274,499	123,723	135,530	14,909	154,529	47,648	42,167
	CLINCH	7,306	8%	7,514	3,580	3,726	4,778	1,925	397	206
	COBB	739,058	2%	772,907	359,653	379,405	288,650	173,288	132,837	144,284
	COFFEE	44,632	3%	47,291	22,915	21,717	23,079	9,028	3,626	8,899
	COLQUITT	32,655	11%	31,870	15,970	16,685	15,420	6,519	2,132	8,583
	COLUMBIA	102,586	24%	123,503	50,735	51,851	59,009	12,860	23,330	7,387
	COOK	18,295	10%	19,495	8,961	9,333	10,020	3,664	3,734	876
	COWETA	163,697	30%	200,832	79,995	83,702	103,790	20,438	21,787	17,683
	CRAWFORD	15,382	15%	16,878	7,567	7,816	10,375	3,949	681	377
	CRISP	24,174	-4%	25,060	11,551	12,622	10,189	8,093	3,449	2,442
	DADE	16,925	27%	18,522	8,365	8,560	15,762	125	723	313
	DAWSON	36,379	36%	46,034	18,201	18,178	32,449	104	1,009	2,816
	DECATUR	33,667	9%	36,354	15,693	17,975	17,838	4,788	9,582	1,460
	DEKALB	670,067	5%	707,687	321,988	348,080	101,602	355,434	101,673	111,358
	DODGE	21,643	0%	23,090	11,595	10,048	12,859	6,052	680	2,052
	DOOLY	16,238	11%	18,100	8,876	7,361	7,012	7,556	581	1,089
	DOUGHERTY	77,876	-4%	74,293	36,161	41,715	18,082	52,349	5,316	2,129
	DOUGLAS	157,193	12%	179,006	75,695	81,498	52,176	67,961	20,585	16,471
	ECHOLS	788	-24%	729	387	401	124	22	68	574
	EFFINGHAM	59,147	18%	72,845	29,454	29,693	45,046	8,059	3,099	2,944
	ELBERT	22,931	21%	23,906	11,012	11,919	13,580	5,902	1,745	1,703
	EMANUEL	22,053	-2%	22,330	10,765	11,288	10,841	6,442	2,643	2,127
	EVANS	11,900	7%	12,650	5,831	6,069	5,069	2,286	1,473	3,071
	FANNIN	28,633	11%	33,170	13,982	14,651	27,194	103	866	470
	FAYETTE	119,759	14%	131,583	57,810	61,949	62,112	34,867	13,818	8,962
	FLOYD	94,373	-6%	97,358	45,863	48,510	52,868	10,912	10,339	20,253
	FORSYTH	114,770	7%	124,972	56,857	57,913	79,120	104	15,223	20,323
	FRANKLIN	27,480	13%	29,877	13,540	13,940	20,250	1,845	3,948	1,437
	FULTON	1,060,433	11%	1,141,145	516,342	544,091	379,275	391,006	166,423	123,730
	GILMER	19,530	-6%	19,824	9,687	9,843	10,518	60	4,045	4,907
	GLASCOCK	4,129	11%	4,463	2,029	2,100	3,436	595	65	34
	GLYNN	79,356	0%	81,635	37,723	41,633	41,746	15,308	12,754	9,548
	GORDON	18,882	4%	21,074	9,515	9,367	17,230	176	653	823
	GREENE	17,663	5%	19,331	8,620	9,043	9,023	4,916	2,096	1,628
	GWINNETT	915,466	8%	1,014,871	450,840	464,626	333,487	80,338	248,264	253,376
	HABERSHAM	60,828	15%	67,498	29,040	31,789	38,330	1,059	7,152	14,287
	HALL	221,239	22%	258,250	110,542	110,697	95,073	6,595	25,232	94,339
	HANCOCK	9,809	2%	9,946	5,368	4,441	2,757	6,755	171	126
	HARALSON	31,180	7%	33,186	15,256	15,924	27,937	1,125	1,609	509
	HARRIS	33,622	21%	42,531	16,837	16,785	25,950	6,306	765	602
	HART	18,271	0%	18,612	9,081	9,189	12,408	3,356	1,349	1,158
	HEARD	10,357	10%	11,030	5,153	5,204	8,474	1,062	386	435
	HENRY	294,626	32%	380,719	141,150	153,475	114,646	105,853	46,594	27,533
	HOUSTON	152,676	21%	172,858	74,488	78,188	79,916	39,032	21,208	12,520
	IRWIN	7,588	-8%	7,711	3,823	3,766	4,954	2,196	231	207
	JACKSON	98,758	22%	125,425	49,002	49,756	69,110	4,555	13,628	11,465
	JASPER	16,401	3%	18,505	8,139	8,262	12,341	2,753	675	631
	JEFF DAVIS	16,012	3%	17,067	7,939	8,072	8,075	1,514	2,128	4,295
	JEFFERSON	17,274	-3%	17,256	8,338	8,935	6,974	8,574	946	779
	JENKINS	7,867	14%	7,804	3,745	4,123	4,255	2,962	356	294
	JOHNSON	10,213	11%	10,980	5,761	4,451	6,214	3,673	145	181
	JONES	17,325	-3%	19,181	8,324	9,002	13,704	2,777	380	464
	LAMAR	18,896	3%	20,206	9,089	9,807	11,499	5,377	1,084	935
	LANIER	7,713	8%	8,281	3,916	3,797	5,060	1,705	337	610
	LAURENS	45,376	-2%	44,728	21,596	23,780	27,016	14,822	1,861	1,677
	LEE	38,769	7%	41,813	19,558	19,210	23,657	5,308	5,637	4,166

		2017 Age Ranges (Years)								2017 Occupations					
State	County	1-9	10-19	20-29	30-39	40-49	50-59	60-69	70 over	Managerial	Sales	Admin support	Service	Farming forestry, fishing	Production
GA	APPLING	2,556	2,331	2,097	2,126	2,519	2,890	2,024	1,572	2,227	841	1,931	716	617	3,187
	ATKINSON	1,711	3,458	1,693	1,489	1,474	1,478	884	649	1,637	533	741	792	587	2,512
	BACON	1,373	1,099	1,183	1,367	1,285	1,329	1,029	991	1,228	371	1,294	741	392	1,210
	BALDWIN	5,434	6,991	7,775	4,261	6,064	6,848	4,362	4,033	7,083	2,333	3,034	5,288	123	6,502
	BANKS	1,685	1,751	1,379	1,477	2,122	1,961	1,313	1,029	1,842	566	478	1,696	89	1,545
	BARROW	18,144	13,932	12,353	15,913	14,371	11,045	6,339	5,039	12,945	4,535	8,760	4,758	50	15,345
	BARTOW	16,630	16,701	12,327	15,859	17,824	15,998	10,022	7,587	18,551	6,889	8,691	7,127	187	14,050
	BEN HILL	2,746	2,515	2,415	2,109	2,806	3,386	2,032	1,882	3,021	837	1,337	1,149	86	4,384
	BERRIEN	3,561	3,158	2,910	3,127	3,424	3,365	2,486	1,957	2,823	3,067	1,060	2,690	51	3,116
	BIBB	22,014	23,262	21,074	17,173	21,527	24,395	14,064	14,844	26,429	11,264	9,933	19,378	120	17,926
	BLECKLEY	1,651	2,897	1,824	1,530	2,029	1,808	1,595	1,585	1,750	438	913	3,133	35	2,354
	BRANTLEY	2,736	2,628	2,060	2,248	2,858	3,232	1,898	1,500	1,583	758	4,481	1,747	138	1,993
	BROOKS	2,632	3,079	1,928	2,278	3,196	4,334	2,637	2,337	2,197	1,764	509	2,323	1,310	2,733
	BRYAN	7,278	7,104	4,445	6,292	7,932	7,634	3,751	2,948	8,725	3,021	3,584	3,535	56	5,517
	BULLOCH	7,523	11,878	19,855	6,765	7,517	6,706	4,659	3,752	14,127	3,948	3,091	8,731	110	6,339
	BURKE	3,294	3,222	2,771	2,291	3,335	3,621	2,260	2,017	2,901	960	1,664	2,573	176	5,216
	BUTTS	3,935	4,064	3,952	4,616	5,303	4,770	3,181	2,320	3,682	1,845	4,236	2,432	52	5,267
	CALHOUN	7,536	6,912	6,221	7,238	6,571	6,053	3,776	3,463	5,492	2,723	3,822	1,962	150	8,147
	CAMDEN	8,410	9,111	8,397	7,147	8,993	8,365	5,578	3,183	10,656	2,330	5,128	8,565	12	7,798
	CANDLER	1,774	1,577	1,548	1,377	1,573	1,692	1,251	1,061	1,499	489	1,193	888	151	2,819
	CARROLL	19,017	20,378	19,354	17,128	19,234	18,146	12,597	9,589	23,783	7,167	8,957	14,396	27	13,948
	CATOOSA	7,334	7,544	5,717	7,253	8,291	7,582	5,260	4,623	9,679	3,252	4,094	3,262	5	4,232
	CHARLTON	1,242	1,455	1,839	1,973	1,993	1,577	1,162	934	1,368	660	820	1,938	284	2,596
	CHATHAM	37,018	36,736	53,864	35,999	37,769	39,544	24,702	25,956	52,811	20,539	15,289	27,192	231	35,907
	CHATTAHOOCHEE	473	504	244	432	537	508	503	309	682	166	199	233	0	680
	CHATTOOGA	3,544	3,638	3,877	4,146	4,593	4,769	3,005	3,061	3,582	2,230	1,760	2,383	415	6,344
	CHEROKEE	32,686	32,315	20,666	30,405	38,270	32,792	19,491	12,882	46,541	12,780	10,901	12,054	76	16,592
	CLARKE	14,328	18,744	41,906	15,881	13,461	13,514	8,096	8,043	23,017	6,744	8,320	15,105	313	12,760
	CLAYTON	41,687	41,240	35,561	38,271	38,626	33,936	17,915	12,015	32,589	7,530	26,328	25,598	208	34,378
	CLINCH	1,122	889	889	813	1,046	1,187	770	590	1,270	273	622	453	343	1,370
	COBB	109,072	103,812	92,774	106,529	122,353	105,704	56,280	42,534	152,565	34,595	50,587	36,244	201	51,447
	COFFEE	6,007	6,349	6,070	6,378	6,615	6,215	3,907	3,090	6,777	2,509	4,156	1,851	346	9,071
	COLQUITT	5,071	4,299	3,956	4,092	4,497	4,543	3,198	2,999	5,099	1,533	2,251	1,882	1,119	6,038
	COLUMBIA	14,946	15,130	10,411	13,708	16,827	15,293	8,888	7,383	24,061	5,643	5,998	8,090	112	9,433
	COOK	2,801	2,566	2,234	2,163	2,682	2,425	1,844	1,580	3,770	860	1,286	1,201	109	2,604
	COWETA	24,553	24,029	17,131	23,736	26,035	22,116	14,841	11,256	25,718	8,796	13,235	15,070	7	15,697
	CRAWFORD	1,500	2,106	1,380	1,484	2,569	2,722	2,147	1,474	3,371	801	1,336	740	26	1,789
	CRISP	3,321	3,457	2,982	2,554	3,418	3,697	2,409	2,335	4,113	1,703	1,921	2,178	143	3,659
	DADE	2,045	2,070	1,681	1,799	2,641	3,020	1,923	1,746	3,072	525	1,416	1,294	55	2,121
	DAWSON	4,832	4,111	4,096	4,752	5,583	5,630	4,692	2,684	7,795	2,080	2,277	1,387	7	3,135
	DECATUR	3,662	2,905	6,782	5,084	4,955	4,096	2,063	4,119	10,330	1,104	1,218	1,016	2	569
	DEKALB	95,105	88,222	104,958	103,448	98,667	93,241	46,816	39,611	108,108	20,313	46,415	53,310	65	70,354
	DODGE	2,444	3,151	2,539	2,673	3,298	3,418	2,120	1,999	3,559	501	1,896	3,002	82	3,325
	DOOLY	1,619	1,756	2,180	2,308	2,630	2,640	1,770	1,334	2,922	326	1,195	1,462	176	3,635
	DOUGHERTY	10,756	11,152	13,132	8,380	9,749	10,970	6,588	7,149	12,826	4,276	5,846	10,537	165	12,026
	DOUGLAS	24,512	24,416	17,223	24,267	25,252	21,825	11,929	7,769	26,415	9,458	12,884	7,796	71	15,803
	ECHOLS	144	113	131	83	122	81	58	58	78	29	21	71	65	109
	EFFINGHAM	8,929	9,879	6,317	8,110	10,299	8,065	4,509	3,039	9,300	3,713	5,282	4,042	60	7,354
	ELBERT	2,597	3,061	2,576	2,436	3,355	3,436	2,824	2,645	2,594	1,519	2,603	1,384	161	4,246
	EMANUEL	2,996	2,861	2,887	2,536	2,983	3,233	2,367	2,191	2,967	1,215	1,665	2,831	711	3,224
	EVANS	1,744	1,429	1,653	1,512	1,833	1,542	1,107	1,080	1,562	407	882	1,557	260	2,182
	FANNIN	2,819	2,989	2,354	2,552	4,040	5,152	4,409	4,318	4,001	1,251	3,132	2,371	98	4,904
	FAYETTE	13,056	20,212	8,151	9,630	19,981	24,052	13,707	10,972	26,095	3,102	8,042	8,020	2	11,695
	FLOYD	13,228	12,407	11,384	11,258	13,245	13,807	9,403	9,642	14,899	6,114	4,835	8,854	130	14,824
	FORSYTH	20,730	15,313	8,845	17,355	20,434	16,253	8,736	7,104	22,956	9,260	3,548	4,933	120	10,182
	FRANKLIN	3,220	3,384	3,041	3,002	3,883	4,247	3,302	3,320	5,045	1,276	2,036	3,026	117	2,921
	FULTON	143,690	132,382	172,631	167,299	158,260	144,533	78,297	63,342	230,968	58,621	59,089	70,957	697	74,559
	GILMER	2,228	2,229	1,791	2,038	2,843	3,233	3,059	2,109	3,688	871	974	1,199	60	3,542
	GLASCOCK	494	540	378	424	679	711	484	419	597	59	504	383	86	659
	GLYNN	10,509	10,470	9,312	8,701	11,181	12,447	8,767	7,969	10,622	3,446	5,103	8,585	164	11,422
	GORDON	2,659	2,648	1,944	2,254	3,124	2,879	2,036	1,337	2,057	1,003	973	1,497	63	3,493
	GREENE	1,719	1,607	1,578	1,500	2,157	3,250	3,719	2,134	3,961	2,177	675	1,387	143	1,776
	GWINNETT	147,293	149,662	96,436	132,198	160,248	133,800	56,604	39,224	184,593	60,849	41,183	44,115	424	80,707
	HABERSHAM	8,205	7,284	6,629	7,593	8,379	9,010	7,181	6,547	9,623	3,384	5,232	3,422	568	8,316
	HALL	37,519	31,461	28,348	31,586	31,579	26,389	18,383	15,974	36,351	10,604	12,942	12,542	783	35,343
	HANCOCK	690	981	1,256	1,177	1,727	1,809	1,244	925	1,215	317	391	2,767	218	1,669
	HARALSON	4,133	4,301	3,318	3,827	4,769	4,629	3,284	2,919	3,698	2,266	2,219	3,731	54	4,793
	HARRIS	3,713	4,294	3,772	3,352	4,974	6,142	4,544	2,830	6,692	1,864	1,568	2,700	42	3,391
	HART	2,101	2,159	1,655	1,949	2,419	2,979	2,483	2,525	3,574	1,095	1,062	2,123	30	1,741
	HEARD	1,306	1,558	964	1,232	1,698	1,689	1,028	883	1,964	434	701	648	24	1,841
	HENRY	47,470	49,743	30,039	45,627	52,138	34,554	21,427	13,608	60,175	12,480	25,225	15,278	11	25,247
	HOUSTON	21,375	22,871	19,643	18,785	23,176	21,992	12,427	12,408	27,082	7,674	13,476	14,550	122	16,579
	IRWIN	937	1,027	977	935	1,262	949	712	789	1,156	275	1,416	725	13	858
	JACKSON	15,081	14,009	9,014	14,148	15,535	13,009	11,118	6,845	16,514	5,708	8,031	7,836	89	10,448
	JASPER	2,103	2,198	1,619	1,796	2,597	2,684	1,977	1,428	1,666	684	1,137	1,798	127	3,140
	JEFF DAVIS	2,462	2,203	1,817	2,021	2,178	2,226	1,554	1,550	2,166	835	1,092	834	634	3,352
	JEFFERSON	2,276	2,119	1,934	1,972	2,525	2,796	1,954	1,699	4,098	504	1,334	1,826	421	2,710
	JENKINS	1,168	1,184	825	838	1,020	1,201	809	823	1,397	279	666	532	68	1,677
	JOHNSON	978	1,185	1,249	1,432	1,675	1,718	1,092	885	1,815	353	1,380	1,117	254	1,339
	JONES	2,488	2,474	1,585	2,154	2,717	2,585	1,894	1,427	3,556	916	1,475	1,588	61	1,495
	LAMAR	2,098	3,105	2,592	1,971	2,679	2,781	1,961	1,708	2,241	952	1,391	2,332	14	2,927
	LANIER	1,127	1,113	1,042	1,037	1,143	942	721	588	1,191	198	629	864	176	1,490
	LAURENS	6,433	6,165	4,990	5,141	6,267	6,893	4,789	4,699	8,362	1,885	2,906	5,547	53	5,745
	LEE	5,682	5,823	4,598	5,049	6,868	5,563	2,952	2,234	4,565	3,005	3,774	4,426	110	3,288

State	County	Less than 9th grade	9th to 12th grade, no diploma	High school grad-uate	Some college, no degree	Assoc-iate degree	Bach-elor's degree	Grad. or pro-fessional degree	Less than $25,000	$25,000-$34,999	$35,000-$49,999	$50,000-$74,999	$75,000-$99,999	$100,000-$149,999	over $150,000
GA	APPLING	602	2,399	5,265	3,972	907	873	339	1,688	612	696	754	568	640	162
	ATKINSON	1,224	1,987	4,159	1,840	347	489	235	1,522	515	545	586	479	503	807
	BACON	392	1,089	3,403	1,823	569	283	159	1,139	414	513	267	138	193	71
	BALDWIN	1,165	3,410	13,592	8,036	1,858	5,823	4,116	4,173	1,065	1,523	1,694	1,248	1,384	604
	BANKS	643	1,309	3,803	2,081	611	915	767	970	403	540	722	348	448	198
	BARROW	2,521	6,681	23,136	23,868	7,958	5,211	1,714	4,392	2,224	4,415	6,732	4,914	3,048	1,015
	BARTOW	2,580	9,490	24,088	26,975	5,562	12,860	5,737	5,325	2,703	4,396	7,179	4,771	4,556	2,613
	BEN HILL	994	2,267	6,373	4,145	433	1,063	632	1,800	629	774	957	576	534	125
	BERRIEN	651	3,997	4,998	5,382	1,283	1,065	1,413	2,190	694	1,134	1,399	659	428	169
	BIBB	4,740	19,250	36,685	26,137	5,971	20,880	11,509	14,938	4,339	5,023	6,485	4,624	4,518	2,906
	BLECKLEY	956	1,391	4,610	2,448	1,434	798	721	1,573	241	442	620	399	454	191
	BRANTLEY	501	1,844	5,193	4,840	1,380	241	1,013	1,786	493	857	1,203	530	485	106
	BROOKS	2,756	4,195	7,008	1,894	1,330	723	300	4,731	2,536	2,189	3,389	4,049	2,881	732
	BRYAN	404	3,552	8,412	7,268	6,089	7,245	3,397	1,763	754	1,257	2,280	3,450	2,692	1,170
	BULLOCH	1,880	4,135	11,739	15,197	2,152	11,174	11,198	4,841	1,656	1,748	2,598	1,849	1,446	1,009
	BURKE	1,989	3,391	6,527	3,435	1,044	1,028	537	2,226	674	745	1,115	754	431	105
	BUTTS	1,002	3,285	10,428	6,292	2,720	1,492	953	1,293	1,024	993	1,922	1,338	1,320	241
	CALHOUN	2,947	5,636	11,699	8,873	2,396	3,432	1,888	3,661	1,356	1,691	2,673	2,281	1,048	382
	CAMDEN	684	4,392	11,687	15,856	3,732	3,899	5,768	3,047	1,202	2,046	3,855	2,704	2,318	563
	CANDLER	1,004	2,183	2,715	1,910	378	837	224	1,024	382	436	625	273	227	39
	CARROLL	3,989	12,693	33,104	25,952	3,235	16,810	10,811	8,070	3,073	4,915	7,544	4,810	6,999	3,010
	CATOOSA	730	2,600	12,483	11,260	2,004	9,005	4,130	2,690	1,548	1,918	3,025	3,084	2,621	688
	CHARLTON	442	2,019	4,476	2,163	267	174	756	787	206	581	542	268	226	276
	CHATHAM	6,198	29,158	50,656	64,892	11,307	51,890	24,022	17,635	6,361	10,245	12,282	9,685	12,751	8,462
	CHATTAHOOCHEE	57	470	979	539	175	350	224	225	90	86	237	124	210	26
	CHATTOOGA	1,951	4,472	9,270	6,062	998	1,679	714	2,478	1,063	1,241	1,584	1,043	743	145
	CHEROKEE	5,242	9,197	35,032	46,038	8,926	40,652	23,401	6,456	3,407	5,749	9,177	9,459	13,901	12,999
	CLARKE	5,076	12,671	22,864	21,147	4,980	27,486	19,686	10,455	2,641	3,330	4,159	2,599	2,346	3,006
	CLAYTON	14,132	21,330	44,884	58,160	15,643	33,494	8,692	16,178	6,911	10,205	11,840	9,727	7,653	4,238
	CLINCH	449	669	1,476	1,614	223	1,015	289	693	177	262	499	142	95	44
	COBB	18,787	28,019	82,775	123,120	29,211	210,925	81,246	28,538	14,826	20,275	30,617	27,790	44,435	37,973
	COFFEE	2,213	6,618	12,961	8,751	1,961	2,132	752	3,901	1,432	2,357	1,739	940	959	415
	COLQUITT	2,301	4,058	9,601	5,154	841	2,580	958	3,017	1,185	1,107	1,401	1,047	613	405
	COLUMBIA	1,579	4,869	14,347	18,786	6,992	19,527	13,512	3,830	1,687	3,011	5,364	4,551	6,123	3,633
	COOK	680	2,482	4,944	2,943	1,325	1,385	375	1,644	545	642	893	779	465	89
	COWETA	2,428	7,046	29,830	37,893	9,080	28,703	10,800	6,014	3,077	5,822	9,589	7,699	8,911	4,551
	CRAWFORD	159	1,742	2,957	2,403	465	2,181	2,857	1,069	194	640	703	572	690	416
	CRISP	932	3,360	6,979	3,561	934	2,677	676	2,328	706	807	1,326	477	701	165
	DADE	614	1,956	3,771	3,924	2,023	1,045	535	1,068	581	787	1,059	934	514	162
	DAWSON	340	1,544	6,577	10,171	1,433	4,854	4,334	1,487	1,146	1,232	2,283	1,700	1,019	1,673
	DECATUR	990	278	2,715	5,068	632	8,460	10,542	1,429	547	657	1,120	669	1,392	1,700
	DEKALB	71,943	39,074	82,590	119,655	30,793	116,949	67,790	40,411	16,046	21,856	26,605	17,461	21,592	17,815
	DODGE	823	2,485	5,707	3,558	555	3,085	1,729	1,965	425	716	1,002	716	414	243
	DOOLY	445	1,761	5,050	4,059	1,060	705	746	1,554	371	507	731	394	264	135
	DOUGHERTY	2,765	9,855	17,575	20,931	1,977	5,737	3,324	7,761	2,386	2,170	3,436	1,824	1,434	754
	DOUGLAS	1,816	7,119	31,661	33,380	6,484	28,895	9,986	6,241	3,230	5,722	7,887	8,227	7,744	4,257
	ECHOLS	55	208	192	22	119	5	0	125	9	41	26	14	1	23
	EFFINGHAM	539	3,802	10,794	13,340	3,397	10,217	3,125	1,881	1,068	1,473	2,930	3,408	4,062	1,640
	ELBERT	692	2,167	7,677	3,479	973	3,091	787	1,860	844	985	1,222	935	421	228
	EMANUEL	1,020	3,275	7,333	2,652	328	1,682	1,403	2,137	810	858	594	900	311	282
	EVANS	668	1,774	3,783	2,110	195	608	349	887	401	565	557	266	292	44
	FANNIN	894	2,457	10,196	6,848	715	2,008	1,158	2,515	1,176	1,310	1,844	879	716	296
	FAYETTE	624	1,870	14,593	21,774	7,105	29,761	20,316	2,863	1,974	3,030	3,546	4,878	9,597	8,407
	FLOYD	4,804	9,821	24,665	17,642	2,740	9,734	5,277	7,301	2,557	3,544	4,180	3,496	2,934	1,469
	FORSYTH	15,514	4,916	14,242	12,886	3,388	29,505	4,427	2,954	866	1,996	3,149	4,820	10,620	8,684
	FRANKLIN	807	3,089	9,817	4,322	1,077	1,420	2,022	2,696	890	993	1,476	904	756	224
	FULTON	37,088	63,768	130,716	150,272	34,486	274,468	159,590	50,408	18,387	25,389	31,932	23,094	41,998	56,693
	GILMER	793	2,063	4,781	4,112	851	1,803	1,714	1,351	683	753	938	818	705	330
	GLASCOCK	180	492	1,453	974	54	113	89	476	118	216	241	164	139	108
	GLYNN	2,213	6,144	18,498	16,122	5,755	9,061	5,789	5,172	2,246	2,943	3,571	2,968	3,426	1,716
	GORDON	1,251	2,634	5,122	3,403	649	990	822	1,388	508	1,019	1,029	920	327	76
	GREENE	302	1,350	4,210	3,055	954	3,333	1,947	1,413	386	804	743	376	451	811
	GWINNETT	54,120	46,360	118,542	134,634	49,326	202,172	80,807	36,082	18,500	26,160	43,556	42,737	60,487	40,824
	HABERSHAM	3,126	4,502	16,559	11,260	1,448	6,414	4,506	5,366	2,113	3,407	3,762	3,099	2,682	2,388
	HALL	19,270	18,206	41,632	35,958	6,382	31,288	14,727	10,471	5,396	7,785	12,128	9,056	7,371	6,709
	HANCOCK	316	1,503	2,242	3,267	212	604	556	1,186	272	249	422	84	74	34
	HARALSON	1,845	4,812	9,191	5,009	704	1,856	1,407	2,319	962	1,242	1,224	1,346	1,238	494
	HARRIS	773	2,350	6,764	8,338	4,028	3,390	2,160	1,514	444	970	1,482	2,610	1,433	1,245
	HART	478	1,395	5,715	3,648	561	1,652	1,581	1,881	510	696	944	655	375	183
	HEARD	263	756	3,953	1,785	368	932	194	770	277	604	590	320	164	161
	HENRY	2,151	9,911	42,544	63,087	20,627	55,948	25,987	9,724	5,448	9,219	19,327	15,985	14,274	8,282
	HOUSTON	3,091	8,336	27,464	35,680	8,819	15,937	20,453	6,943	3,642	4,798	7,895	7,393	8,535	3,472
	IRWIN	285	570	1,846	1,666	1,171	545	81	539	376	308	402	146	218	64
	JACKSON	2,331	7,204	21,080	23,186	2,590	12,876	6,809	3,854	1,675	3,025	5,464	4,651	5,100	3,570
	JASPER	948	2,794	4,926	2,535	135	731	1,085	1,232	324	581	1,185	380	507	328
	JEFF DAVIS	715	2,847	4,310	2,207	820	705	733	1,516	701	798	871	371	364	43
	JEFFERSON	803	2,933	5,281	1,915	776	1,194	1,049	1,652	599	763	653	458	312	66
	JENKINS	543	722	1,971	1,591	250	832	232	849	173	163	300	89	371	85
	JOHNSON	550	1,548	2,612	1,964	342	1,342	309	952	397	288	483	292	120	164
	JONES	328	700	5,422	2,565	1,727	2,184	642	933	630	651	1,059	827	689	209
	LAMAR	374	2,180	6,018	4,625	842	930	805	1,247	476	1,187	872	436	646	182
	LANIER	262	1,084	2,143	1,251	188	645	453	540	190	302	437	387	68	110
	LAURENS	1,283	5,167	13,688	7,128	1,104	4,496	3,122	4,770	1,088	1,526	2,054	1,360	1,044	652
	LEE	360	3,370	12,610	7,945	1,852	2,750	1,263	3,368	1,154	1,813	3,363	1,943	4,776	1,399

2017 Consumer Spending ($Millions)

State	County	Average annual expend-itures	Food	Alcoholic beverages	Housing	Apparel and services	Transport-ation	Healthcare	Entertain-ment	Personal care products & services	Education	Personal insurance & pensions
GA	APPLING	248.7	32.0	2.0	11.2	1.0	5.9	2.9	1.6	0.4	0.5	2.8
	ATKINSON	242.5	30.4	2.1	28.5	2.7	14.9	7.1	4.3	1.0	1.6	8.3
	BACON	112.1	14.9	0.9	0.3	0.0	0.1	0.1	0.0	0.0	0.0	0.0
	BALDWIN	548.0	70.7	4.5	28.9	2.7	14.3	7.0	4.1	1.0	1.7	6.6
	BANKS	180.8	23.1	1.5	121.8	12.4	65.0	30.1	19.3	4.5	8.1	43.7
	BARROW	1,391.1	177.3	11.5	60.0	5.5	30.0	14.8	8.3	2.0	3.1	12.6
	BARTOW	1,721.5	215.6	14.6	27.2	2.6	14.1	6.8	4.0	1.0	1.5	7.4
	BEN HILL	245.7	32.0	2.0	0.8	0.1	0.4	0.2	0.1	0.0	0.0	0.2
	BERRIEN	299.6	39.2	2.3	5.3	0.5	2.7	1.3	0.7	0.2	0.3	1.2
	BIBB	1,960.3	253.0	15.9	449.4	43.4	232.7	111.4	66.6	16.1	25.9	126.6
	BLECKLEY	182.0	23.5	1.5	0.4	0.0	0.2	0.1	0.0	0.0	0.0	0.0
	BRANTLEY	249.8	32.6	2.0	21.6	2.0	11.0	5.4	3.1	0.8	1.2	5.2
	BROOKS	1,022.3	131.2	8.4	63.4	6.1	33.0	16.0	9.3	2.3	3.3	16.8
	BRYAN	795.1	98.4	7.0	13.9	1.3	7.2	3.5	2.0	0.5	0.8	3.7
	BULLOCH	711.0	91.4	5.8	33.0	3.1	17.1	8.3	4.8	1.2	1.8	8.5
	BURKE	264.4	34.8	2.1	159.8	15.4	83.3	39.9	23.7	5.7	8.8	44.6
	BUTTS	433.2	55.0	3.6	19.9	2.0	10.2	4.8	3.0	0.7	1.3	6.4
	CALHOUN	623.2	80.7	5.0	16.6	1.6	8.4	4.1	2.4	0.6	0.9	4.1
	CAMDEN	830.5	105.5	6.9	13.3	1.3	6.7	3.3	1.9	0.5	0.8	3.5
	CANDLER	129.9	17.1	1.0	2.0	0.2	1.0	0.5	0.3	0.1	0.1	0.4
	CARROLL	2,020.6	254.5	17.0	33.5	3.2	17.3	8.4	4.8	1.2	1.7	8.5
	CATOOSA	844.6	106.7	7.1	9.8	0.9	5.0	2.5	1.4	0.3	0.5	2.2
	CHARLTON	125.8	16.3	1.0	3.8	0.3	1.9	0.9	0.5	0.1	0.2	0.8
	CHATHAM	4,026.4	505.4	34.3	292.1	28.5	153.2	73.0	44.0	10.5	16.9	86.4
	CHATTAHOOCHEE	53.1	6.7	0.4	0.4	0.0	0.2	0.1	0.0	0.0	0.0	0.0
	CHATTOOGA	387.1	50.4	3.1	35.5	3.4	18.3	8.9	5.1	1.2	1.9	9.1
	CHEROKEE	3,798.7	457.0	34.5	32.2	3.0	16.5	8.1	4.6	1.1	1.6	7.8
	CLARKE	1,276.6	164.1	10.5	110.1	11.0	56.9	26.8	16.9	4.0	7.3	35.8
	CLAYTON	3,372.7	429.3	27.9	64.6	6.3	34.1	16.3	9.8	2.3	3.6	19.1
	CLINCH	84.7	11.1	0.7	94.9	9.5	50.7	23.7	14.8	3.5	5.8	31.8
	COBB	11,905.1	1,450.1	106.0	75.5	7.1	38.4	18.8	10.8	2.6	4.0	18.3
	COFFEE	522.8	68.4	4.1	25.1	2.4	13.0	6.3	3.6	0.9	1.3	6.3
	COLQUITT	386.8	50.5	3.1	44.6	4.2	22.7	11.1	6.3	1.5	2.4	10.4
	COLUMBIA	1,640.2	201.8	14.3	6.6	0.6	3.3	1.6	0.9	0.2	0.4	1.6
	COOK	234.1	30.5	1.9	32.4	3.1	16.9	8.1	4.8	1.2	1.8	9.0
	COWETA	2,637.6	326.7	22.8	56.5	5.4	29.6	14.2	8.3	2.0	3.0	15.3
	CRAWFORD	231.3	28.9	2.0	185.6	18.0	95.6	45.8	27.6	6.6	11.1	52.8
	CRISP	287.5	37.6	2.3	9.3	0.9	4.9	2.4	1.4	0.3	0.4	2.5
	DADE	253.7	32.6	2.1	43.0	4.2	22.3	10.7	6.4	1.5	2.4	11.9
	DAWSON	570.1	70.6	4.9	4.2	0.4	2.1	1.0	0.6	0.1	0.2	1.0
	DECATUR	436.1	52.7	4.0	6.7	0.6	3.3	1.6	0.9	0.2	0.4	1.4
	DEKALB	8,138.9	1,026.2	68.5	197.1	18.8	101.0	48.7	28.8	7.0	11.2	52.2
	DODGE	259.6	33.5	2.1	10.2	0.9	5.1	2.6	1.4	0.4	0.5	2.2
	DOOLY	167.2	22.0	1.3	27.1	2.6	14.1	6.8	4.1	1.0	1.6	7.8
	DOUGHERTY	856.2	112.2	6.7	20.0	1.9	10.5	5.0	2.9	0.7	1.0	5.4
	DOUGLAS	2,445.0	304.2	21.1	16.8	1.6	8.5	4.1	2.4	0.6	0.9	3.9
	ECHOLS	10.8	1.4	0.1	2.4	0.2	1.2	0.6	0.3	0.1	0.1	0.6
	EFFINGHAM	999.9	123.0	8.8	15.4	1.5	7.8	3.8	2.2	0.5	0.8	3.7
	ELBERT	302.1	39.2	2.4	169.1	17.3	89.7	41.5	26.9	6.2	11.7	61.8
	EMANUEL	264.7	34.5	2.1	68.3	6.6	36.5	17.3	10.3	2.5	3.5	20.3
	EVANS	137.5	18.0	1.1	2.0	0.2	1.0	0.5	0.3	0.1	0.1	0.4
	FANNIN	412.5	53.3	3.3	405.2	40.3	215.9	101.4	62.7	14.8	24.5	133.3
	FAYETTE	2,184.8	260.7	20.1	35.8	3.5	18.4	8.8	5.3	1.3	2.1	10.0
	FLOYD	1,234.1	158.3	10.1	60.2	5.9	30.7	14.5	9.0	2.1	3.9	17.8
	FORSYTH	2,096.4	249.5	19.4	33.5	3.1	16.9	8.4	4.7	1.2	1.8	7.9
	FRANKLIN	383.9	47.3	2.9	299.9	30.0	160.2	74.6	47.0	11.0	18.7	103.6
	FULTON	12,853.1	1,576.9	113.6	251.3	24.0	130.1	62.8	30.9	8.9	13.8	68.2
	GILMER	272.7	34.9	2.2	3.4	0.3	1.7	0.8	0.5	0.1	0.2	0.8
	GLASCOCK	68.7	8.8	0.6	102.0	9.9	52.7	25.1	15.1	3.7	6.1	28.6
	GLYNN	1,115.7	141.5	9.3	75.1	7.1	38.6	18.7	10.9	2.7	4.1	19.6
	GORDON	244.9	32.0	1.9	16.8	1.6	8.4	4.1	2.4	0.6	0.9	4.0
	GREENE	234.9	29.6	2.0	62.1	5.8	31.9	15.7	8.9	2.2	3.2	15.1
	GWINNETT	15,766.6	1,929.9	139.4	278.5	26.3	141.2	68.8	39.9	9.7	15.3	68.0
	HABERSHAM	1,129.3	143.1	9.4	122.8	12.0	64.3	30.6	18.5	4.4	7.2	36.9
	HALL	3,084.1	386.7	26.1	574.8	56.6	299.4	142.3	87.2	20.6	35.2	177.8
	HANCOCK	91.2	12.2	0.7	13.5	1.4	7.3	3.4	2.1	0.5	0.8	4.3
	HARALSON	452.5	57.5	3.8	10.3	1.0	5.2	2.5	1.5	0.4	0.5	2.3
	HARRIS	551.8	68.3	4.9	34.6	3.3	18.0	8.7	5.1	1.2	1.9	9.7
	HART	232.1	30.4	1.9	5.9	0.6	3.0	1.5	0.8	0.2	0.3	1.2
	HEARD	133.6	17.3	1.1	8.2	0.8	4.5	2.1	1.3	0.3	0.4	2.7
	HENRY	4,782.9	591.9	41.4	27.7	2.7	14.4	6.9	4.2	1.0	1.6	8.4
	HOUSTON	2,400.1	299.4	20.6	109.3	10.4	56.5	27.3	16.1	3.9	5.9	29.7
	IRWIN	97.9	12.6	0.8	21.2	2.0	10.8	5.3	3.0	0.7	1.1	5.0
	JACKSON	1,559.7	192.4	13.6	263.1	26.0	140.2	66.1	40.4	9.6	15.5	84.0
	JASPER	215.5	27.6	1.7	31.1	3.0	16.3	7.8	4.6	1.1	1.7	8.8
	JEFF DAVIS	205.4	27.0	1.6	24.3	2.3	12.7	6.2	3.5	0.9	1.2	6.2
	JEFFERSON	193.0	25.5	1.5	106.4	10.3	55.2	26.4	15.8	3.8	6.3	30.4
	JENKINS	93.9	12.1	0.7	4.2	0.4	2.2	1.0	0.6	0.1	0.2	1.0
	JOHNSON	114.5	15.0	0.9	6.6	0.6	3.4	1.7	1.0	0.2	0.3	1.6
	JONES	259.3	33.0	2.1	49.6	4.7	25.3	12.4	7.1	1.7	2.6	12.1
	LAMAR	244.7	31.5	2.0	16.7	1.6	8.6	4.2	2.4	0.6	0.9	4.4
	LANIER	94.9	12.3	0.8	4.9	0.5	2.5	1.2	0.7	0.2	0.3	1.2
	LAURENS	566.2	73.4	4.6	30.0	2.8	15.6	7.6	4.4	1.1	1.6	7.8
	LEE	1,003.5	124.9	8.6	33.3	3.2	17.2	8.4	4.9	1.2	1.8	8.8

State	County	Total 2017	2010-2017 % chg.	Total 2022	Male	Female	White	Black	Other Race	Hispanic
	LIBERTY	67,378	4%	69,078	32,756	34,622	26,690	24,908	8,753	7,027
	LINCOLN	7,857	2%	7,985	3,813	4,044	5,190	2,356	165	147
	LONG	10,307	6%	11,545	5,102	5,205	6,448	2,235	1,028	596
	LOWNDES	118,899	3%	125,963	58,058	60,841	57,516	35,821	15,193	10,370
	LUMPKIN	29,457	16%	33,418	14,598	14,859	22,004	304	4,218	2,931
	MACON	14,915	4%	15,714	8,229	6,686	4,617	8,542	756	1,000
	MADISON	30,760	5%	32,451	15,178	15,582	24,297	2,798	2,051	1,614
	MARION	5,897	4%	6,049	2,876	3,021	1,702	2,230	388	1,577
	MCDUFFIE	22,180	3%	22,587	10,397	11,784	11,999	8,106	1,268	807
	MCINTOSH	18,981	19%	23,662	9,243	9,738	11,570	6,852	342	217
	MERIWETHER	19,637	4%	19,875	9,351	10,286	12,000	6,550	762	326
	MITCHELL	35,861	0%	36,931	18,430	17,431	13,261	18,526	1,604	2,470
	MONROE	26,497	27%	31,995	13,384	13,113	18,933	6,053	1,011	500
	MONTGOMERY	10,136	9%	11,068	5,334	4,801	6,170	2,287	477	1,201
	MORGAN	18,879	10%	20,499	9,136	9,743	13,131	3,665	1,399	683
	MURRAY	42,628	6%	46,466	21,121	21,507	21,956	196	8,020	12,456
	MUSCOGEE	241,113	8%	249,263	117,551	123,562	103,715	91,430	27,497	18,471
	NEWTON	112,861	1%	130,001	53,849	59,012	53,196	35,775	14,033	9,858
	OCONEE	38,101	3%	43,761	18,514	19,587	28,397	2,308	4,703	2,693
	OGLETHORPE	8,428	4%	9,140	4,133	4,295	6,089	1,483	285	571
	PAULDING	105,999	10%	120,211	51,518	54,481	67,795	16,577	11,539	10,088
	PEACH	44,723	20%	51,153	21,764	22,959	22,554	14,033	2,775	5,361
	PICKENS	39,692	28%	48,335	19,229	20,463	35,140	459	999	3,094
	PIERCE	22,007	20%	24,418	10,814	11,193	16,917	1,541	743	2,807
	PIKE	22,528	20%	25,923	11,011	11,517	19,611	2,213	463	241
	POLK	53,416	11%	58,730	26,388	27,029	33,904	4,949	4,536	10,028
	PULASKI	13,910	7%	15,083	6,063	7,846	8,523	4,058	632	696
	PUTNAM	23,496	17%	26,041	11,405	12,091	14,076	4,946	1,808	2,666
	QUITMAN	9,168	5%	9,350	4,439	4,729	4,686	3,607	430	445
	RABUN	17,229	29%	19,492	8,503	8,727	13,376	275	1,067	2,510
	RICHMOND	251,339	2%	259,880	120,642	130,697	96,081	118,471	25,531	11,256
	ROCKDALE	82,391	0%	84,676	39,065	43,325	22,375	29,464	11,592	18,960
	SCHLEY	5,211	5%	5,631	2,508	2,703	3,688	1,042	211	270
	SCREVEN	15,431	-13%	15,950	7,542	7,889	8,240	6,238	290	663
	SPALDING	61,824	3%	63,899	29,961	31,863	33,475	17,103	7,768	3,478
	STEPHENS	32,811	11%	35,364	15,797	17,014	26,863	2,952	2,194	801
	STEWART	6,413	-5%	6,871	3,938	2,474	1,332	1,780	2,248	1,053
	SUMTER	20,165	8%	18,851	9,426	10,740	8,410	7,229	2,455	2,071
	TALBOT	7,259	3%	7,689	3,529	3,730	4,215	2,742	165	138
	TALIAFERRO	1,734	-2%	1,686	836	898	714	911	65	44
	TATTNALL	31,335	-4%	35,104	18,170	13,164	14,322	7,158	2,624	7,230
	TAYLOR	12,143	9%	14,019	5,874	6,269	7,998	3,497	342	306
	TELFAIR	20,297	7%	23,152	11,542	8,755	9,942	6,262	1,225	2,868
	THOMAS	51,842	-5%	50,007	24,754	27,088	29,932	15,732	3,415	2,763
	TIFT	33,913	-2%	33,515	16,300	17,613	15,021	8,990	3,411	6,491
	TOOMBS	29,832	-26%	31,103	14,146	15,685	15,701	6,036	2,545	5,550
	TOWNS	13,568	25%	15,712	6,510	7,057	12,970	40	204	353
	TREUTLEN	6,607	3%	6,726	3,309	3,299	3,939	2,253	143	272
	TROUP	70,404	2%	73,889	33,941	36,463	36,630	22,470	6,556	4,747
	TURNER	10,066	7%	10,348	4,892	5,173	5,845	3,565	338	318
	TWIGGS	6,273	-16%	5,760	3,044	3,229	3,488	2,560	133	93
	UNION	24,531	-8%	27,779	11,934	12,597	22,463	237	587	1,244
	UPSON	26,139	19%	26,543	12,540	13,599	16,295	6,419	2,256	1,170
	WALKER	88,051	9%	95,270	42,945	45,107	76,545	3,168	5,837	2,502
	WALTON	70,706	3%	73,952	34,571	36,135	55,404	7,968	5,005	2,328
	WARE	37,525	13%	37,792	18,567	18,958	23,326	8,202	3,153	2,844
	WARREN	5,458	-24%	5,496	2,517	2,940	1,825	3,507	77	48
	WASHINGTON	21,142	1%	21,718	10,947	10,195	9,376	10,361	747	657
	WAYNE	33,431	5%	34,085	17,833	15,598	20,280	4,828	4,763	3,561
	WEBSTER	2,041	-5%	2,046	986	1,055	1,027	833	96	85
	WHEELER	8,270	12%	9,208	5,293	2,977	4,204	3,261	381	424
	WHITE	34,319	19%	40,950	16,769	17,549	29,933	443	2,626	1,316
	WHITFIELD	115,573	23%	125,665	57,633	57,939	39,310	1,914	12,468	61,881
	WILCOX	11,404	14%	12,771	6,748	4,656	6,482	4,038	310	574
	WILKES	10,989	-3%	10,973	5,375	5,614	5,727	3,833	933	496
	WILKINSON	13,008	3%	14,484	6,285	6,722	7,219	4,729	456	604
	WORTH	18,309	11%	19,152	8,668	9,640	12,197	5,647	323	141
GA Total		10,451,946	8%	11,438,753	5,105,163	5,346,782	4,852,771	2,696,884	1,429,470	1,472,821

State	County	1-9	10-19	20-29	30-39	40-49	50-59	60-69	70 over	Mana-gerial	Sales	Admin support	Service	Farming forestry, fishing	Prod-uction
	LIBERTY	11,948	9,815	10,594	8,295	10,152	9,098	4,777	2,698	10,259	5,701	6,983	9,439	2,141	10,021
	LINCOLN	713	952	689	685	1,253	1,532	1,144	888	1,531	646	425	557	38	1,217
	LONG	1,728	1,673	1,412	1,405	1,609	1,225	638	617	1,095	622	2,016	815	1	1,396
	LOWNDES	17,216	16,556	22,241	14,922	15,969	14,571	9,105	8,320	14,417	7,004	9,503	13,787	2,214	15,341
	LUMPKIN	3,230	4,614	4,825	3,293	3,717	4,053	3,371	2,353	4,539	2,125	2,286	2,285	27	3,435
	MACON	1,477	1,765	2,183	1,960	2,278	2,550	1,630	1,072	2,098	522	793	2,539	285	3,188
	MADISON	3,742	4,349	3,094	3,651	4,659	4,886	3,631	2,747	4,504	1,268	2,542	2,280	53	4,353
	MARION	824	801	699	557	876	916	696	528	687	313	115	609	227	1,439
	MCDUFFIE	2,937	3,078	2,462	2,200	3,235	3,597	2,630	2,041	3,152	1,327	1,925	2,522	121	3,138
	MCINTOSH	2,089	2,362	1,588	1,953	2,896	3,428	2,722	1,944	2,033	1,978	1,617	1,772	1,620	1,668
	MERIWETHER	2,280	2,553	1,995	1,967	2,883	3,207	2,675	2,078	3,457	999	1,604	1,830	193	3,040
	MITCHELL	4,559	4,920	4,847	4,474	5,281	5,301	3,620	2,858	6,810	1,917	2,226	4,037	776	4,438
	MONROE	3,098	3,222	2,975	3,139	4,549	4,453	2,640	2,420	5,035	1,192	1,443	2,077	195	3,693
	MONTGOMERY	1,191	1,493	1,429	1,226	1,462	1,426	1,097	811	1,753	318	469	1,574	363	1,160
	MORGAN	2,319	2,661	1,613	2,136	2,919	3,086	2,233	1,912	3,585	848	1,483	1,357	25	1,898
	MURRAY	6,165	6,143	4,802	5,796	6,701	6,230	3,981	2,811	4,845	1,993	2,571	2,061	26	9,343
	MUSCOGEE	32,694	36,040	35,315	28,408	34,689	34,237	18,945	20,785	44,298	12,475	19,231	24,588	222	31,066
	NEWTON	21,046	21,394	11,625	14,150	17,070	14,460	7,692	5,425	3,678	1,840	4,776	4,217	180	40,546
	OCONEE	5,027	6,322	3,258	4,171	6,364	6,566	3,717	2,676	8,561	2,331	2,236	2,082	60	2,390
	OGLETHORPE	915	1,220	782	843	1,356	1,350	1,059	904	1,583	308	488	839	4	949
	PAULDING	18,872	16,422	11,933	18,168	17,838	11,965	6,388	4,412	20,134	4,502	10,673	6,466	13	8,951
	PEACH	5,727	7,277	6,672	4,851	6,721	6,154	4,026	3,296	5,190	3,317	2,627	4,358	71	8,532
	PICKENS	4,304	5,328	3,659	4,413	5,461	6,172	6,315	4,039	6,986	1,796	3,053	2,125	85	5,047
	PIERCE	3,190	2,822	2,234	2,625	3,140	3,509	2,459	2,029	2,807	1,116	1,727	2,751	222	3,104
	PIKE	2,917	3,715	2,230	2,894	3,649	3,149	2,337	1,637	3,963	1,175	1,148	1,922	235	2,968
	POLK	8,530	7,365	6,802	7,038	7,625	6,774	4,884	4,399	7,036	2,179	4,736	4,082	271	11,193
	PULASKI	1,549	1,655	1,519	1,913	2,404	2,163	1,363	1,344	2,028	583	1,629	1,446	33	2,031
	PUTNAM	2,690	2,561	2,444	2,239	3,378	3,930	3,465	2,789	2,447	1,077	1,786	2,796	313	4,322
	QUITMAN	1,119	1,274	1,054	1,078	1,329	1,388	1,066	862	1,729	582	739	940	30	1,244
	RABUN	1,634	2,043	1,473	1,823	1,834	2,820	3,084	2,518	2,465	745	723	1,319	12	4,020
	RICHMOND	32,956	35,568	37,595	27,736	34,011	38,220	23,424	21,829	47,691	15,598	18,150	25,149	64	30,954
	ROCKDALE	11,976	15,018	7,585	8,619	13,581	12,763	7,178	5,670	9,569	1,912	3,926	3,987	43	21,322
	SCHLEY	812	901	429	667	706	770	566	360	989	337	235	170	46	1,082
	SCREVEN	1,794	2,339	1,607	1,570	2,319	2,608	1,636	1,556	3,073	311	1,196	1,351	123	2,985
	SPALDING	8,467	8,199	7,279	7,656	8,769	9,421	6,207	5,828	9,854	2,934	4,737	4,554	72	11,052
	STEPHENS	3,803	4,295	3,527	3,382	4,326	5,479	3,888	4,110	4,395	1,403	3,797	2,143	168	4,577
	STEWART	443	583	1,156	1,120	1,032	893	588	598	1,486	204	911	315	273	698
	SUMTER	2,380	2,835	3,306	2,148	2,531	2,977	2,078	1,908	3,657	633	1,433	2,415	188	2,527
	TALBOT	683	921	607	673	1,281	1,409	1,006	678	1,585	420	542	450	21	1,203
	TALIAFERRO	143	189	162	145	263	334	250	248	227	21	89	242	7	445
	TATTNALL	3,615	3,958	5,319	4,936	5,026	3,970	2,495	2,016	4,644	1,449	2,455	2,412	4,185	3,938
	TAYLOR	1,581	1,534	1,160	1,353	1,762	2,310	1,417	1,025	2,132	436	1,368	952	86	2,155
	TELFAIR	2,140	1,972	3,008	2,834	3,624	2,967	1,837	1,915	2,628	510	1,099	2,573	1,232	4,340
	THOMAS	6,469	7,054	5,672	5,960	7,537	8,612	5,183	5,356	10,883	1,853	3,154	6,559	243	5,188
	TIFT	4,972	4,522	4,396	3,833	4,409	5,299	3,334	3,147	5,036	1,917	2,479	3,045	681	4,717
	TOOMBS	4,413	3,988	3,446	3,540	4,011	4,409	3,209	2,816	4,639	890	1,685	3,021	3,180	2,726
	TOWNS	1,083	1,752	1,143	1,088	1,550	1,822	2,335	2,795	2,482	758	1,500	1,462	3	1,522
	TREUTLEN	894	820	921	823	888	999	646	616	1,558	282	276	1,404	1	721
	TROUP	9,789	10,680	8,554	8,596	10,495	10,144	6,181	5,964	11,854	4,100	5,152	5,096	55	10,688
	TURNER	1,235	1,337	1,188	1,104	1,472	1,522	1,109	1,099	1,585	832	514	1,239	117	1,245
	TWIGGS	553	706	583	531	1,039	1,188	934	739	633	546	733	556	140	1,053
	UNION	2,068	2,498	1,688	1,936	3,080	4,379	4,312	4,569	2,575	2,492	3,009	2,281	82	3,127
	UPSON	3,189	3,535	2,793	2,913	3,907	4,059	3,089	2,653	4,048	1,285	1,965	2,228	111	4,816
	WALKER	10,592	11,549	10,169	11,238	12,553	12,985	9,431	9,534	10,307	3,409	7,945	8,884	283	14,960
	WALTON	10,119	9,905	6,032	8,896	11,347	10,407	7,928	6,072	9,073	2,562	5,389	3,840	22	14,387
	WARE	4,933	4,464	5,151	4,329	6,073	5,992	3,709	3,874	5,390	2,490	2,960	4,083	1,044	5,653
	WARREN	771	656	488	504	781	1,004	666	589	1,078	120	361	504	25	1,195
	WASHINGTON	2,402	2,831	2,634	2,557	3,558	3,377	2,020	1,763	2,767	1,365	1,095	3,828	117	3,635
	WAYNE	4,104	4,083	4,629	4,560	4,803	4,872	3,559	2,822	6,116	2,091	2,591	2,856	296	5,353
	WEBSTER	271	270	175	197	342	341	219	227	426	13	198	126	58	344
	WHEELER	746	647	1,417	1,612	1,414	1,205	662	566	1,389	213	451	2,043	129	1,109
	WHITE	4,334	4,605	3,440	3,885	4,748	4,965	4,520	3,820	4,478	2,123	2,695	2,670	75	4,947
	WHITFIELD	19,306	16,843	14,191	14,991	16,492	14,657	10,038	9,055	12,717	5,183	7,327	7,126	1,175	23,942
	WILCOX	953	1,100	1,809	1,684	2,020	1,627	1,081	1,130	2,455	377	1,077	1,735	102	1,345
	WILKES	1,124	1,292	1,049	1,033	1,514	1,945	1,579	1,453	1,199	558	1,056	648	55	2,503
	WILKINSON	1,651	1,653	1,329	1,351	2,181	2,111	1,507	1,225	1,557	780	1,226	1,426	19	2,249
	WORTH	2,171	2,676	1,996	1,841	2,793	2,955	2,196	1,680	2,794	931	1,608	2,322	80	2,355
GA Total		######	######	######	######	######	######	892,467	739,530	1,840,960	542,634	715,638	807,466	40,974	1,234,853

State	County	Less than 9th grade	9th to 12th grade, no diploma	High school grad-uate	Some college, no degree	Assoc-iate degree	Bach-elor's degree	Grad. or pro-fessional degree	Less than $25,000	$25,000-$34,999	$35,000-$49,999	$50,000-$74,999	$75,000-$99,999	$100,000-$149,999	over $150,000
	LIBERTY	750	3,422	11,881	18,779	5,578	5,131	4,939	3,730	1,881	2,927	4,360	1,903	1,709	924
	LINCOLN	198	859	2,305	2,288	217	431	384	714	235	312	347	289	173	170
	LONG	165	684	2,540	3,319	167	417	409	535	365	425	928	274	284	30
	LOWNDES	3,917	14,486	27,156	22,250	6,113	13,726	5,887	8,546	3,606	4,128	5,476	3,682	3,372	1,465
	LUMPKIN	890	2,596	5,272	5,799	1,426	4,007	4,513	1,987	684	1,330	1,268	831	828	379
	MACON	1,039	1,873	4,304	3,684	436	972	342	1,388	559	477	578	425	183	33
	MADISON	641	3,949	9,827	5,945	1,256	1,980	1,171	2,241	966	1,307	1,963	1,274	821	251
	MARION	273	814	1,283	846	32	427	1,054	564	201	160	308	171	120	15
	MCDUFFIE	783	2,748	7,008	4,432	357	1,731	610	1,968	639	882	1,291	487	688	184
	MCINTOSH	330	1,890	5,042	4,832	392	1,122	2,145	1,564	598	603	1,137	414	866	131
	MERIWETHER	808	1,829	5,539	3,845	465	1,809	1,805	1,417	612	719	1,214	773	392	114
	MITCHELL	1,605	4,464	9,138	8,908	1,095	1,506	2,209	4,532	1,686	1,548	2,314	1,129	5,587	383
	MONROE	739	1,496	8,553	6,186	740	3,060	1,092	1,674	571	790	1,505	811	1,432	354
	MONTGOMERY	265	1,257	3,460	1,410	171	1,198	493	858	328	434	508	224	247	48
	MORGAN	259	1,354	5,670	2,576	403	3,613	1,275	1,321	365	852	778	716	628	717
	MURRAY	3,423	6,281	12,673	5,559	1,858	1,928	1,620	3,682	1,297	1,682	2,921	1,172	1,126	196
	MUSCOGEE	5,346	16,254	41,457	58,754	12,591	33,413	23,396	15,109	6,807	11,573	16,039	11,827	15,499	6,927
	NEWTON	7,451	22,893	33,890	12,190	2,885	1,143	428	6,434	3,904	4,913	7,379	4,157	4,022	988
	OCONEE	417	1,459	5,616	5,880	1,639	9,390	5,252	1,367	693	1,157	1,801	1,733	2,063	1,935
	OGLETHORPE	533	842	1,682	2,162	230	1,017	451	694	144	221	453	323	323	188
	PAULDING	1,062	4,053	23,611	25,878	2,860	15,588	4,732	3,795	1,655	3,296	7,515	7,139	4,171	2,060
	PEACH	1,149	7,097	12,107	7,939	1,442	3,072	3,187	3,152	1,482	1,533	2,227	1,803	1,221	473
	PICKENS	697	3,569	8,420	7,936	1,050	5,827	5,585	2,401	1,330	1,498	2,991	2,233	1,496	1,280
	PIERCE	981	2,442	7,034	3,418	379	1,829	1,266	1,582	978	951	1,148	789	661	55
	PIKE	482	1,996	4,968	3,579	1,823	4,039	690	1,032	514	640	1,681	1,176	919	309
	POLK	2,132	6,851	15,726	11,018	1,143	1,739	2,180	4,114	1,284	2,586	3,549	1,446	1,087	474
	PULASKI	305	1,308	3,959	3,936	219	1,432	370	1,081	628	423	680	214	352	120
	PUTNAM	502	1,941	8,143	4,267	878	2,161	1,573	1,861	613	1,128	944	573	901	697
	QUITMAN	321	1,322	2,649	1,910	247	751	226	771	224	201	425	373	166	244
	RABUN	344	1,260	4,031	3,491	437	1,744	3,273	1,388	560	528	1,284	661	344	257
	RICHMOND	5,555	18,962	52,697	57,429	15,923	31,992	19,695	18,318	6,623	9,390	12,202	8,490	6,793	4,253
	ROCKDALE	4,611	8,989	20,900	15,166	3,687	6,120	3,409	3,888	2,125	2,542	3,995	2,706	4,737	2,368
	SCHLEY	81	529	1,575	499	156	572	484	480	149	167	206	163	275	1
	SCREVEN	931	1,747	4,669	3,504	254	1,110	432	1,503	494	517	724	419	262	242
	SPALDING	2,283	8,593	16,470	9,842	1,970	7,085	2,896	4,547	1,671	2,539	2,843	1,911	2,406	874
	STEPHENS	1,126	3,379	10,977	6,300	1,370	1,960	1,664	2,916	1,018	1,403	1,860	1,065	762	441
	STEWART	356	776	2,064	1,657	101	374	393	564	216	260	341	174	88	27
	SUMTER	1,112	2,601	4,726	3,893	308	2,249	1,679	1,757	782	863	883	490	404	113
	TALBOT	260	855	2,236	1,395	371	239	800	786	185	248	312	144	264	28
	TALIAFERRO	161	198	304	320	380	71	69	207	52	101	52	13	38	7
	TATTNALL	1,218	5,048	8,820	7,010	1,100	1,646	906	2,376	654	894	1,351	672	691	223
	TAYLOR	685	1,225	4,386	2,653	134	521	174	1,306	325	624	539	234	212	57
	TELFAIR	340	3,599	7,119	4,211	368	1,003	612	2,318	634	620	734	395	251	112
	THOMAS	2,405	4,059	11,679	12,249	1,778	5,723	4,210	5,467	1,990	2,788	3,457	2,894	2,138	1,206
	TIFT	1,607	4,763	9,664	4,312	1,816	2,652	1,822	3,294	929	1,181	1,410	998	678	444
	TOOMBS	998	4,189	8,837	4,659	1,309	2,332	1,054	2,979	962	821	1,213	633	929	331
	TOWNS	271	690	2,963	3,523	1,172	1,236	1,996	893	427	839	1,192	274	260	216
	TREUTLEN	283	1,319	2,466	566	114	277	269	615	163	213	397	224	87	41
	TROUP	1,789	8,113	16,268	14,529	2,637	7,540	4,282	5,401	2,264	2,228	3,636	2,547	1,851	882
	TURNER	275	1,135	3,181	1,947	288	542	824	864	295	317	384	396	410	94
	TWIGGS	245	1,003	2,372	1,239	242	212	109	617	219	183	295	236	112	36
	UNION	340	1,731	5,852	9,221	1,101	1,561	1,325	1,908	700	1,382	1,553	1,057	610	286
	UPSON	950	2,643	9,534	3,788	1,381	2,186	778	2,570	934	936	1,418	966	415	108
	WALKER	3,260	12,125	24,329	19,336	2,684	6,120	3,944	6,544	2,886	4,020	5,161	3,458	1,855	1,096
	WALTON	5,086	12,070	18,562	12,833	1,120	3,606	1,716	5,237	2,107	5,107	5,878	4,362	7,684	2,951
	WARE	1,314	4,645	13,067	6,746	1,105	2,117	1,428	3,139	1,030	1,531	1,969	1,192	757	305
	WARREN	306	721	1,439	1,174	116	441	208	561	133	291	253	82	62	77
	WASHINGTON	609	2,353	5,654	5,264	1,585	1,372	598	1,924	666	467	911	721	447	108
	WAYNE	1,811	4,637	9,543	6,937	482	2,637	1,293	2,921	1,343	1,672	1,689	1,291	1,378	982
	WEBSTER	146	215	407	592	31	197	41	246	30	107	66	34	68	12
	WHEELER	786	712	3,771	1,341	273	162	160	594	235	353	282	259	117	4
	WHITE	846	2,937	10,381	7,395	1,759	2,763	1,498	3,070	1,009	1,413	1,950	1,297	748	563
	WHITFIELD	14,330	14,983	24,642	18,390	2,696	6,611	6,124	8,239	3,453	4,569	5,678	3,476	3,434	2,250
	WILCOX	672	806	4,452	2,445	870	356	303	838	322	361	421	256	286	35
	WILKES	432	1,768	3,341	2,112	263	763	570	1,100	441	402	530	389	154	55
	WILKINSON	251	2,251	4,284	2,376	361	837	143	1,255	384	525	662	391	325	72
	WORTH	619	2,403	5,221	4,091	826	1,105	557	1,445	745	568	922	627	365	411
GA Total		434,536	814,351	1,999,164	1,951,776	459,297	1,664,438	885,307	609,333	250,051	352,921	502,525	390,099	456,009	314,895

2017 Consumer Spending ($Millions)

State	County	Average annual expend-itures	Food	Alcoholic beverages	Housing	Apparel and services	Transport-ation	Healthcare	Entertain-ment	Personal care products & services	Education	Personal insurance & pensions
	LIBERTY	860.1	110.0	7.0	71.6	6.8	36.9	18.0	10.5	2.6	3.9	19.0
	LINCOLN	111.8	14.2	0.9	12.4	1.1	5.7	2.8	1.6	0.4	0.8	1.8
	LONG	140.4	18.1	1.1	36.4	3.7	19.4	9.1	5.7	1.3	2.3	12.4
	LOWNDES	1,445.2	186.1	11.7	173.4	16.4	89.6	43.3	25.2	6.1	9.2	45.1
	LUMPKIN	352.2	45.3	2.9	7.1	0.7	3.7	1.8	1.1	0.3	0.4	2.0
	MACON	150.8	20.1	1.2	34.3	3.2	17.2	8.5	4.8	1.2	1.8	7.7
	MADISON	430.3	55.4	3.5	58.8	5.5	29.5	14.3	8.4	2.0	3.4	13.9
	MARION	68.2	9.0	0.5	21.8	2.1	11.7	5.5	3.3	0.8	1.2	6.9
	MCDUFFIE	279.3	36.3	2.2	16.6	1.6	8.5	4.1	2.4	0.6	0.9	4.2
	MCINTOSH	261.9	33.6	2.1	79.1	7.8	41.7	19.8	12.0	2.9	4.6	24.3
	MERIWETHER	249.1	32.3	2.0	29.4	2.8	15.1	7.3	4.2	1.0	1.6	7.5
	MITCHELL	951.3	119.7	8.0	274.7	27.3	145.1	68.2	42.3	10.0	16.9	88.9
	MONROE	381.0	48.0	3.2	12.9	1.2	6.6	3.2	1.8	0.4	0.7	3.1
	MONTGOMERY	119.7	15.6	0.9	56.9	5.6	30.8	14.4	8.8	2.1	3.2	18.4
	MORGAN	255.7	32.5	2.1	19.3	1.9	10.2	4.9	2.9	0.7	1.0	5.4
	MURRAY	553.7	72.2	4.3	12.6	1.2	6.5	3.1	1.8	0.4	0.7	3.3
	MUSCOGEE	4,485.5	563.5	37.9	69.5	6.6	36.4	17.5	10.2	2.5	3.7	19.1
	NEWTON	1,594.8	204.4	12.9	46.3	4.4	23.8	11.6	6.6	1.6	2.3	11.0
	OCONEE	640.8	77.9	5.7	98.5	9.8	51.6	24.3	15.2	3.6	6.3	32.2
	OGLETHORPE	117.3	14.9	1.0	25.4	2.4	13.3	6.5	3.7	0.9	1.3	6.8
	PAULDING	1,694.6	211.5	14.5	22.8	2.1	11.2	5.4	3.2	0.8	1.4	5.4
	PEACH	588.6	75.5	4.8	42.8	4.2	22.2	10.6	6.4	1.5	2.5	12.4
	PICKENS	682.9	86.1	5.7	17.1	1.6	8.8	4.3	2.5	0.6	0.9	4.3
	PIERCE	288.7	37.6	2.3	5.6	0.5	2.9	1.4	0.8	0.2	0.3	1.3
	PIKE	346.8	43.6	2.9	19.0	1.8	9.7	4.8	2.7	0.7	1.0	4.7
	POLK	682.3	88.3	5.4	5.7	0.5	2.7	1.4	0.8	0.2	0.3	1.0
	PULASKI	160.1	20.8	1.3	5.7	0.6	3.0	1.4	0.9	0.2	0.3	1.7
	PUTNAM	320.2	40.8	2.6	10.0	0.9	4.6	2.4	1.3	0.3	0.5	1.4
	QUITMAN	113.7	14.5	0.9	5.6	0.5	2.9	1.4	0.9	0.2	0.3	1.8
	RABUN	232.2	30.0	1.9	177.7	17.3	93.5	44.5	26.7	6.4	10.1	52.7
	RICHMOND	3,157.4	405.4	25.8	164.9	15.8	83.6	40.3	24.1	5.8	9.8	44.2
	ROCKDALE	1,269.5	157.2	10.9	50.6	4.9	26.3	12.7	7.5	1.8	2.7	14.0
	SCHLEY	70.0	9.1	0.6	2.3	0.2	1.2	0.6	0.3	0.1	0.1	0.6
	SCREVEN	186.7	24.2	1.5	1.8	0.2	0.8	0.4	0.3	0.1	0.1	0.5
	SPALDING	827.8	105.9	6.8	22.5	2.1	11.3	5.5	3.2	0.8	1.3	5.3
	STEPHENS	433.7	56.3	3.4	112.8	11.0	58.8	27.9	17.0	4.0	6.7	33.5
	STEWART	72.7	9.6	0.6	21.4	2.1	11.3	5.4	3.2	0.8	1.2	6.2
	SUMTER	232.7	30.6	1.8	64.9	6.4	33.9	16.1	9.8	2.3	3.9	19.3
	TALBOT	87.5	11.5	0.7	32.1	3.1	16.9	8.1	4.8	1.2	1.7	9.1
	TALIAFERRO	18.9	2.5	0.1	5.9	0.5	2.9	1.4	0.8	0.2	0.3	1.3
	TATTNALL	309.3	40.3	2.5	31.1	3.0	16.2	7.7	4.7	1.1	1.9	9.2
	TAYLOR	138.6	18.4	1.1	20.9	2.0	11.0	5.3	3.1	0.8	1.1	6.0
	TELFAIR	205.2	27.3	1.6	24.2	2.3	12.6	6.1	3.5	0.9	1.2	6.3
	THOMAS	984.8	125.9	8.1	331.9	31.9	170.4	81.6	48.7	11.8	19.4	90.3
	TIFT	394.5	51.5	3.1	114.3	11.1	61.3	28.8	17.6	4.2	6.5	36.6
	TOOMBS	346.8	45.2	2.7	14.3	1.3	7.2	3.5	2.0	0.5	0.7	3.1
	TOWNS	190.5	24.6	1.5	104.7	10.6	55.6	25.7	16.5	3.9	6.9	36.9
	TREUTLEN	73.4	9.7	0.6	2.1	0.2	1.1	0.5	0.3	0.1	0.1	0.5
	TROUP	887.1	114.5	7.2	24.3	2.3	12.5	6.1	3.5	0.9	1.3	6.3
	TURNER	135.7	17.4	1.1	24.6	2.4	12.8	6.2	3.7	0.9	1.4	7.0
	TWIGGS	74.0	9.7	0.6	11.8	1.1	6.2	3.0	1.8	0.4	0.7	3.6
	UNION	354.3	45.9	2.8	21.7	2.1	11.2	5.4	3.2	0.8	1.1	5.6
	UPSON	326.2	42.8	2.5	12.8	1.3	6.8	3.2	2.0	0.5	0.8	4.2
	WALKER	1,194.4	154.1	9.6	32.3	3.1	16.7	8.1	4.7	1.1	1.8	8.7
	WALTON	1,090.0	235.1	16.2	120.0	11.9	63.1	29.8	18.4	4.3	7.3	37.8
	WARE	448.7	58.6	3.5	12.9	1.2	6.6	3.2	1.8	0.4	0.7	3.2
	WARREN	63.9	8.3	0.5	163.8	15.7	84.3	40.7	24.1	5.0	9.3	44.1
	WASHINGTON	235.1	30.8	1.9	76.1	7.5	40.1	19.0	11.5	2.8	4.3	22.8
	WAYNE	584.5	73.7	4.9	51.3	4.8	26.2	12.8	7.3	1.8	2.6	12.1
	WEBSTER	24.0	3.2	0.2	30.9	2.9	15.7	7.6	4.5	1.1	1.8	8.0
	WHEELER	80.9	10.7	0.6	3.7	0.4	2.0	0.9	0.5	0.1	0.2	0.9
	WHITE	475.3	61.2	3.8	136.4	13.5	72.1	33.7	21.0	5.0	8.5	44.3
	WHITFIELD	1,515.9	193.5	12.4	29.8	2.8	15.0	7.3	4.3	1.0	1.7	7.4
	WILCOX	115.1	15.0	0.9	14.5	1.4	7.3	3.5	2.2	0.5	0.9	4.2
	WILKES	130.7	17.3	1.0	61.1	6.2	32.8	15.1	9.7	2.3	4.1	22.1
	WILKINSON	163.6	21.4	1.3	67.3	6.6	35.4	16.9	10.1	2.4	3.8	20.0
	WORTH	243.7	31.2	2.0	22.9	2.2	12.1	5.7	3.4	0.8	1.2	6.5
GA Total		151,727.1	18,999.0	1,291.6	9,403.9	912.7	4,894.5	2,337.7	1,405.2	336.8	545.0	2,725.8

State	County	U.S. Population		2017 Gender		2017 Race			
		Total 2017	2010-2017 % chg.	Total 2022	Male	Female	White	Black	Other Race	Hispanic
HI	HAWAII	211,533	11%	350,880	106,022	105,512	22,720	508	176,324	11,981
	HONOLULU	1,005,693	-4%	217,463	503,019	502,675	77,365	9,130	877,584	41,614
	KAUAI	64,171	-5%	145,200	32,221	31,950	9,070	139	51,963	2,999
	MAUI	180,277	9%	157,837	90,368	89,910	24,456	505	146,678	8,639
HI Total		1,461,674	3%	871,381	731,629	730,046	133,611	10,281	1,252,548	65,234

| | | 2017 Age Ranges (Years) | | | | | | | | 2017 Occupations | | | | | |
State	County	1-9	10-19	20-29	30-39	40-49	50-59	60-69	70 over	Mana-gerial	Sales	Admin support	Service	Farming forestry, fishing	Prod-uction
HI	HAWAII	23,158	26,641	23,958	19,971	29,510	42,507	23,897	21,893	37,648	9,821	16,720	30,168	5,105	12,911
	HONOLULU	115,402	118,402	136,000	119,239	142,385	150,520	95,243	128,502	191,326	64,103	74,848	129,191	4,625	69,129
	KAUAI	7,117	7,642	6,290	6,398	9,318	12,762	7,378	7,266	10,279	3,336	5,715	9,029	763	4,110
	MAUI	21,147	22,100	19,819	20,509	28,914	33,580	17,575	16,632	23,688	9,713	13,107	28,044	1,960	10,604
HI Total		166,824	174,784	186,068	166,116	210,127	239,369	144,093	174,293	262,941	86,973	110,390	196,432	12,453	96,753

State	County	2017 Educational Attainment							2017 Family Income						
		Less than 9th grade	9th to 12th grade, no diploma	High school grad-uate	Some college, no degree	Assoc-iate degree	Bach-elor's degree	Grad. or pro-fessional degree	Less than $25,000	$25,000-$34,999	$35,000-$49,999	$50,000-$74,999	$75,000-$99,999	$100,000-$149,999	over $150,000
HI	HAWAII	5,103	11,874	53,561	42,041	15,412	26,896	21,280	12,153	4,809	6,818	9,300	7,874	7,950	4,742
	HONOLULU	41,928	49,583	218,621	180,337	62,964	190,913	88,909	35,119	16,181	22,859	35,729	33,912	56,297	40,912
	KAUAI	2,808	2,643	15,071	15,071	4,709	6,956	6,188	2,993	1,119	1,526	2,990	2,725	2,894	1,830
	MAUI	5,669	11,212	39,931	39,622	9,497	28,208	14,064	7,066	3,170	4,871	7,156	6,528	7,948	5,686
HI Total		55,509	75,312	327,184	277,070	92,582	252,972	130,442	57,330	25,278	36,075	55,176	51,038	75,088	53,169

2017 Consumer Spending ($Millions)

State	County	Average annual expend-itures	Food	Alcoholic beverages	Housing	Apparel and services	Transport-ation	Healthcare	Entertain-ment	Personal care products & services	Education	Personal insurance & pensions
HI	HAWAII	2,816.4	354.4	23.8	611.6	60.8	320.9	151.1	94.2	22.2	38.4	198.5
	HONOLULU	14,249.0	1,736.6	127.1	1,400.5	137.1	729.6	346.7	210.8	50.3	83.8	416.6
	KAUAI	901.1	111.7	7.8	204.8	19.9	106.7	51.0	30.4	7.3	11.4	57.6
	MAUI	2,336.6	289.6	20.2	224.2	21.5	116.2	56.0	32.9	8.0	12.3	60.4
HI Total		20,303.2	2,492.4	179.0	2,441.2	239.3	1,273.4	604.8	368.4	87.8	145.8	733.1

State	County	U.S. Population			2017 Gender		2017 Race			
		Total 2017	2010-2017 % chg.	Total 2022	Male	Female	White	Black	Other Race	Hispanic
IA	ADAIR	5,984	-18%	51,423	2,972	3,012	5,748	4	136	97
	ADAMS	4,217	1%	14,139	2,056	2,161	4,077	7	64	69
	ALLAMAKEE	16,987	8%	12,266	8,628	8,359	13,069	80	325	3,513
	APPANOOSE	13,449	6%	48,006	6,555	6,894	12,857	55	245	292
	AUDUBON	5,424	-4%	55,465	2,607	2,817	5,293	10	73	49
	BENTON	23,940	-2%	22,845	11,926	12,014	23,025	92	556	266
	BLACK HAWK	131,880	2%	21,641	64,035	67,845	96,083	10,520	17,177	8,100
	BOONE	25,191	5%	2,219	12,425	12,766	22,734	319	1,443	695
	BREMER	25,764	1%	11,852	12,616	13,148	24,256	214	957	337
	BUCHANAN	23,169	8%	36,534	11,510	11,659	22,230	71	434	433
	BUENA VISTA	20,489	-2%	31,461	10,257	10,231	7,886	276	2,721	9,606
	BUTLER	15,186	0%	17,421	7,501	7,685	14,642	22	235	286
	CALHOUN	10,328	-4%	9,506	5,026	5,302	9,917	21	188	203
	CARROLL	22,134	-9%	74,011	10,814	11,320	20,830	104	549	652
	CASS	41,373	-4%	149,605	20,426	20,947	38,278	292	2,076	727
	CEDAR	16,706	-1%	13,102	8,223	8,483	15,909	49	475	273
	CERRO GORDO	43,670	5%	63,977	21,317	22,354	38,524	598	2,535	2,013
	CHEROKEE	11,350	-5%	7,659	5,607	5,743	10,441	71	339	499
	CHICKASAW	12,657	-5%	30,479	6,346	6,311	11,708	38	657	255
	CLARKE	9,369	1%	14,013	4,655	4,714	5,297	20	261	3,791
	CLAY	16,461	1%	29,824	8,052	8,409	13,805	153	1,373	1,130
	CLAYTON	17,728	2%	34,610	8,863	8,866	17,243	45	259	182
	CLINTON	48,555	-2%	40,717	23,876	24,679	41,730	1,259	3,130	2,436
	CRAWFORD	17,412	2%	31,193	8,831	8,581	8,133	108	1,174	7,997
	DALLAS	56,660	8%	81,877	28,239	28,421	45,796	535	2,372	7,958
	DAVIS	9,600	2%	16,379	4,748	4,852	9,392	4	120	84
	DECATUR	8,794	4%	17,879	4,417	4,377	7,759	284	510	241
	DELAWARE	15,902	-4%	13,005	7,955	7,948	15,320	42	377	164
	DES MOINES	39,523	-5%	6,764	19,215	20,308	33,684	2,118	2,394	1,327
	DICKINSON	17,933	-5%	11,443	8,881	9,052	17,207	28	350	348
	DUBUQUE	99,938	4%	75,778	49,325	50,613	86,248	4,297	6,523	2,870
	EMMET	10,220	4%	5,756	5,109	5,111	7,462	83	519	2,156
	FAYETTE	20,028	-4%	60,994	10,032	9,996	18,852	268	507	402
	FLOYD	16,338	-3%	16,260	8,009	8,328	14,883	191	870	394
	FRANKLIN	9,178	-22%	47,909	4,577	4,600	6,294	21	434	2,429
	FREMONT	7,251	-3%	14,710	3,600	3,651	6,662	48	254	288
	GREENE	9,419	0%	10,679	4,652	4,767	8,739	24	398	258
	GRUNDY	11,424	9%	8,753	5,644	5,779	11,083	30	174	138
	GUTHRIE	12,032	0%	93,644	5,922	6,110	11,371	16	356	289
	HAMILTON	15,342	-3%	48,331	7,606	7,735	11,933	40	2,459	909
	HANCOCK	10,287	-9%	76,488	5,099	5,188	9,321	52	293	622
	HARDIN	19,430	-6%	48,665	9,725	9,705	17,626	241	686	876
	HARRISON	15,783	4%	53,272	7,808	7,975	15,178	26	276	303
	HENRY	21,590	10%	46,780	11,041	10,549	17,985	478	1,905	1,222
	HOWARD	11,080	-2%	13,272	5,538	5,542	10,783	25	172	100
	HUMBOLDT	10,095	-9%	11,678	5,000	5,095	8,173	38	315	1,569
	IDA	6,677	-6%	7,331	3,321	3,355	6,431	18	117	111
	IOWA	18,054	13%	9,604	8,907	9,147	17,183	59	413	399
	JACKSON	21,304	-1%	42,551	10,558	10,746	20,072	90	781	361
	JASPER	37,006	8%	81,351	18,857	18,149	34,486	667	1,057	795
	JEFFERSON	16,382	4%	53,134	8,737	7,645	12,575	256	3,118	433
	JOHNSON	141,472	8%	80,250	70,787	70,686	105,518	7,307	19,517	9,130
	JONES	20,429	1%	52,402	10,623	9,806	19,156	417	407	450
	KEOKUK	11,742	1%	15,779	5,848	5,894	11,422	48	146	126
	KOSSUTH	13,963	-9%	6,489	6,905	7,057	13,275	43	368	278
	LEE	35,457	-9%	10,115	17,929	17,529	31,251	931	2,174	1,102
	LINN	229,420	10%	71,893	113,021	116,399	187,959	10,402	23,326	7,733
	LOUISA	10,584	0%	4,727	5,401	5,183	7,180	26	685	2,693
	LUCAS	8,956	0%	4,309	4,449	4,507	8,647	15	116	177
	LYON	11,208	2%	8,365	5,604	5,604	10,700	8	228	272
	MADISON	17,025	-3%	73,181	8,466	8,558	16,382	47	307	288
	MAHASKA	20,879	6%	58,571	10,465	10,414	18,791	308	1,326	454
	MARION	34,945	0%	58,890	17,354	17,591	32,492	415	1,301	737
	MARSHALL	40,553	-5%	55,177	20,378	20,175	20,077	481	3,921	16,074
	MILLS	16,571	8%	6,104	8,325	8,246	15,425	49	590	507
	MITCHELL	9,714	-8%	73,885	4,761	4,953	9,462	19	136	98
	MONONA	9,030	-5%	20,736	4,388	4,642	8,627	34	250	119
	MONROE	7,529	3%	25,224	3,753	3,775	7,165	16	181	166
	MONTGOMERY	10,933	-11%	35,054	5,322	5,611	9,489	21	264	1,159
	MUSCATINE	44,787	10%	49,034	22,274	22,513	32,131	860	2,731	9,065
	OBRIEN	14,709	-4%	36,348	7,367	7,342	13,039	62	805	804
	OSCEOLA	6,292	4%	23,446	3,157	3,134	4,371	14	525	1,382
	PAGE	15,979	0%	8,452	8,275	7,704	13,394	601	1,249	735
	PALO ALTO	9,821	-2%	23,941	4,870	4,951	9,202	42	232	345
	PLYMOUTH	24,139	6%	33,229	11,956	12,182	20,830	99	1,195	2,014
	POCAHONTAS	6,107	-14%	14,326	3,011	3,096	5,799	21	147	140
	POLK	460,465	10%	167,752	225,271	235,194	320,185	25,875	65,450	48,955
	POTTAWATTAMIE	97,184	-2%	68,780	47,621	49,563	78,631	1,377	8,092	9,085
	POWESHIEK	19,166	-15%	17,225	9,383	9,783	16,798	317	1,322	730
	RINGGOLD	4,938	2%	19,345	2,383	2,555	4,717	7	114	99
	SAC	9,295	-8%	5,233	4,546	4,749	8,732	30	209	324
	SCOTT	169,408	2%	60,746	82,945	86,463	130,906	12,397	15,301	10,804
	SHELBY	10,647	-6%	12,827	5,205	5,442	9,985	29	411	223
	SIOUX	34,686	4%	28,904	17,263	17,423	24,182	184	3,867	6,454

State	County	1-9	10-19	20-29	30-39	40-49	50-59	60-69	70 over	Managerial	Sales	Admin support	Service	Farming forestry, fishing	Production
IA	ADAIR	661	761	548	556	985	914	608	951	1,098	101	394	304	10	900
	ADAMS	424	503	363	413	601	675	627	611	837	46	165	325	8	693
	ALLAMAKEE	1,922	2,285	1,677	1,500	2,606	2,966	1,835	2,196	3,354	825	634	801	75	2,408
	APPANOOSE	1,568	1,598	1,307	1,298	1,822	2,338	1,631	1,889	1,985	1,013	1,001	552	55	2,622
	AUDUBON	514	757	408	434	837	876	577	1,022	1,598	136	132	260	3	611
	BENTON	2,983	3,403	1,985	2,725	4,241	3,547	2,309	2,748	4,524	979	1,629	1,448	40	2,698
	BLACK HAWK	15,193	17,190	26,235	13,102	15,913	19,172	11,024	14,051	21,493	6,155	9,913	8,772	46	15,820
	BOONE	2,980	3,517	2,648	2,637	3,856	4,274	2,445	2,834	4,185	923	1,867	1,944	79	2,512
	BREMER	2,798	3,801	3,211	2,487	3,276	4,039	2,935	3,217	4,935	1,410	1,758	1,015	41	2,708
	BUCHANAN	3,206	3,208	2,322	2,363	3,332	3,800	2,422	2,516	4,432	1,161	1,236	1,051	24	3,607
	BUENA VISTA	2,554	3,184	2,629	1,816	3,285	3,158	1,403	2,459	3,683	611	1,616	1,153	42	3,025
	BUTLER	1,830	1,792	1,321	1,467	2,007	2,768	1,761	2,239	3,355	676	806	808	18	1,809
	CALHOUN	1,069	1,249	910	832	1,485	1,800	1,166	1,815	2,566	450	663	652	20	975
	CARROLL	2,519	3,050	2,041	2,006	3,853	3,480	1,960	3,226	3,922	1,314	1,429	1,133	54	2,329
	CASS	6,354	5,476	5,420	5,524	6,218	5,801	3,238	3,342	6,652	1,846	1,991	2,390	34	6,702
	CEDAR	2,008	2,192	1,456	1,643	2,732	2,769	1,686	2,220	2,985	551	1,137	958	24	1,760
	CERRO GORDO	4,507	5,565	4,578	3,851	6,675	7,695	4,580	6,219	6,379	3,017	2,457	3,126	32	5,426
	CHEROKEE	1,082	1,318	1,004	880	1,752	2,078	1,215	2,021	2,214	471	703	655	15	1,352
	CHICKASAW	1,539	1,557	1,208	1,070	1,850	2,189	1,423	1,821	2,605	455	834	561	86	1,832
	CLARKE	1,318	1,284	1,044	949	1,435	1,354	948	1,038	1,663	287	469	509	21	1,469
	CLAY	1,867	1,973	1,713	1,576	2,468	2,765	1,634	2,464	2,179	921	578	1,104	13	2,581
	CLAYTON	2,045	2,142	1,463	1,614	2,651	3,063	2,084	2,666	3,592	578	818	1,172	49	2,136
	CLINTON	5,653	6,448	4,953	4,855	7,492	8,001	5,101	6,052	7,060	1,904	3,392	3,942	22	7,508
	CRAWFORD	2,408	2,563	1,922	1,867	2,305	2,609	1,669	2,068	2,533	421	626	1,091	31	3,828
	DALLAS	9,014	8,196	6,532	7,618	8,468	8,024	4,591	4,217	10,159	1,938	3,370	3,196	241	5,781
	DAVIS	1,620	1,523	912	891	1,240	1,446	966	1,002	1,622	431	678	194	56	1,890
	DECATUR	982	1,337	1,393	702	1,140	1,258	884	1,098	1,687	560	467	724	46	944
	DELAWARE	1,770	2,186	1,223	1,528	2,868	2,726	1,526	2,075	3,434	658	671	635	11	2,114
	DES MOINES	4,773	4,762	4,214	3,975	5,394	6,630	4,349	5,427	4,924	1,846	3,000	2,910	42	6,358
	DICKINSON	1,762	1,747	1,491	1,590	2,485	3,465	2,350	3,043	3,364	764	1,141	980	4	1,999
	DUBUQUE	12,211	13,378	12,577	9,884	14,997	15,739	9,637	11,515	16,447	6,185	6,117	6,090	205	11,016
	EMMET	1,194	1,394	1,223	899	1,322	1,711	938	1,539	1,335	286	672	466	17	2,077
	FAYETTE	2,049	2,737	2,139	1,596	3,103	3,315	2,207	2,882	3,984	1,073	918	1,229	25	2,741
	FLOYD	2,063	2,098	1,462	1,543	2,257	2,697	1,816	2,400	3,149	884	799	1,737	12	1,663
	FRANKLIN	1,080	1,255	955	796	1,262	1,596	847	1,385	1,882	296	311	707	61	1,214
	FREMONT	868	916	606	683	1,034	1,243	877	1,023	1,422	280	429	415	4	985
	GREENE	1,055	1,292	823	774	1,408	1,557	960	1,550	1,851	244	457	672	19	1,673
	GRUNDY	1,431	1,520	1,014	1,150	1,569	1,838	1,176	1,726	2,335	479	868	526	24	1,289
	GUTHRIE	1,405	1,529	856	1,127	1,843	1,893	1,438	1,941	2,470	560	850	890	52	985
	HAMILTON	1,827	2,032	1,487	1,542	2,295	2,419	1,613	2,126	3,366	489	498	743	34	1,866
	HANCOCK	1,178	1,259	862	948	1,515	1,776	1,126	1,623	1,940	292	496	242	19	1,912
	HARDIN	2,175	2,698	1,932	1,632	2,791	3,123	2,025	3,055	4,111	586	1,075	1,120	74	2,607
	HARRISON	1,860	2,158	1,315	1,717	2,397	2,735	1,700	1,901	3,712	1,009	693	641	10	1,745
	HENRY	2,419	3,002	2,440	2,300	3,143	3,563	2,315	2,409	3,619	792	1,251	1,215	15	3,580
	HOWARD	1,460	1,564	1,045	1,064	1,764	1,719	1,033	1,431	2,049	536	584	447	45	1,768
	HUMBOLDT	1,240	1,267	982	888	1,446	1,682	964	1,627	2,222	442	623	594	33	1,141
	IDA	765	838	597	543	964	1,171	686	1,113	1,320	271	351	438	12	927
	IOWA	2,249	2,555	1,449	1,827	3,080	2,958	1,572	2,363	2,918	840	1,310	637	39	2,198
	JACKSON	2,339	2,731	1,700	1,976	3,489	3,633	2,463	2,973	3,475	1,204	1,210	1,221	48	2,799
	JASPER	4,392	4,402	3,818	4,102	5,917	6,123	3,705	4,547	7,432	1,520	2,722	1,922	5	4,052
	JEFFERSON	1,299	1,837	2,625	1,268	1,776	3,797	2,213	1,566	3,160	938	903	1,087	6	1,463
	JOHNSON	15,534	18,398	35,067	17,361	17,625	20,018	9,650	7,820	26,871	6,720	7,990	7,001	12	6,943
	JONES	2,201	2,493	1,909	2,279	3,419	3,394	2,151	2,584	3,881	1,135	1,696	1,281	17	2,248
	KEOKUK	1,368	1,560	1,102	1,081	1,856	1,901	1,281	1,592	2,546	531	558	644	18	1,538
	KOSSUTH	1,372	1,776	1,137	1,007	2,041	2,471	1,607	2,552	3,189	545	500	1,126	25	1,493
	LEE	3,767	4,420	3,744	3,476	5,297	6,465	4,056	4,232	5,081	1,722	1,646	2,912	304	6,646
	LINN	30,870	31,922	29,537	28,124	33,854	33,595	19,880	21,637	41,318	9,740	18,672	11,040	151	18,483
	LOUISA	1,278	1,550	939	1,112	1,732	1,669	1,089	1,216	1,649	313	897	430	19	1,813
	LUCAS	1,102	1,247	725	792	1,328	1,446	998	1,318	1,251	527	674	880	18	1,196
	LYON	1,637	1,509	1,069	1,154	1,740	1,670	908	1,521	2,321	626	777	500	30	967
	MADISON	2,350	2,450	1,341	1,964	2,778	2,915	1,604	1,623	3,469	769	1,467	585	8	1,617
	MAHASKA	2,580	2,911	2,547	2,135	3,066	3,258	1,848	2,534	3,590	747	1,566	872	45	3,464
	MARION	4,629	5,210	3,855	3,612	5,203	5,329	3,204	3,904	6,301	1,075	3,102	1,822	11	3,823
	MARSHALL	5,447	5,796	4,663	3,967	5,106	6,666	4,097	4,812	5,847	1,790	1,660	3,204	24	7,274
	MILLS	2,136	2,289	1,331	1,671	2,757	3,103	1,841	1,444	2,904	745	1,221	1,021	8	1,860
	MITCHELL	1,165	1,380	741	828	1,473	1,448	967	1,712	2,567	290	358	687	14	930
	MONONA	977	1,162	736	790	1,240	1,497	1,014	1,613	1,481	439	687	823	5	1,176
	MONROE	947	973	689	742	1,112	1,173	885	1,007	1,688	251	616	253	2	1,111
	MONTGOMERY	1,258	1,497	902	1,013	1,601	1,915	1,218	1,529	1,676	179	1,010	1,068	136	1,450
	MUSCATINE	5,998	6,058	4,730	4,796	6,824	7,414	4,443	4,525	7,542	1,901	2,171	3,354	170	6,345
	OBRIEN	1,662	1,933	1,453	1,265	2,309	2,404	1,325	2,357	2,527	241	710	799	73	2,690
	OSCEOLA	699	827	574	584	1,055	1,009	613	931	1,256	148	404	427	15	942
	PAGE	1,621	1,999	1,637	1,753	2,272	2,658	1,686	2,352	3,079	458	775	1,381	22	2,662
	PALO ALTO	1,121	1,207	1,171	841	1,335	1,571	1,025	1,549	2,285	282	563	468	26	1,175
	PLYMOUTH	3,003	3,550	2,076	2,489	3,753	3,969	2,212	3,088	5,137	1,029	1,344	1,347	40	2,541
	POCAHONTAS	575	714	528	418	953	1,153	683	1,083	1,871	148	239	366	23	539
	POLK	69,540	59,439	61,174	63,031	68,757	65,935	37,139	35,450	87,412	19,864	27,126	32,769	481	35,316
	POTTAWATTAMIE	12,092	13,089	11,711	10,611	14,669	15,293	9,328	10,392	14,683	4,173	8,125	8,283	29	9,995
	POWESHIEK	1,935	2,551	2,630	1,541	2,710	3,057	2,043	2,698	3,442	429	841	1,609	10	2,496
	RINGGOLD	662	673	435	368	618	701	532	948	1,140	157	136	503	22	654
	SAC	946	1,120	684	703	1,452	1,739	962	1,688	1,663	463	692	760	18	994
	SCOTT	21,353	22,238	21,237	19,156	24,652	28,474	15,856	16,444	27,104	8,657	11,175	14,800	113	17,925
	SHELBY	1,172	1,383	706	900	1,872	1,772	1,025	1,818	2,107	344	911	504	22	1,197
	SIOUX	4,952	5,574	5,411	3,318	4,295	4,719	2,519	3,899	7,119	973	1,546	2,315	195	3,274

2017 Educational Attainment | | | | | | 2017 Family Income

State	County	Less than 9th grade	9th to 12th grade, no diploma	High school grad-uate	Some college, no degree	Assoc-iate degree	Bach-elor's degree	Grad. or pro-fessional degree	Less than $25,000	$25,000-$34,999	$35,000-$49,999	$50,000-$74,999	$75,000-$99,999	$100,000-$149,999	over $150,000
IA	ADAIR	56	255	2,404	1,308	408	424	117	293	166	314	510	259	115	55
	ADAMS	83	246	1,275	1,036	329	523	50	235	101	229	356	150	75	43
	ALLAMAKEE	836	2,983	3,745	2,496	559	2,525	881	719	554	823	1,297	669	334	172
	APPANOOSE	268	900	4,273	2,867	1,420	997	390	1,084	515	755	801	336	190	144
	AUDUBON	146	204	1,761	1,307	303	513	309	281	189	338	294	143	167	103
	BENTON	335	502	6,566	5,497	1,948	2,715	1,757	817	598	894	1,528	1,134	1,524	280
	BLACK HAWK	2,380	4,509	27,041	29,822	7,441	19,871	18,669	7,428	3,688	4,594	6,122	4,500	4,603	2,051
	BOONE	215	621	6,295	6,492	1,476	3,842	1,466	1,016	558	1,004	1,467	1,490	1,069	401
	BREMER	360	669	5,947	5,693	2,021	4,587	2,177	909	475	861	1,467	1,444	1,305	504
	BUCHANAN	785	902	6,305	5,576	1,724	2,386	652	835	574	865	1,665	1,168	867	420
	BUENA VISTA	1,944	2,006	4,470	3,658	565	2,868	1,155	1,010	466	901	1,434	680	424	222
	BUTLER	319	633	3,995	4,297	930	1,581	699	746	407	686	1,204	774	469	177
	CALHOUN	223	394	2,284	3,428	606	1,292	451	581	260	472	630	495	289	142
	CARROLL	636	645	6,077	4,885	1,486	3,621	845	964	533	732	1,514	929	908	278
	CASS	1,070	2,399	9,150	9,458	1,901	5,915	2,494	3,063	3,342	4,773	6,458	6,310	3,986	3,130
	CEDAR	334	703	4,595	4,146	741	2,420	719	553	393	650	1,309	1,035	645	173
	CERRO GORDO	605	1,625	10,164	10,789	3,093	7,345	2,973	2,710	1,025	1,622	2,290	1,849	1,550	617
	CHEROKEE	106	611	2,964	3,022	701	1,563	674	570	323	521	729	556	292	149
	CHICKASAW	321	564	3,771	3,042	685	1,267	744	681	354	669	869	442	322	173
	CLARKE	238	317	2,709	2,323	709	807	303	573	248	460	644	391	292	26
	CLAY	427	644	4,069	4,855	876	2,266	542	1,025	347	769	990	786	509	199
	CLAYTON	471	786	5,291	4,324	697	2,373	723	800	530	789	1,318	869	383	180
	CLINTON	614	2,056	15,465	12,243	2,796	4,450	2,106	2,398	1,263	1,947	2,619	2,504	2,051	569
	CRAWFORD	844	1,417	4,625	3,974	587	1,839	506	748	426	896	970	593	706	289
	DALLAS	1,748	1,820	11,426	10,343	3,148	9,101	5,653	1,691	1,119	1,507	3,295	2,617	3,425	2,219
	DAVIS	437	368	2,839	1,923	830	524	254	352	160	463	622	277	512	175
	DECATUR	239	390	2,455	1,886	597	1,279	426	695	269	322	449	231	134	98
	DELAWARE	442	635	5,016	3,790	679	1,927	636	862	358	640	989	967	477	109
	DES MOINES	591	1,763	11,161	9,226	2,859	4,598	2,286	2,693	985	1,537	2,120	1,752	1,149	596
	DICKINSON	335	479	3,788	5,207	766	3,356	1,373	811	423	595	1,499	842	646	373
	DUBUQUE	2,503	3,483	27,819	20,183	4,152	15,411	7,897	4,250	2,585	3,726	5,679	4,761	3,627	1,556
	EMMET	294	669	2,306	3,385	437	945	460	538	301	535	549	338	340	133
	FAYETTE	309	981	6,023	4,960	1,348	2,214	955	1,171	545	1,011	1,330	910	346	155
	FLOYD	303	635	4,689	4,000	1,252	1,881	578	1,048	372	759	1,168	695	367	127
	FRANKLIN	308	647	2,649	1,945	495	1,135	333	461	190	576	648	336	279	104
	FREMONT	114	384	2,252	1,651	345	951	259	361	178	256	576	467	195	64
	GREENE	331	672	2,554	2,229	703	996	243	524	259	409	656	444	198	156
	GRUNDY	297	315	2,522	2,975	744	1,652	775	352	224	519	803	635	624	213
	GUTHRIE	149	685	3,276	2,147	433	2,031	1,137	590	277	530	876	547	386	293
	HAMILTON	222	519	4,393	3,098	949	2,121	1,128	848	335	621	1,180	730	313	293
	HANCOCK	239	291	2,836	2,744	432	1,445	486	415	238	459	875	556	294	75
	HARDIN	316	700	4,741	3,770	1,708	3,206	1,631	881	483	918	1,180	1,034	553	236
	HARRISON	298	598	4,615	3,385	1,073	2,069	842	608	302	572	915	1,002	693	267
	HENRY	324	944	6,117	6,109	643	2,185	1,362	1,219	501	762	1,193	1,037	619	304
	HOWARD	294	1,235	3,053	2,248	403	1,144	467	521	333	480	815	451	277	164
	HUMBOLDT	202	286	2,152	2,832	889	1,264	617	399	242	488	720	463	295	237
	IDA	88	288	1,709	1,943	241	698	527	326	198	390	384	276	185	75
	IOWA	201	577	4,032	4,537	2,571	1,667	941	712	371	580	1,287	1,107	750	212
	JACKSON	545	1,228	7,004	4,776	1,216	1,947	928	1,257	535	812	1,285	1,110	608	307
	JASPER	422	1,301	12,048	8,726	1,357	4,126	2,476	1,912	906	1,435	2,212	1,643	1,595	475
	JEFFERSON	259	633	3,410	3,939	624	3,523	1,799	1,152	318	411	1,165	599	476	272
	JOHNSON	1,240	2,353	16,931	21,647	8,234	33,294	34,936	6,481	1,941	3,298	5,001	4,982	5,755	3,965
	JONES	324	1,106	6,249	5,109	1,586	2,156	508	848	445	879	1,114	1,062	710	214
	KEOKUK	307	499	3,743	2,715	949	1,098	330	594	336	512	807	561	390	81
	KOSSUTH	401	496	3,544	4,297	712	1,460	842	696	316	572	1,056	492	451	293
	LEE	496	2,757	10,859	9,051	2,103	3,324	1,063	1,987	1,103	1,597	2,154	1,490	1,017	340
	LINN	1,651	6,244	41,201	49,192	15,074	49,393	20,288	9,421	4,663	6,878	11,166	11,258	11,582	5,933
	LOUISA	661	617	2,681	2,034	549	1,408	543	406	323	397	657	601	441	136
	LUCAS	303	1,046	2,482	1,774	537	769	340	587	218	366	653	368	201	36
	LYON	550	466	2,748	2,286	770	1,442	560	390	324	550	898	518	380	56
	MADISON	174	748	3,936	3,867	1,521	2,654	414	671	297	517	930	885	1,124	355
	MAHASKA	375	1,384	5,824	4,851	977	2,335	1,160	1,207	513	753	1,495	946	693	156
	MARION	564	1,163	10,155	5,236	2,018	5,225	3,503	1,315	597	1,176	2,545	1,781	1,501	471
	MARSHALL	3,010	2,893	10,386	7,875	1,616	5,015	1,494	2,222	1,298	1,642	2,768	1,610	1,358	541
	MILLS	310	903	4,015	4,031	1,014	1,874	1,130	530	295	477	742	919	976	591
	MITCHELL	227	278	3,295	2,165	566	958	349	444	289	359	565	433	542	67
	MONONA	266	379	2,451	2,499	387	1,123	393	544	249	430	626	340	144	103
	MONROE	280	294	2,220	1,060	401	1,630	235	347	239	404	433	350	157	138
	MONTGOMERY	235	1,194	2,872	2,413	889	881	409	811	329	531	636	328	280	117
	MUSCATINE	2,120	2,663	10,489	8,519	3,591	5,716	2,703	2,343	920	1,637	2,459	2,476	1,599	676
	OBRIEN	508	866	4,589	3,120	730	2,004	320	725	399	772	940	592	389	229
	OSCEOLA	200	359	1,386	1,935	303	614	389	336	200	248	459	216	193	69
	PAGE	184	902	3,936	5,164	525	1,998	810	995	426	633	860	703	398	187
	PALO ALTO	192	628	2,325	2,985	796	909	372	510	286	386	587	415	251	155
	PLYMOUTH	369	834	6,491	5,863	1,357	3,768	639	878	489	882	1,711	1,393	1,015	436
	POCAHONTAS	144	278	1,686	1,826	331	779	155	422	163	300	386	233	176	54
	POLK	12,310	17,453	78,634	76,630	20,446	107,288	46,938	18,765	8,724	14,077	22,806	20,454	28,190	18,712
	POTTAWATTAMIE	1,561	5,695	27,247	21,656	5,879	11,743	5,241	4,469	2,336	3,386	5,193	4,873	4,119	1,974
	POWESHIEK	351	939	5,130	3,959	1,214	2,893	1,700	993	341	600	1,172	789	800	267
	RINGGOLD	126	365	1,187	885	177	885	279	262	156	255	340	180	137	62
	SAC	344	380	3,046	2,653	262	734	363	482	276	477	625	328	267	131
	SCOTT	3,383	8,516	36,531	37,564	9,519	25,470	16,137	8,435	3,960	5,205	7,376	7,044	7,962	5,045
	SHELBY	197	461	3,739	2,048	484	1,220	646	573	256	514	661	596	250	171
	SIOUX	1,590	1,105	7,353	7,200	1,470	5,895	2,878	1,069	647	1,382	2,523	1,960	850	419

2017 Consumer Spending ($Millions)

State	County	Average annual expend-itures	Food	Alcoholic beverages	Housing	Apparel and services	Transport-ation	Healthcare	Entertain-ment	Personal care products & services	Education	Personal insurance & pensions
IA	ADAIR	85.0	10.9	0.7	483.6	48.1	251.7	118.4	74.0	17.5	31.4	154.5
	ADAMS	57.8	7.4	0.5	679.1	68.7	355.3	165.7	105.4	24.7	45.1	227.5
	ALLAMAKEE	230.6	29.5	1.9	211.5	20.8	110.9	52.6	32.0	7.6	12.5	64.2
	APPANOOSE	170.2	22.3	1.3	363.2	35.1	184.7	88.4	53.3	12.8	22.0	98.2
	AUDUBON	74.9	9.6	0.6	172.4	16.9	90.2	42.8	26.1	6.2	10.4	52.3
	BENTON	384.8	48.3	3.2	725.6	72.4	380.4	179.1	111.2	26.3	45.2	230.9
	BLACK HAWK	1,678.5	213.3	13.9	821.5	80.9	432.6	204.7	125.4	29.7	49.3	256.4
	BOONE	375.0	47.4	3.1	163.6	16.3	85.8	40.3	25.1	5.9	10.4	52.3
	BREMER	397.1	49.6	3.4	138.2	13.7	72.4	34.1	21.1	5.0	8.6	43.5
	BUCHANAN	342.4	43.2	2.9	915.7	92.2	483.4	225.3	143.1	33.5	60.5	315.0
	BUENA VISTA	248.5	32.0	2.0	461.4	46.6	245.3	114.3	72.4	17.0	29.7	159.0
	BUTLER	227.8	29.1	1.9	1,448.9	145.8	760.6	355.1	225.2	52.9	96.3	488.4
	CALHOUN	139.3	17.9	1.1	153.5	14.7	78.7	37.9	22.4	5.4	8.8	40.8
	CARROLL	309.1	39.2	2.6	561.1	55.1	295.9	139.7	85.3	20.3	33.0	173.1
	CASS	1,758.9	219.0	15.1	618.7	59.6	320.2	153.8	91.3	22.0	35.2	170.2
	CEDAR	264.4	33.3	2.2	350.4	34.1	182.7	87.3	52.5	12.5	20.4	103.1
	CERRO GORDO	589.2	75.1	4.8	84.9	8.1	44.1	21.2	12.5	3.0	4.5	23.0
	CHEROKEE	157.8	20.2	1.3	1,003.5	103.1	523.5	241.0	159.3	36.8	74.1	368.2
	CHICKASAW	165.2	21.4	1.3	809.9	81.2	434.4	202.6	126.5	29.7	49.6	274.3
	CLARKE	129.6	16.7	1.0	205.1	21.1	108.8	50.0	33.0	7.6	14.6	77.6
	CLAY	227.9	29.3	1.8	260.6	25.0	132.2	63.5	38.1	9.2	15.8	69.9
	CLAYTON	243.1	31.2	2.0	580.1	56.5	303.2	144.9	87.0	20.7	33.8	170.7
	CLINTON	703.9	89.4	5.8	740.8	72.3	380.8	181.4	110.6	26.5	45.9	215.1
	CRAWFORD	245.3	31.0	2.0	202.6	19.7	104.5	49.9	30.2	7.2	12.1	57.9
	DALLAS	927.4	113.8	8.1	1,518.9	149.1	789.7	374.4	229.3	54.6	93.0	458.5
	DAVIS	142.5	17.8	1.2	293.1	29.8	157.2	72.8	46.5	10.9	19.3	105.0
	DECATUR	100.7	13.1	0.8	569.5	59.2	299.0	137.2	91.2	21.1	42.4	213.3
	DELAWARE	226.5	29.0	1.8	307.6	30.0	161.5	76.7	46.4	11.0	17.9	92.3
	DES MOINES	536.5	68.6	4.4	368.4	36.3	194.9	91.8	56.3	13.4	21.8	115.6
	DICKINSON	273.2	34.5	2.3	364.3	36.3	192.4	90.2	56.1	13.2	22.8	118.5
	DUBUQUE	1,376.4	174.4	11.4	797.8	77.7	415.1	197.5	119.4	28.6	46.7	232.3
	EMMET	133.2	17.1	1.1	274.4	26.1	141.9	68.4	40.2	9.7	15.3	73.2
	FAYETTE	261.5	33.9	2.1	974.7	94.0	505.9	242.5	144.4	34.7	55.5	274.1
	FLOYD	220.8	28.5	1.8	391.6	39.3	206.4	96.5	60.9	14.3	25.7	132.2
	FRANKLIN	127.1	16.4	1.0	431.8	41.7	224.5	107.5	64.3	15.5	24.6	123.3
	FREMONT	107.4	13.7	0.9	409.8	40.6	216.9	102.2	62.8	14.8	24.7	130.1
	GREENE	130.2	16.7	1.1	289.5	28.2	152.6	72.9	43.6	10.3	16.2	85.2
	GRUNDY	186.1	23.4	1.6	373.4	37.6	198.0	92.2	58.2	13.7	24.0	126.7
	GUTHRIE	189.7	23.8	1.6	799.6	81.3	422.9	196.3	125.8	29.3	53.6	280.9
	HAMILTON	217.5	27.7	1.8	1,071.1	106.8	561.8	264.5	164.9	38.8	67.6	346.3
	HANCOCK	149.5	19.1	1.2	383.3	37.0	196.7	94.2	56.5	13.6	22.8	105.5
	HARDIN	268.8	34.4	2.2	1,510.4	149.0	796.6	376.4	230.7	54.8	90.5	473.0
	HARRISON	245.3	30.8	2.1	579.9	56.7	303.6	144.0	87.3	20.8	33.8	172.0
	HENRY	283.7	36.2	2.3	290.7	28.3	151.6	72.4	43.5	10.4	17.1	83.9
	HOWARD	147.9	19.0	1.2	94.9	9.2	49.2	23.6	14.1	3.4	5.6	27.4
	HUMBOLDT	148.3	18.7	1.2	255.2	25.2	135.2	63.8	39.0	9.3	14.9	80.2
	IDA	90.2	11.6	0.7	385.5	40.0	201.2	92.3	61.6	14.2	29.3	146.2
	IOWA	277.5	35.0	2.3	599.0	58.5	315.4	150.1	90.4	21.5	34.1	178.8
	JACKSON	299.3	38.2	2.5	237.5	23.0	123.6	59.1	35.3	8.5	13.6	68.1
	JASPER	543.9	68.8	4.5	1,542.6	158.5	820.0	377.3	246.2	57.1	107.5	568.3
	JEFFERSON	214.8	27.4	1.8	437.6	44.6	234.3	107.9	69.7	16.3	29.6	159.0
	JOHNSON	1,714.9	213.0	14.9	784.4	76.9	412.1	196.0	118.6	28.2	45.5	236.3
	JONES	282.5	35.8	2.3	126.5	12.1	65.6	31.7	18.4	4.5	6.6	33.0
	KEOKUK	167.8	21.5	1.4	367.4	34.8	189.1	91.7	53.3	12.9	20.0	95.1
	KOSSUTH	194.9	24.7	1.6	521.4	50.9	271.6	128.6	78.6	18.8	31.7	156.8
	LEE	487.6	62.5	4.0	242.4	23.7	126.0	59.9	36.6	8.7	14.7	72.4
	LINN	3,427.4	426.4	29.5	831.7	81.4	433.2	206.1	125.1	20.7	49.3	247.7
	LOUISA	159.9	20.2	1.3	303.7	29.5	155.0	74.0	44.9	10.8	18.8	84.3
	LUCAS	118.4	15.3	0.9	643.6	65.0	340.9	158.6	100.9	23.6	42.6	223.5
	LYON	161.8	20.7	1.3	479.1	46.3	249.3	119.5	71.1	17.1	27.3	134.9
	MADISON	279.9	34.7	2.4	633.8	63.5	331.3	155.4	97.9	23.0	41.4	208.4
	MAHASKA	290.1	37.2	2.4	344.9	34.6	180.8	84.5	53.4	12.6	22.7	115.4
	MARION	508.7	64.2	4.2	1,321.5	131.7	691.3	324.4	203.3	47.9	85.5	428.9
	MARSHALL	577.7	73.7	4.7	1,800.5	182.4	954.3	443.1	283.5	66.3	119.9	632.1
	MILLS	271.7	33.3	2.4	264.2	25.7	138.9	66.2	39.4	9.4	14.4	75.1
	MITCHELL	148.0	18.7	1.2	268.2	26.3	141.9	67.4	40.7	9.7	15.7	81.9
	MONONA	116.9	15.1	0.9	282.1	28.3	145.7	68.0	43.5	10.2	19.9	93.2
	MONROE	108.7	13.8	0.9	1,048.3	112.3	561.2	251.6	174.6	39.7	84.1	444.7
	MONTGOMERY	145.6	18.8	1.2	242.0	23.1	124.1	60.0	35.3	8.6	13.6	63.9
	MUSCATINE	643.2	81.4	5.4	395.1	39.0	206.5	97.3	60.0	14.3	24.2	122.3
	OBRIEN	200.9	25.7	1.6	351.2	35.6	187.2	86.9	55.2	13.0	22.9	121.9
	OSCEOLA	87.9	11.2	0.7	502.6	50.2	265.4	124.4	77.7	18.3	31.7	164.5
	PAGE	204.1	26.3	1.6	192.1	18.8	101.1	48.1	28.8	6.8	10.7	56.0
	PALO ALTO	129.9	16.6	1.1	152.9	14.6	78.0	37.5	22.3	5.4	8.9	40.6
	PLYMOUTH	374.3	47.0	3.1	987.8	101.7	524.0	241.4	157.5	36.4	69.0	361.7
	POCAHONTAS	84.9	10.9	0.7	114.2	11.5	61.1	28.4	17.9	4.2	7.3	39.3
	POLK	7,651.0	939.5	67.2	1,940.2	196.2	1,027.9	477.7	304.0	71.3	127.7	668.4
	POTTAWATTAMIE	1,431.0	179.8	12.1	696.5	67.3	362.8	174.0	103.5	24.8	39.3	196.1
	POWESHIEK	267.5	33.7	2.3	427.0	42.6	227.6	106.8	66.1	15.6	26.0	139.8
	RINGGOLD	69.5	8.9	0.6	989.1	98.9	519.8	244.1	152.7	36.0	62.8	322.6
	SAC	125.4	16.1	1.0	499.1	49.7	263.8	123.8	76.8	18.3	31.0	159.8
	SCOTT	2,485.6	309.3	21.4	1,493.4	148.1	787.2	370.5	228.8	54.2	92.0	474.7
	SHELBY	154.1	19.6	1.3	473.2	46.7	249.1	117.6	72.3	17.2	28.2	148.1
	SIOUX	464.8	59.1	3.8	1,052.6	103.2	553.1	262.1	159.5	38.1	62.1	319.6

State	County	U.S. Population			2017 Gender		2017 Race			
		Total 2017	2010-2017 % chg.	Total 2022	Male	Female	White	Black	Other Race	Hispanic
	STORY	90,641	8%	194,282	47,098	43,543	75,090	2,116	10,017	3,418
	TAMA	19,443	-2%	14,103	9,596	9,847	13,514	41	2,990	2,898
	TAYLOR	6,534	-6%	9,717	3,269	3,265	5,587	16	225	706
	UNION	12,901	-1%	24,025	6,308	6,593	12,035	75	291	499
	VAN BUREN	8,704	0%	66,057	4,402	4,301	8,389	15	178	121
	WAPELLO	35,415	-15%	39,915	17,331	18,083	24,628	404	3,524	6,859
	WARREN	48,822	8%	34,683	23,789	25,033	45,479	272	1,765	1,305
	WASHINGTON	26,929	9%	85,057	13,231	13,698	23,415	127	1,234	2,153
	WAYNE	6,332	3%	34,830	3,083	3,249	6,039	18	142	133
	WEBSTER	37,924	-11%	45,373	19,418	18,506	31,647	1,733	2,605	1,939
	WINNEBAGO	11,993	-5%	50,036	5,982	6,011	10,984	84	350	576
	WINNESHIEK	20,287	-2%	15,892	10,043	10,244	18,188	345	1,155	600
	WOODBURY	106,909	6%	45,556	52,750	54,159	67,452	1,636	15,093	22,728
	WORTH	7,122	-6%	133,970	3,532	3,589	6,697	29	223	173
	WRIGHT	13,059	-3%	43,420	6,493	6,566	9,285	48	1,070	2,656
IA Total		3,157,744	0%	3,865,904	1,563,286	1,594,458	2,550,564	93,863	262,885	250,432

		2017 Age Ranges (Years)								2017 Occupations					
State	County	1-9	10-19	20-29	30-39	40-49	50-59	60-69	70 over	Mana-gerial	Sales	Admin support	Service	Farming forestry, fishing	Prod-uction
	STORY	8,384	14,206	26,759	8,129	9,749	10,879	6,116	6,418	17,843	4,151	5,305	5,854	382	5,006
	TAMA	2,532	2,822	1,662	1,900	2,890	3,046	1,989	2,603	3,232	1,047	1,291	2,067	51	2,095
	TAYLOR	748	798	737	556	921	1,085	691	998	1,393	156	249	467	34	1,013
	UNION	1,562	1,651	1,403	1,348	1,710	2,203	1,337	1,686	2,058	485	994	945	18	1,547
	VAN BUREN	1,029	1,246	820	777	1,207	1,415	1,035	1,175	1,450	485	396	706	11	1,278
	WAPELLO	4,433	4,511	4,563	3,802	4,881	5,710	3,451	4,065	5,322	1,835	1,332	3,353	63	6,427
	WARREN	6,211	7,703	5,163	5,378	7,568	7,416	4,741	4,642	9,351	1,781	3,006	2,707	24	4,407
	WASHINGTON	3,587	3,938	2,384	2,548	4,168	4,616	2,476	3,211	6,210	911	1,684	1,129	72	2,254
	WAYNE	819	828	601	541	858	1,053	685	948	1,391	254	454	324	8	823
	WEBSTER	3,945	5,414	5,472	3,251	5,382	6,268	3,562	4,630	6,214	1,698	2,921	3,008	130	5,366
	WINNEBAGO	1,161	1,522	1,271	1,012	1,791	2,337	1,249	1,650	1,443	258	591	553	94	2,614
	WINNESHIEK	1,847	3,196	3,079	1,590	2,921	3,049	1,885	2,720	4,489	758	923	792	19	1,720
	WOODBURY	15,126	15,531	14,560	11,935	15,090	16,401	8,618	9,648	15,501	5,071	7,388	8,722	222	13,704
	WORTH	692	1,054	580	709	1,111	1,264	792	920	1,060	271	432	286	42	1,236
	WRIGHT	1,519	1,672	1,201	1,114	1,975	2,141	1,322	2,115	2,723	215	550	1,159	47	1,698
IA Total		397,029	426,021	408,484	341,498	457,621	492,649	291,897	342,544	564,894	138,446	198,085	205,312	5,326	350,066

State	County	2017 Educational Attainment							2017 Family Income						
		Less than 9th grade	9th to 12th grade, no diploma	High school grad-uate	Some college, no degree	Assoc-iate degree	Bach-elor's degree	Grad. or pro-fessional degree	Less than $25,000	$25,000-$34,999	$35,000-$49,999	$50,000-$74,999	$75,000-$99,999	$100,000-$149,999	over $150,000
	STORY	1,343	1,883	9,952	14,560	3,618	24,607	22,095	4,935	1,751	2,521	3,502	3,797	3,714	3,494
	TAMA	331	826	4,813	6,168	1,004	1,776	595	966	540	788	1,423	864	614	172
	TAYLOR	174	245	1,962	1,564	258	698	481	387	237	310	408	219	141	70
	UNION	161	331	4,112	3,197	792	1,547	383	881	299	533	787	660	280	179
	VAN BUREN	194	333	2,154	1,801	748	891	923	426	288	550	567	359	135	75
	WAPELLO	768	2,389	10,556	7,361	2,080	3,780	2,046	2,524	1,158	1,457	2,035	1,274	716	428
	WARREN	382	2,535	9,677	9,337	3,863	8,450	4,399	1,361	874	1,294	2,212	3,337	2,343	2,026
	WASHINGTON	1,976	1,231	5,506	4,762	1,819	4,170	1,891	1,045	587	1,082	1,795	1,454	1,003	262
	WAYNE	148	161	1,863	1,668	215	701	381	484	197	325	409	185	173	37
	WEBSTER	874	2,189	10,499	8,465	3,111	4,123	2,470	2,389	910	1,476	2,037	1,339	945	565
	WINNEBAGO	140	530	3,818	3,034	445	1,441	711	574	207	473	907	589	371	157
	WINNESHIEK	607	838	4,750	5,348	1,475	2,976	1,331	781	423	801	1,245	796	585	270
	WOODBURY	5,048	6,991	24,018	22,503	4,247	14,239	7,462	5,547	2,510	3,802	6,050	4,332	3,887	1,558
	WORTH	136	327	1,996	1,737	599	856	269	298	217	294	624	293	177	111
	WRIGHT	360	564	3,776	3,339	748	1,308	638	759	343	642	866	479	367	177
IA Total		73,022	136,754	720,934	669,446	176,907	510,901	272,014	150,801	74,238	116,429	180,162	146,484	132,186	71,547

2017 Consumer Spending ($Millions)

State	County	Average annual expend-itures	Food	Alcoholic beverages	Housing	Apparel and services	Transport-ation	Healthcare	Entertain-ment	Personal care products & services	Education	Personal insurance & pensions
	STORY	1,265.9	157.2	11.0	1,819.5	181.3	958.1	450.3	279.9	66.2	112.6	585.9
	TAMA	267.8	34.4	2.2	739.5	73.9	391.2	183.3	114.3	27.0	46.4	242.7
	TAYLOR	84.8	10.9	0.7	576.9	56.7	303.1	143.8	87.5	20.8	34.1	176.1
	UNION	184.6	23.5	1.5	1,016.1	104.9	535.9	246.8	162.3	37.5	72.7	376.6
	VAN BUREN	113.9	14.8	0.9	229.5	22.6	122.0	57.4	35.3	8.3	13.7	74.6
	WAPELLO	449.6	58.2	3.6	341.0	33.8	179.0	84.2	52.2	12.4	21.2	108.6
	WARREN	777.1	95.7	6.9	565.3	53.4	287.8	140.4	81.4	19.8	30.7	140.3
	WASHINGTON	390.5	49.5	3.2	450.2	44.0	235.2	111.9	67.8	16.1	27.0	134.7
	WAYNE	84.4	11.0	0.7	482.6	48.5	251.5	117.8	74.6	17.5	32.3	159.7
	WEBSTER	475.3	60.8	3.9	237.8	23.0	121.7	58.4	35.1	8.5	14.3	66.2
	WINNEBAGO	172.4	21.9	1.4	180.7	17.5	93.5	44.7	26.9	6.5	10.6	51.4
	WINNESHIEK	258.5	32.7	2.1	155.9	15.0	81.7	39.1	23.1	5.6	8.5	43.6
	WOODBURY	1,442.5	182.9	12.0	1,631.6	160.9	852.4	402.9	247.7	58.9	100.1	501.7
	WORTH	101.7	13.0	0.8	105.1	10.2	54.4	26.1	15.5	3.7	5.9	28.8
	WRIGHT	178.7	22.9	1.4	348.7	34.3	182.5	86.3	52.6	12.5	20.6	103.9
IA Total		46,816.0	5,881.9	394.9	57,360.6	5,704.5	30,107.1	14,159.4	8,806.2	2,080.9	3,607.3	18,413.5

		U.S. Population		2017 Gender		2017 Race			
State	**County**	Total 2017	2010-2017 % chg.	Total 2022	Male	Female	White	Black	Other Race	Hispanic
ID	ADA	383,974	11%	105,079	193,060	190,915	285,980	4,210	56,243	37,541
	ADAMS	4,130	9%	4,267	2,114	2,016	3,807	4	206	112
	BANNOCK	90,087	2%	98,502	44,836	45,251	68,725	724	13,975	6,664
	BEAR LAKE	4,990	0%	6,943	2,493	2,497	4,676	3	130	181
	BENEWAH	10,032	6%	56,961	5,122	4,909	7,863	24	1,911	234
	BINGHAM	46,661	-9%	15,206	23,452	23,209	31,324	95	5,345	9,895
	BLAINE	23,106	9%	5,386	11,736	11,369	10,604	19	3,904	8,578
	BOISE	6,208	12%	2,430	3,229	2,979	5,467	8	538	195
	BONNER	41,234	9%	155,966	20,768	20,465	37,661	49	2,564	960
	BONNEVILLE	113,226	-1%	43,697	56,452	56,773	86,108	613	9,887	16,618
	BOUNDARY	11,593	0%	28,495	5,844	5,749	10,503	36	659	395
	BUTTE	3,180	7%	34,375	1,634	1,546	2,875	7	133	164
	CAMAS	1,162	29%	1,405	605	557	927	3	51	181
	CANYON	227,947	18%	68,400	112,977	114,969	138,462	1,856	23,582	64,047
	CARIBOU	6,873	-7%	9,693	3,448	3,425	6,017	4	415	437
	CASSIA	22,438	-8%	12,846	11,334	11,103	13,292	50	1,899	7,197
	CLARK	904	-15%	2,829	493	411	219	2	77	605
	CLEARWATER	9,218	-2%	88,115	4,977	4,241	8,027	45	887	259
	CUSTER	3,886	7%	53,629	2,070	1,817	3,490	3	181	212
	ELMORE	29,015	-4%	79,724	14,973	14,042	17,783	574	4,540	6,118
	FRANKLIN	14,134	-6%	47,605	7,177	6,957	11,874	24	1,029	1,208
	FREMONT	12,424	-21%	44,525	6,592	5,832	9,019	33	928	2,443
	GEM	17,792	1%	43,772	8,790	9,002	15,028	17	1,130	1,617
	GOODING	16,299	10%	4,996	8,413	7,887	7,858	24	2,087	6,331
	IDAHO	12,266	-2%	18,242	6,436	5,830	10,983	29	907	348
	JEFFERSON	30,418	-3%	23,515	15,260	15,158	24,416	41	1,830	4,131
	JEROME	24,991	7%	13,346	12,770	12,221	10,298	33	3,007	11,653
	KOOTENAI	170,466	23%	158,911	84,057	86,409	140,915	498	20,303	8,750
	LATAH	38,663	-2%	128,875	19,906	18,757	32,734	228	4,124	1,576
	LEMHI	7,993	-10%	88,244	4,068	3,925	7,349	19	438	187
	LEWIS	6,432	9%	49,463	3,272	3,160	4,618	15	1,606	193
	LINCOLN	6,027	24%	68,853	3,136	2,891	2,510	13	1,378	2,127
	MADISON	42,261	-4%	26,962	20,676	21,585	37,112	177	2,136	2,837
	MINIDOKA	20,885	-2%	1,205	10,591	10,294	10,656	42	1,805	8,381
	NEZ PERCE	38,635	4%	3,708	19,112	19,524	32,240	149	4,979	1,267
	ONEIDA	4,426	11%	40,637	2,261	2,165	4,115	8	136	167
	OWYHEE	10,701	3%	15,651	5,477	5,225	5,748	8	1,305	3,640
	PAYETTE	22,914	6%	15,981	11,309	11,605	16,348	41	2,047	4,479
	POWER	6,800	12%	1,789	3,531	3,269	3,289	12	582	2,916
	SHOSHONE	10,907	12%	127,762	5,453	5,455	10,187	18	531	171
	TETON	15,541	18%	84,099	7,902	7,639	9,695	29	2,163	3,654
	TWIN FALLS	83,971	1%	11,013	41,436	42,536	60,515	264	8,501	14,692
	VALLEY	11,246	-1%	4,547	5,822	5,424	10,176	10	653	407
	WASHINGTON	55,867	-4%	2,324	27,610	28,256	43,933	301	6,835	4,799
ID Total		1,721,920	4%	1,899,976	862,674	859,247	1,265,426	10,362	197,566	248,566

State	County	1-9	10-19	20-29	30-39	40-49	50-59	60-69	70 over	Managerial	Sales	Admin support	Service	Farming forestry, fishing	Production
ID	ADA	52,604	51,872	54,183	49,692	57,882	58,661	31,398	27,682	70,507	23,855	24,491	29,425	294	29,685
	ADAMS	294	416	222	268	541	1,003	809	578	818	239	290	363	57	570
	BANNOCK	13,436	12,233	16,516	9,780	10,495	12,456	7,619	7,552	15,243	4,905	8,105	8,572	96	8,724
	BEAR LAKE	607	737	433	480	617	754	682	679	879	161	431	896	20	550
	BENEWAH	1,101	1,223	781	790	1,349	2,070	1,528	1,189	1,244	490	1,041	1,657	270	1,193
	BINGHAM	8,059	7,753	5,705	5,042	5,951	6,297	3,968	3,886	8,452	2,291	2,796	4,614	1,112	5,780
	BLAINE	2,889	2,902	2,163	2,457	3,956	4,682	2,700	1,358	4,072	1,439	1,018	1,763	59	1,052
	BOISE	559	912	310	495	945	1,211	998	778	1,580	381	573	334	109	393
	BONNER	4,029	5,130	3,530	3,643	5,615	8,881	5,849	4,557	6,520	2,201	3,072	4,738	842	4,896
	BONNEVILLE	19,476	16,739	14,555	13,275	14,705	15,710	8,967	9,798	20,440	9,637	7,860	9,407	973	9,415
	BOUNDARY	1,304	1,635	890	1,014	1,666	2,261	1,493	1,330	2,200	544	1,183	922	402	1,487
	BUTTE	381	476	240	272	389	540	447	435	1,033	108	148	226	11	199
	CAMAS	122	123	106	153	156	224	171	107	238	27	81	61	2	136
	CANYON	42,932	34,899	31,194	30,123	28,450	27,486	17,514	15,343	37,671	9,186	17,346	19,036	1,964	32,247
	CARIBOU	955	879	705	702	856	1,159	787	829	1,199	112	673	700	140	1,015
	CASSIA	3,839	3,765	2,456	2,427	2,953	2,895	1,807	2,295	3,452	1,525	1,606	2,314	395	3,187
	CLARK	171	166	95	100	111	95	97	69	138	34	14	58	75	167
	CLEARWATER	751	872	686	746	1,290	1,759	1,687	1,427	1,597	426	609	1,186	478	1,215
	CUSTER	299	395	276	341	532	941	590	513	795	210	272	247	38	527
	ELMORE	4,615	4,180	5,220	3,438	3,897	3,259	2,271	2,135	4,774	1,671	2,894	3,399	861	3,188
	FRANKLIN	2,767	2,402	1,610	1,679	1,709	1,722	1,038	1,208	2,398	804	662	1,574	207	1,952
	FREMONT	2,376	2,086	1,540	1,197	1,310	1,434	1,067	1,414	1,256	1,103	465	1,485	218	2,164
	GEM	2,150	2,522	1,636	1,666	2,599	2,792	2,090	2,338	2,332	1,111	1,905	1,715	85	2,709
	GOODING	2,648	2,529	2,063	1,801	1,942	2,127	1,530	1,659	2,459	509	587	1,165	1,573	2,318
	IDAHO	1,162	1,476	987	964	1,706	2,292	1,865	1,815	2,532	853	1,011	1,349	157	1,326
	JEFFERSON	6,292	5,165	3,505	3,741	3,678	3,652	2,428	1,956	5,883	1,764	2,382	3,083	502	2,810
	JEROME	4,519	3,946	3,459	2,855	3,517	3,005	1,920	1,770	5,471	1,250	1,306	1,758	1,165	2,253
	KOOTENAI	23,168	24,488	19,403	18,961	23,877	25,265	18,003	17,300	25,952	13,567	11,232	16,301	501	20,220
	LATAH	3,682	5,738	10,187	3,536	4,150	5,376	3,243	2,751	7,458	1,995	2,473	3,079	305	3,330
	LEMHI	694	891	572	567	1,030	1,842	1,319	1,078	2,329	268	230	1,013	175	441
	LEWIS	709	747	489	390	810	1,355	1,018	913	1,021	178	551	1,167	57	663
	LINCOLN	1,105	981	739	713	701	830	520	438	1,189	71	196	359	332	979
	MADISON	7,041	6,858	15,905	3,226	3,016	2,746	1,742	1,728	8,932	1,675	5,397	3,471	177	3,488
	MINIDOKA	3,055	3,123	2,197	2,196	2,543	3,230	2,097	2,444	4,123	670	1,199	1,009	1,334	2,940
	NEZ PERCE	4,116	5,074	5,130	3,686	5,144	6,073	4,188	5,224	5,421	1,641	3,157	4,665	201	4,009
	ONEIDA	607	725	341	449	571	766	431	536	878	136	98	299	23	954
	OWYHEE	1,667	1,650	1,027	1,318	1,441	1,523	1,073	1,002	2,028	514	446	704	446	1,904
	PAYETTE	3,422	3,475	2,438	2,554	2,941	3,369	2,371	2,343	3,422	1,012	1,124	2,682	1,002	3,296
	POWER	1,126	1,025	846	669	828	1,022	622	662	1,806	178	389	458	219	518
	SHOSHONE	1,010	1,222	848	945	1,613	2,264	1,533	1,472	2,450	387	681	1,289	155	1,295
	TETON	2,483	2,729	2,106	2,663	2,516	1,682	837	525	3,101	762	449	1,172	72	1,631
	TWIN FALLS	12,344	12,038	12,442	9,640	10,686	11,175	7,156	8,491	14,335	4,915	5,154	8,196	1,077	9,005
	VALLEY	953	1,096	870	1,058	1,546	2,512	1,975	1,236	1,653	520	802	1,213	68	1,430
	WASHINGTON	11,245	8,906	4,113	8,006	7,873	6,006	5,640	4,077	18,277	681	1,513	2,324	188	4,307
ID Total		258,760	248,199	234,724	199,720	230,101	246,406	157,090	146,921	309,557	96,003	117,914	151,448	18,437	181,571

| | | 2017 Educational Attainment | | | | | | | 2017 Family Income | | | | | | |
State	County	Less than 9th grade	9th to 12th grade, no diploma	High school grad-uate	Some college, no degree	Assoc-iate degree	Bach-elor's degree	Grad. or pro-fessional degree	Less than $25,000	$25,000-$34,999	$35,000-$49,999	$50,000-$74,999	$75,000-$99,999	$100,000-$149,999	over $150,000
ID	ADA	3,079	15,328	55,335	86,147	19,957	78,632	46,573	16,037	8,684	13,768	18,564	15,543	15,772	11,378
	ADAMS	74	433	1,109	1,000	169	460	390	370	129	178	315	92	110	39
	BANNOCK	1,111	5,947	15,025	21,036	4,434	14,319	9,189	5,710	2,364	2,851	4,588	3,747	3,271	1,139
	BEAR LAKE	112	326	1,628	1,296	127	370	155	322	180	208	341	174	112	28
	BENEWAH	259	1,030	3,307	1,993	478	809	458	681	369	508	585	433	290	101
	BINGHAM	2,148	2,881	8,390	13,301	2,002	4,496	1,529	2,166	1,207	1,949	2,445	2,286	1,723	445
	BLAINE	2,231	833	1,499	2,997	788	7,052	3,365	748	542	572	1,208	1,066	1,039	864
	BOISE	40	513	1,243	1,631	450	988	332	524	183	273	328	238	154	35
	BONNER	404	2,092	9,620	12,432	3,081	4,190	2,839	2,270	1,092	2,112	2,197	2,049	1,407	420
	BONNEVILLE	2,560	4,389	19,981	23,917	7,452	16,848	10,150	5,339	2,972	4,449	6,091	4,376	3,888	2,620
	BOUNDARY	182	1,108	2,852	3,067	489	710	1,013	991	242	282	932	434	226	13
	BUTTE	19	315	677	1,040	119	217	148	256	89	150	177	83	96	34
	CAMAS	15	27	228	208	35	362	96	86	67	47	62	42	13	20
	CANYON	14,430	14,912	40,462	49,236	8,268	24,238	15,615	11,653	7,007	10,920	15,483	7,875	4,550	2,051
	CARIBOU	134	377	1,512	1,767	267	992	454	298	232	220	415	309	364	16
	CASSIA	1,710	1,297	5,051	5,444	773	1,016	1,470	1,646	570	989	1,121	1,023	262	191
	CLARK	247	32	48	99	8	24	206	38	45	52	61	1	31	0
	CLEARWATER	110	975	2,528	1,903	935	762	859	606	256	456	590	315	277	65
	CUSTER	74	322	1,295	941	73	493	191	297	108	123	193	204	124	14
	ELMORE	1,224	1,533	5,349	7,592	2,605	2,285	1,713	1,197	843	1,510	1,673	1,030	835	341
	FRANKLIN	361	358	4,130	3,299	571	879	492	577	363	690	966	695	202	147
	FREMONT	645	1,059	3,053	2,735	752	656	254	585	424	530	645	322	505	185
	GEM	250	1,395	4,640	5,088	1,035	1,560	408	1,032	453	788	1,100	1,013	387	97
	GOODING	1,299	2,307	4,634	2,250	650	851	465	893	693	697	1,022	670	186	182
	IDAHO	378	604	3,687	3,131	530	1,708	365	934	452	668	699	337	184	46
	JEFFERSON	1,159	841	4,421	8,023	2,395	3,775	880	1,199	667	1,176	2,222	1,187	1,132	285
	JEROME	1,415	2,121	3,694	4,011	4,412	2,194	835	1,204	1,019	1,182	1,438	1,088	502	145
	KOOTENAI	1,661	7,256	36,192	45,341	10,027	21,497	13,048	8,808	4,717	7,473	11,791	6,901	5,191	2,497
	LATAH	526	1,138	6,217	6,388	2,045	9,225	7,648	2,474	1,036	956	1,705	1,191	1,170	1,148
	LEMHI	122	610	1,609	2,031	182	1,280	1,031	549	246	277	574	268	276	78
	LEWIS	92	355	1,530	2,203	359	536	291	540	217	336	475	181	98	34
	LINCOLN	416	681	1,084	1,585	133	373	173	268	181	301	504	160	120	52
	MADISON	1,309	2,162	6,408	7,261	4,955	6,176	4,433	2,719	847	1,039	1,200	873	441	286
	MINIDOKA	1,988	1,220	4,695	6,023	585	1,294	625	1,293	537	934	1,425	664	460	248
	NEZ PERCE	443	2,448	10,101	9,948	2,137	5,356	1,791	2,442	1,247	1,240	2,107	1,615	1,277	506
	ONEIDA	28	183	1,152	1,451	92	475	97	303	139	166	305	189	83	36
	OWYHEE	862	1,137	2,759	1,839	351	905	288	771	428	473	457	330	224	95
	PAYETTE	797	2,042	4,544	6,393	1,893	1,557	545	1,382	591	1,039	1,923	520	576	167
	POWER	1,013	349	1,643	920	179	738	317	400	228	390	341	222	160	58
	SHOSHONE	310	669	3,225	3,261	647	860	347	827	556	589	746	342	156	32
	TETON	850	419	1,123	2,517	630	2,492	3,942	686	372	641	1,110	927	783	472
	TWIN FALLS	2,864	5,257	18,692	19,423	4,871	7,709	7,130	4,423	2,540	3,971	5,002	3,026	2,102	1,036
	VALLEY	81	517	2,002	2,829	526	2,493	1,279	577	293	495	810	606	315	280
	WASHINGTON	1,029	1,653	11,860	15,084	2,439	6,760	793	2,948	2,368	3,116	5,904	3,283	12,975	17,616
ID Total		50,062	91,452	320,235	400,078	94,905	240,611	144,221	89,069	47,795	70,782	101,843	67,932	64,046	45,539

2017 Consumer Spending ($Millions)

State	County	Average annual expend-itures	Food	Alcoholic beverages	Housing	Apparel and services	Transport-ation	Healthcare	Entertain-ment	Personal care products & services	Education	Personal insurance & pensions
ID	ADA	5,397.8	673.6	46.1	998.8	98.2	515.3	242.7	150.6	35.8	65.0	301.7
	ADAMS	55.7	7.3	0.4	459.2	47.0	243.3	112.4	72.7	17.0	31.7	165.2
	BANNOCK	1,206.4	153.7	10.0	664.7	65.7	348.5	164.9	101.4	24.0	40.6	207.3
	BEAR LAKE	66.2	8.5	0.5	361.1	36.3	188.3	87.7	56.0	13.3	24.9	120.1
	BENEWAH	140.3	18.2	1.1	445.3	45.2	236.4	109.7	70.0	16.4	29.5	155.5
	BINGHAM	639.4	81.5	5.3	106.4	10.3	55.6	26.5	16.0	3.8	6.2	31.9
	BLAINE	346.6	42.7	3.0	72.1	7.1	37.2	17.6	10.8	2.6	4.5	21.2
	BOISE	81.2	10.6	0.6	525.6	51.6	275.1	130.4	79.6	19.0	31.6	160.1
	BONNER	578.0	74.2	4.7	553.6	54.8	287.5	135.6	84.3	20.0	35.5	173.7
	BONNEVILLE	1,551.2	195.6	13.0	689.3	66.3	354.6	170.3	101.4	24.4	40.1	188.7
	BOUNDARY	143.5	18.7	1.1	19.6	1.9	10.3	4.9	2.9	0.7	1.1	5.8
	BUTTE	43.3	5.6	0.3	208.0	20.4	108.5	51.7	31.4	7.5	12.4	62.2
	CAMAS	16.3	2.1	0.1	353.2	36.3	188.6	86.6	56.3	13.1	24.4	129.9
	CANYON	2,876.3	371.2	22.9	660.3	64.4	344.6	164.3	99.2	23.7	38.7	194.7
	CARIBOU	99.1	12.6	0.8	61.7	6.0	32.3	15.4	9.3	2.2	3.6	17.9
	CASSIA	266.6	34.8	2.1	545.0	54.1	290.1	136.2	83.9	19.8	32.2	175.6
	CLARK	11.0	1.4	0.1	51.8	5.0	26.3	12.6	7.5	1.8	3.1	13.7
	CLEARWATER	123.5	16.0	1.0	427.5	42.2	222.7	105.9	64.5	15.3	25.2	127.4
	CUSTER	51.6	6.7	0.4	278.7	28.0	146.6	68.3	43.4	10.2	18.5	94.2
	ELMORE	378.7	48.4	3.1	643.1	62.8	338.0	160.7	97.1	23.1	37.4	193.3
	FRANKLIN	179.2	23.1	1.4	155.6	15.2	79.5	37.7	23.3	5.6	10.1	45.7
	FREMONT	162.8	20.7	1.3	264.7	25.3	134.1	64.9	38.6	9.3	15.7	70.3
	GEM	241.6	31.2	2.0	63.3	6.4	33.2	15.6	9.8	2.3	4.2	21.1
	GOODING	204.1	26.5	1.6	226.5	22.7	119.2	55.8	35.0	8.3	14.5	74.4
	IDAHO	146.3	19.3	1.1	554.9	54.9	286.2	135.6	83.8	19.9	35.0	167.3
	JEFFERSON	418.5	53.1	3.4	236.4	22.7	122.0	58.4	34.7	8.4	13.4	63.8
	JEROME	320.8	41.5	2.6	218.9	21.5	114.1	54.2	33.3	7.9	13.5	68.2
	KOOTENAI	2,395.0	305.5	19.6	734.4	72.8	388.0	182.7	112.9	26.6	45.0	235.8
	LATAH	485.9	61.2	4.1	554.7	53.7	287.4	137.6	82.4	19.8	32.4	157.1
	LEMHI	111.5	14.3	0.9	399.0	38.4	206.4	99.2	58.8	14.1	22.6	109.5
	LEWIS	83.9	11.0	0.6	983.1	95.6	511.8	244.7	146.7	35.1	56.0	282.4
	LINCOLN	79.1	10.1	0.6	99.1	9.3	50.4	24.4	14.1	3.5	5.4	24.0
	MADISON	328.4	42.9	2.6	69.7	6.7	36.5	17.8	10.2	2.5	3.6	18.4
	MINIDOKA	258.8	33.5	2.0	377.6	38.5	202.1	93.4	60.0	13.9	25.2	136.3
	NEZ PERCE	522.9	66.8	4.3	226.8	22.1	117.5	55.9	33.8	8.1	13.5	64.9
	ONEIDA	58.9	7.6	0.5	275.6	27.3	144.2	68.2	42.2	10.0	17.3	87.7
	OWYHEE	124.7	16.3	1.0	292.4	28.9	154.2	72.6	44.8	10.7	17.8	92.9
	PAYETTE	302.0	38.8	2.4	307.9	30.7	164.2	76.8	47.8	11.3	18.8	102.9
	POWER	88.4	11.4	0.7	106.2	10.6	56.9	26.5	16.5	3.9	6.5	35.5
	SHOSHONE	145.6	19.1	1.1	570.2	56.3	296.5	139.7	86.8	20.6	36.5	178.5
	TETON	271.5	34.0	2.3	210.5	20.2	109.0	52.3	30.9	7.4	11.9	56.3
	TWIN FALLS	1,078.6	138.6	8.7	542.5	54.9	289.2	134.1	85.8	20.0	35.9	193.5
	VALLEY	175.2	22.1	1.5	121.4	11.7	62.8	30.1	18.0	4.3	6.9	33.8
	WASHINGTON	3,453.2	398.6	33.2	136.2	13.2	70.6	33.7	20.4	4.9	8.1	39.5
ID Total		25,709.3	3,230.3	216.3	15,852.7	1,563.1	8,285.7	3,916.2	2,408.9	572.1	976.1	4,900.0

State	County	U.S. Population		2017 Gender		2017 Race			
		Total 2017	2010-2017 % chg.	Total 2022	Male	Female	White	Black	Other Race	Hispanic
IL	ADAMS	63,649	-5%	94,014	31,030	32,619	56,034	2,108	4,319	1,188
	ALEXANDER	6,700	-17%	14,983	3,416	3,283	3,552	2,592	292	264
	BOND	19,623	-3%	57,138	10,267	9,357	16,133	2,011	645	834
	BOONE	62,739	13%	12,610	31,340	31,399	36,248	766	6,821	18,905
	BROWN	7,318	6%	27,249	4,709	2,609	4,819	1,609	346	543
	BUREAU	29,752	-9%	38,890	14,506	15,247	26,002	206	1,464	2,081
	CALHOUN	5,269	-9%	87,892	2,592	2,676	5,175	7	50	36
	CARROLL	15,937	-4%	73,123	7,991	7,946	14,818	104	479	536
	CASS	14,346	-1%	12,774	7,190	7,156	7,873	156	580	5,737
	CHAMPAIGN	205,066	0%	186,278	102,270	102,796	123,642	22,238	45,773	13,414
	CHRISTIAN	31,564	-3%	54,395	16,039	15,525	28,407	1,521	649	986
	CLARK	16,436	-1%	10,024	8,031	8,405	15,864	50	284	238
	CLAY	13,093	-9%	37,275	6,451	6,642	12,537	47	335	174
	CLINTON	29,631	-3%	82,333	14,733	14,898	27,114	330	1,101	1,086
	COLES	53,536	-6%	44,814	25,794	27,742	45,694	2,255	4,187	1,400
	COOK	5,288,371	2%	4,793,508	2,563,520	2,724,851	1,872,287	1,106,987	812,763	1,496,334
	CRAWFORD	20,522	-9%	21,106	10,688	9,834	16,602	2,525	452	944
	CUMBERLAND	10,013	4%	24,252	5,000	5,013	9,632	47	232	103
	DE KALB	122,073	9%	376,961	60,980	61,093	84,654	7,648	11,686	18,086
	DEWITT	16,395	-1%	61,595	8,111	8,284	15,309	71	453	562
	DOUGLAS	23,201	-2%	14,235	11,429	11,772	20,642	59	796	1,703
	DU PAGE	949,293	-1%	739,769	465,963	483,331	540,717	41,737	196,242	170,597
	EDGAR	17,848	-3%	16,019	8,626	9,222	16,620	51	600	577
	EDWARDS	6,376	0%	32,984	3,195	3,181	6,126	27	172	51
	EFFINGHAM	37,995	0%	6,115	18,936	19,059	35,000	156	1,822	1,017
	FAYETTE	21,352	7%	24,863	11,256	10,097	16,644	3,684	491	533
	FORD	14,975	-2%	137,687	7,296	7,679	11,945	2,048	519	462
	FRANKLIN	40,031	3%	27,391	19,603	20,428	37,788	158	929	1,156
	FULTON	37,453	-4%	45,048	19,363	18,090	33,107	1,587	1,382	1,378
	GALLATIN	5,520	0%	5,307	2,691	2,828	5,282	5	92	141
	GREENE	13,766	-13%	67,559	6,946	6,820	13,339	112	166	149
	GRUNDY	56,864	2%	187,534	28,314	28,551	44,492	687	3,682	8,003
	HAMILTON	8,402	-14%	10,321	4,078	4,324	8,166	29	113	94
	HANCOCK	18,451	-11%	69,390	9,084	9,366	17,778	47	475	151
	HARDIN	4,111	1%	6,516	2,053	2,058	3,928	12	112	58
	HENDERSON	6,531	-10%	18,271	3,209	3,322	6,345	12	112	61
	HENRY	47,620	-4%	114,947	23,634	23,986	40,575	593	2,626	3,825
	IROQUOIS	29,440	-4%	829,212	14,357	15,082	24,851	289	2,063	2,235
	JACKSON	60,236	-8%	81,033	30,668	29,568	42,703	8,069	6,857	2,606
	JASPER	8,557	-15%	18,216	4,240	4,317	8,409	11	97	39
	JEFFERSON	39,892	7%	20,084	20,977	18,915	31,883	4,902	1,917	1,191
	JERSEY	27,398	-10%	32,543	13,395	14,002	25,769	87	1,191	351
	JO DAVIESS	22,230	-9%	43,856	11,143	11,087	20,437	108	654	1,032
	JOHNSON	15,605	14%	25,987	8,715	6,890	11,181	3,299	480	645
	KANE	567,007	21%	559,719	283,140	283,867	259,936	16,301	66,899	223,870
	KANKAKEE	115,997	7%	389,891	56,936	59,061	72,862	13,266	12,114	17,755
	KENDALL	130,854	17%	82,358	64,785	66,069	79,579	9,738	13,174	28,363
	KNOX	50,089	-6%	25,155	25,161	24,928	40,286	3,928	3,040	2,835
	LA SALLE	109,464	0%	149,751	54,738	54,726	88,471	2,769	5,818	12,405
	LAKE	801,352	9%	383,310	399,681	401,671	423,912	36,950	141,339	199,151
	LAWRENCE	16,834	0%	5,916	9,421	7,413	12,756	3,094	403	581
	LEE	36,404	-5%	62,743	19,081	17,323	30,347	1,854	1,870	2,332
	LIVINGSTON	36,048	-3%	191,088	17,999	18,049	29,638	3,105	1,365	1,940
	LOGAN	29,287	-14%	29,787	14,869	14,417	24,156	2,868	1,322	941
	MACON	106,267	-2%	38,007	50,837	55,430	74,615	16,637	12,583	2,432
	MACOUPIN	44,391	-2%	51,038	21,897	22,494	42,326	392	1,099	574
	MADISON	280,273	0%	120,082	137,017	143,256	224,080	26,226	19,027	10,940
	MARION	46,194	-4%	17,793	23,295	22,899	40,246	2,650	2,171	1,128
	MARSHALL	13,446	-2%	7,367	6,592	6,854	12,569	72	377	427
	MASON	17,616	-5%	39,854	8,730	8,886	17,038	55	344	179
	MASSAC	14,920	-2%	11,115	7,102	7,818	11,663	737	2,199	322
	MCDONOUGH	30,809	-3%	37,338	15,440	15,369	26,182	1,498	1,990	1,140
	MCHENRY	336,751	9%	373,039	167,288	169,463	239,941	4,711	39,631	52,467
	MCLEAN	175,718	1%	227,333	85,324	90,394	126,889	13,282	24,055	11,492
	MENARD	13,306	5%	15,063	6,472	6,835	12,750	146	302	108
	MERCER	16,295	-7%	62,437	8,046	8,248	15,573	67	302	352
	MONROE	36,595	14%	27,740	18,056	18,539	34,987	62	1,071	475
	MONTGOMERY	28,509	-4%	21,567	14,953	13,556	26,975	658	429	448
	MORGAN	34,118	-8%	14,715	17,150	16,967	29,255	2,349	1,564	949
	MOULTRIE	13,806	6%	11,176	6,719	7,087	13,341	36	220	209
	OGLE	53,668	2%	50,507	26,593	27,075	42,358	690	3,108	7,513
	PEORIA	182,123	-1%	43,627	88,218	93,905	117,650	29,618	26,640	8,215
	PERRY	21,329	-1%	71,732	11,685	9,645	13,161	6,324	1,216	628
	PIATT	15,961	-3%	68,991	7,879	8,082	15,392	105	265	199
	PIKE	16,531	-7%	47,733	8,264	8,267	15,764	263	313	191
	POPE	3,659	-16%	16,310	1,921	1,738	3,195	295	101	68
	PULASKI	6,417	-1%	18,701	3,059	3,358	4,291	1,733	304	89
	PUTNAM	5,361	-1%	15,906	2,712	2,649	4,988	36	118	219
	RANDOLPH	35,894	-4%	65,747	19,540	16,354	31,420	2,203	1,457	814
	RICHLAND	16,171	-2%	7,499	7,933	8,238	14,988	143	750	290
	ROCK ISLAND	145,911	3%	188,177	71,661	74,250	98,547	11,099	14,893	21,372
	SAINT CLAIR	258,179	-3%	88,434	124,206	133,973	145,044	82,768	21,469	8,898
	SALINE	24,629	-11%	9,763	12,021	12,607	22,018	986	1,224	401
	SANGAMON	197,485	2%	90,356	94,867	102,617	151,379	23,614	18,035	4,457

State	County	1-9	10-19	20-29	30-39	40-49	50-59	60-69	70 over	Managerial	Sales	Admin support	Service	Farming forestry, fishing	Production
		2017 Age Ranges (Years)								**2017 Occupations**					
IL	ADAMS	7,464	8,412	7,092	6,631	9,324	9,811	6,376	8,539	9,200	4,426	4,389	4,671	46	7,791
	ALEXANDER	821	752	897	725	908	1,147	681	769	947	391	388	1,076	15	1,431
	BOND	1,940	2,319	2,622	2,700	3,360	2,902	1,784	1,996	4,262	791	1,892	1,451	36	2,109
	BOONE	9,795	10,450	5,891	7,814	10,283	8,645	5,142	4,719	8,766	4,029	5,506	3,821	50	8,587
	BROWN	564	695	1,337	1,296	1,287	1,055	542	541	1,422	375	1,199	600	33	840
	BUREAU	3,148	3,749	2,706	2,918	4,486	5,193	3,313	4,239	5,252	1,437	1,400	2,520	59	3,683
	CALHOUN	503	680	485	472	921	767	745	695	625	481	252	445	9	895
	CARROLL	1,480	1,926	1,325	1,392	2,210	2,892	2,303	2,409	2,792	426	769	1,151	67	2,820
	CASS	1,895	1,876	1,613	1,683	2,130	2,194	1,336	1,619	2,328	390	938	858	95	2,579
	CHAMPAIGN	21,701	31,106	50,295	21,957	23,772	25,874	14,528	15,833	43,174	9,085	12,013	15,098	127	13,691
	CHRISTIAN	3,382	3,984	3,384	3,486	4,850	5,064	3,343	4,071	4,905	1,156	2,474	3,744	72	4,284
	CLARK	1,890	2,106	1,647	1,600	2,647	2,713	1,763	2,070	2,964	688	1,078	1,146	6	2,438
	CLAY	1,561	1,633	1,363	1,309	1,925	2,107	1,497	1,698	2,111	967	750	1,333	6	1,753
	CLINTON	3,224	4,054	3,143	3,128	5,290	4,553	2,833	3,406	6,100	781	1,444	1,725	414	3,091
	COLES	5,087	7,398	12,764	4,654	5,990	7,724	4,423	5,497	7,897	2,154	3,733	5,414	27	6,381
	COOK	688,917	711,825	772,006	724,053	749,031	728,730	421,212	492,598	929,235	244,961	382,897	471,411	2,121	661,124
	CRAWFORD	1,858	2,500	2,633	2,313	3,560	3,136	2,042	2,482	3,806	448	1,403	1,899	19	3,718
	CUMBERLAND	1,098	1,303	943	1,018	1,481	1,739	1,047	1,385	1,293	538	543	614	1	1,969
	DE KALB	15,482	18,639	25,942	13,977	16,456	14,717	7,969	8,891	19,087	6,487	7,244	9,418	85	13,683
	DEWITT	1,901	2,038	1,614	1,748	2,639	2,782	1,703	1,969	2,618	661	1,324	1,416	10	1,778
	DOUGLAS	3,215	3,224	2,621	2,349	3,370	3,360	2,223	2,839	4,006	1,522	1,559	1,597	107	2,677
	DU PAGE	115,546	139,759	100,391	105,581	154,177	163,065	86,237	84,537	210,389	44,995	59,538	53,437	60	60,133
	EDGAR	1,957	2,151	1,876	1,967	2,400	3,094	2,107	2,297	2,715	531	1,395	954	40	3,623
	EDWARDS	790	779	569	656	932	1,099	771	779	1,287	165	468	279	49	932
	EFFINGHAM	4,357	5,346	4,145	3,947	5,935	6,367	3,575	4,323	5,709	1,786	2,941	2,888	107	4,576
	FAYETTE	2,446	2,899	2,837	2,515	3,421	3,076	1,955	2,203	2,489	717	1,656	2,860	290	3,593
	FORD	1,813	2,047	1,411	1,454	2,378	2,294	1,451	2,126	2,115	489	959	1,127	17	2,615
	FRANKLIN	4,682	5,019	3,989	4,692	5,536	6,573	4,624	4,917	6,384	3,261	2,789	4,164	125	5,610
	FULTON	3,935	4,165	4,283	4,529	5,730	5,878	4,155	4,779	7,212	1,729	2,786	3,653	108	4,984
	GALLATIN	589	619	554	610	674	869	837	767	1,329	372	259	404	10	724
	GREENE	1,488	1,872	1,499	1,497	2,200	2,217	1,376	1,617	2,745	541	893	1,420	39	1,815
	GRUNDY	7,914	8,322	6,142	7,462	9,349	8,632	4,632	4,412	7,258	2,902	3,473	5,353	31	8,138
	HAMILTON	1,031	1,059	908	817	1,091	1,402	943	1,150	1,480	319	602	1,025	19	1,154
	HANCOCK	2,056	2,314	1,626	1,703	2,555	3,298	2,347	2,552	2,631	689	1,021	1,229	133	3,109
	HARDIN	421	436	334	438	576	718	565	623	1,172	142	210	273	12	610
	HENDERSON	598	769	553	559	976	1,181	901	993	974	480	305	470	18	967
	HENRY	5,464	6,401	4,362	5,064	6,582	8,192	5,454	6,101	9,003	2,071	3,103	3,225	37	5,597
	IROQUOIS	3,138	4,079	2,638	2,753	4,276	4,984	3,308	4,263	5,092	1,087	1,792	3,089	64	3,468
	JACKSON	5,556	7,880	15,585	5,881	6,653	8,556	5,025	5,098	11,259	3,754	4,151	5,688	155	4,736
	JASPER	884	1,112	860	808	1,483	1,482	926	1,001	1,059	319	1,077	573	13	1,047
	JEFFERSON	4,282	4,727	4,898	4,642	6,108	6,771	4,060	4,404	5,635	2,701	3,978	3,383	38	5,938
	JERSEY	2,927	3,796	3,038	2,793	4,603	4,090	2,915	3,236	4,940	1,228	1,872	2,219	4	3,334
	JO DAVIESS	2,058	2,370	1,706	1,893	3,039	4,197	3,386	3,582	4,158	1,567	803	1,843	48	1,774
	JOHNSON	1,426	1,750	2,296	2,042	2,325	2,372	1,865	1,527	3,238	1,046	1,242	2,017	46	1,993
	KANE	89,309	88,483	63,796	78,655	89,773	80,402	42,647	33,942	96,025	30,784	38,768	42,051	744	65,910
	KANKAKEE	15,256	16,751	14,745	13,665	16,732	17,498	10,275	11,075	15,532	5,548	10,117	9,461	185	17,476
	KENDALL	22,195	19,985	13,955	21,101	20,080	16,079	9,604	7,854	23,776	6,291	10,569	7,591	10	11,050
	KNOX	5,120	5,932	6,153	4,934	6,715	8,729	5,533	6,974	8,081	2,394	2,868	4,828	74	7,594
	LA SALLE	12,426	14,087	12,007	11,569	17,083	18,123	10,427	13,742	15,974	5,299	9,882	8,579	126	16,812
	LAKE	110,567	131,812	81,335	90,288	132,755	125,814	64,828	63,952	180,230	42,865	51,781	54,861	136	62,239
	LAWRENCE	1,677	1,878	2,467	2,187	2,744	2,506	1,518	1,856	2,881	558	1,351	1,315	5	2,605
	LEE	3,597	4,357	3,630	3,929	6,265	6,242	3,946	4,438	5,916	1,747	2,555	3,284	19	5,281
	LIVINGSTON	3,790	4,959	3,961	3,972	5,887	6,154	3,381	3,944	6,502	1,180	2,683	3,057	54	5,307
	LOGAN	2,844	3,624	4,198	3,521	4,409	4,555	2,895	3,240	4,456	977	2,050	3,652	20	4,397
	MACON	12,490	13,453	12,633	10,724	14,122	18,107	11,420	13,317	17,608	5,079	8,088	8,814	195	14,830
	MACOUPIN	4,833	5,662	4,636	4,711	6,591	7,751	4,753	5,453	8,157	1,946	2,999	3,050	43	6,401
	MADISON	32,114	37,664	37,478	30,984	42,719	44,285	25,236	29,793	46,379	13,583	19,461	20,109	352	20,170
	MARION	5,000	5,775	5,014	4,880	6,983	7,850	4,971	5,721	7,365	1,581	1,890	4,618	49	9,213
	MARSHALL	1,439	1,656	1,297	1,228	1,902	2,380	1,692	1,852	2,108	429	946	1,429	3	1,591
	MASON	1,784	2,243	1,473	1,830	2,749	3,023	2,167	2,347	3,200	933	1,098	1,542	112	2,158
	MASSAC	1,794	1,854	1,475	1,679	2,244	2,318	1,594	1,963	2,217	1,383	804	1,499	7	1,998
	MCDONOUGH	2,701	3,945	8,707	2,393	3,060	3,968	2,727	3,308	6,460	1,329	1,840	3,324	135	2,114
	MCHENRY	41,453	52,578	29,784	37,010	58,555	54,696	32,836	29,819	59,637	19,016	22,286	21,968	156	31,316
	MCLEAN	21,211	25,666	33,523	20,760	24,401	24,258	12,987	12,913	38,859	6,742	10,807	11,508	137	9,713
	MENARD	1,454	1,868	1,144	1,444	2,228	2,224	1,607	1,337	2,945	226	830	991	14	1,049
	MERCER	1,720	2,002	1,434	1,610	2,472	2,705	2,187	2,164	2,598	667	938	1,159	148	2,665
	MONROE	4,301	5,532	3,382	3,833	6,841	5,878	3,226	3,602	7,869	1,110	2,213	2,587	29	2,602
	MONTGOMERY	2,968	3,459	3,147	2,997	4,820	4,541	2,803	3,774	5,745	1,495	1,990	2,654	22	3,126
	MORGAN	3,525	4,272	4,218	3,457	4,899	5,791	3,833	4,122	6,413	1,929	2,297	3,175	54	3,219
	MOULTRIE	1,713	1,754	1,445	1,404	2,160	2,174	1,525	1,631	2,497	451	1,032	826	22	1,848
	OGLE	6,449	7,876	4,791	5,761	8,948	8,703	5,487	5,652	10,619	1,776	3,789	3,602	62	6,600
	PEORIA	23,202	23,601	26,089	19,910	23,751	29,402	17,047	19,123	37,124	7,857	12,270	17,340	18	16,503
	PERRY	2,100	2,432	3,261	2,817	3,155	3,167	2,125	2,273	4,040	644	1,736	3,266	154	2,473
	PIATT	1,847	2,197	1,343	1,620	2,444	2,894	1,765	1,850	3,161	569	980	1,035	35	1,486
	PIKE	1,994	2,028	1,822	1,635	2,439	2,569	1,720	2,324	2,883	648	1,279	1,834	57	2,020
	POPE	285	552	375	301	471	654	547	474	697	175	211	351	6	496
	PULASKI	747	861	642	598	891	1,052	752	874	1,023	383	332	882	40	1,018
	PUTNAM	490	662	465	483	782	1,061	698	721	1,040	226	372	338	47	695
	RANDOLPH	3,568	4,030	3,766	4,121	5,915	6,520	3,746	4,228	6,373	1,452	2,322	3,368	124	4,974
	RICHLAND	1,896	1,957	1,729	1,639	2,329	2,523	1,769	2,330	3,016	1,206	1,034	1,660	53	1,469
	ROCK ISLAND	16,420	17,680	18,115	15,180	19,903	25,110	15,703	17,800	20,883	7,253	10,609	15,289	64	18,058
	SAINT CLAIR	30,728	34,957	28,687	27,511	40,408	45,615	22,792	27,482	42,231	12,635	18,518	27,347	415	35,604
	SALINE	2,872	3,340	2,632	2,505	3,427	3,831	2,940	3,084	4,340	1,375	1,673	3,366	40	3,288
	SANGAMON	23,970	25,729	23,039	21,352	29,964	34,108	19,763	19,560	40,781	7,234	14,395	16,160	88	12,819

2017 Educational Attainment   2017 Family Income

State	County	Less than 9th grade	9th to 12th grade, no diploma	High school grad-uate	Some college, no degree	Assoc-iate degree	Bach-elor's degree	Grad. or pro-fessional degree	Less than $25,000	$25,000-$34,999	$35,000-$49,999	$50,000-$74,999	$75,000-$99,999	$100,000-$149,999	over $150,000
IL	ADAMS	1,249	2,976	17,051	14,797	2,607	8,934	4,633	4,945	3,020	4,287	7,745	4,615	3,544	2,038
	ALEXANDER	128	1,854	1,670	884	655	174	186	723	205	268	389	113	47	15
	BOND	216	6,260	3,813	3,108	914	1,583	731	713	406	701	931	1,025	802	421
	BOONE	1,884	4,958	16,310	12,775	3,655	5,193	2,542	2,377	1,226	1,481	3,951	3,088	2,962	1,970
	BROWN	280	3,197	932	1,416	301	283	79	275	197	220	330	225	157	25
	BUREAU	435	1,657	6,899	7,980	2,169	3,441	2,190	1,501	629	1,234	1,585	1,509	1,456	450
	CALHOUN	112	169	1,314	1,840	270	594	86	245	145	171	373	339	173	35
	CARROLL	310	938	5,345	3,889	652	1,612	781	954	450	662	1,086	690	562	243
	CASS	667	648	4,765	3,345	468	1,284	367	813	521	537	816	736	388	103
	CHAMPAIGN	3,470	6,564	32,777	38,734	11,218	38,329	41,587	10,791	4,193	4,815	7,485	6,708	7,358	5,247
	CHRISTIAN	819	1,993	10,043	8,489	1,530	2,485	922	1,848	805	1,323	1,809	1,216	1,059	352
	CLARK	412	1,102	4,202	3,608	1,465	1,887	844	827	413	683	1,026	662	897	189
	CLAY	445	671	3,871	3,110	1,288	893	506	876	434	670	782	460	266	213
	CLINTON	912	1,199	6,743	5,514	3,666	5,385	1,028	919	628	792	1,734	1,526	1,776	775
	COLES	1,575	2,882	14,042	10,584	5,314	5,802	5,772	3,605	1,351	1,659	1,944	1,497	1,394	681
	COOK	372,731	406,279	919,393	864,207	215,216	841,250	590,831	307,414	114,188	166,038	222,707	187,953	240,983	216,173
	CRAWFORD	277	3,903	4,629	4,112	2,541	1,178	856	1,097	578	891	992	864	806	268
	CUMBERLAND	275	761	3,475	1,958	757	647	396	605	311	419	508	509	262	183
	DE KALB	2,246	6,558	26,606	26,224	8,422	18,186	10,454	5,809	1,736	2,754	5,165	4,922	6,126	2,063
	DEWITT	239	834	4,881	4,601	681	1,834	476	750	364	674	934	886	825	228
	DOUGLAS	1,997	1,026	6,381	3,970	1,564	2,422	932	992	574	1,011	1,252	1,144	1,117	394
	DU PAGE	32,896	35,688	125,361	149,102	39,952	232,166	147,468	31,716	16,673	22,994	40,692	42,255	78,398	87,121
	EDGAR	239	1,304	5,355	4,200	1,057	1,900	740	1,129	413	770	948	703	635	267
	EDWARDS	135	349	1,662	1,948	510	470	155	396	227	344	497	225	132	53
	EFFINGHAM	671	1,917	10,674	8,042	3,272	3,791	2,721	1,904	956	1,330	2,154	1,669	1,685	542
	FAYETTE	417	5,461	5,317	3,448	1,465	1,141	312	1,273	465	982	1,256	832	514	181
	FORD	156	728	4,470	2,917	2,164	1,189	531	1,469	807	722	874	651	1,022	133
	FRANKLIN	935	3,669	9,289	10,082	2,890	4,028	1,929	3,052	1,518	1,733	1,876	1,801	1,156	221
	FULTON	848	4,512	8,600	10,031	2,616	3,069	1,796	2,102	1,054	1,703	2,270	1,532	1,092	457
	GALLATIN	154	304	1,253	1,687	788	289	169	411	181	213	363	192	190	37
	GREENE	346	1,034	4,631	3,468	573	705	601	831	390	603	839	587	424	142
	GRUNDY	528	1,924	14,458	13,757	4,843	6,629	2,647	1,697	1,056	1,446	2,523	2,980	3,984	1,841
	HAMILTON	400	390	1,537	2,560	796	744	479	580	296	236	584	414	242	55
	HANCOCK	269	847	6,017	3,935	1,281	1,986	978	1,016	517	748	1,286	848	593	169
	HARDIN	161	551	506	1,406	211	371	264	437	111	206	163	197	40	26
	HENDERSON	89	442	2,015	1,456	951	288	316	329	186	262	381	318	352	52
	HENRY	643	2,908	11,304	12,589	3,464	6,132	2,131	2,184	1,295	1,794	2,716	2,301	2,247	843
	IROQUOIS	947	1,891	7,821	7,518	1,934	1,771	2,410	1,461	763	1,236	1,703	1,539	1,119	370
	JACKSON	1,691	2,409	12,948	12,032	4,143	9,829	8,686	6,837	1,533	2,769	2,417	1,876	2,237	998
	JASPER	154	364	2,177	2,501	811	785	340	402	200	421	545	433	346	65
	JEFFERSON	1,019	5,199	8,364	10,027	2,696	3,606	2,481	2,574	1,101	1,526	2,024	1,651	1,027	390
	JERSEY	437	1,195	7,058	6,618	2,370	3,051	1,894	958	452	887	1,808	1,518	1,365	471
	JO DAVIESS	418	980	6,052	6,017	1,584	2,717	1,186	924	577	861	1,188	1,314	834	560
	JOHNSON	257	5,336	2,031	2,538	1,630	980	642	791	462	670	692	616	410	107
	KANE	49,663	31,753	78,374	85,425	26,227	108,395	50,594	18,821	9,737	13,830	23,876	23,716	35,202	32,474
	KANKAKEE	3,573	8,648	29,432	25,243	6,322	10,957	8,690	5,936	2,350	3,860	5,139	6,001	4,871	2,006
	KENDALL	1,620	3,927	18,652	29,402	8,431	24,264	10,661	2,526	1,480	3,173	6,366	7,414	9,995	4,998
	KNOX	692	4,911	13,085	12,814	3,253	4,984	2,579	3,616	1,214	1,929	2,503	2,070	1,234	379
	LA SALLE	1,956	9,015	29,960	25,563	7,256	10,505	5,819	5,431	2,419	3,423	5,975	5,485	4,731	1,816
	LAKE	42,212	33,582	97,692	118,958	29,760	175,050	127,603	24,000	10,435	16,694	25,715	27,185	44,149	58,549
	LAWRENCE	475	899	5,200	3,801	1,848	1,316	744	1,280	551	844	848	412	541	183
	LEE	895	4,139	9,436	8,815	2,117	3,040	2,383	1,664	803	1,331	1,733	1,864	1,211	689
	LIVINGSTON	1,096	4,954	9,817	6,681	1,399	3,831	2,076	1,619	738	1,015	1,855	1,660	1,530	561
	LOGAN	695	3,902	8,782	6,215	1,264	2,762	1,323	1,421	671	755	1,329	1,163	1,205	460
	MACON	1,345	7,580	29,171	25,436	5,230	12,381	6,442	6,681	3,076	3,765	5,009	4,033	3,854	2,444
	MACOUPIN	877	2,518	12,695	11,647	3,168	4,244	1,744	2,166	1,094	1,612	2,576	1,899	2,436	588
	MADISON	3,860	14,407	62,018	67,018	22,630	37,211	23,198	14,902	5,993	8,348	13,857	12,270	13,243	7,870
	MARION	1,375	3,900	12,214	11,065	3,872	4,016	2,093	3,153	1,395	1,786	2,689	1,681	1,548	341
	MARSHALL	217	756	3,589	3,518	696	1,487	958	580	388	497	814	585	771	145
	MASON	351	1,231	4,589	4,574	1,654	1,715	653	890	608	733	932	924	721	349
	MASSAC	360	1,219	3,824	3,552	1,385	1,401	470	1,080	449	672	986	589	362	119
	MCDONOUGH	536	1,280	6,761	6,876	1,609	3,494	6,432	2,189	617	866	1,077	933	707	162
	MCHENRY	5,643	11,804	60,076	73,673	16,369	70,600	30,014	11,330	5,869	8,853	18,478	21,390	27,369	17,066
	MCLEAN	1,514	4,834	27,868	34,219	10,037	44,383	20,758	7,421	3,037	4,415	7,361	6,993	11,294	9,683
	MENARD	123	286	2,732	3,288	813	2,447	1,266	526	274	413	782	778	704	294
	MERCER	176	1,090	4,748	3,674	1,671	1,575	572	722	419	738	1,037	924	668	175
	MONROE	514	752	5,956	10,560	2,125	4,467	4,979	799	564	842	1,632	1,845	3,238	1,410
	MONTGOMERY	738	2,624	8,389	5,674	1,722	3,019	1,744	1,960	781	1,063	1,465	1,355	908	339
	MORGAN	1,065	3,814	8,471	6,437	1,192	5,325	2,442	1,907	841	1,269	1,510	1,626	1,028	411
	MOULTRIE	629	684	3,015	2,843	1,067	2,529	484	613	499	589	890	440	694	167
	OGLE	1,197	3,714	11,680	11,976	2,816	7,980	4,011	2,085	1,034	1,506	2,895	2,456	3,575	1,111
	PEORIA	3,924	10,899	34,670	39,974	11,242	28,585	18,596	11,420	4,759	6,316	9,082	7,501	7,513	5,769
	PERRY	578	5,212	3,894	4,234	1,330	1,942	978	1,350	514	838	1,066	855	583	107
	PIATT	152	630	3,300	3,888	1,052	2,222	1,764	525	361	565	1,095	874	779	354
	PIKE	381	1,035	5,518	3,551	1,176	1,180	693	1,051	507	807	1,193	592	381	74
	POPE	112	146	612	1,383	179	471	290	231	119	172	229	144	97	42
	PULASKI	210	554	1,512	1,905	438	487	189	523	186	317	367	191	187	32
	PUTNAM	37	373	919	1,566	353	800	454	246	106	209	310	228	424	31
	RANDOLPH	1,133	2,575	11,541	8,143	2,870	2,411	1,657	1,938	931	1,328	1,912	1,430	1,574	423
	RICHLAND	287	824	3,574	4,062	2,011	1,821	794	1,178	522	535	1,178	538	434	170
	ROCK ISLAND	3,381	10,115	36,117	35,618	8,256	16,568	11,132	8,321	3,552	5,731	7,529	5,783	5,024	2,778
	SAINT CLAIR	7,637	31,283	47,948	51,605	15,965	32,507	23,346	14,675	5,288	6,813	11,246	10,680	12,105	7,758
	SALINE	659	1,816	5,190	6,806	2,784	1,947	1,049	1,972	836	993	1,365	686	625	222
	SANGAMON	2,015	7,789	39,609	36,335	10,644	42,340	22,240	10,660	4,971	7,226	10,897	11,199	16,069	9,667

2017 Consumer Spending ($Millions)

State	County	Average annual expend-itures	Food	Alcoholic beverages	Housing	Apparel and services	Transport-ation	Healthcare	Entertain-ment	Personal care products & services	Education	Personal insurance & pensions
IL	ADAMS	1,560.1	197.7	12.9	407.4	39.9	212.6	100.9	61.4	14.6	24.2	121.3
	ALEXANDER	70.1	9.4	0.5	502.0	48.9	259.6	124.0	74.8	17.8	30.0	144.0
	BOND	276.2	34.6	2.4	546.7	53.8	289.1	136.8	83.5	19.7	32.6	171.9
	BOONE	937.1	116.6	8.0	194.8	19.4	102.5	48.3	29.9	7.0	12.1	62.7
	BROWN	69.8	9.0	0.6	231.7	23.1	122.2	57.5	35.6	8.4	14.4	74.3
	BUREAU	449.4	56.8	3.7	368.1	36.5	193.7	90.8	56.6	13.5	23.4	117.3
	CALHOUN	76.1	9.7	0.6	434.2	42.1	225.5	107.6	64.8	15.5	25.5	125.0
	CARROLL	232.4	29.7	1.9	259.7	25.1	135.5	65.0	38.5	9.2	14.4	72.3
	CASS	194.6	25.1	1.6	679.3	66.4	352.9	168.2	101.4	24.3	39.5	195.0
	CHAMPAIGN	2,430.8	304.7	20.8	1,622.5	163.5	866.4	402.4	254.0	59.7	103.3	555.1
	CHRISTIAN	422.4	54.0	3.4	1,073.3	107.2	566.7	265.8	165.9	39.0	67.5	351.8
	CLARK	249.7	31.6	2.1	96.7	9.6	51.9	24.3	15.0	3.5	5.7	31.8
	CLAY	177.7	22.9	1.4	1,069.4	106.9	560.4	262.4	164.7	38.9	69.5	348.6
	CLINTON	472.7	58.6	4.1	1,167.8	120.3	623.6	285.9	186.9	43.4	81.3	431.8
	COLES	567.3	73.2	4.6	732.8	73.6	385.6	180.5	113.7	26.7	47.1	244.1
	COOK	77,288.4	9,597.5	668.4	14,837.7	1,491.8	7,821.9	3,653.8	2,309.1	541.7	967.8	5,003.5
	CRAWFORD	284.4	36.2	2.3	438.7	43.1	230.9	109.7	66.4	15.8	25.4	132.9
	CUMBERLAND	139.0	17.8	1.1	189.1	18.4	95.1	45.3	27.8	6.7	12.4	51.4
	DE KALB	1,592.1	199.0	13.6	1,896.7	195.9	997.4	458.8	302.2	70.0	137.5	698.5
	DEWITT	255.4	32.2	2.1	435.9	42.1	224.5	107.6	64.5	15.5	25.6	121.9
	DOUGLAS	346.9	43.8	2.9	659.4	66.0	350.3	163.8	102.3	24.1	41.0	218.6
	DU PAGE	20,045.2	2,383.9	185.4	4,527.4	454.4	2,385.2	1,115.1	702.4	165.3	292.4	1,509.2
	EDGAR	244.1	31.2	2.0	578.1	57.8	304.6	143.1	89.3	21.0	36.2	188.9
	EDWARDS	90.4	11.7	0.7	509.2	48.8	259.7	125.8	74.0	18.0	28.5	131.5
	EFFINGHAM	544.3	68.8	4.5	875.6	89.0	464.8	215.3	138.2	32.2	58.9	309.9
	FAYETTE	269.3	34.7	2.2	418.7	41.3	213.0	100.8	62.6	14.9	27.6	123.9
	FORD	286.8	36.7	2.3	280.5	27.3	145.2	69.1	41.8	10.0	16.7	80.6
	FRANKLIN	549.6	71.1	4.4	1,671.0	167.1	872.8	409.4	257.4	60.7	108.4	543.7
	FULTON	513.1	65.6	4.2	715.2	69.4	369.5	176.5	106.2	25.6	42.4	202.4
	GALLATIN	76.0	9.8	0.6	648.2	66.7	343.1	157.4	103.3	24.0	46.2	238.6
	GREENE	189.5	24.3	1.5	1,060.4	106.4	560.0	261.7	164.4	38.6	67.7	351.5
	GRUNDY	941.9	115.5	8.3	826.9	82.8	440.3	205.8	128.8	30.2	51.9	278.4
	HAMILTON	118.9	15.3	1.0	739.1	76.3	394.5	181.1	118.6	27.6	52.2	275.6
	HANCOCK	263.4	33.7	2.1	917.0	90.6	484.2	228.3	140.0	33.3	54.5	287.6
	HARDIN	52.0	6.8	0.4	465.4	46.9	248.1	115.7	73.1	17.1	30.1	162.0
	HENDERSON	102.6	13.0	0.9	396.7	39.2	204.2	96.2	60.0	14.3	26.0	121.7
	HENRY	718.7	90.6	6.0	926.3	90.6	483.0	229.9	139.3	33.2	54.8	274.9
	IROQUOIS	417.6	53.3	3.4	499.2	49.1	259.0	123.0	75.4	17.9	30.9	151.6
	JACKSON	853.6	110.6	6.9	2,224.0	223.8	1,162.1	543.3	344.8	81.0	149.2	742.8
	JASPER	126.9	16.2	1.0	188.2	18.7	99.0	46.6	29.0	6.8	12.0	61.3
	JEFFERSON	495.5	64.0	4.0	1,267.0	122.4	646.1	310.2	186.6	44.9	76.2	348.3
	JERSEY	430.3	53.6	3.7	619.5	60.4	325.1	155.1	93.0	22.1	35.2	182.7
	JO DAVIESS	342.6	42.9	2.9	594.4	58.2	312.7	148.5	89.8	21.3	34.7	179.2
	JOHNSON	183.9	23.7	1.5	1,267.1	126.0	663.3	311.9	193.6	45.8	78.9	399.9
	KANE	9,398.4	1,137.6	84.6	2,650.5	272.5	1,398.3	644.1	421.4	97.9	189.0	967.1
	KANKAKEE	1,643.3	206.7	13.9	599.7	58.3	309.5	147.2	89.4	21.4	36.6	173.6
	KENDALL	2,290.7	278.2	20.5	191.5	18.9	98.6	46.6	28.9	6.9	12.5	57.7
	KNOX	618.0	80.0	5.0	916.8	91.0	485.1	227.9	140.9	33.4	55.8	294.2
	LA SALLE	1,590.4	200.1	13.4	538.8	53.0	278.5	132.0	81.0	19.3	33.5	160.7
	LAKE	11,895.6	1,427.1	108.7	3,564.0	366.2	1,903.8	876.3	569.0	132.3	244.3	1,307.4
	LAWRENCE	227.0	29.2	1.8	421.3	44.6	222.5	100.9	68.9	15.6	32.9	169.4
	LEE	495.3	62.5	4.2	708.5	68.3	366.2	176.0	104.6	25.2	40.5	195.9
	LIVINGSTON	490.5	61.7	4.1	325.0	31.5	168.5	80.6	48.3	11.6	18.8	91.9
	LOGAN	374.0	47.1	3.1	1,550.4	157.5	825.0	382.5	244.2	56.9	102.3	544.1
	MACON	1,470.8	186.1	12.3	2,041.5	204.1	1,077.2	505.3	315.8	74.3	128.9	671.8
	MACOUPIN	680.0	85.6	5.7	1,538.2	153.2	811.1	381.7	236.8	55.8	95.3	495.2
	MADISON	4,194.2	522.8	36.0	2,695.9	272.8	1,425.0	663.5	420.0	98.4	173.2	909.9
	MARION	616.5	79.4	5.0	1,513.1	146.8	776.6	372.2	223.8	53.7	89.9	422.3
	MARSHALL	209.6	26.4	1.8	310.7	31.2	164.3	76.5	48.4	11.4	20.2	105.3
	MASON	276.6	34.9	2.3	680.9	67.1	355.7	169.0	103.2	24.6	40.6	207.9
	MASSAC	206.8	26.7	1.7	645.3	63.1	331.7	158.1	96.2	23.0	39.5	185.3
	MCDONOUGH	303.9	39.5	2.5	736.9	73.4	389.1	183.0	113.5	26.7	46.1	237.8
	MCHENRY	6,800.8	827.2	60.8	2,018.5	208.6	1,077.0	492.8	324.6	75.3	143.3	761.8
	MCLEAN	3,062.3	370.1	27.6	964.0	95.2	504.1	237.7	146.6	35.1	60.6	296.4
	MENARD	214.1	26.7	1.8	474.3	47.7	250.6	117.2	73.9	17.4	30.8	160.9
	MERCER	247.3	31.5	2.0	715.0	69.4	368.9	176.6	106.2	25.4	42.5	202.2
	MONROE	647.4	78.8	5.8	128.5	12.5	66.8	31.9	19.1	4.6	7.3	36.2
	MONTGOMERY	395.0	50.5	3.2	1,675.3	167.3	881.5	413.8	258.5	60.8	106.2	547.9
	MORGAN	433.6	55.5	3.6	971.6	95.1	504.8	241.1	145.8	34.7	57.5	286.3
	MOULTRIE	203.8	25.9	1.7	454.1	45.1	241.6	113.3	70.0	16.4	27.7	147.7
	OGLE	863.6	107.0	7.5	932.3	90.2	488.9	234.0	139.5	33.4	52.0	270.8
	PEORIA	2,709.0	340.3	22.9	701.2	68.4	366.3	173.8	105.5	25.1	41.8	209.1
	PERRY	261.1	33.7	2.1	370.7	36.4	192.5	91.3	55.8	13.3	22.6	110.0
	PIATT	258.7	32.3	2.2	486.4	47.9	256.4	121.0	74.3	17.6	29.5	153.0
	PIKE	217.1	28.2	1.7	1,115.1	109.2	583.2	276.7	168.3	40.1	65.7	335.2
	POPE	50.1	6.4	0.4	398.6	40.1	210.1	98.3	61.8	14.6	25.9	132.2
	PULASKI	83.6	10.9	0.7	1,139.0	116.9	593.4	274.2	179.7	41.7	82.5	408.7
	PUTNAM	88.3	11.1	0.7	349.0	34.2	182.0	86.2	52.6	12.5	21.2	105.0
	RANDOLPH	501.7	63.6	4.1	949.4	95.0	501.2	234.9	146.7	34.5	59.8	311.8
	RICHLAND	217.3	28.0	1.7	433.9	44.8	228.4	105.2	69.1	16.0	31.0	159.7
	ROCK ISLAND	1,988.1	252.0	16.5	672.8	65.2	345.8	165.4	100.1	24.0	41.2	192.1
	SAINT CLAIR	3,804.6	472.4	33.0	2,296.6	224.9	1,197.6	567.5	346.1	82.5	138.5	684.7
	SALINE	314.5	40.7	2.5	848.1	86.3	445.1	206.5	133.0	31.1	58.1	296.0
	SANGAMON	4,143.9	508.7	36.5	2,650.0	265.3	1,392.8	653.9	408.7	96.3	168.1	863.4

State	County	U.S. Population			2017 Gender		2017 Race			
		Total 2017	2010-2017 % chg.	Total 2022	Male	Female	White	Black	Other Race	Hispanic
	SCHUYLER	7,180	-9%	11,845	3,742	3,438	6,695	226	131	129
	SCOTT	4,113	-16%	7,518	2,011	2,102	4,011	4	54	44
	SHELBY	21,100	-2%	83,571	10,485	10,614	20,581	53	272	194
	STARK	9,286	-5%	50,054	4,573	4,712	8,722	50	264	250
	STEPHENSON	47,528	-3%	43,168	23,048	24,480	35,199	3,844	6,419	2,066
	TAZEWELL	134,601	-2%	49,299	66,314	68,287	120,410	2,932	7,895	3,364
	UNION	17,100	-2%	8,907	8,536	8,564	14,144	160	905	1,891
	VERMILION	77,074	-6%	171,506	38,316	38,757	56,967	9,321	4,981	5,805
	WABASH	10,602	-5%	2,180	5,168	5,434	9,834	57	515	196
	WARREN	15,642	-17%	6,470	7,577	8,064	11,276	185	1,485	2,696
	WASHINGTON	13,254	-3%	30,824	6,635	6,618	12,682	100	233	239
	WAYNE	15,935	-12%	39,337	7,798	8,136	15,264	45	356	269
	WHITE	14,907	-11%	65,107	7,186	7,721	14,198	57	529	123
	WHITESIDE	58,501	-3%	115,656	28,748	29,754	47,463	889	2,940	7,209
	WILL	592,385	11%	499,141	294,918	297,467	306,250	67,272	88,497	130,365
	WILLIAMSON	60,974	-1%	23,228	30,196	30,778	51,456	2,955	4,710	1,853
	WINNEBAGO	291,523	2%	45,714	142,423	149,100	173,750	33,401	36,613	47,759
	WOODFORD	34,289	7%	80,353	16,882	17,407	31,605	267	1,906	511
IL Total		13,056,840	-1%	13,758,842	6,409,677	6,647,164	7,077,197	1,666,195	1,719,811	2,593,637

State	County	1-9	10-19	20-29	30-39	40-49	50-59	60-69	70 over	Mana-gerial	Sales	Admin support	Service	Farming forestry, fishing	Prod-uction
	SCHUYLER	706	851	647	891	1,157	1,262	749	918	1,187	144	408	872	4	726
	SCOTT	507	539	355	451	651	651	435	525	771	88	459	166	11	465
	SHELBY	2,347	2,788	1,966	2,092	3,223	3,454	2,439	2,791	3,855	984	1,104	1,298	15	3,474
	STARK	1,163	1,247	769	959	1,259	1,581	1,080	1,227	2,139	322	1,022	541	17	858
	STEPHENSON	5,094	6,226	4,410	4,238	6,896	8,121	5,491	7,052	8,962	2,063	3,239	3,226	67	5,874
	TAZEWELL	16,195	16,377	14,517	16,014	19,056	21,603	14,199	16,639	22,433	6,354	10,413	11,301	59	14,437
	UNION	1,908	2,063	1,883	1,672	2,477	2,901	2,115	2,082	3,438	824	1,031	2,742	39	1,421
	VERMILION	9,784	10,172	8,664	8,198	10,515	12,262	8,278	9,201	12,003	2,283	7,867	7,383	402	12,219
	WABASH	1,132	1,362	1,107	1,037	1,460	1,849	1,178	1,478	932	295	1,164	1,346	3	1,472
	WARREN	1,648	2,264	2,128	1,482	2,055	2,760	1,536	1,768	2,670	461	959	1,418	16	2,076
	WASHINGTON	1,421	1,768	1,308	1,445	2,173	2,341	1,327	1,470	2,464	415	585	1,193	26	1,406
	WAYNE	1,869	1,976	1,571	1,660	2,209	2,539	1,888	2,222	2,369	447	1,095	1,445	24	2,981
	WHITE	1,496	1,783	1,427	1,325	2,305	2,468	1,823	2,279	2,233	824	862	1,455	37	2,465
	WHITESIDE	6,517	7,418	5,702	5,712	8,414	10,148	6,442	8,149	9,804	2,683	3,881	4,133	83	8,944
	WILL	91,013	93,214	60,536	79,670	97,590	85,348	46,112	38,903	120,309	27,515	37,436	36,039	104	61,928
	WILLIAMSON	7,013	7,127	7,037	7,204	8,379	9,753	7,179	7,283	10,382	4,162	5,327	6,316	33	6,357
	WINNEBAGO	37,480	39,853	32,563	31,897	44,000	46,982	28,741	30,008	44,687	15,731	21,219	22,080	100	38,442
	WOODFORD	4,443	5,133	3,337	3,491	5,316	5,799	2,936	3,835	7,498	847	2,599	2,066	20	3,298
IL Total		######	######	######	######	######	######	######	######	2,378,846	620,511	912,839	1,069,830	9,984	1,475,832

2017 Educational Attainment

2017 Family Income

State	County	Less than 9th grade	9th to 12th grade, no diploma	High school grad-uate	Some college, no degree	Assoc-iate degree	Bach-elor's degree	Grad. or pro-fessional degree	Less than $25,000	$25,000-$34,999	$35,000-$49,999	$50,000-$74,999	$75,000-$99,999	$100,000-$149,999	over $150,000
	SCHUYLER	63	316	2,427	2,369	305	429	136	317	268	319	652	210	166	124
	SCOTT	45	174	1,232	1,146	102	551	88	188	89	141	292	180	225	73
	SHELBY	364	890	6,860	4,915	1,482	1,889	970	1,124	743	877	1,448	880	772	169
	STARK	100	512	2,566	2,292	659	971	375	411	250	371	684	359	343	217
	STEPHENSON	635	2,960	12,979	11,527	3,037	5,133	3,105	3,261	1,197	1,684	2,587	2,050	1,920	502
	TAZEWELL	1,830	7,667	30,145	33,391	8,167	19,158	9,827	5,660	3,185	4,946	6,888	6,575	7,439	3,116
	UNION	819	1,159	3,689	4,204	795	1,943	1,637	1,267	433	637	1,034	767	425	132
	VERMILION	1,826	6,670	20,622	16,438	5,157	7,700	4,038	5,343	2,295	3,052	4,155	2,603	2,458	655
	WABASH	160	817	2,328	2,800	1,602	704	428	691	265	404	740	327	350	144
	WARREN	435	984	4,498	4,098	607	1,808	659	957	512	601	917	581	460	82
	WASHINGTON	364	324	2,637	2,691	1,480	1,788	1,782	514	286	546	893	730	588	259
	WAYNE	602	1,225	4,089	4,101	1,829	758	533	1,134	529	835	1,084	583	366	84
	WHITE	646	1,153	4,482	3,506	1,162	1,112	517	1,153	378	646	903	670	394	112
	WHITESIDE	2,023	3,869	16,069	15,272	3,928	5,388	1,659	3,027	1,624	2,475	3,494	2,677	2,447	894
	WILL	13,068	25,836	95,515	110,853	31,632	129,561	46,425	14,586	7,651	11,873	24,900	27,527	51,133	35,618
	WILLIAMSON	1,622	4,468	15,390	13,999	4,174	6,588	4,154	4,350	1,698	2,533	3,285	1,997	2,397	884
	WINNEBAGO	9,081	22,460	67,812	65,424	15,293	30,741	22,573	18,819	6,280	8,504	13,929	12,868	11,826	5,814
	WOODFORD	370	1,196	7,238	7,228	3,146	6,323	1,845	1,077	621	962	1,593	1,554	2,453	1,288
IL Total		612,444	859,987	2,417,252	2,417,293	656,146	2,140,243	1,351,741	655,839	271,900	393,820	589,618	528,674	682,748	549,547

2017 Consumer Spending ($Millions)

State	County	Average annual expend-itures	Food	Alcoholic beverages	Housing	Apparel and services	Transport-ation	Healthcare	Entertain-ment	Personal care products & services	Education	Personal insurance & pensions
	SCHUYLER	100.5	12.9	0.8	570.8	57.2	300.9	140.2	88.6	20.8	37.1	190.5
	SCOTT	65.3	8.2	0.5	401.7	39.8	212.4	100.2	61.6	14.6	24.3	128.0
	SHELBY	304.9	39.0	2.5	1,042.9	104.8	552.6	257.5	162.9	38.2	67.3	355.0
	STARK	132.6	16.8	1.1	328.0	32.0	169.5	80.9	49.1	11.8	19.7	95.1
	STEPHENSON	666.6	85.2	5.5	458.2	44.4	241.1	114.8	68.9	16.5	25.8	135.6
	TAZEWELL	2,126.6	265.3	18.2	767.9	74.7	399.7	190.8	115.3	27.7	45.2	226.0
	UNION	226.4	29.2	1.8	778.0	77.6	405.2	190.6	118.9	28.1	49.8	246.1
	VERMILION	1,004.2	129.2	8.1	748.9	73.5	395.3	186.9	114.1	27.1	44.2	232.2
	WABASH	147.0	18.7	1.2	122.0	11.8	63.0	30.2	18.1	4.3	7.1	34.3
	WARREN	202.1	26.0	1.6	450.0	44.0	230.5	109.0	67.3	16.1	29.3	131.9
	WASHINGTON	215.3	26.9	1.8	633.0	62.0	324.8	154.5	95.0	22.7	40.4	188.3
	WAYNE	215.6	28.1	1.7	1,083.4	105.4	553.5	265.0	160.8	38.5	67.0	308.7
	WHITE	203.5	26.3	1.6	1,110.2	110.1	586.5	276.4	170.7	40.5	67.9	355.8
	WHITESIDE	877.6	111.2	7.3	625.0	63.3	332.7	154.7	98.4	23.0	41.0	219.5
	WILL	11,246.5	1,346.8	102.9	2,570.6	258.9	1,359.0	633.3	400.7	93.9	168.0	869.5
	WILLIAMSON	855.7	109.2	7.0	1,181.5	116.1	615.9	292.4	178.4	42.5	71.0	355.1
	WINNEBAGO	4,020.9	508.8	33.7	500.4	49.0	259.9	123.5	75.5	18.0	30.6	150.7
	WOODFORD	587.3	71.6	5.2	284.3	27.2	147.2	71.0	41.7	10.1	15.5	75.6
IL Total		203,635.1	25,129.7	1,777.3	106,089.7	10,597.7	55,722.7	26,138.1	16,357.1	3,856.0	6,776.4	34,586.7

		U.S. Population		2017 Gender		2017 Race			
State	County	Total 2017	2010-2017 % chg.	Total 2022	Male	Female	White	Black	Other Race	Hispanic
IN	ADAMS	37,025	19%	40,239	18,321	18,704	34,158	108	1,014	1,745
	ALLEN	373,238	8%	196,853	182,001	191,237	251,956	39,866	48,276	33,140
	BARTHOLOMEW	81,862	18%	23,068	40,395	41,467	58,748	1,351	12,641	9,123
	BENTON	9,934	1%	22,156	4,945	4,989	8,388	39	700	808
	BLACKFORD	12,946	-4%	53,803	6,375	6,571	11,855	44	919	127
	BOONE	66,624	13%	114,204	32,845	33,780	56,428	1,471	6,357	2,368
	BROWN	16,427	21%	49,146	8,121	8,306	15,454	51	814	108
	CARROLL	16,392	-7%	24,326	8,179	8,213	15,298	42	449	603
	CASS	39,541	6%	56,576	19,742	19,800	19,863	291	5,691	13,696
	CLARK	116,177	7%	108,456	56,895	59,282	85,394	10,172	10,207	10,404
	CLAY	30,184	14%	89,624	14,927	15,257	28,438	76	1,269	400
	CLINTON	36,348	-1%	23,540	17,966	18,382	24,655	100	2,830	8,764
	CRAWFORD	12,459	4%	34,301	6,301	6,158	11,963	24	276	195
	DAVIESS	30,413	-7%	15,161	15,152	15,261	22,391	239	3,191	4,592
	DE KALB	48,027	16%	67,999	23,815	24,212	43,931	248	2,290	1,557
	DEARBORN	55,231	6%	55,200	27,434	27,796	53,281	302	961	686
	DECATUR	27,083	2%	19,760	13,407	13,676	24,016	84	2,492	492
	DELAWARE	117,231	-5%	166,934	56,380	60,851	98,017	8,396	8,214	2,604
	DUBOIS	45,155	1%	22,720	22,261	22,894	35,306	160	2,211	7,479
	ELKHART	210,666	9%	206,747	104,095	106,570	115,661	7,695	33,619	53,691
	FAYETTE	24,467	49%	6,077	11,981	12,486	23,006	266	888	306
	FLOYD	80,149	27%	3,715	38,954	41,196	65,214	3,593	8,095	3,247
	FOUNTAIN	20,917	4%	11,311	10,394	10,523	19,744	28	504	641
	FRANKLIN	17,712	-1%	71,813	8,839	8,873	17,298	25	244	145
	FULTON	20,707	7%	20,680	10,272	10,435	17,345	129	1,811	1,422
	GIBSON	34,629	4%	10,861	17,121	17,508	30,873	544	2,405	806
	GRANT	66,348	-6%	93,441	31,862	34,486	54,640	4,620	4,511	2,578
	GREENE	33,823	-2%	74,016	16,851	16,973	32,556	49	905	314
	HAMILTON	255,701	12%	87,583	124,860	130,841	195,104	11,535	33,955	15,106
	HANCOCK	91,699	17%	84,751	45,069	46,630	80,400	4,906	4,346	2,047
	HARRISON	45,241	17%	68,024	22,575	22,666	41,628	142	1,676	1,796
	HENDRICKS	142,786	12%	175,561	71,332	71,454	117,572	4,169	15,798	5,247
	HENRY	51,818	-9%	78,689	26,305	25,513	48,353	1,089	1,071	1,305
	HOWARD	87,596	14%	31,760	42,205	45,391	69,089	5,771	9,827	2,910
	HUNTINGTON	45,041	2%	86,157	22,186	22,855	41,320	250	2,612	860
	JACKSON	48,047	9%	107,473	23,946	24,102	36,924	310	5,334	5,479
	JASPER	39,110	4%	64,737	19,492	19,618	32,243	198	3,294	3,375
	JAY	21,702	-7%	14,842	10,718	10,984	19,595	69	1,301	737
	JEFFERSON	32,542	0%	14,118	15,659	16,883	28,417	565	1,986	1,573
	JENNINGS	30,350	-2%	55,829	15,191	15,159	27,595	207	1,488	1,060
	JOHNSON	171,770	6%	103,175	84,459	87,311	143,644	2,590	19,530	6,004
	KNOX	37,623	-1%	31,328	18,959	18,663	33,428	1,133	2,456	605
	KOSCIUSKO	76,958	5%	224,593	38,323	38,635	61,021	463	6,613	8,861
	LA PORTE	111,029	5%	289,280	57,664	53,365	81,661	11,283	9,278	8,807
	LAGRANGE	38,729	7%	75,888	19,475	19,253	35,046	102	1,358	2,221
	LAKE	516,740	2%	605,976	249,803	266,937	248,909	125,133	40,621	102,077
	LAWRENCE	50,756	5%	79,801	25,179	25,577	48,350	177	1,473	756
	MADISON	165,165	1%	83,735	82,062	83,102	123,589	11,251	22,499	7,826
	MARION	986,711	8%	416,871	476,148	510,563	441,692	226,705	178,498	139,815
	MARSHALL	49,902	7%	27,930	24,667	25,235	37,608	305	4,057	7,933
	MARTIN	13,384	4%	13,284	6,743	6,641	13,004	18	291	72
	MIAMI	40,175	7%	77,159	21,221	18,954	33,654	2,158	3,200	1,163
	MONROE	142,651	-2%	56,936	71,120	71,532	107,149	4,918	25,666	4,919
	MONTGOMERY	39,559	-9%	61,193	19,953	19,606	29,611	310	6,195	3,443
	MORGAN	62,501	11%	22,858	30,974	31,527	58,095	151	3,491	764
	NEWTON	11,231	6%	121,458	5,661	5,570	9,786	40	553	853
	NOBLE	51,000	5%	119,269	25,475	25,525	37,764	184	5,548	7,504
	OHIO	5,958	9%	245	2,954	3,004	5,774	13	100	71
	ORANGE	20,351	4%	22,880	10,095	10,256	19,226	138	725	261
	OWEN	20,301	-7%	103,685	10,208	10,093	18,947	49	913	393
	PARKE	16,963	-6%	157,158	7,898	9,065	15,464	582	655	263
	PERRY	18,402	-5%	29,306	9,687	8,715	17,209	559	431	203
	PIKE	12,232	10%	29,289	6,115	6,116	11,856	37	179	159
	PORTER	164,234	9%	193,779	80,670	83,564	119,594	10,905	15,539	18,196
	POSEY	22,224	3%	31,500	11,021	11,203	21,219	195	543	267
	PULASKI	14,321	4%	54,722	7,246	7,075	13,235	92	521	473
	PUTNAM	38,639	0%	65,539	20,541	18,098	33,069	2,787	1,955	828
	RANDOLPH	27,585	-3%	76,467	13,613	13,972	25,056	138	1,389	1,003
	RIPLEY	37,484	3%	19,117	18,550	18,933	35,061	69	1,135	1,219
	RUSH	16,381	-9%	54,140	8,083	8,298	15,015	122	1,044	199
	SCOTT	28,348	-13%	9,086	14,076	14,273	27,056	62	739	490
	SHELBY	42,792	-9%	160,565	21,167	21,625	32,351	304	6,449	3,688
	SPENCER	23,047	6%	36,108	11,601	11,446	21,368	79	669	931
	ST JOSEPH	290,759	4%	188,331	141,222	149,537	190,917	33,760	36,247	29,835
	STARKE	22,249	-2%	128,319	10,936	11,313	19,747	92	1,567	843
	STEUBEN	38,848	22%	72,093	19,635	19,213	35,170	249	1,657	1,772
	SULLIVAN	24,543	2%	60,852	13,529	11,014	22,442	967	383	751
	SWITZERLAND	9,980	5%	25,112	5,063	4,917	9,625	26	173	156
	TIPPECANOE	173,576	0%	36,296	88,598	84,979	115,959	6,365	27,797	23,456
	TIPTON	15,122	-4%	64,782	7,396	7,726	14,145	28	466	483
	UNION	7,423	-4%	8,964	3,662	3,761	7,105	41	207	70
	VANDERBURGH	189,166	0%	65,655	91,433	97,733	142,221	17,285	22,841	6,820
	VERMILLION	15,211	-7%	20,242	7,516	7,695	14,672	18	297	223
	VIGO	106,550	4%	88,446	53,820	52,730	85,991	7,257	10,512	2,791

		2017 Age Ranges (Years)								2017 Occupations					
State	County	1-9	10-19	20-29	30-39	40-49	50-59	60-69	70 over	Mana-gerial	Sales	Admin support	Service	Farming forestry, fishing	Prod-uction
IN	ADAMS	6,681	5,629	4,122	3,776	4,663	5,191	3,045	3,916	4,743	1,155	3,686	2,815	41	6,207
	ALLEN	54,694	53,468	46,427	43,913	53,275	57,057	30,359	34,045	59,727	17,178	23,730	25,190	161	48,461
	BARTHOLOMEW	11,292	11,117	8,935	10,231	11,523	12,184	8,278	8,303	13,957	3,660	4,062	4,190	61	12,617
	BENTON	1,271	1,449	935	1,095	1,612	1,595	935	1,042	1,656	370	652	521	4	1,560
	BLACKFORD	1,409	1,695	1,238	1,321	1,924	2,126	1,632	1,601	1,251	253	1,096	777	8	3,013
	BOONE	10,821	10,479	5,386	7,853	11,697	10,127	5,641	4,620	13,810	2,125	4,148	4,350	27	7,661
	BROWN	1,650	1,963	1,157	1,377	2,718	3,458	2,458	1,645	2,677	657	871	1,393	20	2,485
	CARROLL	2,131	2,373	1,535	1,980	2,445	2,589	1,603	1,737	2,817	332	785	1,247	12	2,668
	CASS	5,262	5,686	4,252	4,433	5,738	6,068	3,857	4,246	5,177	1,581	2,270	2,316	44	8,247
	CLARK	14,966	13,809	14,050	15,440	16,617	18,187	11,562	11,545	20,020	4,716	8,869	7,414	44	12,720
	CLAY	3,412	4,147	3,265	3,339	4,668	5,324	3,161	2,867	4,067	1,606	1,863	1,875	24	5,916
	CLINTON	5,341	5,179	4,212	4,065	5,334	5,318	3,237	3,663	2,913	1,559	1,961	2,262	182	9,920
	CRAWFORD	1,402	1,588	1,270	1,349	1,952	2,188	1,629	1,081	785	1,730	818	1,001	396	1,856
	DAVIESS	4,925	4,492	3,644	3,097	4,157	4,437	2,742	2,920	4,958	1,160	1,844	1,581	23	6,388
	DE KALB	6,566	7,026	4,815	5,482	7,900	7,869	4,189	4,180	5,985	1,629	3,247	2,635	26	8,781
	DEARBORN	6,896	7,767	5,236	6,249	9,689	9,125	5,447	4,820	7,622	1,896	5,244	4,826	26	6,802
	DECATUR	3,547	3,459	2,827	3,321	4,034	4,334	2,769	2,792	3,661	1,051	1,297	1,621	12	4,922
	DELAWARE	12,267	16,487	22,162	11,194	14,101	16,476	11,488	13,056	21,894	6,217	7,749	11,158	156	11,577
	DUBOIS	5,590	6,306	3,991	4,749	7,813	7,405	4,347	4,954	6,744	1,749	3,296	2,116	172	6,353
	ELKHART	33,718	32,216	25,284	24,882	29,442	29,295	17,412	18,417	25,185	8,741	10,834	11,639	163	42,004
	FAYETTE	3,111	2,902	2,353	2,764	3,391	4,033	2,877	3,036	3,074	992	872	2,129	1	5,608
	FLOYD	9,720	10,833	9,370	9,008	12,515	14,083	7,668	6,952	11,345	3,842	7,417	6,252	11	8,698
	FOUNTAIN	2,388	2,980	1,797	2,291	3,208	3,378	2,417	2,458	2,829	1,343	1,237	1,129	115	3,959
	FRANKLIN	2,278	2,446	1,638	2,106	2,825	2,738	1,704	1,975	2,636	813	1,733	947	7	2,743
	FULTON	2,605	2,940	2,013	2,367	2,933	3,201	2,231	2,416	2,784	572	1,449	1,330	38	3,775
	GIBSON	4,307	4,625	3,684	3,789	5,436	5,498	3,322	3,968	3,671	1,845	2,017	3,541	801	4,936
	GRANT	7,161	9,178	9,783	6,244	8,554	9,857	7,242	8,330	10,459	2,940	4,420	6,799	62	10,039
	GREENE	4,134	4,286	3,301	3,752	5,198	5,659	3,767	3,727	5,038	1,364	2,321	2,654	44	5,971
	HAMILTON	41,797	39,061	22,936	36,259	44,277	35,981	18,725	16,663	71,326	13,607	10,944	11,925	49	10,271
	HANCOCK	13,647	13,209	7,928	11,856	15,236	14,121	8,417	7,285	16,193	4,944	8,335	7,030	30	7,675
	HARRISON	5,361	5,886	4,867	4,982	7,274	8,024	4,803	4,045	7,335	1,074	2,056	3,881	195	6,246
	HENDRICKS	21,185	20,314	14,320	20,007	23,233	20,786	12,015	10,926	23,690	8,685	9,537	8,599	34	14,641
	HENRY	5,743	6,558	5,094	5,833	8,156	8,548	5,693	6,193	6,935	2,462	3,381	3,458	151	10,297
	HOWARD	10,500	11,102	8,896	9,464	12,000	14,406	10,545	10,683	13,894	2,809	3,751	7,723	19	16,250
	HUNTINGTON	4,968	6,549	5,058	4,704	7,259	7,406	4,375	4,721	5,653	1,873	3,300	2,894	34	6,738
	JACKSON	6,456	5,920	5,453	5,920	7,349	7,584	4,647	4,719	5,715	1,601	2,264	1,644	305	11,625
	JASPER	5,007	5,545	4,114	4,410	5,841	6,253	4,047	3,893	5,929	1,294	2,320	3,265	294	6,763
	JAY	3,108	3,073	2,079	2,330	3,067	3,261	2,251	2,533	2,295	1,186	1,176	1,333	12	4,635
	JEFFERSON	3,663	4,411	3,770	3,619	4,769	5,372	3,629	3,309	4,754	1,247	2,138	2,553	15	5,458
	JENNINGS	4,118	4,636	3,006	3,661	4,721	4,680	3,228	2,299	3,570	1,341	1,721	1,566	27	6,855
	JOHNSON	25,610	24,109	18,680	22,128	26,657	24,491	15,045	15,050	33,888	6,518	11,014	7,928	95	18,603
	KNOX	4,031	5,416	5,435	3,646	5,181	5,897	3,902	4,115	6,157	1,798	2,660	3,980	129	4,354
	KOSCIUSKO	9,711	10,685	8,526	8,561	11,640	12,368	7,701	7,765	9,815	3,430	3,997	5,085	172	13,638
	LA PORTE	13,107	13,901	12,732	13,153	16,829	18,828	10,719	11,762	17,176	6,729	6,665	10,534	41	15,632
	LAGRANGE	7,430	6,612	4,557	4,021	4,631	4,997	3,320	3,161	4,894	1,570	1,286	2,208	159	9,705
	LAKE	67,509	72,120	59,796	58,539	75,492	81,517	46,357	55,409	72,638	30,355	38,796	54,115	267	70,577
	LAWRENCE	5,978	6,416	6,591	5,657	7,936	8,470	5,766	5,773	5,333	2,069	3,460	4,020	298	10,019
	MADISON	22,718	21,946	17,545	22,292	25,205	23,340	15,725	16,394	25,237	10,494	10,363	14,906	20	22,996
	MARION	140,547	135,261	147,556	131,094	147,026	137,551	71,419	76,256	150,988	44,211	66,802	84,470	321	110,228
	MARSHALL	6,848	7,370	5,018	5,475	7,307	7,724	4,831	5,329	5,571	2,155	2,829	3,430	25	10,146
	MARTIN	1,969	1,910	1,289	1,400	1,971	2,085	1,383	1,377	2,634	699	477	741	4	2,324
	MIAMI	4,578	4,881	4,261	5,104	6,353	6,476	4,353	4,168	5,653	2,170	2,269	2,546	129	7,694
	MONROE	13,204	20,023	39,809	15,179	15,721	16,965	10,332	11,419	27,866	6,605	7,925	13,846	16	8,470
	MONTGOMERY	4,967	5,579	4,335	4,292	6,026	5,989	4,025	4,346	5,391	1,929	2,402	2,220	26	7,070
	MORGAN	7,569	8,603	5,554	6,961	10,198	11,031	6,753	5,833	8,508	2,475	3,257	5,244	23	10,017
	NEWTON	1,203	1,491	1,032	1,180	1,809	1,956	1,259	1,300	1,429	549	432	945	22	2,312
	NOBLE	7,444	7,536	5,590	6,239	7,706	7,882	4,334	4,268	5,374	1,519	2,802	2,731	129	11,685
	OHIO	636	699	541	698	898	1,021	760	706	994	173	420	654	1	446
	ORANGE	2,460	2,856	1,895	2,176	3,080	3,378	2,271	2,235	2,842	607	1,506	1,572	33	4,187
	OWEN	2,340	2,715	1,884	2,003	3,347	3,577	2,438	1,996	2,290	900	1,049	1,791	143	3,925
	PARKE	1,657	2,120	1,994	1,916	2,772	2,944	1,901	1,658	3,127	976	1,119	1,524	86	2,465
	PERRY	1,981	2,028	2,004	2,196	3,050	3,246	1,800	2,097	2,548	648	1,328	1,248	17	3,512
	PIKE	1,403	1,487	1,125	1,259	1,927	2,158	1,524	1,348	1,395	463	1,235	844	36	2,330
	PORTER	20,236	22,672	19,321	18,731	25,029	28,206	15,839	14,200	24,143	8,178	9,192	13,616	17	22,446
	POSEY	2,327	3,160	2,067	2,109	3,577	4,092	2,394	2,498	3,999	729	1,760	1,357	15	3,156
	PULASKI	1,535	2,018	1,258	1,461	2,298	2,528	1,535	1,687	2,934	857	529	938	82	2,019
	PUTNAM	3,805	5,330	5,696	4,631	6,209	5,644	3,770	3,554	4,648	1,249	2,590	2,371	25	9,565
	RANDOLPH	3,350	3,682	2,543	3,182	3,900	4,453	3,033	3,442	4,067	1,263	1,647	2,032	27	5,130
	RIPLEY	4,998	5,702	3,351	4,120	6,166	5,754	3,637	3,756	6,302	1,604	1,886	2,403	32	5,710
	RUSH	2,050	2,208	1,513	1,879	2,577	2,661	1,602	1,891	1,804	481	1,001	857	15	3,977
	SCOTT	3,386	3,689	2,962	3,440	4,566	4,575	3,206	2,526	3,620	738	1,782	2,341	69	5,665
	SHELBY	5,266	5,798	4,397	4,863	7,139	6,762	4,216	4,351	6,847	1,722	2,193	3,263	29	6,101
	SPENCER	2,689	3,134	1,956	2,492	3,625	4,220	2,573	2,357	3,015	882	2,504	1,249	45	3,314
	ST JOSEPH	37,337	42,863	38,452	31,765	41,215	45,485	23,723	29,918	50,727	15,798	20,145	23,026	316	32,942
	STARKE	2,769	2,990	2,215	2,488	3,480	3,645	2,415	2,247	3,140	1,308	1,128	1,403	54	5,093
	STEUBEN	4,193	5,651	4,239	3,984	5,687	6,963	4,250	3,881	5,350	2,522	1,529	1,948	20	6,257
	SULLIVAN	3,057	2,802	3,477	3,373	3,503	3,633	2,425	2,273	3,623	2,716	2,072	2,411	85	3,170
	SWITZERLAND	1,395	1,325	1,108	1,098	1,554	1,446	1,160	894	1,201	259	745	1,731	25	1,184
	TIPPECANOE	21,033	24,763	45,166	19,077	19,758	20,650	11,306	11,822	29,329	7,694	8,230	11,569	208	24,845
	TIPTON	1,591	2,093	1,279	1,534	2,331	2,542	1,803	1,950	1,517	310	848	1,801	56	2,681
	UNION	907	1,090	651	774	1,161	1,248	887	705	1,128	219	653	381	1	1,290
	VANDERBURGH	22,751	24,955	29,297	19,972	26,782	28,919	15,966	20,524	25,639	9,344	14,792	17,308	29	22,333
	VERMILLION	1,734	2,037	1,380	1,791	2,083	2,790	1,677	1,718	1,820	514	927	1,749	9	2,922
	VIGO	12,089	14,357	17,749	12,001	14,941	15,967	9,312	10,134	16,795	6,362	8,435	11,929	37	11,491

State	County	Less than 9th grade	9th to 12th grade, no diploma	High school grad-uate	Some college, no degree	Assoc-iate degree	Bach-elor's degree	Grad. or pro-fessional degree	Less than $25,000	$25,000-$34,999	$35,000-$49,999	$50,000-$74,999	$75,000-$99,999	$100,000-$149,999	over $150,000
IN	ADAMS	3,412	1,672	10,992	6,663	1,708	2,025	1,026	1,705	1,066	1,691	2,194	1,604	915	287
	ALLEN	7,670	21,444	84,017	73,182	22,048	56,551	26,801	19,319	9,347	12,911	19,398	14,660	14,890	8,012
	BARTHOLOMEW	1,120	5,117	21,997	13,907	4,106	11,705	6,773	3,938	2,089	2,863	4,403	3,562	4,714	1,651
	BENTON	59	398	2,909	2,019	513	1,663	396	508	285	413	708	394	374	61
	BLACKFORD	114	1,071	4,920	2,580	666	1,079	224	846	470	629	865	453	320	92
	BOONE	634	2,100	16,884	7,260	3,091	13,521	6,641	2,271	1,234	1,747	3,050	2,583	3,324	3,933
	BROWN	270	1,679	4,504	2,587	658	2,580	1,500	888	380	556	870	557	1,026	511
	CARROLL	523	957	5,543	2,677	670	1,767	899	735	411	757	1,158	828	546	208
	CASS	640	2,741	12,579	7,953	1,899	3,711	1,988	2,135	1,203	1,455	2,344	1,823	1,254	401
	CLARK	2,039	7,745	24,993	29,230	6,620	14,480	9,100	5,316	2,568	3,978	6,140	5,855	6,276	2,171
	CLAY	1,218	2,460	9,318	6,000	1,595	2,485	1,634	1,602	861	1,444	1,974	1,536	1,100	258
	CLINTON	1,156	3,024	15,432	4,859	1,010	2,163	748	1,749	904	1,173	2,217	1,624	1,673	288
	CRAWFORD	600	1,354	4,903	1,315	736	801	514	952	311	598	871	433	257	115
	DAVIESS	2,865	2,676	7,637	5,208	1,786	1,658	1,299	1,331	881	1,625	1,824	1,318	683	402
	DE KALB	673	2,548	14,361	10,417	2,813	5,042	1,915	2,305	1,051	1,979	2,593	2,519	2,103	624
	DEARBORN	858	3,123	14,379	10,125	5,042	7,266	3,544	2,075	1,358	1,527	2,914	3,206	3,001	1,234
	DECATUR	540	2,530	9,649	4,532	1,423	2,153	890	1,578	680	1,148	1,938	1,015	996	308
	DELAWARE	2,136	9,233	33,285	21,750	4,728	15,902	11,606	12,086	3,734	4,031	5,370	3,947	3,713	1,608
	DUBOIS	1,497	3,088	14,916	6,205	2,990	5,483	2,055	1,875	1,063	1,387	2,898	2,475	1,607	862
	ELKHART	13,683	21,525	53,229	36,021	7,897	18,714	9,025	11,132	5,416	8,360	12,940	8,490	5,605	3,184
	FAYETTE	592	2,481	10,551	3,886	1,063	985	329	2,069	869	1,033	1,232	728	711	185
	FLOYD	991	5,302	18,240	19,061	4,320	12,486	4,688	3,494	1,690	2,917	4,033	3,035	5,008	2,214
	FOUNTAIN	223	1,129	6,584	3,440	2,934	1,795	864	1,039	542	1,046	1,147	1,201	795	218
	FRANKLIN	500	1,539	6,196	3,426	775	1,417	332	802	569	794	1,102	765	623	312
	FULTON	444	1,703	8,781	3,120	796	820	953	1,182	471	820	1,209	1,134	558	433
	GIBSON	678	2,226	10,129	5,860	3,393	3,628	2,234	1,814	882	1,225	1,965	1,731	1,674	447
	GRANT	1,130	5,201	20,906	11,963	4,597	7,405	4,247	4,743	2,134	2,650	3,032	2,415	1,924	764
	GREENE	874	2,317	9,142	7,497	4,402	2,422	893	1,971	991	1,435	1,553	1,852	1,394	384
	HAMILTON	1,978	4,175	27,044	28,969	13,886	76,308	38,850	7,175	4,732	7,890	13,471	16,038	23,800	18,653
	HANCOCK	779	3,647	17,842	14,543	7,031	20,739	6,128	2,582	1,675	2,470	4,401	4,229	5,931	3,949
	HARRISON	874	2,920	11,524	8,975	3,308	7,494	1,919	1,977	1,097	1,558	2,872	2,635	2,208	703
	HENDRICKS	1,408	6,513	32,608	19,344	12,520	32,445	5,716	3,998	2,346	4,284	6,992	7,718	10,572	4,078
	HENRY	880	4,057	17,041	10,581	2,491	5,285	2,379	3,537	1,869	2,336	2,792	2,055	2,120	601
	HOWARD	2,440	5,283	23,733	19,401	4,404	10,385	5,838	5,997	2,758	3,078	4,010	3,197	3,817	1,660
	HUNTINGTON	451	2,178	16,367	8,006	2,736	4,721	2,483	2,106	1,135	1,509	2,762	2,375	1,984	601
	JACKSON	773	3,463	18,138	8,072	2,138	4,429	1,624	2,581	1,388	2,179	3,050	2,238	1,497	591
	JASPER	423	3,049	12,445	9,359	988	3,659	1,542	1,300	712	1,543	2,521	2,495	1,653	583
	JAY	527	1,110	8,966	3,293	830	1,748	583	1,189	690	1,187	1,316	1,114	403	132
	JEFFERSON	873	1,726	11,624	6,339	1,222	2,856	2,296	1,811	1,007	1,118	1,793	1,332	1,365	215
	JENNINGS	366	2,316	10,943	5,885	1,624	2,028	699	1,570	964	1,589	2,078	850	1,180	211
	JOHNSON	2,138	8,715	39,919	30,187	7,307	30,447	14,547	5,919	3,334	5,269	8,735	9,078	10,789	4,471
	KNOX	558	2,722	10,015	6,769	4,736	3,492	3,130	2,649	956	1,248	2,181	1,411	969	320
	KOSCIUSKO	2,763	5,188	24,214	16,112	2,981	8,964	3,697	3,628	1,840	3,135	5,248	3,129	2,694	1,445
	LA PORTE	1,791	8,939	33,339	25,015	4,994	11,694	5,362	6,158	2,702	3,532	5,541	5,029	4,048	1,709
	LAGRANGE	6,057	3,273	8,844	5,500	746	2,267	1,179	1,494	1,073	1,940	2,294	1,689	967	407
	LAKE	13,710	30,823	136,425	117,413	22,667	65,743	27,075	29,777	11,513	15,035	23,493	20,892	25,788	11,145
	LAWRENCE	924	4,896	17,744	8,231	4,225	3,266	2,031	3,112	1,225	2,179	2,657	2,099	2,703	497
	MADISON	4,296	13,831	45,967	32,067	10,880	16,067	7,755	8,935	4,656	7,026	10,450	6,498	6,922	26,047
	MARION	21,830	78,756	196,606	183,064	43,811	174,089	80,832	61,298	26,586	33,972	42,167	33,436	35,108	18,789
	MARSHALL	1,188	4,136	15,404	9,207	2,437	4,669	2,309	2,574	1,305	1,703	3,264	2,167	1,951	586
	MARTIN	512	1,434	3,825	1,798	1,858	343	699	677	406	687	610	593	396	235
	MIAMI	779	2,015	14,616	7,045	2,845	2,763	3,110	2,210	1,356	1,853	2,449	1,625	1,843	362
	MONROE	1,572	5,579	25,240	20,487	6,030	33,335	31,064	10,017	3,080	4,091	5,662	4,742	3,850	3,477
	MONTGOMERY	758	2,013	14,349	7,322	1,510	4,400	1,601	2,029	996	1,585	2,530	1,656	1,524	558
	MORGAN	1,290	4,325	21,511	8,983	3,777	7,563	3,039	2,933	1,293	1,954	3,371	2,572	4,285	1,442
	NEWTON	182	971	4,338	1,303	502	1,061	966	547	372	498	687	570	243	119
	NOBLE	2,385	4,390	15,801	7,477	2,733	5,499	1,395	2,438	1,229	2,126	3,375	2,650	1,355	470
	OHIO	127	279	1,703	1,106	302	459	984	237	166	220	321	293	284	208
	ORANGE	726	1,824	6,786	2,872	527	1,910	1,750	1,266	583	859	1,195	970	650	201
	OWEN	468	1,613	6,200	5,068	718	1,535	1,047	1,040	638	782	1,396	894	836	320
	PARKE	326	1,701	5,125	4,157	490	1,226	1,218	966	582	685	994	679	349	269
	PERRY	614	1,426	6,120	4,001	646	1,653	1,012	942	378	635	1,328	1,060	599	79
	PIKE	401	878	3,954	2,463	1,728	361	297	730	485	518	720	671	263	71
	PORTER	1,501	7,539	46,344	33,610	7,617	22,711	13,347	6,999	3,252	4,499	7,241	8,292	9,511	4,924
	POSEY	423	923	6,385	5,637	882	2,722	1,379	1,072	514	668	1,178	1,086	1,239	542
	PULASKI	511	757	4,609	3,478	831	1,211	383	782	397	702	821	613	514	159
	PUTNAM	650	4,259	15,427	4,724	2,531	3,069	1,885	1,794	880	1,404	2,004	1,833	1,356	409
	RANDOLPH	973	1,557	9,530	5,673	1,214	2,434	920	1,786	830	1,440	1,572	1,186	846	156
	RIPLEY	765	2,303	11,666	5,917	2,486	3,008	3,346	1,677	786	1,431	2,158	2,296	1,542	482
	RUSH	724	1,150	6,647	2,240	529	1,486	392	782	466	752	917	735	621	259
	SCOTT	799	2,618	9,789	5,322	1,516	1,479	1,509	1,505	1,012	1,179	2,083	1,401	773	190
	SHELBY	739	3,927	14,394	6,380	2,014	4,758	2,350	2,060	1,051	1,486	2,362	1,519	2,365	871
	SPENCER	283	1,901	6,329	5,110	1,727	2,333	1,103	1,030	525	797	1,565	1,503	942	243
	ST JOSEPH	5,034	19,337	65,462	55,882	15,440	42,225	30,051	16,324	7,535	10,212	13,025	10,359	11,388	5,509
	STARKE	376	2,513	7,500	2,923	1,041	2,539	1,119	1,342	673	970	1,301	929	739	87
	STEUBEN	451	2,838	12,547	7,437	1,729	4,970	2,150	1,734	995	1,734	2,171	1,545	1,811	592
	SULLIVAN	331	2,438	6,633	5,313	3,979	924	626	1,590	577	863	1,399	1,082	757	303
	SWITZERLAND	328	1,675	2,865	1,579	189	1,080	211	576	286	522	650	411	324	71
	TIPPECANOE	3,672	8,526	43,727	26,845	6,906	28,876	24,345	9,958	3,612	5,170	6,683	4,668	4,834	2,817
	TIPTON	198	972	5,825	2,287	648	2,090	413	607	485	525	1,031	813	722	210
	UNION	64	697	2,577	1,210	532	749	145	390	271	321	458	331	286	49
	VANDERBURGH	3,808	14,638	48,720	37,715	9,439	26,918	14,056	12,556	5,081	6,710	9,282	7,647	5,750	3,045
	VERMILLION	158	1,177	4,824	2,641	1,107	1,779	698	1,047	441	680	872	543	491	214
	VIGO	2,236	9,828	27,920	19,904	5,756	12,625	10,224	7,247	2,978	3,710	4,785	4,153	3,520	2,457

2017 Consumer Spending ($Millions)

State	County	Average annual expend-itures	Food	Alcoholic beverages	Housing	Apparel and services	Transport-ation	Healthcare	Entertain-ment	Personal care products & services	Education	Personal insurance & pensions
IN	ADAMS	473.4	60.8	3.8	327.0	32.6	172.2	81.1	50.3	11.8	20.3	105.1
	ALLEN	5,195.3	654.3	43.7	2,110.5	208.2	1,111.2	525.4	320.9	76.0	124.9	649.7
	BARTHOLOMEW	1,277.6	160.1	10.8	474.5	46.3	250.3	119.0	71.4	17.1	26.5	140.3
	BENTON	139.3	17.8	1.1	218.5	21.6	115.9	54.2	33.8	8.0	13.5	71.6
	BLACKFORD	177.4	22.9	1.4	37.3	3.6	19.5	9.4	5.5	1.3	2.1	10.7
	BOONE	965.8	118.5	8.5	652.1	65.4	346.2	162.0	101.6	23.9	41.0	218.5
	BROWN	276.7	34.1	2.4	100.1	9.8	52.0	24.8	15.0	3.6	5.8	29.0
	CARROLL	242.2	30.8	2.0	491.3	48.7	260.6	122.7	75.1	17.8	28.5	153.8
	CASS	532.0	68.2	4.3	423.9	41.1	220.9	106.0	62.9	15.1	23.3	117.9
	CLARK	1,803.9	225.9	15.4	931.0	93.1	491.5	230.6	143.6	33.8	57.9	302.4
	CLAY	458.3	58.4	3.8	335.6	33.4	176.4	82.9	51.6	12.2	21.0	109.0
	CLINTON	517.0	65.5	4.3	1,122.1	113.4	589.6	274.9	175.0	40.9	75.0	383.0
	CRAWFORD	164.3	21.3	1.3	915.1	89.8	483.7	229.8	138.5	32.8	51.7	276.1
	DAVIESS	404.8	51.8	3.3	483.8	49.2	254.8	118.6	75.7	17.7	32.2	166.0
	DE KALB	711.9	90.0	6.0	1,288.8	130.5	682.4	317.6	201.9	47.3	84.0	444.8
	DEARBORN	879.0	109.4	7.6	1,086.7	106.0	570.6	273.4	162.8	38.8	60.7	313.4
	DECATUR	392.3	50.0	3.2	349.8	34.8	183.7	86.2	53.6	12.7	21.9	112.0
	DELAWARE	1,555.2	202.3	12.6	657.5	65.1	347.9	164.0	101.2	23.9	40.1	211.9
	DUBOIS	659.3	82.9	5.5	414.6	40.2	209.1	100.3	60.8	14.7	26.0	112.3
	ELKHART	2,765.5	352.9	22.6	995.4	97.1	525.5	249.8	150.2	35.9	55.0	297.1
	FAYETTE	315.0	41.0	2.5	337.4	32.3	175.7	85.2	49.6	12.0	17.9	90.5
	FLOYD	1,289.7	159.7	11.2	1,076.9	106.2	573.6	270.2	165.1	39.0	62.5	341.1
	FOUNTAIN	308.5	39.4	2.5	122.6	12.0	64.6	30.7	18.6	4.4	7.1	37.1
	FRANKLIN	266.6	33.6	2.2	538.6	53.0	284.5	134.7	81.8	19.4	31.3	164.7
	FULTON	294.3	37.4	2.4	179.3	17.7	92.8	44.0	27.1	6.4	11.2	54.4
	GIBSON	527.3	66.6	4.4	212.3	20.5	110.3	53.0	31.6	7.6	12.0	60.0
	GRANT	847.9	109.3	6.8	758.8	73.1	394.2	190.1	111.6	26.8	40.7	205.0
	GREENE	505.3	64.2	4.2	114.4	11.2	60.5	28.7	17.3	4.1	6.5	34.6
	HAMILTON	5,614.7	678.4	50.7	1,373.5	137.7	719.0	337.1	212.0	49.9	89.1	450.0
	HANCOCK	1,488.2	182.0	13.1	828.8	83.9	443.7	205.8	130.3	30.5	52.8	288.7
	HARRISON	714.8	90.0	6.0	1,246.1	126.0	653.2	304.9	193.8	45.3	82.3	420.5
	HENDRICKS	2,420.9	297.9	21.2	1,405.9	142.5	746.2	346.1	220.6	51.7	92.2	488.5
	HENRY	769.1	98.4	6.3	392.2	39.9	207.1	96.0	61.8	14.4	26.9	138.9
	HOWARD	1,265.8	160.2	10.6	387.4	38.4	204.3	96.5	59.5	14.1	23.4	123.5
	HUNTINGTON	650.1	82.6	5.4	589.3	60.3	314.7	145.2	93.9	21.8	40.1	215.4
	JACKSON	686.4	87.7	5.6	688.8	68.3	361.7	170.6	105.2	24.9	41.8	216.6
	JASPER	603.0	75.8	5.1	316.4	31.3	165.5	78.0	48.3	11.4	19.9	100.3
	JAY	291.7	37.8	2.3	111.4	10.8	58.8	28.3	16.6	4.0	5.9	31.4
	JEFFERSON	445.4	56.9	3.6	854.1	84.9	450.7	212.7	130.6	30.9	51.3	269.1
	JENNINGS	431.2	55.1	3.5	471.8	47.0	248.6	116.7	72.6	17.2	29.4	152.6
	JOHNSON	2,758.2	342.0	23.9	1,640.8	162.7	872.1	409.5	252.2	59.7	97.7	524.9
	KNOX	468.3	60.4	3.8	375.6	37.8	195.1	91.2	58.0	13.6	25.6	124.2
	KOSCIUSKO	1,105.2	139.7	9.2	1,034.4	100.4	539.8	257.3	154.5	37.1	59.0	299.5
	LA PORTE	1,507.3	190.8	12.6	816.9	80.4	430.8	203.6	124.0	29.5	47.5	250.1
	LAGRANGE	503.0	64.4	4.1	850.0	85.7	451.8	210.8	133.2	31.2	54.4	291.0
	LAKE	7,440.0	932.8	63.3	2,020.9	199.2	1,069.0	504.0	308.2	73.2	119.3	630.1
	LAWRENCE	757.5	96.4	6.3	411.3	41.9	220.2	101.7	65.4	15.3	27.4	148.6
	MADISON	4,156.8	489.3	39.0	2,274.2	227.0	1,194.7	560.7	350.3	82.7	144.7	741.5
	MARION	12,742.3	1,616.5	106.0	4,211.8	418.8	2,190.4	1,032.4	642.9	151.9	269.5	1,328.9
	MARSHALL	701.9	89.3	5.8	627.4	63.4	330.2	153.8	98.1	22.9	41.4	215.8
	MARTIN	187.2	23.8	1.6	104.6	9.9	52.9	25.8	14.9	3.6	5.8	24.9
	MIAMI	607.4	77.4	5.0	419.1	40.2	220.2	105.1	62.7	15.0	22.8	122.0
	MONROE	1,700.2	216.0	14.3	455.4	45.7	243.8	113.7	71.1	16.8	28.1	153.6
	MONTGOMERY	563.0	71.5	4.6	165.0	16.1	86.2	41.0	24.8	5.9	9.8	49.4
	MORGAN	1,019.4	126.7	8.7	735.9	73.9	389.3	182.5	114.0	26.8	45.8	243.3
	NEWTON	151.1	19.4	1.2	213.6	20.6	112.0	53.0	31.7	7.6	11.6	59.8
	NOBLE	713.7	90.9	5.9	1,016.1	103.0	539.7	251.0	160.2	37.3	67.1	358.1
	OHIO	97.8	12.1	0.8	117.9	11.5	61.8	29.5	17.8	4.2	6.7	35.0
	ORANGE	285.8	36.7	2.3	169.3	17.0	90.1	42.2	26.3	6.2	10.6	56.1
	OWEN	310.4	39.3	2.6	717.1	71.7	378.4	177.3	111.1	26.1	45.9	238.1
	PARKE	209.5	27.1	1.7	234.8	22.5	121.1	58.5	34.3	8.3	13.0	62.7
	PERRY	258.8	33.1	2.1	318.8	30.3	161.6	77.8	46.1	11.2	18.6	81.8
	PIKE	164.9	21.4	1.3	446.5	47.4	237.6	107.2	73.3	16.7	34.6	181.4
	PORTER	2,599.5	321.1	22.7	603.1	58.7	312.9	149.1	90.3	21.6	35.9	177.0
	POSEY	350.8	43.8	3.0	135.7	13.4	72.8	34.0	21.0	5.0	7.9	44.3
	PULASKI	200.8	25.7	1.6	253.9	25.2	133.1	62.8	38.8	9.2	15.4	79.8
	PUTNAM	510.9	64.9	4.2	1,223.2	125.2	655.2	302.2	195.2	45.3	82.4	448.3
	RANDOLPH	379.4	49.1	3.0	485.2	47.8	256.6	121.3	74.3	17.6	28.9	153.6
	RIPLEY	554.2	70.3	4.6	954.8	94.7	507.0	239.0	146.7	34.7	56.6	304.4
	RUSH	241.1	30.5	2.0	600.9	59.9	317.2	148.5	92.4	21.9	37.1	194.6
	SCOTT	405.3	52.2	3.3	607.3	61.5	319.0	149.0	94.8	22.1	40.4	208.0
	SHELBY	647.6	81.0	5.5	546.9	54.7	288.9	135.6	84.4	19.9	34.2	178.2
	SPENCER	355.1	45.0	3.0	955.6	95.3	499.0	233.9	146.8	34.7	62.4	309.4
	ST JOSEPH	3,854.9	487.4	32.2	1,676.0	162.8	878.7	419.5	250.6	60.0	92.4	485.6
	STARKE	300.4	38.7	2.4	545.1	52.6	287.4	137.9	81.3	19.5	29.1	156.2
	STEUBEN	569.3	71.9	4.8	375.7	37.5	201.6	94.4	58.5	13.7	22.4	125.3
	SULLIVAN	323.2	41.5	2.6	160.8	15.5	83.4	40.0	23.8	5.7	9.0	44.2
	SWITZERLAND	143.5	18.4	1.2	346.4	33.3	180.1	86.7	50.9	12.3	18.4	93.1
	TIPPECANOE	1,880.5	239.1	15.6	818.6	83.2	424.5	197.6	127.6	29.7	57.6	281.7
	TIPTON	238.6	30.1	2.0	385.2	39.6	204.4	94.3	61.4	14.3	27.1	140.9
	UNION	109.2	14.0	0.9	115.8	11.1	59.4	28.5	17.1	4.1	6.8	32.3
	VANDERBURGH	2,463.1	315.1	20.2	104.9	9.9	53.7	26.0	15.2	3.7	5.8	26.9
	VERMILLION	203.0	26.2	1.6	191.1	18.9	102.0	47.7	29.6	7.0	11.6	63.0
	VIGO	1,438.3	182.7	12.0	413.5	40.4	214.8	102.2	62.2	14.9	25.0	122.8

State	County	U.S. Population			2017 Gender		2017 Race			
		Total 2017	2010-2017 % chg.	Total 2022	Male	Female	White	Black	Other Race	Hispanic
	WABASH	32,875	2%	148,407	15,989	16,886	30,259	230	1,581	805
	WARREN	5,428	-18%	33,758	2,685	2,743	5,309	8	83	28
	WARRICK	65,053	2%	20,514	32,012	33,041	59,994	893	2,537	1,629
	WASHINGTON	28,178	-11%	18,547	14,035	14,143	26,643	113	851	570
	WAYNE	68,502	6%	23,972	33,288	35,214	55,236	2,670	7,896	2,700
	WELLS	24,769	0%	34,304	12,146	12,622	22,252	80	1,829	607
	WHITE	27,399	-1%	66,862	13,557	13,842	18,785	49	3,634	4,930
	WHITLEY	38,283	3%	66,676	19,066	19,217	35,841	250	1,540	652
IN Total		6,832,404	3%	7,178,705	3,362,368	3,470,036	4,901,939	582,659	732,883	614,924

| | | 2017 Age Ranges (Years) | | | | | | | | 2017 Occupations | | | | | |
State	County	1-9	10-19	20-29	30-39	40-49	50-59	60-69	70 over	Mana-gerial	Sales	Admin support	Service	Farming forestry, fishing	Prod-uction
	WABASH	3,425	4,534	3,581	3,047	4,632	5,370	3,725	4,561	5,012	1,350	2,221	2,190	66	5,180
	WARREN	634	711	505	591	809	866	595	718	1,016	186	197	269	10	923
	WARRICK	8,559	8,999	5,620	7,254	9,981	11,607	7,146	5,887	12,492	3,465	4,301	4,709	17	5,157
	WASHINGTON	3,560	3,979	2,850	3,316	4,780	4,487	2,692	2,513	4,078	757	1,537	2,322	59	5,019
	WAYNE	8,271	8,711	7,849	7,502	9,750	10,786	7,318	8,315	8,818	3,459	4,841	5,353	36	11,608
	WELLS	2,966	3,520	2,572	2,412	3,640	4,100	2,570	2,989	3,487	1,297	1,670	1,474	38	3,411
	WHITE	3,154	3,523	2,518	2,716	4,107	4,824	3,248	3,309	2,699	723	2,010	2,003	70	5,346
	WHITLEY	4,518	5,295	3,771	4,107	6,357	6,650	3,806	3,780	5,901	1,648	2,627	1,692	32	5,051
IN Total		903,584	950,315	861,288	805,389	######	######	615,144	643,750	1,065,677	321,876	438,796	523,859	7,558	938,661

State	County	2017 Educational Attainment							2017 Family Income						
		Less than 9th grade	9th to 12th grade, no diploma	High school grad-uate	Some college, no degree	Assoc-iate degree	Bach-elor's degree	Grad. or pro-fessional degree	Less than $25,000	$25,000-$34,999	$35,000-$49,999	$50,000-$74,999	$75,000-$99,999	$100,000-$149,999	over $150,000
	WABASH	483	2,304	12,603	5,740	1,443	3,081	1,688	1,816	976	1,401	2,228	1,567	786	229
	WARREN	93	174	1,492	1,394	500	447	342	222	135	289	361	207	263	55
	WARRICK	602	3,000	13,104	13,364	4,863	10,496	6,165	1,891	1,400	2,178	3,206	3,433	4,329	2,432
	WASHINGTON	646	2,893	9,509	4,377	1,085	2,955	1,098	1,635	1,074	1,493	1,605	1,172	553	427
	WAYNE	1,289	6,510	20,324	14,158	3,602	6,294	3,821	4,715	2,014	2,931	3,848	2,651	1,851	621
	WELLS	154	1,321	7,738	5,194	1,490	3,440	789	1,158	793	1,058	1,435	1,029	1,168	253
	WHITE	521	2,269	9,708	6,764	886	1,562	764	1,443	694	1,196	1,795	1,136	1,158	320
	WHITLEY	404	1,602	12,692	6,701	1,703	6,536	1,318	1,570	872	1,416	2,423	1,878	1,855	827
IN Total		152,524	460,184	1,770,184	1,262,680	359,591	959,336	495,911	366,165	171,194	242,204	351,127	288,441	294,312	165,123

2017 Consumer Spending ($Millions)

State	County	Average annual expend-itures	Food	Alcoholic beverages	Housing	Apparel and services	Transport-ation	Healthcare	Entertain-ment	Personal care products & services	Education	Personal insurance & pensions
	WABASH	439.8	56.8	3.5	355.9	33.9	180.1	87.5	51.4	12.5	20.2	89.6
	WARREN	83.1	10.5	0.7	337.9	35.4	179.2	81.6	54.9	12.6	25.6	132.5
	WARRICK	1,107.9	136.3	9.7	75.3	7.2	38.0	18.2	10.9	2.6	4.6	19.6
	WASHINGTON	389.9	50.1	3.2	470.0	46.8	249.8	117.4	72.5	17.1	28.0	152.2
	WAYNE	889.6	115.0	7.1	272.6	26.4	141.9	67.9	40.6	9.8	15.6	77.9
	WELLS	368.3	46.7	3.0	744.3	74.7	390.6	182.6	115.1	27.1	48.2	245.6
	WHITE	407.9	51.7	3.3	534.9	53.9	285.9	133.0	84.0	19.7	34.1	185.5
	WHITLEY	605.8	75.7	5.1	356.4	34.9	189.6	89.9	54.2	12.8	20.2	109.8
IN Total		99,798.4	12,541.1	843.3	59,446.4	5,908.6	31,289.3	14,725.5	9,120.6	2,155.4	3,665.2	19,010.6

State	County	U.S. Population			2017 Gender		2017 Race			
		Total 2017	2010-2017 % chg.	Total 2022	Male	Female	White	Black	Other Race	Hispanic
KS	ALLEN	13,115	1%	69,678	6,401	6,714	11,112	230	1,254	519
	ANDERSON	8,456	-1%	71,264	4,180	4,275	8,072	28	220	136
	ATCHISON	16,436	-9%	8,070	7,979	8,457	14,555	833	678	369
	BARBER	4,567	-5%	14,407	2,309	2,259	4,245	30	182	110
	BARTON	27,651	-7%	3,406	13,585	14,066	18,738	273	2,720	5,920
	BOURBON	15,191	-4%	21,651	7,429	7,762	12,949	365	1,289	587
	BROWN	9,939	-5%	119,027	4,849	5,090	7,253	109	2,289	287
	BUTLER	74,062	8%	31,453	37,223	36,839	62,857	1,595	5,557	4,053
	CHASE	2,464	-17%	4,432	1,254	1,210	2,055	62	70	277
	CHAUTAUQUA	3,179	-11%	47,485	1,614	1,566	2,594	15	475	95
	CHEROKEE	21,352	-11%	13,992	10,597	10,755	17,656	125	3,177	395
	CHEYENNE	2,589	-4%	3,322	1,307	1,282	2,284	2	49	254
	CLARK	2,254	-8%	1,120	1,103	1,151	1,574	3	375	302
	CLAY	8,314	-14%	15,178	4,117	4,197	7,738	37	257	282
	CLOUD	9,610	6%	21,297	4,706	4,905	8,653	43	491	423
	COFFEY	8,587	5%	7,592	4,249	4,338	7,875	89	300	323
	COMANCHE	1,822	0%	13,930	881	941	1,565	5	151	101
	COWLEY	36,196	-1%	9,057	18,072	18,124	26,212	796	5,477	3,712
	CRAWFORD	38,205	5%	84,246	19,000	19,205	29,647	678	5,065	2,815
	DECATUR	2,740	-2%	6,103	1,376	1,364	2,560	33	106	41
	DICKINSON	21,069	1%	8,211	10,387	10,683	18,416	134	1,487	1,032
	DONIPHAN	6,675	-3%	72,304	3,383	3,293	5,954	167	393	161
	DOUGLAS	125,644	12%	27,935	62,850	62,794	91,510	4,486	22,466	7,181
	EDWARDS	2,955	-3%	2,220	1,473	1,482	2,039	32	166	718
	ELK	2,760	0%	106,461	1,360	1,400	2,419	0	243	98
	ELLIS	29,216	-5%	2,697	14,521	14,695	23,785	302	3,050	2,079
	ELLSWORTH	5,936	-10%	73,035	3,375	2,561	4,643	356	400	537
	FINNEY	38,329	-12%	919	19,233	19,097	12,268	350	3,187	22,524
	FORD	36,241	10%	9,426	18,699	17,542	8,889	246	2,357	24,749
	FRANKLIN	28,994	1%	63,220	14,378	14,617	25,884	329	1,638	1,144
	GEARY	47,884	27%	4,987	25,187	22,697	26,003	6,196	8,116	7,569
	GOVE	2,830	-1%	1,826	1,415	1,415	2,710	9	46	65
	GRAHAM	2,147	-19%	8,373	1,041	1,106	1,773	95	226	53
	GRANT	8,229	4%	1,182	4,203	4,025	3,149	27	474	4,579
	GRAY	7,425	15%	8,049	3,664	3,761	5,640	24	265	1,496
	GREELEY	1,107	-11%	863	528	579	840	3	54	210
	GREENWOOD	7,051	-7%	56,807	3,477	3,574	6,446	21	339	244
	HAMILTON	2,652	-17%	4,027	1,341	1,311	1,008	4	263	1,377
	HARPER	5,683	-19%	4,753	2,806	2,878	4,910	33	475	265
	HARVEY	37,492	11%	10,482	18,318	19,174	29,449	478	2,460	5,105
	HASKELL	3,830	-4%	38,108	1,913	1,918	2,019	8	249	1,554
	HODGEMAN	1,728	-9%	466	860	868	1,396	26	142	164
	JACKSON	14,334	7%	160,136	7,196	7,138	10,633	95	3,061	545
	JEFFERSON	20,884	9%	29,466	10,609	10,276	19,295	143	1,035	411
	JEWELL	2,666	0%	4,173	1,373	1,293	2,488	5	74	100
	JOHNSON	672,841	28%	170,787	329,236	343,605	482,731	27,816	98,026	64,269
	KEARNY	3,833	-4%	813	1,955	1,877	2,186	32	229	1,386
	KINGMAN	7,727	17%	13,350	3,844	3,883	7,170	11	283	263
	KIOWA	2,490	7%	22,295	1,230	1,260	2,263	17	95	116
	LABETTE	21,171	-7%	145,718	10,476	10,695	16,874	938	2,403	957
	LANE	1,521	-16%	2,203	744	777	1,344	5	108	63
	LEAVENWORTH	75,189	-1%	40,241	40,033	35,156	55,400	7,109	7,331	5,349
	LINCOLN	3,005	-7%	29,299	1,495	1,509	2,788	8	137	71
	LINN	10,648	10%	62,359	5,344	5,303	9,641	51	504	451
	LOGAN	3,033	9%	1,643	1,506	1,527	2,835	12	112	74
	LYON	34,541	4%	14,784	16,902	17,639	19,783	581	3,784	10,393
	MARION	12,668	-4%	33,871	6,362	6,306	11,693	118	453	404
	MARSHALL	10,182	-6%	106,511	5,044	5,138	9,568	27	353	235
	MCPHERSON	32,147	15%	9,720	15,813	16,334	28,501	352	1,862	1,432
	MEADE	4,646	-2%	1,218	2,363	2,283	3,391	25	279	951
	MIAMI	32,087	20%	12,808	15,794	16,293	28,955	256	1,942	935
	MITCHELL	6,459	-3%	29,783	3,268	3,191	6,103	14	238	104
	MONTGOMERY	34,188	7%	156,501	16,805	17,383	23,475	1,470	7,022	2,220
	MORRIS	5,644	3%	14,281	2,815	2,829	4,857	21	442	325
	MORTON	3,342	-12%	37,000	1,625	1,717	2,130	12	373	827
	NEMAHA	10,335	-7%	87,111	5,209	5,125	9,903	67	226	139
	NEOSHO	16,636	-9%	16,744	8,189	8,447	14,649	162	1,075	751
	NESS	2,947	-11%	21,137	1,481	1,466	2,427	17	122	381
	NORTON	5,801	0%	7,878	3,241	2,560	5,099	180	178	344
	OSAGE	17,749	7%	53,451	8,830	8,919	16,530	45	608	566
	OSBORNE	3,605	-8%	12,688	1,796	1,810	3,449	12	106	38
	OTTAWA	6,086	5%	3,054	3,145	2,940	5,597	44	294	151
	PAWNEE	6,760	10%	1,830	3,740	3,020	5,599	336	320	505
	PHILLIPS	5,326	-6%	4,564	2,638	2,688	4,956	18	172	181
	POTTAWATOMIE	21,679	11%	142,670	10,786	10,893	18,654	150	1,767	1,108
	PRATT	9,262	3%	8,206	4,547	4,715	7,800	86	653	722
	RAWLINS	2,169	0%	5,397	1,074	1,095	2,054	7	51	57
	RENO	64,969	2%	29,315	32,507	32,462	52,056	2,000	4,280	6,633
	REPUBLIC	4,484	1%	4,390	2,204	2,280	4,292	24	80	89
	RICE	10,367	-2%	33,767	5,217	5,150	7,804	111	852	1,601
	RILEY	63,985	-6%	12,188	32,392	31,593	48,866	2,867	8,022	4,230
	ROOKS	5,244	7%	1,255	2,567	2,677	4,942	26	125	151
	RUSH	3,282	-8%	34,975	1,623	1,659	3,121	7	80	73
	RUSSELL	7,059	-4%	27,881	3,487	3,572	6,595	52	233	179

State	County	1-9	10-19	20-29	30-39	40-49	50-59	60-69	70 over	Mana-gerial	Sales	Admin support	Service	Farming forestry, fishing	Prod-uction
KS	ALLEN	1,511	1,862	1,436	1,212	1,746	2,346	1,289	1,714	1,641	475	758	1,551	11	2,134
	ANDERSON	1,127	1,128	792	796	1,130	1,238	1,028	1,216	1,843	251	359	454	11	1,365
	ATCHISON	2,097	2,523	2,463	1,544	2,202	2,278	1,552	1,776	3,353	441	859	1,405	25	2,314
	BARBER	448	603	402	353	627	897	572	665	1,236	204	108	234	5	453
	BARTON	3,351	3,987	3,104	2,425	3,915	4,467	2,662	3,739	4,677	1,249	1,533	2,848	571	2,719
	BOURBON	2,060	2,319	1,770	1,446	1,762	2,523	1,550	1,761	2,142	267	1,181	1,220	20	2,716
	BROWN	1,286	1,330	976	857	1,457	1,792	1,063	1,179	1,824	536	482	1,486	41	828
	BUTLER	10,013	12,060	8,231	7,648	12,295	11,308	5,630	6,877	12,899	4,928	4,648	6,014	55	8,324
	CHASE	239	333	226	276	346	392	349	304	286	19	330	224	5	307
	CHAUTAUQUA	293	430	275	238	428	490	455	571	622	172	119	416	21	480
	CHEROKEE	2,715	2,992	2,111	2,312	3,194	3,453	2,318	2,257	2,899	980	1,484	1,253	458	4,049
	CHEYENNE	278	306	168	185	306	498	279	569	761	87	104	152	18	155
	CLARK	277	352	204	179	301	356	239	345	738	49	143	40	57	118
	CLAY	1,018	1,069	811	853	1,103	1,363	876	1,220	1,959	280	460	293	6	1,131
	CLOUD	1,132	1,386	1,077	809	1,267	1,511	1,040	1,389	1,547	456	656	651	80	1,412
	COFFEY	970	1,229	687	855	1,267	1,654	1,018	908	1,783	408	413	531	21	898
	COMANCHE	171	238	132	165	227	306	304	279	600	27	106	40	2	113
	COWLEY	4,614	5,280	4,465	3,544	5,136	5,427	3,685	4,045	6,840	1,195	2,070	2,730	58	6,007
	CRAWFORD	4,596	5,596	8,269	3,914	4,441	4,974	2,997	3,417	6,828	1,137	1,893	3,793	63	5,057
	DECATUR	233	271	188	189	404	534	353	567	810	82	99	175	23	202
	DICKINSON	2,579	2,926	1,848	2,273	3,184	3,380	2,114	2,767	3,046	770	1,670	1,538	53	2,872
	DONIPHAN	664	1,152	765	648	872	1,150	630	795	1,642	303	360	379	19	616
	DOUGLAS	13,270	18,501	32,225	14,510	14,913	15,464	8,599	8,163	24,538	3,852	7,233	10,268	13	7,428
	EDWARDS	308	413	238	261	465	538	323	409	802	75	169	126	26	317
	ELK	281	342	193	221	390	477	419	437	692	16	152	100	5	560
	ELLIS	3,104	3,711	6,812	2,473	3,587	3,965	2,374	3,190	5,333	1,090	1,910	2,379	55	1,946
	ELLSWORTH	505	599	814	608	942	1,102	599	766	1,402	186	248	683	18	560
	FINNEY	6,291	6,643	4,752	4,349	5,748	5,413	2,667	2,467	6,374	1,247	2,241	2,837	883	6,137
	FORD	6,283	6,060	4,939	4,727	4,814	4,546	2,087	2,785	3,920	1,081	2,493	2,398	428	7,915
	FRANKLIN	3,842	4,281	3,168	3,165	4,631	4,590	2,698	2,618	3,742	1,401	2,326	2,191	20	4,076
	GEARY	10,267	6,306	12,518	6,301	4,538	3,720	2,214	2,022	5,945	4,671	7,123	6,791	81	7,091
	GOVE	329	335	240	182	353	508	337	547	857	57	179	73	14	233
	GRAHAM	173	225	189	144	340	395	239	442	431	61	90	212	41	220
	GRANT	1,318	1,271	944	936	1,196	1,051	851	662	1,699	365	620	303	135	1,250
	GRAY	1,172	1,186	846	777	1,055	1,169	596	623	2,261	367	186	310	119	427
	GREELEY	99	128	85	88	187	205	102	212	346	53	35	22	20	90
	GREENWOOD	770	891	598	619	963	1,312	913	986	1,797	199	192	643	1	874
	HAMILTON	504	370	397	287	360	293	200	240	726	109	102	157	145	170
	HARPER	646	755	532	481	732	911	685	941	1,284	160	348	432	15	689
	HARVEY	4,813	5,502	4,315	3,691	5,111	5,577	3,403	5,081	6,231	1,583	1,489	3,923	81	4,680
	HASKELL	572	670	340	408	530	607	331	373	1,155	79	193	125	88	355
	HODGEMAN	180	310	121	129	273	298	144	274	423	120	71	78	4	155
	JACKSON	1,903	2,079	1,287	1,329	2,290	2,474	1,492	1,480	2,469	360	806	1,820	24	1,542
	JEFFERSON	2,356	3,168	1,709	1,944	3,607	3,635	2,363	2,102	3,216	1,081	1,722	1,620	8	2,357
	JEWELL	220	262	196	157	357	518	383	573	748	92	87	100	8	334
	JOHNSON	101,238	91,842	73,477	87,713	102,920	103,802	56,379	55,470	166,722	34,063	30,048	33,986	317	27,492
	KEARNY	533	667	398	377	557	564	348	389	1,019	173	110	319	110	321
	KINGMAN	825	1,035	673	569	1,111	1,317	837	1,360	1,809	459	606	447	50	632
	KIOWA	229	364	301	217	329	446	214	390	804	79	75	104	50	135
	LABETTE	2,511	2,939	2,211	2,091	3,021	3,683	2,386	2,329	4,115	831	1,001	1,858	59	2,729
	LANE	146	203	106	131	236	272	192	235	314	51	126	80	28	134
	LEAVENWORTH	10,102	9,853	8,751	10,183	12,332	11,971	6,128	5,870	13,725	3,899	7,554	6,868	128	8,468
	LINCOLN	363	375	252	235	485	564	299	431	788	126	92	110	6	262
	LINN	1,169	1,380	879	1,091	1,685	1,842	1,354	1,248	1,592	574	1,137	588	30	1,533
	LOGAN	316	433	297	262	431	554	251	489	780	194	125	109	27	257
	LYON	4,134	4,755	6,528	3,246	4,471	5,332	2,008	3,027	4,557	1,224	2,480	2,886	170	5,012
	MARION	1,461	1,794	1,239	974	1,946	2,017	1,346	1,890	2,954	654	443	792	35	1,510
	MARSHALL	1,198	1,259	949	883	1,475	1,904	967	1,548	1,973	267	979	748	64	1,043
	MCPHERSON	3,684	4,442	3,501	2,876	4,666	5,651	3,013	4,314	5,956	1,074	1,441	2,086	55	4,438
	MEADE	662	811	410	457	738	581	361	627	1,182	141	191	394	62	511
	MIAMI	4,383	4,891	2,685	3,492	5,546	5,304	3,031	2,754	5,847	1,933	2,151	1,309	19	3,600
	MITCHELL	664	827	637	472	881	1,170	799	1,010	1,523	222	337	433	44	559
	MONTGOMERY	4,162	4,749	3,933	3,318	4,475	5,905	3,595	4,052	6,013	1,656	2,148	3,774	67	4,063
	MORRIS	561	708	439	468	791	1,078	716	882	1,197	172	501	190	23	698
	MORTON	412	520	306	327	494	504	350	429	718	85	185	292	184	193
	NEMAHA	1,304	1,529	800	914	1,701	1,552	816	1,718	2,012	264	734	1,071	10	1,159
	NEOSHO	2,139	2,448	1,749	1,675	2,222	2,588	1,735	2,080	2,914	479	757	1,269	29	2,956
	NESS	286	333	247	189	468	532	315	578	828	57	220	67	5	249
	NORTON	554	654	763	613	955	970	556	737	1,259	508	425	613	16	342
	OSAGE	2,108	2,539	1,461	1,741	2,813	3,125	2,001	1,962	3,462	668	1,148	931	248	2,172
	OSBORNE	302	503	320	249	528	637	400	667	975	60	122	181	2	448
	OTTAWA	669	995	427	709	949	1,036	631	670	876	471	519	384	13	598
	PAWNEE	654	905	717	646	1,007	1,195	797	839	1,636	297	707	478	42	373
	PHILLIPS	592	802	416	489	701	917	642	769	1,305	265	285	434	14	352
	POTTAWATOMIE	3,407	3,574	2,334	2,130	3,310	3,244	1,724	1,956	4,447	826	1,598	1,083	110	2,462
	PRATT	1,042	1,324	1,270	739	1,116	1,506	919	1,347	1,668	634	674	711	32	717
	RAWLINS	174	225	156	117	258	450	297	493	769	27	93	172	12	55
	RENO	7,847	8,570	7,761	6,147	8,964	10,426	6,606	8,648	11,176	2,587	4,870	6,836	52	7,329
	REPUBLIC	370	484	357	288	627	890	589	878	1,055	280	226	126	32	421
	RICE	1,166	1,658	1,408	869	1,344	1,573	1,097	1,252	2,044	249	643	800	95	1,419
	RILEY	6,167	9,264	21,664	5,982	5,658	7,157	3,985	4,108	11,900	2,466	4,337	5,357	549	4,138
	ROOKS	587	698	499	480	737	874	578	791	1,458	104	459	299	74	320
	RUSH	290	407	256	282	515	544	368	620	866	68	89	249	2	410
	RUSSELL	767	823	662	562	1,096	1,157	773	1,221	1,482	177	490	694	41	758

2017 Educational Attainment   2017 Family Income

State	County	Less than 9th grade	9th to 12th grade, no diploma	High school grad-uate	Some college, no degree	Assoc-iate degree	Bach-elor's degree	Grad. or pro-fessional degree	Less than $25,000	$25,000-$34,999	$35,000-$49,999	$50,000-$74,999	$75,000-$99,999	$100,000-$149,999	over $150,000
KS	ALLEN	237	774	3,669	2,747	1,222	1,134	1,018	874	386	667	688	566	292	56
	ANDERSON	177	317	2,521	1,801	554	1,029	346	473	240	352	595	321	284	86
	ATCHISON	190	964	4,238	4,095	492	2,147	1,182	918	401	697	997	636	432	88
	BARBER	67	276	764	1,264	131	1,045	297	288	177	208	274	225	107	55
	BARTON	1,310	1,685	6,317	5,883	2,304	2,838	2,228	1,656	746	1,196	1,597	1,044	730	459
	BOURBON	301	508	2,782	4,106	1,436	1,387	1,580	1,061	365	768	1,083	330	303	147
	BROWN	194	539	2,355	1,735	584	1,732	901	834	228	479	575	380	149	53
	BUTLER	563	3,674	15,358	16,672	6,196	11,234	4,661	2,767	1,477	2,533	3,584	3,352	4,476	2,129
	CHASE	55	70	702	579	80	446	108	188	80	109	110	115	51	14
	CHAUTAUQUA	77	212	1,142	582	213	208	239	216	124	124	233	88	58	34
	CHEROKEE	414	1,510	5,860	5,901	1,511	1,379	505	1,323	680	992	1,710	655	441	139
	CHEYENNE	54	54	612	874	171	320	85	220	121	116	106	103	78	36
	CLARK	21	197	374	625	84	384	105	117	90	94	107	91	84	54
	CLAY	59	247	2,026	2,444	479	924	579	431	294	354	733	258	227	86
	CLOUD	187	246	2,743	2,374	280	1,248	841	615	303	571	459	324	189	78
	COFFEY	55	346	2,033	1,492	627	1,286	1,169	368	229	305	490	481	367	192
	COMANCHE	14	15	457	620	162	170	71	140	60	96	110	62	28	20
	COWLEY	362	1,833	8,003	9,257	3,085	4,818	1,893	2,465	1,048	1,516	1,939	1,177	1,083	391
	CRAWFORD	559	1,841	8,612	8,358	1,652	6,422	3,956	2,854	1,061	1,509	1,702	1,044	1,078	304
	DECATUR	23	196	853	502	236	400	162	212	133	154	145	96	35	4
	DICKINSON	265	1,017	5,070	5,873	996	3,194	638	838	510	1,003	1,234	1,470	711	192
	DONIPHAN	134	333	1,218	1,532	336	1,581	442	309	158	324	396	381	141	49
	DOUGLAS	1,692	4,958	18,248	24,469	7,174	27,970	21,048	7,448	2,134	4,065	4,554	3,745	4,757	3,293
	EDWARDS	102	210	571	887	114	459	131	167	119	132	226	87	46	33
	ELK	47	188	890	620	166	208	202	223	144	151	127	74	69	12
	ELLIS	743	794	7,145	5,611	962	4,589	4,863	1,872	658	926	1,337	992	1,013	460
	ELLSWORTH	78	371	1,571	1,318	539	662	602	246	170	253	389	273	104	47
	FINNEY	7,290	3,514	6,261	5,709	1,679	2,892	1,462	1,529	944	1,619	2,362	1,456	893	526
	FORD	7,689	3,758	4,136	6,561	1,066	2,099	1,570	1,684	1,036	1,316	2,199	1,385	916	445
	FRANKLIN	670	843	6,993	7,070	2,374	3,580	1,536	1,155	753	1,100	1,977	1,584	1,146	341
	GEARY	899	2,095	7,345	14,681	4,723	3,279	1,630	2,090	1,525	2,695	2,408	1,341	1,032	328
	GOVE	91	150	703	650	119	461	164	164	99	129	212	85	79	27
	GRAHAM	33	210	641	507	72	236	166	155	96	106	102	72	36	42
	GRANT	1,006	959	1,163	1,309	606	1,076	98	308	168	224	425	371	314	404
	GRAY	961	423	1,036	1,732	304	757	448	257	209	337	476	334	252	159
	GREELEY	59	60	156	453	54	155	21	38	29	34	70	32	49	39
	GREENWOOD	123	826	1,506	1,706	351	1,004	253	517	223	267	384	378	169	52
	HAMILTON	351	86	368	477	47	207	438	171	112	112	118	112	65	12
	HARPER	75	501	1,284	1,645	128	496	554	406	170	251	309	220	140	70
	HARVEY	1,693	2,328	7,456	8,656	2,140	5,104	2,729	1,944	920	1,380	2,186	2,147	1,271	348
	HASKELL	378	306	354	856	73	545	425	131	88	168	173	265	152	54
	HODGEMAN	21	108	258	459	137	347	67	73	47	69	74	80	112	17
	JACKSON	122	653	3,693	3,114	602	2,347	875	494	326	480	897	1,087	623	103
	JEFFERSON	119	709	5,648	4,488	1,691	2,977	1,266	698	466	802	1,490	1,401	818	296
	JEWELL	54	81	679	816	79	443	166	151	107	172	148	98	48	22
	JOHNSON	7,386	10,252	64,988	98,139	29,522	192,564	118,029	18,214	9,347	16,828	25,183	27,241	44,364	43,295
	KEARNY	356	225	750	708	276	347	320	125	109	146	280	149	150	35
	KINGMAN	825	547	1,522	1,586	346	1,187	389	350	198	414	486	321	288	65
	KIOWA	46	79	474	838	92	461	130	223	96	95	167	81	56	34
	LABETTE	269	1,147	4,758	4,814	1,788	2,758	1,702	1,477	691	1,063	1,293	742	340	148
	LANE	21	34	359	508	133	198	23	106	32	103	81	56	31	27
	LEAVENWORTH	1,586	5,425	18,799	14,604	4,818	8,740	6,157	2,816	1,314	1,849	3,215	3,315	4,227	2,093
	LINCOLN	48	147	574	821	102	546	198	181	104	125	220	153	64	23
	LINN	245	1,121	2,333	2,405	828	1,327	458	641	306	478	701	602	303	59
	LOGAN	48	65	896	803	96	428	153	182	105	106	185	100	117	39
	LYON	2,595	2,996	7,966	6,774	774	4,653	2,717	2,341	972	1,328	1,643	1,310	597	216
	MARION	375	565	3,361	2,453	1,101	1,436	1,075	577	428	564	837	734	245	39
	MARSHALL	183	563	2,954	2,679	250	1,001	763	500	379	451	530	525	357	59
	MCPHERSON	970	878	6,970	7,758	2,000	5,603	2,097	1,193	684	1,299	1,887	1,644	1,575	492
	MEADE	356	332	739	1,150	110	472	397	194	114	182	355	217	141	59
	MIAMI	295	986	6,728	8,192	1,230	4,672	2,974	957	461	1,152	1,545	1,957	1,829	996
	MITCHELL	129	177	1,496	2,257	333	822	208	324	212	280	413	313	155	67
	MONTGOMERY	805	2,257	7,038	8,871	3,244	4,009	1,715	2,346	1,058	1,225	2,156	1,551	930	273
	MORRIS	88	327	1,746	1,346	119	629	463	401	189	293	435	257	93	204
	MORTON	157	122	687	1,039	163	373	135	159	130	145	153	119	163	48
	NEMAHA	401	271	2,777	2,817	582	1,170	261	468	252	515	620	482	246	105
	NEOSHO	255	1,067	4,233	3,575	1,078	1,607	1,603	1,174	510	723	924	703	442	138
	NESS	64	238	597	678	187	376	356	135	81	173	211	106	55	83
	NORTON	86	314	1,852	1,497	317	720	136	389	181	195	328	153	138	61
	OSAGE	192	670	3,810	3,678	2,294	2,544	1,129	663	409	691	1,273	1,020	867	122
	OSBORNE	72	109	796	1,172	43	419	455	261	118	190	212	122	56	46
	OTTAWA	153	230	1,724	1,411	379	501	508	189	114	259	481	460	179	59
	PAWNEE	78	778	1,286	1,436	433	1,212	491	311	202	285	374	270	194	71
	PHILLIPS	146	152	1,194	1,561	208	845	192	321	126	242	452	173	174	29
	POTTAWATOMIE	191	635	3,998	4,942	1,315	3,343	1,960	803	465	794	1,349	1,301	802	302
	PRATT	190	471	1,502	1,814	2,119	1,148	413	636	261	384	573	316	237	92
	RAWLINS	44	195	505	661	154	275	58	164	84	94	115	92	60	18
	RENO	1,663	4,454	14,237	17,246	4,480	6,877	4,156	3,692	1,842	3,004	3,869	2,541	1,595	945
	REPUBLIC	68	138	1,267	1,272	210	588	342	243	166	286	246	177	162	49
	RICE	186	1,098	2,490	2,907	353	1,087	416	534	260	462	656	392	334	96
	RILEY	578	1,480	9,562	12,660	2,762	14,611	13,684	3,467	932	1,585	2,199	1,724	1,955	1,387
	ROOKS	57	114	1,295	1,520	311	773	258	309	160	350	293	146	104	81
	RUSH	89	263	597	960	201	579	100	182	147	194	196	120	63	28
	RUSSELL	200	230	1,648	2,101	632	717	382	475	223	292	369	429	116	61

2017 Consumer Spending ($Millions)

State	County	Average annual expend-itures	Food	Alcoholic beverages	Housing	Apparel and services	Transport-ation	Healthcare	Entertain-ment	Personal care products & services	Education	Personal insurance & pensions
KS	ALLEN	166.8	21.7	1.3	249.7	24.5	130.6	62.0	37.7	8.9	14.8	75.1
	ANDERSON	118.3	15.1	1.0	240.0	23.3	125.0	59.8	35.8	8.6	13.7	68.2
	ATCHISON	201.9	26.1	1.6	241.1	23.4	125.0	59.8	35.7	8.6	13.8	67.6
	BARBER	65.0	8.4	0.5	228.2	22.1	119.1	56.8	34.3	8.2	13.5	68.2
	BARTON	364.0	46.6	3.0	163.8	15.9	85.4	40.8	24.4	5.9	9.4	47.4
	BOURBON	190.6	24.6	1.5	90.7	8.7	45.8	21.8	13.3	3.2	5.9	24.8
	BROWN	121.4	15.9	0.9	232.6	22.6	120.1	57.2	34.6	8.3	14.0	66.5
	BUTLER	1,177.6	145.6	10.2	473.0	48.7	247.2	113.7	75.2	17.4	34.9	173.7
	CHASE	31.6	4.1	0.3	177.2	17.3	93.5	44.3	26.8	6.4	10.3	53.7
	CHAUTAUQUA	40.8	5.3	0.3	164.8	16.4	87.8	41.1	25.6	6.0	10.2	54.6
	CHEROKEE	278.2	36.1	2.2	198.9	19.5	102.7	49.1	29.9	7.1	12.2	59.3
	CHEYENNE	38.9	5.0	0.3	107.1	10.2	55.9	27.0	15.7	3.8	5.6	28.9
	CLARK	33.8	4.3	0.3	238.3	23.2	125.0	59.7	35.8	8.6	13.6	70.3
	CLAY	119.2	15.2	1.0	307.3	29.6	159.0	76.8	45.3	10.9	17.1	84.5
	CLOUD	116.5	15.2	0.9	719.0	69.6	374.2	179.0	107.0	25.6	40.9	204.1
	COFFEY	136.4	17.0	1.2	253.8	24.9	133.5	63.0	38.5	9.2	15.2	78.0
	COMANCHE	22.6	3.0	0.2	57.0	5.5	29.5	14.1	8.5	2.0	3.5	16.4
	COWLEY	467.9	60.2	3.8	230.4	22.8	120.9	57.0	35.1	8.4	14.1	71.6
	CRAWFORD	449.5	58.2	3.6	503.9	50.0	266.2	124.9	77.6	18.3	31.2	163.7
	DECATUR	34.8	4.6	0.3	161.1	15.4	83.3	40.4	23.5	5.7	8.7	42.5
	DICKINSON	316.7	40.4	2.6	434.6	44.2	229.4	106.4	68.4	16.0	29.7	152.9
	DONIPHAN	89.4	11.5	0.7	292.1	29.1	153.5	71.8	45.0	10.6	18.6	95.2
	DOUGLAS	1,591.4	199.1	13.7	323.3	30.9	166.8	80.3	47.3	11.5	17.8	86.9
	EDWARDS	37.3	4.8	0.3	181.2	17.8	94.5	44.8	27.3	6.5	10.8	54.6
	ELK	35.8	4.7	0.3	618.5	62.2	327.1	152.7	96.1	22.5	39.6	207.3
	ELLIS	362.8	46.2	3.0	119.1	11.6	62.0	29.5	17.9	4.3	7.0	35.1
	ELLSWORTH	73.7	9.5	0.6	237.0	23.7	122.9	57.4	36.5	8.6	16.1	77.6
	FINNEY	463.4	59.3	3.8	25.7	2.4	12.9	6.3	3.7	0.9	1.4	6.1
	FORD	446.5	57.2	3.6	205.0	19.8	108.4	51.7	30.7	7.3	11.2	59.4
	FRANKLIN	440.5	55.6	3.7	220.9	22.2	117.4	54.8	34.4	8.1	14.0	73.4
	GEARY	546.3	70.9	4.3	74.6	7.2	39.1	18.6	11.2	2.7	4.2	21.8
	GOVE	38.1	4.9	0.3	242.9	24.0	127.8	60.3	37.0	8.7	14.6	75.7
	GRAHAM	28.8	3.7	0.2	108.7	10.3	55.7	27.0	15.7	3.8	5.9	27.9
	GRANT	131.9	16.0	1.2	60.5	5.9	32.3	15.5	9.1	2.2	3.2	17.6
	GRAY	109.7	13.8	0.9	62.3	6.0	32.5	15.6	9.1	2.2	3.3	16.5
	GREELEY	16.0	2.0	0.1	92.6	9.0	48.8	23.2	14.0	3.4	5.4	28.5
	GREENWOOD	97.2	12.5	0.8	150.9	14.7	79.3	37.6	22.8	5.4	8.8	45.5
	HAMILTON	32.7	4.3	0.3	9.2	0.8	4.6	2.3	1.3	0.3	0.4	1.8
	HARPER	75.6	9.7	0.6	527.1	51.0	277.2	132.7	78.5	18.7	28.8	148.4
	HARVEY	533.8	68.0	4.4	780.6	76.6	412.1	195.3	118.6	28.2	45.1	240.1
	HASKELL	54.7	7.0	0.5	73.6	7.0	37.9	18.3	10.8	2.6	4.1	19.6
	HODGEMAN	27.1	3.4	0.2	93.7	9.1	48.9	23.4	13.9	3.3	5.2	26.2
	JACKSON	223.4	28.3	1.9	114.4	11.1	59.6	28.4	17.1	4.1	6.7	33.4
	JEFFERSON	326.4	41.2	2.7	276.0	27.0	142.3	67.5	41.4	9.8	17.4	82.4
	JEWELL	34.4	4.5	0.3	229.7	21.8	116.7	56.7	33.4	8.1	13.4	60.2
	JOHNSON	10,954.3	1,320.8	99.2	1,054.6	104.8	553.0	259.7	162.0	38.4	66.7	339.2
	KEARNY	53.8	6.8	0.4	55.7	5.5	29.7	14.0	8.6	2.0	3.3	18.0
	KINGMAN	108.1	13.8	0.9	242.9	23.9	127.6	60.5	36.8	8.8	14.3	74.1
	KIOWA	34.4	4.5	0.3	10.8	1.0	5.4	2.7	1.5	0.4	0.5	2.2
	LABETTE	262.8	34.3	2.1	243.4	23.4	126.1	60.6	35.7	8.6	13.6	64.8
	LANE	21.1	2.7	0.2	13.7	1.3	6.9	3.4	1.9	0.5	0.8	2.8
	LEAVENWORTH	1,095.9	135.3	9.6	187.4	18.3	97.2	46.3	28.3	6.7	11.6	56.7
	LINCOLN	43.7	5.6	0.4	131.8	13.4	71.5	33.0	21.0	4.9	8.4	47.4
	LINN	152.5	19.7	1.2	348.7	35.2	182.7	85.3	54.3	12.7	23.6	118.6
	LOGAN	41.8	5.3	0.3	27.8	2.8	13.9	6.5	4.2	1.0	2.1	8.6
	LYON	395.9	51.4	3.2	179.4	17.5	93.8	44.6	20.0	6.4	10.4	52.1
	MARION	168.8	21.9	1.3	295.9	28.9	156.7	74.3	44.6	10.6	16.5	88.0
	MARSHALL	142.2	18.3	1.2	530.5	51.1	274.6	131.8	78.3	18.9	30.0	146.2
	MCPHERSON	488.8	61.4	4.1	364.7	35.8	188.4	89.5	54.7	13.0	22.6	108.3
	MEADE	65.9	8.4	0.5	98.3	9.5	50.7	24.3	14.5	3.5	5.7	27.4
	MIAMI	526.8	65.0	4.6	202.1	19.1	102.5	49.9	28.9	7.1	10.8	48.5
	MITCHELL	88.1	11.3	0.7	412.7	40.9	219.1	102.9	63.6	15.0	24.7	133.4
	MONTGOMERY	463.1	59.7	3.7	928.6	92.1	490.4	230.0	142.9	33.8	58.1	299.0
	MORRIS	93.6	11.8	0.8	250.7	24.3	128.6	61.5	36.9	8.9	14.9	68.5
	MORTON	47.6	6.0	0.4	220.8	22.2	117.0	54.5	34.5	8.1	14.2	75.2
	NEMAHA	132.8	17.1	1.1	402.7	39.4	208.9	99.3	60.4	14.4	24.3	118.8
	NEOSHO	222.7	28.8	1.8	256.8	25.6	135.4	63.6	39.5	9.3	16.0	82.7
	NESS	41.8	5.3	0.3	434.8	42.5	225.9	107.3	65.6	15.6	26.8	131.1
	NORTON	69.8	9.0	0.6	123.7	12.3	63.7	30.0	18.9	4.5	8.3	39.4
	OSAGE	274.3	34.8	2.3	382.7	37.2	197.8	94.5	57.0	13.7	22.7	109.9
	OSBORNE	44.7	5.8	0.3	189.3	19.3	99.6	46.2	29.8	6.9	13.1	66.6
	OTTAWA	92.5	11.8	0.8	365.9	37.7	199.3	90.9	59.3	13.8	24.6	140.0
	PAWNEE	83.7	10.8	0.7	70.9	6.8	37.1	17.8	10.5	2.5	3.8	19.5
	PHILLIPS	75.6	9.7	0.6	544.9	53.8	284.5	134.5	82.8	19.7	33.5	168.0
	POTTAWATOMIE	311.6	39.4	2.6	703.0	69.5	366.3	172.6	107.1	25.4	44.7	220.7
	PRATT	119.2	15.4	0.9	104.8	10.3	54.8	25.9	15.9	3.8	6.6	32.7
	RAWLINS	30.4	3.9	0.2	253.0	24.2	129.2	62.7	36.9	8.9	14.4	66.9
	RENO	857.9	110.0	7.0	713.9	70.4	377.8	178.5	109.0	25.9	41.8	222.8
	REPUBLIC	65.4	8.4	0.5	150.5	14.3	74.9	36.2	21.4	5.3	9.1	36.1
	RICE	139.1	17.8	1.1	204.2	19.7	105.1	50.3	30.4	7.3	12.3	58.5
	RILEY	682.3	85.8	5.8	160.4	15.8	83.9	39.4	24.2	5.8	9.9	48.4
	ROOKS	69.4	8.9	0.6	565.2	54.6	292.8	140.3	83.7	20.2	32.1	157.0
	RUSH	44.1	5.7	0.3	228.6	21.9	117.3	56.5	33.3	8.1	12.8	59.9
	RUSSELL	93.6	12.1	0.8	350.3	34.4	181.1	86.1	52.5	12.5	21.3	102.7

| State | County | U.S. Population | | 2017 Gender | | 2017 Race | | | |
		Total 2017	2010-2017 % chg.	Total 2022	Male	Female	White	Black	Other Race	Hispanic
	SALINE	58,402	11%	30,755	29,084	29,318	41,260	1,515	6,479	9,148
	SCOTT	5,363	8%	1,230	2,700	2,662	3,629	24	458	1,252
	SEDGWICK	551,190	12%	135,558	272,111	279,079	325,010	40,400	93,370	92,410
	SEWARD	24,835	-13%	2,335	12,783	12,052	4,543	216	1,919	18,157
	SHAWNEE	187,936	10%	89,765	90,981	96,956	127,635	12,962	22,332	25,007
	SHERIDAN	2,033	-14%	2,893	1,029	1,003	1,772	1	109	152
	SHERMAN	5,800	-17%	1,850	2,903	2,896	4,774	59	209	758
	SMITH	3,684	-1%	14,576	1,809	1,874	3,494	5	122	62
	STAFFORD	4,022	-4%	5,793	1,992	2,030	2,983	10	346	683
	STANTON	2,269	-9%	1,179	1,157	1,111	975	8	145	1,141
	STEVENS	5,811	0%	957	2,890	2,921	2,812	10	338	2,651
	SUMNER	29,570	1%	45,086	14,645	14,925	25,613	258	2,335	1,363
	THOMAS	7,943	4%	3,830	3,905	4,038	7,045	31	466	400
	TREGO	2,628	-22%	2,077	1,284	1,344	2,514	13	56	45
	WABAUNSEE	6,317	2%	61,620	3,183	3,134	5,889	22	244	162
	WALLACE	1,496	2%	6,909	756	741	1,265	3	106	123
	WASHINGTON	5,834	-6%	8,645	2,943	2,891	5,549	25	129	130
	WICHITA	2,189	9%	3,222	1,126	1,063	1,422	15	112	640
	WILSON	8,911	-5%	20,738	4,363	4,548	7,920	43	661	287
	WOODSON	3,152	-5%	13,794	1,589	1,564	2,809	11	225	108
	WYANDOTTE	162,099	-3%	228,417	79,981	82,117	54,517	24,462	26,990	56,129
KS Total		3,097,083	2%	3,361,754	1,536,362	1,560,721	2,143,269	144,103	385,224	424,487

		2017 Age Ranges (Years)								2017 Occupations					
State	County	1-9	10-19	20-29	30-39	40-49	50-59	60-69	70 over	Mana-gerial	Sales	Admin support	Service	Farming forestry, fishing	Prod-uction
	SALINE	7,372	8,653	7,195	6,033	8,421	8,950	5,514	6,264	8,645	2,233	3,975	5,350	31	6,560
	SCOTT	699	680	494	524	694	982	618	671	1,253	126	220	229	180	341
	SEDGWICK	82,420	80,797	73,336	62,690	79,985	80,372	42,508	49,082	87,483	28,069	34,629	42,645	1,039	72,551
	SEWARD	4,527	4,077	3,596	3,103	3,655	2,872	1,401	1,604	2,852	788	1,224	2,106	1,744	4,664
	SHAWNEE	24,687	24,519	22,307	19,345	26,444	30,173	19,174	21,288	30,827	9,808	14,245	13,751	405	20,238
	SHERIDAN	241	203	152	188	299	363	215	372	524	117	64	143	2	128
	SHERMAN	641	721	673	578	723	968	575	919	801	341	254	636	43	658
	SMITH	356	449	282	280	527	648	432	710	1,149	146	207	196	7	189
	STAFFORD	405	578	311	290	700	697	429	612	1,106	52	214	233	43	429
	STANTON	304	373	225	253	325	277	223	289	420	70	145	91	121	261
	STEVENS	968	924	664	598	910	768	435	545	1,204	333	202	439	123	760
	SUMNER	3,901	4,460	2,917	2,856	4,471	5,137	2,646	3,181	6,446	1,585	1,925	2,020	32	3,188
	THOMAS	955	1,216	1,180	731	992	1,190	753	926	2,048	282	246	497	89	658
	TREGO	207	370	163	191	429	500	309	458	721	118	76	210	21	187
	WABAUNSEE	766	892	475	567	958	1,245	749	666	1,349	233	484	173	22	688
	WALLACE	165	238	103	114	241	236	149	252	414	30	98	57	9	118
	WASHINGTON	663	728	451	520	886	994	642	950	1,183	309	365	346	12	573
	WICHITA	297	278	188	235	280	363	238	309	543	57	137	84	175	130
	WILSON	1,110	1,152	919	829	1,094	1,674	998	1,135	1,161	303	566	1,088	18	1,378
	WOODSON	294	316	280	229	457	655	394	528	607	160	189	143	2	679
	WYANDOTTE	25,725	23,271	22,950	20,517	23,064	22,314	12,104	12,153	20,547	7,274	13,202	17,177	134	27,733
KS Total		426,756	439,856	407,957	345,382	444,103	467,365	266,921	298,742	583,368	143,419	192,642	231,757	11,014	326,058

State	County	2017 Educational Attainment							2017 Family Income						
		Less than 9th grade	9th to 12th grade, no diploma	High school grad-uate	Some college, no degree	Assoc-iate degree	Bach-elor's degree	Grad. or pro-fessional degree	Less than $25,000	$25,000-$34,999	$35,000-$49,999	$50,000-$74,999	$75,000-$99,999	$100,000-$149,999	over $150,000
	SALINE	1,031	2,827	14,588	14,147	2,970	8,165	3,054	2,971	1,570	2,598	3,248	2,837	1,677	710
	SCOTT	94	250	772	1,114	352	915	791	231	110	157	338	395	216	78
	SEDGWICK	22,363	32,023	99,033	108,751	23,213	95,104	47,613	27,950	12,739	18,096	26,162	23,500	27,251	12,751
	SEWARD	6,430	2,849	3,605	2,344	466	1,887	845	1,335	667	1,187	1,378	692	572	309
	SHAWNEE	3,857	9,749	41,497	38,016	8,118	31,401	18,368	9,992	4,681	6,811	9,150	7,653	8,982	3,693
	SHERIDAN	25	174	423	347	315	262	131	123	74	84	143	81	47	34
	SHERMAN	81	118	1,434	2,221	172	606	169	291	179	211	373	127	314	26
	SMITH	38	271	682	880	241	654	340	189	138	173	271	133	154	29
	STAFFORD	111	264	715	1,258	331	455	172	190	149	173	284	167	93	34
	STANTON	289	137	501	525	28	189	102	77	72	89	196	92	61	19
	STEVENS	309	430	1,206	1,343	80	776	244	273	83	173	404	416	120	86
	SUMNER	237	1,395	5,885	7,769	3,127	3,827	1,214	1,539	647	1,037	1,428	1,643	1,419	516
	THOMAS	44	300	1,242	2,034	367	1,577	955	418	153	310	348	512	216	160
	TREGO	61	109	710	803	203	296	91	120	59	126	154	119	106	26
	WABAUNSEE	92	119	1,527	1,000	738	1,209	361	308	157	247	487	355	231	32
	WALLACE	80	34	424	382	10	208	98	75	37	83	86	65	51	20
	WASHINGTON	159	299	1,262	1,410	648	638	394	389	192	273	345	228	127	37
	WICHITA	161	134	571	468	72	308	39	91	94	76	121	193	64	10
	WILSON	316	491	2,383	2,696	612	528	212	640	300	505	632	232	109	81
	WOODSON	28	133	814	842	435	303	129	296	107	133	143	83	57	40
	WYANDOTTE	7,911	17,037	38,789	32,840	8,028	13,090	7,123	10,430	4,365	5,846	7,656	5,935	5,045	1,911
KS Total		94,824	151,279	564,384	625,953	163,937	541,239	313,166	146,738	69,487	108,192	151,358	128,393	136,157	84,458

2017 Consumer Spending ($Millions)

State	County	Average annual expend-itures	Food	Alcoholic beverages	Housing	Apparel and services	Transport-ation	Healthcare	Entertain-ment	Personal care products & services	Education	Personal insurance & pensions
	SALINE	788.6	100.9	6.4	465.5	45.7	246.4	116.3	70.9	16.9	27.1	144.5
	SCOTT	79.3	10.1	0.7	10.7	1.0	5.4	2.7	1.5	0.4	0.5	2.4
	SEDGWICK	8,050.9	1,008.8	68.4	3,167.6	317.9	1,678.5	784.0	492.9	115.8	202.1	1,064.8
	SEWARD	304.7	39.0	2.5	85.7	7.9	42.9	21.0	12.0	2.9	4.6	18.7
	SHAWNEE	2,719.5	342.5	22.9	589.2	56.5	303.7	146.1	86.5	20.9	33.3	158.8
	SHERIDAN	28.8	3.7	0.2	93.4	9.4	49.5	23.1	14.6	3.4	6.1	32.0
	SHERMAN	80.3	10.2	0.7	199.1	19.6	105.4	49.8	30.4	7.2	11.7	62.2
	SMITH	54.1	7.0	0.4	274.9	26.8	141.7	67.7	41.0	9.8	16.6	79.4
	STAFFORD	52.4	6.8	0.4	104.7	10.4	55.9	26.1	16.3	3.8	6.5	35.0
	STANTON	30.8	3.9	0.2	39.2	3.8	20.7	9.9	5.9	1.4	2.2	11.6
	STEVENS	76.8	9.9	0.6	75.0	7.1	38.7	18.8	11.0	2.7	4.2	20.3
	SUMNER	453.0	56.9	3.8	92.5	9.1	48.1	22.8	14.0	3.3	5.7	28.0
	THOMAS	108.2	13.8	0.9	252.8	23.7	129.7	63.4	36.4	8.9	13.2	63.3
	TREGO	36.9	4.7	0.3	290.4	28.6	152.7	72.5	44.2	10.5	17.2	90.1
	WABAUNSEE	93.5	12.0	0.8	390.7	39.5	207.1	96.2	61.2	14.3	25.7	133.9
	WALLACE	21.0	2.7	0.2	69.4	6.8	36.3	17.3	10.4	2.5	3.9	20.1
	WASHINGTON	76.2	9.9	0.6	626.3	61.9	329.8	155.5	96.0	22.8	38.5	199.6
	WICHITA	33.9	4.4	0.3	121.6	11.5	62.9	30.6	17.8	4.3	6.5	31.9
	WILSON	115.8	15.0	0.9	79.8	7.6	41.2	19.8	11.7	2.8	4.5	21.7
	WOODSON	38.5	5.0	0.3	101.3	10.0	53.1	25.1	15.5	3.6	6.3	31.7
	WYANDOTTE	2,051.3	262.5	16.8	288.1	28.9	150.7	70.7	44.5	10.5	19.0	95.1
KS Total		44,304.1	5,544.7	376.9	30,016.1	2,953.3	15,710.3	7,433.3	4,554.5	1,082.6	1,821.3	9,219.0

State	County	U.S. Population			2017 Gender		2017 Race			
		Total 2017	2010-2017 % chg.	Total 2022	Male	Female	White	Black	Other Race	Hispanic
KY	ADAIR	19,731	-10%	28,610	9,755	9,975	18,277	496	418	539
	ALLEN	21,711	-2%	14,901	10,653	11,058	20,088	158	389	1,076
	ANDERSON	24,706	17%	22,059	12,060	12,646	22,974	410	1,016	306
	BALLARD	11,574	7%	14,342	5,777	5,796	10,590	379	394	212
	BARREN	44,261	5%	8,838	21,390	22,871	34,945	1,255	5,733	2,328
	BATH	13,470	17%	105,447	6,699	6,771	12,598	119	541	211
	BELL	28,622	-13%	11,137	13,938	14,684	27,120	674	653	175
	BOONE	158,816	33%	73,913	78,726	80,090	126,281	6,300	17,720	8,516
	BOURBON	18,104	-1%	0	8,787	9,317	12,560	817	2,395	2,332
	BOYD	54,564	10%	24,959	27,036	27,527	49,028	1,414	3,095	1,027
	BOYLE	30,850	-21%	55,201	15,002	15,849	22,995	1,700	4,927	1,228
	BRACKEN	11,364	36%	3,053	5,647	5,717	10,966	39	171	188
	BREATHITT	17,081	-2%	20,398	8,569	8,512	16,610	69	217	184
	BRECKINRIDGE	22,239	28%	73,067	11,143	11,096	21,169	346	435	289
	BULLITT	69,881	-6%	36,164	34,475	35,406	63,359	373	4,427	1,722
	BUTLER	13,626	1%	942	6,799	6,827	12,445	30	283	867
	CALDWELL	12,762	-2%	7,484	6,156	6,606	11,579	565	282	336
	CALLOWAY	40,232	-21%	6,975	19,362	20,870	32,267	1,287	4,944	1,734
	CAMPBELL	92,194	-5%	119,643	45,225	46,969	80,161	2,466	7,158	2,408
	CARLISLE	5,002	-4%	1,309	2,444	2,558	4,768	44	113	77
	CARROLL	14,570	11%	93,053	7,287	7,284	12,012	337	688	1,533
	CARTER	34,414	-3%	51,619	17,194	17,220	32,375	358	1,123	557
	CASEY	14,721	6%	59,367	7,134	7,586	13,282	147	380	912
	CHRISTIAN	84,883	25%	38,095	43,188	41,695	53,739	15,280	9,320	6,544
	CLARK	37,528	6%	449	18,317	19,211	32,479	1,603	2,358	1,087
	CLAY	24,143	-2%	8,658	12,956	11,187	21,047	1,297	801	998
	CLINTON	12,159	-7%	8,007	6,081	6,078	10,933	35	272	918
	CRITTENDEN	8,414	0%	29,050	4,176	4,237	8,146	74	150	43
	CUMBERLAND	7,787	1%	14,284	3,818	3,969	7,084	135	452	116
	DAVIESS	103,884	11%	74,283	50,497	53,387	78,801	3,904	16,394	4,784
	EDMONSON	9,130	9%	33,982	4,543	4,587	8,903	96	88	42
	ELLIOTT	5,157	-18%	4,223	3,006	2,151	4,765	277	67	48
	ESTILL	15,382	19%	16,865	7,588	7,794	15,019	34	200	129
	FAYETTE	329,516	10%	166,634	161,989	167,527	196,919	37,330	60,244	35,023
	FLEMING	16,092	8%	17,158	7,905	8,186	15,330	186	392	184
	FLOYD	39,927	3%	37,852	19,686	20,240	39,141	179	377	229
	FRANKLIN	51,432	7%	19,344	24,952	26,480	37,792	5,408	6,043	2,189
	FULTON	7,356	-7%	1,663	3,633	3,723	5,453	1,597	220	85
	GALLATIN	9,221	28%	25,753	4,691	4,530	8,219	251	397	354
	GARRARD	19,762	9%	29,015	9,749	10,013	17,877	310	519	1,056
	GRANT	34,240	8%	35,457	17,173	17,067	31,386	278	1,620	956
	GRAVES	42,032	-3%	17,059	20,603	21,429	31,338	1,210	1,592	7,891
	GRAYSON	31,463	10%	26,293	15,922	15,540	29,952	425	687	399
	GREEN	10,128	8%	65,421	4,965	5,163	9,477	172	333	147
	GREENUP	35,307	10%	31,337	17,083	18,224	33,842	247	802	416
	HANCOCK	10,487	7%	56,400	5,330	5,158	9,929	68	326	165
	HARDIN	123,483	-1%	49,312	61,541	61,942	88,778	12,351	15,148	7,206
	HARLAN	30,143	16%	482,978	14,713	15,430	28,455	462	931	295
	HARRISON	19,400	1%	1,607	9,481	9,920	17,565	307	452	1,076
	HART	18,809	15%	39,269	9,294	9,515	16,574	791	853	591
	HENDERSON	47,044	3%	5,762	22,696	24,348	37,672	3,316	4,954	1,102
	HENRY	17,890	6%	27,979	8,838	9,053	15,642	438	1,077	733
	HICKMAN	3,477	-5%	1,602	1,666	1,812	2,761	437	215	64
	HOPKINS	46,727	-4%	44,002	22,743	23,984	36,792	2,526	6,573	836
	JACKSON	15,086	6%	60,542	7,490	7,595	14,821	16	130	119
	JEFFERSON	812,754	6%	209,486	392,493	420,260	474,893	143,796	132,004	62,060
	JESSAMINE	56,647	18%	27,546	27,566	29,081	45,859	1,487	7,237	2,064
	JOHNSON	28,605	10%	92,913	14,048	14,557	28,136	61	311	96
	KENTON	165,013	2%	31,103	81,508	83,504	128,851	8,511	20,227	7,423
	KNOTT	15,561	10%	18,350	7,759	7,802	15,268	88	124	81
	KNOX	28,246	6%	54,241	13,970	14,276	27,268	315	408	255
	LARUE	14,507	6%	6,807	7,179	7,329	13,265	397	386	459
	LAUREL	49,562	-4%	18,358	24,316	25,246	46,842	403	1,365	954
	LAWRENCE	16,588	-9%	106,605	8,180	8,408	16,276	20	198	94
	LEE	7,865	-31%	1,425	4,335	3,530	6,815	670	90	290
	LESLIE	10,090	5%	28,585	4,977	5,112	9,939	19	97	34
	LETCHER	28,335	1%	62,196	13,913	14,422	27,782	77	259	217
	LEWIS	14,230	-3%	28,416	7,105	7,125	13,929	32	92	177
	LINCOLN	28,065	1%	19,239	13,895	14,169	25,272	460	1,321	1,012
	LIVINGSTON	10,598	2%	62,889	5,219	5,379	10,241	21	179	157
	LOGAN	30,357	10%	124,759	14,870	15,486	25,546	1,492	2,395	924
	LYON	8,566	10%	1,091	4,718	3,848	7,851	446	151	118
	MADISON	94,671	14%	74,811	45,980	48,691	77,959	3,282	10,433	2,996
	MAGOFFIN	14,804	-14%	10,914	7,407	7,396	14,380	17	253	153
	MARION	20,264	4%	37,784	10,528	9,736	14,780	1,293	2,553	1,639
	MARSHALL	33,342	2%	4,289	16,386	16,956	31,228	48	1,517	549
	MARTIN	12,707	-10%	61,845	7,218	5,489	10,966	906	151	683
	MASON	17,329	-5%	7,326	8,354	8,975	14,121	925	1,901	382
	MCCRACKEN	62,674	5%	1,164	29,951	32,723	44,755	6,394	9,793	1,732
	MCCREARY	19,891	5%	22,444	10,693	9,198	17,423	396	755	1,317
	MCLEAN	10,023	3%	11,486	4,899	5,123	9,673	50	171	129
	MEADE	21,263	-6%	87,382	10,610	10,653	19,801	348	787	328
	MENIFEE	7,971	32%	60,933	3,994	3,978	7,686	122	94	69
	MERCER	22,351	2%	76,332	10,910	11,441	17,684	607	3,313	747

		2017 Age Ranges (Years)								2017 Occupations					
State	County	1-9	10-19	20-29	30-39	40-49	50-59	60-69	70 over	Mana-gerial	Sales	Admin support	Service	Farming forestry, fishing	Prod-uction
KY	ADAIR	2,422	2,839	2,590	2,212	2,701	2,829	2,168	1,970	4,744	1,251	1,595	1,168	116	1,906
	ALLEN	2,843	3,017	2,434	2,811	3,279	3,103	2,220	2,003	4,533	394	1,276	1,365	18	4,074
	ANDERSON	3,428	3,336	2,443	3,379	4,170	3,644	2,424	1,882	3,699	1,278	1,948	718	37	4,106
	BALLARD	1,311	1,423	1,023	1,408	1,845	2,022	1,381	1,160	1,878	728	778	618	115	1,835
	BARREN	5,762	5,779	4,906	5,035	6,714	6,842	4,535	4,688	6,406	3,489	2,663	4,146	110	5,937
	BATH	1,928	1,675	1,278	1,601	2,087	2,057	1,585	1,260	3,137	532	894	881	11	2,207
	BELL	2,985	3,400	3,247	3,356	4,546	4,514	3,454	3,120	4,299	2,271	3,135	4,274	554	4,585
	BOONE	26,064	22,223	17,214	22,433	25,991	22,683	12,467	9,743	28,956	9,146	10,791	8,589	33	14,326
	BOURBON	2,162	2,333	1,632	2,173	2,840	2,890	2,162	1,913	2,628	570	1,016	1,732	96	2,953
	BOYD	6,180	6,081	5,574	6,262	7,904	8,987	6,308	7,268	9,848	3,926	4,420	6,399	19	6,969
	BOYLE	3,324	4,065	3,826	3,321	4,533	5,065	3,152	3,564	5,847	1,251	2,489	2,694	33	3,836
	BRACKEN	1,569	1,401	1,182	1,646	1,918	1,721	1,044	882	2,206	389	868	428	7	1,991
	BREATHITT	1,913	2,204	1,905	2,117	2,926	2,874	1,828	1,314	3,225	1,329	1,149	2,722	29	2,710
	BRECKINRIDGE	2,756	2,992	2,203	2,429	3,285	3,468	2,738	2,369	2,950	962	1,111	2,080	48	5,118
	BULLITT	8,871	9,415	7,448	9,195	11,261	10,517	7,495	5,678	8,989	3,445	6,450	4,085	7	9,573
	BUTLER	1,722	1,612	1,748	1,592	2,064	2,130	1,454	1,306	1,299	464	767	1,530	52	2,833
	CALDWELL	1,440	1,557	1,270	1,297	1,809	2,229	1,679	1,480	2,205	822	522	757	32	2,361
	CALLOWAY	3,842	5,140	9,033	3,792	4,728	5,593	4,101	4,003	7,394	1,376	3,067	2,963	134	5,310
	CAMPBELL	10,833	11,889	12,654	10,819	14,746	14,249	8,097	8,906	16,213	4,709	7,793	7,656	51	8,156
	CARLISLE	613	567	487	560	703	748	615	709	523	559	314	359	79	926
	CARROLL	1,691	2,256	2,137	1,681	1,883	2,366	1,384	1,172	1,482	514	1,361	1,472	54	2,545
	CARTER	4,449	4,329	3,932	4,348	4,791	5,249	3,993	3,323	5,385	1,456	2,651	3,478	263	6,886
	CASEY	1,761	1,887	1,624	1,632	2,088	2,209	1,919	1,601	2,099	523	992	1,885	128	2,794
	CHRISTIAN	16,483	11,411	17,251	10,923	9,397	8,679	5,352	5,388	15,837	3,246	9,033	10,914	279	14,902
	CLARK	4,621	4,571	3,879	4,984	5,611	6,134	3,925	3,803	5,721	1,733	2,238	3,641	29	5,411
	CLAY	2,427	2,713	3,011	3,735	4,149	3,832	2,373	1,903	3,775	2,439	2,603	1,860	160	6,057
	CLINTON	1,447	1,560	1,106	1,422	1,812	1,948	1,551	1,313	2,282	368	555	1,605	41	1,947
	CRITTENDEN	1,070	940	863	880	1,173	1,411	1,125	951	1,225	529	557	702	58	1,669
	CUMBERLAND	839	974	657	766	1,166	1,366	1,009	1,010	1,940	390	178	665	79	1,138
	DAVIESS	13,379	13,299	11,901	11,721	15,383	16,399	10,357	11,445	17,821	5,825	5,806	7,346	94	15,602
	EDMONSON	948	1,143	921	1,144	1,219	1,451	1,226	1,077	884	501	910	1,041	11	2,051
	ELLIOTT	476	498	647	760	888	799	570	520	963	67	689	585	163	983
	ESTILL	1,784	1,751	1,398	1,938	2,523	2,515	1,976	1,496	2,372	817	700	1,357	40	4,081
	FAYETTE	40,051	38,900	59,790	43,496	44,602	48,404	27,108	27,164	63,432	13,488	16,217	22,856	2,761	27,016
	FLEMING	1,986	2,161	1,550	1,933	2,516	2,534	2,012	1,400	3,010	511	1,698	1,192	13	2,272
	FLOYD	4,380	4,368	4,551	4,973	6,160	7,418	4,560	3,517	9,514	2,830	2,435	5,826	148	5,413
	FRANKLIN	5,965	6,186	6,280	5,830	7,591	9,134	5,267	5,179	9,012	2,028	3,858	4,027	18	5,646
	FULTON	787	710	918	755	1,051	1,284	944	906	1,044	442	494	1,089	11	1,337
	GALLATIN	1,248	1,322	916	1,059	1,498	1,509	988	681	1,074	334	409	775	2	2,092
	GARRARD	2,663	2,477	1,935	2,684	3,229	2,990	2,088	1,694	4,214	477	948	1,131	21	2,989
	GRANT	5,242	5,080	3,908	4,720	5,444	4,830	2,857	2,158	3,698	1,708	2,415	2,571	92	6,516
	GRAVES	5,675	5,707	4,638	4,580	5,936	6,520	4,370	4,605	7,622	2,407	2,691	2,995	757	6,218
	GRAYSON	3,924	3,840	3,299	3,705	4,665	5,255	3,631	3,144	5,150	1,531	1,527	1,777	121	7,143
	GREEN	1,229	1,137	927	1,069	1,563	1,723	1,237	1,242	1,665	301	1,195	903	6	1,615
	GREENUP	4,132	4,035	3,436	3,879	4,750	5,748	4,641	4,688	5,996	2,456	3,614	2,738	784	4,946
	HANCOCK	1,443	1,328	909	1,294	1,558	1,789	1,174	992	1,484	227	811	845	8	1,846
	HARDIN	17,179	16,719	16,151	15,520	19,719	17,692	10,730	9,772	17,416	5,871	10,041	10,425	1,490	21,779
	HARLAN	3,349	3,477	3,215	3,724	4,597	5,515	3,336	2,929	7,647	1,463	2,418	4,983	1,121	3,494
	HARRISON	2,397	2,574	1,847	2,105	3,450	3,167	2,045	1,815	2,410	798	995	1,594	44	3,949
	HART	2,570	2,646	2,045	1,990	2,886	2,879	1,970	1,823	4,394	580	1,179	1,897	211	2,522
	HENDERSON	5,700	5,621	5,292	5,186	7,157	8,288	5,181	4,619	7,021	2,831	3,669	2,907	29	7,113
	HENRY	2,396	2,382	1,765	2,020	2,699	3,147	1,963	1,519	2,289	1,270	918	919	110	3,379
	HICKMAN	391	449	290	397	522	498	442	488	509	116	180	521	14	596
	HOPKINS	5,572	5,376	4,928	5,170	6,869	8,353	5,397	5,063	6,140	2,297	3,941	4,434	145	8,781
	JACKSON	1,748	1,943	1,597	1,947	2,487	2,000	1,585	1,393	2,417	659	2,161	1,037	11	3,163
	JEFFERSON	103,737	100,777	104,575	98,163	120,507	129,574	73,760	61,656	140,539	34,774	65,630	64,785	454	87,466
	JESSAMINE	8,183	8,051	7,122	7,152	9,065	7,749	4,630	4,696	10,599	2,561	2,811	4,407	36	6,839
	JOHNSON	3,130	3,383	3,013	3,315	4,714	4,814	3,541	2,695	3,906	1,345	2,060	4,767	381	5,033
	KENTON	22,994	20,758	21,520	21,646	26,177	25,354	13,390	13,173	26,796	7,346	14,409	12,620	15	14,845
	KNOTT	1,447	2,258	2,035	1,641	2,632	2,587	1,752	1,209	3,835	815	1,100	2,232	18	2,554
	KNOX	3,622	3,754	3,488	3,044	4,247	4,221	3,467	2,403	4,347	3,232	1,383	2,594	1,081	5,627
	LARUE	1,770	1,978	1,446	1,712	2,222	2,297	1,457	1,625	2,744	735	837	1,255	90	1,918
	LAUREL	6,555	6,034	5,542	6,629	7,791	7,655	5,253	4,104	7,159	3,413	4,465	3,675	178	8,786
	LAWRENCE	2,065	2,005	1,776	2,018	2,537	2,692	1,952	1,544	1,685	1,197	2,773	2,303	41	2,612
	LEE	647	807	1,008	1,028	1,480	1,385	832	678	2,086	459	305	755	127	1,567
	LESLIE	1,094	986	1,001	1,199	1,871	1,825	1,179	934	1,855	654	970	850	511	1,926
	LETCHER	3,119	2,994	3,102	3,111	4,649	5,134	3,410	2,816	4,728	2,018	2,942	2,918	2,034	3,595
	LEWIS	1,859	1,720	1,425	1,668	2,321	2,304	1,638	1,295	2,350	1,051	1,027	1,309	297	2,728
	LINCOLN	3,678	3,560	2,799	3,511	4,400	4,199	3,097	2,820	4,653	1,662	1,902	2,439	57	4,513
	LIVINGSTON	1,176	1,197	842	1,109	1,523	2,036	1,504	1,212	1,864	414	1,112	936	179	1,009
	LOGAN	3,755	3,985	3,173	3,328	4,529	4,764	3,657	3,165	5,140	1,487	1,003	2,454	110	5,122
	LYON	640	724	661	980	1,274	1,680	1,326	1,281	1,601	877	454	868	130	1,375
	MADISON	11,651	12,877	16,754	12,334	13,250	12,856	7,802	7,148	13,271	4,210	7,997	7,465	117	12,792
	MAGOFFIN	1,826	1,884	1,390	1,959	2,445	2,477	1,547	1,275	2,841	1,145	1,041	1,325	82	3,578
	MARION	2,564	2,542	2,316	2,691	3,179	3,287	1,893	1,793	4,726	747	1,278	1,441	37	2,775
	MARSHALL	3,484	3,786	2,981	3,510	4,901	5,624	4,550	4,506	5,358	1,499	2,600	2,203	154	5,874
	MARTIN	1,264	1,304	1,800	2,065	2,112	1,990	1,111	1,060	4,226	896	1,666	988	61	1,243
	MASON	2,170	2,201	1,727	1,941	2,804	2,956	1,717	1,813	2,906	1,184	664	1,468	9	2,673
	MCCRACKEN	7,318	7,150	6,581	6,632	9,218	11,189	6,972	7,613	10,801	4,473	4,768	5,210	54	7,555
	MCCREARY	2,375	2,399	2,405	2,922	3,008	3,215	2,075	1,493	2,989	750	978	3,639	372	4,183
	MCLEAN	1,187	1,226	977	1,160	1,338	1,743	1,280	1,112	1,712	633	778	610	227	1,508
	MEADE	2,570	3,200	2,026	2,591	3,684	3,303	2,092	1,796	2,540	1,218	1,676	695	46	4,859
	MENIFEE	877	1,010	978	738	1,139	1,297	1,231	700	1,798	287	188	630	74	2,019
	MERCER	2,694	2,844	2,044	2,494	3,357	3,927	2,608	2,383	3,882	766	1,708	1,417	25	3,374

State	County	Less than 9th grade	9th to 12th grade, no diploma	High school grad-uate	Some college, no degree	Assoc-iate degree	Bach-elor's degree	Grad. or pro-fessional degree	Less than $25,000	$25,000-$34,999	$35,000-$49,999	$50,000-$74,999	$75,000-$99,999	$100,000-$149,999	over $150,000
KY	ADAIR	1,737	2,718	4,668	3,392	556	1,015	2,099	2,008	466	1,135	1,145	382	243	64
	ALLEN	1,098	2,237	6,205	3,751	723	1,668	1,765	1,784	647	1,008	1,476	841	234	265
	ANDERSON	367	1,354	8,685	4,067	2,665	1,635	723	1,059	523	1,144	1,600	1,570	1,095	226
	BALLARD	260	896	3,529	2,507	659	909	761	716	302	483	557	663	611	151
	BARREN	1,956	3,565	16,422	6,830	1,507	2,981	2,284	3,776	1,279	1,701	2,831	1,850	1,016	409
	BATH	1,036	1,657	4,224	1,665	288	828	1,005	1,375	370	664	802	261	346	106
	BELL	3,455	3,259	10,471	3,704	1,277	745	1,098	3,752	1,057	1,150	1,109	607	241	251
	BOONE	2,073	6,304	28,124	30,182	8,344	33,441	12,357	4,688	1,957	4,132	7,671	9,174	10,533	5,593
	BOURBON	388	1,271	6,264	4,203	439	1,224	956	1,259	478	661	792	894	689	333
	BOYD	1,789	3,849	16,063	12,286	3,743	4,029	3,735	4,653	1,779	2,198	2,429	1,875	1,811	936
	BOYLE	967	1,951	8,205	6,481	2,088	2,957	3,115	1,994	1,001	1,304	1,470	911	973	544
	BRACKEN	579	856	3,975	1,967	798	574	390	836	355	569	622	407	267	146
	BREATHITT	2,317	3,434	5,174	1,789	380	667	491	3,005	361	595	686	420	167	64
	BRECKINRIDGE	1,312	2,465	8,702	2,491	1,401	812	668	1,891	538	1,231	1,534	778	287	124
	BULLITT	1,194	6,444	18,325	14,675	4,040	9,260	2,224	3,116	1,609	2,683	4,033	3,908	4,441	987
	BUTLER	869	2,049	5,810	1,291	359	424	267	1,199	379	571	887	580	218	21
	CALDWELL	491	1,238	4,545	2,328	522	739	692	1,160	349	470	600	627	348	279
	CALLOWAY	2,016	3,038	10,304	8,033	989	5,997	4,054	2,720	1,122	1,743	1,761	1,284	1,061	380
	CAMPBELL	2,026	5,203	24,472	17,170	4,103	14,810	7,832	4,520	1,864	2,821	4,336	3,415	4,484	2,903
	CARLISLE	166	374	1,407	1,071	298	468	330	487	168	232	275	115	172	46
	CARROLL	1,053	1,058	3,631	4,148	1,609	499	59	1,311	368	664	857	819	686	163
	CARTER	2,573	3,680	11,767	5,006	2,148	1,646	1,172	2,852	1,194	1,362	1,980	1,381	948	241
	CASEY	1,386	1,706	5,386	1,746	619	573	532	1,631	564	809	568	307	288	55
	CHRISTIAN	2,744	5,451	17,346	17,631	5,701	8,405	5,166	5,099	2,903	3,563	4,709	2,580	1,775	776
	CLARK	1,196	3,215	11,451	6,248	2,606	2,710	3,171	2,718	985	1,447	2,267	1,576	1,292	510
	CLAY	4,190	4,287	6,926	3,116	318	671	1,100	3,204	792	707	971	688	115	84
	CLINTON	1,550	1,505	3,121	1,542	580	1,372	194	1,182	601	692	447	275	76	213
	CRITTENDEN	632	1,030	2,425	1,372	608	523	280	699	287	282	499	356	208	76
	CUMBERLAND	825	888	3,270	817	219	221	246	665	427	461	387	89	185	23
	DAVIESS	1,889	7,180	30,640	20,324	5,641	12,803	5,421	6,704	2,630	3,952	5,987	4,912	3,438	1,377
	EDMONSON	583	1,413	3,315	1,630	283	409	61	964	232	349	566	319	116	81
	ELLIOTT	825	825	1,123	673	202	418	367	733	126	130	138	203	81	27
	ESTILL	1,624	1,553	5,515	2,031	914	857	239	1,740	495	715	546	679	247	49
	FAYETTE	7,412	17,484	53,498	58,381	19,734	65,663	49,996	18,797	7,123	10,134	13,540	11,395	12,504	10,546
	FLEMING	1,089	1,215	4,586	3,538	1,220	650	662	1,581	490	498	859	848	309	44
	FLOYD	2,995	4,991	11,649	7,072	1,819	2,208	2,735	4,747	1,523	1,780	2,011	832	800	222
	FRANKLIN	2,174	5,575	12,918	8,869	1,887	7,161	4,053	2,775	1,211	1,938	2,107	2,347	2,647	1,257
	FULTON	101	806	3,062	1,079	387	275	526	697	190	403	300	296	99	31
	GALLATIN	271	1,089	2,529	925	739	1,108	687	538	243	312	644	622	232	58
	GARRARD	598	1,988	4,888	4,112	1,162	2,190	906	1,724	615	702	1,283	1,090	390	187
	GRANT	678	4,247	11,137	5,146	1,526	2,450	1,246	1,878	902	1,765	1,847	1,570	1,186	515
	GRAVES	1,223	3,673	12,952	7,386	1,537	3,135	3,473	3,551	1,453	1,810	1,791	1,611	1,292	596
	GRAYSON	2,196	2,753	10,021	5,671	2,703	936	1,384	2,731	1,148	1,520	2,218	1,224	569	139
	GREEN	913	1,229	3,473	1,449	301	649	346	1,053	346	449	504	289	241	123
	GREENUP	1,014	3,614	10,308	8,435	2,264	2,063	1,510	2,718	1,152	1,328	2,199	1,282	1,461	486
	HANCOCK	156	902	3,091	2,466	482	1,004	237	552	264	520	701	647	309	119
	HARDIN	2,362	9,205	29,385	28,936	9,626	11,076	7,195	6,380	3,176	5,059	7,484	5,835	4,575	1,561
	HARLAN	3,969	4,059	8,904	2,878	2,649	1,119	1,523	4,179	957	970	1,314	524	448	168
	HARRISON	505	1,593	7,027	3,566	870	1,003	1,155	1,409	659	663	988	821	753	161
	HART	1,352	2,439	5,649	3,298	273	1,133	758	1,729	510	945	1,207	365	341	70
	HENDERSON	1,042	3,176	14,825	9,500	3,243	3,786	2,916	3,295	1,433	1,613	2,295	2,177	1,779	644
	HENRY	455	1,422	5,280	2,975	910	1,235	2,041	1,075	321	861	1,116	630	674	334
	HICKMAN	245	535	1,229	461	85	105	211	315	120	171	155	84	131	46
	HOPKINS	1,857	5,224	14,700	8,831	2,818	2,216	2,778	3,722	1,424	1,912	2,190	2,042	1,566	632
	JACKSON	1,487	2,151	4,794	2,473	298	368	794	2,087	539	464	642	517	90	55
	JEFFERSON	14,050	53,342	167,875	165,730	37,852	132,582	86,440	46,477	19,274	27,849	37,396	30,134	34,463	23,143
	JESSAMINE	1,470	2,850	13,206	11,298	3,229	7,614	4,903	3,172	1,405	1,769	3,219	2,192	2,468	1,474
	JOHNSON	3,047	3,651	8,972	3,954	1,888	943	1,450	3,109	1,061	1,274	1,492	904	509	231
	KENTON	3,148	9,680	36,625	30,281	7,236	29,438	15,264	7,389	3,136	5,290	8,568	6,923	8,154	4,053
	KNOTT	3,045	1,734	3,757	3,121	365	389	954	1,625	517	566	770	396	293	68
	KNOX	4,226	4,756	8,509	2,628	248	762	1,676	3,955	941	1,174	867	722	419	127
	LARUE	585	934	4,909	2,233	1,165	1,072	810	1,167	340	508	795	482	875	173
	LAUREL	3,884	6,383	15,857	6,761	1,446	3,227	2,416	4,379	1,705	2,358	3,025	1,739	1,071	443
	LAWRENCE	1,753	2,748	4,338	3,190	512	482	572	2,027	360	1,006	746	369	292	60
	LEE	808	1,707	2,242	983	613	174	295	958	220	348	232	205	139	20
	LESLIE	748	1,184	2,081	3,782	313	219	203	1,246	292	396	413	393	182	35
	LETCHER	3,106	4,290	7,927	4,700	1,365	1,127	1,277	3,309	936	890	1,568	918	698	132
	LEWIS	880	2,170	4,602	2,819	454	308	286	1,808	365	636	317	414	519	71
	LINCOLN	1,399	2,364	10,169	3,715	1,968	2,130	807	2,608	918	1,210	1,566	1,113	669	67
	LIVINGSTON	242	857	2,013	1,869	1,296	1,696	837	799	376	483	592	477	280	118
	LOGAN	1,635	3,060	10,021	4,667	2,003	1,728	1,476	2,424	1,134	1,168	2,064	955	743	267
	LYON	223	1,713	2,833	1,388	330	656	406	568	194	382	377	226	378	41
	MADISON	4,371	7,342	25,188	16,594	5,543	12,292	6,169	6,711	2,502	3,516	4,672	3,601	2,484	1,414
	MAGOFFIN	1,592	2,409	3,525	2,238	730	780	774	1,735	457	485	917	355	223	121
	MARION	1,028	1,347	6,880	2,792	1,784	1,884	728	1,439	945	894	1,096	940	476	187
	MARSHALL	785	3,236	10,577	6,180	1,246	3,775	2,288	1,913	963	1,499	2,035	1,869	1,293	392
	MARTIN	1,574	2,605	2,400	1,966	407	730	1,150	1,800	363	347	210	239	648	21
	MASON	419	1,459	4,850	2,833	1,550	1,682	1,163	1,199	527	469	934	763	757	253
	MCCRACKEN	1,727	4,178	15,719	13,422	3,396	8,282	5,042	4,470	1,709	2,311	2,654	2,536	2,701	1,160
	MCCREARY	1,879	2,974	5,145	2,459	2,866	415	693	2,391	1,324	643	675	263	252	6
	MCLEAN	226	1,177	2,570	2,694	741	322	483	732	266	414	502	504	360	117
	MEADE	421	2,751	6,242	3,037	2,340	1,236	1,000	1,206	509	864	1,198	1,050	918	423
	MENIFEE	882	1,441	2,703	589	24	715	284	848	394	407	287	255	71	19
	MERCER	463	1,868	7,455	3,403	1,360	2,275	1,381	1,430	641	739	1,720	1,013	700	348

2017 Consumer Spending ($Millions)

State	County	Average annual expend-itures	Food	Alcoholic beverages	Housing	Apparel and services	Transport-ation	Healthcare	Entertain-ment	Personal care products & services	Education	Personal insurance & pensions
KY	ADAIR	228.4	30.4	1.8	81.5	8.0	42.3	20.1	12.2	2.9	4.8	23.9
	ALLEN	288.7	37.5	2.3	142.4	14.1	74.4	35.1	21.8	5.2	9.1	45.3
	ANDERSON	391.7	49.7	3.3	10.7	1.0	5.5	2.6	1.6	0.4	0.6	2.8
	BALLARD	181.9	23.1	1.5	139.0	13.4	72.0	34.6	20.6	4.9	7.8	38.2
	BARREN	591.9	77.0	4.7	354.1	35.5	186.4	87.1	54.9	13.0	23.1	117.9
	BATH	173.6	22.7	1.4	268.7	25.8	136.2	65.5	39.2	9.5	16.1	71.0
	BELL	321.6	43.1	2.5	136.9	13.3	71.4	34.0	20.5	4.9	7.8	39.9
	BOONE	2,660.3	325.8	23.6	151.8	14.7	79.1	37.9	22.5	5.5	8.5	42.5
	BOURBON	264.9	33.6	2.2	80.2	7.5	39.2	19.2	11.2	2.8	4.8	17.8
	BOYD	746.4	96.0	6.1	365.9	34.6	188.4	91.9	52.4	12.7	18.2	87.8
	BOYLE	397.0	50.8	3.2	369.3	37.8	199.2	91.6	59.1	13.7	24.6	135.7
	BRACKEN	158.7	20.3	1.3	32.3	3.2	17.1	8.1	4.9	1.2	1.8	9.5
	BREATHITT	204.1	27.5	1.5	78.4	7.4	40.4	19.6	11.3	2.7	4.1	19.5
	BRECKINRIDGE	286.5	37.5	2.2	700.5	69.0	369.7	175.0	106.7	25.4	40.8	217.0
	BULLITT	1,186.4	148.6	10.1	285.9	29.0	150.2	69.7	45.0	10.4	19.9	100.5
	BUTLER	173.7	22.8	1.4	113.4	11.4	59.6	28.0	17.5	4.1	7.2	37.1
	CALDWELL	184.2	23.6	1.5	139.9	13.8	74.6	35.2	21.4	5.1	8.2	44.5
	CALLOWAY	481.1	62.1	3.9	561.6	57.3	299.1	138.1	89.2	20.9	38.2	202.9
	CAMPBELL	1,361.1	168.6	11.8	192.7	18.4	100.2	48.3	28.2	6.8	10.3	51.3
	CARLISLE	71.0	9.2	0.6	29.8	2.9	16.0	7.5	4.5	1.1	1.7	9.1
	CARROLL	247.9	31.7	2.0	220.3	21.1	113.0	54.4	32.2	7.8	12.6	58.1
	CARTER	461.5	60.1	3.7	142.7	13.6	73.3	35.3	20.8	5.0	7.8	37.4
	CASEY	179.6	23.8	1.4	702.8	70.1	373.0	174.7	108.5	25.6	43.0	229.4
	CHRISTIAN	1,021.6	132.0	8.2	413.9	40.7	214.0	101.5	62.4	14.9	25.9	125.4
	CLARK	542.3	69.2	4.4	93.8	8.8	48.1	23.5	13.4	3.3	4.8	22.7
	CLAY	251.3	34.0	1.9	334.1	32.8	176.0	83.3	50.9	12.1	19.9	103.4
	CLINTON	135.1	18.1	1.0	84.2	8.8	45.0	20.6	13.6	3.2	6.1	32.0
	CRITTENDEN	114.1	14.8	0.9	5.8	0.5	2.9	1.4	0.8	0.2	0.3	1.1
	CUMBERLAND	98.6	13.0	0.8	101.5	9.7	50.8	24.4	14.7	3.6	6.2	26.2
	DAVIESS	1,468.4	187.4	12.1	321.3	30.9	162.9	78.2	47.0	11.4	19.3	87.2
	EDMONSON	115.9	15.2	0.9	244.7	23.2	123.4	59.6	35.4	8.6	14.7	63.0
	ELLIOTT	60.1	8.0	0.5	97.8	9.4	50.3	23.9	14.4	3.5	5.9	26.8
	ESTILL	190.6	25.3	1.5	34.4	3.3	17.6	8.5	5.0	1.2	2.0	9.2
	FAYETTE	4,349.6	544.7	37.1	267.7	25.7	138.2	66.5	39.3	9.5	15.0	71.6
	FLEMING	208.7	27.4	1.6	203.3	20.0	108.5	51.2	31.2	7.4	11.6	63.7
	FLOYD	500.5	66.3	3.9	767.1	73.6	396.9	191.2	113.1	27.3	43.3	210.7
	FRANKLIN	776.0	97.2	6.6	99.5	9.6	51.8	24.7	14.8	3.5	5.7	28.4
	FULTON	88.0	11.6	0.7	69.0	6.8	36.1	17.1	10.4	2.5	4.2	20.9
	GALLATIN	135.0	17.3	1.1	15.5	1.5	8.4	3.9	2.4	0.6	0.9	5.0
	GARRARD	283.2	36.7	2.3	108.1	11.6	57.2	25.7	18.0	4.1	8.9	45.6
	GRANT	493.5	62.9	4.1	117.2	11.1	59.9	29.3	16.9	4.1	6.1	29.0
	GRAVES	580.7	74.8	4.7	215.1	20.7	110.1	53.0	31.7	7.6	12.7	59.0
	GRAYSON	433.2	56.7	3.4	88.4	8.6	46.1	22.1	13.1	3.1	5.0	24.8
	GREEN	132.8	17.4	1.0	82.0	8.4	43.7	20.1	13.1	3.1	5.7	30.1
	GREENUP	534.2	68.1	4.4	192.8	18.7	100.8	48.3	28.9	6.9	10.9	55.7
	HANCOCK	163.1	20.8	1.3	42.5	4.0	21.4	10.4	6.1	1.5	2.5	10.6
	HARDIN	1,772.4	225.4	14.6	1,371.3	137.0	720.3	338.2	211.8	49.9	88.4	451.7
	HARLAN	339.8	45.4	2.6	350.2	34.1	182.9	87.0	52.5	12.5	20.3	102.8
	HARRISON	273.2	35.0	2.2	13.7	1.3	7.4	3.5	2.0	0.5	0.6	3.8
	HART	226.8	29.8	1.8	179.7	17.1	91.0	44.1	26.1	6.4	10.5	46.8
	HENDERSON	672.9	85.8	5.5	202.4	19.4	103.4	49.9	29.6	7.2	11.8	54.4
	HENRY	264.6	33.4	2.2	483.6	47.6	252.9	119.9	73.4	17.4	29.2	148.3
	HICKMAN	46.1	6.0	0.4	63.1	6.0	32.8	15.8	9.2	2.2	3.4	16.7
	HOPKINS	662.8	85.0	5.4	466.4	45.4	245.3	116.6	69.9	16.7	26.1	136.0
	JACKSON	171.2	23.1	1.3	275.7	28.0	146.9	68.3	43.6	10.2	18.1	97.2
	JEFFERSON	11,334.7	1,424.8	95.8	2,554.8	256.7	1,361.0	634.2	399.1	93.8	161.3	809.4
	JESSAMINE	824.5	103.6	7.0	73.8	7.5	38.0	17.7	11.4	2.7	5.1	24.5
	JOHNSON	366.6	48.4	2.8	755.6	75.0	400.8	187.9	116.5	27.5	46.2	246.6
	KENTON	2,382.8	297.7	20.3	119.7	11.6	63.0	30.2	17.9	4.3	6.6	34.5
	KNOTT	184.8	24.3	1.4	154.1	14.5	78.6	38.5	22.3	5.4	8.3	38.9
	KNOX	324.2	43.5	2.5	273.9	26.1	141.2	68.1	39.9	9.7	14.9	71.8
	LARUE	228.6	28.9	1.9	115.2	11.1	59.4	28.5	17.0	4.1	6.6	31.7
	LAUREL	666.2	87.0	5.2	348.1	34.4	182.9	86.3	53.3	12.6	21.4	110.3
	LAWRENCE	202.5	26.9	1.5	231.0	22.9	122.4	57.6	35.6	8.4	13.9	74.8
	LEE	87.2	11.6	0.7	31.0	2.9	15.8	7.7	4.4	1.1	1.7	7.6
	LESLIE	126.6	16.8	1.0	123.0	11.7	63.3	30.5	17.9	4.3	6.8	32.1
	LETCHER	377.4	49.4	3.0	291.3	27.6	147.3	71.2	41.9	10.2	17.0	72.8
	LEWIS	182.0	23.9	1.4	99.9	9.4	50.0	24.3	14.3	3.5	5.8	24.4
	LINCOLN	372.1	48.7	2.9	338.5	34.5	179.1	83.0	53.4	12.4	23.1	119.9
	LIVINGSTON	154.0	19.8	1.2	149.4	14.0	76.4	37.3	21.2	5.2	7.6	35.7
	LOGAN	410.5	53.2	3.2	330.1	32.0	172.2	82.3	49.4	11.8	19.1	95.7
	LYON	108.0	13.9	0.9	40.9	3.9	21.5	10.2	6.0	1.5	2.2	11.3
	MADISON	1,212.4	155.4	9.9	366.7	34.1	183.2	89.7	51.7	12.7	20.6	84.1
	MAGOFFIN	180.4	23.8	1.4	111.5	10.5	57.2	27.7	16.1	3.9	6.1	28.3
	MARION	279.2	36.3	2.2	284.9	27.7	147.9	70.8	42.5	10.2	16.6	81.9
	MARSHALL	511.5	65.3	4.2	464.6	47.1	248.4	114.9	73.8	17.2	30.9	167.8
	MARTIN	161.9	21.2	1.3	73.8	7.3	38.7	18.2	11.3	2.7	4.7	23.8
	MASON	245.2	31.3	2.0	115.6	11.2	59.5	28.4	17.1	4.1	6.9	32.7
	MCCRACKEN	886.2	112.7	7.4	151.0	14.3	75.0	36.6	21.6	5.3	8.9	36.4
	MCCREARY	218.7	29.4	1.6	346.1	33.8	182.7	87.0	52.2	12.4	19.6	103.4
	MCLEAN	142.2	18.3	1.2	146.1	14.2	76.4	36.4	21.9	5.2	8.5	43.0
	MEADE	350.2	43.7	3.0	429.3	41.4	224.2	107.5	63.9	15.3	24.0	121.4
	MENIFEE	93.6	12.5	0.7	194.8	19.3	103.6	48.8	29.9	7.1	11.4	61.7
	MERCER	331.0	42.2	2.7	148.9	14.2	75.4	36.4	21.5	5.2	8.7	38.1

State	County	U.S. Population			2017 Gender		2017 Race			
		Total 2017	2010-2017 % chg.	Total 2022	Male	Female	White	Black	Other Race	Hispanic
	METCALFE	12,536	-13%	39,784	6,227	6,310	12,089	121	197	130
	MONROE	11,400	-13%	48,439	5,669	5,731	9,969	196	603	632
	MONTGOMERY	28,465	8%	83,101	13,913	14,552	25,633	627	919	1,286
	MORGAN	16,983	11%	2,111	9,786	7,197	14,917	1,630	228	208
	MUHLENBERG	31,321	-2%	105,471	15,858	15,464	28,394	1,511	711	705
	NELSON	51,778	6%	7,616	25,544	26,233	44,609	2,054	1,341	3,774
	NICHOLAS	7,503	-8%	52,161	3,718	3,785	6,939	31	150	382
	OHIO	22,771	-2%	38,153	11,353	11,419	21,097	192	677	806
	OLDHAM	63,411	38%	49,408	33,555	29,856	52,320	2,559	3,945	4,586
	OWEN	7,664	-42%	64,701	3,767	3,897	6,989	43	177	453
	OWSLEY	6,686	28%	1,531	3,322	3,364	6,576	15	50	45
	PENDLETON	14,400	6%	15,156	7,167	7,232	13,894	43	305	158
	PERRY	33,748	-9%	20,951	16,690	17,058	32,269	366	757	355
	PIKE	68,302	0%	126,488	33,395	34,906	64,740	329	2,656	577
	POWELL	13,214	-15%	101,890	6,567	6,646	12,378	111	498	227
	PULASKI	70,519	11%	48,161	34,531	35,988	63,257	595	5,253	1,413
	ROBERTSON	1,859	-10%	7,863	933	925	1,770	3	31	55
	ROCKCASTLE	17,736	3%	54,318	8,691	9,045	17,117	15	486	118
	ROWAN	24,784	18%	67,123	12,049	12,735	22,459	313	1,457	555
	RUSSELL	18,658	6%	4,371	9,115	9,543	15,851	77	1,530	1,200
	SCOTT	58,689	8%	25,486	28,874	29,815	43,096	1,957	7,791	5,844
	SHELBY	47,206	20%	4,739	23,039	24,167	27,640	2,100	3,268	14,198
	SIMPSON	17,168	2%	514	8,382	8,786	13,525	1,403	1,864	377
	SPENCER	21,665	26%	9,541	10,982	10,683	20,834	206	407	218
	TAYLOR	28,351	29%	42,024	13,738	14,613	25,562	1,264	835	691
	TODD	11,492	-4%	6,704	5,663	5,829	8,969	799	735	988
	TRIGG	16,207	6%	49,252	7,960	8,247	14,216	1,075	460	455
	TRIMBLE	9,577	12%	9,367	4,868	4,709	8,749	26	255	547
	UNION	14,586	-4%	6,969	7,430	7,156	12,074	1,479	767	267
	WARREN	137,538	-5%	24,800	67,339	70,199	90,503	9,214	26,962	10,860
	WASHINGTON	11,853	-1%	62,592	5,713	6,139	9,117	571	891	1,273
	WAYNE	23,030	15%	4,012	11,394	11,636	20,245	277	607	1,902
	WEBSTER	15,932	17%	6,066	7,948	7,984	13,183	469	785	1,495
	WHITLEY	57,307	41%	82,738	27,700	29,607	54,876	216	1,262	953
	WOLFE	9,244	0%	28,758	4,529	4,715	9,099	13	92	40
	WOODFORD	26,577	9%	62,594	12,739	13,839	17,509	875	4,772	3,421
KY Total		4,735,015	4%	5,018,496	2,330,699	2,404,315	3,702,037	316,280	463,783	252,914

		2017 Age Ranges (Years)								2017 Occupations					
State	County	1-9	10-19	20-29	30-39	40-49	50-59	60-69	70 over	Mana-gerial	Sales	Admin support	Service	Farming forestry, fishing	Prod-uction
	METCALFE	1,614	1,570	1,276	1,427	1,966	1,957	1,353	1,374	2,510	726	875	583	105	2,056
	MONROE	1,295	1,433	1,060	1,211	1,682	1,781	1,613	1,324	2,568	610	564	735	25	1,764
	MONTGOMERY	3,951	3,405	3,300	4,050	4,265	4,294	2,659	2,540	5,292	1,432	2,209	1,856	10	4,074
	MORGAN	1,676	1,756	2,504	2,635	3,026	2,217	1,798	1,371	2,365	740	746	2,240	282	4,886
	MUHLENBERG	3,427	3,513	3,565	3,764	4,701	5,287	3,689	3,377	4,960	1,641	2,069	3,362	344	6,193
	NELSON	7,114	7,276	5,412	6,645	8,657	8,123	4,727	3,824	7,584	3,016	2,672	3,512	39	8,772
	NICHOLAS	914	950	659	938	1,179	1,126	888	848	1,374	97	671	227	68	1,539
	OHIO	3,107	2,971	2,487	2,670	3,081	3,463	2,738	2,254	2,335	950	2,117	1,896	168	5,382
	OLDHAM	8,212	9,297	5,376	7,685	11,461	11,474	6,217	3,689	15,267	2,573	4,164	3,682	76	5,836
	OWEN	978	998	729	928	1,140	1,378	857	656	1,283	338	709	585	21	1,134
	OWSLEY	697	862	693	717	1,008	1,163	834	711	1,629	242	507	526	32	1,684
	PENDLETON	1,668	1,988	1,433	1,586	2,601	2,463	1,473	1,187	2,077	814	1,168	800	10	2,477
	PERRY	3,819	3,665	3,655	4,202	5,664	6,044	3,708	2,990	6,484	2,781	3,049	3,695	771	5,279
	PIKE	7,402	7,802	7,677	8,074	11,074	12,239	7,257	6,776	11,461	5,619	7,708	8,274	75	9,981
	POWELL	1,658	1,620	1,421	1,632	2,045	2,093	1,597	1,147	1,284	1,022	1,073	1,254	57	2,898
	PULASKI	8,692	8,455	7,124	8,382	10,574	11,056	8,450	7,786	11,188	3,959	6,765	6,387	214	10,451
	ROBERTSON	191	247	148	170	316	317	231	240	433	55	107	225	5	211
	ROCKCASTLE	2,056	2,149	1,720	2,213	3,008	2,752	2,036	1,803	2,189	1,046	910	2,583	68	3,392
	ROWAN	2,670	3,472	5,188	2,636	3,263	3,041	2,400	2,115	4,115	1,500	1,523	2,167	154	3,731
	RUSSELL	2,239	2,167	1,770	2,057	2,838	3,044	2,232	2,310	3,859	1,054	1,027	2,118	33	2,398
	SCOTT	10,133	7,945	8,081	8,347	8,718	7,979	4,329	3,155	8,072	2,348	2,698	4,021	85	10,103
	SHELBY	6,665	6,290	5,482	6,487	7,453	7,210	4,281	3,338	8,156	2,365	2,120	2,991	101	6,346
	SIMPSON	2,267	2,115	1,851	2,068	2,667	2,771	1,829	1,600	2,640	698	1,140	891	27	3,141
	SPENCER	3,125	2,858	1,969	3,084	3,805	3,323	2,236	1,266	3,617	478	2,412	1,096	14	2,784
	TAYLOR	3,336	4,027	3,684	2,819	4,022	3,894	3,306	3,262	6,030	2,402	1,537	2,121	48	3,160
	TODD	1,896	1,521	1,360	1,365	1,565	1,667	1,065	1,053	2,108	368	467	554	105	2,363
	TRIGG	2,082	1,913	1,345	1,633	2,426	2,678	2,233	1,896	2,506	684	1,208	1,189	38	3,121
	TRIMBLE	1,236	1,318	953	1,292	1,571	1,485	945	775	1,272	538	454	976	4	1,620
	UNION	1,636	2,062	2,135	1,395	1,966	2,454	1,464	1,474	2,894	369	821	996	104	2,517
	WARREN	17,903	19,698	25,701	16,831	18,009	18,275	11,172	9,949	21,706	6,932	11,107	10,445	218	14,316
	WASHINGTON	1,297	1,537	1,213	1,259	1,842	1,787	1,320	1,599	2,295	272	524	869	80	2,213
	WAYNE	2,815	2,883	2,523	2,765	3,285	3,701	2,685	2,373	3,624	671	2,123	1,848	462	5,009
	WEBSTER	2,094	1,875	1,699	1,880	2,608	2,613	1,685	1,478	2,257	374	985	1,103	117	3,524
	WHITLEY	7,229	7,782	6,864	6,701	8,110	9,052	5,984	5,586	9,255	4,340	5,185	4,989	413	10,283
	WOLFE	1,165	1,144	1,097	1,424	1,424	1,450	1,194	934	1,681	335	485	543	3	2,767
	WOODFORD	3,215	3,595	2,447	2,869	4,471	4,811	2,888	2,281	5,542	944	1,294	1,738	200	1,909
KY Total		604,297	600,267	595,460	579,215	712,954	738,182	467,298	437,342	806,766	238,108	350,854	390,490	22,467	656,868

State	County	2017 Educational Attainment							2017 Family Income						
		Less than 9th grade	9th to 12th grade, no diploma	High school grad-uate	Some college, no degree	Assoc-iate degree	Bach-elor's degree	Grad. or pro-fessional degree	Less than $25,000	$25,000-$34,999	$35,000-$49,999	$50,000-$74,999	$75,000-$99,999	$100,000-$149,999	over $150,000
	METCALFE	966	1,571	4,737	1,589	282	668	354	1,070	556	651	917	375	169	119
	MONROE	1,143	1,578	2,949	1,667	903	537	638	1,264	411	403	688	291	215	94
	MONTGOMERY	1,071	1,995	9,361	4,602	658	4,146	870	2,378	893	884	1,735	1,147	724	392
	MORGAN	2,343	2,675	5,487	2,546	291	729	423	1,582	658	556	629	518	207	53
	MUHLENBERG	1,581	3,691	11,274	4,390	2,627	1,049	1,534	2,639	1,073	1,308	1,790	1,176	672	305
	NELSON	1,369	2,634	16,078	8,393	2,948	4,238	5,377	2,668	1,386	2,279	3,008	2,400	1,670	883
	NICHOLAS	382	1,088	1,964	1,271	632	282	462	587	174	398	412	369	103	126
	OHIO	1,640	2,288	8,206	2,845	1,651	940	639	1,708	713	1,139	1,304	1,026	432	185
	OLDHAM	985	2,629	11,676	10,701	4,388	11,221	8,527	1,631	710	1,174	2,372	2,519	5,059	3,359
	OWEN	301	598	3,168	1,218	229	267	432	471	188	262	573	338	250	77
	OWSLEY	693	488	1,889	445	1,843	55	193	1,085	266	198	143	69	100	2
	PENDLETON	367	1,307	5,813	2,103	365	1,311	545	777	394	372	1,032	600	690	168
	PERRY	2,673	4,468	8,906	5,402	2,406	2,040	2,401	3,722	1,060	1,141	1,738	1,152	689	333
	PIKE	6,563	8,277	21,530	10,088	3,153	4,162	3,429	7,708	2,339	3,104	3,459	1,964	1,381	709
	POWELL	1,424	2,619	3,801	1,477	678	387	385	1,422	562	519	653	400	192	46
	PULASKI	4,314	9,169	19,397	14,038	3,553	3,712	3,297	6,917	2,388	2,924	3,648	2,568	1,373	880
	ROBERTSON	173	207	623	348	53	113	43	191	45	60	116	59	32	1
	ROCKCASTLE	1,541	2,599	5,592	2,247	716	1,026	885	1,975	469	662	916	486	491	67
	ROWAN	1,341	1,810	6,670	2,648	1,383	2,344	4,640	1,913	709	622	979	939	546	254
	RUSSELL	1,323	1,790	5,802	1,906	1,188	803	2,510	2,149	800	922	731	443	306	154
	SCOTT	1,164	2,789	11,320	11,292	5,289	7,826	5,192	2,518	1,032	2,029	2,943	3,108	3,073	1,258
	SHELBY	976	3,292	10,213	9,177	3,575	6,117	4,085	1,999	1,075	1,859	2,023	2,543	2,243	1,129
	SIMPSON	587	1,078	6,255	2,977	683	1,438	746	1,144	525	697	1,220	721	465	102
	SPENCER	444	1,021	5,393	7,111	1,234	1,084	808	760	295	1,193	1,453	1,600	1,514	313
	TAYLOR	3,057	1,894	9,232	4,039	1,677	1,694	1,559	2,759	792	1,218	1,736	990	436	157
	TODD	837	1,040	3,300	1,592	350	1,473	172	909	404	584	639	350	180	186
	TRIGG	390	1,822	5,222	3,278	976	659	792	1,159	515	869	1,148	598	333	242
	TRIMBLE	248	1,021	2,845	1,875	853	244	542	563	215	308	644	498	433	57
	UNION	411	1,044	5,116	3,022	507	1,115	856	1,070	437	563	794	532	345	95
	WARREN	3,428	9,903	35,318	21,575	6,430	21,116	13,769	9,113	3,485	4,536	6,349	5,791	4,935	1,876
	WASHINGTON	750	982	3,619	1,540	261	1,831	871	752	448	510	649	708	286	129
	WAYNE	2,278	2,261	6,554	5,247	1,042	931	449	2,683	997	1,200	985	325	256	271
	WEBSTER	609	1,577	5,780	2,585	413	761	1,259	1,189	556	788	929	568	482	175
	WHITLEY	4,177	8,597	16,643	8,246	2,164	3,352	3,169	6,385	2,159	2,401	2,489	1,564	794	260
	WOLFE	899	1,538	2,895	1,055	121	340	647	1,087	407	265	672	132	73	73
	WOODFORD	638	1,084	6,097	4,715	1,489	4,470	2,961	1,316	549	889	1,463	1,074	1,501	891
KY Total		193,969	397,958	1,227,313	854,186	254,443	541,242	368,680	335,187	127,468	176,832	237,815	183,686	166,775	85,906

2017 Consumer Spending ($Millions)

State	County	Average annual expend-itures	Food	Alcoholic beverages	Housing	Apparel and services	Transport-ation	Healthcare	Entertain-ment	Personal care products & services	Education	Personal insurance & pensions
	METCALFE	168.9	22.2	1.3	203.7	19.7	106.4	50.9	30.3	7.3	11.4	57.6
	MONROE	149.0	19.5	1.2	61.0	5.9	31.6	15.1	9.1	2.2	3.7	17.4
	MONTGOMERY	388.5	50.0	3.1	66.6	6.5	35.3	16.7	10.1	2.4	3.8	20.5
	MORGAN	176.4	23.5	1.4	122.8	11.8	62.8	30.2	18.1	4.4	7.3	33.9
	MUHLENBERG	415.4	53.9	3.3	202.7	19.3	103.6	50.3	29.4	7.2	11.2	52.6
	NELSON	745.3	94.5	6.2	300.1	29.4	158.7	75.2	45.4	10.8	17.1	91.0
	NICHOLAS	103.4	13.3	0.8	10.1	1.0	5.6	2.5	1.7	0.4	0.7	4.1
	OHIO	299.6	39.1	2.4	363.7	35.5	188.3	89.6	54.3	13.0	21.9	105.3
	OLDHAM	1,058.7	127.4	9.6	349.8	33.1	178.9	87.0	50.4	12.2	19.2	87.3
	OWEN	112.1	14.3	0.9	104.6	10.1	52.3	25.1	15.3	3.7	6.7	28.2
	OWSLEY	68.4	9.3	0.5	16.0	1.5	8.3	4.0	2.3	0.6	0.8	4.1
	PENDLETON	218.0	27.5	1.8	51.1	4.9	26.8	12.9	7.6	1.8	2.7	14.2
	PERRY	423.4	55.7	3.3	627.6	62.0	331.3	156.3	96.0	22.8	37.8	196.9
	PIKE	897.1	117.8	7.0	283.6	26.9	141.8	69.0	40.6	9.9	16.6	69.6
	POWELL	160.3	21.3	1.2	256.4	24.4	129.3	62.5	36.9	9.0	15.1	64.4
	PULASKI	901.3	118.2	7.1	497.3	48.4	257.5	123.3	74.4	17.7	29.5	145.4
	ROBERTSON	22.0	2.9	0.2	19.2	1.8	9.7	4.7	2.8	0.7	1.1	4.9
	ROCKCASTLE	219.0	28.9	1.7	329.9	31.7	170.3	81.8	48.5	11.7	18.8	89.5
	ROWAN	275.2	35.7	2.2	60.5	5.9	32.2	15.2	9.3	2.2	3.6	19.8
	RUSSELL	225.0	30.0	1.7	59.1	5.6	30.5	14.7	8.5	2.1	3.1	14.9
	SCOTT	897.9	112.2	7.7	198.8	18.3	97.9	48.9	27.5	6.9	10.5	41.5
	SHELBY	704.1	88.3	6.0	271.6	26.7	142.3	67.7	40.9	9.7	15.8	80.7
	SIMPSON	236.0	30.5	1.9	1.2	0.1	0.6	0.3	0.2	0.0	0.1	0.2
	SPENCER	413.1	51.7	3.5	77.4	7.4	40.7	19.6	11.3	2.7	3.9	20.5
	TAYLOR	360.4	47.2	2.8	19.7	1.9	10.1	4.9	2.8	0.7	1.0	4.8
	TODD	152.2	19.6	1.2	188.1	18.1	96.3	46.5	27.5	6.7	10.8	50.3
	TRIGG	231.9	29.9	1.9	196.0	18.5	98.4	47.7	28.0	6.8	11.4	47.5
	TRIMBLE	145.1	18.4	1.2	155.4	14.8	80.5	38.9	22.7	5.5	8.4	41.1
	UNION	181.6	23.5	1.4	68.5	6.9	36.2	17.0	10.6	2.5	4.3	22.6
	WARREN	1,802.4	230.3	14.8	109.6	10.7	56.7	26.9	16.5	4.0	6.7	32.8
	WASHINGTON	168.7	21.8	1.4	378.6	37.2	198.1	93.9	57.5	13.6	23.0	116.9
	WAYNE	273.6	36.3	2.1	196.9	20.2	106.4	49.0	31.5	7.3	13.1	72.4
	WEBSTER	229.6	29.5	1.9	307.1	29.7	157.6	75.6	45.4	10.9	18.3	86.7
	WHITLEY	669.8	89.0	5.1	193.6	18.2	97.1	47.4	27.5	6.7	10.8	45.5
	WOLFE	105.8	14.2	0.8	494.6	48.2	259.5	123.4	74.3	17.8	28.5	146.7
	WOODFORD	421.0	52.4	3.6	141.0	14.3	74.8	34.8	22.1	5.2	9.1	48.7
KY Total		65,313.8	8,327.5	539.1	28,553.9	2,795.2	14,892.3	7,073.0	4,303.2	1,026.2	1,709.2	8,553.2

State	County	Total 2017	2010-2017 % chg.	Total 2022	Male	Female	White	Black	Other Race	Hispanic
LA	ACADIA	58,091	1%	146,935	28,385	29,705	42,556	11,439	2,781	1,314
	ALLEN	23,530	-6%	24,027	13,456	10,074	15,481	6,140	1,540	370
	ASCENSION	130,627	15%	60,488	64,567	66,060	88,819	26,224	7,614	7,969
	ASSUMPTION	20,419	5%	53,652	9,984	10,436	13,675	5,888	492	365
	AVOYELLES	43,548	2%	63,026	22,009	21,539	27,424	12,999	2,532	593
	BEAUREGARD	41,917	13%	127,489	21,355	20,561	31,197	4,287	5,020	1,412
	BIENVILLE	15,545	12%	59,962	7,540	8,005	8,957	5,980	411	196
	BOSSIER	123,584	6%	72,835	60,673	62,910	77,952	23,651	13,603	8,378
	CADDO	260,597	-2%	220,193	124,002	136,594	109,673	118,836	25,053	7,034
	CALCASIEU	196,405	1%	144,017	95,834	100,572	126,204	47,837	16,739	5,626
	CALDWELL	17,536	39%	14,158	9,154	8,382	14,637	2,497	168	234
	CAMERON	2,491	-20%	13,482	1,276	1,215	2,353	33	74	31
	CATAHOULA	11,823	-19%	31,864	6,160	5,662	7,877	3,281	490	175
	CLAIBORNE	15,453	-10%	81,040	8,797	6,656	6,749	8,134	336	234
	CONCORDIA	19,374	2%	29,785	9,755	9,619	10,576	7,873	743	183
	DE SOTO	27,621	4%	124,374	13,396	14,224	15,859	9,531	1,129	1,101
	EAST BATON ROUGE	459,608	0%	153,577	220,832	238,776	186,159	213,026	42,460	17,962
	EAST CARROLL	7,179	-7%	8,345	3,847	3,331	2,035	4,676	154	313
	EAST FELICIANA	23,572	14%	52,234	12,422	11,150	13,475	9,451	422	224
	EVANGELINE	33,363	-4%	86,761	16,569	16,793	21,722	8,651	1,300	1,690
	FRANKLIN	19,774	3%	51,924	9,593	10,181	12,809	6,287	508	169
	GRANT	24,288	4%	72,431	13,611	10,677	18,653	2,894	1,569	1,172
	IBERIA	71,277	-8%	85,658	34,801	36,476	39,820	20,312	9,356	1,789
	IBERVILLE	37,276	13%	51,443	19,087	18,189	18,152	17,740	784	599
	JACKSON	15,713	0%	66,212	7,982	7,731	11,110	4,005	386	212
	JEFFERSON	425,835	0%	130,705	206,732	219,103	203,912	111,476	52,539	57,909
	JEFFERSON DAVIS	31,431	-3%	112,490	15,327	16,104	23,261	4,521	2,943	705
	LA SALLE	13,597	-12%	3,796	6,727	6,870	11,315	1,522	455	304
	LAFAYETTE	247,495	13%	126,904	120,914	126,581	157,237	60,565	18,554	11,140
	LAFOURCHE	84,800	0%	73,711	41,436	43,364	60,363	13,650	7,810	2,977
	LINCOLN	48,863	-1%	69,256	23,948	24,915	25,255	18,670	3,349	1,588
	LIVINGSTON	139,946	8%	93,950	69,282	70,663	115,532	5,960	14,383	4,070
	MADISON	10,678	-4%	2,713	5,272	5,405	3,265	6,994	154	265
	MOREHOUSE	27,445	-19%	71,824	13,138	14,308	13,572	11,547	2,024	302
	NATCHITOCHES	40,850	-2%	51,252	19,446	21,404	21,705	15,495	2,766	884
	ORLEANS	299,274	-14%	301,190	144,743	154,530	92,889	164,253	26,946	15,185
	OUACHITA	154,125	3%	18,016	73,737	80,388	85,369	57,129	8,421	3,205
	PLAQUEMINES	23,785	-10%	23,276	11,896	11,889	15,236	3,472	4,181	895
	POINTE COUPEE	20,725	-6%	202,818	10,052	10,673	12,678	6,814	471	763
	RAPIDES	126,471	3%	108,553	61,087	65,384	71,943	39,627	11,139	3,762
	RED RIVER	8,776	8%	60,062	4,220	4,556	5,345	3,097	234	100
	RICHLAND	21,420	-8%	79,791	10,370	11,050	13,071	7,401	605	344
	SABINE	24,262	-1%	22,200	12,015	12,247	13,874	3,483	6,362	544
	SAINT BERNARD	28,484	-20%	46,485	14,393	14,091	14,549	7,859	4,008	2,068
	SAINT CHARLES	56,771	10%	85,892	28,198	28,573	36,806	13,523	3,164	3,278
	SAINT HELENA	7,250	37%	33,533	3,554	3,697	3,376	3,724	72	78
	SAINT JAMES	23,442	3%	32,664	11,444	11,998	10,722	12,163	299	259
	SAINT LANDRY	89,958	5%	61,463	43,121	46,837	51,684	32,537	4,177	1,561
	SAINT MARTIN	46,782	-1%	31,544	22,996	23,785	30,296	13,221	2,466	798
	SAINT MARY	54,108	-12%	81,780	26,854	27,254	28,573	15,654	6,465	3,418
	SAINT TAMMANY	253,659	12%	144,846	123,730	129,929	183,814	25,452	30,733	13,659
	ST JOHN THE BAPTIST	49,292	0%	39,013	24,019	25,273	17,030	27,453	2,438	2,370
	TANGIPAHOA	141,205	10%	163,463	68,618	72,587	85,887	36,480	11,865	6,973
	TENSAS	4,937	-6%	25,469	2,343	2,594	2,145	2,651	80	61
	TERREBONNE	123,893	-1%	180,079	61,580	62,312	71,070	19,156	28,682	4,985
	UNION	24,058	-7%	103,023	11,892	12,165	14,742	5,656	1,858	1,802
	VERMILION	60,283	6%	123,310	29,307	30,976	46,455	8,182	4,059	1,588
	VERNON	47,731	9%	31,433	24,322	23,409	31,656	7,204	5,808	3,062
	WASHINGTON	48,859	6%	13,188	24,209	24,650	31,260	14,175	2,207	1,217
	WEBSTER	41,929	3%	27,078	20,451	21,478	25,584	12,435	3,098	812
	WEST BATON ROUGE	25,471	9%	34,678	12,529	12,942	14,509	9,459	636	867
	WEST CARROLL	11,314	0%	36,856	5,675	5,639	8,849	1,786	374	305
	WEST FELICIANA	15,634	14%	14,418	10,314	5,320	8,200	6,581	618	234
	WINN	20,412	-12%	15,676	10,511	9,901	14,171	4,831	918	492
LA Total		4,625,856	1%	4,774,308	2,265,492	2,360,364	2,601,128	1,397,530	413,025	214,173

State	County	1-9	10-19	20-29	30-39	40-49	50-59	60-69	70 over	Managerial	Sales	Admin support	Service	Farming forestry, fishing	Production
LA	ACADIA	7,991	8,603	7,268	6,317	8,760	8,457	5,462	5,232	9,660	4,186	3,861	7,155	127	9,846
	ALLEN	2,497	2,468	3,399	3,674	3,813	3,333	2,189	2,157	3,661	1,009	1,304	6,287	457	2,747
	ASCENSION	20,647	19,153	15,769	18,285	21,369	17,930	10,609	6,864	20,604	8,484	10,211	9,759	70	16,856
	ASSUMPTION	2,227	2,730	2,186	2,134	3,177	3,657	2,288	2,021	3,739	1,190	1,856	1,739	348	3,077
	AVOYELLES	5,200	5,629	5,377	5,315	6,695	6,790	4,267	4,275	6,090	2,140	2,050	11,050	419	5,665
	BEAUREGARD	5,521	5,910	4,719	5,150	6,137	6,372	4,407	3,700	4,952	3,280	2,346	5,724	470	7,520
	BIENVILLE	1,717	2,012	1,593	1,561	2,366	2,374	1,923	1,998	2,389	600	1,679	1,302	814	2,901
	BOSSIER	17,091	16,678	17,173	15,783	17,748	16,529	11,279	11,303	18,539	8,451	9,108	15,129	71	14,384
	CADDO	32,874	34,657	38,925	28,582	34,838	39,883	24,049	26,789	37,603	15,712	18,832	36,480	129	33,996
	CALCASIEU	25,878	26,820	27,492	21,678	27,916	29,694	18,014	18,914	27,311	11,436	12,453	30,237	219	23,435
	CALDWELL	2,541	1,949	2,337	1,947	2,879	2,570	1,845	1,467	2,747	698	1,205	2,788	355	2,089
	CAMERON	217	323	228	242	432	486	337	227	159	495	122	238	151	227
	CATAHOULA	1,294	1,388	1,599	1,312	1,730	1,773	1,384	1,344	2,100	619	1,464	1,008	210	1,982
	CLAIBORNE	1,392	1,683	2,091	2,089	2,541	2,324	1,576	1,757	2,075	896	975	2,144	840	2,873
	CONCORDIA	2,484	2,457	2,419	2,293	2,663	3,045	1,955	2,058	2,882	1,106	1,673	2,933	191	3,476
	DE SOTO	3,318	3,834	2,772	2,978	4,264	4,777	3,005	2,672	3,741	1,468	2,676	2,948	326	4,718
	EAST BATON ROUGE	55,247	64,002	83,841	49,632	58,415	68,346	40,255	39,870	78,241	24,347	36,700	46,928	469	42,254
	EAST CARROLL	880	886	1,220	902	1,155	1,002	553	580	1,736	330	396	1,294	189	951
	EAST FELICIANA	2,179	2,829	2,779	2,558	3,803	4,732	2,609	2,084	4,211	1,500	2,406	3,040	61	3,010
	EVANGELINE	4,605	4,982	4,048	3,754	5,055	4,964	3,052	2,903	5,945	2,114	2,181	5,049	477	6,041
	FRANKLIN	2,657	2,438	2,232	2,060	2,716	3,002	2,349	2,321	4,415	955	1,422	2,220	271	3,038
	GRANT	3,013	2,951	3,116	3,917	3,755	3,752	2,326	1,818	4,010	1,397	1,530	2,856	325	4,020
	IBERIA	9,444	10,375	8,549	7,592	11,026	11,068	6,763	6,461	12,217	4,081	7,179	8,043	614	10,115
	IBERVILLE	3,901	4,607	5,062	4,309	6,446	6,384	3,465	3,101	6,837	1,965	2,970	4,202	803	6,610
	JACKSON	1,812	1,829	1,843	1,796	2,319	2,518	1,923	1,673	2,627	999	1,550	1,038	312	2,215
	JEFFERSON	49,242	48,977	56,082	48,306	60,698	72,563	42,476	47,492	70,743	21,585	28,484	46,997	2,458	45,594
	JEFFERSON DAVIS	4,300	4,680	3,682	3,249	4,900	4,428	2,857	3,335	5,319	1,856	2,044	4,863	117	4,852
	LA SALLE	1,746	1,795	1,683	1,526	1,922	1,931	1,499	1,496	1,882	321	927	2,096	182	2,476
	LAFAYETTE	31,585	34,511	41,171	29,262	37,136	34,426	19,048	20,355	44,560	14,519	19,144	21,306	125	24,717
	LAFOURCHE	9,961	11,431	10,796	9,512	13,792	12,482	8,168	8,658	14,842	5,741	7,538	7,038	1,566	10,539
	LINCOLN	5,448	7,231	12,044	4,650	5,370	6,008	3,854	4,256	9,036	3,832	3,290	5,257	114	5,487
	LIVINGSTON	20,550	21,047	18,124	19,977	21,663	18,712	11,419	8,454	21,983	10,066	11,808	9,806	273	19,522
	MADISON	1,361	1,345	1,809	1,393	1,555	1,644	819	752	1,829	282	778	3,023	88	1,056
	MOREHOUSE	3,512	3,394	3,381	2,875	4,080	4,363	2,792	3,049	3,791	2,539	2,272	3,307	221	4,649
	NATCHITOCHES	5,233	5,962	7,386	4,232	4,959	5,490	3,990	3,598	6,485	2,320	4,972	4,173	349	5,712
	ORLEANS	33,254	36,224	56,781	36,038	41,860	48,205	24,909	22,004	58,451	18,409	20,650	45,736	213	26,182
	OUACHITA	21,195	22,579	22,043	18,146	21,286	21,535	13,277	14,064	25,697	9,598	14,132	17,072	44	15,983
	PLAQUEMINES	3,347	3,664	2,499	2,852	4,053	3,130	1,895	2,345	3,926	1,669	2,429	1,862	619	3,029
	POINTE COUPEE	2,212	2,630	2,024	1,927	3,232	3,745	2,559	2,396	3,782	1,765	1,682	1,568	181	2,715
	RAPIDES	16,289	17,841	14,382	14,262	18,336	19,735	12,833	12,794	23,205	7,789	9,927	14,284	1,173	15,496
	RED RIVER	1,102	1,259	999	913	1,205	1,464	1,015	818	1,316	132	1,056	1,111	86	1,940
	RICHLAND	2,752	2,829	2,655	2,482	3,325	3,339	2,006	2,033	4,497	1,029	1,981	2,195	148	3,122
	SABINE	2,927	3,158	2,754	2,357	3,298	3,775	3,271	2,723	3,871	1,346	2,175	1,789	1,572	4,110
	SAINT BERNARD	3,726	3,903	4,481	3,518	4,410	4,298	2,118	2,031	4,341	1,433	2,389	2,450	702	3,986
	SAINT CHARLES	7,215	8,616	6,059	6,236	10,268	9,511	4,358	4,508	8,465	1,864	5,795	4,120	357	9,034
	SAINT HELENA	1,017	1,091	793	629	1,040	1,191	862	627	1,105	127	582	1,027	150	1,451
	SAINT JAMES	2,889	3,424	2,654	2,353	3,571	3,910	2,425	2,217	4,391	1,580	2,342	1,847	322	3,753
	SAINT LANDRY	12,172	12,891	10,433	9,434	13,475	14,015	8,661	8,878	15,763	6,108	6,959	13,451	141	13,668
	SAINT MARTIN	5,993	6,641	5,825	5,250	7,752	7,255	4,244	3,821	5,498	2,465	5,143	6,155	158	7,941
	SAINT MARY	6,026	7,174	6,027	5,798	8,568	8,712	5,715	6,088	9,403	3,434	4,750	7,859	336	5,803
	SAINT TAMMANY	31,973	35,318	24,794	28,107	41,079	43,743	25,440	23,204	51,682	18,439	14,195	22,646	84	22,553
	ST JOHN THE BAPTIST	6,147	7,824	6,015	5,505	8,271	7,718	4,291	3,521	5,432	3,484	4,184	5,584	36	8,228
	TANGIPAHOA	18,882	20,541	22,762	16,330	19,603	20,362	12,339	10,386	24,938	8,272	12,163	13,756	339	20,280
	TENSAS	677	592	506	424	720	959	582	577	1,115	249	209	499	114	962
	TERREBONNE	16,330	17,200	16,652	14,675	19,168	18,097	11,062	10,692	18,560	7,907	10,680	11,194	1,768	20,365
	UNION	2,878	2,941	2,814	2,458	3,470	3,966	3,098	2,431	3,559	1,438	1,932	1,886	489	4,310
	VERMILION	8,139	8,447	7,266	6,806	9,596	8,875	5,335	5,821	10,548	3,412	5,037	6,368	509	8,910
	VERNON	7,591	6,388	8,118	6,352	6,238	5,753	4,031	3,260	8,611	2,685	4,769	5,015	803	8,051
	WASHINGTON	6,628	6,243	5,791	5,212	6,872	8,163	5,099	4,851	8,707	2,628	3,207	6,669	303	8,926
	WEBSTER	4,892	5,308	4,860	4,546	5,919	6,718	4,711	4,975	5,909	3,202	2,795	4,586	73	7,360
	WEST BATON ROUGE	3,115	3,600	3,446	2,905	4,238	4,035	2,143	1,989	2,853	1,752	2,278	3,436	15	3,479
	WEST CARROLL	1,327	1,523	1,264	1,398	1,548	1,586	1,312	1,357	2,513	1,068	787	853	104	1,754
	WEST FELICIANA	1,175	1,664	1,272	2,215	3,429	3,440	1,508	931	3,839	336	1,143	1,552	12	1,863
	WINN	2,367	2,315	2,540	2,603	2,970	3,597	2,204	1,816	3,039	538	920	2,221	3,009	2,504
LA Total		583,707	625,402	652,705	532,572	676,893	708,280	428,107	418,190	773,979	276,677	355,697	528,249	28,072	576,420

State	County	Less than 9th grade	9th to 12th grade, no diploma	High school grad-uate	Some college, no degree	Assoc-iate degree	Bach-elor's degree	Grad. or pro-fessional degree	Less than $25,000	$25,000-$34,999	$35,000-$49,999	$50,000-$74,999	$75,000-$99,999	$100,000-$149,999	over $150,000
LA	ACADIA	4,058	6,866	17,924	9,790	2,402	3,054	1,840	4,686	1,651	2,183	3,080	1,764	1,686	575
	ALLEN	1,674	5,195	6,892	2,948	679	1,461	937	1,276	505	819	1,037	599	936	299
	ASCENSION	2,385	8,053	33,075	23,848	4,097	23,589	4,932	4,723	2,075	3,286	6,520	7,235	8,276	4,096
	ASSUMPTION	1,686	2,633	6,357	4,526	507	858	426	1,388	451	730	1,054	1,115	538	385
	AVOYELLES	2,137	8,444	14,379	4,855	2,375	2,352	1,104	3,603	1,389	1,737	1,816	1,280	890	325
	BEAUREGARD	1,510	4,884	13,219	7,353	826	4,426	1,160	2,707	1,311	1,603	1,917	1,624	1,821	565
	BIENVILLE	833	1,702	5,432	2,350	241	1,216	1,125	1,476	531	601	497	543	448	117
	BOSSIER	2,307	10,355	30,104	25,608	7,199	13,067	9,243	6,609	2,719	3,962	5,919	6,465	5,648	2,649
	CADDO	5,524	27,985	67,450	51,607	8,197	32,258	18,317	20,117	7,470	8,939	10,737	8,153	8,131	4,698
	CALCASIEU	7,141	20,973	49,981	37,292	10,262	22,540	9,721	13,718	5,188	6,254	8,597	8,153	7,679	3,630
	CALDWELL	1,538	1,726	8,511	1,875	105	267	164	1,470	433	1,634	493	437	390	115
	CAMERON	152	527	691	495	5	114	140	150	88	24	158	104	28	98
	CATAHOULA	490	2,101	3,996	2,052	213	558	507	982	353	678	703	211	309	70
	CLAIBORNE	1,697	2,620	4,463	1,803	682	1,302	716	1,230	385	638	546	528	482	145
	CONCORDIA	1,405	2,603	5,831	3,876	275	1,434	259	2,435	432	594	807	505	310	117
	DE SOTO	989	4,043	9,202	4,451	770	2,018	900	2,198	741	911	1,565	1,004	763	411
	EAST BATON ROUGE	10,023	41,220	87,263	94,457	10,191	81,034	51,651	29,078	10,944	14,198	17,146	13,842	20,335	11,288
	EAST CARROLL	448	1,376	2,258	563	253	351	646	699	257	245	166	106	62	99
	EAST FELICIANA	1,117	1,830	6,982	4,784	868	2,866	1,622	1,646	497	603	730	1,008	979	361
	EVANGELINE	2,641	7,622	8,529	4,043	858	1,733	1,012	3,031	733	1,032	1,680	1,187	678	268
	FRANKLIN	1,545	2,693	6,501	3,414	124	871	716	1,910	693	719	882	439	486	248
	GRANT	346	2,386	8,444	5,151	1,414	1,019	1,016	1,484	564	1,282	1,191	1,534	681	138
	IBERIA	4,918	8,931	21,340	9,351	2,357	7,397	2,465	4,919	1,813	2,485	3,287	2,915	2,328	918
	IBERVILLE	2,624	6,046	12,593	5,982	480	2,806	831	2,507	853	1,123	1,390	1,305	1,129	501
	JACKSON	439	1,063	4,169	2,481	1,306	2,092	1,448	1,103	448	740	703	532	834	140
	JEFFERSON	14,302	48,284	92,532	94,541	14,630	60,098	28,480	25,098	10,389	15,704	18,832	15,890	16,291	10,755
	JEFFERSON DAVIS	1,591	3,666	10,949	4,541	1,125	2,172	892	2,229	716	1,088	1,532	1,368	1,287	362
	LA SALLE	433	1,744	3,720	2,565	451	1,137	925	814	333	395	781	435	828	124
	LAFAYETTE	7,782	19,246	57,511	46,429	7,453	40,426	20,925	14,786	5,656	7,817	10,593	8,955	9,570	7,046
	LAFOURCHE	5,818	9,472	27,706	12,930	1,835	8,729	3,266	4,812	1,836	3,060	4,509	3,480	3,470	1,748
	LINCOLN	1,385	3,971	9,948	7,465	2,062	7,888	8,189	4,464	1,264	1,408	1,817	1,334	1,398	1,301
	LIVINGSTON	2,589	11,442	42,312	27,088	3,902	16,790	4,632	5,934	2,786	3,968	7,906	7,634	7,713	2,979
	MADISON	382	2,117	3,014	1,962	133	820	307	1,103	296	360	287	201	105	57
	MOREHOUSE	1,425	2,914	9,978	4,718	1,513	1,118	642	2,845	1,017	1,067	1,373	583	287	234
	NATCHITOCHES	1,328	4,481	9,219	9,678	1,686	4,528	2,295	3,444	1,137	1,493	1,521	911	996	412
	ORLEANS	9,335	34,626	53,216	65,092	8,222	44,322	35,358	24,481	7,831	9,208	10,331	6,087	6,090	5,919
	OUACHITA	3,087	14,631	35,298	30,888	3,066	22,102	13,306	11,181	4,628	5,223	6,309	4,648	5,254	3,290
	PLAQUEMINES	950	1,788	5,716	5,200	1,086	3,130	681	890	380	742	1,070	1,077	1,712	472
	POINTE COUPEE	1,018	2,441	5,745	3,190	709	3,286	851	1,503	573	712	1,017	921	694	314
	RAPIDES	4,516	14,900	33,006	24,612	4,006	13,346	7,117	9,307	3,109	5,062	5,362	4,690	4,027	1,947
	RED RIVER	194	1,057	2,927	918	1,504	299	154	639	266	400	366	328	149	129
	RICHLAND	1,129	3,459	6,307	2,751	735	2,370	580	1,720	769	778	1,018	550	710	263
	SABINE	664	2,757	6,574	5,008	594	2,834	1,324	1,969	688	921	1,036	806	939	510
	SAINT BERNARD	1,281	3,357	7,418	6,420	1,668	1,801	961	1,880	1,144	1,036	1,562	1,146	726	267
	SAINT CHARLES	1,202	3,399	13,663	12,932	4,450	5,897	3,894	2,304	948	1,768	2,364	2,766	3,597	1,833
	SAINT HELENA	529	662	3,428	522	179	104	357	720	160	227	316	288	243	34
	SAINT JAMES	525	2,386	8,260	4,935	350	1,236	1,321	1,276	537	538	876	857	1,548	530
	SAINT LANDRY	6,631	13,096	25,416	14,163	3,221	6,607	2,472	7,874	2,203	3,314	4,096	3,066	2,495	1,085
	SAINT MARTIN	4,298	5,930	17,029	5,585	1,111	2,293	1,418	3,980	919	1,528	2,546	1,807	1,145	431
	SAINT MARY	1,256	5,580	12,420	7,188	1,877	14,763	1,666	3,766	1,198	2,248	2,813	2,083	1,287	960
	SAINT TAMMANY	4,152	16,923	45,392	55,115	10,801	48,092	22,920	10,630	5,347	8,200	11,546	11,581	13,375	9,542
	ST JOHN THE BAPTIST	1,370	5,432	15,959	8,924	1,953	4,160	1,704	2,880	1,244	1,589	2,161	2,076	2,155	906
	TANGIPAHOA	3,954	15,502	37,395	29,820	2,445	17,602	6,402	9,695	4,013	4,836	6,673	5,303	4,140	2,766
	TENSAS	309	1,004	1,114	736	63	616	228	492	208	126	173	67	152	25
	TERREBONNE	7,275	15,629	33,882	20,230	3,998	12,945	5,480	6,756	2,984	3,873	6,016	5,957	4,440	2,587
	UNION	880	3,123	8,116	4,460	810	1,481	890	2,016	817	1,052	1,057	791	773	276
	VERMILION	3,112	8,256	17,070	7,784	1,580	7,345	2,846	3,941	1,516	2,109	3,046	2,361	2,226	1,083
	VERNON	1,072	6,034	11,407	10,960	2,114	3,390	2,304	2,508	1,609	2,119	2,683	2,205	1,347	375
	WASHINGTON	1,982	7,274	15,356	8,075	463	3,443	2,608	4,638	1,513	1,706	1,698	1,369	1,759	355
	WEBSTER	1,254	5,505	11,033	7,029	2,587	3,825	3,152	3,579	1,031	1,500	2,004	1,713	1,387	435
	WEST BATON ROUGE	1,663	3,003	8,196	4,730	663	1,852	540	1,401	487	741	1,045	992	1,118	906
	WEST CARROLL	549	2,158	3,262	2,010	245	739	302	1,123	316	436	437	377	204	130
	WEST FELICIANA	577	1,530	4,166	4,900	61	850	1,590	766	218	412	586	422	554	991
	WINN	761	3,045	6,784	3,610	828	1,355	525	2,971	776	1,139	2,027	955	538	922
LA Total		162,189	495,698	1,158,026	884,657	152,866	586,475	306,403	307,558	115,388	156,924	204,009	170,669	172,573	96,555

2017 Consumer Spending ($Millions)

State	County	Average annual expend-itures	Food	Alcoholic beverages	Housing	Apparel and services	Transport-ation	Healthcare	Entertain-ment	Personal care products & services	Education	Personal insurance & pensions
LA	ACADIA	741.5	95.7	6.0	692.4	69.5	365.6	170.5	107.6	25.4	44.8	232.0
	ALLEN	290.2	36.6	2.4	77.6	7.6	40.4	19.1	11.6	2.8	4.7	23.0
	ASCENSION	2,165.1	266.3	19.0	440.7	43.4	230.4	109.0	66.7	15.9	26.7	134.7
	ASSUMPTION	285.4	36.3	2.4	215.0	22.1	114.8	52.6	34.5	8.0	15.2	80.6
	AVOYELLES	505.6	65.9	4.0	281.9	26.9	145.7	70.3	41.2	10.0	15.5	74.7
	BEAUREGARD	597.7	75.9	4.9	141.6	13.7	73.5	35.1	21.1	5.1	8.2	40.1
	BIENVILLE	189.1	24.7	1.5	30.2	2.9	15.1	7.3	4.4	1.1	1.9	8.0
	BOSSIER	1,814.6	228.4	15.4	290.4	27.8	148.3	71.1	42.6	10.3	17.5	78.8
	CADDO	3,266.3	418.6	26.7	954.9	94.8	503.7	236.8	146.8	34.7	59.1	307.3
	CALCASIEU	2,698.8	342.8	22.5	707.0	69.0	371.0	176.1	106.8	25.4	41.8	213.0
	CALDWELL	221.0	29.1	1.7	3.1	0.3	1.5	0.8	0.4	0.1	0.2	0.6
	CAMERON	34.3	4.2	0.3	265.0	26.4	140.0	65.6	40.9	9.6	16.8	86.5
	CATAHOULA	151.6	19.7	1.2	61.6	5.9	32.2	15.5	9.1	2.2	3.2	16.9
	CLAIBORNE	184.9	24.0	1.5	150.3	14.8	78.6	37.1	22.8	5.5	9.3	46.7
	CONCORDIA	217.7	28.8	1.7	100.4	9.6	51.4	24.7	14.7	3.6	5.8	27.2
	DE SOTO	371.8	47.6	3.0	31.2	2.9	15.5	7.6	4.4	1.1	1.8	7.1
	EAST BATON ROUGE	6,062.0	762.4	51.2	703.1	68.6	364.6	173.6	105.5	25.2	42.3	207.4
	EAST CARROLL	62.0	8.3	0.5	42.1	4.1	22.1	10.5	6.3	1.5	2.4	12.5
	EAST FELICIANA	295.3	37.6	2.5	296.1	28.5	152.8	73.3	43.6	10.5	16.8	80.8
	EVANGELINE	397.5	51.6	3.2	259.5	26.6	135.1	62.3	40.9	9.5	19.0	92.1
	FRANKLIN	242.0	31.5	1.9	63.9	6.3	33.7	16.1	9.7	2.3	3.8	19.6
	GRANT	345.5	44.5	2.8	91.9	8.6	45.6	22.5	12.9	3.2	5.3	20.9
	IBERIA	916.7	117.6	7.5	476.4	48.6	255.1	117.8	75.7	17.6	31.5	171.9
	IBERVILLE	434.1	55.5	3.6	282.2	28.4	146.6	68.5	43.7	10.2	19.4	93.9
	JACKSON	232.4	29.6	1.9	72.8	7.4	39.2	18.2	11.5	2.7	4.7	26.0
	JEFFERSON	5,839.5	735.9	49.2	444.2	42.6	231.3	110.2	66.0	15.9	25.4	127.6
	JEFFERSON DAVIS	442.1	56.3	3.7	868.0	86.7	460.5	215.4	134.5	31.7	54.2	286.7
	LA SALLE	201.5	25.4	1.7	45.6	4.3	23.1	11.3	6.6	1.6	2.6	11.3
	LAFAYETTE	3,299.9	415.2	27.9	631.2	62.1	331.0	156.5	95.8	22.8	38.1	194.2
	LAFOURCHE	1,194.9	150.9	10.0	145.8	15.1	76.8	35.3	23.3	5.4	10.6	54.7
	LINCOLN	606.0	77.4	5.0	161.7	16.1	85.7	40.2	24.9	5.9	9.8	52.4
	LIVINGSTON	2,217.6	276.3	19.0	403.4	38.4	208.3	100.5	58.9	14.3	22.1	106.0
	MADISON	95.2	12.8	0.7	11.7	1.1	6.2	3.0	1.7	0.4	0.6	3.1
	MOREHOUSE	316.2	41.6	2.5	274.2	27.4	146.1	68.2	42.8	10.1	17.5	93.4
	NATCHITOCHES	447.3	58.2	3.6	193.3	18.4	97.6	47.4	27.9	6.8	11.3	49.0
	ORLEANS	3,120.7	403.3	25.3	544.1	53.1	287.7	136.0	82.5	19.6	31.2	166.5
	OUACHITA	1,992.9	253.6	16.6	253.1	24.7	132.5	62.9	38.1	9.1	14.7	75.4
	PLAQUEMINES	376.4	46.6	3.3	442.7	42.8	232.9	109.7	67.4	16.1	25.7	139.1
	POINTE COUPEE	282.9	36.2	2.3	826.1	81.9	431.1	203.2	126.4	29.9	52.6	263.2
	RAPIDES	1,665.3	212.6	13.7	161.5	15.5	82.9	40.0	23.5	5.7	9.0	42.7
	RED RIVER	103.7	13.5	0.8	9.2	0.8	4.4	2.2	1.2	0.3	0.5	1.6
	RICHLAND	273.7	35.3	2.2	299.5	30.1	161.6	74.9	47.4	11.1	19.0	106.1
	SABINE	335.7	42.8	2.8	119.5	11.0	59.4	29.3	16.7	4.1	6.7	26.6
	SAINT BERNARD	379.5	48.8	3.0	160.4	15.7	83.8	39.2	24.4	5.8	9.9	50.5
	SAINT CHARLES	919.4	113.2	8.1	534.0	51.0	277.5	131.7	79.6	19.2	30.9	154.6
	SAINT HELENA	91.6	11.9	0.7	113.6	11.3	60.1	28.2	17.5	4.1	7.1	37.5
	SAINT JAMES	359.1	44.4	3.1	511.1	50.3	270.0	126.5	78.7	18.6	31.0	165.7
	SAINT LANDRY	1,124.6	145.5	9.1	785.5	77.1	413.2	195.7	119.2	28.4	46.3	240.7
	SAINT MARTIN	586.1	75.7	4.7	138.2	14.0	73.4	34.0	21.8	5.1	9.2	48.8
	SAINT MARY	710.0	90.6	5.9	152.8	14.7	78.7	37.9	22.5	5.5	8.7	41.9
	SAINT TAMMANY	3,961.3	489.3	34.5	159.1	15.5	84.6	40.2	24.0	5.7	8.7	47.3
	ST JOHN THE BAPTIST	714.2	89.5	6.1	82.5	8.0	42.7	20.2	12.4	3.0	4.9	24.4
	TANGIPAHOA	1,855.7	236.3	15.4	429.3	42.2	227.4	107.5	65.4	15.6	24.6	132.8
	TENSAS	54.5	7.1	0.4	27.6	2.5	13.8	6.9	3.8	1.0	1.3	5.8
	TERREBONNE	1,737.4	218.7	14.7	270.4	28.1	150.4	69.8	44.0	10.3	17.5	97.5
	UNION	323.3	41.7	2.6	481.5	48.6	253.8	118.3	75.3	17.7	32.1	165.0
	VERMILION	829.2	105.3	6.9	503.2	48.7	260.4	124.6	74.8	18.0	29.5	142.9
	VERNON	645.1	82.9	5.2	127.8	12.4	66.1	31.6	19.1	4.6	7.7	37.0
	WASHINGTON	602.0	78.3	4.8	112.6	11.2	61.3	28.5	17.7	4.2	6.6	38.7
	WEBSTER	563.8	72.6	4.6	12.2	1.1	5.9	2.9	1.6	0.4	0.7	2.3
	WEST BATON ROUGE	394.4	48.3	3.5	59.5	5.9	31.1	14.6	9.1	2.1	3.8	19.2
	WEST CARROLL	136.2	17.7	1.1	225.8	23.2	120.8	55.5	36.4	8.4	15.9	85.9
	WEST FELICIANA	240.9	28.8	2.2	34.7	3.3	17.4	8.5	5.0	1.2	2.0	8.4
	WINN	414.5	53.4	3.3	44.2	4.2	22.0	10.7	6.2	1.5	2.6	10.3
LA Total		62,177.4	7,877.6	519.6	17,540.3	1,726.0	9,195.4	4,340.7	2,670.0	634.5	1,070.5	5,459.2

State	County	U.S. Population		2017 Gender		2017 Race			
		Total 2017	2010-2017 % chg.	Total 2022	Male	Female	White	Black	Other Race	Hispanic
MA	BARNSTABLE	239,913	1%	462,203	114,190	125,723	208,131	5,260	21,269	5,252
	BERKSHIRE	129,944	5%	288,571	62,577	67,367	108,461	3,660	10,816	7,006
	BRISTOL	572,815	2%	291,236	277,515	295,300	442,636	19,858	68,415	41,905
	DUKES	12,326	15%	39,161	6,145	6,181	10,203	189	1,630	304
	ESSEX	777,854	5%	788,313	373,422	404,433	509,084	19,681	88,785	160,304
	FRANKLIN	72,160	10%	119,518	35,201	36,959	62,907	1,070	5,235	2,948
	HAMPDEN	471,925	5%	221,193	226,827	245,097	271,871	27,305	46,972	125,777
	HAMPSHIRE	163,202	5%	247,727	76,601	86,601	131,052	4,183	18,976	8,991
	MIDDLESEX	1,574,313	4%	1,356,520	765,996	808,317	950,735	71,276	429,530	122,772
	NANTUCKET	12,015	22%	1,325	6,158	5,858	6,485	961	2,182	2,387
	NORFOLK	684,786	4%	824,276	328,041	356,745	454,036	48,076	155,151	27,523
	PLYMOUTH	521,192	3%	782,576	253,450	267,741	401,833	39,718	65,970	13,671
	SUFFOLK	747,097	6%	600,936	360,236	386,861	284,106	121,531	162,094	179,366
	WORCESTER	837,702	5%	654,558	411,870	425,831	605,083	34,902	98,877	98,840
MA Total		6,817,243	4%	6,678,112	3,298,230	3,519,013	4,446,626	397,669	1,175,900	797,047

		2017 Age Ranges (Years)								2017 Occupations					
State	**County**	1-9	10-19	20-29	30-39	40-49	50-59	60-69	70 over	Mana-gerial	Sales	Admin support	Service	Farming forestry, fishing	Prod-uction
MA	BARNSTABLE	18,048	25,934	16,434	17,518	34,652	48,184	34,480	44,664	48,079	14,907	15,416	27,436	696	16,990
	BERKSHIRE	11,232	16,273	12,640	11,168	19,933	24,710	15,645	18,343	23,378	5,902	8,297	17,002	291	8,678
	BRISTOL	63,044	75,713	62,683	67,798	96,021	95,495	51,627	60,434	94,440	28,131	40,791	53,961	1,007	60,773
	DUKES	1,056	1,303	1,122	1,229	2,003	2,655	1,701	1,256	1,825	410	402	1,538	10	1,107
	ESSEX	89,845	108,298	78,846	83,472	132,244	131,327	72,024	81,801	160,669	39,508	51,978	65,308	1,675	62,973
	FRANKLIN	5,967	8,368	7,332	6,291	11,046	16,632	8,771	7,754	11,183	2,703	4,995	5,716	155	7,723
	HAMPDEN	52,431	71,087	54,923	49,033	72,596	77,557	42,499	51,798	80,761	21,081	34,582	53,501	2,417	52,635
	HAMPSHIRE	12,347	25,545	27,693	13,280	23,576	30,120	15,139	15,501	37,552	5,023	9,357	9,405	129	9,700
	MIDDLESEX	168,017	194,291	208,367	203,200	251,556	245,319	141,025	162,538	428,170	51,992	66,528	82,568	346	75,969
	NANTUCKET	1,367	1,209	1,582	1,960	2,213	1,891	906	887	1,284	424	641	1,163	4	1,363
	NORFOLK	78,677	88,886	68,272	77,127	116,682	112,643	64,210	78,288	188,996	25,192	34,547	34,792	131	29,627
	PLYMOUTH	69,788	74,646	36,712	49,943	88,239	95,213	54,579	52,071	94,687	21,113	29,993	31,319	508	70,167
	SUFFOLK	70,441	91,463	177,380	112,104	98,098	89,788	52,364	55,459	157,882	34,314	45,363	79,617	1,921	50,564
	WORCESTER	97,241	119,938	88,428	95,348	146,642	140,029	71,884	78,192	169,532	38,333	51,697	66,262	397	79,193
MA Total		739,500	902,954	842,413	789,471	######	######	626,853	708,987	1,498,436	289,034	394,586	529,589	9,687	527,461

2017 Educational Attainment · 2017 Family Income

State	County	Less than 9th grade	9th to 12th grade, no diploma	High school grad-uate	Some college, no degree	Assoc-iate degree	Bach-elor's degree	Grad. or pro-fessional degree	Less than $25,000	$25,000-$34,999	$35,000-$49,999	$50,000-$74,999	$75,000-$99,999	$100,000-$149,999	over $150,000
MA	BARNSTABLE	3,197	8,257	44,144	48,109	18,211	45,019	42,352	10,671	5,057	8,689	12,167	12,228	12,744	11,852
	BERKSHIRE	2,174	7,312	33,965	23,751	7,524	19,005	17,695	8,497	3,413	4,448	6,078	4,601	4,873	3,286
	BRISTOL	32,468	49,950	132,927	92,681	42,714	78,658	43,017	30,968	10,287	15,150	23,305	21,093	32,063	20,160
	DUKES	59	769	1,096	2,894	423	3,658	1,715	461	270	182	474	910	402	603
	ESSEX	28,836	46,536	162,338	114,772	44,718	143,519	92,713	37,266	13,525	18,203	25,342	24,183	40,306	41,301
	FRANKLIN	731	3,393	16,124	13,055	6,137	11,271	11,345	3,590	1,580	2,593	3,627	3,282	3,591	1,657
	HAMPDEN	19,936	38,006	117,501	84,781	32,934	55,301	37,878	32,913	10,008	12,830	18,919	16,948	19,839	11,032
	HAMPSHIRE	1,705	5,397	29,028	25,690	11,592	32,550	36,247	7,018	2,934	6,733	8,379	5,934	7,369	9,028
	MIDDLESEX	36,531	53,629	208,253	164,597	64,198	317,719	465,366	51,228	17,974	27,535	44,347	43,100	80,881	128,739
	NANTUCKET	124	443	2,981	1,211	883	2,875	1,465	282	118	219	232	504	634	680
	NORFOLK	8,785	20,287	88,928	89,273	35,443	144,791	169,811	21,260	8,060	11,529	18,728	19,374	38,861	58,332
	PLYMOUTH	16,114	36,209	104,622	78,725	31,140	92,663	46,344	16,660	7,718	12,188	18,965	20,089	32,316	27,942
	SUFFOLK	54,330	63,555	132,612	95,969	29,981	145,876	120,026	43,325	11,464	15,459	20,766	17,364	21,250	20,993
	WORCESTER	24,592	51,037	190,351	138,728	51,649	134,809	89,908	38,288	13,492	19,873	29,805	31,017	47,337	38,157
MA Total		229,580	384,781	1,264,869	974,236	377,546	1,227,713	1,175,881	302,427	105,899	155,631	231,134	220,627	342,465	373,761

2017 Consumer Spending ($Millions)

State	County	Average annual expend-itures	Food	Alcoholic beverages	Housing	Apparel and services	Transport-ation	Healthcare	Entertain-ment	Personal care products & services	Education	Personal insurance & pensions
MA	BARNSTABLE	4,158.0	511.1	36.5	3,735.2	367.6	1,941.7	918.3	564.5	134.3	231.6	1,132.0
	BERKSHIRE	1,782.9	225.3	14.9	109.5	10.3	55.5	27.0	15.7	3.8	6.1	27.4
	BRISTOL	8,666.3	1,068.6	75.7	1,154.0	117.9	613.7	283.2	183.2	42.7	79.0	416.8
	DUKES	180.1	22.2	1.6	52.0	5.0	27.9	13.3	7.9	1.9	2.8	16.2
	ESSEX	11,228.5	1,368.4	100.2	1,079.7	104.2	560.4	268.5	160.4	38.6	61.6	305.6
	FRANKLIN	1,092.2	136.7	9.3	558.9	54.4	292.0	139.2	83.9	20.1	32.5	164.7
	HAMPDEN	6,355.8	800.1	53.8	228.6	21.4	114.9	56.0	32.3	7.9	12.7	53.1
	HAMPSHIRE	2,908.1	351.4	26.2	104.3	9.9	53.2	25.8	15.1	3.7	5.9	26.6
	MIDDLESEX	22,940.8	2,724.5	213.1	2,617.9	260.4	1,389.9	652.1	404.8	95.5	160.8	859.5
	NANTUCKET	152.5	18.4	1.4	291.5	30.6	158.6	71.6	48.1	11.1	21.3	118.6
	NORFOLK	10,185.9	1,210.0	94.5	2,743.0	279.1	1,456.9	675.2	433.6	101.2	184.9	975.2
	PLYMOUTH	8,169.2	987.7	73.7	1,984.7	200.1	1,047.8	488.0	310.2	72.7	130.5	680.3
	SUFFOLK	7,533.1	944.7	64.7	780.2	75.7	407.6	194.6	116.4	27.9	44.7	224.1
	WORCESTER	12,641.8	1,542.8	112.6	2,394.8	231.6	1,246.9	597.0	356.8	85.5	136.7	682.9
MA Total		97,995.3	11,912.2	878.3	17,834.0	1,768.1	9,367.1	4,409.8	2,733.0	646.8	1,110.9	5,682.9

State	County	U.S. Population			2017 Gender		2017 Race			
		Total 2017	2010-2017 % chg.	Total 2022	Male	Female	White	Black	Other Race	Hispanic
MD	ALLEGANY	74,269	-1%	385,978	38,457	35,813	59,943	9,212	3,519	1,595
	ANNE ARUNDEL	573,098	3%	899,308	280,838	292,259	335,122	92,715	96,859	48,401
	BALTIMORE	790,679	2%	861,292	372,954	417,724	394,045	228,360	127,305	40,968
	BALTIMORE CITY	594,728	-5%	460,682	280,603	314,126	157,566	324,628	80,947	31,587
	CALVERT	109,186	12%	79,575	53,654	55,532	82,151	12,624	11,128	3,283
	CAROLINE	36,359	9%	30,002	17,754	18,605	25,289	4,154	3,938	2,978
	CARROLL	193,813	18%	130,061	95,968	97,845	164,991	5,797	13,778	9,247
	CECIL	111,396	7%	29,583	55,209	56,187	88,921	6,451	10,816	5,208
	CHARLES	159,764	11%	302,201	76,853	82,911	56,580	73,371	23,019	6,795
	DORCHESTER	31,268	-8%	116,139	14,910	16,359	19,205	8,366	2,049	1,649
	FREDERICK	258,758	1%	183,235	127,290	131,468	170,861	17,941	44,027	25,928
	GARRETT	28,699	-2%	279,074	14,216	14,483	27,866	281	355	197
	HARFORD	274,986	8%	334,526	134,297	140,689	198,339	36,032	29,081	11,535
	HOWARD	310,779	41%	461,506	154,094	156,685	130,818	57,827	101,684	20,450
	KENT	26,536	12%	63,306	12,695	13,840	20,172	3,202	1,909	1,252
	MONTGOMERY	1,045,249	9%	806,349	502,127	543,122	394,120	139,905	300,580	210,643
	PRINCE GEORGES	893,957	6%	343,935	428,425	465,532	82,366	511,960	144,030	155,602
	QUEEN ANNES	47,765	3%	127,564	23,819	23,946	40,442	2,494	2,682	2,146
	SAINT MARYS	118,476	-1%	303,594	59,134	59,342	81,884	15,480	15,018	6,094
	SOMERSET	22,716	4%	74,556	10,674	12,042	11,849	7,790	1,928	1,149
	TALBOT	39,849	1%	63,631	19,007	20,842	27,261	3,763	3,859	4,967
	WASHINGTON	153,914	9%	78,227	78,327	75,587	112,743	15,963	16,512	8,695
	WICOMICO	101,899	0%	175,630	50,062	51,837	58,554	22,226	13,927	7,193
	WORCESTER	61,164	13%	83,837	29,792	31,372	44,698	6,551	5,304	4,612
MD Total		6,059,306	6%	6,673,790	2,931,157	3,128,149	2,785,786	1,607,092	1,054,255	612,173

| | | 2017 Age Ranges (Years) | | | | | | | | 2017 Occupations | | | | | |
State	County	1-9	10-19	20-29	30-39	40-49	50-59	60-69	70 over	Mana-gerial	Sales	Admin support	Service	Farming forestry, fishing	Prod-uction
MD	ALLEGANY	6,375	9,279	10,992	8,800	10,430	11,252	7,567	9,574	12,001	3,565	7,249	9,045	134	10,068
	ANNE ARUNDEL	73,670	74,876	68,183	72,273	89,309	91,002	55,090	48,695	122,694	23,366	37,861	39,018	433	41,853
	BALTIMORE	88,589	109,896	96,427	85,512	116,630	126,994	71,695	94,935	155,039	31,943	62,179	70,587	200	53,087
	BALTIMORE CITY	67,356	77,356	102,226	74,438	86,240	89,606	48,664	48,842	127,424	32,987	48,633	74,987	288	48,407
	CALVERT	12,907	18,753	9,568	10,512	20,882	18,747	9,426	8,391	23,285	3,247	7,079	8,967	63	8,847
	CAROLINE	4,954	5,090	4,028	3,917	5,781	5,814	3,443	3,332	5,416	964	3,605	2,877	1,197	3,939
	CARROLL	22,249	30,407	16,269	17,488	35,029	34,337	19,346	18,686	39,743	9,812	9,632	15,321	318	13,430
	CECIL	14,164	16,774	11,517	12,756	18,972	17,980	10,143	9,089	17,835	4,713	8,612	8,456	240	13,048
	CHARLES	19,534	25,116	14,967	19,832	29,048	25,853	14,425	10,990	29,514	6,403	12,031	15,027	58	11,884
	DORCHESTER	3,410	3,891	3,124	2,916	4,946	5,402	3,706	3,873	4,078	1,858	2,252	3,038	266	4,475
	FREDERICK	32,514	39,075	24,332	30,257	47,251	42,066	22,338	20,923	55,413	9,076	14,865	20,645	109	16,713
	GARRETT	2,760	3,679	2,595	2,621	4,392	5,013	3,725	3,914	5,353	1,547	2,235	3,104	160	3,029
	HARFORD	32,329	40,940	25,675	30,024	46,033	45,921	27,883	26,180	49,329	11,039	21,674	22,962	37	20,955
	HOWARD	39,790	46,986	30,032	38,086	53,697	52,301	29,005	20,882	86,519	12,640	14,532	13,863	81	9,209
	KENT	2,470	3,206	2,848	2,095	3,428	4,483	3,645	4,362	4,958	1,104	1,569	2,618	573	2,161
	MONTGOMERY	132,835	137,853	109,413	131,129	163,971	170,928	96,464	102,657	279,847	33,141	42,364	74,221	127	41,017
	PRINCE GEORGES	114,381	130,799	120,162	114,127	136,462	133,817	82,031	62,180	171,210	31,430	66,520	84,902	149	65,772
	QUEEN ANNES	5,615	6,851	3,591	4,554	8,295	8,295	5,289	4,732	9,353	1,830	2,269	4,357	424	3,257
	SAINT MARYS	16,205	17,491	12,421	14,256	21,150	18,359	9,612	8,982	26,677	5,323	6,559	8,246	647	9,908
	SOMERSET	2,366	3,462	4,254	1,813	2,723	3,418	2,258	2,423	4,495	829	2,124	3,093	454	2,540
	TALBOT	4,017	4,556	3,216	3,419	5,779	6,565	5,517	6,780	8,190	2,082	2,486	3,741	257	2,967
	WASHINGTON	18,488	19,858	16,681	18,477	26,315	23,758	14,445	15,891	24,205	8,044	13,182	12,896	81	18,879
	WICOMICO	11,711	15,079	15,873	10,831	14,855	15,248	9,151	9,152	17,363	5,470	6,736	10,183	207	8,201
	WORCESTER	5,140	6,599	4,973	4,912	9,175	10,895	9,109	10,361	11,558	4,546	3,398	7,566	105	3,854
MD Total		733,829	847,870	713,366	715,047	961,337	968,053	563,978	555,826	1,291,499	246,962	399,647	519,721	6,609	417,498

State	County	Less than 9th grade	9th to 12th grade, no diploma	High school grad-uate	Some college, no degree	Assoc-iate degree	Bach-elor's degree	Grad. or pro-fessional degree	Less than $25,000	$25,000-$34,999	$35,000-$49,999	$50,000-$74,999	$75,000-$99,999	$100,000-$149,999	over $150,000
MD	ALLEGANY	1,327	5,292	27,506	12,650	5,297	6,620	5,562	4,842	2,438	2,484	3,415	2,773	2,238	648
	ANNE ARUNDEL	8,248	33,178	100,672	98,764	28,301	104,731	86,313	15,653	7,436	12,667	20,713	20,372	42,345	48,590
	BALTIMORE	14,284	47,710	158,885	144,798	40,886	139,869	102,871	33,150	15,060	23,311	33,195	31,208	42,202	37,257
	BALTIMORE CITY	19,294	81,134	130,274	106,557	16,808	74,188	64,866	40,795	14,529	16,593	21,690	14,750	15,529	12,190
	CALVERT	915	4,608	24,901	21,665	6,484	14,687	13,720	2,179	1,104	1,900	3,424	4,227	7,716	9,817
	CAROLINE	881	3,816	12,584	6,497	936	2,217	1,958	1,668	668	942	2,047	2,201	1,860	574
	CARROLL	2,404	10,021	43,777	35,626	11,692	33,165	19,428	5,309	2,181	3,574	7,900	8,041	14,657	11,777
	CECIL	1,437	7,662	33,203	19,124	5,349	14,669	6,813	4,384	1,731	2,924	4,931	5,535	7,275	3,559
	CHARLES	2,722	9,830	34,434	35,688	10,009	21,805	12,952	3,426	1,606	2,710	4,614	5,657	12,983	12,274
	DORCHESTER	876	3,151	10,562	6,575	1,342	1,702	2,010	2,010	816	1,243	1,504	1,165	1,300	620
	FREDERICK	3,238	13,274	48,812	43,799	13,575	51,389	31,671	5,805	3,003	4,881	9,370	9,600	20,218	16,672
	GARRETT	552	1,995	9,842	4,680	1,702	3,331	2,180	1,811	773	1,250	1,460	1,227	1,104	418
	HARFORD	3,527	14,824	52,031	55,556	18,136	50,137	26,650	7,912	3,797	6,288	10,716	12,319	19,853	15,481
	HOWARD	4,458	7,471	31,080	36,655	10,680	78,737	75,758	4,980	3,114	4,300	7,755	7,173	19,510	34,779
	KENT	481	2,450	7,316	4,982	928	3,219	3,371	1,610	712	835	1,350	1,145	1,044	663
	MONTGOMERY	45,336	41,907	93,959	117,393	29,668	224,381	285,716	27,851	11,589	20,221	30,546	26,670	56,048	97,791
	PRINCE GEORGES	40,263	60,840	171,056	192,716	35,621	130,517	87,937	26,078	13,513	25,142	38,362	29,474	53,315	44,239
	QUEEN ANNES	498	3,158	8,104	9,969	3,371	8,352	5,018	1,410	505	778	1,853	2,398	3,391	3,247
	SAINT MARYS	1,490	5,945	28,132	22,000	5,423	15,792	14,210	3,010	1,366	2,466	4,106	5,458	8,427	6,527
	SOMERSET	568	2,918	7,498	4,128	1,187	1,383	1,610	1,252	495	681	1,019	702	511	335
	TALBOT	626	2,401	9,018	8,599	1,762	5,783	5,409	1,769	877	1,328	2,181	1,631	1,743	1,622
	WASHINGTON	2,589	13,648	47,364	27,196	7,562	16,372	10,193	7,883	3,385	5,148	7,904	6,739	7,227	3,785
	WICOMICO	1,996	7,151	24,895	23,988	4,859	11,663	9,556	5,815	2,333	3,784	5,159	4,342	4,195	2,989
	WORCESTER	953	4,091	15,336	12,767	3,431	9,800	6,465	3,030	1,743	1,932	3,410	3,134	2,405	2,091
MD Total		158,964	388,474	1,131,239	1,052,373	265,010	1,024,508	882,022	213,632	94,776	147,383	228,625	207,941	347,096	367,945

2017 Consumer Spending ($Millions)

State	County	Average annual expend-itures	Food	Alcoholic beverages	Housing	Apparel and services	Transport-ation	Healthcare	Entertain-ment	Personal care products & services	Education	Personal insurance & pensions
MD	ALLEGANY	921.3	118.5	7.5	840.5	83.2	442.0	208.4	128.7	30.5	51.9	267.2
	ANNE ARUNDEL	10,394.9	1,234.3	96.4	1,427.9	140.7	745.1	352.7	216.5	51.5	87.6	436.9
	BALTIMORE	12,150.4	1,490.3	107.3	1,601.2	160.2	846.5	396.1	248.2	58.5	101.4	531.8
	BALTIMORE CITY	6,492.0	828.8	53.8	1,666.5	170.3	880.8	407.5	263.6	61.3	115.0	597.0
	CALVERT	1,973.3	231.9	18.6	435.7	43.4	229.8	107.7	67.3	15.9	27.7	143.1
	CAROLINE	559.3	70.1	4.8	1,154.8	115.7	606.4	283.9	178.8	42.1	75.0	383.1
	CARROLL	3,363.9	403.2	30.7	383.0	37.6	199.7	94.5	57.9	13.8	23.4	116.0
	CECIL	1,798.2	221.2	15.8	531.9	51.5	278.9	133.4	79.6	19.1	29.9	153.3
	CHARLES	2,861.3	337.6	26.8	357.3	35.7	191.2	89.3	55.8	13.1	22.0	121.5
	DORCHESTER	442.6	56.1	3.7	1,247.5	123.3	655.3	308.8	190.4	45.1	76.8	392.2
	FREDERICK	4,482.6	534.2	41.3	1,824.4	183.3	963.1	449.6	283.9	66.7	118.5	613.5
	GARRETT	405.3	51.7	3.3	522.6	53.6	278.2	128.4	83.2	19.3	35.8	190.9
	HARFORD	4,793.0	576.8	43.6	179.7	17.4	94.9	45.6	26.9	6.4	9.5	51.2
	HOWARD	4,946.0	575.1	47.3	554.0	53.7	287.1	137.0	82.5	19.8	32.8	158.7
	KENT	380.9	48.0	3.2	948.3	94.3	491.1	231.3	144.7	34.3	62.0	299.6
	MONTGOMERY	15,694.9	1,854.2	146.7	520.0	50.2	272.8	130.7	77.3	18.5	28.4	146.8
	PRINCE GEORGES	13,777.0	1,670.1	123.5	1,732.1	170.6	911.6	431.0	263.9	62.8	104.1	539.1
	QUEEN ANNES	847.6	101.5	7.8	1,051.5	102.1	538.4	256.7	156.0	37.4	65.0	298.5
	SAINT MARYS	1,995.0	239.6	18.3	587.1	58.1	311.8	146.6	90.2	21.4	35.0	188.0
	SOMERSET	253.2	32.2	2.1	371.4	37.3	198.9	92.8	58.0	13.7	22.9	125.2
	TALBOT	583.4	72.7	5.0	1,622.7	165.3	858.3	397.2	256.3	59.9	110.9	576.7
	WASHINGTON	2,304.4	288.0	19.6	1,010.4	101.7	537.1	250.0	158.1	37.1	65.2	347.4
	WICOMICO	1,501.1	188.4	12.7	457.9	46.0	243.8	114.2	71.2	16.8	28.3	153.0
	WORCESTER	955.9	119.3	8.2	268.2	26.3	143.2	67.7	40.9	9.8	15.1	83.4
MD Total		93,877.8	11,344.1	848.0	21,296.6	2,121.4	11,206.1	5,261.1	3,280.2	774.8	1,344.2	6,914.3

State	County	U.S. Population		2017 Gender		2017 Race			
		Total 2017	2010-2017 % chg.	Total 2022	Male	Female	White	Black	Other Race	Hispanic
ME	ANDROSCOGGIN	113,229	6%	123,716	55,514	57,715	96,057	5,642	8,903	2,627
	AROOSTOOK	70,163	0%	49,155	34,546	35,617	64,736	428	4,069	930
	CUMBERLAND	310,471	6%	254,451	150,664	159,807	261,069	9,605	33,885	5,912
	FRANKLIN	31,403	10%	75,459	15,331	16,072	30,124	65	943	271
	HANCOCK	56,661	5%	93,321	27,724	28,937	53,584	402	2,008	667
	KENNEBEC	131,157	5%	114,569	63,921	67,236	117,851	880	10,370	2,056
	KNOX	46,236	20%	41,876	22,959	23,276	44,498	259	1,149	330
	LINCOLN	37,923	11%	59,881	18,580	19,343	36,675	104	876	268
	OXFORD	62,406	0%	233,770	31,030	31,376	59,293	215	2,107	791
	PENOBSCOT	164,038	2%	166,271	80,880	83,158	150,363	1,301	10,629	1,745
	PISCATAQUIS	17,164	2%	25,998	8,513	8,651	16,415	52	529	167
	SAGADAHOC	38,510	15%	23,004	18,695	19,815	35,765	196	2,033	516
	SOMERSET	54,520	4%	57,757	27,032	27,489	52,054	231	1,736	500
	WALDO	42,690	7%	44,095	20,937	21,753	40,647	169	1,498	377
	WASHINGTON	33,396	11%	72,485	16,512	16,884	28,890	140	3,660	707
	YORK	223,201	14%	189,429	108,980	114,221	208,260	1,958	9,848	3,135
ME Total		1,433,168	7%	1,625,238	701,818	731,350	1,296,279	21,648	94,242	20,999

| | | **2017 Age Ranges (Years)** | | | | | | | | **2017 Occupations** | | | | | |
State	County	1-9	10-19	20-29	30-39	40-49	50-59	60-69	70 over	Mana-gerial	Sales	Admin support	Service	Farming forestry, fishing	Prod-uction
ME	ANDROSCOGGIN	12,577	13,835	12,333	12,623	19,150	18,827	11,668	12,217	16,496	6,817	9,904	7,966	878	11,655
	AROOSTOOK	6,036	8,279	6,131	6,173	10,891	12,920	9,454	10,279	11,748	2,965	5,976	7,088	2,414	7,040
	CUMBERLAND	31,235	39,574	33,661	34,856	52,455	55,704	30,685	32,301	62,109	15,996	19,749	21,538	1,005	20,164
	FRANKLIN	2,619	3,967	3,679	2,615	4,468	6,230	4,007	3,817	5,330	2,211	2,439	2,646	481	2,751
	HANCOCK	4,633	6,303	5,408	5,280	8,635	11,406	7,692	7,304	8,914	3,608	3,570	4,977	2,094	4,628
	KENNEBEC	12,254	16,273	12,965	13,467	21,036	25,830	14,575	14,758	23,363	6,596	10,732	10,385	574	11,998
	KNOX	4,080	5,328	3,868	4,342	7,570	8,864	6,034	6,151	5,764	2,691	3,552	3,375	2,992	3,791
	LINCOLN	3,168	3,868	2,796	3,177	5,385	7,688	6,039	5,802	5,960	1,340	2,285	3,520	2,722	2,869
	OXFORD	5,531	8,021	5,107	5,671	10,662	12,268	7,543	7,603	9,995	2,401	3,718	6,932	779	7,160
	PENOBSCOT	15,276	21,216	22,325	16,186	25,112	28,835	17,120	17,968	24,929	9,411	13,598	14,280	3,186	14,632
	PISCATAQUIS	1,306	1,841	1,096	1,405	2,782	3,684	2,641	2,408	2,981	983	1,019	1,752	434	2,196
	SAGADAHOC	3,705	4,248	3,027	3,644	6,698	7,704	5,166	4,317	6,594	1,693	2,457	3,097	780	3,497
	SOMERSET	5,131	6,495	4,466	5,588	8,965	10,649	6,863	6,364	7,483	3,052	3,276	5,198	1,320	7,903
	WALDO	4,054	5,013	3,826	4,243	6,448	8,539	5,740	4,827	7,646	2,619	3,479	3,047	690	3,686
	WASHINGTON	3,072	3,720	2,944	3,104	4,884	6,305	4,593	4,774	3,843	1,029	2,419	3,715	4,453	3,151
	YORK	22,118	27,813	19,935	22,648	38,174	42,635	25,258	24,620	35,621	12,475	16,845	17,016	1,378	20,855
ME Total		136,796	175,795	143,566	145,022	233,315	268,088	165,078	165,509	238,776	75,887	105,017	116,532	26,181	127,976

State	County	2017 Educational Attainment							2017 Family Income						
		Less than 9th grade	9th to 12th grade, no diploma	High school grad-uate	Some college, no degree	Assoc-iate degree	Bach-elor's degree	Grad. or pro-fessional degree	Less than $25,000	$25,000-$34,999	$35,000-$49,999	$50,000-$74,999	$75,000-$99,999	$100,000-$149,999	over $150,000
ME	ANDROSCOGGIN	3,886	6,830	34,674	22,065	6,903	10,931	8,664	7,077	2,749	4,150	6,580	4,755	3,302	1,649
	AROOSTOOK	3,182	5,441	21,080	13,837	4,828	8,639	3,410	6,096	2,178	3,163	4,521	2,554	1,363	551
	CUMBERLAND	4,260	9,297	59,456	56,855	20,934	63,024	45,376	14,012	6,020	9,090	14,924	12,892	13,279	10,490
	FRANKLIN	1,055	1,489	10,376	5,296	1,280	4,814	2,806	2,122	886	1,174	1,388	1,416	980	375
	HANCOCK	1,084	3,245	13,296	11,076	2,957	9,981	7,514	3,395	1,711	2,316	3,015	2,519	2,125	764
	KENNEBEC	3,136	6,186	38,834	24,739	9,808	16,406	11,904	8,026	3,840	4,724	7,099	5,197	5,183	1,913
	KNOX	735	1,941	12,016	8,205	3,387	7,845	5,243	2,557	1,235	1,965	2,774	1,713	1,989	743
	LINCOLN	639	1,717	10,464	6,730	2,432	5,949	4,899	2,091	1,090	1,742	2,483	1,747	1,322	689
	OXFORD	1,287	4,881	19,855	12,206	3,503	7,183	4,248	4,381	1,952	2,934	3,274	2,884	1,604	505
	PENOBSCOT	3,290	7,110	48,982	32,514	11,988	22,147	13,808	11,683	4,499	5,929	8,746	6,605	5,693	2,678
	PISCATAQUIS	635	1,348	5,424	3,235	1,464	1,741	1,143	1,640	715	860	1,063	819	309	147
	SAGADAHOC	635	1,943	10,834	6,397	3,720	5,153	3,963	1,776	812	1,064	2,161	2,264	1,844	771
	SOMERSET	1,304	3,518	19,434	11,346	4,335	4,299	1,912	4,527	1,738	2,198	2,868	1,962	1,436	514
	WALDO	795	2,352	11,782	6,889	2,349	7,318	4,744	2,988	1,189	1,820	2,480	2,019	1,137	283
	WASHINGTON	1,037	2,744	10,481	7,223	2,061	2,763	2,319	2,964	1,155	1,577	1,739	1,096	672	191
	YORK	5,043	8,839	57,181	42,357	18,964	34,878	20,121	10,496	4,770	7,185	12,535	11,479	9,845	5,101
ME Total		32,003	68,881	384,171	270,969	100,913	213,070	142,074	85,833	36,537	51,891	77,650	61,922	52,083	27,364

2017 Consumer Spending ($Millions)

State	County	Average annual expend-itures	Food	Alcoholic beverages	Housing	Apparel and services	Transport-ation	Healthcare	Entertain-ment	Personal care products & services	Education	Personal insurance & pensions
ME	ANDROSCOGGIN	1,524.5	194.4	12.5	784.2	77.5	416.4	196.3	120.1	28.5	46.2	248.1
	AROOSTOOK	930.7	121.4	7.3	1,181.9	117.6	626.7	294.1	182.2	43.1	72.2	383.7
	CUMBERLAND	4,377.4	544.1	37.7	1,803.6	177.8	954.5	451.1	275.5	65.4	106.0	564.1
	FRANKLIN	413.2	53.0	3.4	380.2	38.5	203.6	94.3	60.0	14.1	24.6	133.6
	HANCOCK	804.7	102.7	6.6	2,139.7	213.0	1,124.7	528.3	329.4	77.9	135.5	693.7
	KENNEBEC	1,853.6	235.5	15.3	695.7	67.5	363.9	173.9	104.2	24.9	39.4	201.8
	KNOX	673.6	85.4	5.6	1,112.7	111.8	589.4	275.3	173.6	40.8	71.8	377.0
	LINCOLN	556.3	71.1	4.5	768.2	76.1	405.1	190.6	118.2	27.9	47.6	248.4
	OXFORD	840.3	108.8	6.7	1,045.3	102.0	548.6	260.8	157.1	37.5	59.7	308.9
	PENOBSCOT	2,294.1	292.5	18.9	3,213.6	327.5	1,708.9	790.5	509.1	118.8	217.1	1,151.6
	PISCATAQUIS	253.5	33.1	2.0	1,100.8	109.3	580.6	273.4	169.3	40.0	67.7	354.2
	SAGADAHOC	602.8	75.3	5.2	258.3	25.3	136.7	64.9	39.2	9.4	14.8	78.6
	SOMERSET	713.8	92.5	5.7	1,535.6	153.2	803.2	377.4	236.1	55.8	98.5	497.0
	WALDO	575.1	74.4	4.6	1,286.3	127.7	673.0	316.7	197.1	46.7	81.5	411.3
	WASHINGTON	426.7	55.8	3.3	2,647.4	267.8	1,395.9	649.4	414.3	97.0	177.0	911.2
	YORK	3,382.6	423.2	28.8	1,013.9	98.6	528.2	251.9	151.9	36.4	59.2	297.2
ME Total		20,222.8	2,563.0	168.2	20,967.4	2,091.3	11,059.5	5,188.7	3,237.4	764.2	1,318.8	6,860.4

State	County	U.S. Population		2017 Gender		2017 Race			
		Total 2017	2010-2017 % chg.	Total 2022	Male	Female	White	Black	Other Race	Hispanic
MI	ALCONA	10,796	1%	79,781	5,465	5,331	10,373	17	232	173
	ALGER	10,400	2%	21,805	5,639	4,761	8,763	581	914	143
	ALLEGAN	102,266	5%	85,129	51,271	50,995	86,254	819	7,691	7,501
	ALPENA	30,224	4%	22,426	14,842	15,382	28,666	378	790	390
	ANTRIM	23,481	15%	63,551	11,594	11,888	21,717	50	1,099	616
	ARENAC	15,378	2%	81,616	7,812	7,566	14,248	89	734	307
	BARAGA	8,864	1%	4,125	4,927	3,937	4,071	2,696	2,013	84
	BARRY	52,452	8%	91,726	26,035	26,417	47,342	201	3,440	1,469
	BAY	102,770	-1%	74,570	50,233	52,537	90,452	1,784	5,289	5,245
	BENZIE	17,796	16%	67,083	8,826	8,969	16,479	60	928	328
	BERRIEN	166,981	-4%	168,010	81,551	85,430	116,333	21,344	18,693	10,611
	BRANCH	69,141	-2%	87,773	35,482	33,659	47,966	8,196	8,536	4,443
	CALHOUN	112,547	2%	161,601	55,251	57,296	88,603	7,648	10,413	5,883
	CASS	68,652	2%	59,320	33,834	34,818	48,252	6,220	10,898	3,281
	CHARLEVOIX	28,484	6%	10,573	14,054	14,430	24,806	83	2,822	773
	CHEBOYGAN	25,326	6%	42,385	12,601	12,725	20,347	127	4,579	273
	CHIPPEWA	41,845	11%	58,841	22,836	19,009	24,584	1,966	14,769	526
	CLARE	36,728	6%	36,478	18,345	18,383	33,769	257	1,805	896
	CLINTON	58,779	9%	37,626	29,120	29,659	51,296	1,043	3,862	2,578
	CRAWFORD	12,482	-8%	32,955	6,205	6,277	11,867	29	385	202
	DELTA	38,415	5%	31,419	19,046	19,369	34,715	73	3,237	390
	DICKINSON	26,107	10%	31,365	12,858	13,250	24,832	91	867	317
	EATON	119,804	2%	129,944	58,706	61,098	96,984	6,053	10,103	6,664
	EMMET	35,797	6%	66,382	17,633	18,164	30,929	158	4,114	596
	GENESEE	450,227	1%	323,998	217,654	232,573	310,956	90,745	33,580	14,945
	GLADWIN	28,251	1%	35,681	14,133	14,118	26,398	56	1,325	472
	GOGEBIC	15,763	1%	8,468	8,595	7,169	13,457	870	1,314	122
	GRAND TRAVERSE	102,854	11%	106,124	51,040	51,813	89,511	1,082	9,857	2,403
	GRATIOT	47,207	0%	66,812	25,156	22,051	38,204	4,457	2,100	2,445
	HILLSDALE	47,441	8%	90,048	23,499	23,942	44,561	328	1,645	907
	HOUGHTON	32,451	-7%	60,570	17,758	14,693	28,925	252	2,822	450
	HURON	33,326	-4%	133,714	16,554	16,772	31,330	127	1,035	833
	INGHAM	307,835	1%	170,589	149,683	158,151	208,005	33,212	44,001	22,617
	IONIA	65,670	-1%	152,753	35,262	30,408	56,038	2,649	3,546	3,437
	IOSCO	26,135	-9%	50,253	12,912	13,224	24,448	92	1,206	390
	IRON	10,199	-9%	9,989	5,024	5,175	9,458	42	488	210
	ISABELLA	77,030	17%	96,913	37,469	39,561	62,266	2,219	9,625	2,920
	JACKSON	163,538	2%	121,046	83,381	80,157	133,758	11,771	11,840	6,169
	KALAMAZOO	218,737	0%	152,938	107,145	111,591	162,172	18,172	27,672	10,720
	KALKASKA	14,501	9%	33,995	7,313	7,188	13,436	48	826	191
	KENT	634,882	9%	394,914	311,048	323,834	416,916	54,840	77,428	85,698
	KEWEENAW	1,086	-3%	1,599	569	517	1,062	2	16	5
	LAKE	11,512	-2%	37,553	5,929	5,583	9,018	812	1,223	459
	LAPEER	90,426	6%	153,599	45,562	44,864	80,619	1,051	3,814	4,941
	LEELANAU	16,765	4%	115,884	8,301	8,463	13,646	41	1,870	1,208
	LENAWEE	106,276	-1%	151,714	53,644	52,632	89,409	2,924	5,143	8,800
	LIVINGSTON	145,680	9%	103,004	72,794	72,886	132,906	547	8,912	3,315
	LUCE	7,115	12%	8,662	4,088	3,027	3,488	3,204	337	87
	MACKINAC	11,599	13%	58,696	5,852	5,747	7,791	48	3,666	94
	MACOMB	824,667	0%	387,492	401,177	423,490	570,936	122,202	109,575	21,954
	MANISTEE	24,754	3%	65,266	12,806	11,948	20,765	1,486	1,773	730
	MARQUETTE	65,936	-10%	22,099	33,298	32,638	57,358	1,121	6,433	1,024
	MASON	29,258	15%	36,487	14,401	14,857	25,378	235	2,083	1,563
	MECOSTA	44,075	5%	66,723	22,144	21,932	38,542	1,233	3,567	734
	MENOMINEE	23,310	-6%	17,612	11,709	11,600	20,954	122	1,987	247
	MIDLAND	87,458	10%	85,625	42,878	44,580	78,694	1,084	5,674	2,006
	MISSAUKEE	13,367	0%	40,170	6,757	6,610	12,446	38	545	338
	MONROE	164,206	2%	299,630	81,851	82,355	144,140	4,240	9,731	6,096
	MONTCALM	76,355	6%	61,452	39,402	36,953	67,578	1,646	4,494	2,637
	MONTMORENCY	12,176	9%	4,811	6,179	5,998	11,383	15	662	116
	MUSKEGON	179,310	6%	112,029	88,870	90,440	128,640	23,572	15,990	11,108
	NEWAYGO	45,518	6%	60,924	22,818	22,700	38,804	417	2,825	3,472
	OAKLAND	1,265,211	4%	1,437,793	615,275	649,935	830,420	192,098	191,130	51,563
	OCEANA	28,938	7%	70,455	14,508	14,430	21,731	105	1,917	5,184
	OGEMAW	24,865	5%	9,694	12,401	12,464	23,150	78	1,221	417
	ONTONAGON	5,277	-10%	29,113	2,717	2,560	4,922	4	293	58
	OSCEOLA	31,716	28%	71,821	15,840	15,876	29,755	189	1,314	458
	OSCODA	7,448	-7%	41,439	3,729	3,719	7,024	25	305	93
	OTSEGO	29,765	1%	33,307	14,693	15,073	27,993	210	995	568
	OTTAWA	299,171	9%	214,870	146,098	153,073	229,794	5,974	29,079	34,324
	PRESQUE ISLE	15,713	3%	10,765	7,875	7,838	15,025	57	508	123
	ROSCOMMON	29,117	8%	27,123	14,571	14,545	27,006	76	1,486	549
	SAGINAW	192,329	-3%	207,153	93,127	99,202	126,013	40,081	11,005	15,230
	SAINT CLAIR	187,679	8%	184,662	92,142	95,537	153,962	14,900	11,299	7,518
	SAINT JOSEPH	62,861	-2%	58,834	31,071	31,791	44,497	1,308	8,847	8,209
	SANILAC	45,554	7%	202,217	22,475	23,079	42,253	177	1,439	1,685
	SCHOOLCRAFT	9,188	2%	45,647	4,567	4,621	7,057	25	2,045	61
	SHIAWASSEE	74,450	10%	66,808	36,810	37,640	69,038	296	3,241	1,874
	TUSCOLA	58,549	4%	124,820	29,367	29,182	53,568	809	2,339	1,832
	VAN BUREN	84,001	6%	147,905	41,704	42,297	61,948	2,381	7,098	12,573
	WASHTENAW	353,240	9%	244,906	173,346	179,895	222,047	40,281	74,621	16,291
	WAYNE	1,774,906	-4%	1,600,946	853,118	921,787	747,910	710,380	209,133	107,483
	WEXFORD	37,844	9%	51,804	18,937	18,907	32,466	125	4,421	832
MI Total		10,090,233	3%	10,328,402	4,953,192	5,137,040	6,984,626	1,456,545	1,102,579	546,481

State	County	1-9	10-19	20-29	30-39	40-49	50-59	60-69	70 over	Mana-gerial	Sales	Admin support	Service	Farming forestry, fishing	Prod-uction
MI	ALCONA	579	1,063	478	642	1,454	2,133	2,191	2,256	1,679	784	1,009	1,306	78	1,956
	ALGER	728	907	1,094	1,058	1,569	2,164	1,428	1,451	2,040	537	945	1,328	110	1,143
	ALLEGAN	13,203	15,288	9,498	11,363	17,784	16,957	9,728	8,447	15,284	4,530	6,554	6,722	1,434	14,533
	ALPENA	2,643	3,607	2,604	2,514	4,368	5,622	4,071	4,794	5,472	1,385	1,924	3,355	227	3,845
	ANTRIM	2,245	2,636	1,604	1,801	3,549	4,384	3,616	3,648	3,749	1,586	1,398	2,272	51	3,623
	ARENAC	1,375	1,814	1,285	1,458	2,365	2,859	2,141	2,081	2,763	1,073	967	1,658	158	2,432
	BARAGA	764	975	1,068	1,273	1,417	1,451	986	930	737	446	634	1,911	227	1,141
	BARRY	6,433	7,520	4,912	5,482	8,330	8,672	5,539	5,565	9,192	2,032	4,126	2,366	50	7,831
	BAY	10,881	12,479	10,742	10,169	14,763	18,991	11,492	13,254	16,264	6,177	6,942	11,099	116	11,933
	BENZIE	1,766	1,985	1,275	1,594	2,741	2,988	2,589	2,859	2,438	1,636	1,084	1,876	41	2,210
	BERRIEN	19,133	21,799	16,456	16,673	25,311	28,904	17,951	20,755	24,569	7,207	11,576	15,628	1,132	23,187
	BRANCH	8,702	9,216	8,269	7,816	10,195	11,050	6,872	7,021	8,340	2,231	3,795	3,976	261	16,015
	CALHOUN	12,931	15,269	12,409	12,065	16,761	18,820	11,489	12,803	17,103	6,132	8,088	9,474	69	16,942
	CASS	8,623	9,116	7,740	7,231	9,669	12,079	7,536	6,658	9,044	4,277	3,871	5,336	622	10,082
	CHARLEVOIX	2,874	3,604	2,198	2,467	4,381	5,441	3,937	3,582	4,948	1,669	1,813	2,689	55	3,481
	CHEBOYGAN	2,252	2,982	1,924	2,229	3,665	4,710	3,587	3,977	4,104	1,524	1,912	3,338	34	3,591
	CHIPPEWA	4,073	4,913	5,585	4,930	6,839	7,037	4,211	4,258	6,678	5,210	3,213	5,791	72	3,410
	CLARE	3,570	4,498	3,387	3,286	5,515	6,625	5,006	4,843	5,383	2,087	2,103	5,405	120	6,346
	CLINTON	7,313	8,683	4,849	6,136	9,765	10,115	6,308	5,610	11,036	2,145	3,892	3,593	191	6,317
	CRAWFORD	982	1,527	865	880	1,988	2,447	1,942	1,852	1,769	824	970	1,502	52	1,865
	DELTA	3,730	4,390	3,259	3,305	5,792	7,550	4,849	5,539	6,049	1,817	2,966	4,240	392	4,518
	DICKINSON	2,362	3,406	2,081	2,254	4,422	5,052	2,853	3,677	4,220	1,996	1,927	2,516	107	2,858
	EATON	12,821	16,464	13,250	11,999	17,749	22,143	12,816	12,562	19,115	4,643	8,778	7,861	115	14,503
	EMMET	3,601	4,806	3,358	3,312	5,310	6,871	4,121	4,417	6,444	2,332	2,456	3,164	22	3,190
	GENESEE	56,174	64,079	48,017	49,079	66,691	73,085	44,771	48,331	69,422	24,615	27,927	51,298	167	58,727
	GLADWIN	2,418	3,303	2,045	2,355	3,986	5,018	4,565	4,561	5,922	1,448	2,350	2,479	90	4,432
	GOGEBIC	1,137	1,573	1,727	1,500	2,425	2,958	1,991	2,452	2,841	1,220	816	1,825	506	2,203
	GRAND TRAVERSE	10,623	12,886	10,767	10,319	16,534	19,146	10,597	11,980	15,954	6,508	5,754	9,924	78	9,435
	GRATIOT	4,631	6,004	6,671	5,578	7,463	7,295	4,664	4,902	7,470	1,375	2,924	6,175	534	7,533
	HILLSDALE	5,381	6,737	5,074	4,654	6,955	7,977	5,460	5,203	5,827	1,610	3,017	3,994	197	9,082
	HOUGHTON	3,477	4,815	6,964	2,591	3,728	4,526	3,233	3,116	7,487	1,931	2,795	2,943	147	2,382
	HURON	2,814	3,925	2,494	2,700	5,188	6,342	4,280	5,585	6,831	1,211	1,837	2,105	172	5,849
	INGHAM	32,009	44,641	60,695	31,263	40,027	48,747	25,865	24,588	59,252	12,460	19,281	23,904	185	27,518
	IONIA	7,737	8,885	7,991	8,444	11,037	10,528	5,853	5,195	9,334	2,944	5,479	5,202	313	11,515
	IOSCO	1,650	2,624	1,426	1,682	3,517	5,099	4,827	5,311	3,926	1,405	1,898	2,752	13	5,634
	IRON	706	980	725	664	1,394	2,247	1,487	1,994	1,830	621	941	1,438	149	1,040
	ISABELLA	7,404	13,588	22,153	6,269	8,411	8,897	4,954	5,354	8,966	3,732	4,814	12,083	101	7,081
	JACKSON	18,561	22,350	17,358	17,673	25,746	27,897	16,282	17,671	26,442	7,111	11,155	14,716	188	25,444
	KALAMAZOO	23,956	31,069	42,656	21,950	28,796	31,751	18,516	20,043	42,325	10,242	12,873	16,826	440	18,951
	KALKASKA	1,564	1,759	1,342	1,422	2,317	2,616	1,760	1,722	1,974	863	937	1,338	51	2,356
	KENT	88,150	96,797	83,841	74,205	97,246	94,094	48,549	52,001	115,689	29,092	38,559	42,649	4,039	69,484
	KEWEENAW	92	110	86	76	121	214	245	142	297	9	29	224	8	91
	LAKE	798	1,086	883	862	1,677	2,302	2,063	1,841	1,325	596	1,386	1,042	55	2,764
	LAPEER	9,917	13,004	7,584	9,172	15,553	16,516	9,973	8,706	15,988	3,377	5,453	7,130	52	14,036
	LEELANAU	1,207	1,995	987	940	2,320	3,491	2,745	3,079	3,509	890	907	1,735	121	1,511
	LENAWEE	11,421	14,308	11,540	11,542	16,475	18,109	11,130	11,752	15,522	5,480	7,856	7,859	82	16,092
	LIVINGSTON	17,465	22,145	11,625	15,230	26,581	26,090	14,614	11,931	29,922	9,624	6,802	7,988	117	12,457
	LUCE	545	608	948	915	1,147	1,275	771	906	1,079	280	732	1,620	128	626
	MACKINAC	842	1,263	774	925	1,783	2,384	1,776	1,852	2,145	949	788	1,228	45	1,302
	MACOMB	99,204	108,662	84,870	100,780	131,940	132,413	75,346	91,452	127,247	37,704	58,013	64,391	162	105,008
	MANISTEE	2,122	2,663	2,270	2,089	3,720	4,664	3,570	3,656	3,799	1,275	1,400	3,745	302	3,125
	MARQUETTE	5,856	7,889	10,936	6,060	9,134	11,705	7,120	7,236	10,415	4,465	4,899	6,850	76	6,142
	MASON	3,010	3,835	2,702	2,599	4,195	5,381	3,771	3,764	5,740	1,050	1,563	2,816	289	3,794
	MECOSTA	4,374	6,228	7,940	3,682	5,127	6,388	5,353	4,983	7,813	2,610	2,418	3,731	165	7,112
	MENOMINEE	2,162	2,785	1,071	1,924	3,693	4,588	2,868	3,418	3,022	942	1,274	1,785	194	4,597
	MIDLAND	9,771	12,694	9,105	8,377	14,255	14,390	8,399	10,466	14,874	4,573	5,150	9,305	140	9,833
	MISSAUKEE	1,413	1,881	1,191	1,189	2,028	2,270	1,649	1,746	2,080	528	911	1,065	151	2,452
	MONROE	18,108	23,046	16,159	17,694	27,266	29,075	16,410	16,448	24,081	7,186	10,544	11,539	670	27,388
	MONTCALM	8,823	10,443	7,895	8,927	12,604	12,609	7,671	7,295	11,906	3,432	6,689	5,483	318	12,928
	MONTMORENCY	835	1,094	782	745	1,620	2,552	2,129	2,419	1,563	1,048	1,302	1,456	126	2,341
	MUSKEGON	21,870	25,937	20,867	19,679	27,611	29,105	16,317	17,924	22,253	10,243	14,313	15,397	409	30,955
	NEWAYGO	5,234	6,819	4,368	4,531	7,000	7,390	5,084	5,093	5,850	1,981	3,564	3,783	250	9,316
	OAKLAND	147,286	172,573	122,968	143,281	209,171	222,915	118,923	128,093	309,397	66,175	63,150	65,571	431	76,580
	OCEANA	3,412	3,996	2,620	2,704	4,205	4,804	3,667	3,531	5,714	977	1,315	2,399	564	5,007
	OGEMAW	2,057	2,782	1,894	1,949	3,657	4,798	3,914	3,813	3,938	1,774	1,726	3,350	124	3,783
	ONTONAGON	302	450	279	345	765	1,116	1,018	1,001	984	163	546	685	106	452
	OSCEOLA	3,428	4,278	2,795	3,091	4,730	5,676	3,909	3,808	4,145	1,363	2,399	2,100	129	7,174
	OSCODA	727	945	553	521	1,066	1,406	1,125	1,105	1,174	430	308	784	43	1,824
	OTSEGO	3,239	3,954	2,595	2,881	4,930	5,161	3,474	3,531	4,906	1,124	2,135	2,670	26	4,222
	OTTAWA	38,668	50,746	40,301	32,263	43,318	42,674	23,913	27,288	53,554	13,857	17,873	17,893	1,191	32,881
	PRESQUE ISLE	1,131	1,486	999	1,125	2,186	3,189	2,424	3,174	2,839	888	1,147	2,152	154	2,317
	ROSCOMMON	2,043	2,809	1,864	1,849	4,092	5,634	5,102	5,724	5,945	2,218	2,149	2,896	26	4,426
	SAGINAW	21,171	26,641	21,894	18,757	27,291	32,505	21,325	22,745	31,708	12,010	13,784	22,511	322	21,254
	SAINT CLAIR	20,290	25,146	17,519	19,887	30,684	32,910	19,993	21,249	21,490	8,547	12,560	15,223	146	34,900
	SAINT JOSEPH	8,134	8,695	6,672	6,580	8,982	10,408	6,713	6,677	7,254	2,024	3,170	4,299	448	13,958
	SANILAC	4,781	6,158	3,960	4,301	7,192	8,276	5,264	5,622	7,760	1,847	2,682	3,418	202	8,297
	SCHOOLCRAFT	763	996	632	713	1,376	1,843	1,345	1,522	1,497	622	569	1,362	94	1,384
	SHIAWASSEE	8,555	10,476	7,035	7,916	12,005	12,863	8,076	7,524	11,777	3,116	4,687	5,938	201	10,993
	TUSCOLA	6,065	7,836	5,351	5,578	9,125	10,932	6,924	6,737	9,272	2,424	3,987	4,512	98	10,441
	VAN BUREN	9,988	12,470	8,139	8,370	13,333	15,304	8,736	7,660	11,722	3,903	4,053	6,881	810	14,829
	WASHTENAW	38,286	53,748	63,924	39,936	48,971	54,826	28,497	25,051	86,069	11,726	17,359	22,080	651	17,817
	WAYNE	230,186	264,072	202,933	204,319	265,724	285,116	149,390	173,166	288,385	93,204	141,172	181,785	2,001	258,189
	WEXFORD	4,563	4,973	3,769	3,786	6,082	6,270	4,150	4,253	5,004	2,058	2,173	3,371	137	6,814
MI Total		######	######	######	######	######	######	971,795	######	1,764,872	501,367	661,240	842,103	24,868	1,247,029

2017 Educational Attainment   2017 Family Income

State	County	Less than 9th grade	9th to 12th grade, no diploma	High school grad-uate	Some college, no degree	Assoc-iate degree	Bach-elor's degree	Grad. or pro-fessional degree	Less than $25,000	$25,000-$34,999	$35,000-$49,999	$50,000-$74,999	$75,000-$99,999	$100,000-$149,999	over $150,000
MI	ALCONA	149	807	3,794	3,016	670	657	616	726	439	629	697	421	215	123
	ALGER	304	806	3,371	2,370	364	1,513	489	590	353	411	604	482	233	109
	ALLEGAN	1,457	5,293	28,724	22,872	5,775	12,104	5,140	4,324	2,136	3,942	6,238	5,433	4,403	1,518
	ALPENA	731	1,133	8,224	8,479	2,892	2,231	2,189	2,381	929	1,219	1,714	1,117	829	334
	ANTRIM	159	1,860	6,616	4,429	1,277	3,595	1,934	1,594	618	1,161	1,643	688	653	473
	ARENAC	346	1,211	5,356	3,683	931	970	684	1,177	561	774	797	442	302	151
	BARAGA	137	636	2,024	3,056	597	1,063	87	500	251	321	515	281	303	47
	BARRY	379	1,994	12,958	14,094	3,119	6,143	3,512	2,433	1,191	2,051	3,217	2,461	2,525	977
	BAY	1,844	5,502	30,083	22,255	7,740	12,750	5,687	6,168	3,060	4,293	5,181	3,755	4,356	1,457
	BENZIE	157	790	4,087	3,726	977	3,673	1,592	672	510	914	1,348	942	521	202
	BERRIEN	2,987	11,645	41,647	37,441	11,896	19,137	12,219	11,539	4,423	6,030	7,460	6,387	6,198	3,655
	BRANCH	2,161	4,648	23,142	16,107	3,872	3,866	2,208	10,560	4,419	6,179	6,655	3,800	2,104	571
	CALHOUN	1,182	6,475	31,927	25,124	8,737	11,985	6,943	6,078	2,829	4,239	5,700	4,566	4,603	1,898
	CASS	1,130	4,748	18,566	15,407	4,330	8,446	2,940	8,366	3,400	5,459	6,945	4,741	6,582	1,649
	CHARLEVOIX	311	1,602	6,981	6,338	2,527	3,600	2,367	1,289	789	1,112	1,791	1,285	1,092	625
	CHEBOYGAN	482	1,456	7,263	6,241	1,446	2,436	2,280	1,822	801	1,116	1,649	842	623	526
	CHIPPEWA	688	2,625	10,852	11,770	1,522	5,003	2,940	2,350	892	1,458	2,218	1,808	882	218
	CLARE	783	3,741	13,159	7,942	1,769	2,336	1,326	2,953	1,314	2,076	1,971	990	801	234
	CLINTON	779	1,780	12,812	12,514	4,352	9,715	5,115	2,258	1,087	1,785	2,851	2,824	3,914	1,815
	CRAWFORD	124	1,217	4,288	3,054	817	965	281	952	459	586	655	485	257	117
	DELTA	433	1,391	8,851	9,134	4,280	5,767	2,737	2,491	981	1,492	2,399	1,718	1,256	382
	DICKINSON	149	825	8,749	5,643	1,493	2,738	2,586	1,714	705	1,237	1,247	1,009	835	309
	EATON	1,116	4,771	25,881	31,281	9,064	18,316	8,467	5,009	2,836	4,256	6,200	5,549	6,909	2,217
	EMMET	317	1,000	6,742	7,533	3,096	6,385	4,736	1,721	836	1,269	2,173	1,535	1,256	905
	GENESEE	5,881	28,783	109,264	102,173	30,902	57,133	28,008	30,661	12,885	16,067	19,264	13,918	19,573	9,627
	GLADWIN	526	1,701	10,057	7,634	1,367	2,161	752	1,977	1,072	1,554	1,643	944	796	299
	GOGEBIC	170	628	4,301	4,584	1,101	2,103	1,015	1,112	521	745	855	410	307	111
	GRAND TRAVERSE	934	3,840	17,701	26,091	9,516	15,633	12,205	4,838	2,289	4,094	5,967	3,857	4,334	2,684
	GRATIOT	819	3,249	15,479	10,996	2,611	4,666	2,171	2,860	1,409	1,531	2,466	1,669	1,317	324
	HILLSDALE	1,274	2,021	15,728	12,219	2,260	3,230	2,161	2,598	1,464	2,039	2,660	1,870	1,496	596
	HOUGHTON	336	1,385	8,046	5,503	2,420	5,828	3,727	2,033	856	1,122	1,403	747	694	369
	HURON	855	2,500	11,366	7,498	2,068	2,749	1,488	2,117	1,118	1,642	2,099	1,337	746	393
	INGHAM	4,363	13,868	54,794	62,246	18,826	57,642	46,597	21,639	6,917	12,942	16,669	14,397	15,154	8,537
	IONIA	1,352	3,753	18,965	15,560	3,736	8,434	1,784	3,629	1,459	2,082	3,455	2,743	2,042	833
	IOSCO	520	3,647	7,993	6,652	953	2,034	1,382	1,855	933	1,372	1,582	809	709	316
	IRON	75	491	3,393	2,448	657	1,344	634	628	322	493	762	324	244	54
	ISABELLA	1,638	3,792	19,513	18,180	5,983	10,497	6,554	4,496	1,875	2,117	2,655	1,831	1,641	917
	JACKSON	1,792	10,138	37,827	44,179	9,700	20,650	9,791	9,032	3,981	5,855	8,196	6,407	6,212	3,049
	KALAMAZOO	2,095	7,553	31,366	44,019	10,213	46,839	39,177	11,667	5,120	6,547	8,798	7,446	8,898	5,967
	KALKASKA	161	1,021	4,859	3,740	570	1,232	470	946	394	802	917	375	486	142
	KENT	13,688	37,218	114,773	117,988	34,634	111,648	68,993	36,753	18,087	22,963	35,589	34,473	33,600	16,998
	KEWEENAW	4	7	156	332	100	217	134	50	38	41	65	59	6	18
	LAKE	209	1,483	3,735	3,235	475	648	415	1,053	514	546	573	238	170	37
	LAPEER	1,009	5,264	24,976	22,583	6,055	9,854	4,429	3,804	2,011	3,078	4,383	3,683	5,192	2,552
	LEELANAU	165	718	3,028	3,529	1,340	3,415	2,450	741	437	825	887	742	834	577
	LENAWEE	1,938	6,352	32,987	21,757	5,231	13,525	6,280	5,066	2,178	4,209	5,798	4,408	5,294	1,407
	LIVINGSTON	610	3,575	24,414	27,426	9,929	31,861	18,578	4,218	2,425	3,601	5,605	5,832	10,950	7,658
	LUCE	170	953	1,749	1,729	367	1,141	193	407	175	254	447	366	147	16
	MACKINAC	101	472	2,999	2,799	355	2,251	1,179	674	462	656	854	420	312	99
	MACOMB	18,325	54,722	198,197	183,357	57,469	107,457	50,221	41,965	19,796	25,427	34,475	31,013	45,487	24,589
	MANISTEE	339	1,740	7,051	5,934	1,980	2,786	1,507	1,373	743	1,156	1,588	931	553	454
	MARQUETTE	754	2,098	18,633	16,454	3,553	10,612	4,908	3,635	1,577	2,255	3,409	2,918	2,083	936
	MASON	503	2,337	6,402	7,503	2,360	3,239	2,111	2,035	899	1,099	1,643	1,263	927	349
	MECOSTA	952	2,169	11,610	10,247	3,083	5,906	3,313	2,777	1,201	1,599	1,964	1,470	1,337	492
	MENOMINEE	378	1,096	8,130	6,397	1,069	1,783	906	1,467	643	1,063	1,546	1,169	429	81
	MIDLAND	822	3,440	22,226	17,290	6,072	13,288	8,428	5,448	2,223	3,219	3,842	2,725	3,129	3,476
	MISSAUKEE	216	1,051	4,125	3,331	748	994	637	776	466	701	862	456	309	178
	MONROE	2,085	9,258	46,478	37,568	10,435	20,175	8,424	7,140	3,236	5,198	7,235	7,297	10,498	4,253
	MONTCALM	1,215	4,842	19,098	19,807	5,028	9,272	3,026	4,029	2,368	3,267	4,402	3,229	2,304	720
	MONTMORENCY	218	1,621	4,410	3,198	531	422	403	870	527	746	795	427	192	73
	MUSKEGON	2,518	10,069	49,933	43,608	13,336	16,785	8,778	12,124	4,870	6,601	8,871	7,121	5,465	2,258
	NEWAYGO	996	4,248	13,437	11,354	2,395	3,341	1,154	2,722	1,115	1,967	2,797	1,772	1,143	828
	OAKLAND	17,082	42,616	160,784	208,790	60,614	305,665	232,054	54,884	22,890	33,467	50,225	44,486	77,489	87,729
	OCEANA	1,289	1,844	8,360	6,070	1,712	2,810	1,585	1,822	868	1,235	1,939	1,108	650	233
	OGEMAW	540	2,295	8,361	6,617	1,216	1,600	878	1,881	918	1,404	1,431	767	546	179
	ONTONAGON	103	236	1,420	1,452	232	607	683	395	192	238	407	127	94	39
	OSCEOLA	462	2,339	11,507	6,335	1,998	2,805	959	1,955	1,138	1,516	2,041	1,341	642	219
	OSCODA	259	875	2,222	1,714	510	532	178	586	362	423	411	210	119	42
	OTSEGO	322	1,811	7,167	8,456	1,491	3,695	1,648	1,512	738	1,454	1,911	1,341	1,032	339
	OTTAWA	5,596	11,327	63,300	58,376	14,030	61,146	23,724	12,497	5,501	8,888	15,646	13,858	14,291	6,345
	PRESQUE ISLE	436	1,184	4,503	4,323	844	1,467	1,065	1,118	571	874	929	591	406	97
	ROSCOMMON	441	2,162	8,291	8,403	1,619	2,183	2,732	2,288	1,174	1,823	1,457	979	732	311
	SAGINAW	3,058	12,359	52,068	41,477	12,815	24,028	13,248	13,005	6,000	8,108	10,358	7,895	12,205	3,567
	SAINT CLAIR	2,906	12,484	52,912	49,767	13,703	14,005	8,919	11,542	5,671	7,998	10,608	12,821	11,180	3,579
	SAINT JOSEPH	2,539	5,406	18,655	13,673	2,672	5,171	2,304	3,803	1,661	2,629	3,732	2,464	1,791	753
	SANILAC	944	3,576	15,155	10,212	2,693	3,171	2,086	2,927	1,381	2,080	2,680	1,803	1,292	429
	SCHOOLCRAFT	132	1,031	3,221	2,025	497	790	247	648	353	359	559	434	171	99
	SHIAWASSEE	1,005	4,477	18,204	17,557	5,341	8,826	5,287	4,226	1,844	2,908	4,309	3,239	3,256	1,136
	TUSCOLA	907	4,157	18,337	13,471	3,908	5,405	2,645	3,208	1,550	2,697	3,208	2,448	2,633	454
	VAN BUREN	2,438	5,807	23,470	17,401	4,957	9,909	3,899	4,714	2,039	2,872	4,499	3,360	3,370	1,689
	WASHTENAW	2,640	10,533	37,431	53,202	15,338	85,168	89,454	14,896	6,089	8,058	10,399	9,279	16,682	15,792
	WAYNE	47,410	158,170	406,671	378,724	80,105	205,689	138,682	127,264	45,807	58,835	68,064	52,281	72,768	52,058
	WEXFORD	430	2,762	10,454	8,574	2,469	3,236	2,931	2,171	1,179	1,861	2,551	1,283	1,013	307
MI Total		179,250	598,511	2,247,788	2,141,272	581,739	1,506,096	968,661	588,225	252,351	355,216	476,254	386,779	469,021	298,174

2017 Consumer Spending ($Millions)

State	County	Average annual expend-itures	Food	Alcoholic beverages	Housing	Apparel and services	Transport-ation	Healthcare	Entertain-ment	Personal care products & services	Education	Personal insurance & pensions
MI	ALCONA	152.8	19.8	1.2	541.9	54.9	289.3	134.6	85.4	20.0	35.1	189.3
	ALGER	139.0	17.8	1.1	231.7	22.6	122.4	58.2	35.0	8.3	13.2	69.2
	ALLEGAN	1,516.3	191.4	12.7	438.3	42.7	231.9	110.6	66.0	15.7	24.1	129.3
	ALPENA	408.0	52.6	3.3	190.3	18.4	99.5	47.7	28.4	6.8	10.7	54.3
	ANTRIM	332.9	42.5	2.7	148.7	14.8	78.9	37.0	23.1	5.4	9.2	49.3
	ARENAC	191.0	24.9	1.5	260.6	25.6	137.6	65.3	39.4	9.4	14.9	78.9
	BARAGA	110.6	14.2	0.9	24.9	2.4	13.2	6.3	3.8	0.9	1.4	7.6
	BARRY	793.5	100.1	6.6	160.0	15.4	79.5	37.2	23.3	5.6	11.7	42.5
	BAY	1,463.5	185.9	12.1	904.0	89.8	476.0	223.8	138.9	32.9	56.6	290.7
	BENZIE	265.3	33.8	2.2	61.2	5.9	32.0	15.4	9.1	2.2	3.3	17.1
	BERRIEN	2,304.4	292.3	19.2	435.6	43.4	232.9	109.1	67.7	16.0	26.2	144.1
	BRANCH	1,530.7	200.9	11.8	59.6	5.8	31.5	14.9	9.0	2.1	3.4	17.8
	CALHOUN	1,572.4	198.8	13.1	923.2	91.3	489.2	230.8	141.5	33.5	54.8	292.1
	CASS	1,908.4	242.9	15.7	107.3	10.7	57.1	26.8	16.7	3.9	6.6	35.7
	CHARLEVOIX	417.0	52.7	3.5	43.9	4.3	23.4	11.1	6.7	1.6	2.4	13.2
	CHEBOYGAN	353.9	45.3	2.9	42.7	4.2	23.0	10.8	6.6	1.6	2.4	13.9
	CHIPPEWA	475.5	61.5	3.8	621.8	61.0	326.5	154.8	94.4	22.5	37.0	190.5
	CLARE	467.4	61.2	3.6	280.5	27.8	150.1	70.4	43.4	10.3	16.8	92.1
	CLINTON	971.3	119.8	8.5	286.1	28.3	152.5	71.8	44.0	10.4	16.6	91.3
	CRAWFORD	160.2	20.9	1.3	45.7	4.5	24.3	11.4	7.1	1.7	2.8	15.1
	DELTA	536.0	68.7	4.4	61.1	5.9	32.1	15.4	9.1	2.2	3.3	17.3
	DICKINSON	348.6	44.7	2.8	53.3	5.3	28.6	13.4	8.2	1.9	3.1	17.4
	EATON	1,881.7	234.8	16.1	485.8	47.4	252.7	120.4	72.9	17.5	28.6	141.7
	EMMET	493.9	62.4	4.1	307.3	30.9	165.3	76.7	48.5	11.3	19.4	108.6
	GENESEE	6,311.5	796.7	52.9	2,268.2	224.9	1,193.7	561.4	347.8	82.5	139.9	721.1
	GLADWIN	395.7	51.1	3.2	110.0	10.4	55.0	26.7	15.8	3.9	6.7	27.7
	GOGEBIC	186.3	24.3	1.5	44.1	4.3	23.7	11.3	6.7	1.6	2.4	13.6
	GRAND TRAVERSE	1,495.7	187.5	12.6	36.1	3.5	19.0	9.1	5.4	1.3	1.9	10.3
	GRATIOT	571.7	73.5	4.6	610.9	60.7	324.6	152.3	94.3	22.3	37.2	198.9
	HILLSDALE	646.9	82.5	5.3	538.0	53.5	287.4	134.9	83.2	19.7	32.2	174.9
	HOUGHTON	339.7	43.8	2.7	119.2	11.7	63.6	30.0	18.2	4.3	6.7	37.3
	HURON	451.2	58.3	3.6	1,196.0	117.4	628.0	297.7	181.4	43.2	71.0	365.5
	INGHAM	5,067.5	637.4	42.8	672.4	66.0	354.1	168.0	101.8	24.2	38.9	202.9
	IONIA	835.3	106.2	6.9	245.2	24.1	129.1	61.2	37.1	8.9	14.3	73.9
	IOSCO	365.2	47.0	2.9	508.1	49.7	267.8	127.3	76.5	18.2	28.8	150.8
	IRON	134.3	17.4	1.1	90.4	8.9	48.3	22.9	13.9	3.3	5.1	28.5
	ISABELLA	737.5	94.9	6.0	230.8	22.6	122.7	58.2	35.1	8.4	13.1	70.9
	JACKSON	2,249.4	283.9	18.9	311.5	31.0	166.5	78.1	48.4	11.4	18.7	103.2
	KALAMAZOO	2,878.7	360.3	24.5	895.4	89.9	475.0	221.9	139.6	32.7	57.1	302.8
	KALKASKA	197.9	25.5	1.6	31.5	3.1	17.0	8.1	4.8	1.1	1.6	9.4
	KENT	10,603.0	1,332.4	89.7	907.9	89.1	479.2	227.1	137.6	32.8	52.6	274.8
	KEWEENAW	12.8	1.7	0.1	5.0	0.5	2.7	1.3	0.8	0.2	0.3	1.6
	LAKE	133.7	17.7	1.0	200.1	19.7	106.9	50.6	30.6	7.3	11.3	62.4
	LAPEER	1,428.1	176.7	12.4	643.6	64.9	345.0	160.6	101.0	23.7	40.3	221.7
	LEELANAU	268.4	33.6	2.3	236.2	23.1	124.8	59.0	35.8	8.5	13.5	72.6
	LENAWEE	1,549.7	195.2	13.0	749.6	74.9	398.1	186.5	116.3	27.4	46.5	247.7
	LIVINGSTON	2,508.0	302.6	22.6	210.1	20.2	110.3	52.8	31.2	7.5	11.4	58.8
	LUCE	88.1	11.4	0.7	42.1	4.1	22.3	10.5	6.4	1.5	2.5	13.3
	MACKINAC	167.8	21.7	1.3	479.2	46.8	250.4	119.0	72.2	17.2	28.3	142.3
	MACOMB	12,684.2	1,569.5	110.0	1,508.8	151.3	804.1	375.6	235.5	55.4	94.5	510.4
	MANISTEE	338.7	43.2	2.8	54.0	5.2	28.8	13.7	8.2	2.0	2.9	16.3
	MARQUETTE	863.7	109.8	7.2	458.7	44.9	237.6	112.8	68.9	16.4	28.2	136.4
	MASON	410.1	52.5	3.3	68.2	6.9	36.4	17.0	10.7	2.5	4.3	23.8
	MECOSTA	537.0	68.8	4.4	206.3	20.0	107.7	51.5	30.8	7.4	11.6	58.6
	MENOMINEE	304.1	39.6	2.4	317.1	31.3	168.7	79.4	48.7	11.5	18.8	101.5
	MIDLAND	1,208.4	151.4	10.2	253.9	26.0	134.2	62.0	40.2	9.4	17.7	91.9
	MISSAUKEE	186.2	23.8	1.5	24.0	2.3	12.8	6.1	3.7	0.9	1.4	7.6
	MONROE	2,629.8	325.1	22.9	593.2	58.6	313.5	147.7	91.0	21.6	36.0	189.1
	MONTCALM	1,039.5	132.8	8.5	534.8	51.9	281.0	134.4	80.2	19.2	29.7	155.8
	MONTMORENCY	163.7	21.5	1.3	27.7	2.8	15.0	7.0	4.3	1.0	1.7	9.3
	MUSKEGON	2,351.0	300.9	19.2	561.3	54.1	291.0	139.0	82.9	20.0	32.1	155.1
	NEWAYGO	608.2	77.7	5.0	51.3	5.0	27.3	12.9	7.8	1.9	2.9	15.9
	OAKLAND	21,526.4	2,599.0	194.4	3,438.8	355.7	1,817.2	835.2	551.5	127.0	249.6	1,294.8
	OCEANA	382.0	49.2	3.0	290.4	29.1	150.0	70.1	44.7	10.5	20.0	95.3
	OGEMAW	326.8	42.6	2.6	357.9	35.9	190.6	88.8	55.9	13.1	22.8	122.4
	ONTONAGON	68.4	8.9	0.5	48.0	4.7	25.5	12.2	7.2	1.7	2.6	14.1
	OSCEOLA	428.6	55.4	3.4	162.0	16.0	86.6	41.0	25.0	5.9	9.4	52.3
	OSCODA	95.0	12.5	0.7	226.8	22.9	121.3	56.5	35.7	8.4	14.5	78.2
	OTSEGO	427.8	54.6	3.5	263.8	27.1	141.5	65.0	42.3	9.8	17.9	98.1
	OTTAWA	4,289.5	535.7	36.6	261.8	25.3	137.4	65.7	39.2	9.3	14.6	75.9
	PRESQUE ISLE	216.2	28.1	1.7	253.0	24.1	129.5	62.7	36.9	8.9	14.1	66.1
	ROSCOMMON	404.2	52.6	3.2	52.8	5.1	28.4	13.4	8.1	1.9	2.9	16.9
	SAGINAW	3,240.0	409.2	27.1	1,897.1	191.4	1,012.4	470.7	298.2	70.0	122.3	658.9
	SAINT CLAIR	3,489.0	439.0	29.5	504.6	49.1	260.8	124.4	75.3	18.0	30.3	145.7
	SAINT JOSEPH	832.2	106.7	6.8	229.3	22.8	123.1	57.8	35.6	8.4	13.5	75.6
	SANILAC	618.3	79.6	5.0	1,478.3	147.4	778.2	365.6	227.8	53.9	92.9	479.8
	SCHOOLCRAFT	124.0	16.0	1.0	30.7	2.9	15.8	7.7	4.5	1.1	1.6	7.8
	SHIAWASSEE	1,100.5	139.4	9.2	288.9	28.3	154.2	72.9	44.3	10.5	16.5	91.1
	TUSCOLA	848.0	108.0	6.9	411.5	40.2	216.5	102.4	62.3	14.8	24.4	124.9
	VAN BUREN	1,193.5	150.3	10.0	511.9	49.8	265.9	127.0	76.6	18.4	29.8	148.6
	WASHTENAW	4,616.9	562.8	41.1	258.9	25.5	136.4	64.6	39.6	9.4	15.6	81.3
	WAYNE	24,338.7	3,061.2	206.1	2,367.7	239.1	1,258.8	585.9	371.3	87.0	152.8	815.9
	WEXFORD	501.3	64.7	4.0	52.3	5.1	27.7	13.1	7.9	1.9	3.0	16.1
MI Total		150,810.3	18,865.9	1,284.2	36,142.6	3,596.4	19,100.7	8,972.0	5,572.6	1,315.9	2,238.6	11,737.2

State	County	U.S. Population			2017 Gender		2017 Race			
		Total 2017	2010-2017 % chg.	Total 2022	Male	Female	White	Black	Other Race	Hispanic
MN	AITKIN	18,054	0%	55,187	9,116	8,938	16,677	72	1,156	149
	ANOKA	339,520	10%	191,699	169,243	170,277	238,342	26,530	57,749	16,900
	BECKER	32,624	8%	27,987	16,390	16,233	26,897	269	5,080	378
	BELTRAMI	49,241	8%	102,035	24,546	24,696	30,581	264	17,567	830
	BENTON	33,574	1%	9,773	16,930	16,644	29,824	567	2,537	647
	BIG STONE	5,365	-9%	20,409	2,637	2,728	5,093	10	230	32
	BLUE EARTH	66,133	-1%	21,512	33,269	32,864	56,650	3,431	4,018	2,034
	BROWN	27,892	1%	7,772	13,902	13,990	25,491	58	604	1,738
	CARLTON	40,733	8%	122,450	21,278	19,455	31,152	1,407	7,405	769
	CARVER	109,055	22%	186,184	54,226	54,829	83,399	3,160	12,952	9,543
	CASS	25,334	8%	19,967	12,876	12,458	18,456	38	6,428	411
	CHIPPEWA	11,372	-3%	5,080	5,596	5,776	8,060	41	2,257	1,014
	CHISAGO	71,781	12%	65,836	36,934	34,847	63,598	2,070	4,201	1,912
	CLAY	61,162	3%	41,479	30,215	30,947	52,772	1,262	4,361	2,766
	CLEARWATER	9,759	2%	12,560	4,927	4,832	8,493	31	1,062	173
	COOK	5,793	7%	115,480	2,893	2,901	5,070	15	655	53
	COTTONWOOD	11,448	9%	10,521	5,642	5,806	9,046	82	1,138	1,182
	CROW WING	74,673	17%	80,890	37,401	37,273	69,466	418	3,948	842
	DAKOTA	443,873	13%	215,664	218,089	225,784	296,083	27,218	82,939	37,632
	DODGE	21,936	10%	17,807	10,977	10,959	18,784	79	1,035	2,038
	DOUGLAS	40,288	4%	27,173	20,239	20,049	38,665	429	781	413
	FARIBAULT	15,294	0%	17,970	7,631	7,664	13,447	44	511	1,292
	FILLMORE	23,977	0%	73,152	11,949	12,028	22,693	53	734	497
	FREEBORN	29,851	-11%	133,184	14,743	15,107	23,974	632	1,426	3,818
	GOODHUE	49,350	-8%	83,726	24,506	24,844	43,202	780	3,186	2,182
	GRANT	6,639	-3%	18,286	3,288	3,351	6,189	22	257	171
	HENNEPIN	1,188,864	5%	1,152,024	584,415	604,449	658,585	146,254	264,847	119,177
	HOUSTON	19,676	-2%	75,259	9,785	9,891	18,440	210	841	185
	HUBBARD	20,566	1%	26,991	10,347	10,219	17,850	42	2,173	501
	ISANTI	38,203	17%	23,942	19,260	18,943	35,271	290	1,669	973
	ITASCA	41,638	-5%	101,499	20,962	20,677	35,841	370	5,027	401
	JACKSON	8,592	-9%	9,904	4,318	4,274	7,834	41	383	335
	KANABEC	14,290	24%	3,857	7,209	7,080	13,321	103	646	220
	KANDIYOHI	42,926	1%	21,241	21,409	21,516	32,661	1,497	1,661	7,107
	KITTSON	4,189	-6%	11,663	2,103	2,086	4,052	10	52	74
	KOOCHICHING	12,815	-5%	6,762	6,362	6,453	12,098	77	528	113
	LAC QUI PARLE	6,213	-3%	12,435	3,090	3,124	5,926	16	169	102
	LAKE	10,309	-8%	107,920	5,201	5,109	9,940	13	268	88
	LAKE OF THE WOODS	4,086	8%	1,686	2,085	2,001	3,866	13	184	24
	LE SUEUR	37,630	3%	17,086	18,878	18,752	30,342	146	2,528	4,614
	LINCOLN	4,980	-11%	25,144	2,477	2,503	4,822	8	93	57
	LYON	28,278	2%	15,337	14,098	14,180	20,974	1,441	2,851	3,012
	MAHNOMEN	6,330	1%	4,454	3,211	3,119	2,113	11	4,081	125
	MARSHALL	9,068	-7%	26,456	4,597	4,470	8,221	31	344	472
	MARTIN	20,277	-4%	13,345	9,952	10,325	17,875	55	885	1,462
	MCLEOD	39,504	2%	182,410	19,704	19,800	34,027	240	1,656	3,580
	MEEKER	23,500	3%	157,243	11,922	11,578	21,488	185	647	1,179
	MILLE LACS	41,107	15%	87,055	20,832	20,275	35,225	154	5,051	677
	MORRISON	37,086	2%	29,694	18,678	18,408	35,055	263	1,157	611
	MOWER	39,991	-6%	58,045	19,893	20,098	24,696	969	4,639	9,687
	MURRAY	8,355	-6%	36,565	4,123	4,232	7,699	22	283	351
	NICOLLET	33,156	-2%	5,699	16,551	16,604	27,946	900	2,451	1,858
	NOBLES	21,843	-8%	27,020	11,138	10,705	9,628	921	3,377	7,917
	NORMAN	6,356	-2%	22,122	3,154	3,202	5,092	12	377	876
	OLMSTED	151,548	2%	31,321	73,945	77,602	99,157	16,616	26,875	8,900
	OTTER TAIL	55,623	-1%	75,497	27,766	27,857	48,442	1,017	3,005	3,160
	PENNINGTON	14,460	-2%	14,008	7,142	7,318	12,571	806	750	333
	PINE	35,322	10%	82,002	18,877	16,445	29,365	507	4,389	1,061
	PIPESTONE	10,230	-6%	8,717	5,020	5,210	8,388	48	1,375	420
	POLK	31,558	2%	37,523	15,778	15,780	26,451	509	2,466	2,132
	POPE	11,402	8%	12,123	5,760	5,642	10,831	35	310	225
	RAMSEY	493,227	-1%	197,956	238,877	254,350	269,901	58,400	121,845	43,081
	RED LAKE	4,493	2%	4,339	2,306	2,188	4,266	11	141	76
	REDWOOD	15,718	-13%	12,056	7,828	7,890	12,639	61	2,483	534
	RENVILLE	15,617	-1%	35,636	7,868	7,749	12,381	42	1,425	1,769
	RICE	74,916	4%	185,444	38,316	36,600	47,812	2,983	10,671	13,450
	ROCK	9,077	-8%	12,154	4,472	4,604	7,860	288	673	256
	ROSEAU	17,206	3%	7,442	8,792	8,414	15,626	36	1,393	152
	SAINT LOUIS	198,213	3%	278,823	99,170	99,043	170,314	3,130	21,725	3,044
	SCOTT	145,287	16%	74,551	72,281	73,007	93,577	4,576	34,509	12,625
	SHERBURNE	109,095	29%	104,388	55,280	53,815	99,034	1,839	5,045	3,178
	SIBLEY	13,102	-3%	125,251	6,522	6,579	10,009	38	595	2,460
	STEARNS	183,650	4%	94,000	92,729	90,921	147,235	10,263	17,421	8,731
	STEELE	39,747	13%	20,099	19,671	20,076	32,408	1,901	1,845	3,592
	STEVENS	9,634	-1%	4,154	4,777	4,856	8,298	70	832	434
	SWIFT	10,544	4%	9,031	5,347	5,198	9,319	152	509	565
	TODD	23,768	-1%	84,439	12,079	11,690	17,779	178	2,658	3,153
	TRAVERSE	3,497	-12%	19,079	1,708	1,788	2,942	13	443	100
	WABASHA	26,208	7%	92,437	13,111	13,096	23,752	105	618	1,732
	WADENA	17,407	-3%	17,618	8,735	8,672	16,326	242	439	401
	WASECA	20,381	-8%	20,638	9,549	10,832	15,865	818	1,607	2,091
	WASHINGTON	296,439	7%	124,184	147,081	149,358	217,633	14,753	51,370	12,682
	WATONWAN	10,986	-15%	23,829	5,512	5,474	6,377	117	695	3,798
	WILKIN	6,552	2%	9,160	3,338	3,214	6,163	10	227	152

State	County	1-9	10-19	20-29	30-39	40-49	50-59	60-69	70 over	Managerial	Sales	Admin support	Service	Farming forestry, fishing	Production
MN	AITKIN	1,543	1,773	1,273	1,222	2,466	3,434	3,206	3,138	3,269	904	1,386	1,790	76	2,769
	ANOKA	42,703	47,164	36,738	42,395	56,483	55,850	32,320	25,867	62,309	13,444	21,731	16,540	84	30,162
	BECKER	3,832	4,063	3,016	3,090	4,677	5,703	4,185	4,057	7,146	1,331	1,971	2,198	97	3,872
	BELTRAMI	6,249	7,310	8,051	4,564	6,417	7,637	4,492	4,522	7,969	3,248	2,641	5,372	512	5,543
	BENTON	4,534	4,595	4,241	4,346	5,485	4,871	2,687	2,814	6,020	1,188	2,353	806	23	4,254
	BIG STONE	477	689	437	393	745	927	621	1,075	1,642	170	248	352	14	508
	BLUE EARTH	6,685	9,396	16,265	6,419	7,991	8,809	4,596	5,973	10,010	2,886	4,122	4,587	48	5,684
	BROWN	2,807	3,640	3,108	2,298	4,227	4,925	2,962	3,925	5,174	802	1,681	1,746	60	3,262
	CARLTON	4,720	5,123	4,443	4,508	6,753	6,940	3,906	4,340	6,077	1,948	2,671	4,538	482	5,495
	CARVER	17,533	17,237	8,688	14,635	22,071	15,791	7,113	5,987	27,721	5,737	4,424	4,318	17	5,290
	CASS	2,759	3,102	2,201	1,989	3,443	4,423	4,093	3,324	4,506	1,528	2,189	2,502	48	3,424
	CHIPPEWA	1,298	1,478	1,157	1,039	1,635	1,987	1,151	1,626	2,183	531	529	859	10	1,430
	CHISAGO	8,715	10,524	6,958	8,695	13,486	11,764	6,670	4,968	12,944	3,520	3,951	4,378	126	8,073
	CLAY	7,569	9,387	11,161	6,651	8,186	7,805	4,518	5,883	10,766	2,723	3,683	4,041	98	7,441
	CLEARWATER	1,199	1,173	1,003	1,003	1,369	1,561	1,236	1,214	2,221	321	631	673	56	1,405
	COOK	370	578	455	416	776	1,439	991	769	1,019	297	230	614	24	473
	COTTONWOOD	1,380	1,554	1,030	980	1,585	1,902	1,203	1,814	2,289	421	508	839	16	1,552
	CROW WING	8,734	9,171	7,604	7,386	10,685	11,983	9,689	9,422	12,000	4,568	4,881	7,645	60	8,659
	DAKOTA	55,858	62,929	45,958	52,924	74,752	74,278	42,092	35,082	88,116	21,448	26,985	20,691	159	27,506
	DODGE	3,080	3,468	2,059	2,655	3,729	3,369	1,760	1,817	4,369	519	1,480	781	82	2,547
	DOUGLAS	4,330	4,960	4,452	3,752	5,593	6,736	4,821	5,642	6,947	1,746	2,575	1,873	35	6,069
	FARIBAULT	1,483	1,972	1,359	1,273	2,133	2,836	1,756	2,481	3,381	365	994	770	54	2,040
	FILLMORE	2,927	3,077	2,218	2,335	3,587	4,512	2,493	3,211	5,665	608	1,311	1,120	66	2,238
	FREEBORN	3,198	3,461	2,937	2,718	4,317	4,843	3,505	4,872	4,090	1,264	1,690	1,847	56	5,520
	GOODHUE	5,568	6,618	4,652	5,014	8,332	8,678	4,970	5,518	8,278	2,220	2,698	2,705	77	5,895
	GRANT	695	810	632	589	990	1,120	831	973	1,538	308	362	235	24	775
	HENNEPIN	143,205	151,867	175,509	149,505	179,762	184,881	94,379	109,756	246,681	52,442	65,359	64,827	400	72,791
	HOUSTON	2,078	2,600	1,721	1,726	3,180	3,760	2,021	2,591	4,532	939	814	1,014	51	1,705
	HUBBARD	2,138	2,362	1,695	1,672	2,936	3,508	3,132	3,123	4,285	898	1,387	1,291	86	3,185
	ISANTI	5,110	5,471	4,477	4,686	6,022	5,693	3,527	3,217	6,111	1,609	2,631	1,706	28	5,443
	ITASCA	4,043	5,016	3,702	3,440	5,711	8,221	5,575	5,929	6,539	2,218	3,201	3,108	198	6,918
	JACKSON	911	1,108	866	810	1,327	1,437	763	1,370	2,102	233	537	385	10	849
	KANABEC	1,564	1,930	1,340	1,550	2,223	2,500	1,640	1,543	2,489	632	916	1,032	17	2,063
	KANDIYOHI	4,933	5,743	5,185	3,803	6,228	7,526	4,250	5,258	7,123	1,891	2,870	2,023	142	5,743
	KITTSON	383	539	297	297	602	852	479	740	1,083	171	194	271	15	527
	KOOCHICHING	1,198	1,536	894	1,002	1,845	2,592	1,707	2,042	1,802	835	1,085	1,164	279	1,593
	LAC QUI PARLE	574	752	459	452	865	1,220	664	1,228	1,579	317	280	278	3	631
	LAKE	933	1,092	941	850	1,512	1,846	1,202	1,933	2,156	227	337	890	329	1,278
	LAKE OF THE WOODS	339	456	246	318	613	929	575	610	698	96	105	620	22	467
	LE SUEUR	5,007	5,459	3,558	4,430	6,468	5,834	3,320	3,552	5,986	1,459	2,491	2,320	55	5,095
	LINCOLN	614	523	418	503	670	749	535	969	1,331	103	157	366	9	477
	LYON	3,572	3,942	4,495	2,995	3,993	4,188	2,230	2,863	5,351	1,002	1,621	1,510	11	3,123
	MAHNOMEN	1,067	907	649	607	720	970	742	669	1,358	336	176	1,061	53	373
	MARSHALL	987	1,106	816	818	1,399	1,551	965	1,426	2,262	225	505	479	47	1,328
	MARTIN	2,059	2,476	1,949	1,623	2,730	3,952	2,217	3,271	3,997	950	959	1,421	106	2,325
	MCLEOD	4,964	5,354	4,080	4,567	6,520	6,108	3,579	4,333	6,776	1,379	1,975	1,986	27	5,492
	MEEKER	2,913	3,075	2,291	2,397	3,742	3,895	2,336	2,850	4,072	916	1,439	1,458	47	3,343
	MILLE LACS	5,303	6,144	4,173	4,994	6,807	5,915	3,923	3,847	6,017	1,691	2,352	3,091	158	6,361
	MORRISON	4,294	4,937	3,859	3,780	6,246	6,017	3,647	4,305	8,084	1,451	1,888	1,771	52	5,258
	MOWER	5,464	5,354	4,675	4,188	5,626	6,044	3,171	5,469	6,464	1,455	2,535	2,528	87	6,643
	MURRAY	880	1,055	671	690	1,222	1,433	977	1,428	1,553	313	547	550	14	1,031
	NICOLLET	3,843	4,770	5,650	3,542	4,701	4,849	2,927	2,874	5,805	1,456	1,686	1,937	14	2,836
	NOBLES	3,164	2,916	2,894	2,244	2,940	3,298	1,859	2,528	2,991	1,034	1,100	1,626	23	3,844
	NORMAN	786	817	483	596	950	1,063	675	985	1,387	448	299	552	40	592
	OLMSTED	20,407	19,892	20,257	18,746	22,706	22,141	12,058	14,741	33,451	5,141	9,058	7,143	22	11,484
	OTTER TAIL	5,385	7,046	4,845	4,259	8,201	10,013	7,286	8,588	11,330	3,023	3,205	3,650	152	7,027
	PENNINGTON	1,755	1,846	1,719	1,740	1,928	2,433	1,462	1,577	2,580	633	890	964	32	1,858
	PINE	3,818	4,270	3,822	3,879	6,056	5,647	4,044	3,785	5,122	1,178	2,414	5,145	54	4,515
	PIPESTONE	1,235	1,307	975	952	1,590	1,674	903	1,594	2,351	266	438	704	46	1,082
	POLK	3,666	4,410	4,048	2,878	4,730	4,971	3,113	3,742	6,229	1,388	1,936	2,273	143	4,380
	POPE	1,128	1,293	1,216	1,034	1,539	2,083	1,465	1,642	2,924	386	695	582	16	1,046
	RAMSEY	58,293	69,418	78,464	53,543	69,019	76,621	40,403	47,467	98,753	18,106	31,674	32,234	183	42,789
	RED LAKE	578	538	457	433	676	792	507	514	994	258	273	239	17	574
	REDWOOD	1,854	2,081	1,438	1,393	2,272	2,631	1,638	2,411	3,220	809	867	792	13	1,941
	RENVILLE	1,720	2,135	1,477	1,373	2,430	2,780	1,544	2,158	3,192	470	832	1,114	21	2,095
	RICE	9,300	11,626	10,924	8,535	11,413	10,503	6,296	6,320	12,305	2,264	5,493	4,591	104	9,758
	ROCK	1,195	1,232	820	953	1,156	1,457	878	1,386	2,438	190	484	496	19	669
	ROSEAU	1,937	2,626	1,125	1,849	3,205	3,093	1,679	1,692	3,336	707	634	787	15	2,366
	SAINT LOUIS	18,848	24,466	29,325	17,410	27,586	36,581	20,016	23,983	33,139	13,072	13,238	18,558	1,186	20,447
	SCOTT	24,189	20,974	13,638	23,197	26,320	20,010	10,367	6,592	29,694	6,678	7,579	7,140	20	9,786
	SHERBURNE	18,461	16,698	11,580	16,245	19,787	14,519	6,970	4,837	16,375	4,314	7,580	5,637	63	13,427
	SIBLEY	1,684	1,707	1,336	1,434	2,107	1,909	1,268	1,657	2,680	196	778	454	7	1,933
	STEARNS	20,907	25,923	31,991	19,779	26,370	25,146	14,519	19,014	29,084	8,806	9,882	10,042	180	21,606
	STEELE	5,332	5,683	3,984	4,361	6,623	6,084	3,529	4,151	6,717	1,544	3,013	2,100	52	4,147
	STEVENS	1,073	1,441	1,781	785	1,173	1,381	774	1,226	2,367	311	524	615	14	528
	SWIFT	1,105	1,355	1,097	1,027	1,702	1,791	1,001	1,467	2,672	536	699	584	15	995
	TODD	2,898	3,302	2,463	2,061	3,449	3,998	2,641	2,955	4,529	789	1,270	1,484	80	4,138
	TRAVERSE	339	491	260	275	480	538	369	746	917	249	180	318	8	329
	WABASHA	2,868	3,362	2,265	2,618	4,237	4,649	2,906	3,302	5,418	658	1,634	1,135	173	2,833
	WADENA	2,317	2,443	1,599	1,558	2,351	2,954	1,903	2,282	3,335	681	1,083	1,029	164	2,986
	WASECA	2,393	2,407	2,410	2,611	3,430	3,345	1,676	2,110	3,052	721	1,837	862	20	3,137
	WASHINGTON	40,700	44,825	29,018	34,353	50,637	47,478	27,143	22,284	67,459	15,157	15,479	13,947	73	16,699
	WATONWAN	1,345	1,574	1,090	1,092	1,507	1,665	1,050	1,663	2,315	369	428	531	10	1,842
	WILKIN	705	901	562	596	1,138	1,187	626	838	1,535	149	306	346	49	863

State	County	Less than 9th grade	9th to 12th grade, no diploma	High school grad-uate	Some college, no degree	Assoc-iate degree	Bach-elor's degree	Grad. or pro-fessional degree	Less than $25,000	$25,000-$34,999	$35,000-$49,999	$50,000-$74,999	$75,000-$99,999	$100,000-$149,999	over $150,000
MN	AITKIN	284	1,182	5,108	5,764	962	1,464	920	1,008	579	1,093	1,236	660	489	213
	ANOKA	2,320	11,251	61,903	91,353	19,671	62,302	24,476	8,761	4,752	7,991	15,939	17,226	25,447	10,598
	BECKER	444	1,566	6,931	8,210	1,519	5,831	2,161	1,490	792	1,276	2,222	1,572	931	694
	BELTRAMI	1,099	3,294	10,002	12,218	2,508	7,950	2,810	2,717	1,184	1,855	2,515	1,775	1,599	781
	BENTON	517	1,094	6,959	10,465	1,126	3,239	3,419	1,180	414	957	2,025	2,124	1,557	543
	BIG STONE	229	334	1,580	1,522	317	417	158	297	146	268	409	196	92	75
	BLUE EARTH	1,803	2,548	11,328	16,986	4,394	12,954	6,283	2,965	1,186	1,950	3,334	2,293	2,341	951
	BROWN	758	1,033	6,921	8,564	1,376	3,275	1,562	1,146	657	1,028	1,703	1,625	867	492
	CARLTON	527	1,882	9,994	12,898	1,989	4,167	2,093	1,683	741	1,383	2,270	2,476	1,755	518
	CARVER	818	1,948	11,511	18,193	4,583	32,715	11,918	2,033	1,087	1,608	3,880	5,341	7,779	7,401
	CASS	179	1,786	6,686	6,850	943	2,793	1,841	1,549	810	1,232	1,627	915	738	240
	CHIPPEWA	366	471	2,595	3,500	375	1,354	732	516	302	478	780	654	339	96
	CHISAGO	948	2,285	16,000	21,505	4,958	9,275	2,738	1,579	1,113	1,817	3,956	5,347	3,893	1,875
	CLAY	1,604	2,181	11,818	16,027	3,494	9,816	4,731	2,915	1,223	1,544	2,945	2,835	2,435	969
	CLEARWATER	301	490	2,212	2,548	453	1,464	519	598	289	381	640	360	320	71
	COOK	94	293	906	1,345	213	1,238	1,069	260	158	201	400	328	156	106
	COTTONWOOD	380	599	3,241	3,184	268	1,034	649	622	318	619	838	351	325	178
	CROW WING	1,023	2,601	14,889	21,946	5,727	10,406	4,877	3,861	1,876	3,439	4,385	3,283	2,627	1,390
	DAKOTA	4,817	9,673	48,472	96,409	24,323	117,437	53,645	10,960	5,766	9,227	17,314	19,861	33,029	22,122
	DODGE	306	815	4,168	6,078	1,113	3,518	1,108	568	290	476	1,233	1,580	1,386	490
	DOUGLAS	736	1,304	8,264	12,816	2,617	4,755	3,205	1,870	808	1,514	2,896	1,709	1,498	749
	FARIBAULT	308	612	4,928	4,604	473	1,430	560	896	409	706	964	711	404	153
	FILLMORE	591	792	5,132	6,999	1,455	2,840	1,720	1,035	556	910	1,696	1,262	802	290
	FREEBORN	1,131	2,046	7,336	8,622	1,290	2,643	1,947	1,952	765	1,204	1,960	1,229	926	381
	GOODHUE	619	1,606	10,709	13,667	2,592	7,788	3,548	1,967	867	1,393	2,421	2,602	2,837	1,292
	GRANT	108	244	1,408	2,179	507	950	188	374	166	355	484	341	187	82
	HENNEPIN	33,158	40,742	133,825	224,064	46,686	315,961	178,122	41,510	18,903	26,506	40,183	38,699	56,798	54,688
	HOUSTON	397	610	4,078	4,501	1,440	3,522	1,866	871	401	693	1,295	1,023	674	436
	HUBBARD	301	684	4,257	6,397	517	3,220	1,886	1,071	453	1,009	1,482	860	579	484
	ISANTI	352	1,783	9,373	10,819	2,171	3,237	2,621	1,188	578	1,130	2,456	2,525	1,763	555
	ITASCA	469	2,174	9,435	12,508	1,482	6,194	3,034	2,185	1,072	1,594	2,995	1,806	1,685	484
	JACKSON	151	450	2,192	2,337	323	1,250	462	389	219	447	621	278	233	173
	KANABEC	139	1,053	3,701	4,111	868	834	1,112	668	343	630	984	757	409	121
	KANDIYOHI	1,559	1,741	8,846	12,669	2,530	5,499	2,636	1,982	999	1,601	2,410	2,381	1,411	772
	KITTSON	142	332	1,116	1,252	120	405	145	247	124	185	249	185	114	47
	KOOCHICHING	239	684	3,309	3,256	435	1,577	1,359	975	306	480	672	559	431	139
	LAC QUI PARLE	266	289	1,493	1,947	325	592	351	256	214	293	464	219	148	102
	LAKE	127	499	2,066	2,860	532	1,897	865	536	266	418	658	499	409	141
	LAKE OF THE WOODS	51	238	1,159	1,184	86	708	117	243	147	174	202	192	135	56
	LE SUEUR	833	1,312	8,821	9,444	2,006	5,736	1,596	1,248	674	1,194	2,380	2,267	1,649	719
	LINCOLN	119	199	1,259	1,215	189	813	306	268	164	230	358	193	129	44
	LYON	699	1,594	5,407	7,760	1,336	4,291	1,872	1,421	525	1,026	1,431	1,339	1,028	340
	MAHNOMEN	175	385	1,264	2,197	99	442	241	433	215	269	387	263	130	40
	MARSHALL	339	529	2,938	2,039	505	783	391	381	237	405	678	385	342	100
	MARTIN	539	815	5,658	5,849	649	2,382	1,201	1,155	538	715	1,623	861	406	360
	MCLEOD	902	1,357	7,729	13,466	2,456	4,325	1,565	1,482	709	1,215	2,261	2,737	1,802	522
	MEEKER	630	1,460	5,651	6,389	1,237	2,323	1,368	878	527	805	1,696	1,446	778	215
	MILLE LACS	449	1,937	10,450	13,366	1,261	2,926	2,397	1,840	918	1,580	2,711	2,373	1,326	527
	MORRISON	802	1,573	7,975	12,898	1,811	2,983	2,385	1,889	793	1,678	2,429	1,761	1,240	297
	MOWER	1,116	2,014	8,465	12,571	2,590	3,982	1,258	2,379	1,086	1,430	2,296	1,779	1,286	626
	MURRAY	282	430	2,344	2,600	343	758	242	404	203	432	665	371	233	75
	NICOLLET	269	623	5,118	7,614	2,644	7,179	3,990	1,146	503	1,025	1,766	1,769	1,430	497
	NOBLES	1,938	1,478	5,233	4,230	1,356	2,263	779	1,273	497	874	1,373	986	540	338
	NORMAN	180	330	1,502	1,744	282	736	402	347	178	294	422	249	137	79
	OLMSTED	3,236	4,603	21,111	32,543	9,157	28,375	21,750	5,773	2,712	4,111	6,363	6,607	8,366	5,632
	OTTER TAIL	1,647	2,765	12,889	15,873	3,070	7,059	3,638	3,053	1,414	2,319	3,338	2,703	1,699	890
	PENNINGTON	288	851	2,773	5,297	922	1,174	492	852	353	459	942	782	284	138
	PINE	525	3,083	10,494	11,447	1,248	2,077	559	1,782	900	1,481	2,366	1,420	921	402
	PIPESTONE	604	541	2,409	2,740	270	1,321	488	632	263	468	698	388	230	154
	POLK	848	1,622	6,398	7,804	2,153	3,780	3,366	1,540	627	1,044	1,825	1,674	1,008	473
	POPE	280	427	2,357	3,822	474	1,463	834	454	265	518	818	577	359	200
	RAMSEY	15,580	20,923	74,528	102,084	18,628	103,378	68,996	22,152	10,258	13,471	18,996	16,601	21,169	15,362
	RED LAKE	123	107	1,551	994	226	304	355	186	116	161	340	257	103	19
	REDWOOD	476	928	3,662	5,209	529	1,567	452	773	394	662	908	821	373	299
	RENVILLE	427	908	3,833	5,006	636	1,581	449	700	351	653	1,141	716	487	155
	RICE	1,312	2,673	13,797	22,762	2,787	11,013	6,370	2,426	1,077	2,002	3,824	4,883	3,571	1,832
	ROCK	289	176	1,942	2,627	631	1,309	301	509	298	391	642	434	196	76
	ROSEAU	524	604	4,382	4,679	657	2,783	321	629	415	736	1,247	969	439	260
	SAINT LOUIS	2,032	8,033	38,122	54,637	13,017	35,603	18,310	10,532	4,648	5,957	9,860	8,598	8,583	3,603
	SCOTT	868	3,334	15,365	28,567	5,998	41,462	13,760	2,617	1,226	2,152	5,955	8,078	11,051	8,043
	SHERBURNE	495	3,057	16,302	40,530	5,154	11,782	4,042	2,066	1,122	2,432	6,256	7,291	6,912	3,121
	SIBLEY	479	809	3,367	3,704	590	1,111	476	568	266	486	1,022	615	350	196
	STEARNS	5,043	5,909	35,342	55,921	8,956	26,594	14,535	7,845	3,648	5,930	9,504	9,156	5,784	3,886
	STEELE	741	1,244	9,340	10,721	1,632	5,602	2,207	1,698	753	1,124	2,358	2,191	1,940	642
	STEVENS	207	491	2,436	2,502	306	1,610	528	393	157	363	494	368	364	146
	SWIFT	175	726	2,230	3,753	380	1,357	209	420	244	415	709	429	341	85
	TODD	524	1,460	5,679	6,296	1,260	1,888	2,231	1,336	571	1,062	1,485	1,083	597	263
	TRAVERSE	83	175	971	1,105	240	283	63	228	98	147	218	112	63	86
	WABASHA	543	766	5,844	8,259	1,377	3,601	1,397	1,123	428	966	1,587	1,349	1,204	538
	WADENA	419	1,218	4,373	5,292	437	771	1,420	1,183	532	729	1,197	519	311	180
	WASECA	362	1,198	5,959	5,271	779	2,509	581	800	377	735	1,316	952	864	190
	WASHINGTON	1,449	5,404	36,534	67,397	14,490	64,342	42,545	11,308	3,843	6,941	12,843	15,646	23,403	19,956
	WATONWAN	785	805	2,839	2,309	258	1,469	412	506	250	453	815	513	267	108
	WILKIN	149	200	1,462	1,794	894	727	161	259	171	284	524	270	195	67

2017 Consumer Spending ($Millions)

State	County	Average annual expend-itures	Food	Alcoholic beverages	Housing	Apparel and services	Transport-ation	Healthcare	Entertain-ment	Personal care products & services	Education	Personal insurance & pensions
MN	AITKIN	262.3	33.7	2.1	501.3	49.3	262.5	124.1	76.1	18.2	30.4	154.1
	ANOKA	5,664.0	691.8	50.2	626.6	65.2	333.6	152.5	101.4	23.4	45.6	240.9
	BECKER	466.4	59.0	3.9	1,026.4	102.7	550.2	256.5	160.7	37.9	63.8	351.4
	BELTRAMI	635.1	80.7	5.3	267.7	26.3	141.5	67.1	40.6	9.6	15.3	81.8
	BENTON	506.3	63.2	4.3	156.0	15.7	83.1	38.9	24.3	5.7	9.7	52.4
	BIG STONE	72.1	9.3	0.6	135.9	13.6	72.2	33.8	21.1	5.0	8.3	45.0
	BLUE EARTH	788.9	99.7	6.6	392.4	39.2	210.3	98.2	61.2	14.5	24.0	132.4
	BROWN	397.9	50.3	3.3	406.8	41.7	218.0	100.5	64.9	15.1	27.4	148.3
	CARLTON	596.5	75.2	5.0	154.1	15.0	80.1	38.4	22.9	5.5	8.7	43.4
	CARVER	1,850.9	220.7	17.1	872.5	86.1	452.3	213.8	132.1	31.6	55.0	266.1
	CASS	350.6	45.1	2.8	186.1	18.4	98.7	46.7	28.4	6.7	10.7	58.0
	CHIPPEWA	163.5	20.9	1.3	271.9	26.4	142.1	67.7	40.6	9.7	15.6	78.7
	CHISAGO	1,192.4	147.0	10.5	1,027.1	103.8	544.8	253.5	160.9	37.7	67.0	354.8
	CLAY	807.8	101.6	6.8	713.7	70.1	375.5	178.1	108.5	25.7	42.3	220.8
	CLEARWATER	131.4	16.9	1.1	79.4	7.8	41.9	19.9	12.0	2.9	4.5	23.8
	COOK	84.2	10.7	0.7	119.0	12.1	64.5	29.8	18.9	4.5	7.5	42.3
	COTTONWOOD	161.5	20.6	1.3	329.6	32.3	171.9	81.7	49.6	11.8	19.6	98.1
	CROW WING	1,077.4	136.7	8.9	850.1	85.4	457.5	212.5	133.9	31.4	53.4	296.8
	DAKOTA	7,435.5	897.0	67.3	2,015.3	203.4	1,066.4	496.0	315.8	74.2	132.8	695.0
	DODGE	370.0	45.6	3.2	106.6	10.3	55.6	26.8	15.7	3.8	5.5	28.6
	DOUGLAS	581.4	73.4	4.8	108.4	10.8	58.3	27.3	16.9	4.0	6.5	36.5
	FARIBAULT	210.2	27.0	1.7	389.5	38.6	201.3	95.1	59.2	14.0	25.3	120.5
	FILLMORE	345.4	43.9	2.9	752.0	75.5	399.5	186.8	116.5	27.6	46.0	246.2
	FREEBORN	417.7	53.5	3.4	577.8	58.8	310.3	143.3	91.8	21.5	37.8	207.4
	GOODHUE	778.0	96.3	6.8	884.8	92.5	467.0	213.1	143.0	32.9	66.8	342.9
	GRANT	100.8	12.9	0.8	299.9	29.6	156.4	74.1	45.5	10.8	18.5	92.8
	HENNEPIN	15,603.2	1,905.8	138.6	6,857.8	705.7	3,598.3	1,658.4	1,088.7	252.9	494.8	2,496.8
	HOUSTON	292.4	36.7	2.5	114.5	11.0	59.6	28.7	16.7	4.1	6.0	30.0
	HUBBARD	293.9	37.4	2.4	174.1	17.2	93.1	43.6	26.9	6.4	10.7	57.0
	ISANTI	575.4	72.2	4.9	397.3	40.0	210.3	98.5	62.0	14.6	25.4	134.8
	ITASCA	603.0	76.9	4.9	753.9	74.2	394.5	187.2	114.1	27.1	45.2	229.6
	JACKSON	122.7	15.5	1.0	401.8	40.1	210.0	98.8	61.8	14.6	25.8	129.8
	KANABEC	203.9	26.0	1.7	42.6	4.3	22.8	10.7	6.7	1.6	2.6	14.7
	KANDIYOHI	602.4	76.4	5.0	402.6	40.7	213.6	99.4	63.1	14.8	26.2	138.8
	KITTSON	57.2	7.3	0.5	69.8	6.8	37.1	17.7	10.5	2.5	3.8	20.8
	KOOCHICHING	173.3	22.3	1.4	118.0	11.6	63.1	29.7	17.9	4.3	6.5	36.3
	LAC QUI PARLE	83.9	10.7	0.7	288.6	28.7	151.9	71.4	44.4	10.5	18.0	92.7
	LAKE	156.8	19.8	1.3	86.0	8.4	45.5	21.6	13.1	3.1	5.0	26.4
	LAKE OF THE WOODS	55.4	7.1	0.4	91.6	8.8	47.7	23.0	13.5	3.3	4.9	24.7
	LE SUEUR	573.3	71.7	4.9	346.1	33.5	183.9	87.1	51.8	12.4	18.7	103.5
	LINCOLN	67.0	8.6	0.5	144.8	14.5	76.2	35.6	22.4	5.3	9.3	47.6
	LYON	377.8	47.9	3.2	316.2	31.0	167.6	79.5	48.0	11.5	17.9	96.5
	MAHNOMEN	81.8	10.6	0.7	241.6	23.8	127.9	60.5	36.7	8.7	13.8	74.2
	MARSHALL	131.8	16.8	1.1	301.8	29.5	159.4	75.7	45.6	10.9	17.1	90.7
	MARTIN	278.4	35.6	2.3	478.3	46.6	250.0	119.0	71.8	17.2	27.8	141.2
	MCLEOD	601.4	75.6	5.1	746.4	74.8	388.6	181.6	115.2	27.3	50.1	246.2
	MEEKER	338.8	43.0	2.8	873.9	90.5	454.0	208.5	139.1	32.2	66.4	324.1
	MILLE LACS	603.9	76.5	5.0	128.3	12.8	67.7	31.8	19.8	4.7	7.9	41.5
	MORRISON	518.3	66.3	4.2	333.7	33.4	177.9	83.2	52.1	12.3	20.9	113.0
	MOWER	556.5	70.8	4.6	406.6	39.9	212.5	101.1	61.2	14.6	23.7	121.5
	MURRAY	120.4	15.4	1.0	505.9	51.0	269.8	125.4	79.4	18.6	32.6	175.1
	NICOLLET	451.2	56.7	3.8	130.8	13.0	69.8	32.8	20.3	4.8	7.8	42.8
	NOBLES	293.9	37.5	2.4	731.1	70.4	380.8	183.2	108.1	26.0	39.6	202.4
	NORMAN	84.7	10.9	0.7	369.4	36.7	196.7	92.4	57.0	13.5	22.1	119.2
	OLMSTED	2,293.4	281.8	20.2	250.0	24.7	132.6	62.8	38.1	9.1	14.4	77.1
	OTTER TAIL	795.4	101.1	6.6	1,042.3	102.6	549.7	260.1	158.0	37.7	61.8	324.8
	PENNINGTON	190.0	24.4	1.5	102.6	10.0	53.6	25.6	15.3	3.7	5.8	29.6
	PINE	466.5	59.7	3.8	612.2	59.7	317.0	151.1	91.4	21.9	36.5	176.7
	PIPESTONE	135.7	17.5	1.1	225.7	21.9	119.7	57.1	33.9	8.1	12.1	65.7
	POLK	433.3	54.8	3.6	897.6	87.5	473.1	225.7	135.6	32.4	50.4	267.5
	POPE	163.4	20.8	1.3	90.1	9.0	48.1	22.4	14.1	3.3	5.6	30.5
	RAMSEY	6,433.8	798.8	55.6	2,135.3	218.4	1,122.6	519.3	337.0	78.5	149.1	760.7
	RED LAKE	60.6	7.8	0.5	62.9	6.3	33.5	15.7	9.8	2.3	3.9	20.8
	REDWOOD	215.5	27.4	1.8	780.4	77.2	413.7	194.7	119.3	28.4	46.5	244.0
	RENVILLE	217.0	27.7	1.8	979.3	100.6	519.6	239.2	156.0	36.3	68.4	358.7
	RICE	1,134.0	140.9	9.8	966.9	97.6	514.3	239.0	152.1	35.8	63.3	337.5
	ROCK	124.1	16.0	1.0	341.3	33.0	176.4	84.6	50.7	12.2	19.9	96.2
	ROSEAU	247.1	31.4	2.0	129.5	12.6	68.4	32.8	19.4	4.6	6.9	37.5
	SAINT LOUIS	2,757.2	347.4	23.2	2,637.2	264.0	1,391.6	652.1	408.3	96.2	167.7	869.2
	SCOTT	2,522.8	302.7	23.1	471.3	46.2	243.3	115.6	70.7	16.9	29.0	138.8
	SHERBURNE	1,850.4	226.2	16.4	399.4	40.2	212.9	99.0	62.5	14.8	25.5	136.5
	SIBLEY	183.2	23.2	1.5	561.9	55.2	295.7	140.0	85.3	20.3	33.3	171.4
	STEARNS	2,437.6	306.8	20.6	835.8	83.7	441.9	206.6	129.6	30.5	53.1	278.8
	STEELE	596.8	74.8	5.1	406.5	42.1	220.5	100.6	65.9	15.4	27.9	155.9
	STEVENS	121.9	15.4	1.0	161.1	15.8	85.6	40.5	24.5	5.8	9.2	49.7
	SWIFT	136.7	17.4	1.1	98.2	9.8	52.3	24.6	15.1	3.6	5.9	31.6
	TODD	317.2	40.7	2.6	224.4	22.4	119.7	56.2	34.8	8.2	13.6	74.6
	TRAVERSE	46.8	5.9	0.4	229.6	22.5	120.0	57.0	34.7	8.2	13.8	69.2
	WABASHA	396.6	49.7	3.4	79.4	7.9	41.9	19.8	12.1	2.9	4.8	25.0
	WADENA	220.4	28.5	1.8	120.5	12.0	64.1	30.0	18.7	4.4	7.4	39.6
	WASECA	285.0	36.0	2.4	328.7	32.9	172.3	80.7	50.7	12.0	21.4	107.4
	WASHINGTON	5,831.3	701.5	53.2	900.6	90.5	471.9	220.3	139.8	33.0	60.1	302.0
	WATONWAN	147.0	18.8	1.2	125.7	12.3	65.9	31.4	18.9	4.5	7.2	36.8
	WILKIN	92.9	11.8	0.8	641.5	63.7	339.5	159.6	98.7	23.4	39.5	206.8

State	County	U.S. Population			2017 Gender		2017 Race			
		Total 2017	2010-2017 % chg.	Total 2022	Male	Female	White	Black	Other Race	Hispanic
	WINONA	51,802	9%	29,165	25,445	26,357	45,649	893	3,664	1,596
	WRIGHT	150,138	15%	244,811	75,431	74,708	135,597	1,565	6,865	6,112
	YELLOW MEDICINE	10,942	-4%	28,724	5,524	5,418	9,086	47	1,080	729
MN Total		5,662,336	2%	6,067,238	2,811,232	2,851,104	4,056,043	345,344	863,031	397,917

		2017 Age Ranges (Years)								2017 Occupations					
State	County	1-9	10-19	20-29	30-39	40-49	50-59	60-69	70 over	Mana-gerial	Sales	Admin support	Service	Farming forestry, fishing	Prod-uction
	WINONA	4,737	8,253	10,581	4,438	6,799	7,460	4,602	4,932	8,522	1,902	3,669	3,697	100	5,130
	WRIGHT	24,290	22,278	14,630	22,026	25,532	20,438	11,916	9,028	26,896	6,804	10,092	7,037	103	15,406
	YELLOW MEDICINE	1,188	1,406	1,224	895	1,641	1,895	1,088	1,605	2,389	236	613	789	11	1,498
MN Total		700,217	773,767	712,514	649,700	879,263	894,440	509,125	543,309	1,095,596	248,767	336,149	332,098	7,900	522,512

State	County	2017 Educational Attainment							2017 Family Income						
		Less than 9th grade	9th to 12th grade, no diploma	High school grad-uate	Some college, no degree	Assoc-iate degree	Bach-elor's degree	Grad. or pro-fessional degree	Less than $25,000	$25,000-$34,999	$35,000-$49,999	$50,000-$74,999	$75,000-$99,999	$100,000-$149,999	over $150,000
	WINONA	1,447	2,771	10,251	15,099	3,026	8,267	3,489	2,998	990	1,443	2,306	1,872	1,799	728
	WRIGHT	1,219	4,588	24,077	41,917	8,759	24,876	8,406	3,395	1,945	3,404	7,975	9,365	9,671	4,371
	YELLOW MEDICINE	352	588	2,551	3,256	487	1,060	820	481	226	419	757	540	424	109
MN Total		112,466	204,233	930,837	1,386,951	274,951	1,101,966	577,411	214,681	99,984	157,153	267,849	255,197	285,335	187,933

2017 Consumer Spending ($Millions)

State	County	Average annual expend-itures	Food	Alcoholic beverages	Housing	Apparel and services	Transport-ation	Healthcare	Entertain-ment	Personal care products & services	Education	Personal insurance & pensions
	WINONA	623.8	79.2	5.2	221.5	21.6	116.8	55.4	33.5	8.0	12.6	66.7
	WRIGHT	2,429.3	298.8	21.4	1,932.2	195.6	1,008.1	469.7	301.0	70.7	132.7	658.0
	YELLOW MEDICINE	157.6	20.0	1.3	218.3	21.4	116.1	55.0	33.2	7.9	12.3	67.0
MN Total		83,415.3	10,305.4	726.3	48,313.7	4,850.1	25,467.9	11,905.8	7,499.9	1,766.0	3,120.2	16,143.7

State	County	Total 2017	2010-2017 % chg.	Total 2022	Male	Female	White	Black	Other Race	Hispanic
MO	ADAIR	25,984	-2%	3,250	12,374	13,610	22,603	472	2,286	622
	ANDREW	12,143	-8%	68,058	5,932	6,212	11,661	19	291	172
	ATCHISON	5,146	-11%	4,087	2,550	2,596	5,015	13	67	52
	AUDRAIN	24,634	-3%	180,103	11,194	13,441	19,733	1,627	2,400	874
	BARRY	46,410	7%	30,453	22,919	23,491	36,226	127	4,034	6,022
	BARTON	12,611	8%	9,534	6,196	6,415	10,610	40	1,505	456
	BATES	20,672	9%	14,925	10,219	10,453	19,558	128	592	394
	BENTON	21,247	4%	24,522	10,632	10,615	20,031	58	757	401
	BOLLINGER	12,322	11%	97,223	6,147	6,174	11,977	29	225	90
	BOONE	187,605	13%	44,365	91,111	96,493	137,669	16,405	26,040	7,490
	BUCHANAN	97,424	4%	74,777	48,643	48,782	77,485	5,790	7,942	6,207
	BUTLER	43,501	-7%	24,467	20,912	22,589	35,960	2,179	4,436	926
	CALDWELL	9,967	-2%	28,262	4,992	4,975	9,257	34	539	137
	CALLAWAY	48,505	16%	45,682	24,903	23,603	41,722	2,191	3,603	990
	CAMDEN	51,200	11%	56,434	25,392	25,808	46,095	329	2,803	1,973
	CAPE GIRARDEAU	78,651	-1%	40,616	37,980	40,670	64,189	5,936	6,704	1,822
	CARROLL	9,632	1%	11,483	4,705	4,927	9,188	126	191	126
	CARTER	7,319	4%	21,081	3,597	3,721	6,776	9	435	98
	CASS	113,402	18%	74,502	55,343	58,059	92,596	6,289	8,755	5,762
	CEDAR	14,435	3%	5,208	7,084	7,351	13,467	11	694	263
	CHARITON	6,232	-13%	40,019	3,070	3,163	5,977	127	92	36
	CHRISTIAN	109,113	17%	61,819	53,027	56,086	96,073	795	9,418	2,827
	CLARK	5,869	-10%	58,366	2,917	2,952	5,715	18	91	46
	CLAY	278,754	18%	174,390	136,343	142,411	213,772	16,496	29,604	18,882
	CLINTON	32,799	19%	9,773	18,901	13,898	29,513	1,645	1,184	456
	COLE	85,342	12%	59,517	42,994	42,348	64,870	9,740	8,464	2,269
	COOPER	18,838	3%	4,244	9,920	8,918	16,352	1,274	1,002	210
	CRAWFORD	24,162	8%	56,032	12,083	12,079	22,539	62	1,102	458
	DADE	8,763	13%	26,659	4,385	4,379	8,121	34	460	148
	DALLAS	18,125	0%	20,972	8,903	9,222	16,445	29	1,186	464
	DAVIESS	9,350	1%	16,330	4,642	4,709	9,035	31	161	123
	DEKALB	7,694	-9%	22,512	3,881	3,814	7,388	40	173	94
	DENT	16,069	-17%	4,829	7,955	8,114	15,256	83	548	182
	DOUGLAS	11,344	-10%	60,136	5,516	5,828	10,797	22	307	218
	DUNKLIN	31,855	-1%	22,965	15,295	16,560	22,987	3,133	1,954	3,782
	FRANKLIN	125,199	13%	276,367	62,623	62,575	115,117	1,370	6,437	2,275
	GASCONADE	18,950	40%	51,807	9,381	9,569	18,175	81	336	359
	GENTRY	7,534	16%	38,289	3,666	3,868	7,350	23	130	31
	GREENE	305,229	14%	41,462	148,683	156,546	242,395	8,516	40,677	13,641
	GRUNDY	10,067	7%	34,953	4,807	5,261	9,281	42	490	254
	HARRISON	8,582	7%	95,899	4,273	4,309	8,052	28	298	204
	HENRY	25,482	6%	29,628	12,473	13,009	22,621	189	1,831	841
	HICKORY	8,981	11%	16,274	4,387	4,594	8,638	19	256	68
	HOLT	4,826	2%	58,047	2,385	2,441	4,660	8	117	41
	HOWARD	9,786	3%	75,792	4,821	4,965	8,798	464	353	171
	HOWELL	46,810	-4%	29,165	22,693	24,117	42,962	144	2,106	1,599
	IRON	10,409	-2%	8,772	5,178	5,231	9,587	231	445	146
	JACKSON	714,991	6%	570,025	345,813	369,176	396,772	157,575	87,892	72,750
	JASPER	148,706	8%	23,959	72,675	76,031	93,931	2,514	32,993	19,267
	JEFFERSON	214,786	7%	154,251	106,777	108,009	197,330	1,980	11,098	4,378
	JOHNSON	55,861	8%	45,199	28,192	27,669	46,548	1,917	5,078	2,319
	KNOX	4,210	5%	80,139	2,077	2,133	4,108	15	61	26
	LACLEDE	40,924	10%	12,307	20,200	20,724	34,406	233	4,985	1,300
	LAFAYETTE	36,129	6%	92,465	17,846	18,284	30,822	560	3,155	1,592
	LAWRENCE	38,150	15%	48,695	18,861	19,289	31,877	80	2,659	3,534
	LEWIS	11,374	6%	59,938	5,690	5,684	10,549	321	346	158
	LINCOLN	64,178	0%	116,325	31,874	32,305	57,910	965	3,789	1,515
	LINN	14,394	8%	52,904	6,942	7,452	13,820	77	313	185
	LIVINGSTON	15,287	5%	14,090	6,821	8,466	14,010	361	729	188
	MACON	16,322	0%	21,769	8,001	8,321	15,387	345	402	187
	MADISON	13,693	10%	9,259	6,747	6,946	12,705	46	655	288
	MARIES	6,468	-19%	46,878	3,251	3,217	6,046	17	346	59
	MARION	31,019	5%	41,559	15,028	15,991	26,609	1,249	2,588	573
	MCDONALD	24,834	6%	34,856	12,540	12,295	13,250	44	4,942	6,598
	MERCER	3,397	1%	1,201	1,699	1,698	3,302	6	56	33
	MILLER	22,408	-1%	27,856	11,105	11,302	20,401	80	1,565	362
	MISSISSIPPI	13,644	-3%	1,903	7,321	6,323	9,920	3,115	330	279
	MONITEAU	16,629	7%	26,356	8,813	7,816	12,254	898	1,424	2,053
	MONROE	9,533	-5%	61,658	4,711	4,822	8,833	232	339	129
	MONTGOMERY	14,701	8%	123,502	7,359	7,342	13,549	161	694	297
	MORGAN	25,273	23%	79,485	12,652	12,620	23,013	132	1,520	607
	NEW MADRID	14,886	-7%	35,045	7,150	7,736	11,756	2,533	426	171
	NEWTON	46,722	5%	12,559	23,297	23,425	31,014	243	12,174	3,292
	NODAWAY	24,333	-1%	71,480	12,330	12,003	21,913	822	1,151	446
	OREGON	11,653	3%	32,911	5,761	5,892	10,772	14	681	187
	OSAGE	13,566	-1%	10,768	7,021	6,544	13,298	34	153	80
	OZARK	11,083	10%	102,751	5,581	5,502	10,634	10	284	155
	PEMISCOT	16,133	4%	59,229	7,649	8,484	10,240	4,504	840	550
	PERRY	20,225	11%	13,981	10,091	10,134	18,185	157	1,346	536
	PETTIS	44,554	14%	6,680	21,879	22,675	25,520	772	11,623	6,638
	PHELPS	51,999	-1%	68,894	27,193	24,806	45,152	1,115	4,563	1,168
	PIKE	21,097	-6%	227,446	11,687	9,409	17,861	2,056	604	575
	PLATTE	105,375	10%	144,167	51,868	53,507	81,154	7,979	9,433	6,809
	POLK	40,037	15%	56,213	19,882	20,154	36,473	312	2,308	943

State	County	1-9	10-19	20-29	30-39	40-49	50-59	60-69	70 over	Managerial	Sales	Admin support	Service	Farming forestry, fishing	Production
MO	ADAIR	2,651	4,049	6,430	1,937	3,019	3,455	2,263	2,179	5,240	693	1,865	2,349	16	2,441
	ANDREW	1,502	1,723	1,131	1,421	1,761	1,985	1,264	1,356	2,168	299	957	1,065	17	1,459
	ATCHISON	496	603	415	477	649	1,025	686	795	1,149	269	159	341	8	670
	AUDRAIN	2,882	3,079	3,162	3,189	3,587	3,745	2,209	2,781	4,761	797	1,874	1,740	24	4,051
	BARRY	5,914	6,079	4,684	4,723	6,495	7,007	5,643	5,865	10,021	1,621	3,319	2,689	398	6,774
	BARTON	1,685	1,963	1,192	1,299	1,752	2,093	1,148	1,480	2,110	413	794	1,132	32	1,891
	BATES	2,592	2,946	2,079	2,006	3,221	3,285	2,039	2,505	3,158	890	1,454	1,931	189	3,368
	BENTON	1,809	2,198	1,400	1,578	2,738	3,750	4,213	3,560	3,766	984	1,818	1,370	84	4,672
	BOLLINGER	1,479	1,740	1,162	1,359	1,856	2,065	1,387	1,273	1,315	1,173	765	838	78	2,255
	BOONE	21,720	27,598	43,773	21,195	24,171	23,570	13,205	12,374	38,014	8,795	11,806	12,319	253	10,942
	BUCHANAN	11,875	12,783	14,649	11,103	15,001	14,058	8,209	9,746	16,857	5,354	8,311	9,226	44	10,399
	BUTLER	5,575	5,207	5,021	4,731	6,285	6,754	4,704	5,224	7,615	1,862	4,112	3,516	81	7,170
	CALDWELL	1,286	1,420	830	984	1,488	1,736	1,078	1,145	1,780	391	740	492	47	1,782
	CALLAWAY	5,429	6,797	6,993	5,712	7,578	7,808	4,415	3,772	7,836	2,136	4,504	3,199	37	6,074
	CAMDEN	4,790	5,745	4,673	4,140	7,049	9,166	8,279	7,358	7,487	3,536	3,851	4,765	472	6,407
	CAPE GIRARDEAU	9,498	10,818	12,109	8,797	10,848	11,330	6,864	8,386	13,001	4,145	5,134	6,307	38	7,950
	CARROLL	1,126	1,287	967	988	1,352	1,599	1,047	1,266	2,193	276	451	337	43	1,706
	CARTER	893	952	711	823	1,038	1,154	966	782	1,037	464	620	935	446	823
	CASS	16,719	16,131	11,080	14,218	16,732	16,359	11,315	10,848	21,325	4,722	8,237	7,668	39	11,925
	CEDAR	1,697	1,935	1,195	1,242	1,950	2,241	1,921	2,254	2,839	395	1,485	1,228	45	2,252
	CHARITON	680	776	558	546	900	1,032	741	999	1,527	184	439	284	15	792
	CHRISTIAN	17,693	14,716	12,699	14,163	15,654	14,962	10,849	8,377	22,623	6,461	6,838	6,716	73	7,889
	CLARK	769	748	548	658	940	964	682	713	907	270	354	519	19	954
	CLAY	41,115	35,969	31,430	40,775	41,841	42,856	23,030	21,739	57,865	9,992	18,236	18,951	128	19,683
	CLINTON	3,354	3,759	4,147	5,474	5,145	5,051	2,871	2,999	7,124	1,186	2,627	3,338	87	4,319
	COLE	10,770	11,344	10,505	10,447	13,550	13,764	7,689	7,273	15,350	2,745	7,564	5,685	50	8,560
	COOPER	2,116	2,325	2,880	2,125	2,876	2,835	1,743	1,937	3,029	817	1,271	2,552	10	2,295
	CRAWFORD	2,947	3,159	2,638	2,503	3,840	3,699	2,788	2,588	2,337	1,107	1,809	3,441	44	4,607
	DADE	894	1,247	645	817	1,349	1,548	1,136	1,128	1,630	263	324	949	94	1,376
	DALLAS	2,460	2,452	1,951	1,855	2,432	2,793	2,136	2,046	2,786	1,852	1,528	1,542	60	2,474
	DAVIESS	1,455	1,357	925	1,005	1,136	1,416	1,113	943	1,584	374	806	690	136	1,382
	DEKALB	875	1,121	640	760	1,229	1,389	848	832	1,348	182	420	795	6	1,209
	DENT	1,905	2,004	1,631	1,651	2,251	2,460	2,072	2,096	2,104	936	1,078	1,813	66	3,032
	DOUGLAS	1,228	1,437	1,004	1,064	1,510	1,784	1,722	1,595	2,950	373	975	682	26	1,396
	DUNKLIN	4,416	4,398	3,311	3,673	4,441	4,768	3,482	3,566	4,704	1,880	2,533	2,505	430	6,243
	FRANKLIN	15,127	17,650	13,383	13,676	21,254	19,991	12,332	11,785	18,653	5,352	7,759	9,099	106	19,768
	GASCONADE	1,891	2,416	1,493	1,767	2,967	3,244	2,426	2,747	2,766	671	1,226	1,252	67	3,649
	GENTRY	950	1,167	713	673	1,198	1,057	689	1,088	1,639	393	443	650	12	938
	GREENE	36,144	37,252	53,824	33,928	40,332	42,348	28,855	32,545	43,989	17,456	23,077	27,328	141	31,496
	GRUNDY	1,313	1,350	1,163	858	1,328	1,415	1,141	1,501	1,759	341	356	1,010	108	1,657
	HARRISON	1,200	1,155	789	832	1,123	1,273	922	1,288	1,485	323	337	1,067	67	987
	HENRY	3,056	2,963	2,457	2,655	3,482	4,421	3,151	3,297	3,893	1,786	1,570	1,362	166	4,583
	HICKORY	733	963	575	658	1,138	1,431	1,622	1,861	956	925	788	1,060	25	2,022
	HOLT	466	469	414	451	783	949	572	722	1,103	147	233	430	6	537
	HOWARD	1,040	1,402	1,516	864	1,348	1,550	968	1,097	1,737	380	824	810	44	1,003
	HOWELL	6,342	6,258	5,461	4,917	6,220	6,896	5,215	5,501	8,645	2,455	3,374	3,772	187	7,261
	IRON	1,149	1,275	1,048	1,074	1,497	1,815	1,309	1,243	1,479	647	950	1,415	250	1,296
	JACKSON	95,098	94,432	96,905	87,426	104,351	109,077	61,537	66,164	126,596	33,758	51,512	61,282	162	71,529
	JASPER	21,942	20,166	20,774	17,170	20,169	20,955	13,743	13,787	24,478	7,689	9,551	11,357	215	21,132
	JEFFERSON	26,776	30,139	23,220	26,475	35,910	34,335	20,879	17,051	29,931	12,350	16,608	17,163	62	26,429
	JOHNSON	6,978	8,168	11,889	6,176	7,519	6,723	4,421	3,987	8,527	2,177	3,643	5,511	99	8,611
	KNOX	518	611	340	427	535	670	534	573	977	133	288	274	7	562
	LACLEDE	5,592	5,577	4,472	4,433	6,107	6,243	4,439	4,062	5,203	2,320	2,641	3,471	51	7,487
	LAFAYETTE	4,191	5,230	3,423	3,790	5,713	5,657	4,091	4,035	5,115	1,965	3,243	2,668	49	4,584
	LAWRENCE	4,903	5,557	3,610	4,300	5,676	5,591	4,089	4,424	6,388	2,011	2,576	2,657	133	6,171
	LEWIS	1,409	1,560	1,521	1,118	1,504	1,759	1,231	1,273	1,850	323	804	739	71	1,764
	LINCOLN	9,929	10,107	6,752	8,037	10,350	9,204	5,232	4,568	6,315	3,390	4,471	6,048	47	11,237
	LINN	1,780	2,017	1,310	1,462	2,039	2,257	1,643	1,887	2,547	578	1,090	910	80	2,228
	LIVINGSTON	1,711	1,893	1,682	1,827	2,185	2,432	1,515	2,044	2,513	797	818	1,785	15	2,016
	MACON	2,200	2,113	1,557	1,561	2,227	2,609	1,936	2,120	2,414	691	986	1,866	64	2,125
	MADISON	1,691	1,809	1,447	1,410	2,062	2,075	1,580	1,619	1,417	366	1,909	1,480	348	2,126
	MARIES	822	834	597	704	978	998	774	761	1,102	288	722	298	8	859
	MARION	3,982	4,124	3,928	3,462	4,711	4,675	2,877	3,261	3,890	1,474	2,195	2,488	73	5,733
	MCDONALD	3,826	3,922	2,849	3,232	3,667	3,247	2,391	1,699	2,955	1,047	1,859	2,635	387	3,948
	MERCER	467	483	311	312	534	527	309	454	911	38	219	220	116	251
	MILLER	2,798	3,017	2,371	2,318	3,308	3,756	2,485	2,354	4,088	901	1,475	2,287	26	2,786
	MISSISSIPPI	1,540	1,518	1,791	1,864	1,981	2,122	1,461	1,367	2,133	721	861	1,801	151	2,047
	MONITEAU	2,247	2,090	1,925	2,310	2,695	2,470	1,401	1,492	3,207	691	1,091	1,844	77	1,660
	MONROE	1,110	1,148	864	866	1,367	1,579	1,400	1,199	1,471	200	461	1,170	15	1,609
	MONTGOMERY	1,704	2,011	1,309	1,407	2,399	2,495	1,732	1,644	2,144	790	1,004	1,575	18	2,006
	MORGAN	2,827	2,915	1,943	2,369	3,378	4,003	4,253	3,584	5,557	1,510	1,932	2,219	52	2,731
	NEW MADRID	1,763	1,893	1,526	1,546	2,090	2,835	1,678	1,756	2,301	798	925	1,759	164	2,349
	NEWTON	6,521	7,477	5,263	5,364	6,830	6,452	4,476	4,340	6,308	2,779	3,013	3,787	133	7,908
	NODAWAY	2,153	3,898	6,233	2,103	2,793	3,105	1,837	2,211	5,538	497	1,109	2,183	13	2,028
	OREGON	1,495	1,465	1,025	1,134	1,600	1,899	1,633	1,403	1,986	455	1,229	1,217	120	1,856
	OSAGE	1,744	1,932	1,396	1,542	2,243	2,041	1,192	1,476	2,508	299	1,409	570	37	1,382
	OZARK	1,213	1,235	929	961	1,522	1,793	1,795	1,636	1,805	428	909	1,138	51	1,919
	PEMISCOT	2,306	2,416	1,781	1,753	2,348	2,440	1,498	1,593	2,407	1,071	1,533	2,279	139	2,388
	PERRY	2,629	2,758	2,190	2,461	3,109	2,967	1,951	2,159	3,070	662	1,498	1,456	29	2,889
	PETTIS	6,327	6,341	4,767	4,767	6,451	6,326	3,906	4,660	7,324	1,764	1,854	3,608	37	7,941
	PHELPS	5,918	7,474	9,509	5,154	6,553	7,391	4,946	5,054	10,106	2,116	3,561	5,087	50	6,559
	PIKE	2,249	2,441	3,061	2,820	3,398	3,105	2,002	2,020	2,902	442	1,426	3,570	125	3,405
	PLATTE	13,719	14,106	11,289	13,056	16,298	18,459	10,244	8,204	19,899	4,549	5,571	7,011	8	6,973
	POLK	5,115	6,376	4,618	4,172	5,897	5,279	4,163	4,418	7,169	1,875	4,405	3,250	88	4,631

		2017 Educational Attainment							2017 Family Income						
State	County	Less than 9th grade	9th to 12th grade, no diploma	High school grad-uate	Some college, no degree	Assoc-iate degree	Bach-elor's degree	Grad. or pro-fessional degree	Less than $25,000	$25,000-$34,999	$35,000-$49,999	$50,000-$74,999	$75,000-$99,999	$100,000-$149,999	over $150,000
MO	ADAIR	316	1,080	7,530	4,236	616	4,807	3,553	1,910	597	797	1,005	498	617	208
	ANDREW	180	978	3,681	2,289	496	1,612	566	613	259	510	670	789	416	147
	ATCHISON	337	364	1,506	962	225	647	327	298	152	233	396	180	133	50
	AUDRAIN	584	2,450	8,478	4,612	781	2,274	1,257	1,415	766	962	1,657	934	559	148
	BARRY	1,802	3,144	12,127	11,129	1,935	4,805	2,503	3,020	1,719	2,480	3,313	1,669	625	691
	BARTON	282	938	4,097	2,478	533	915	690	980	388	562	1,023	261	167	99
	BATES	501	1,518	6,360	5,035	996	1,521	774	1,378	644	760	1,235	980	590	201
	BENTON	811	3,130	6,411	5,223	780	1,185	727	1,719	895	1,094	1,261	809	379	285
	BOLLINGER	434	619	5,091	2,845	259	303	395	993	447	622	873	386	178	86
	BOONE	2,025	8,211	32,395	31,630	5,836	41,362	33,644	10,106	3,636	5,696	7,848	7,302	6,832	3,239
	BUCHANAN	1,753	5,875	29,828	20,914	3,796	12,214	5,395	5,253	2,352	3,670	5,200	4,391	3,015	1,203
	BUTLER	1,287	3,838	12,747	8,508	3,033	2,360	3,612	3,766	1,364	2,016	2,158	1,310	898	593
	CALDWELL	155	882	2,949	2,093	494	1,180	206	569	351	414	551	503	277	84
	CALLAWAY	825	4,293	14,253	11,231	1,573	5,598	2,325	2,199	1,019	1,738	2,900	1,906	1,625	989
	CAMDEN	552	3,271	12,326	12,581	2,350	7,896	4,622	2,994	1,815	2,679	3,500	2,281	1,250	894
	CAPE GIRARDEAU	1,737	7,025	20,053	12,849	2,570	13,614	6,492	4,095	2,155	3,167	4,656	3,194	2,633	1,167
	CARROLL	197	703	3,143	2,111	249	927	540	577	272	503	606	293	299	171
	CARTER	222	699	1,539	1,465	96	845	1,137	700	290	278	481	139	213	17
	CASS	808	5,949	26,378	25,045	6,520	15,369	8,032	3,195	2,068	3,490	7,298	6,342	6,449	3,107
	CEDAR	363	1,349	5,270	2,449	530	1,017	747	1,288	685	877	864	236	151	65
	CHARITON	140	484	2,267	1,092	530	431	252	450	212	279	363	199	199	17
	CHRISTIAN	817	4,599	17,543	20,284	6,708	27,417	6,119	4,915	2,838	4,628	7,958	4,854	4,386	2,163
	CLARK	70	565	1,681	1,542	340	483	68	417	200	298	359	266	134	27
	CLAY	1,683	13,325	50,100	53,917	11,099	58,660	30,041	8,860	5,051	7,728	13,267	13,341	20,984	7,678
	CLINTON	555	3,456	9,079	7,768	1,293	3,668	1,780	1,398	839	1,342	1,720	1,100	1,063	390
	COLE	1,472	3,772	21,269	16,479	3,681	14,312	7,944	3,900	1,615	2,573	3,830	4,619	3,988	1,196
	COOPER	195	1,788	6,293	3,177	1,036	2,306	709	954	417	722	1,143	795	430	214
	CRAWFORD	1,059	2,727	7,532	4,926	1,701	945	797	1,927	787	1,282	1,482	719	348	199
	DADE	196	711	2,744	2,385	422	516	233	798	305	408	724	128	118	47
	DALLAS	556	1,720	5,067	4,233	439	997	1,474	1,286	764	981	1,236	414	206	211
	DAVIESS	1,037	472	2,089	1,405	540	926	727	539	333	488	719	208	208	131
	DEKALB	186	571	2,398	1,923	177	839	188	348	173	390	638	293	211	93
	DENT	868	1,487	4,715	3,456	1,202	954	449	1,225	670	877	1,154	406	235	35
	DOUGLAS	403	1,588	3,173	2,590	264	973	430	943	451	565	840	236	129	19
	DUNKLIN	1,643	3,661	10,323	5,711	1,476	1,680	827	3,125	1,180	1,664	1,314	516	352	192
	FRANKLIN	3,600	9,301	30,508	30,885	7,655	11,299	7,868	6,142	2,935	4,432	7,006	6,518	5,099	2,733
	GASCONADE	797	1,779	5,742	4,505	692	1,479	835	1,056	695	1,071	1,189	819	475	125
	GENTRY	59	473	2,215	1,767	199	899	417	520	259	354	499	287	147	68
	GREENE	4,552	22,858	71,656	70,199	14,339	43,441	25,497	19,333	8,397	12,209	16,575	10,585	8,252	4,764
	GRUNDY	329	550	3,200	2,084	426	1,101	407	801	369	517	696	261	165	40
	HARRISON	126	839	2,980	1,708	423	378	334	687	348	442	597	284	103	33
	HENRY	582	1,841	9,092	4,956	631	2,851	956	1,927	959	1,196	1,404	875	704	302
	HICKORY	175	955	2,626	2,568	668	553	233	1,005	466	619	350	170	95	10
	HOLT	61	518	2,166	680	138	363	208	268	153	218	510	135	53	37
	HOWARD	206	505	3,546	1,792	408	1,190	542	574	209	353	620	378	277	117
	HOWELL	1,463	3,915	14,631	9,533	2,414	3,311	2,001	4,070	1,649	2,350	2,872	1,421	712	352
	IRON	556	1,409	2,369	2,012	976	793	481	793	364	357	515	374	421	40
	JACKSON	14,421	52,791	135,767	156,035	34,702	118,381	60,075	39,689	16,973	22,564	31,122	26,660	32,457	16,434
	JASPER	3,310	10,889	40,853	29,057	5,178	18,687	8,984	9,903	4,275	6,381	8,522	5,018	4,274	1,929
	JEFFERSON	4,082	16,494	51,753	53,374	15,197	22,953	9,093	8,466	4,184	6,544	12,167	13,079	11,709	3,508
	JOHNSON	845	3,092	12,278	13,704	2,958	6,289	6,267	2,962	1,198	1,770	3,083	2,548	1,730	401
	KNOX	37	209	1,170	824	51	616	467	328	181	240	165	132	89	35
	LACLEDE	1,001	4,250	11,110	8,047	2,331	4,710	1,117	2,687	1,318	2,134	2,974	1,146	975	424
	LAFAYETTE	709	2,649	10,978	7,692	1,218	4,630	1,577	1,544	930	1,496	2,148	1,652	1,775	466
	LAWRENCE	1,200	2,962	11,300	9,057	1,698	3,158	1,125	2,906	980	2,129	2,286	1,440	697	336
	LEWIS	257	817	3,751	1,981	613	1,153	596	718	293	507	618	409	338	111
	LINCOLN	1,491	5,268	19,515	13,019	3,060	4,856	1,858	2,234	1,360	1,986	3,986	3,337	3,665	921
	LINN	350	876	5,660	2,626	702	1,186	229	1,167	371	792	900	446	300	128
	LIVINGSTON	388	833	6,702	2,406	584	1,395	410	990	445	562	888	566	417	160
	MACON	392	1,473	5,373	2,892	882	1,584	483	1,026	700	795	971	506	267	199
	MADISON	533	918	4,976	2,881	1,059	553	242	1,058	440	703	883	487	200	35
	MARIES	287	378	2,408	943	476	435	259	470	166	297	318	340	211	6
	MARION	631	2,158	10,396	5,319	1,537	3,852	1,072	1,953	895	1,269	1,995	1,267	749	243
	MCDONALD	1,429	2,915	7,507	4,574	1,330	1,066	214	1,982	683	1,283	1,608	691	477	93
	MERCER	49	150	1,027	669	133	456	190	291	120	125	204	114	81	28
	MILLER	465	1,908	5,355	4,452	478	3,666	1,762	1,365	713	880	1,524	672	801	168
	MISSISSIPPI	667	1,583	5,031	2,298	72	1,255	448	1,505	551	556	615	266	233	48
	MONITEAU	874	1,082	5,055	3,610	294	1,886	523	888	250	687	989	806	316	233
	MONROE	346	571	3,527	1,620	244	1,339	228	473	363	462	756	314	184	51
	MONTGOMERY	510	1,989	4,472	2,674	910	1,047	449	855	325	670	1,084	573	435	68
	MORGAN	500	2,351	6,941	6,426	833	3,064	982	1,592	1,064	1,637	1,686	693	582	141
	NEW MADRID	852	1,889	5,001	2,316	268	1,414	506	1,579	386	574	851	420	254	107
	NEWTON	997	4,211	11,775	9,672	2,948	4,046	2,808	3,200	1,430	2,433	3,045	1,776	915	203
	NODAWAY	268	1,350	6,584	3,783	416	3,570	5,194	1,516	409	867	1,306	675	416	154
	OREGON	349	978	3,624	2,482	1,136	647	298	1,336	504	634	484	261	114	45
	OSAGE	596	606	4,443	2,839	595	1,145	672	541	267	546	965	736	571	85
	OZARK	329	1,191	4,107	1,814	1,062	407	346	1,018	510	896	649	197	148	27
	PEMISCOT	1,075	2,369	3,941	2,185	1,086	1,641	310	1,631	466	680	664	315	412	157
	PERRY	713	1,560	7,275	3,836	506	1,672	638	1,083	550	943	1,229	918	585	233
	PETTIS	1,713	3,816	10,960	9,878	2,317	3,976	2,480	3,222	1,548	1,947	2,723	1,369	1,060	247
	PHELPS	1,112	4,268	12,877	11,514	2,805	5,838	4,643	3,705	1,310	2,182	2,883	1,479	1,396	522
	PIKE	917	1,233	6,507	5,728	1,728	956	652	1,186	418	680	1,120	672	785	178
	PLATTE	827	2,929	15,739	20,749	5,238	21,226	17,585	3,317	1,926	2,815	4,992	4,340	6,757	4,912
	POLK	862	3,544	10,700	9,313	1,497	4,304	1,568	2,832	1,266	1,692	2,528	1,439	771	217

State	County	Average annual expend-itures	Food	Alcoholic beverages	Housing	Apparel and services	Transport-ation	Healthcare	Entertain-ment	Personal care products & services	Education	Personal insurance & pensions
MO	ADAIR	258.8	33.6	2.1	24.1	2.4	13.0	6.1	3.8	0.9	1.4	8.1
	ANDREW	183.1	23.2	1.5	61.4	6.1	32.8	15.5	9.5	2.2	3.6	20.0
	ATCHISON	69.4	8.9	0.6	13.2	1.3	7.1	3.4	2.0	0.5	0.7	3.9
	AUDRAIN	310.0	40.1	2.5	62.2	6.1	33.3	15.7	9.5	2.3	3.5	19.7
	BARRY	641.8	82.8	5.1	99.6	9.8	53.1	25.1	15.3	3.6	5.7	31.6
	BARTON	156.0	20.4	1.2	109.0	10.8	57.3	27.1	16.6	3.9	6.6	33.9
	BATES	293.6	37.5	2.4	126.2	12.4	67.7	32.0	19.4	4.6	7.0	40.2
	BENTON	297.6	38.6	2.4	43.6	4.3	23.5	11.2	6.7	1.6	2.4	13.7
	BOLLINGER	162.6	21.2	1.3	124.4	12.8	67.4	30.9	20.1	4.7	8.3	47.0
	BOONE	2,328.0	294.3	19.6	64.6	6.3	34.2	16.2	9.8	2.3	3.7	19.7
	BUCHANAN	1,275.4	162.8	10.5	304.8	30.5	161.9	75.7	47.4	11.2	19.2	102.0
	BUTLER	559.7	72.5	4.5	278.0	29.1	146.7	66.9	45.0	10.3	21.2	108.5
	CALDWELL	138.8	17.8	1.1	96.1	9.3	50.4	24.1	14.4	3.4	5.4	28.4
	CALLAWAY	657.9	82.8	5.5	264.4	26.9	140.1	64.9	41.8	9.8	17.9	94.3
	CAMDEN	751.3	96.4	6.1	109.3	10.9	58.7	27.6	16.9	4.0	6.4	35.6
	CAPE GIRARDEAU	1,069.6	136.3	8.8	331.6	32.6	177.0	83.7	50.8	12.0	19.0	104.5
	CARROLL	126.7	16.4	1.0	152.4	14.7	79.5	38.4	22.6	5.4	8.3	42.1
	CARTER	94.4	12.4	0.7	327.5	32.3	173.2	81.7	50.0	11.9	19.5	102.9
	CASS	1,902.5	234.8	16.5	59.2	5.9	31.7	14.9	9.2	2.2	3.5	19.2
	CEDAR	176.8	23.4	1.3	7.3	0.7	3.9	1.9	1.1	0.3	0.3	2.0
	CHARITON	81.3	10.6	0.6	53.9	5.3	29.0	13.6	8.4	2.0	3.1	17.7
	CHRISTIAN	1,680.3	212.1	14.0	260.3	26.4	140.2	65.0	41.2	9.7	16.6	92.3
	CLARK	80.0	10.4	0.6	154.3	16.1	83.3	37.9	25.3	5.8	11.2	61.6
	CLAY	4,664.8	573.6	40.9	132.2	12.9	70.1	33.3	20.1	4.7	7.5	40.3
	CLINTON	407.6	51.8	3.4	65.3	6.6	35.4	16.4	10.3	2.4	4.0	22.7
	COLE	1,194.3	150.4	10.1	68.1	6.7	36.1	17.0	10.4	2.5	4.0	21.4
	COOPER	237.0	30.3	1.9	47.8	4.7	25.5	12.1	7.3	1.7	2.7	14.6
	CRAWFORD	304.6	39.8	2.4	58.1	5.7	31.3	14.7	9.0	2.1	3.3	19.0
	DADE	111.6	14.6	0.8	143.9	14.4	75.8	35.5	22.2	5.2	9.1	47.5
	DALLAS	224.1	29.4	1.7	77.5	7.6	41.7	19.6	11.9	2.8	4.3	24.7
	DAVIESS	124.4	16.0	1.0	116.1	11.1	61.1	29.5	17.1	4.1	5.9	31.7
	DEKALB	111.1	14.1	0.9	86.4	8.4	46.0	21.9	13.1	3.1	4.7	25.9
	DENT	203.6	26.8	1.5	34.8	3.3	18.5	9.0	5.2	1.2	1.7	9.5
	DOUGLAS	138.7	18.3	1.0	95.4	9.5	50.0	23.5	14.7	3.5	6.2	31.4
	DUNKLIN	377.4	50.0	2.9	94.5	9.5	50.9	23.7	14.9	3.5	5.9	32.9
	FRANKLIN	1,877.6	236.1	15.9	266.5	25.7	139.8	67.1	39.8	9.5	14.6	76.2
	GASCONADE	261.1	33.8	2.1	184.9	17.7	97.4	46.7	27.5	6.6	9.7	52.1
	GENTRY	100.5	13.0	0.8	49.3	4.8	26.3	12.6	7.4	1.8	2.6	14.5
	GREENE	3,926.8	502.6	32.0	316.9	31.0	167.3	79.4	48.0	11.4	18.5	96.2
	GRUNDY	127.4	16.7	1.0	14.9	1.5	8.1	3.7	2.4	0.6	0.9	5.2
	HARRISON	110.4	14.5	0.8	71.9	7.1	38.1	18.0	11.1	2.6	4.3	23.2
	HENRY	351.1	45.3	2.8	74.0	7.1	38.6	18.6	10.8	2.6	3.9	19.7
	HICKORY	109.7	14.7	0.8	353.2	35.0	186.0	87.5	54.3	12.8	22.0	113.5
	HOLT	64.0	8.3	0.5	41.2	4.2	22.3	10.3	6.5	1.5	2.6	14.6
	HOWARD	126.6	16.2	1.0	28.6	2.8	15.5	7.3	4.4	1.0	1.5	9.0
	HOWELL	598.3	78.4	4.6	95.1	9.2	50.0	23.9	14.3	3.4	5.4	28.1
	IRON	140.4	18.1	1.1	64.9	6.3	34.4	16.5	9.8	2.3	3.5	19.2
	JACKSON	9,980.6	1,251.3	84.9	438.5	42.8	232.2	110.4	66.2	15.8	24.4	131.4
	JASPER	1,965.3	252.2	15.9	85.3	8.3	45.6	21.6	13.0	3.1	4.7	26.1
	JEFFERSON	3,421.8	427.6	29.3	234.8	22.7	123.5	59.1	35.0	8.4	12.8	67.1
	JOHNSON	706.0	90.1	5.8	58.1	5.7	31.0	14.7	8.9	2.1	3.3	18.3
	KNOX	51.3	6.8	0.4	37.1	3.6	19.7	9.4	5.6	1.3	2.0	11.0
	LACLEDE	556.2	71.8	4.4	119.6	11.9	64.0	30.1	18.4	4.4	6.9	38.3
	LAFAYETTE	558.0	70.1	4.7	87.8	8.6	47.2	22.4	13.4	3.2	4.8	27.2
	LAWRENCE	500.8	65.1	4.0	74.8	7.6	40.5	18.7	12.0	2.8	4.9	27.6
	LEWIS	143.2	18.5	1.1	40.8	4.1	21.8	10.2	6.4	1.6	2.5	13.8
	LINCOLN	1,014.9	126.6	8.7	127.2	13.0	66.3	30.8	19.9	4.7	9.0	44.6
	LINN	186.5	24.3	1.5	46.7	4.6	24.8	11.9	7.1	1.7	2.5	13.8
	LIVINGSTON	198.0	25.4	1.6	166.5	16.3	87.9	41.7	25.2	6.0	9.4	49.8
	MACON	210.5	27.2	1.7	132.1	13.2	70.3	33.0	20.5	4.8	8.0	43.5
	MADISON	171.8	22.5	1.3	4.2	0.4	2.3	1.1	0.6	0.2	0.2	1.2
	MARIES	87.9	11.4	0.7	91.4	8.9	48.7	23.2	13.9	3.3	5.1	28.2
	MARION	399.8	51.7	3.2	52.7	5.1	27.9	13.3	7.9	1.9	2.9	15.5
	MCDONALD	311.0	40.7	2.4	112.2	10.9	60.0	28.5	17.0	4.0	6.0	33.7
	MERCER	45.8	5.9	0.4	10.1	1.0	5.4	2.5	1.5	0.4	0.6	3.1
	MILLER	300.3	38.6	2.4	52.5	5.1	28.0	13.3	7.9	1.9	2.8	15.8
	MISSISSIPPI	159.8	21.2	1.2	32.4	3.3	17.6	8.1	5.2	1.2	2.1	12.0
	MONITEAU	220.8	27.9	1.8	11.9	1.1	6.4	3.0	1.8	0.4	0.6	3.4
	MONROE	125.7	16.3	1.0	38.7	3.8	20.4	9.7	5.8	1.4	2.1	11.4
	MONTGOMERY	199.6	25.7	1.6	45.7	4.4	23.6	11.3	6.7	1.6	2.6	12.4
	MORGAN	350.3	45.5	2.8	139.5	14.2	74.7	34.6	22.1	5.2	9.0	49.3
	NEW MADRID	182.1	23.9	1.4	168.4	17.3	90.2	41.7	27.0	6.2	11.5	62.4
	NEWTON	607.1	79.1	4.8	138.9	13.6	74.0	35.0	21.1	5.0	7.8	42.6
	NODAWAY	249.9	32.4	2.0	148.3	14.5	78.7	37.5	22.4	5.3	8.3	44.7
	OREGON	137.3	18.4	1.0	25.5	2.5	13.7	6.5	3.9	0.9	1.4	7.8
	OSAGE	198.7	25.3	1.6	36.6	3.5	19.4	9.3	5.5	1.3	2.0	10.8
	OZARK	146.7	19.5	1.1	80.4	8.0	43.2	20.3	12.5	2.9	4.7	26.4
	PEMISCOT	192.0	25.1	1.5	316.7	32.3	169.3	78.3	50.2	11.7	20.9	113.2
	PERRY	275.2	35.3	2.2	25.9	2.5	13.9	6.5	4.0	0.9	1.4	8.3
	PETTIS	563.1	73.3	4.4	341.1	33.5	181.4	85.8	52.2	12.4	19.4	106.7
	PHELPS	642.4	82.9	5.2	35.0	3.4	18.7	8.9	5.3	1.2	1.8	10.3
	PIKE	260.0	33.1	2.1	119.2	11.7	62.9	29.9	18.1	4.3	6.9	36.2
	PLATTE	1,726.7	210.4	15.4	70.5	6.8	36.9	17.7	10.4	2.5	3.7	19.2
	POLK	498.5	64.9	3.9	149.4	14.8	78.1	36.6	22.8	5.4	9.6	47.6

State	County	U.S. Population			2017 Gender		2017 Race			
		Total 2017	2010-2017 % chg.	Total 2022	Male	Female	White	Black	Other Race	Hispanic
	PULASKI	57,730	-1%	25,093	32,026	25,704	38,314	5,168	8,362	5,886
	PUTNAM	4,939	-5%	25,495	2,449	2,490	4,767	8	112	51
	RALLS	7,197	10%	19,112	3,622	3,575	6,757	85	293	62
	RANDOLPH	28,510	-3%	74,944	14,904	13,607	23,233	1,575	2,988	714
	RAY	21,643	-1%	52,471	10,711	10,932	19,924	228	864	627
	REYNOLDS	6,649	7%	6,939	3,361	3,288	6,240	47	260	103
	RIPLEY	16,186	21%	15,757	8,021	8,165	15,306	46	663	171
	SAINT CHARLES	404,340	13%	277,305	198,513	205,827	330,904	17,447	43,373	12,616
	SAINT CLAIR	8,541	9%	18,190	4,300	4,242	7,729	39	543	230
	SAINT FRANCOIS	75,104	-1%	7,200	40,035	35,069	67,438	3,395	3,155	1,116
	SAINT LOUIS	1,053,598	-1%	435,178	499,350	554,247	643,137	249,889	127,840	32,731
	SAINT LOUIS CITY	292,563	-6%	200,411	141,563	151,000	96,998	147,488	37,090	10,987
	SAINTE GENEVIEVE	17,008	0%	19,550	8,584	8,424	16,329	192	248	239
	SALINE	23,767	-2%	34,438	11,788	11,979	14,317	736	5,310	3,404
	SCHUYLER	3,983	4%	3,203	1,937	2,046	3,913	1	50	19
	SCOTLAND	4,734	11%	1,966	2,309	2,425	4,581	3	78	72
	SCOTT	43,223	7%	15,146	20,785	22,437	34,316	5,475	2,314	1,118
	SHANNON	7,615	4%	23,865	3,787	3,828	6,907	16	532	160
	SHELBY	7,168	-3%	128,514	3,529	3,639	6,931	23	133	80
	STODDARD	31,847	3%	18,436	15,510	16,338	29,786	218	1,482	363
	STONE	34,040	9%	8,325	16,725	17,314	32,442	52	805	741
	SULLIVAN	7,686	9%	6,872	3,913	3,773	4,228	19	259	3,181
	TANEY	70,236	18%	95,852	34,194	36,043	56,446	1,007	7,384	5,400
	TEXAS	27,457	6%	21,805	14,380	13,077	24,407	905	1,486	659
	VERNON	21,907	10%	29,383	10,627	11,280	19,370	84	1,925	528
	WARREN	35,762	13%	33,472	17,811	17,951	29,706	786	3,747	1,523
	WASHINGTON	22,627	6%	39,578	11,656	10,971	21,330	680	394	223
	WAYNE	16,484	13%	21,646	8,268	8,215	15,870	55	417	142
	WEBSTER	49,360	17%	53,689	24,908	24,452	45,302	365	2,419	1,274
	WORTH	2,135	-9%	17,422	1,048	1,087	2,057	11	44	23
	WRIGHT	23,683	1%	36,208	11,638	12,044	22,502	133	736	311
MO Total		6,495,271	5%	6,610,220	3,184,657	3,310,613	4,817,109	716,107	652,370	309,685

State	County	2017 Age Ranges (Years)								2017 Occupations					
		1-9	10-19	20-29	30-39	40-49	50-59	60-69	70 over	Mana-gerial	Sales	Admin support	Service	Farming forestry, fishing	Prod-uction
	PULASKI	7,317	10,244	13,285	6,798	7,218	5,863	3,698	3,307	11,295	3,223	4,153	6,608	750	9,468
	PUTNAM	630	646	415	498	684	756	643	668	1,263	101	120	223	51	974
	RALLS	736	879	537	717	1,058	1,511	991	767	1,533	150	405	546	10	761
	RANDOLPH	3,685	3,576	3,811	3,601	4,420	4,358	2,494	2,566	4,479	1,566	2,089	2,279	141	4,639
	RAY	2,564	3,109	2,058	2,294	3,562	3,668	2,364	2,023	3,050	514	2,094	1,601	54	3,609
	REYNOLDS	744	864	611	668	919	1,057	929	858	1,088	75	686	653	237	1,246
	RIPLEY	1,821	2,071	1,647	1,707	2,451	2,591	1,984	1,913	2,677	647	824	1,679	183	3,710
	SAINT CHARLES	51,173	57,330	43,898	47,992	63,946	63,442	39,565	36,994	66,739	28,383	28,014	26,651	15	32,253
	SAINT CLAIR	824	967	729	719	1,183	1,525	1,249	1,346	1,474	546	768	660	14	1,405
	SAINT FRANCOIS	8,728	9,137	9,795	10,157	11,858	10,652	7,134	7,643	11,474	3,538	6,524	9,974	406	10,564
	SAINT LOUIS	119,868	147,915	119,157	107,508	155,843	176,903	102,426	123,977	224,716	57,700	69,431	78,972	417	68,804
	SAINT LOUIS CITY	33,111	36,962	56,026	39,547	44,396	43,134	19,553	19,832	45,884	14,616	22,932	46,518	227	32,036
	SAINTE GENEVIEVE	1,744	2,350	1,569	1,650	2,902	2,930	1,857	2,007	2,246	503	1,856	1,048	49	2,736
	SALINE	2,947	3,298	3,329	2,380	3,154	3,745	2,404	2,510	4,627	873	1,490	1,707	83	2,998
	SCHUYLER	486	626	334	383	562	586	472	534	945	118	245	329	76	376
	SCOTLAND	856	760	472	416	622	633	448	525	1,382	128	174	243	15	459
	SCOTT	5,493	5,598	4,716	4,791	5,995	7,468	4,730	4,433	5,618	1,854	5,336	3,525	200	5,992
	SHANNON	851	1,065	732	750	1,047	1,325	1,002	843	875	694	567	723	278	1,405
	SHELBY	935	950	640	772	950	1,219	820	882	1,347	303	455	352	38	1,119
	STODDARD	3,723	3,954	3,444	3,606	4,627	4,677	3,686	4,130	4,630	1,358	2,618	2,822	372	5,279
	STONE	3,309	3,832	2,515	2,828	4,592	5,903	5,729	5,332	3,868	3,391	3,067	5,702	59	2,880
	SULLIVAN	1,074	1,031	770	962	1,073	1,177	828	772	1,116	214	633	646	51	1,405
	TANEY	9,020	9,433	9,047	7,782	9,427	10,246	8,254	7,029	8,706	7,018	6,303	8,287	51	4,630
	TEXAS	2,997	3,385	3,129	2,898	3,824	4,344	3,494	3,385	5,635	2,047	2,479	2,661	426	2,378
	VERNON	2,880	3,213	2,255	2,201	3,064	3,462	2,347	2,485	3,682	1,059	1,487	1,350	209	3,578
	WARREN	4,712	5,215	3,771	4,147	5,547	5,281	3,859	3,232	4,777	2,348	2,226	2,193	6	5,897
	WASHINGTON	2,732	2,762	2,675	2,858	3,553	3,572	2,526	1,948	2,500	1,164	1,822	3,435	103	4,522
	WAYNE	1,589	2,062	1,374	1,493	2,444	2,640	2,551	2,330	3,139	1,873	1,111	1,551	281	2,102
	WEBSTER	7,359	7,436	4,744	5,554	7,704	7,112	5,147	4,304	9,741	2,128	3,871	3,037	89	7,058
	WORTH	188	281	172	173	359	348	253	361	547	51	149	189	15	170
	WRIGHT	3,153	3,226	2,284	2,295	3,350	3,715	2,849	2,810	7,134	888	802	1,472	84	2,841
MO Total		810,148	881,391	833,326	743,227	955,031	997,085	628,517	646,545	1,142,889	331,732	465,130	551,467	13,118	707,570

2017 Age Ranges (Years)

2017 Occupations

State	County	2017 Educational Attainment							2017 Family Income						
		Less than 9th grade	9th to 12th grade, no diploma	High school grad-uate	Some college, no degree	Assoc-iate degree	Bach-elor's degree	Grad. or pro-fessional degree	Less than $25,000	$25,000-$34,999	$35,000-$49,999	$50,000-$74,999	$75,000-$99,999	$100,000-$149,999	over $150,000
	PULASKI	573	3,170	10,607	11,882	6,045	10,166	4,446	3,286	2,261	3,931	5,502	3,355	2,786	434
	PUTNAM	63	243	1,571	856	565	552	104	418	165	303	363	110	36	44
	RALLS	219	764	2,464	1,041	299	801	430	303	230	283	560	276	363	44
	RANDOLPH	734	3,022	9,626	5,194	1,494	1,798	1,202	1,833	1,072	1,211	1,560	794	632	176
	RAY	382	1,854	7,460	4,315	820	1,737	878	898	450	644	1,057	1,548	978	450
	REYNOLDS	278	710	2,408	1,173	150	623	143	568	324	325	456	168	136	24
	RIPLEY	935	2,042	4,654	3,407	648	1,212	463	1,591	718	840	1,039	307	80	86
	SAINT CHARLES	4,086	14,195	74,934	86,932	24,435	77,042	42,527	11,656	6,928	13,561	23,694	21,689	37,041	27,215
	SAINT CLAIR	208	578	3,445	1,191	755	375	666	853	294	414	498	258	184	21
	SAINT FRANCOIS	2,450	8,408	21,362	16,252	5,864	5,192	2,419	5,169	2,500	2,831	3,975	2,998	1,644	1,121
	SAINT LOUIS	14,087	46,794	170,528	205,095	52,764	218,517	153,397	52,270	22,838	30,337	41,052	36,510	51,292	48,763
	SAINT LOUIS CITY	11,015	40,112	61,751	60,084	12,155	33,501	25,162	23,831	7,250	8,600	8,995	6,307	5,869	3,408
	SAINTE GENEVIEVE	519	1,540	4,867	3,790	1,796	796	787	1,015	299	664	1,129	899	599	153
	SALINE	1,300	1,988	6,526	3,928	640	2,099	3,022	1,624	585	937	1,404	755	562	110
	SCHUYLER	88	186	1,113	756	287	375	359	360	165	208	237	101	39	24
	SCOTLAND	359	263	1,289	926	69	393	171	360	130	194	352	63	61	111
	SCOTT	1,546	3,283	14,256	8,157	736	2,516	4,433	3,233	1,435	1,776	2,130	1,849	1,247	494
	SHANNON	296	935	2,854	1,133	322	356	364	701	337	526	411	90	104	10
	SHELBY	81	570	1,623	1,128	1,055	756	564	576	184	442	351	217	163	33
	STODDARD	1,481	4,137	10,114	5,331	1,810	2,247	1,132	2,516	1,308	1,392	1,627	1,258	708	266
	STONE	636	2,565	10,775	8,695	896	3,502	1,852	2,296	1,427	1,814	2,461	1,501	581	341
	SULLIVAN	431	743	2,160	1,334	682	444	286	539	295	495	442	155	148	17
	TANEY	464	5,358	18,900	18,075	6,104	5,189	2,304	4,517	2,497	3,883	4,416	2,287	1,631	659
	TEXAS	1,042	2,353	7,089	5,893	2,602	2,632	1,286	2,220	1,400	1,629	1,523	531	414	340
	VERNON	782	1,525	7,182	3,921	1,150	2,080	1,001	1,560	640	1,027	1,191	845	458	128
	WARREN	670	2,188	10,299	9,358	2,027	2,904	992	1,879	960	1,294	1,492	2,094	1,141	1,175
	WASHINGTON	1,161	3,563	7,077	4,117	929	1,214	489	2,046	663	1,019	1,001	794	353	143
	WAYNE	1,004	2,770	3,984	3,351	1,185	1,107	474	1,619	639	681	1,011	589	199	61
	WEBSTER	1,870	4,141	13,065	9,229	2,159	5,752	1,884	3,122	1,317	2,828	3,023	1,561	1,393	583
	WORTH	20	265	696	385	148	242	65	120	97	116	199	49	15	5
	WRIGHT	732	2,356	6,943	5,363	715	1,536	1,385	2,258	953	1,180	1,312	525	329	195
MO Total		133,454	453,352	1,491,226	1,347,842	322,990	950,013	560,402	363,785	164,641	239,637	336,470	253,194	265,288	154,566

2017 Consumer Spending ($Millions)

State	County	Average annual expend-itures	Food	Alcoholic beverages	Housing	Apparel and services	Transport-ation	Healthcare	Entertain-ment	Personal care products & services	Education	Personal insurance & pensions
	PULASKI	1,114.7	142.6	9.0	82.5	8.0	43.9	21.0	12.5	3.0	4.5	24.7
	PUTNAM	61.1	8.1	0.5	170.9	17.2	90.5	42.0	26.8	6.3	11.4	59.8
	RALLS	109.9	14.0	0.9	31.6	3.2	17.2	7.9	5.0	1.2	2.0	11.1
	RANDOLPH	340.0	44.2	2.7	68.1	6.8	36.1	16.9	10.5	2.5	4.2	22.4
	RAY	340.0	42.5	2.9	50.6	5.0	27.1	12.8	7.8	1.8	2.9	15.9
	REYNOLDS	89.5	11.7	0.7	40.0	4.0	21.5	10.0	6.3	1.5	2.4	13.7
	RIPLEY	197.3	26.1	1.5	380.6	38.3	204.5	95.0	59.7	14.1	24.0	130.9
	SAINT CHARLES	9,088.5	1,092.6	82.5	264.9	26.3	140.2	65.9	40.8	9.7	16.2	85.6
	SAINT CLAIR	112.0	14.7	0.9	54.5	5.4	29.4	13.9	8.4	2.0	3.0	17.3
	SAINT FRANCOIS	996.1	127.5	8.1	103.0	10.0	54.5	26.0	15.5	3.7	5.7	30.3
	SAINT LOUIS	15,372.4	1,894.8	134.4	397.0	38.4	209.3	100.2	59.3	14.2	21.3	113.9
	SAINT LOUIS CITY	2,890.0	375.5	23.3	334.0	32.5	175.7	83.5	50.4	12.0	19.3	100.2
	SAINTE GENEVIEVE	245.9	31.4	2.0	23.2	2.2	12.4	5.9	3.5	0.8	1.2	6.6
	SALINE	283.9	36.8	2.3	55.5	5.5	29.7	14.0	8.5	2.0	3.2	17.7
	SCHUYLER	49.1	6.5	0.4	35.9	3.7	19.5	8.9	5.8	1.4	2.5	13.9
	SCOTLAND	59.4	7.6	0.5	532.7	53.9	285.3	132.6	84.1	19.6	33.6	187.2
	SCOTT	586.5	75.6	4.7	37.4	3.7	20.4	9.5	5.8	1.4	2.2	12.6
	SHANNON	91.5	12.2	0.7	14.1	1.4	7.7	3.6	2.2	0.5	0.8	4.7
	SHELBY	90.1	11.8	0.7	122.5	12.2	65.9	30.9	19.0	4.5	7.2	40.4
	STODDARD	421.1	54.8	3.3	145.6	15.9	76.4	33.9	24.6	5.5	13.0	65.2
	STONE	488.9	63.5	3.9	182.9	18.3	98.3	45.8	28.7	6.8	11.3	62.7
	SULLIVAN	94.5	12.4	0.7	67.1	6.6	35.8	16.9	10.2	2.4	3.7	20.7
	TANEY	922.1	120.0	7.3	478.1	48.2	255.7	118.8	75.3	17.7	30.5	167.4
	TEXAS	347.1	45.7	2.7	122.3	12.2	64.9	30.4	19.0	4.5	7.6	41.0
	VERNON	278.2	36.1	2.2	282.7	27.9	150.5	71.0	43.4	10.2	16.5	90.1
	WARREN	511.4	64.5	4.3	74.8	7.5	38.9	18.3	11.5	2.7	4.9	24.2
	WASHINGTON	272.2	35.6	2.1	306.9	31.3	162.6	75.4	48.5	11.3	20.8	109.1
	WAYNE	209.7	27.6	1.6	755.1	75.6	401.9	187.9	117.7	27.7	47.3	254.8
	WEBSTER	672.3	86.5	5.4	156.8	15.1	81.8	39.3	23.3	5.6	8.6	44.2
	WORTH	27.2	3.6	0.2	56.0	5.4	29.7	14.2	8.3	2.0	2.9	15.9
	WRIGHT	292.7	38.5	2.3	85.7	8.7	46.2	21.5	13.6	3.2	5.4	30.3
MO Total		93,389.7	11,755.1	786.1	15,118.1	1,501.1	8,034.6	3,777.9	2,332.2	550.2	912.1	4,911.9

		U.S. Population			2017 Gender		2017 Race			
State	County	Total 2017	2010-2017 % chg.	Total 2022	Male	Female	White	Black	Other Race	Hispanic
MS	ADAMS	31,628	-2%	25,726	15,796	15,832	9,707	12,888	5,451	3,582
	ALCORN	38,655	0%	40,979	18,862	19,793	31,335	4,196	1,246	1,878
	AMITE	12,840	15%	103,676	6,209	6,632	7,733	4,889	112	107
	ATTALA	20,298	0%	17,291	9,662	10,636	10,081	8,766	652	800
	BAKER	2,426	8%	510	1,157	1,270	991	1,229	105	101
	BENTON	6,606	-3%	11,626	3,265	3,340	4,698	1,637	157	114
	BOLIVAR	33,035	-1%	190,981	15,437	17,598	12,075	19,483	791	686
	CALHOUN	22,683	-4%	122,724	11,806	10,877	10,680	9,001	1,167	1,835
	CARROLL	8,321	-12%	8,149	4,039	4,281	5,121	2,906	171	122
	CHICKASAW	19,142	-2%	18,800	9,123	10,019	9,484	7,821	672	1,165
	CHOCTAW	6,504	-5%	16,426	3,108	3,396	4,012	2,346	92	54
	CLAIBORNE	8,183	6%	18,206	3,848	4,334	1,509	6,534	95	45
	CLARKE	17,909	13%	68,037	8,562	9,347	10,277	7,010	324	298
	CLAY	21,529	0%	31,094	10,101	11,428	9,089	11,785	315	340
	COAHOMA	23,064	-5%	53,431	10,528	12,536	4,548	17,709	496	311
	COPIAH	32,542	-5%	6,892	15,742	16,800	15,621	13,693	1,349	1,879
	COVINGTON	23,304	13%	72,498	11,374	11,931	14,760	6,950	720	874
	DE SOTO	206,867	28%	33,475	100,830	106,037	118,598	50,844	15,615	21,810
	DECATUR	27,285	-1%	43,429	13,337	13,948	13,484	11,190	1,269	1,343
	EARLY	10,481	0%	66,441	4,934	5,547	4,727	5,382	215	156
	FORREST	111,973	3%	18,270	53,565	58,408	59,850	35,249	11,895	4,979
	FRANKLIN	8,333	2%	35,646	4,061	4,272	5,030	3,094	93	115
	GEORGE	30,369	13%	577	15,337	15,033	25,674	1,997	1,576	1,123
	GRADY	22,204	2%	12,000	10,719	11,484	11,614	6,200	1,954	2,436
	GREENE	14,003	10%	32,786	8,558	5,445	8,406	5,266	176	154
	GRENADA	25,654	23%	10,254	12,141	13,513	14,593	9,753	998	310
	HANCOCK	37,721	-4%	69,453	18,660	19,061	30,200	2,252	4,109	1,160
	HARRISON	205,676	-1%	165,495	102,137	103,540	111,240	40,147	43,157	11,133
	HINDS	228,515	-5%	112,201	107,513	121,002	50,702	161,049	12,132	4,633
	HOLMES	21,876	-6%	40,438	10,299	11,577	4,248	17,263	194	172
	HUMPHREYS	8,690	-29%	25,323	4,041	4,649	1,754	6,481	195	260
	ISSAQUENA	608	-23%	7,809	410	198	100	501	2	4
	ITAWAMBA	30,489	20%	12,884	14,823	15,667	26,354	2,615	1,090	430
	JACKSON	120,313	-8%	51,725	59,211	61,101	69,445	25,069	17,719	8,080
	JASPER	18,234	-4%	62,045	8,815	9,419	8,976	8,657	456	145
	JEFFERSON	9,489	12%	17,821	4,647	4,842	1,003	8,359	64	64
	JEFFERSON DAVIS	9,705	-8%	22,149	4,606	5,098	3,563	5,906	152	83
	JONES	60,914	-2%	55,177	29,760	31,154	39,238	11,559	4,471	5,647
	KEMPER	8,594	-14%	23,626	4,220	4,374	3,068	5,385	92	49
	LAFAYETTE	51,672	-8%	81,483	25,394	26,279	31,998	11,945	6,307	1,422
	LAMAR	38,979	22%	14,070	19,115	19,864	33,724	3,840	832	584
	LAUDERDALE	97,044	12%	59,644	46,645	50,399	50,211	40,237	4,376	2,220
	LAWRENCE	20,793	24%	93,251	10,278	10,514	11,694	8,245	399	455
	LEAKE	29,792	14%	22,607	15,347	14,446	11,085	8,929	6,661	3,118
	LEE	97,099	9%	63,852	46,652	50,447	64,213	24,001	5,786	3,098
	LEFLORE	31,038	-12%	23,579	14,930	16,108	7,879	20,900	819	1,440
	LINCOLN	32,721	9%	9,670	15,600	17,121	21,877	9,825	542	477
	LOWNDES	52,486	5%	68,419	24,822	27,665	22,719	23,653	4,742	1,373
	MADISON	115,842	13%	9,676	55,644	60,198	61,764	35,978	13,979	4,120
	MARION	28,093	10%	31,781	13,587	14,507	18,376	8,502	865	350
	MARSHALL	44,348	-1%	33,763	21,986	22,362	20,641	18,800	1,055	3,852
	MILLER	6,122	-1%	5,858	2,919	3,203	3,906	1,962	146	108
	MONROE	43,936	15%	32,947	20,997	22,939	30,486	12,190	685	576
	MONTGOMERY	11,912	-16%	18,876	5,812	6,100	6,582	4,916	195	219
	NESHOBA	33,508	8%	19,513	16,073	17,435	17,279	6,536	8,782	910
	NEWTON	20,357	15%	102,246	9,791	10,566	11,851	6,717	1,461	328
	NOXUBEE	12,707	1%	67,231	6,040	6,667	3,810	8,623	168	106
	OKTIBBEHA	48,854	-10%	10,840	24,380	24,474	28,022	16,888	3,186	759
	PANOLA	41,944	1%	78,812	20,216	21,728	21,896	17,753	1,407	889
	PEARL RIVER	63,405	12%	10,189	31,309	32,096	50,318	6,804	2,751	3,533
	PERRY	14,634	14%	9,889	7,145	7,489	12,127	2,077	280	151
	PIKE	43,205	6%	88,579	20,629	22,576	20,064	20,756	1,667	717
	PONTOTOC	30,063	-8%	8,941	14,813	15,251	19,347	2,450	4,143	4,123
	PRENTISS	21,774	3%	6,613	10,719	11,055	18,814	2,149	379	432
	QUITMAN	8,073	-4%	119,016	3,883	4,190	2,764	5,165	89	55
	RANDOLPH	7,820	3%	17,389	3,604	4,216	2,526	5,067	118	109
	RANKIN	146,204	11%	17,515	70,786	75,418	109,483	22,920	8,797	5,004
	SCOTT	35,562	14%	74,119	17,396	18,166	13,505	8,211	4,253	9,592
	SEMINOLE	9,031	-3%	10,050	4,289	4,742	5,801	2,807	225	198
	SHARKEY	3,785	-19%	3,102	1,756	2,030	1,253	2,438	61	33
	SIMPSON	29,095	1%	36,971	14,184	14,911	17,258	10,138	619	1,079
	SMITH	13,900	3%	58,450	6,709	7,191	7,909	4,868	611	512
	STONE	27,144	39%	11,194	13,605	13,539	22,486	3,548	508	602
	SUNFLOWER	23,140	-3%	102,551	10,759	12,381	4,895	16,992	663	590
	TALLAHATCHIE	10,413	-25%	32,975	6,147	4,266	3,304	4,243	426	2,440
	TATE	28,856	9%	3,690	13,885	14,971	19,076	8,301	721	757
	TERRELL	9,388	23%	7,403	4,518	4,870	2,952	6,071	209	155
	TIPPAH	27,115	5%	45,012	13,278	13,838	20,070	3,178	813	3,053
	TISHOMINGO	19,425	2%	10,167	9,403	10,022	17,330	431	454	1,209
	TUNICA	15,885	41%	16,040	7,506	8,380	5,260	9,737	637	251
	UNION	27,134	5%	95,518	13,258	13,876	19,845	3,592	1,597	2,100
	WALTHALL	12,532	-2%	8,471	6,015	6,518	6,249	5,666	294	324
	WARREN	46,128	-13%	12,714	21,925	24,203	21,426	21,053	2,510	1,139
	WASHINGTON	45,858	1%	72,210	21,361	24,497	11,693	32,020	1,209	936

State	County	1-9	10-19	20-29	30-39	40-49	50-59	60-69	70 over	Mana-gerial	Sales	Admin support	Service	Farming forestry, fishing	Prod-uction
MS	ADAMS	3,325	3,745	3,656	3,251	4,824	5,714	3,205	3,907	5,122	1,942	2,764	4,129	87	4,762
	ALCORN	5,251	4,696	4,351	4,743	5,191	5,872	4,537	4,015	5,145	2,602	2,690	2,645	231	7,458
	AMITE	1,438	1,489	1,161	1,322	1,841	2,343	1,634	1,612	1,245	1,130	1,636	726	445	2,594
	ATTALA	2,866	2,716	2,193	2,225	2,833	2,978	2,101	2,388	4,091	861	1,607	1,744	902	3,055
	BAKER	252	331	234	263	358	412	319	257	42	73	52	78	805	102
	BENTON	873	795	674	790	1,000	902	815	758	174	1,194	617	51	1,302	
	BOLIVAR	4,025	4,337	5,226	3,628	4,412	5,497	3,231	2,679	7,986	1,213	2,471	2,907	552	4,993
	CALHOUN	2,705	2,832	2,504	3,051	3,288	3,478	2,296	2,530	2,514	1,076	1,298	1,287	2,783	3,100
	CARROLL	1,055	902	847	797	1,182	1,551	1,036	950	1,074	713	697	816	156	1,414
	CHICKASAW	2,587	2,740	2,167	2,100	2,786	2,884	2,042	1,836	2,039	663	664	1,018	778	5,536
	CHOCTAW	752	851	621	645	928	1,054	816	838	1,212	344	194	297	243	1,679
	CLAIBORNE	1,024	969	861	870	1,322	1,429	897	810	813	258	575	1,348	116	2,133
	CLARKE	2,192	2,297	1,780	1,904	2,545	2,868	2,154	2,170	2,187	1,189	1,514	1,621	223	4,093
	CLAY	2,590	2,927	2,312	2,213	2,824	3,746	2,526	2,391	2,923	1,251	1,068	1,974	981	3,780
	COAHOMA	3,474	3,834	3,163	2,355	3,130	3,415	1,896	1,798	2,674	1,764	2,613	5,368	391	1,900
	COPIAH	4,344	4,460	4,054	3,643	4,586	5,385	3,047	3,023	4,993	1,877	3,531	2,648	408	5,753
	COVINGTON	3,138	3,228	2,753	2,478	3,336	3,417	2,422	2,533	3,820	1,036	1,309	2,313	657	4,361
	DE SOTO	33,407	30,664	23,635	30,805	30,216	26,390	17,654	14,095	38,052	8,270	13,269	19,983	860	17,859
	DECATUR	2,921	4,550	2,698	3,410	3,792	4,114	2,999	2,802	476	820	585	881	9,049	1,149
	EARLY	1,094	1,815	832	1,179	1,362	1,590	1,283	1,325	183	315	225	338	3,476	441
	FORREST	14,775	15,370	22,944	13,692	14,113	13,794	8,336	8,949	19,359	8,385	6,900	12,477	237	10,639
	FRANKLIN	1,058	1,193	900	804	1,359	1,419	748	852	1,027	822	1,040	700	530	998
	GEORGE	4,271	4,589	3,416	4,268	4,389	4,020	3,063	2,352	4,223	2,424	2,321	2,759	163	5,792
	GRADY	2,598	3,344	2,270	2,774	2,930	3,267	2,632	2,390	387	668	476	717	7,364	935
	GREENE	1,373	1,308	2,750	2,298	2,246	2,014	1,115	899	2,463	488	549	3,301	636	2,032
	GRENADA	3,201	3,293	2,900	2,804	3,947	4,266	2,722	2,520	4,138	1,440	1,758	1,857	679	4,621
	HANCOCK	4,273	4,720	3,768	3,996	5,576	6,547	4,499	4,340	6,046	1,951	2,675	5,907	305	4,504
	HARRISON	27,581	26,464	30,020	25,967	30,722	29,341	18,687	16,894	25,229	13,088	13,585	35,445	998	19,973
	HINDS	31,722	35,321	34,713	24,828	31,549	33,971	18,127	18,286	38,540	11,857	17,918	27,387	149	25,100
	HOLMES	2,996	3,406	2,821	2,154	3,216	3,423	1,925	1,935	3,581	937	1,989	2,273	509	5,073
	HUMPHREYS	1,385	1,257	1,151	839	1,345	1,217	783	713	1,838	656	607	1,014	149	1,293
	ISSAQUENA	48	81	184	75	86	63	36	36	51	44	9	293	4	21
	ITAWAMBA	3,896	4,383	3,462	3,646	4,134	4,560	3,275	3,132	4,775	1,681	1,990	2,844	54	4,765
	JACKSON	15,625	16,077	14,892	14,521	17,502	18,196	12,152	11,348	17,626	6,387	7,399	17,124	298	15,885
	JASPER	2,223	2,366	2,068	1,862	2,537	3,088	2,089	2,002	1,797	1,316	1,864	1,220	383	4,361
	JEFFERSON	830	1,374	2,734	930	1,160	1,169	720	572	1,632	239	1,206	1,738	996	797
	JEFFERSON DAVIS	1,105	1,268	1,015	1,124	1,304	1,561	1,251	1,078	1,602	515	1,051	988	196	1,751
	JONES	8,397	8,250	8,054	6,400	8,415	9,089	6,307	6,001	8,937	3,092	4,231	4,982	187	12,003
	KEMPER	961	1,140	1,136	952	1,188	1,316	887	1,014	1,086	323	677	971	313	1,842
	LAFAYETTE	5,640	8,526	14,045	5,659	5,707	5,097	3,537	3,462	9,865	3,145	4,364	4,168	30	5,605
	LAMAR	5,935	5,501	4,719	5,372	6,041	5,124	3,482	2,805	5,707	2,793	4,274	2,521	255	5,603
	LAUDERDALE	12,651	13,327	12,256	11,704	14,573	13,809	8,826	9,898	17,738	6,018	6,752	9,616	889	12,744
	LAWRENCE	2,774	2,635	2,455	2,339	3,014	3,282	2,239	2,055	3,884	1,697	1,677	1,618	487	3,063
	LEAKE	4,676	5,170	3,818	3,438	3,942	3,721	2,583	2,446	6,363	1,389	3,240	2,288	353	4,032
	LEE	13,993	13,279	10,977	12,403	14,294	13,605	9,535	9,012	14,714	6,243	6,338	5,620	580	14,743
	LEFLORE	4,387	4,376	4,678	3,711	4,197	4,775	2,344	2,570	5,823	1,484	2,648	3,617	333	5,582
	LINCOLN	4,459	4,465	3,850	3,671	4,586	5,109	3,197	3,280	4,794	1,424	2,462	2,557	630	6,823
	LOWNDES	6,555	7,030	7,358	5,724	7,356	8,041	4,934	5,488	9,631	2,564	4,624	4,079	59	8,608
	MADISON	16,428	16,691	11,709	14,269	20,424	18,320	9,356	8,644	26,492	6,629	7,406	8,138	46	7,632
	MARION	3,794	3,534	3,335	3,185	4,072	4,502	2,647	3,025	5,091	1,527	1,238	3,226	283	5,227
	MARSHALL	5,117	5,891	5,674	5,284	7,094	7,229	4,419	3,639	4,925	2,206	4,855	6,222	70	7,226
	MILLER	662	840	570	668	871	923	752	836	107	184	131	198	2,030	258
	MONROE	5,516	6,247	4,676	5,127	6,290	6,580	5,025	4,475	7,619	2,105	3,580	2,823	18	8,581
	MONTGOMERY	1,444	1,491	1,214	1,171	1,837	2,019	1,385	1,350	1,665	732	1,141	884	96	2,404
	NESHOBA	5,397	4,730	3,906	3,777	4,483	4,882	3,107	3,226	6,024	1,681	2,334	4,689	369	3,598
	NEWTON	2,829	2,891	2,372	2,190	2,844	2,965	2,076	2,189	3,774	1,084	844	2,301	257	3,044
	NOXUBEE	1,612	1,917	1,705	1,486	1,804	1,887	1,168	1,128	2,532	652	915	676	820	2,368
	OKTIBBEHA	4,830	7,350	16,060	4,450	4,712	5,062	3,313	3,077	11,859	2,419	2,972	4,871	359	3,654
	PANOLA	5,690	6,029	4,948	5,149	6,301	6,427	4,027	3,587	5,965	2,719	3,786	4,227	707	7,410
	PEARL RIVER	8,097	8,604	7,054	7,457	8,952	9,477	7,212	6,552	10,028	5,696	4,203	6,972	137	9,524
	PERRY	1,840	1,976	1,460	1,906	2,007	2,430	1,667	1,349	1,980	257	1,406	2,021	674	1,933
	PIKE	6,358	5,841	5,092	4,642	5,995	6,563	4,291	4,422	6,991	2,745	2,949	3,852	207	9,008
	PONTOTOC	4,749	4,213	3,488	4,076	4,504	3,964	2,574	2,495	3,384	1,131	1,772	1,402	36	7,459
	PRENTISS	2,547	2,904	2,805	2,380	3,052	3,212	2,412	2,462	3,056	1,164	1,258	2,390	71	4,114
	QUITMAN	814	1,072	805	803	1,118	1,301	1,186	974	711	394	325	1,361	963	839
	RANDOLPH	730	1,210	687	793	975	1,262	1,091	1,073	136	235	168	252	2,594	329
	RANKIN	19,501	17,621	19,074	22,735	21,903	21,295	13,225	10,849	30,421	7,155	10,052	7,952	75	13,734
	SCOTT	5,138	5,029	4,924	4,626	4,658	5,023	3,151	3,013	3,521	821	2,409	3,881	1,401	8,151
	SEMINOLE	822	1,340	634	975	1,190	1,468	1,329	1,271	158	272	194	292	2,995	380
	SHARKEY	408	456	394	357	523	795	398	453	964	316	245	459	52	311
	SIMPSON	3,992	4,011	3,362	3,077	4,108	4,670	3,155	2,721	6,123	1,809	2,603	2,220	1,113	3,047
	SMITH	1,816	2,025	1,485	1,457	2,101	2,134	1,453	1,430	3,124	351	868	723	140	2,996
	STONE	3,353	3,974	3,709	3,176	4,082	4,022	2,674	2,154	3,758	1,349	2,955	2,065	441	4,282
	SUNFLOWER	3,591	3,514	3,471	2,489	3,137	3,463	1,845	1,631	4,233	833	1,969	3,752	184	3,491
	TALLAHATCHIE	1,039	1,128	1,971	1,738	1,581	1,412	805	740	1,824	912	458	1,553	195	1,537
	TATE	3,724	4,484	3,557	3,139	4,217	4,383	3,100	2,251	4,430	1,771	2,574	2,787	34	4,252
	TERRELL	1,022	1,461	956	1,003	1,260	1,496	1,155	1,034	164	282	201	303	3,113	395
	TIPPAH	3,891	3,434	3,048	3,364	4,131	3,895	2,902	2,451	3,799	1,269	1,979	1,968	94	5,813
	TISHOMINGO	2,276	2,492	1,784	2,111	2,840	3,033	2,479	2,411	2,092	1,313	1,285	1,587	448	4,115
	TUNICA	2,532	1,875	2,747	2,129	2,495	2,253	1,091	764	1,130	476	985	4,568	84	1,135
	UNION	3,845	3,581	3,076	3,614	3,726	3,812	2,866	2,615	3,964	1,219	2,787	995	6	5,414
	WALTHALL	1,668	1,724	1,337	1,461	1,577	1,979	1,403	1,384	2,373	289	926	1,435	23	2,451
	WARREN	6,270	6,228	5,300	5,118	6,729	8,241	4,444	3,799	6,889	2,334	2,178	5,745	453	6,886
	WASHINGTON	6,217	6,770	5,663	4,673	6,659	7,853	4,237	3,787	8,453	2,333	4,101	4,153	728	7,971

State	County	Less than 9th grade	9th to 12th grade, no diploma	High school grad-uate	Some college, no degree	Assoc-iate degree	Bach-elor's degree	Grad. or pro-fessional degree	Less than $25,000	$25,000-$34,999	$35,000-$49,999	$50,000-$74,999	$75,000-$99,999	$100,000-$149,999	over $150,000
MS	ADAMS	1,078	4,314	8,400	5,091	1,905	4,007	1,720	3,923	1,332	1,028	850	776	484	341
	ALCORN	1,491	3,957	11,938	5,746	2,636	2,997	2,222	3,460	1,168	1,298	1,816	1,587	1,472	291
	AMITE	597	2,559	3,983	2,404	358	558	145	1,300	576	541	549	472	146	73
	ATTALA	1,005	2,105	4,651	4,871	1,024	1,804	584	2,036	692	755	940	436	503	194
	BAKER	90	482	534	359	420	125	10	611	203	395	252	530	221	214
	BENTON	603	1,144	1,476	1,252	474	340	69	557	155	337	403	132	216	59
	BOLIVAR	1,620	3,390	7,431	5,675	1,851	4,522	2,494	3,197	867	1,259	1,179	624	459	590
	CALHOUN	1,286	2,935	6,019	3,945	2,150	1,700	516	3,172	1,026	1,837	2,830	2,085	747	219
	CARROLL	500	789	2,785	1,714	566	363	133	920	213	285	396	211	290	33
	CHICKASAW	1,127	3,144	4,553	2,994	2,037	900	432	1,830	475	894	867	865	245	68
	CHOCTAW	371	859	1,744	1,251	335	325	470	635	239	324	205	170	142	41
	CLAIBORNE	351	871	1,952	1,737	779	566	388	994	261	286	179	161	195	62
	CLARKE	597	2,698	5,510	3,317	739	1,082	641	1,947	595	526	813	501	451	185
	CLAY	769	2,588	5,078	4,255	1,642	2,737	404	2,544	621	1,099	1,445	1,297	648	236
	COAHOMA	1,591	3,708	4,060	3,777	1,079	2,403	1,170	2,670	637	648	733	449	298	186
	COPIAH	1,197	3,924	8,598	6,597	1,775	3,230	861	2,633	756	1,180	1,689	1,027	1,168	220
	COVINGTON	921	2,349	7,041	4,670	780	1,782	1,118	1,842	751	725	848	1,377	718	229
	DE SOTO	2,160	11,777	35,418	47,131	14,226	34,897	11,078	7,753	3,758	7,550	12,235	12,273	10,721	4,866
	DECATUR	1,018	5,304	5,878	3,953	4,514	1,372	116	4,392	2,489	4,283	2,867	10,559	734	1,962
	EARLY	389	2,041	2,262	1,521	1,748	528	44	2,330	791	1,558	1,242	3,346	477	736
	FORREST	2,018	7,848	21,998	22,614	6,123	19,155	10,513	8,299	2,483	4,161	4,654	3,472	3,848	2,605
	FRANKLIN	307	1,589	1,789	1,139	696	522	582	719	294	325	496	231	142	41
	GEORGE	814	3,628	9,362	6,611	1,182	1,316	801	1,708	614	1,270	1,859	1,521	1,169	346
	GRADY	828	4,297	4,762	3,203	3,644	1,111	94	3,221	1,640	2,877	2,213	10,251	632	1,370
	GREENE	475	3,234	3,277	3,010	524	619	831	992	213	325	704	304	434	24
	GRENADA	1,204	4,591	5,867	5,076	1,302	1,829	1,077	2,493	842	1,084	1,207	637	457	297
	HANCOCK	2,441	2,754	7,406	9,082	1,535	5,035	2,571	1,161	1,447	1,546	1,837	1,033	970	
	HARRISON	4,817	17,985	42,957	52,143	13,486	21,390	12,940	13,609	6,182	9,114	12,696	8,469	7,790	4,434
	HINDS	6,052	19,225	40,470	52,905	10,258	32,319	19,093	18,452	6,246	7,920	8,795	6,008	7,120	3,928
	HOLMES	1,233	2,906	5,689	4,809	546	1,195	1,070	2,695	730	790	701	298	281	395
	HUMPHREYS	692	1,745	1,515	1,486	392	780	143	999	394	271	305	89	79	27
	ISSAQUENA	32	69	215	77	112	27	8	80	17	5	17	6	0	1
	ITAWAMBA	1,653	3,537	7,045	7,896	1,471	1,636	1,386	2,197	914	1,309	2,026	1,355	779	270
	JACKSON	1,910	8,629	27,305	27,499	7,949	14,704	8,622	6,072	2,870	4,442	6,313	4,229	6,309	2,707
	JASPER	782	2,805	5,539	3,248	1,086	1,167	276	1,936	775	773	719	284	305	294
	JEFFERSON	309	2,284	2,324	1,970	81	507	774	845	232	254	273	97	120	54
	JEFFERSON DAVIS	273	1,440	2,945	1,811	496	684	354	1,166	285	429	198	465	76	34
	JONES	1,848	5,040	16,486	13,965	2,850	4,965	3,419	4,686	1,827	3,050	3,088	1,864	1,090	1,084
	KEMPER	633	2,054	1,337	1,039	1,116	564	437	1,031	221	291	394	194	151	57
	LAFAYETTE	1,300	4,198	7,970	10,571	2,482	7,865	9,138	2,746	948	1,325	1,543	1,317	1,322	1,214
	LAMAR	1,390	3,379	6,871	8,044	2,968	6,114	1,519	2,550	1,035	1,534	2,234	1,809	1,150	487
	LAUDERDALE	3,212	12,534	20,706	19,683	5,667	9,146	6,977	9,537	3,901	4,173	7,064	5,193	3,797	2,003
	LAWRENCE	689	2,384	4,798	4,843	1,447	1,500	1,051	1,725	442	755	1,161	941	574	264
	LEAKE	1,350	4,779	7,875	4,616	1,187	1,634	1,407	2,288	1,116	1,206	1,225	839	911	385
	LEE	2,846	9,866	19,360	17,710	5,645	15,969	4,770	6,764	2,681	3,423	5,829	3,602	3,241	1,439
	LEFLORE	1,571	5,089	7,987	4,771	1,060	2,568	1,633	3,890	799	1,125	839	386	417	225
	LINCOLN	1,102	3,244	6,835	9,861	1,542	2,258	1,177	2,499	1,209	1,247	1,255	1,267	1,151	429
	LOWNDES	2,456	4,333	12,143	8,688	1,536	7,466	5,926	4,726	1,332	1,849	2,355	1,474	1,805	983
	MADISON	2,203	6,080	13,485	20,525	6,296	26,043	15,721	4,299	2,125	3,006	4,242	4,659	7,084	5,609
	MARION	1,084	3,706	9,004	4,092	1,089	2,601	997	2,501	953	943	1,234	918	637	467
	MARSHALL	1,965	7,958	12,586	7,749	2,907	2,431	850	3,214	1,431	1,390	2,081	1,254	1,494	783
	MILLER	231	1,208	1,339	900	1,033	312	26	1,192	533	736	799	2,222	395	244
	MONROE	2,274	5,616	10,405	7,707	3,647	4,551	1,278	3,444	1,347	1,375	3,162	1,630	999	323
	MONTGOMERY	834	2,096	3,259	2,034	285	840	438	1,086	452	466	519	403	317	85
	NESHOBA	1,244	4,187	7,933	6,933	1,592	2,214	1,589	2,631	1,115	1,539	1,839	1,058	572	351
	NEWTON	496	1,624	7,123	3,385	1,489	1,106	1,037	1,525	638	1,003	1,120	851	396	76
	NOXUBEE	986	1,866	3,261	1,803	430	1,024	728	1,725	412	610	583	396	354	68
	OKTIBBEHA	1,206	3,342	7,833	8,370	4,498	8,758	7,775	4,563	858	1,079	1,094	988	1,156	624
	PANOLA	2,375	6,380	10,164	7,618	2,149	3,923	683	3,741	1,165	1,825	1,841	1,312	1,015	296
	PEARL RIVER	2,462	7,026	15,288	13,967	3,896	5,186	3,357	5,080	1,474	2,466	3,800	2,261	1,651	1,184
	PERRY	392	1,595	3,648	4,295	488	978	451	1,182	425	891	915	312	439	38
	PIKE	1,422	5,123	12,065	10,368	1,292	2,412	1,451	4,341	1,309	1,906	1,681	1,151	790	759
	PONTOTOC	1,147	4,572	7,504	4,283	1,633	2,657	1,364	2,263	919	1,248	2,022	1,277	656	205
	PRENTISS	1,308	2,314	6,458	4,157	1,326	1,247	1,114	1,800	575	1,186	1,011	990	343	45
	QUITMAN	501	1,375	1,993	1,083	766	693	335	1,326	429	875	780	583	124	63
	RANDOLPH	296	1,565	1,734	1,166	1,352	405	34	1,935	778	1,501	982	1,437	481	707
	RANKIN	2,252	10,409	29,179	28,016	7,410	26,317	13,820	6,917	3,405	5,271	8,117	8,617	7,622	5,131
	SCOTT	2,981	5,121	11,161	5,953	1,398	710	640	3,306	883	1,973	1,825	986	467	342
	SEMINOLE	344	1,799	1,994	1,341	1,538	465	39	1,620	598	1,204	934	2,998	456	1,221
	SHARKEY	200	570	669	793	309	236	385	434	86	117	137	85	65	15
	SIMPSON	1,134	2,692	9,316	5,542	1,360	2,085	1,094	2,174	912	1,075	1,301	1,412	796	276
	SMITH	423	1,893	3,914	2,660	971	650	573	1,411	342	413	726	448	346	149
	STONE	1,171	2,628	7,874	6,208	2,125	1,080	945	1,678	572	1,112	1,823	1,083	699	446
	SUNFLOWER	1,486	2,703	5,458	4,139	1,682	1,822	776	2,570	907	685	802	399	183	147
	TALLAHATCHIE	983	2,183	1,586	2,048	352	595	1,129	1,053	279	416	497	239	89	15
	TATE	742	2,962	7,412	7,171	2,107	2,208	565	1,800	550	1,231	1,539	965	1,022	526
	TERRELL	349	1,831	2,029	1,365	1,568	473	40	1,971	770	1,054	1,211	3,800	334	247
	TIPPAH	1,239	3,579	9,530	4,479	845	1,178	677	2,548	726	1,256	1,748	647	655	193
	TISHOMINGO	1,031	2,558	6,420	2,252	1,321	851	1,464	1,633	741	735	1,050	845	430	260
	TUNICA	553	2,652	3,230	4,580	489	732	111	1,439	395	734	922	138	261	58
	UNION	1,023	2,894	6,882	5,565	1,396	2,179	1,428	2,098	763	1,200	1,880	931	639	254
	WALTHALL	422	1,689	3,631	2,018	963	737	539	1,133	258	612	517	446	266	162
	WARREN	1,427	3,356	10,509	10,002	3,236	4,980	3,309	3,762	1,261	1,339	1,885	1,272	1,908	983
	WASHINGTON	2,258	5,846	12,059	7,839	1,340	4,975	2,180	5,111	1,302	1,614	1,459	841	876	566

2017 Consumer Spending ($Millions)

State	County	Average annual expend-itures	Food	Alcoholic beverages	Housing	Apparel and services	Transport-ation	Healthcare	Entertain-ment	Personal care products & services	Education	Personal insurance & pensions
MS	ADAMS	351.8	46.8	2.7	43.3	4.4	23.4	10.9	6.8	1.6	2.6	15.0
	ALCORN	532.2	68.7	4.3	207.0	21.6	111.0	50.6	33.8	7.8	15.1	82.1
	AMITE	154.2	20.5	1.2	99.3	9.7	52.6	24.9	15.1	3.6	5.6	30.5
	ATTALA	246.0	32.1	1.9	163.7	16.7	87.6	40.4	26.0	6.1	11.0	58.9
	BAKER	110.3	14.3	0.9	79.2	7.8	42.6	20.0	12.3	2.9	4.6	26.1
	BENTON	83.2	10.9	0.6	190.7	18.5	99.6	47.4	28.6	6.8	11.1	55.9
	BOLIVAR	356.5	46.4	2.9	481.4	47.4	254.7	120.2	73.6	17.5	28.5	151.8
	CALHOUN	557.9	72.7	4.4	500.5	50.8	270.4	125.1	79.7	18.6	32.2	181.6
	CARROLL	108.1	14.1	0.9	124.5	12.1	63.7	30.3	18.5	4.4	7.9	35.4
	CHICKASAW	230.4	30.4	1.8	188.3	19.7	101.9	46.3	30.9	7.1	13.7	75.4
	CHOCTAW	78.5	10.3	0.6	67.2	6.7	36.0	16.9	10.4	2.4	4.0	22.0
	CLAIBORNE	92.5	12.2	0.7	244.8	24.9	132.7	61.0	39.2	9.2	16.1	90.1
	CLARKE	228.5	29.7	1.8	238.8	23.9	128.8	60.2	37.5	8.8	14.5	82.2
	CLAY	368.3	47.8	3.0	63.4	6.2	33.9	16.2	9.6	2.3	3.4	19.3
	COAHOMA	224.4	29.9	1.7	27.4	2.7	14.7	6.9	4.2	1.0	1.5	8.8
	COPIAH	411.4	53.2	3.3	532.7	53.9	284.1	131.9	83.9	19.7	34.7	186.0
	COVINGTON	325.1	41.7	2.7	120.8	12.1	64.4	30.1	18.8	4.4	7.6	40.9
	DE SOTO	3,402.8	423.4	29.3	114.1	11.5	61.3	28.5	17.9	4.2	7.1	39.4
	DECATUR	1,385.0	177.7	11.8	185.1	18.3	99.6	46.8	28.7	6.8	10.8	61.0
	EARLY	523.0	67.1	4.4	49.6	5.0	26.8	12.5	7.7	1.8	2.9	16.6
	FORREST	1,441.3	183.4	12.0	627.9	63.0	335.6	156.5	98.0	23.1	39.1	210.9
	FRANKLIN	99.0	13.0	0.8	26.5	2.6	14.2	6.8	4.0	0.9	1.4	7.8
	GEORGE	436.9	55.7	3.6	66.8	6.8	36.3	16.7	10.7	2.5	4.2	24.3
	GRADY	1,192.9	152.0	10.3	90.5	9.1	48.3	22.7	14.1	3.3	5.5	30.3
	GREENE	144.2	18.6	1.1	213.4	21.8	113.7	52.5	33.8	7.9	14.2	76.3
	GRENADA	310.5	40.6	2.5	106.0	10.6	56.9	26.5	16.6	3.9	6.6	36.8
	HANCOCK	550.3	69.4	4.7	527.8	53.9	278.2	127.9	83.7	19.5	37.7	190.8
	HARRISON	3,174.3	402.7	26.2	790.7	80.1	423.7	196.2	125.3	29.3	51.9	283.2
	HINDS	2,738.7	352.3	22.3	1,721.1	170.3	905.3	426.5	263.5	62.6	106.4	545.3
	HOLMES	241.2	31.7	1.9	695.3	68.4	364.8	172.6	105.8	25.2	41.9	215.4
	HUMPHREYS	82.2	11.1	0.6	386.7	39.9	207.6	95.2	62.2	14.5	26.8	145.1
	ISSAQUENA	4.3	0.6	0.0	270.1	26.7	140.7	66.5	41.1	9.8	16.9	84.2
	ITAWAMBA	436.7	56.1	3.5	278.2	29.0	148.1	67.6	45.1	10.4	20.3	107.4
	JACKSON	1,794.9	224.7	15.2	402.5	40.6	212.8	99.1	63.0	14.8	26.6	138.8
	JASPER	222.4	29.0	1.7	99.5	10.0	54.0	25.1	15.7	3.7	6.0	34.6
	JEFFERSON	74.5	10.0	0.6	312.9	32.2	168.7	77.5	50.4	11.7	21.3	117.8
	JEFFERSON DAVIS	107.0	14.4	0.8	118.2	11.8	63.6	29.7	18.5	4.4	7.2	40.7
	JONES	772.2	99.8	6.2	147.0	14.9	78.7	36.5	23.3	5.4	9.6	52.7
	KEMPER	94.0	12.5	0.7	150.1	15.4	81.7	37.5	24.3	5.6	9.9	57.1
	LAFAYETTE	502.5	63.8	4.2	178.9	17.5	95.0	44.9	27.2	6.5	10.2	55.0
	LAMAR	539.7	69.1	4.4	59.9	5.9	32.1	15.1	9.2	2.2	3.5	19.5
	LAUDERDALE	1,755.6	224.5	14.4	818.7	80.8	431.5	204.2	125.2	29.7	49.5	257.3
	LAWRENCE	279.5	36.0	2.3	101.8	9.9	53.8	25.6	15.3	3.7	5.6	30.1
	LEAKE	384.4	49.4	3.1	297.8	30.1	159.0	73.8	46.8	11.0	19.2	103.0
	LEE	1,306.3	167.6	10.6	352.9	36.4	190.1	87.0	57.1	13.2	24.6	135.1
	LEFLORE	302.1	40.4	2.3	327.4	33.8	175.6	80.7	52.8	12.2	22.8	124.6
	LINCOLN	448.8	57.5	3.7	19.2	1.8	10.2	4.9	2.8	0.7	0.9	5.2
	LOWNDES	686.4	88.1	5.6	64.7	6.3	34.5	16.5	9.7	2.3	3.5	19.1
	MADISON	1,715.1	210.8	15.1	427.3	42.9	228.7	106.2	67.1	15.8	27.4	148.1
	MARION	352.2	45.5	2.8	38.7	3.7	20.5	9.8	5.8	1.4	2.0	11.0
	MARSHALL	563.6	72.1	4.6	16.6	1.6	8.9	4.2	2.5	0.6	0.9	5.2
	MILLER	329.0	41.9	2.8	37.7	3.8	20.5	9.5	6.0	1.4	2.4	13.3
	MONROE	576.4	74.7	4.6	103.6	10.2	55.7	26.1	16.0	3.8	5.9	33.9
	MONTGOMERY	153.5	20.0	1.2	322.0	33.1	172.6	79.3	51.7	12.0	22.2	120.7
	NESHOBA	417.5	54.3	3.3	78.2	8.1	42.6	19.4	12.7	3.0	5.4	30.6
	NEWTON	262.8	34.2	2.1	91.4	9.2	49.5	22.9	14.5	3.4	5.8	32.7
	NOXUBEE	181.8	23.9	1.4	108.7	10.8	58.9	27.6	17.0	4.0	6.3	37.0
	OKTIBBEHA	452.3	58.9	3.7	65.6	6.4	35.0	16.6	9.9	2.4	3.6	19.9
	PANOLA	514.0	67.0	4.1	94.8	9.3	50.6	23.9	14.5	3.4	5.4	29.7
	PEARL RIVER	881.8	112.5	7.3	129.4	13.5	70.0	31.8	21.2	4.9	9.3	51.7
	PERRY	195.0	25.4	1.5	145.1	14.7	78.2	36.1	23.1	5.4	9.4	52.5
	PIKE	538.6	69.8	4.3	74.5	7.3	39.6	18.8	11.3	2.7	4.1	22.5
	PONTOTOC	406.0	52.7	3.2	104.0	10.3	56.2	26.4	16.2	3.8	6.0	34.6
	PRENTISS	267.8	35.3	2.1	201.3	20.3	108.6	50.3	31.9	7.5	12.8	72.1
	QUITMAN	179.0	23.8	1.4	309.7	32.3	166.7	75.8	50.4	11.6	22.4	121.7
	RANDOLPH	337.7	44.2	2.7	156.8	15.9	83.7	38.8	24.8	5.8	10.3	55.6
	RANKIN	2,501.5	311.1	21.5	325.8	32.6	172.7	80.7	50.6	12.0	20.6	108.8
	SCOTT	419.8	55.3	3.2	265.7	27.3	144.5	66.1	43.0	10.0	17.8	100.9
	SEMINOLE	468.9	59.1	4.1	44.7	4.5	24.2	11.3	7.1	1.7	2.8	15.8
	SHARKEY	38.7	5.1	0.3	19.1	1.9	10.3	4.7	3.0	0.7	1.2	6.8
	SIMPSON	382.8	49.4	3.1	211.5	21.4	113.6	52.6	33.5	7.8	13.6	75.3
	SMITH	170.6	22.2	1.3	306.7	30.3	159.3	75.4	46.4	11.1	19.1	94.4
	STONE	357.4	45.9	2.9	202.3	20.5	107.6	50.0	31.9	7.4	13.4	71.2
	SUNFLOWER	223.4	29.9	1.7	281.4	28.0	147.4	69.4	43.3	10.2	17.8	91.6
	TALLAHATCHIE	106.5	14.2	0.8	359.9	36.2	192.2	89.7	56.3	13.3	22.5	123.2
	TATE	392.0	49.6	3.2	22.6	2.3	12.3	5.8	3.5	0.8	1.3	7.5
	TERRELL	484.0	62.3	4.1	128.5	12.9	69.1	32.1	20.3	4.7	8.0	44.8
	TIPPAH	350.2	45.7	2.7	67.8	6.5	35.2	17.1	9.9	2.4	3.5	18.1
	TISHOMINGO	261.5	34.0	2.1	69.6	7.0	37.7	17.4	11.1	2.6	4.4	25.4
	TUNICA	170.4	22.4	1.3	221.5	22.9	118.3	54.3	35.6	8.2	15.5	83.0
	UNION	366.7	47.4	2.9	39.6	3.9	20.8	9.9	6.0	1.4	2.3	12.4
	WALTHALL	155.6	20.2	1.3	100.8	9.9	54.0	25.5	15.5	3.7	5.7	32.0
	WARREN	629.0	79.5	5.3	360.8	36.3	189.1	88.3	56.1	13.2	24.1	121.9
	WASHINGTON	499.6	65.6	3.9	86.2	8.9	46.5	21.2	14.0	3.2	6.0	33.5

State	County	U.S. Population			2017 Gender		2017 Race			
		Total 2017	2010-2017 % chg.	Total 2022	Male	Female	White	Black	Other Race	Hispanic
	WAYNE	15,843	-12%	3,523	7,528	8,315	8,932	6,361	332	218
	WEBSTER	11,906	8%	11,336	5,776	6,129	8,774	2,793	165	173
	WILKINSON	9,482	-3%	8,596	5,021	4,461	2,780	6,581	80	41
	WINSTON	17,867	-1%	32,670	8,560	9,307	8,912	8,059	536	360
	YALOBUSHA	17,402	12%	36,617	8,394	9,008	11,797	5,098	242	265
	YAZOO	29,412	-8%	109,218	16,054	13,358	9,993	13,521	886	5,012
MS Total		3,227,395	3%	3,654,916	1,567,687	1,659,708	1,740,543	1,106,596	230,205	150,050

State	County	2017 Age Ranges (Years)								2017 Occupations					
		1-9	10-19	20-29	30-39	40-49	50-59	60-69	70 over	Mana-gerial	Sales	Admin support	Service	Farming forestry, fishing	Prod-uction
	WAYNE	2,063	2,226	1,911	1,608	2,298	2,427	1,806	1,505	1,892	1,489	828	978	508	3,954
	WEBSTER	1,441	1,629	1,275	1,222	1,918	1,959	1,303	1,159	1,863	391	593	959	529	2,299
	WILKINSON	1,091	1,098	1,460	1,103	1,569	1,408	844	909	2,036	372	1,274	1,632	77	934
	WINSTON	2,377	2,193	2,084	1,869	2,469	2,904	1,824	2,146	2,842	906	1,204	2,972	257	2,162
	YALOBUSHA	2,075	2,280	1,826	1,908	2,516	2,851	2,194	1,751	2,097	448	1,789	1,804	89	3,663
	YAZOO	3,630	3,587	4,146	4,941	4,582	4,036	2,311	2,179	5,062	1,157	2,009	3,738	191	6,598
MS Total		430,940	447,384	427,825	388,336	462,791	475,523	306,642	287,954	515,611	174,067	232,331	327,842	63,926	447,236

State	County	2017 Educational Attainment							2017 Family Income						
		Less than 9th grade	9th to 12th grade, no diploma	High school grad-uate	Some college, no degree	Assoc-iate degree	Bach-elor's degree	Grad. or pro-fessional degree	Less than $25,000	$25,000-$34,999	$35,000-$49,999	$50,000-$74,999	$75,000-$99,999	$100,000-$149,999	over $150,000
	WAYNE	714	2,212	5,219	2,297	821	966	467	1,599	558	526	632	471	424	229
	WEBSTER	361	2,162	3,034	2,124	517	1,165	296	1,092	425	436	773	322	244	62
	WILKINSON	361	2,089	2,973	1,288	239	476	490	765	230	488	417	232	133	104
	WINSTON	1,010	1,764	4,837	3,139	696	1,898	1,033	1,626	671	679	955	559	286	136
	YALOBUSHA	729	1,765	5,563	3,909	977	849	420	1,459	427	949	1,050	663	246	134
	YAZOO	1,639	3,631	9,218	5,718	1,080	1,874	895	2,833	845	760	985	893	469	158
MS Total		110,252	345,024	730,921	651,518	190,331	357,163	196,059	259,122	93,852	133,505	166,935	150,313	104,339	60,910

2017 Consumer Spending ($Millions)

State	County	Average annual expend-itures	Food	Alcoholic beverages	Housing	Apparel and services	Transport-ation	Healthcare	Entertain-ment	Personal care products & services	Education	Personal insurance & pensions
	WAYNE	202.7	26.2	1.6	19.0	1.9	10.2	4.7	3.0	0.7	1.2	6.6
	WEBSTER	150.0	19.6	1.2	24.9	2.4	13.4	6.4	3.8	0.9	1.4	7.9
	WILKINSON	103.1	13.5	0.8	37.7	3.7	20.1	9.6	5.7	1.3	2.0	11.2
	WINSTON	220.8	28.8	1.7	32.3	3.3	17.4	8.0	5.1	1.2	2.1	11.6
	YALOBUSHA	222.7	29.1	1.7	198.4	19.8	106.9	49.8	31.1	7.3	12.0	68.0
	YAZOO	297.6	39.3	2.3	418.7	42.3	220.1	102.5	65.3	15.3	27.8	142.9
MS Total		47,392.7	6,066.5	390.0	19,325.1	1,943.1	10,294.3	4,795.9	3,026.6	711.1	1,236.4	6,635.1

State	County	U.S. Population		2017 Gender		2017 Race			
		Total 2017	2010-2017 % chg.	Total 2022	Male	Female	White	Black	Other Race	Hispanic
MT	BEAVERHEAD	9,287	9%	9,533	4,724	4,564	7,282	16	1,392	598
	BIG HORN	10,992	0%	11,178	5,429	5,564	2,550	23	7,971	449
	BLAINE	6,905	0%	7,458	3,444	3,461	2,575	6	4,196	129
	BROADWATER	5,352	32%	6,090	2,755	2,597	4,852	11	353	136
	CARBON	9,457	-5%	9,697	4,786	4,671	8,884	29	339	204
	CARTER	1,207	0%	1,209	607	600	1,167	1	31	8
	CASCADE	81,231	5%	82,177	40,552	40,679	64,562	894	12,876	2,899
	CHOUTEAU	4,298	-8%	4,188	2,145	2,153	4,074	3	187	35
	CUSTER	11,937	-24%	12,067	5,931	6,006	10,971	32	713	222
	DANIELS	1,602	-21%	1,536	800	801	1,430	3	126	43
	DAWSON	8,836	0%	8,816	4,466	4,370	7,969	25	687	155
	DEER LODGE	9,423	-18%	9,435	4,907	4,516	8,099	34	923	367
	FALLON	2,720	3%	2,671	1,378	1,342	2,583	2	96	39
	FERGUS	11,166	-11%	11,167	5,607	5,559	10,089	49	755	273
	FLATHEAD	102,053	4%	112,593	50,807	51,245	90,408	210	8,648	2,787
	GALLATIN	95,608	4%	104,677	49,495	46,114	85,010	276	7,282	3,040
	GARFIELD	1,075	-12%	1,054	545	530	1,053	3	14	4
	GLACIER	13,657	5%	13,935	6,686	6,972	2,925	12	10,487	234
	GOLDEN VALLEY	870	1%	861	454	415	787	0	55	28
	GRANITE	2,653	2%	2,703	1,338	1,316	2,493	3	95	63
	HILL	17,362	-1%	17,532	8,700	8,662	10,102	45	6,849	365
	JEFFERSON	12,461	25%	13,610	6,366	6,096	11,222	15	944	280
	JUDITH BASIN	1,830	-10%	1,755	945	886	1,777	1	31	21
	LAKE	28,538	7%	30,780	14,085	14,453	14,285	74	13,119	1,061
	LEWIS AND CLARK	66,051	-8%	70,184	32,680	33,371	57,064	304	6,969	1,714
	LIBERTY	2,075	-14%	2,104	989	1,086	2,024	1	42	8
	LINCOLN	18,594	3%	18,883	9,443	9,151	16,456	19	1,688	431
	MADISON	5,698	-7%	5,704	2,910	2,788	5,353	8	193	144
	MCCONE	1,384	-12%	1,314	698	686	1,350	3	19	12
	MEAGHER	2,732	17%	2,885	1,386	1,346	2,607	3	84	38
	MINERAL	4,846	4%	5,097	2,512	2,334	4,485	10	262	88
	MISSOULA	112,845	10%	120,937	56,703	56,142	94,752	411	14,028	3,654
	MUSSELSHELL	4,294	-19%	4,391	2,143	2,151	3,896	7	289	101
	PARK	15,288	-15%	15,578	7,613	7,675	14,155	21	754	359
	PETROLEUM	507	16%	534	273	234	496	0	6	5
	PHILLIPS	4,249	-2%	4,135	2,104	2,144	3,315	1	880	53
	PONDERA	6,273	4%	6,240	3,057	3,216	4,889	5	1,302	77
	POWDER RIVER	1,390	-20%	1,407	695	696	1,324	1	50	16
	POWELL	7,122	6%	7,350	4,384	2,737	6,284	70	626	143
	PRAIRIE	1,050	-13%	1,013	533	517	994	0	43	13
	RAVALLI	48,233	8%	54,188	23,990	24,243	43,552	69	2,433	2,179
	RICHLAND	9,614	-9%	9,522	4,953	4,661	8,646	11	660	296
	ROOSEVELT	11,087	11%	11,126	5,501	5,586	3,755	12	7,227	94
	ROSEBUD	8,066	-3%	8,521	4,036	4,030	3,087	16	4,741	222
	SANDERS	12,016	6%	12,793	6,147	5,869	10,495	24	1,289	209
	SHERIDAN	2,998	-14%	2,776	1,505	1,493	2,732	7	189	70
	SILVER BOW	33,741	11%	33,764	17,028	16,713	29,767	272	2,304	1,397
	STILLWATER	10,861	9%	11,878	5,574	5,286	10,034	10	488	328
	SWEET GRASS	3,861	-6%	4,096	1,953	1,909	3,622	4	130	105
	TETON	5,853	3%	5,778	2,891	2,961	5,535	3	231	84
	TOOLE	5,378	-16%	5,481	2,995	2,384	4,192	31	737	418
	TREASURE	1,018	15%	1,180	527	491	921	0	61	36
	VALLEY	6,836	-9%	6,869	3,413	3,423	5,976	13	745	102
	WHEATLAND	521	-26%	510	275	246	484	1	23	13
	WIBAUX	925	-9%	884	466	458	870	0	24	30
	YELLOWSTONE	159,778	15%	171,381	78,215	81,563	130,662	1,029	18,352	9,736
MT Total		1,025,702	0%	1,085,226	514,542	511,160	840,924	4,132	145,035	35,611

State	County	1-9	10-19	20-29	30-39	40-49	50-59	60-69	70 over	Mana-gerial	Sales	Admin support	Service	Farming forestry, fishing	Prod-uction
MT	BEAVERHEAD	816	1,267	1,197	795	1,113	1,702	1,427	970	1,950	108	340	1,006	264	836
	BIG HORN	1,939	1,900	1,385	1,053	1,343	1,662	954	756	2,396	513	776	1,660	149	925
	BLAINE	1,164	1,193	824	587	844	1,056	607	630	2,402	75	377	486	18	602
	BROADWATER	548	629	381	514	758	998	835	688	1,037	97	305	446	28	886
	CARBON	747	1,017	735	772	1,470	2,291	1,290	1,134	2,149	629	471	625	12	813
	CARTER	79	151	88	74	195	261	171	187	429	12	50	7	3	22
	CASCADE	9,178	9,917	11,096	7,915	11,191	12,928	8,899	10,107	14,535	5,534	7,737	7,705	266	7,742
	CHOUTEAU	388	557	273	283	609	928	564	695	1,501	86	144	229	31	169
	CUSTER	1,346	1,441	1,376	1,048	1,782	2,085	1,258	1,601	2,361	481	948	1,233	106	835
	DANIELS	185	154	135	111	192	295	229	300	530	50	150	58	12	43
	DAWSON	897	1,022	1,156	754	1,132	1,611	935	1,327	1,980	253	322	924	29	848
	DEER LODGE	817	1,055	904	789	1,418	1,869	1,305	1,266	1,629	171	627	1,724	60	1,150
	FALLON	318	294	313	255	386	462	300	390	705	61	62	236	3	206
	FERGUS	1,003	1,318	955	913	1,651	2,143	1,431	1,752	3,146	289	732	604	88	787
	FLATHEAD	11,984	12,947	11,649	9,923	15,048	19,198	11,079	10,225	16,332	6,793	6,382	8,032	769	13,502
	GALLATIN	11,656	12,107	19,157	11,575	13,413	14,471	7,203	6,027	15,833	3,856	4,234	5,115	246	10,792
	GARFIELD	127	109	78	101	161	175	149	174	347	14	25	35	15	55
	GLACIER	2,202	2,393	1,828	1,263	1,964	1,935	1,116	958	3,797	290	1,189	1,414	187	1,594
	GOLDEN VALLEY	66	127	64	44	122	197	135	114	331	8	20	27	2	36
	GRANITE	184	268	158	182	328	706	439	388	677	88	158	230	75	189
	HILL	2,610	2,761	2,563	1,633	2,061	2,695	1,507	1,531	4,050	711	745	2,423	180	1,433
	JEFFERSON	1,141	1,741	720	903	1,843	3,160	1,889	1,064	2,791	486	925	873	96	926
	JUDITH BASIN	164	216	109	141	281	401	261	258	682	64	31	103	14	37
	LAKE	3,586	3,994	3,281	2,382	3,688	5,141	3,436	3,031	6,481	1,440	1,806	1,999	579	3,334
	LEWIS AND CLARK	7,772	8,437	7,455	6,327	10,510	12,552	7,328	5,669	11,471	3,653	4,570	4,453	524	5,562
	LIBERTY	147	292	206	140	306	352	248	384	668	68	179	110	20	98
	LINCOLN	1,497	1,927	1,254	1,294	2,221	4,170	3,568	2,663	3,037	1,009	1,848	2,259	1,189	1,942
	MADISON	448	560	343	439	767	1,312	933	897	1,322	263	355	334	48	663
	MCCONE	128	166	92	109	205	264	176	244	489	24	60	44	3	45
	MEAGHER	281	369	209	208	341	568	407	349	883	23	110	118	71	102
	MINERAL	385	461	440	331	621	1,105	818	685	757	585	218	382	115	546
	MISSOULA	10,922	13,988	23,861	12,233	13,945	18,411	10,237	9,247	14,416	6,575	7,345	11,095	397	11,068
	MUSSELSHELL	398	463	296	301	645	1,074	611	505	1,006	99	329	326	85	510
	PARK	1,437	1,605	1,348	1,745	2,572	3,074	1,834	1,674	3,184	673	546	1,587	40	1,240
	PETROLEUM	44	77	10	35	89	100	79	72	193	4	14	23	4	17
	PHILLIPS	418	524	272	306	635	866	568	661	1,049	84	214	341	73	422
	PONDERA	738	827	570	513	865	1,273	632	855	2,106	447	328	288	25	260
	POWDER RIVER	106	196	78	86	196	260	180	287	407	33	34	116	40	40
	POWELL	508	811	740	751	1,325	1,316	935	735	1,212	208	346	1,136	441	946
	PRAIRIE	86	68	67	68	95	287	205	175	390	11	41	41	1	32
	RAVALLI	4,551	6,040	3,862	4,292	6,886	9,660	6,613	6,330	10,016	2,695	3,237	4,255	212	5,027
	RICHLAND	1,022	1,224	959	913	1,470	1,919	1,018	1,089	2,397	175	712	598	105	885
	ROOSEVELT	1,695	1,835	1,351	979	1,525	1,797	921	984	3,850	451	562	1,069	69	541
	ROSEBUD	1,327	1,530	872	676	947	1,266	819	629	2,069	578	356	822	213	837
	SANDERS	1,045	1,350	780	814	1,490	2,711	2,192	1,634	1,905	385	1,287	1,390	287	1,764
	SHERIDAN	233	342	217	193	433	666	370	544	873	112	92	214	10	254
	SILVER BOW	3,475	4,194	4,389	3,169	4,755	6,285	3,521	3,953	6,280	1,676	2,727	3,433	171	3,179
	STILLWATER	1,145	1,349	747	934	1,684	2,551	1,432	1,019	2,070	392	420	493	69	1,919
	SWEET GRASS	420	514	285	347	558	769	510	459	999	126	140	241	55	321
	TETON	540	822	448	466	912	1,024	797	843	1,596	107	615	390	26	434
	TOOLE	459	664	689	652	895	993	491	535	902	108	350	1,168	11	372
	TREASURE	61	117	57	51	130	244	162	196	187	25	107	76	7	51
	VALLEY	728	811	496	522	1,021	1,279	865	1,115	1,883	196	410	575	22	344
	WHEATLAND	30	46	34	34	64	100	124	89	225	6	3	79	5	5
	WIBAUX	86	104	63	58	133	190	104	186	325	7	34	30	3	65
	YELLOWSTONE	19,820	19,454	21,908	16,771	22,738	26,105	15,811	17,171	25,674	10,538	10,700	12,869	189	14,528
MT Total		115,102	129,744	134,825	99,765	143,972	182,914	111,928	107,452	191,912	53,445	66,916	87,546	7,761	101,781

State	County	Less than 9th grade	9th to 12th grade, no diploma	High school grad-uate	Some college, no degree	Assoc-iate degree	Bach-elor's degree	Grad. or pro-fessional degree	Less than $25,000	$25,000-$34,999	$35,000-$49,999	$50,000-$74,999	$75,000-$99,999	$100,000-$149,999	over $150,000
MT	BEAVERHEAD	131	377	1,842	2,511	452	2,070	674	655	209	315	627	262	223	94
	BIG HORN	213	760	2,590	2,674	567	707	608	763	379	459	503	339	260	70
	BLAINE	143	476	1,015	1,308	1,274	723	208	588	168	322	417	156	86	36
	BROADWATER	59	185	1,771	1,643	139	518	197	257	294	413	256	203	89	56
	CARBON	52	609	2,853	2,132	313	1,620	644	468	247	405	664	480	282	133
	CARTER	47	42	373	282	93	218	11	99	42	65	67	66	18	6
	CASCADE	1,312	3,972	18,457	19,842	5,893	12,205	5,891	5,012	2,345	3,630	4,933	3,404	1,815	1,042
	CHOUTEAU	133	212	891	946	276	834	366	248	184	198	323	141	93	62
	CUSTER	240	407	2,340	3,415	758	937	1,872	793	276	431	755	427	419	82
	DANIELS	12	67	405	525	115	198	16	92	62	59	104	73	19	32
	DAWSON	161	742	1,888	2,760	744	893	323	422	196	443	522	416	293	128
	DEER LODGE	183	401	3,509	2,236	353	1,185	265	777	306	368	482	305	100	203
	FALLON	51	79	959	631	129	300	118	149	72	84	196	141	84	37
	FERGUS	217	469	3,032	2,956	339	1,875	661	720	354	478	511	462	301	155
	FLATHEAD	1,139	5,616	19,965	25,304	5,681	17,187	9,041	5,957	2,816	4,867	5,838	3,948	2,913	2,059
	GALLATIN	1,164	2,750	13,431	20,607	3,921	27,299	9,494	3,616	2,290	3,917	5,811	3,050	3,372	1,592
	GARFIELD	9	43	268	302	25	217	23	69	53	57	70	29	31	5
	GLACIER	457	888	2,069	3,282	1,725	920	982	834	405	503	563	350	534	223
	GOLDEN VALLEY	137	72	141	188	23	133	43	53	22	55	48	21	14	5
	GRANITE	24	54	675	844	77	547	98	190	90	103	146	100	42	45
	HILL	240	527	4,445	3,520	1,868	1,964	889	1,371	333	517	842	569	548	157
	JEFFERSON	59	501	2,501	2,943	645	2,116	1,685	539	287	526	729	712	576	390
	JUDITH BASIN	96	48	319	610	66	351	76	140	77	85	100	71	30	15
	LAKE	246	2,355	5,584	5,398	1,145	5,733	2,530	2,228	958	1,350	1,689	1,015	595	292
	LEWIS AND CLARK	361	2,625	12,668	16,296	2,663	12,898	6,661	2,690	1,496	2,552	4,089	3,318	2,837	1,029
	LIBERTY	235	388	254	479	205	171	78	164	71	124	73	63	53	23
	LINCOLN	408	1,553	5,352	5,208	1,249	1,521	948	1,850	761	774	855	546	517	58
	MADISON	76	221	1,012	1,353	315	1,454	557	310	206	230	264	253	146	128
	MCCONE	21	78	342	448	62	146	72	81	37	72	104	56	40	15
	MEAGHER	350	137	657	548	86	472	49	163	108	101	219	37	302	95
	MINERAL	46	277	1,764	1,277	185	548	185	339	144	273	319	132	106	38
	MISSOULA	1,133	7,874	23,254	25,524	3,975	22,048	12,368	7,243	2,710	3,457	4,702	4,097	3,374	2,191
	MUSSELSHELL	47	199	1,026	1,074	339	825	174	271	135	166	355	134	42	42
	PARK	226	520	2,899	4,249	524	2,922	1,693	776	391	683	1,043	721	341	192
	PETROLEUM	3	71	104	126	28	89	0	37	22	40	19	13	4	6
	PHILLIPS	78	274	1,278	1,148	132	608	78	300	139	214	215	147	97	33
	PONDERA	359	227	1,553	1,200	342	952	510	526	174	282	351	168	135	53
	POWDER RIVER	18	144	292	471	74	144	31	137	50	74	71	30	21	21
	POWELL	142	668	2,660	1,917	367	312	207	430	205	359	407	189	161	49
	PRAIRIE	50	64	214	186	296	96	24	84	43	85	52	22	10	14
	RAVALLI	194	2,391	9,457	15,259	2,869	7,205	3,357	2,907	1,480	1,764	2,796	2,045	1,535	1,291
	RICHLAND	194	557	2,860	2,308	397	1,497	226	419	268	230	594	517	311	304
	ROOSEVELT	332	412	2,547	2,350	520	2,013	399	814	328	355	565	425	261	132
	ROSEBUD	129	497	1,598	1,616	816	887	306	548	160	196	414	245	294	54
	SANDERS	167	1,173	2,728	3,759	922	1,051	544	1,047	561	470	714	264	320	65
	SHERIDAN	90	260	565	680	147	780	83	216	72	149	166	78	99	48
	SILVER BOW	405	2,044	7,810	8,730	1,724	5,401	2,343	2,543	1,054	1,261	1,763	1,020	822	311
	STILLWATER	62	513	3,182	2,867	659	1,387	409	465	257	413	631	654	507	163
	SWEET GRASS	19	111	972	949	183	694	240	213	151	140	306	112	93	45
	TETON	300	258	1,222	1,609	393	852	278	387	196	277	295	209	147	79
	TOOLE	534	623	1,598	920	74	547	310	352	101	201	245	109	283	50
	TREASURE	0	463	175	117	13	113	10	55	48	72	45	34	40	3
	VALLEY	344	319	1,684	1,235	317	1,279	549	320	186	304	504	249	282	79
	WHEATLAND	1	25	126	192	3	115	5	41	17	26	29	17	0	5
	WIBAUX	45	49	311	127	33	124	96	49	42	39	52	21	33	17
	YELLOWSTONE	2,239	7,458	37,465	32,943	7,399	28,727	14,396	8,124	3,829	5,618	8,501	7,007	5,681	4,084
MT Total		15,137	54,121	220,950	244,025	53,933	178,629	83,905	59,946	27,908	40,652	56,957	39,669	31,634	17,636

State	County	Average annual expend-itures	Food	Alcoholic beverages	Housing	Apparel and services	Transport-ation	Healthcare	Entertain-ment	Personal care products & services	Education	Personal insurance & pensions
MT	BEAVERHEAD	114.4	14.7	0.9	99.9	9.7	53.2	25.4	15.1	3.6	5.4	29.8
	BIG HORN	130.7	17.0	1.0	104.7	10.5	56.3	26.2	16.4	3.9	6.5	36.3
	BLAINE	76.9	10.1	0.6	68.2	6.6	36.0	17.2	10.3	2.4	3.8	20.4
	BROADWATER	74.0	9.6	0.6	28.2	2.7	14.9	7.1	4.2	1.0	1.6	8.1
	CARBON	142.2	18.0	1.2	119.2	11.7	63.7	30.1	18.3	4.3	6.9	38.3
	CARTER	16.7	2.2	0.1	35.0	3.4	18.7	8.9	5.3	1.3	1.9	10.9
	CASCADE	1,073.4	138.2	8.7	482.0	46.9	254.5	121.2	72.5	17.3	26.9	142.0
	CHOUTEAU	60.0	7.7	0.5	236.1	23.1	125.4	59.5	35.9	8.5	13.3	73.0
	CUSTER	158.1	20.3	1.3	32.8	3.1	17.5	8.4	4.9	1.2	1.7	9.2
	DANIELS	22.2	2.8	0.2	60.4	6.0	31.9	15.0	9.3	2.2	3.8	20.1
	DAWSON	127.0	16.1	1.1	43.5	4.3	23.4	11.0	6.8	1.6	2.6	14.5
	DEER LODGE	122.6	15.7	1.0	26.9	2.6	14.3	6.8	4.0	1.0	1.4	7.8
	FALLON	40.0	5.1	0.3	128.1	12.5	67.9	32.3	19.4	4.6	7.2	38.9
	FERGUS	145.8	18.7	1.2	271.9	27.1	145.8	68.1	42.4	10.0	16.4	91.4
	FLATHEAD	1,431.1	182.0	11.8	143.6	13.8	75.8	36.4	21.5	5.1	7.6	41.1
	GALLATIN	1,239.8	156.7	10.2	56.3	5.5	30.1	14.3	8.5	2.0	3.0	16.9
	GARFIELD	15.2	2.0	0.1	61.0	6.0	33.1	15.6	9.5	2.2	3.4	19.9
	GLACIER	174.9	22.2	1.5	149.3	14.9	80.3	37.6	23.3	5.5	9.0	50.6
	GOLDEN VALLEY	10.3	1.3	0.1	116.3	11.2	61.7	29.4	17.5	4.2	6.2	34.3
	GRANITE	34.9	4.5	0.3	91.1	9.0	49.0	23.1	14.1	3.3	5.2	29.7
	HILL	212.4	27.2	1.7	49.7	4.8	26.4	12.6	7.4	1.8	2.6	14.2
	JEFFERSON	203.4	25.5	1.7	36.4	3.5	19.1	9.1	5.4	1.3	1.9	9.8
	JUDITH BASIN	22.9	3.0	0.2	28.5	2.7	15.0	7.2	4.2	1.0	1.5	7.8
	LAKE	383.4	49.6	3.1	191.2	18.9	102.4	48.3	29.4	6.9	11.0	61.1
	LEWIS AND CLARK	981.8	123.7	8.2	288.4	28.0	151.1	72.3	43.3	10.3	16.3	84.3
	LIBERTY	25.3	3.3	0.2	26.5	2.6	14.0	6.7	4.0	0.9	1.4	7.6
	LINCOLN	241.1	31.6	1.9	38.4	3.7	20.1	9.8	5.6	1.4	1.9	10.2
	MADISON	72.2	9.3	0.6	298.3	29.9	160.0	74.5	46.9	11.0	18.7	103.6
	MCCONE	20.0	2.6	0.2	44.1	4.3	23.7	11.1	6.8	1.6	2.5	14.4
	MEAGHER	64.1	7.8	0.6	80.0	8.0	42.7	20.0	12.5	2.9	5.0	27.3
	MINERAL	64.3	8.3	0.5	145.0	14.2	76.3	36.2	22.0	5.2	8.4	43.9
	MISSOULA	1,373.8	174.9	11.4	349.9	34.5	184.8	87.4	53.6	12.7	21.0	110.8
	MUSSELSHELL	53.2	6.9	0.4	45.4	4.5	24.3	11.4	7.0	1.7	2.7	14.9
	PARK	208.0	26.6	1.7	66.9	6.5	35.6	17.0	10.1	2.4	3.6	19.7
	PETROLEUM	6.2	0.8	0.0	25.4	2.5	13.5	6.4	3.8	0.9	1.4	7.7
	PHILLIPS	55.0	7.1	0.4	34.3	3.3	18.2	8.7	5.1	1.2	1.8	9.8
	PONDERA	76.6	10.0	0.6	26.7	2.6	14.1	6.7	4.0	1.0	1.5	7.7
	POWDER RIVER	16.7	2.2	0.1	66.0	6.4	35.3	16.8	10.0	2.4	3.5	19.9
	POWELL	86.4	11.2	0.7	212.4	20.8	113.3	53.7	32.4	7.7	12.0	65.9
	PRAIRIE	12.9	1.7	0.1	17.1	1.6	9.1	4.4	2.6	0.6	0.9	4.9
	RAVALLI	711.0	89.7	5.9	296.4	28.8	157.4	75.0	44.7	10.7	16.2	88.9
	RICHLAND	137.3	17.2	1.2	96.9	9.3	51.5	24.6	14.4	3.4	5.1	27.6
	ROOSEVELT	136.2	17.6	1.1	431.6	43.5	233.4	108.2	68.3	16.0	26.9	153.4
	ROSEBUD	96.9	12.4	0.8	172.0	17.0	92.3	43.4	26.6	6.3	10.0	56.6
	SANDERS	158.6	20.6	1.2	115.9	11.3	62.0	29.5	17.6	4.2	6.3	34.4
	SHERIDAN	40.5	5.2	0.3	731.0	72.0	388.5	183.1	112.1	26.6	42.8	232.8
	SILVER BOW	419.0	54.1	3.4	37.3	3.6	20.0	9.5	5.7	1.3	2.0	11.2
	STILLWATER	170.5	21.5	1.4	433.6	43.0	231.4	108.7	67.3	15.8	26.1	143.5
	SWEET GRASS	51.6	6.6	0.4	54.6	5.4	29.2	13.7	8.5	2.0	3.2	18.0
	TETON	74.4	9.6	0.6	47.7	4.7	25.6	12.0	7.4	1.7	2.7	15.6
	TOOLE	71.9	9.1	0.6	222.6	22.0	119.9	56.4	34.5	8.1	12.7	72.9
	TREASURE	14.7	1.9	0.1	35.9	3.6	19.4	9.1	5.6	1.3	2.1	12.2
	VALLEY	101.6	12.9	0.8	460.3	44.7	243.1	116.0	69.3	16.5	25.7	136.1
	WHEATLAND	5.8	0.8	0.0	38.8	3.9	21.1	9.7	6.1	1.4	2.4	13.6
	WIBAUX	12.6	1.6	0.1	21.8	2.2	11.7	5.5	3.4	0.8	1.4	7.6
	YELLOWSTONE	2,224.9	280.3	18.7	220.0	21.9	118.2	55.4	34.2	8.1	12.0	72.7
MT Total		13,817.4	1,759.2	113.6	7,841.5	771.0	4,177.3	1,973.7	1,200.9	284.5	451.7	2,476.1

State	County	Total 2017	2010-2017 % chg.	Total 2022	Male	Female	White	Black	Other Race	Hispanic
NC	ALAMANCE	174,023	12%	189,127	82,891	91,132	80,650	20,286	30,202	42,884
	ALEXANDER	42,476	28%	47,405	21,497	20,980	34,079	1,889	2,929	3,579
	ALLEGHANY	11,385	25%	12,298	5,636	5,749	8,839	98	784	1,664
	ANSON	26,810	1%	27,600	13,799	13,011	12,035	12,165	1,246	1,363
	ASHE	30,705	4%	32,620	15,174	15,530	26,063	157	1,310	3,174
	AVERY	19,486	7%	20,172	9,705	9,781	17,151	120	720	1,494
	BEAUFORT	50,914	11%	52,070	24,619	26,296	30,755	10,157	3,923	6,080
	BERTIE	23,184	21%	24,991	11,454	11,730	7,938	13,579	1,027	640
	BLADEN	32,123	4%	33,258	15,415	16,708	14,770	8,593	4,921	3,838
	BRUNSWICK	132,341	18%	163,498	64,901	67,440	94,958	11,809	10,350	15,224
	BUNCOMBE	262,770	9%	283,436	126,558	136,212	186,761	13,517	32,852	29,640
	BURKE	82,344	-4%	85,095	41,231	41,113	47,121	3,868	20,458	10,897
	CABARRUS	202,583	-1%	224,175	98,749	103,834	90,286	24,254	34,234	53,809
	CALDWELL	84,589	-4%	87,988	41,606	42,983	62,515	3,206	8,797	10,070
	CAMDEN	11,141	3%	12,721	5,591	5,550	9,235	1,122	441	343
	CARTERET	62,891	1%	66,139	31,113	31,778	50,258	3,559	5,746	3,328
	CASWELL	18,038	0%	18,785	9,311	8,727	10,327	6,351	785	575
	CATAWBA	178,454	15%	191,799	87,568	90,885	101,968	9,629	32,545	34,312
	CHATHAM	51,821	5%	57,294	25,035	26,786	27,415	4,362	5,744	14,299
	CHEROKEE	31,541	4%	34,586	15,340	16,202	26,288	299	3,730	1,224
	CHOWAN	15,393	4%	15,825	7,316	8,077	8,500	4,426	1,513	954
	CLAY	11,856	7%	12,927	5,853	6,002	11,081	52	426	296
	CLEVELAND	107,533	9%	112,355	52,041	55,492	73,428	18,590	9,406	6,108
	COLUMBUS	65,664	5%	73,202	32,420	33,244	36,639	17,131	6,070	5,824
	CRAVEN	113,472	11%	121,210	56,029	57,443	69,914	20,792	13,134	9,632
	CUMBERLAND	350,760	6%	371,906	170,099	180,661	139,304	115,751	52,469	43,236
	CURRITUCK	29,336	19%	34,929	14,537	14,800	26,143	1,208	1,032	953
	DARE	33,221	24%	36,622	16,551	16,670	26,009	677	3,258	3,277
	DAVIDSON	146,393	10%	154,527	71,799	74,594	88,847	8,453	25,285	23,808
	DAVIE	48,582	31%	57,654	23,737	24,845	32,386	1,982	6,226	7,988
	DUPLIN	56,482	11%	61,040	27,618	28,864	15,648	7,700	8,731	24,404
	DURHAM	302,836	13%	336,617	144,627	158,208	84,541	67,726	71,257	79,312
	EDGECOMBE	60,257	-9%	64,895	28,045	32,212	20,554	30,133	2,798	6,772
	FORSYTH	404,060	8%	435,793	192,289	211,770	158,976	57,005	89,306	98,773
	FRANKLIN	65,009	17%	75,379	32,277	32,732	33,696	11,020	8,325	11,968
	GASTON	216,252	0%	225,738	104,669	111,583	132,499	24,651	30,791	28,311
	GATES	13,578	11%	14,775	6,627	6,951	9,297	3,738	383	160
	GRAHAM	9,028	13%	9,467	4,458	4,570	6,694	13	1,723	598
	GRANVILLE	64,992	6%	69,087	33,844	31,149	30,163	14,534	11,272	9,023
	GREENE	18,433	2%	19,583	10,086	8,347	6,159	4,766	1,900	5,608
	GUILFORD	573,500	15%	626,761	273,580	299,920	249,906	134,780	114,472	74,343
	HALIFAX	59,746	0%	60,810	28,647	31,099	21,622	28,414	8,348	1,362
	HARNETT	86,824	7%	96,304	42,563	44,261	45,144	13,272	10,863	17,545
	HAYWOOD	54,289	6%	56,036	26,140	28,149	44,013	561	5,872	3,843
	HENDERSON	110,817	4%	119,506	53,564	57,253	72,531	2,389	12,620	23,278
	HERTFORD	24,267	4%	24,875	11,981	12,286	7,612	13,602	1,740	1,313
	HOKE	44,115	16%	51,057	21,540	22,575	11,471	8,108	11,316	13,220
	HYDE	5,450	-1%	5,570	2,995	2,454	2,985	1,815	165	484
	IREDELL	164,063	11%	177,924	80,901	83,162	108,385	16,139	20,807	18,732
	JACKSON	49,704	9%	56,219	24,823	24,882	40,590	2,464	4,654	1,997
	JOHNSTON	142,313	9%	155,353	69,853	72,459	63,447	14,621	21,673	42,570
	JONES	10,962	-2%	11,040	5,341	5,621	6,566	2,552	1,227	616
	LEE	72,986	-27%	71,746	35,713	37,272	27,801	7,803	11,342	26,040
	LENOIR	68,899	7%	73,430	33,298	35,601	32,478	18,057	7,062	11,301
	LINCOLN	93,252	10%	107,973	46,235	47,018	73,022	3,567	5,336	11,327
	MACON	37,634	11%	41,505	18,276	19,358	27,153	297	4,959	5,226
	MADISON	23,350	-1%	25,087	11,536	11,814	21,627	268	702	753
	MARTIN	19,530	-14%	17,318	9,159	10,371	9,921	7,654	931	1,024
	MCDOWELL	48,510	5%	51,238	24,279	24,231	33,414	1,474	7,056	6,566
	MECKLENBURG	1,138,614	12%	1,334,894	551,066	587,548	436,731	237,432	233,400	231,052
	MITCHELL	18,107	3%	18,939	9,789	8,319	13,767	1,821	660	1,860
	MONTGOMERY	28,847	18%	32,077	13,926	14,922	16,024	4,432	3,348	5,043
	MOORE	120,825	10%	138,901	57,916	62,909	74,967	14,956	11,972	18,930
	NASH	93,130	0%	97,095	45,008	48,121	37,502	31,768	11,302	12,557
	NEW HANOVER	226,778	11%	251,624	109,853	116,925	148,506	26,269	30,221	21,782
	NORTHAMPTON	22,319	7%	22,824	10,810	11,509	8,917	12,321	612	470
	ONSLOW	195,312	14%	215,994	103,412	91,900	123,900	23,318	25,236	22,859
	ORANGE	202,112	4%	209,732	96,868	105,244	116,281	12,777	51,739	21,315
	PAMLICO	10,860	-4%	11,152	5,675	5,185	7,541	2,212	411	696
	PASQUOTANK	43,742	7%	46,653	21,485	22,257	18,025	12,643	11,030	2,043
	PENDER	58,644	11%	68,150	29,336	29,308	38,892	7,980	4,498	7,274
	PERQUIMANS	13,533	-7%	14,236	6,478	7,055	9,450	2,766	842	475
	PERSON	38,881	5%	39,468	18,897	19,984	23,607	7,882	4,010	3,382
	PITT	197,460	6%	224,458	93,154	104,306	95,095	54,381	26,724	21,260
	POLK	23,514	13%	25,877	11,276	12,238	18,200	576	1,974	2,764
	RANDOLPH	122,438	4%	122,691	60,585	61,853	69,538	4,017	15,001	33,883
	RICHMOND	47,498	5%	48,209	23,359	24,139	22,354	12,186	7,983	4,974
	ROBESON	156,877	14%	168,393	76,325	80,553	29,149	24,988	73,888	28,852
	ROCKINGHAM	94,162	1%	96,675	45,454	48,708	58,232	14,846	10,661	10,423
	ROWAN	124,499	11%	128,485	61,622	62,877	74,659	15,434	15,800	18,606
	RUTHERFORD	67,618	6%	71,752	32,675	34,943	50,203	5,848	7,609	3,958
	SAMPSON	60,831	9%	64,774	29,655	31,175	21,085	9,535	11,492	18,718
	SCOTLAND	35,036	-4%	35,413	16,924	18,111	14,315	13,224	6,676	821
	STANLY	64,578	10%	68,104	32,323	32,255	46,750	5,647	6,593	5,589

| State | County | 2017 Age Ranges (Years) | | | | | | | | 2017 Occupations | | | | | |
		1-9	10-19	20-29	30-39	40-49	50-59	60-69	70 over	Mana-gerial	Sales	Admin support	Service	Farming forestry, fishing	Prod-uction
NC	ALAMANCE	23,143	24,935	20,595	21,273	26,193	23,827	15,664	18,392	30,700	7,082	12,466	13,478	121	19,709
	ALEXANDER	5,383	5,179	4,163	5,392	6,645	6,721	4,759	4,234	4,751	1,361	3,393	2,103	54	6,915
	ALLEGHANY	1,147	1,280	1,042	1,068	1,519	1,948	1,719	1,662	1,743	459	596	1,220	25	1,669
	ANSON	3,086	3,179	3,361	3,499	3,941	4,476	2,640	2,628	3,885	801	2,520	3,314	728	4,219
	ASHE	3,176	3,022	2,679	3,356	4,314	5,361	4,421	4,376	4,756	1,616	2,664	3,029	133	3,354
	AVERY	1,653	1,997	2,333	1,940	2,643	3,504	2,770	2,644	2,851	961	1,774	2,626	61	1,811
	BEAUFORT	5,686	5,591	4,634	4,907	7,373	8,956	7,307	6,460	10,183	5,756	3,347	3,435	628	4,374
	BERTIE	2,246	2,749	2,724	2,256	3,631	4,067	2,380	3,132	4,125	946	961	3,451	129	4,087
	BLADEN	3,916	3,780	3,518	3,358	4,366	5,776	4,066	3,343	5,674	2,050	2,808	3,365	703	3,558
	BRUNSWICK	13,605	12,272	11,923	13,823	14,875	21,331	25,279	19,233	18,114	7,397	8,027	18,055	1,434	16,765
	BUNCOMBE	28,977	29,914	32,728	32,760	37,804	42,334	27,509	30,743	47,300	14,904	15,646	24,789	161	24,384
	BURKE	9,276	11,591	8,394	8,868	12,328	12,715	9,957	9,214	9,417	4,153	5,013	10,188	242	11,767
	CABARRUS	32,594	28,399	22,013	28,901	31,298	26,885	15,747	16,745	31,216	10,896	14,550	15,203	972	21,486
	CALDWELL	9,529	11,030	7,467	10,174	13,220	13,525	10,207	9,438	9,423	2,785	5,631	5,502	9	15,511
	CAMDEN	1,507	1,573	799	1,380	2,015	1,801	1,133	933	2,302	701	725	968	32	1,067
	CARTERET	5,483	6,738	5,710	6,117	9,693	11,711	8,519	8,920	10,940	2,203	3,909	5,953	627	8,621
	CASWELL	1,662	1,884	1,804	1,920	2,937	3,576	2,145	2,109	3,223	1,075	1,496	1,284	7	2,689
	CATAWBA	23,480	22,908	18,185	22,360	27,676	27,378	18,150	18,317	24,879	8,907	11,003	10,438	293	24,139
	CHATHAM	6,430	6,106	4,675	5,520	7,608	8,467	5,755	7,260	9,771	2,229	2,521	3,039	148	6,548
	CHEROKEE	3,055	3,126	2,408	2,908	3,921	5,859	5,277	4,986	5,225	1,168	1,693	4,231	289	4,915
	CHOWAN	1,675	1,829	1,494	1,453	1,970	2,688	1,940	2,342	2,607	293	1,344	1,772	227	2,329
	CLAY	1,014	1,153	905	934	1,351	2,586	1,876	2,037	2,104	980	935	1,381	61	972
	CLEVELAND	13,186	14,228	10,413	12,219	16,032	17,510	12,271	11,673	14,582	6,174	7,169	9,573	155	16,977
	COLUMBUS	8,036	8,105	7,710	7,808	9,469	10,121	7,687	6,728	9,324	3,009	4,394	10,799	552	10,544
	CRAVEN	14,518	13,328	16,316	12,186	14,757	16,495	11,890	13,982	21,089	5,225	6,745	13,734	302	16,888
	CUMBERLAND	52,744	48,437	59,930	45,417	49,925	40,700	26,982	26,625	56,806	19,706	27,064	39,334	14,378	45,178
	CURRITUCK	3,612	3,759	2,513	3,254	5,536	5,199	3,082	2,381	5,113	1,675	1,840	2,717	279	3,301
	DARE	3,478	3,809	3,020	3,679	5,809	6,187	3,970	3,269	5,772	1,370	1,352	3,513	396	2,600
	DAVIDSON	19,039	18,889	13,730	17,883	23,313	22,715	15,592	15,230	19,319	6,791	11,797	11,012	37	20,821
	DAVIE	6,161	6,097	3,919	5,137	7,323	8,008	5,798	6,138	8,239	1,875	3,327	2,664	42	7,595
	DUPLIN	8,402	7,075	6,869	6,528	7,980	7,922	5,788	5,918	9,446	1,502	2,867	5,007	3,582	7,865
	DURHAM	41,913	36,735	54,798	46,695	40,952	39,573	22,368	19,802	69,437	9,099	16,253	20,108	71	22,951
	EDGECOMBE	7,483	8,071	6,642	6,069	9,427	9,773	6,524	6,268	7,505	4,012	5,150	6,740	436	9,929
	FORSYTH	55,762	55,167	47,479	48,137	62,342	60,274	36,358	38,540	71,587	15,689	26,522	32,104	123	45,359
	FRANKLIN	9,571	8,377	6,555	8,323	10,956	10,081	6,194	4,952	10,718	3,142	3,340	5,075	58	8,867
	GASTON	26,762	27,736	23,182	27,377	34,121	33,306	20,967	22,801	32,945	10,329	17,071	15,973	194	29,775
	GATES	1,572	1,961	1,101	1,422	2,239	2,479	1,426	1,377	3,152	502	921	998	718	1,318
	GRAHAM	1,055	965	788	887	1,224	1,472	1,318	1,319	917	733	497	1,206	67	1,617
	GRANVILLE	7,761	8,545	6,375	8,538	11,036	10,813	6,576	5,348	12,359	1,757	5,453	6,281	406	8,110
	GREENE	2,309	2,185	2,309	2,420	3,159	2,708	1,577	1,766	2,786	443	1,377	2,235	366	2,430
	GUILFORD	76,477	79,302	76,833	71,932	84,481	81,937	51,076	51,463	100,221	24,299	39,630	38,450	164	57,341
	HALIFAX	6,481	7,408	5,866	5,688	8,968	10,591	7,165	7,579	9,984	3,358	5,254	8,230	741	8,257
	HARNETT	12,067	11,939	10,695	11,822	13,021	11,976	7,840	7,465	13,854	3,044	5,747	8,460	454	12,514
	HAYWOOD	5,589	6,031	4,586	5,911	7,735	8,384	7,610	8,442	9,440	2,213	3,714	6,361	141	6,595
	HENDERSON	12,659	11,511	10,047	11,922	14,000	16,760	14,204	19,713	20,593	5,998	7,218	10,667	851	13,017
	HERTFORD	2,546	2,965	2,889	2,417	3,730	4,236	2,644	2,841	5,240	1,549	1,636	2,630	336	2,969
	HOKE	9,538	5,752	7,434	6,890	5,704	4,516	2,390	1,891	9,210	2,630	3,004	6,289	178	4,600
	HYDE	455	418	678	692	972	944	653	638	337	156	678	1,597	139	321
	IREDELL	23,407	23,960	15,350	20,942	27,707	24,599	14,394	13,704	32,689	9,734	9,760	9,153	40	15,797
	JACKSON	3,918	7,773	11,127	4,183	5,140	7,374	5,639	4,549	9,045	2,301	1,756	7,986	87	3,492
	JOHNSTON	22,394	19,566	15,847	20,504	21,929	19,549	12,281	10,240	28,313	7,210	8,689	9,576	340	16,570
	JONES	1,265	1,335	1,291	1,097	1,642	1,814	1,193	1,326	1,710	612	643	1,305	227	1,493
	LEE	10,929	10,445	8,644	10,018	10,351	9,673	6,683	6,244	11,355	3,562	4,121	5,309	65	11,904
	LENOIR	8,754	8,879	7,101	7,260	9,955	11,679	7,551	7,630	10,135	3,101	5,557	7,820	324	9,852
	LINCOLN	11,620	12,228	8,449	12,091	15,798	15,032	9,075	8,379	10,857	2,915	6,651	7,375	51	16,350
	MACON	3,647	4,316	3,469	3,273	4,578	6,289	5,643	6,419	6,669	2,093	3,020	1,014	117	4,488
	MADISON	2,497	2,813	2,308	2,639	3,431	3,917	3,013	2,733	4,522	1,070	1,715	2,179	61	2,704
	MARTIN	2,112	2,367	1,742	1,726	2,788	3,788	2,544	2,463	2,637	934	1,317	2,490	344	3,069
	MCDOWELL	5,512	5,677	4,921	5,909	7,198	7,984	5,782	5,526	5,395	2,063	2,631	5,565	104	8,876
	MECKLENBURG	181,288	148,351	164,432	182,433	174,733	143,850	75,798	67,729	246,282	57,300	52,773	62,320	398	80,815
	MITCHELL	1,513	1,614	2,030	2,374	2,897	3,146	2,269	2,265	2,239	930	1,141	2,648	157	2,821
	MONTGOMERY	3,970	3,552	3,261	3,092	4,382	4,373	2,990	3,228	5,038	999	1,749	2,326	268	5,016
	MOORE	16,781	14,964	11,676	14,000	15,777	15,777	13,178	18,746	23,623	8,185	8,259	14,844	399	11,063
	NASH	11,489	12,422	9,679	10,638	14,803	15,099	9,566	9,433	17,413	5,405	7,235	7,741	118	10,510
	NEW HANOVER	25,149	25,013	38,393	27,940	30,172	32,563	22,786	24,762	41,437	12,848	12,157	22,039	150	16,992
	NORTHAMPTON	2,312	2,613	2,081	1,972	3,344	3,847	2,896	3,255	4,000	1,587	1,437	3,554	489	2,474
	ONSLOW	29,827	26,232	48,734	21,273	23,094	19,423	13,929	12,799	38,173	13,813	18,457	26,824	1,025	22,079
	ORANGE	24,966	30,545	29,582	22,366	35,343	30,697	15,372	13,243	55,243	5,466	8,287	14,353	35	7,949
	PAMLICO	713	920	996	897	1,464	2,046	1,896	1,927	1,985	484	773	1,424	323	1,514
	PASQUOTANK	5,058	6,171	6,632	4,976	6,364	6,416	3,771	4,355	7,545	2,314	2,916	6,287	349	4,996
	PENDER	7,252	7,655	5,922	7,082	8,962	9,145	6,402	6,225	6,960	4,195	5,024	6,986	1,395	7,136
	PERQUIMANS	1,302	1,577	1,178	1,179	1,890	2,208	2,144	2,056	2,201	653	828	2,237	108	1,807
	PERSON	4,595	4,931	3,451	4,545	5,937	6,706	4,522	4,194	6,091	1,269	2,416	3,918	106	4,992
	PITT	25,358	29,949	39,766	23,210	26,356	24,709	14,388	13,724	35,225	9,730	13,001	16,786	1,245	20,164
	POLK	2,233	2,675	1,646	1,938	3,257	4,103	3,463	4,192	4,230	1,189	1,886	2,424	81	2,618
	RANDOLPH	15,837	16,729	12,145	14,933	18,571	19,160	12,648	12,416	16,200	4,807	8,230	9,671	156	17,347
	RICHMOND	6,081	6,358	5,249	5,731	6,739	7,659	4,863	4,818	7,938	1,397	3,412	5,627	580	7,582
	ROBESON	23,102	23,004	21,490	19,784	22,135	22,382	13,730	11,251	18,257	7,203	10,224	21,161	2,266	31,144
	ROCKINGHAM	10,384	11,516	8,659	10,227	15,097	16,193	10,715	11,372	14,609	3,900	6,500	7,291	92	16,217
	ROWAN	15,772	16,816	14,011	15,371	19,867	19,558	11,591	11,513	16,453	4,921	8,819	10,020	182	21,277
	RUTHERFORD	7,809	8,210	6,154	7,214	10,496	10,812	8,422	8,502	9,627	3,916	4,608	6,524	464	9,994
	SAMPSON	8,483	7,588	6,816	7,410	8,545	9,305	6,276	6,408	10,993	2,446	2,406	5,928	3,555	7,280
	SCOTLAND	4,394	4,647	3,884	3,716	4,974	6,143	3,794	3,484	7,556	1,339	1,842	2,502	1,039	5,853
	STANLY	7,428	8,102	6,393	7,820	9,738	10,392	7,557	7,148	10,104	2,573	4,182	6,686	268	7,632

State	County	Less than 9th grade	9th to 12th grade, no diploma	High school grad-uate	Some college, no degree	Assoc-iate degree	Bach-elor's degree	Grad. or pro-fessional degree	Less than $25,000	$25,000-$34,999	$35,000-$49,999	$50,000-$74,999	$75,000-$99,999	$100,000-$149,999	over $150,000
NC	ALAMANCE	6,448	11,527	42,229	30,905	10,070	25,172	12,290	11,855	4,946	6,094	9,192	6,780	5,875	2,723
	ALEXANDER	1,796	4,028	9,441	14,359	1,828	1,995	913	3,382	1,277	1,984	2,887	1,561	844	364
	ALLEGHANY	514	943	2,702	2,639	1,114	1,499	190	1,031	403	611	797	449	241	68
	ANSON	654	3,576	7,711	6,604	1,220	1,737	664	2,192	930	1,382	1,204	521	402	384
	ASHE	1,387	2,940	7,501	5,839	2,186	3,963	2,174	2,589	919	1,516	2,100	1,156	593	492
	AVERY	792	1,966	4,757	3,537	1,850	2,261	1,721	1,358	675	893	1,159	598	492	338
	BEAUFORT	641	2,980	9,828	9,696	2,732	10,029	6,597	3,791	1,309	1,869	2,739	3,054	1,524	602
	BERTIE	1,338	3,080	8,134	3,614	1,343	1,524	642	2,486	707	940	1,188	456	422	215
	BLADEN	626	2,247	7,929	6,118	1,285	4,308	3,842	3,258	1,018	1,157	1,475	1,078	637	210
	BRUNSWICK	3,059	13,329	26,436	27,738	5,450	25,667	9,467	9,467	3,765	5,641	7,195	3,846	7,357	2,817
	BUNCOMBE	5,467	16,184	51,587	51,313	12,715	53,091	29,238	15,971	7,354	11,467	14,903	9,158	12,363	5,475
	BURKE	4,520	10,464	21,829	15,144	4,694	7,589	3,442	6,882	2,474	3,317	4,412	2,809	1,987	933
	CABARRUS	5,645	14,507	41,093	39,519	7,852	35,331	10,575	10,693	4,335	7,272	9,842	8,789	9,415	6,283
	CALDWELL	3,926	11,299	24,962	16,764	3,694	6,268	2,266	7,677	2,651	3,192	5,110	3,011	2,127	987
	CAMDEN	126	329	2,393	2,688	980	1,643	627	261	186	299	619	674	1,188	225
	CARTERET	1,370	5,199	13,636	17,963	3,265	7,804	4,885	3,870	1,314	2,996	3,368	3,423	1,820	1,622
	CASWELL	576	1,963	5,231	4,112	1,413	1,511	658	1,444	384	855	994	901	297	102
	CATAWBA	5,823	15,511	43,203	37,693	8,559	20,677	11,594	11,516	5,298	7,669	8,942	7,198	5,956	3,112
	CHATHAM	2,687	3,991	10,342	10,054	2,483	6,750	5,874	2,852	1,313	1,529	3,224	2,440	1,949	1,176
	CHEROKEE	1,134	1,795	8,675	7,975	2,173	3,326	1,848	2,407	1,243	1,518	2,074	1,268	578	493
	CHOWAN	525	1,246	4,494	2,893	513	1,855	1,290	1,431	420	634	781	503	338	96
	CLAY	225	872	2,998	3,184	1,027	1,156	781	920	293	654	546	670	366	244
	CLEVELAND	3,232	12,353	30,770	21,245	4,967	8,753	5,573	9,503	3,306	4,046	5,835	3,871	2,550	1,571
	COLUMBUS	2,351	9,764	17,272	13,244	4,589	4,201	2,151	6,298	1,874	2,357	3,012	2,621	1,457	652
	CRAVEN	1,704	9,564	25,001	25,274	7,341	16,305	7,251	7,667	4,349	4,305	5,929	5,129	3,941	2,641
	CUMBERLAND	6,525	19,153	61,517	93,176	29,006	42,948	21,139	24,962	10,982	15,382	20,139	14,486	18,085	6,280
	CURRITUCK	492	2,712	5,469	7,830	1,259	5,127	840	1,304	712	977	2,023	1,462	1,417	565
	DARE	120	1,357	5,946	8,492	2,144	6,451	3,225	1,446	763	1,495	1,974	1,526	1,308	961
	DAVIDSON	5,342	19,223	37,891	30,369	5,991	12,088	6,421	11,483	4,166	5,615	8,901	6,893	3,670	1,436
	DAVIE	1,857	5,379	15,448	7,655	2,677	4,242	1,883	2,893	1,424	2,104	2,566	2,263	1,856	1,317
	DUPLIN	4,703	5,680	13,120	9,064	2,971	6,100	2,254	4,738	1,716	2,386	2,874	1,907	1,086	540
	DURHAM	10,687	19,343	39,029	44,735	10,212	69,959	50,111	17,022	7,150	9,028	11,721	8,793	13,910	8,638
	EDGECOMBE	3,050	8,577	18,640	11,336	2,053	3,651	1,617	5,688	1,717	2,319	2,487	1,575	1,479	773
	FORSYTH	11,354	29,488	79,310	73,415	17,902	72,115	35,549	25,502	11,527	14,747	18,378	14,935	15,584	11,595
	FRANKLIN	1,857	5,345	14,551	15,940	3,058	7,746	2,492	3,397	1,944	2,316	3,513	3,170	2,749	769
	GASTON	6,969	24,122	53,123	47,491	8,751	23,362	10,915	16,105	6,023	7,990	10,473	8,002	8,196	4,335
	GATES	488	1,236	3,310	2,815	752	2,203	191	800	313	514	672	634	768	89
	GRAHAM	379	1,049	2,915	1,878	377	698	193	875	309	540	357	487	86	92
	GRANVILLE	2,195	6,578	19,463	11,052	3,939	6,156	3,611	3,918	2,378	2,728	4,569	3,168	3,572	2,890
	GREENE	1,482	2,797	4,647	3,121	1,354	648	958	1,537	533	855	1,150	536	506	180
	GUILFORD	13,059	41,034	107,101	104,061	26,781	110,883	55,068	35,596	16,010	19,614	24,801	19,619	21,100	17,157
	HALIFAX	2,827	6,417	17,962	12,097	1,989	4,927	3,543	5,770	1,548	2,177	3,009	1,374	1,622	820
	HARNETT	2,224	8,688	20,585	17,583	4,600	12,683	2,211	5,545	2,914	3,766	4,803	3,254	2,704	706
	HAYWOOD	1,245	4,484	12,836	12,708	4,850	5,036	4,383	3,603	1,782	2,234	3,213	1,844	2,963	613
	HENDERSON	3,467	5,308	20,256	24,977	6,104	18,132	13,664	6,596	3,419	4,636	6,698	5,142	3,771	2,558
	HERTFORD	1,374	3,392	5,621	5,200	1,695	2,357	785	2,294	860	899	1,104	664	518	226
	HOKE	937	1,815	9,032	13,052	2,264	2,528	1,692	2,288	1,103	1,559	3,026	1,277	2,009	324
	HYDE	267	713	1,001	806	948	1,011	30	342	180	338	353	95	61	11
	IREDELL	2,681	5,838	23,399	23,250	10,924	48,635	13,048	7,793	3,275	5,265	8,536	7,343	7,794	7,184
	JACKSON	2,864	2,386	8,668	8,571	2,628	5,267	13,485	4,484	2,134	2,918	3,362	1,308	1,271	2,296
	JOHNSTON	4,818	10,853	27,714	31,203	7,297	20,244	7,287	9,420	3,122	5,372	8,737	5,637	5,359	1,919
	JONES	373	657	2,588	2,197	291	534	2,384	636	344	384	606	430	474	173
	LEE	2,706	6,070	14,306	15,475	5,430	6,754	5,905	7,439	3,473	6,628	7,792	6,436	7,640	1,622
	LENOIR	2,193	6,810	17,581	15,895	4,416	6,127	2,643	5,333	2,260	2,946	3,327	2,651	1,704	668
	LINCOLN	2,604	10,789	23,984	21,716	4,326	8,970	2,707	5,320	2,301	3,380	5,144	4,398	4,103	2,230
	MACON	1,255	2,417	9,023	11,212	2,142	3,441	2,270	2,735	1,137	1,993	2,308	1,432	1,196	508
	MADISON	1,056	2,009	5,833	4,805	1,214	2,581	2,038	1,900	661	797	1,533	1,010	540	237
	MARTIN	856	2,098	6,668	3,207	1,296	1,441	679	1,957	475	828	1,042	706	371	139
	MCDOWELL	1,571	4,841	15,316	10,953	3,277	2,989	881	4,394	1,493	1,976	2,877	1,514	1,087	503
	MECKLENBURG	46,542	49,552	109,901	162,347	36,371	328,072	145,564	47,205	22,706	32,563	46,105	39,353	51,117	56,269
	MITCHELL	706	2,602	5,918	3,554	831	1,443	755	1,483	589	960	1,017	598	341	135
	MONTGOMERY	1,913	3,594	8,921	4,340	1,122	2,743	491	3,014	835	1,190	1,163	631	603	347
	MOORE	2,491	6,170	21,407	23,725	10,035	18,749	13,288	8,488	3,383	4,863	6,933	5,254	4,097	2,978
	NASH	2,894	6,548	24,611	17,084	5,473	11,409	7,405	6,284	2,417	3,297	4,760	3,996	3,669	1,280
	NEW HANOVER	2,421	9,679	31,623	46,607	14,056	61,913	24,282	13,174	5,102	7,570	10,463	7,732	9,278	6,903
	NORTHAMPTON	996	3,736	5,280	4,072	1,492	2,805	401	2,076	644	980	1,198	629	465	131
	ONSLOW	4,460	13,031	38,909	52,144	14,956	20,029	10,338	9,418	5,036	9,776	12,281	6,036	5,402	2,454
	ORANGE	2,894	6,212	13,883	22,782	6,249	47,050	62,745	11,684	5,086	7,202	10,916	10,275	24,349	37,743
	PAMLICO	324	1,121	2,917	2,821	536	1,034	940	603	345	372	740	417	403	213
	PASQUOTANK	1,291	4,010	10,721	10,092	3,355	4,536	2,069	3,089	918	1,388	2,689	1,925	853	562
	PENDER	1,499	4,752	14,575	16,798	3,585	4,283	1,875	3,701	1,764	2,556	2,608	3,218	2,096	944
	PERQUIMANS	502	1,413	3,297	3,644	676	1,454	462	1,142	530	702	765	402	345	178
	PERSON	1,093	3,053	10,206	8,771	1,656	5,761	1,163	4,575	1,793	2,734	3,928	5,096	2,847	976
	PITT	5,380	13,147	38,922	37,282	12,856	37,167	15,404	14,974	4,955	6,317	7,483	5,828	5,846	2,965
	POLK	489	1,092	5,187	5,342	999	4,011	2,878	1,552	712	1,014	1,632	742	741	480
	RANDOLPH	5,371	12,943	30,545	27,608	6,522	9,980	4,718	13,105	6,437	8,502	12,543	9,094	6,698	2,757
	RICHMOND	2,119	5,390	14,600	8,107	2,449	3,484	2,048	4,858	1,480	1,529	2,104	1,475	1,204	363
	ROBESON	9,070	20,373	38,305	32,658	5,773	10,639	5,456	15,330	5,108	5,280	6,815	4,174	2,998	1,022
	ROCKINGHAM	2,956	12,736	27,872	19,656	4,679	6,812	3,120	7,405	3,567	4,185	4,666	2,993	2,997	1,238
	ROWAN	4,312	11,370	33,617	27,637	5,646	13,066	4,319	7,742	3,160	5,126	6,926	5,792	4,198	1,524
	RUTHERFORD	2,814	6,620	19,534	13,452	3,668	5,942	3,584	6,245	1,867	2,915	3,793	2,470	1,521	594
	SAMPSON	3,410	6,814	16,359	10,520	2,862	5,001	3,433	4,866	1,662	2,637	2,648	2,066	1,735	956
	SCOTLAND	938	3,690	7,240	9,423	1,910	2,774	2,414	3,799	1,084	1,135	1,325	805	919	447
	STANLY	1,741	5,117	18,406	11,886	3,936	6,900	4,992	4,043	1,578	2,273	3,444	3,171	2,182	1,533

2017 Consumer Spending ($Millions)

State	County	Average annual expend-itures	Food	Alcoholic beverages	Housing	Apparel and services	Transport-ation	Healthcare	Entertain-ment	Personal care products & services	Education	Personal insurance & pensions
NC	ALAMANCE	2,339.0	299.1	19.1	176.8	17.3	93.4	44.4	26.8	6.4	10.1	54.0
	ALEXANDER	571.9	74.3	4.5	18.3	1.8	9.8	4.6	2.8	0.7	1.0	5.4
	ALLEGHANY	164.8	21.5	1.3	91.5	8.9	48.1	22.9	13.7	3.3	5.2	27.0
	ANSON	308.0	40.2	2.4	39.4	3.8	21.0	10.0	6.0	1.4	2.1	12.0
	ASHE	446.2	57.4	3.6	46.1	4.5	24.6	11.6	7.0	1.7	2.6	14.3
	AVERY	265.6	34.1	2.2	17.4	1.7	9.2	4.4	2.6	0.6	0.9	5.1
	BEAUFORT	741.1	95.1	6.1	996.7	102.5	531.7	243.7	160.0	37.2	70.6	374.2
	BERTIE	279.3	36.6	2.2	627.4	63.5	333.9	154.8	99.1	23.1	41.8	223.2
	BLADEN	387.8	50.9	3.0	78.3	7.8	42.0	19.5	12.4	2.9	5.0	27.9
	BRUNSWICK	2,082.0	263.0	17.4	81.1	8.0	43.4	20.5	12.5	2.9	4.6	25.7
	BUNCOMBE	3,971.8	502.3	33.0	235.1	23.4	124.9	58.7	36.4	8.5	14.6	77.8
	BURKE	1,066.4	138.0	8.5	14.8	1.4	7.8	3.8	2.2	0.5	0.8	4.1
	CABARRUS	3,016.7	377.4	25.7	199.4	20.6	105.7	48.5	31.9	7.4	14.2	74.2
	CALDWELL	1,127.6	146.6	9.0	24.3	2.4	12.9	6.1	3.7	0.9	1.3	7.2
	CAMDEN	228.0	27.9	2.0	704.9	71.6	376.8	174.5	111.8	26.1	46.8	253.4
	CARTERET	951.9	120.3	8.0	142.9	14.1	76.7	36.1	22.0	5.2	8.2	46.0
	CASWELL	227.5	29.8	1.8	118.2	11.8	63.9	29.7	18.6	4.4	7.2	41.0
	CATAWBA	2,483.4	316.8	20.4	60.7	6.0	32.3	15.3	9.2	2.2	3.4	18.5
	CHATHAM	767.1	96.5	6.5	432.4	44.2	231.8	106.8	69.1	16.1	29.3	159.3
	CHEROKEE	466.7	59.9	3.8	52.2	5.2	28.3	13.2	8.2	1.9	3.1	17.9
	CHOWAN	184.4	24.3	1.5	51.4	5.1	27.4	12.9	8.0	1.9	3.1	17.0
	CLAY	191.3	24.3	1.6	48.3	4.7	26.1	12.2	7.5	1.8	2.8	15.7
	CLEVELAND	1,443.7	186.2	11.7	175.7	17.9	95.5	44.1	28.0	6.6	11.1	63.5
	COLUMBUS	826.6	107.8	6.6	410.7	40.3	217.5	102.7	62.7	14.9	24.4	129.2
	CRAVEN	1,681.9	214.3	13.9	138.5	13.7	74.6	35.0	21.5	5.1	8.1	45.9
	CUMBERLAND	5,701.8	723.4	47.3	469.6	47.1	249.7	116.8	73.2	17.2	29.7	157.8
	CURRITUCK	465.7	58.4	3.9	1,242.1	126.0	662.3	306.5	196.5	45.9	82.9	442.3
	DARE	493.3	62.1	4.1	452.4	45.4	238.5	111.6	70.3	16.5	29.2	151.1
	DAVIDSON	2,039.9	263.0	16.5	224.9	22.0	118.9	56.3	34.1	8.1	13.1	69.2
	DAVIE	742.3	93.8	6.2	20.0	2.0	10.7	5.0	3.1	0.7	1.1	6.5
	DUPLIN	697.3	90.8	5.5	77.7	7.8	42.0	19.6	12.2	2.9	4.6	26.4
	DURHAM	4,034.9	504.4	34.5	1,127.7	115.6	599.4	276.4	179.5	41.7	77.9	411.2
	EDGECOMBE	726.6	94.3	5.8	423.5	43.8	226.4	103.8	68.4	15.8	30.1	161.6
	FORSYTH	5,763.2	725.8	48.6	148.9	14.5	79.2	37.7	22.5	5.3	8.1	44.4
	FRANKLIN	951.9	120.6	7.9	281.6	29.5	151.2	68.6	46.2	10.6	21.1	113.9
	GASTON	3,001.7	383.0	24.7	906.5	92.3	482.5	223.7	143.4	33.5	60.5	322.1
	GATES	202.6	25.7	1.7	200.4	21.1	105.3	47.8	32.7	7.4	15.9	80.3
	GRAHAM	120.3	15.9	0.9	16.4	1.6	8.7	4.1	2.5	0.6	1.0	5.1
	GRANVILLE	1,287.3	159.5	11.1	407.6	42.4	218.8	99.7	66.1	15.3	29.3	157.5
	GREENE	244.0	31.7	1.9	133.6	13.7	71.4	32.9	21.3	4.9	9.2	49.2
	GUILFORD	7,857.6	988.7	66.4	1,010.1	101.0	542.1	253.3	157.9	37.0	61.9	343.1
	HALIFAX	735.1	95.4	5.8	533.0	55.9	286.6	129.9	87.5	20.0	39.8	215.5
	HARNETT	1,163.2	149.8	9.4	499.9	51.0	269.3	123.9	80.1	18.7	33.6	185.5
	HAYWOOD	836.9	106.5	6.8	54.2	5.3	28.7	13.6	8.2	1.9	3.1	16.8
	HENDERSON	1,670.0	211.8	13.8	159.3	15.8	85.2	40.0	24.7	5.8	9.4	52.6
	HERTFORD	290.3	38.0	2.3	348.5	35.9	185.5	85.2	55.9	13.0	24.7	131.3
	HOKE	611.2	77.6	5.0	42.0	4.2	22.4	10.4	6.6	1.5	2.7	14.8
	HYDE	60.3	8.0	0.5	208.4	20.8	110.7	51.6	32.6	7.7	13.5	71.3
	IREDELL	2,525.5	313.3	21.8	113.3	10.9	59.3	28.5	16.8	4.0	6.2	31.7
	JACKSON	884.4	111.2	7.4	107.6	10.6	56.9	26.9	16.4	3.9	6.4	33.6
	JOHNSTON	2,021.5	257.2	16.6	400.9	41.1	216.3	99.3	64.5	15.0	27.2	151.3
	JONES	159.9	20.2	1.3	29.6	2.9	15.6	7.5	4.4	1.1	1.6	8.6
	LEE	2,234.8	282.3	18.7	347.1	35.6	187.5	86.0	56.0	13.0	23.7	132.1
	LENOIR	886.4	114.9	7.1	39.5	3.9	21.3	10.1	6.1	1.4	2.2	12.6
	LINCOLN	1,412.3	170.0	11.9	272.2	29.4	144.0	64.2	45.0	10.3	23.1	118.7
	MACON	537.9	69.4	4.3	32.0	3.2	17.0	8.0	4.9	1.2	2.0	10.4
	MADISON	323.6	41.6	2.6	17.2	1.7	9.1	4.3	2.6	0.6	0.9	5.1
	MARTIN	245.2	32.1	1.9	472.9	48.8	254.4	116.6	76.3	17.7	32.8	179.4
	MCDOWELL	625.9	81.5	4.9	15.6	1.5	8.4	4.0	2.4	0.6	0.8	4.6
	MECKLENBURG	16,453.9	2,014.7	145.4	364.5	36.5	194.3	90.7	56.8	13.4	22.8	123.2
	MITCHELL	237.0	30.9	1.9	31.0	3.1	16.7	7.9	4.8	1.1	1.8	10.1
	MONTGOMERY	346.6	45.1	2.8	237.3	23.8	127.0	59.3	37.3	8.7	15.0	82.2
	MOORE	1,790.4	227.6	14.8	788.2	79.2	420.4	196.3	123.3	28.9	49.6	269.3
	NASH	1,300.0	165.8	10.7	930.6	97.2	500.1	227.4	152.1	35.0	68.2	370.6
	NEW HANOVER	3,115.3	390.9	26.4	70.4	7.0	37.8	17.7	11.0	2.6	4.2	23.6
	NORTHAMPTON	275.2	36.0	2.2	854.0	90.5	458.3	206.4	141.5	32.4	66.5	355.6
	ONSLOW	2,521.4	322.5	20.4	119.5	11.6	63.1	30.2	18.0	4.3	6.7	35.7
	ORANGE	6,352.8	749.8	59.5	338.6	34.0	180.8	84.2	53.1	12.5	21.5	116.8
	PAMLICO	158.2	20.0	1.3	207.2	20.5	110.7	52.1	31.9	7.5	12.1	66.7
	PASQUOTANK	536.3	69.3	4.3	23.0	2.3	12.2	5.7	3.6	0.8	1.4	7.6
	PENDER	860.4	109.8	7.2	234.3	22.9	123.4	58.5	35.5	8.4	13.7	71.3
	PERQUIMANS	184.8	24.0	1.5	193.8	21.0	104.4	46.3	32.9	7.4	16.2	86.8
	PERSON	1,176.1	149.1	9.9	224.6	23.3	121.4	55.6	36.3	8.4	15.3	85.2
	PITT	2,306.9	296.3	18.9	489.2	50.5	265.0	121.6	79.4	18.4	33.9	189.3
	POLK	346.0	43.9	2.8	134.6	13.4	70.7	33.2	20.7	4.9	8.6	43.5
	RANDOLPH	2,925.5	374.9	23.8	177.0	17.1	93.4	44.7	26.5	6.3	9.7	51.1
	RICHMOND	578.7	75.7	4.6	180.7	17.8	95.0	45.1	27.6	6.5	10.9	56.3
	ROBESON	1,778.0	233.5	13.9	101.0	10.1	54.4	25.3	15.8	3.7	6.2	34.8
	ROCKINGHAM	1,292.9	166.6	10.4	155.4	15.3	82.3	39.0	23.7	5.6	9.1	48.2
	ROWAN	1,713.4	219.7	14.0	172.7	17.5	92.3	42.7	27.4	6.4	11.4	61.9
	RUTHERFORD	883.1	115.1	7.0	498.9	51.0	268.3	123.7	79.6	18.6	33.2	182.0
	SAMPSON	793.2	102.0	6.4	74.7	7.4	39.1	18.5	11.4	2.7	4.6	23.4
	SCOTLAND	411.4	53.9	3.3	85.0	8.6	45.9	21.3	13.4	3.2	5.3	30.0
	STANLY	906.3	115.3	7.5	286.7	28.2	152.0	71.8	43.8	10.4	16.9	89.7

State	County	U.S. Population			2017 Gender		2017 Race			
		Total 2017	2010-2017 % chg.	Total 2022	Male	Female	White	Black	Other Race	Hispanic
	STOKES	49,684	6%	53,044	24,210	25,474	43,540	1,866	2,054	2,225
	SURRY	83,001	-1%	86,834	40,527	42,475	54,453	1,988	9,162	17,399
	SWAIN	20,429	11%	23,162	9,966	10,463	8,298	79	11,316	736
	TRANSYLVANIA	37,183	21%	41,019	17,960	19,223	30,851	1,105	4,105	1,122
	TYRRELL	4,318	2%	4,460	2,398	1,920	1,847	1,259	520	693
	UNION	207,495	22%	251,281	102,490	105,005	102,680	15,726	29,390	59,699
	VANCE	63,869	-8%	61,742	30,958	32,911	27,784	19,782	7,736	8,568
	WAKE	1,039,851	16%	1,212,487	507,104	532,747	494,751	143,708	210,908	190,485
	WARREN	16,099	1%	16,458	7,690	8,409	4,562	7,156	3,044	1,338
	WASHINGTON	12,772	0%	12,562	6,024	6,748	5,230	6,044	729	770
	WATAUGA	50,984	12%	54,916	25,535	25,449	41,817	637	6,010	2,520
	WAYNE	140,985	16%	158,989	69,068	71,917	60,729	29,211	19,495	31,550
	WILKES	71,383	5%	76,877	35,278	36,105	53,474	2,120	7,251	8,538
	WILSON	81,243	6%	83,806	38,829	42,414	32,892	18,396	12,231	17,724
	YADKIN	42,284	8%	44,662	20,798	21,485	27,993	781	3,981	9,528
	YANCEY	19,451	5%	20,310	9,576	9,875	14,988	82	2,148	2,233
NC Total		10,500,211	8%	11,557,518	5,114,820	5,385,391	5,429,155	1,646,407	1,702,954	1,721,695

State	County	1-9	10-19	20-29	30-39	40-49	50-59	60-69	70 over	Mana-gerial	Sales	Admin support	Service	Farming forestry, fishing	Prod-uction
	STOKES	5,312	6,350	4,039	5,479	8,277	8,448	6,118	5,661	7,534	2,804	3,891	2,881	33	6,397
	SURRY	10,269	11,068	7,268	9,995	12,030	12,529	9,480	10,364	14,189	4,131	4,521	6,367	221	11,657
	SWAIN	2,803	2,702	2,299	2,575	2,662	3,062	2,393	1,934	2,434	1,389	1,235	5,142	7	1,177
	TRANSYLVANIA	3,256	3,526	3,276	3,025	4,502	6,022	6,422	7,153	6,807	1,972	2,443	4,576	62	4,330
	TYRRELL	360	400	637	600	724	673	437	488	627	128	372	370	380	710
	UNION	35,762	32,650	18,274	30,672	35,243	25,454	16,706	12,733	39,743	10,221	13,262	16,063	47	19,446
	VANCE	9,246	8,736	6,424	7,640	10,860	10,183	5,855	4,925	8,274	3,545	5,830	5,532	31	8,500
	WAKE	161,846	139,721	140,620	159,814	166,455	135,169	75,756	60,469	229,624	45,623	47,251	53,708	361	76,080
	WARREN	1,815	1,992	1,793	1,517	2,295	2,653	1,882	2,152	3,843	857	722	3,022	41	1,365
	WASHINGTON	1,477	1,470	1,070	1,053	1,720	2,454	1,717	1,811	2,801	641	738	1,660	15	1,504
	WATAUGA	3,493	7,979	15,250	3,895	5,005	6,406	4,666	4,290	9,142	2,668	3,679	5,231	452	3,000
	WAYNE	20,053	18,540	19,337	16,873	20,208	19,278	13,079	13,617	26,337	7,885	8,834	12,272	3,044	18,036
	WILKES	8,543	8,268	6,538	7,897	10,678	11,630	9,397	8,433	10,598	2,897	6,989	5,360	234	8,844
	WILSON	10,902	10,450	9,186	9,124	12,115	13,115	8,115	8,236	11,781	2,860	4,656	7,589	768	13,601
	YADKIN	5,341	5,587	3,744	4,749	6,567	6,640	4,901	4,756	6,085	2,572	2,215	3,620	52	6,139
	YANCEY	1,892	2,136	1,518	2,007	2,730	3,417	2,808	2,943	2,811	942	857	2,752	183	2,844
NC Total		######	######	######	######	######	######	988,264	961,517	1,890,589	500,639	653,959	881,614	55,189	1,164,124

2017 Age Ranges (Years)

2017 Occupations

State	County	2017 Educational Attainment							2017 Family Income						
		Less than 9th grade	9th to 12th grade, no diploma	High school grad-uate	Some college, no degree	Assoc-iate degree	Bach-elor's degree	Grad. or pro-fessional degree	Less than $25,000	$25,000-$34,999	$35,000-$49,999	$50,000-$74,999	$75,000-$99,999	$100,000-$149,999	over $150,000
	STOKES	1,409	4,639	13,536	12,528	2,711	4,903	1,263	3,343	1,538	2,077	2,883	2,428	1,684	649
	SURRY	4,856	8,741	19,491	17,312	5,642	8,370	2,428	7,654	2,721	3,303	4,670	2,798	2,140	874
	SWAIN	588	2,551	4,130	4,756	1,341	2,129	737	1,432	624	903	1,492	532	451	162
	TRANSYLVANIA	679	1,921	7,321	8,634	2,331	6,882	4,468	2,497	1,269	1,980	2,345	1,498	1,166	634
	TYRRELL	115	970	1,145	787	167	355	242	273	189	213	231	82	65	43
	UNION	5,249	10,362	36,600	31,850	11,335	44,873	12,940	7,493	4,110	7,175	11,480	9,606	10,188	7,605
	VANCE	2,695	6,433	17,862	13,373	3,438	3,379	2,920	11,179	4,801	7,566	9,004	7,606	5,713	2,984
	WAKE	30,543	46,904	112,830	156,907	47,527	264,019	144,850	41,290	21,629	31,847	45,917	43,946	57,858	50,681
	WARREN	745	1,818	3,655	4,310	878	1,191	761	1,437	503	831	743	373	225	136
	WASHINGTON	496	1,512	3,665	2,431	261	963	1,259	1,226	389	505	563	389	368	203
	WATAUGA	1,119	2,423	9,361	8,394	4,314	11,112	9,043	3,347	1,119	1,501	2,019	1,291	978	789
	WAYNE	4,277	11,728	31,989	30,650	10,330	15,901	6,995	9,368	3,785	5,732	7,798	4,456	5,281	1,758
	WILKES	3,131	9,852	19,548	13,505	3,546	5,827	3,049	6,758	1,942	3,258	4,541	2,676	1,387	551
	WILSON	4,099	10,162	19,084	15,886	2,422	9,975	3,521	6,239	2,472	2,988	3,740	3,160	2,354	1,355
	YADKIN	1,495	3,282	12,790	8,362	1,818	3,332	2,969	3,452	1,471	1,626	2,175	1,573	1,520	591
	YANCEY	763	2,397	6,777	3,272	522	1,833	869	1,617	544	1,098	1,351	840	231	195
NC Total		333,326	780,773	2,026,545	2,002,764	530,537	1,784,555	927,260	674,378	284,751	400,573	543,490	415,361	433,792	308,383

State	County	Average annual expend-itures	Food	Alcoholic beverages	Housing	Apparel and services	Transport-ation	Healthcare	Entertain-ment	Personal care products & services	Education	Personal insurance & pensions
	STOKES	743.8	94.9	6.1	125.7	12.3	66.0	31.5	18.9	4.5	7.1	37.1
	SURRY	1,105.4	143.7	8.8	107.8	10.5	57.2	27.2	16.3	3.9	5.9	31.9
	SWAIN	266.8	34.5	2.1	16.2	1.6	8.8	4.1	2.5	0.6	0.9	5.1
	TRANSYLVANIA	571.3	72.9	4.7	216.8	21.2	113.7	53.9	32.7	7.8	12.7	65.4
	TYRRELL	51.9	6.7	0.4	6.4	0.6	3.4	1.6	1.0	0.2	0.4	2.0
	UNION	3,193.7	396.0	27.6	59.7	5.9	31.9	15.1	9.2	2.2	3.4	18.9
	VANCE	2,449.3	312.5	20.2	145.8	14.6	79.2	36.7	23.1	5.4	9.0	52.0
	WAKE	16,950.2	2,072.1	150.1	2,294.6	232.2	1,222.2	566.9	361.8	84.7	151.3	807.2
	WARREN	185.6	24.4	1.4	179.7	17.9	96.6	45.1	28.1	6.6	11.0	61.0
	WASHINGTON	173.3	22.3	1.4	168.3	17.7	89.4	40.5	27.5	6.3	13.0	67.4
	WATAUGA	519.0	66.7	4.2	21.2	2.0	11.2	5.4	3.1	0.8	1.1	5.8
	WAYNE	1,907.6	243.8	15.6	525.8	56.0	282.5	126.9	87.6	20.0	41.6	222.5
	WILKES	950.0	124.2	7.4	168.3	16.3	89.0	42.3	25.4	6.1	9.4	50.3
	WILSON	1,093.3	139.9	9.0	259.7	26.5	140.1	64.5	41.6	9.6	17.3	96.4
	YADKIN	607.4	77.9	4.9	68.7	6.7	36.3	17.4	10.3	2.5	3.8	20.3
	YANCEY	263.9	34.5	2.1	3.1	0.3	1.7	0.8	0.5	0.1	0.2	1.0
NC Total		158,051.6	19,893.9	1,332.4	27,159.6	2,758.7	14,502.5	6,714.4	4,302.2	1,003.8	1,804.2	9,716.5

State	County	U.S. Population		2017 Gender		2017 Race			
		Total 2017	2010-2017 % chg.	Total 2022	Male	Female	White	Black	Other Race	Hispanic
ND	ADAMS	1,976	3%	1,827	941	1,035	1,866	8	65	36
	BARNES	11,024	2%	10,830	5,462	5,562	10,319	76	527	102
	BENSON	4,083	5%	3,850	2,109	1,974	2,603	1	1,430	48
	BILLINGS	318	-20%	269	169	149	307	0	9	2
	BOTTINEAU	6,308	-6%	6,039	3,274	3,034	5,760	29	439	81
	BOWMAN	3,433	1%	3,404	1,727	1,706	3,213	3	74	142
	BURKE	1,768	-16%	1,619	937	831	1,678	4	49	38
	BURLEIGH	82,836	8%	82,296	40,766	42,071	72,668	834	8,186	1,148
	CASS	172,268	8%	192,324	86,610	85,658	139,313	6,358	22,365	4,232
	CAVALIER	3,419	-14%	3,111	1,750	1,669	3,305	3	89	22
	DICKEY	5,368	-5%	5,297	2,669	2,699	4,964	36	211	157
	DIVIDE	1,584	-5%	1,482	814	770	1,520	3	37	24
	DUNN	2,741	-6%	2,636	1,446	1,296	2,273	3	430	35
	EDDY	2,260	-4%	2,150	1,083	1,177	1,629	2	566	63
	EMMONS	2,919	-9%	2,733	1,479	1,440	2,852	2	44	21
	FOSTER	3,538	6%	3,478	1,768	1,770	3,417	4	92	25
	GOLDEN VALLEY	1,544	2%	1,455	768	776	1,473	9	30	32
	GRAND FORKS	66,568	0%	67,119	34,100	32,468	54,982	1,775	7,330	2,481
	GRANT	2,065	-3%	1,946	1,021	1,044	1,998	1	59	7
	GRIGGS	2,040	-6%	1,872	1,023	1,016	2,009	4	19	9
	HETTINGER	2,527	-4%	2,410	1,219	1,307	2,404	6	105	12
	KIDDER	2,120	-4%	1,977	1,080	1,040	1,958	6	83	74
	LAMOURE	4,071	-4%	3,864	2,069	2,002	3,964	6	59	42
	LOGAN	1,590	-13%	1,449	803	787	1,543	2	34	10
	MCHENRY	5,709	-8%	5,672	2,940	2,769	5,515	4	115	76
	MCINTOSH	2,770	-7%	2,599	1,361	1,408	2,613	6	50	100
	MCKENZIE	5,220	-4%	5,194	2,732	2,487	3,996	11	1,082	130
	MCLEAN	9,542	7%	9,606	4,878	4,665	8,241	8	1,114	180
	MERCER	8,310	-1%	8,064	4,293	4,017	7,721	17	472	100
	MORTON	30,296	-2%	31,703	15,117	15,180	24,477	265	4,724	830
	MOUNTRAIL	8,796	12%	9,406	4,671	4,126	4,062	12	4,109	613
	NELSON	3,174	-6%	3,014	1,641	1,533	3,028	8	94	45
	OLIVER	859	-28%	716	443	416	813	3	29	15
	PEMBINA	7,293	-3%.	6,997	3,714	3,578	6,637	14	338	304
	PIERCE	3,914	11%	3,759	1,949	1,965	3,021	18	837	38
	RAMSEY	11,760	-7%	11,602	5,853	5,906	9,636	39	1,695	390
	RANSOM	5,335	2%	5,205	2,726	2,609	4,951	20	264	100
	RENVILLE	2,280	-7%	2,173	1,171	1,110	2,166	2	84	28
	RICHLAND	15,791	9%	15,357	8,158	7,633	13,624	247	1,572	347
	ROLETTE	14,726	-3%	15,075	7,287	7,439	2,030	17	12,541	139
	SARGENT	5,526	10%	7,011	2,930	2,596	5,421	2	68	35
	SHERIDAN	1,070	-8%	968	522	548	1,016	4	38	12
	SIOUX	4,559	2%	4,729	2,320	2,239	518	6	3,935	100
	SLOPE	292	-11%	258	158	134	267	0	15	11
	STARK	26,299	-4%	27,002	13,175	13,124	22,264	366	2,813	855
	STEELE	2,008	9%	2,459	1,009	999	1,952	1	46	8
	STUTSMAN	21,519	1%	21,178	10,950	10,570	19,393	90	1,504	532
	TOWNER	1,887	-6%	1,714	953	934	1,792	1	84	10
	TRAILL	8,400	-8%	8,378	4,217	4,183	7,746	77	287	290
	WALSH	11,438	3%	11,237	5,761	5,677	9,403	23	753	1,258
	WARD	62,582	11%	63,786	31,736	30,846	52,219	1,451	6,654	2,259
	WELLS	4,361	9%	4,292	2,154	2,207	4,280	6	47	27
	WILLIAMS	23,700	7%	24,387	12,242	11,457	19,760	60	3,332	548
ND Total		697,784	0%	718,979	352,149	345,636	576,578	11,954	91,031	18,222

State	County	2017 Age Ranges (Years)								2017 Occupations					
		1-9	10-19	20-29	30-39	40-49	50-59	60-69	70 over	Managerial	Sales	Admin support	Service	Farming forestry, fishing	Production
ND	ADAMS	153	208	137	145	295	340	299	398	548	107	50	154	3	136
	BARNES	1,040	1,380	1,266	883	1,536	2,152	1,179	1,589	2,433	430	453	776	23	1,315
	BENSON	530	626	313	331	562	778	487	456	1,181	144	258	308	191	277
	BILLINGS	20	26	27	26	48	91	40	40	51	33	10	4	0	2
	BOTTINEAU	499	708	531	435	994	1,329	881	931	1,195	529	559	361	29	687
	BOWMAN	339	362	320	241	480	676	423	592	892	56	193	79	4	319
	BURKE	189	182	136	136	279	321	257	268	476	91	77	95	3	158
	BURLEIGH	9,406	10,354	12,037	8,848	12,084	14,123	7,597	8,388	14,152	4,043	5,438	6,153	57	7,390
	CASS	20,743	21,248	38,093	20,665	22,580	24,998	11,802	12,140	26,321	10,488	11,264	8,828	329	13,309
	CAVALIER	257	392	214	223	492	659	471	710	809	144	355	284	1	214
	DICKEY	651	655	607	453	672	874	612	844	1,188	268	316	213	20	613
	DIVIDE	130	145	143	107	209	295	236	319	418	32	61	147	3	202
	DUNN	256	339	257	225	452	495	316	402	977	82	81	139	2	181
	EDDY	242	262	173	147	360	424	210	441	688	61	99	149	6	209
	EMMONS	279	392	110	203	404	442	376	714	963	120	250	140	7	134
	FOSTER	345	475	253	315	604	555	366	624	947	43	158	120	4	494
	GOLDEN VALLEY	131	289	92	126	200	287	166	254	594	7	32	130	2	70
	GRAND FORKS	7,204	7,690	15,968	6,607	8,699	9,944	5,003	5,453	9,109	2,534	3,410	7,762	102	7,113
	GRANT	155	230	137	120	295	376	311	441	782	81	67	46	3	133
	GRIGGS	155	202	116	127	254	414	292	478	479	134	77	166	2	190
	HETTINGER	196	288	203	191	357	457	317	518	907	101	36	105	13	230
	KIDDER	196	248	187	146	302	458	251	331	853	55	82	48	7	124
	LAMOURE	405	490	265	306	608	754	442	799	1,309	113	156	126	19	397
	LOGAN	147	157	107	124	186	273	190	407	524	30	60	74	2	183
	MCHENRY	564	680	497	542	874	978	674	899	1,466	164	354	345	53	707
	MCINTOSH	249	285	154	191	382	410	315	785	877	43	155	233	7	212
	MCKENZIE	622	667	559	441	745	1,092	552	542	1,257	227	320	652	14	377
	MCLEAN	798	1,042	696	724	1,283	2,163	1,431	1,406	2,093	524	626	665	20	1,192
	MERCER	644	999	556	591	1,408	2,095	1,028	991	1,370	349	341	944	5	1,136
	MORTON	3,704	3,637	3,595	3,341	5,003	4,780	2,882	3,354	5,699	955	2,558	1,984	50	2,850
	MOUNTRAIL	1,128	1,206	1,387	831	1,130	1,545	792	778	2,496	408	504	1,066	4	519
	NELSON	256	345	225	202	435	638	439	635	908	148	182	123	14	317
	OLIVER	69	88	57	53	121	228	138	105	282	21	30	13	0	83
	PEMBINA	695	790	668	595	1,035	1,427	880	1,204	1,636	212	533	305	88	943
	PIERCE	393	485	280	347	599	667	387	754	1,055	65	502	151	5	279
	RAMSEY	1,316	1,527	1,294	977	1,828	1,974	1,270	1,574	2,146	1,063	719	1,086	19	910
	RANSOM	519	690	377	489	861	1,015	567	818	936	247	108	283	22	995
	RENVILLE	225	295	214	195	348	375	283	345	652	218	64	158	3	115
	RICHLAND	1,669	2,388	2,171	1,279	2,422	2,823	1,279	1,759	3,118	512	795	1,067	87	2,105
	ROLETTE	2,636	2,512	1,723	1,580	2,100	2,078	1,138	960	3,650	1,063	2,225	1,472	7	916
	SARGENT	765	653	401	603	966	959	559	620	656	61	651	677	76	583
	SHERIDAN	70	109	56	63	155	196	162	258	394	120	37	26	3	39
	SIOUX	887	781	666	588	615	515	310	196	866	258	146	1,243	36	504
	SLOPE	44	26	23	24	29	56	39	51	127	2	5	2	0	15
	STARK	2,623	3,242	4,354	2,115	3,898	4,061	2,555	3,451	5,271	1,239	2,360	1,292	41	2,456
	STEELE	153	276	147	164	311	397	293	266	496	69	76	91	12	285
	STUTSMAN	2,065	2,500	2,724	1,982	3,247	3,819	2,150	3,031	3,712	1,187	1,420	1,694	55	2,132
	TOWNER	135	214	94	103	331	415	229	367	547	49	94	122	9	128
	TRAILL	923	1,127	852	746	1,288	1,476	813	1,176	1,926	169	534	506	78	1,018
	WALSH	1,137	1,424	969	974	1,776	2,184	1,327	1,647	1,766	279	825	739	277	1,837
	WARD	7,993	7,852	11,529	6,796	8,491	8,570	5,033	6,318	12,389	3,049	7,036	4,819	297	4,168
	WELLS	374	429	247	289	681	770	614	957	980	193	245	405	23	546
	WILLIAMS	2,556	3,036	3,047	2,106	3,554	4,199	2,213	2,987	3,703	1,150	1,660	2,303	103	2,661
ND Total		78,879	86,653	111,254	70,062	98,867	113,422	62,874	75,773	130,272	33,771	48,646	50,872	2,239	64,107

State	County	2017 Educational Attainment							2017 Family Income						
		Less than 9th grade	9th to 12th grade, no diploma	High school grad-uate	Some college, no degree	Assoc-iate degree	Bach-elor's degree	Grad. or pro-fessional degree	Less than $25,000	$25,000-$34,999	$35,000-$49,999	$50,000-$74,999	$75,000-$99,999	$100,000-$149,999	over $150,000
ND	ADAMS	51	75	606	469	84	314	127	158	55	82	130	61	22	40
	BARNES	216	404	3,010	2,430	396	2,303	634	639	258	462	663	412	304	229
	BENSON	80	467	551	1,037	618	348	157	248	126	175	244	168	66	30
	BILLINGS	2	22	32	77	6	148	4	11	9	21	32	4	4	26
	BOTTINEAU	218	378	1,689	1,715	490	823	214	387	192	291	313	236	183	113
	BOWMAN	91	194	752	883	258	621	121	195	66	144	179	169	122	101
	BURKE	81	87	432	394	197	286	12	117	47	62	146	60	73	39
	BURLEIGH	2,080	2,975	13,999	19,254	7,234	18,373	4,784	5,495	2,648	5,059	8,397	8,835	6,776	3,164
	CASS	2,277	6,135	26,229	41,470	10,428	40,907	14,906	8,739	3,984	5,083	8,585	6,293	7,033	5,095
	CAVALIER	160	158	947	1,111	210	334	54	179	95	212	214	90	117	42
	DICKEY	229	146	1,688	1,468	214	535	129	354	124	176	291	211	145	91
	DIVIDE	29	167	606	372	76	118	30	88	44	61	56	100	50	39
	DUNN	146	167	674	578	98	554	125	158	69	90	150	107	111	57
	EDDY	106	188	498	384	155	455	108	111	68	65	180	59	89	15
	EMMONS	342	229	565	813	71	376	42	241	106	182	126	69	65	40
	FOSTER	93	357	668	643	144	525	525	172	96	143	241	113	137	95
	GOLDEN VALLEY	23	21	487	301	129	351	9	132	29	63	53	40	71	10
	GRAND FORKS	1,282	2,893	13,051	17,246	4,781	10,804	6,014	4,129	1,477	2,083	3,113	2,608	2,013	1,211
	GRANT	142	77	542	586	156	236	61	150	79	110	106	70	45	36
	GRIGGS	108	114	609	595	45	218	107	101	69	99	170	80	36	22
	HETTINGER	223	172	717	490	142	317	120	163	68	150	137	90	74	37
	KIDDER	104	228	752	400	136	117	81	155	98	65	143	60	64	23
	LAMOURE	151	616	920	793	168	517	259	222	121	143	323	138	105	83
	LOGAN	151	140	466	351	57	151	40	117	39	55	116	50	54	27
	MCHENRY	267	205	1,353	1,357	518	745	398	304	145	237	467	228	180	61
	MCINTOSH	360	174	946	416	175	215	96	210	118	139	153	90	61	38
	MCKENZIE	163	465	1,324	901	691	442	262	271	129	179	223	149	265	174
	MCLEAN	303	629	2,777	2,387	843	1,058	285	487	195	424	631	513	460	113
	MERCER	472	399	2,243	2,168	468	1,000	439	420	168	173	456	497	545	98
	MORTON	1,080	1,731	7,700	5,508	3,318	4,667	798	1,253	703	1,198	1,858	1,361	1,225	745
	MOUNTRAIL	218	1,325	1,855	1,619	546	1,170	345	488	189	287	510	292	408	137
	NELSON	55	225	525	784	219	822	141	200	71	148	247	113	60	20
	OLIVER	10	52	239	278	54	89	23	37	13	28	52	31	75	10
	PEMBINA	470	346	1,737	1,873	327	995	476	317	205	271	468	430	251	68
	PIERCE	162	142	751	1,611	100	284	234	271	83	193	268	104	148	22
	RAMSEY	583	707	2,343	2,873	1,073	1,639	594	617	347	461	637	482	483	133
	RANSOM	147	272	1,732	1,027	368	788	132	223	118	213	376	300	145	53
	RENVILLE	29	146	435	589	173	416	127	70	49	145	162	100	50	42
	RICHLAND	457	1,105	3,120	4,002	2,034	1,946	571	669	367	609	806	771	568	307
	ROLETTE	310	1,095	3,227	2,523	1,152	1,212	1,443	1,402	398	472	664	307	264	116
	SARGENT	110	349	1,447	1,730	200	434	168	252	219	181	415	215	187	57
	SHERIDAN	54	60	251	482	20	57	19	70	43	64	79	28	24	8
	SIOUX	85	323	832	897	560	485	152	363	74	157	180	113	43	54
	SLOPE	2	16	91	50	8	47	23	16	10	5	18	18	10	7
	STARK	1,581	1,268	5,150	4,686	1,641	6,488	1,539	1,312	521	802	1,385	1,237	1,052	552
	STEELE	40	34	230	897	137	319	67	57	56	141	164	72	47	23
	STUTSMAN	940	983	6,135	4,917	930	3,386	1,047	1,440	617	804	1,311	964	517	382
	TOWNER	41	102	609	428	110	278	77	90	51	99	132	62	35	33
	TRAILL	365	383	1,433	2,152	502	1,595	555	323	176	376	550	412	314	85
	WALSH	526	821	2,560	3,993	517	948	246	517	294	583	824	398	350	73
	WARD	1,371	2,489	12,613	15,874	4,919	9,880	3,962	2,744	1,977	2,273	3,648	3,709	1,934	942
	WELLS	273	540	933	1,260	152	557	70	280	108	275	267	162	100	72
	WILLIAMS	857	1,343	6,303	5,340	1,810	2,477	1,632	895	634	1,052	1,351	957	919	524
ND Total		19,715	34,142	141,385	166,485	49,858	124,169	44,581	38,057	18,047	27,063	42,405	34,238	28,482	15,615

2017 Consumer Spending ($Millions)

State	County	Average annual expend-itures	Food	Alcoholic beverages	Housing	Apparel and services	Transport-ation	Healthcare	Entertain-ment	Personal care products & services	Education	Personal insurance & pensions
ND	ADAMS	25.1	3.2	0.2	8.5	0.8	4.5	2.1	1.3	0.3	0.5	2.6
	BARNES	146.7	18.7	1.2	268.8	26.3	142.3	67.5	40.7	9.7	15.3	81.8
	BENSON	49.6	6.4	0.4	68.5	6.7	36.5	17.3	10.4	2.5	3.8	21.1
	BILLINGS	5.5	0.7	0.0	46.3	4.9	24.9	11.2	7.7	1.7	3.6	19.4
	BOTTINEAU	83.8	10.7	0.7	61.9	6.1	32.1	15.2	9.4	2.2	3.9	19.0
	BOWMAN	51.6	6.5	0.4	33.9	3.3	18.6	8.7	5.3	1.3	1.9	11.7
	BURKE	27.1	3.4	0.2	181.4	18.2	96.4	44.9	28.4	6.7	11.6	61.9
	BURLEIGH	2,237.4	280.3	19.1	57.3	5.7	30.8	14.4	9.0	2.1	3.5	19.3
	CASS	2,358.5	295.2	20.1	492.8	48.6	264.5	124.3	76.0	17.9	28.3	159.9
	CAVALIER	48.1	6.1	0.4	51.4	5.0	27.5	13.0	7.9	1.9	3.0	16.6
	DICKEY	66.6	8.5	0.5	61.7	5.9	32.5	15.6	9.2	2.2	3.3	17.9
	DIVIDE	23.7	3.0	0.2	107.0	10.2	55.8	27.0	15.7	3.8	5.5	28.2
	DUNN	37.8	4.8	0.3	16.3	1.6	8.8	4.2	2.5	0.6	0.9	4.9
	EDDY	29.6	3.8	0.2	3.1	0.3	1.6	0.8	0.5	0.1	0.2	0.9
	EMMONS	38.1	4.9	0.3	46.7	4.5	24.9	11.9	7.1	1.7	2.5	14.1
	FOSTER	50.5	6.4	0.4	6.5	0.6	3.5	1.6	1.0	0.2	0.4	1.9
	GOLDEN VALLEY	19.7	2.5	0.2	30.0	2.9	16.2	7.6	4.6	1.1	1.6	9.5
	GRAND FORKS	833.7	106.0	6.9	114.3	11.1	60.7	28.9	17.3	4.1	6.3	34.0
	GRANT	28.1	3.6	0.2	101.0	9.9	52.7	25.1	15.3	3.6	6.1	30.8
	GRIGGS	28.5	3.7	0.2	15.2	1.5	7.9	3.8	2.3	0.5	0.8	4.2
	HETTINGER	34.2	4.4	0.3	12.3	1.2	6.6	3.1	1.9	0.4	0.6	3.7
	KIDDER	28.3	3.7	0.2	78.4	7.7	41.8	19.7	12.0	2.8	4.6	25.0
	LAMOURE	57.0	7.2	0.5	19.1	1.8	10.1	4.9	2.8	0.7	1.0	5.2
	LOGAN	23.2	2.9	0.2	83.8	8.3	45.7	21.3	13.2	3.1	5.0	29.1
	MCHENRY	82.3	10.5	0.7	377.2	37.2	201.4	95.0	58.1	13.7	22.2	121.3
	MCINTOSH	37.1	4.8	0.3	42.3	4.1	22.6	10.8	6.3	1.5	2.1	12.3
	MCKENZIE	74.8	9.3	0.6	46.8	4.5	24.7	11.7	7.1	1.7	2.7	14.1
	MCLEAN	151.6	19.2	1.3	141.6	14.0	76.3	35.7	22.0	5.2	8.2	46.7
	MERCER	133.2	16.7	1.1	10.0	1.0	5.4	2.6	1.5	0.4	0.5	2.9
	MORTON	443.9	55.8	3.7	76.3	7.5	40.6	19.2	11.6	2.7	4.3	23.6
	MOUNTRAIL	123.7	15.6	1.0	17.7	1.7	9.5	4.5	2.7	0.6	0.9	5.4
	NELSON	41.3	5.3	0.3	105.7	10.4	56.1	26.6	16.0	3.8	5.8	31.5
	OLIVER	14.7	1.8	0.1	11.1	1.1	6.0	2.8	1.7	0.4	0.6	3.5
	PEMBINA	105.0	13.4	0.9	245.0	24.3	129.6	61.0	37.7	8.9	14.8	79.3
	PIERCE	53.1	6.8	0.4	12.4	1.2	6.7	3.2	1.9	0.4	0.7	3.7
	RAMSEY	162.1	20.7	1.3	401.0	39.7	212.2	100.0	61.7	14.6	24.4	129.4
	RANSOM	74.7	9.5	0.6	49.8	4.8	26.6	12.7	7.5	1.8	2.6	14.9
	RENVILLE	31.5	4.0	0.3	24.6	2.4	13.2	6.1	3.7	0.9	1.2	7.0
	RICHLAND	218.0	27.5	1.8	263.7	26.2	140.9	66.0	40.8	9.6	15.9	87.0
	ROLETTE	158.3	20.7	1.3	38.2	3.7	20.2	9.7	5.7	1.4	2.1	11.1
	SARGENT	78.6	10.0	0.6	133.4	12.8	70.4	33.8	19.9	4.8	7.2	38.1
	SHERIDAN	14.3	1.9	0.1	15.7	1.5	8.3	4.0	2.3	0.6	0.8	4.4
	SIOUX	44.7	5.8	0.4	19.4	1.9	10.5	4.9	3.0	0.7	1.1	6.3
	SLOPE	4.7	0.6	0.0	27.2	2.7	14.6	6.8	4.3	1.0	1.7	9.4
	STARK	367.2	46.2	3.1	65.5	6.5	35.5	16.7	10.2	2.4	3.7	21.5
	STEELE	27.4	3.5	0.2	48.6	4.8	25.8	12.3	7.4	1.7	2.8	14.8
	STUTSMAN	296.8	38.0	2.4	65.9	6.3	34.5	16.6	9.8	2.3	3.6	18.4
	TOWNER	23.9	3.1	0.2	31.4	3.0	16.7	7.9	4.7	1.1	1.7	9.4
	TRAILL	119.8	15.2	1.0	152.4	14.9	80.7	38.3	23.0	5.5	8.5	45.4
	WALSH	151.9	19.5	1.2	156.8	15.3	82.4	39.3	23.6	5.6	9.0	47.0
	WARD	892.8	113.6	7.4	564.4	56.1	303.2	141.9	87.9	20.7	33.9	190.1
	WELLS	59.2	7.7	0.5	101.9	9.8	53.3	25.5	15.1	3.6	5.7	28.8
	WILLIAMS	335.0	42.2	2.8	27.4	2.6	14.5	6.9	4.1	1.0	1.5	7.7
ND Total		10,654.2	1,345.9	89.2	5,239.8	515.6	2,789.0	1,316.8	802.7	189.8	304.2	1,657.8

State	County	U.S. Population			2017 Gender		2017 Race			
		Total 2017	2010-2017 % chg.	Total 2022	Male	Female	White	Black	Other Race	Hispanic
NE	ADAMS	31,845	0%	32,373	15,842	16,003	21,843	222	3,656	6,125
	ANTELOPE	5,343	-13%	5,015	2,646	2,697	4,921	13	167	242
	ARTHUR	376	-6%	368	187	189	332	0	25	19
	BANNER	360	-21%	305	179	181	299	0	36	25
	BLAINE	557	-10%	601	283	274	551	1	5	0
	BOONE	5,476	-5%	5,280	2,733	2,743	5,304	23	64	86
	BOX BUTTE	11,409	1%	11,096	5,614	5,795	8,720	138	1,211	1,340
	BOYD	2,064	-10%	1,953	1,019	1,045	1,969	1	64	30
	BROWN	3,167	-10%	3,091	1,541	1,626	3,070	2	66	29
	BUFFALO	48,539	-1%	50,069	24,089	24,450	41,378	308	2,557	4,297
	BURT	6,767	0%	6,539	3,319	3,448	6,221	19	326	201
	BUTLER	8,469	4%	8,616	4,249	4,220	7,924	21	186	338
	CASS	26,388	8%	27,482	13,249	13,140	24,294	141	914	1,039
	CEDAR	8,305	-12%	8,074	4,212	4,092	7,999	5	148	153
	CHASE	4,389	4%	4,488	2,187	2,202	3,595	5	282	507
	CHERRY	5,140	1%	5,054	2,537	2,603	4,153	12	913	62
	CHEYENNE	10,512	1%	10,706	5,226	5,286	9,108	18	592	795
	CLAY	10,156	11%	13,299	5,080	5,076	8,921	21	382	831
	COLFAX	11,785	10%	12,363	6,091	5,695	3,982	15	818	6,970
	CUMING	8,314	-4%	8,005	4,117	4,198	6,891	12	591	820
	CUSTER	10,710	-2%	10,515	5,313	5,397	9,856	23	332	498
	DAKOTA	23,286	5%	24,249	11,623	11,663	7,957	280	3,414	11,634
	DAWES	9,512	-17%	9,685	4,727	4,784	7,879	126	968	539
	DAWSON	26,383	7%	27,597	13,354	13,030	11,047	157	1,852	13,327
	DEUEL	1,968	-2%	1,916	970	998	1,874	1	43	50
	DIXON	6,267	0%	6,339	3,114	3,153	4,435	15	258	1,560
	DODGE	40,194	11%	41,418	19,727	20,468	24,413	253	5,311	10,217
	DOUGLAS	580,890	13%	644,961	285,432	295,457	361,824	58,660	74,129	86,276
	DUNDY	1,788	-15%	1,670	898	890	1,455	7	82	246
	FILLMORE	5,587	-3%	5,341	2,748	2,838	5,110	34	188	255
	FRANKLIN	3,075	-9%	2,974	1,529	1,547	2,972	2	66	35
	FRONTIER	2,647	-10%	2,594	1,329	1,318	2,548	0	58	41
	FURNAS	5,723	-8%	5,691	2,832	2,891	5,257	11	311	145
	GAGE	22,147	0%	22,073	10,877	11,270	20,026	264	1,334	523
	GARDEN	2,229	2%	2,186	1,137	1,092	2,007	8	106	109
	GARFIELD	2,627	9%	2,724	1,303	1,324	2,560	3	20	44
	GOSPER	2,686	-2%	3,063	1,324	1,361	2,444	7	46	188
	GRANT	993	16%	1,061	539	455	966	0	13	14
	GREELEY	2,658	-3%	2,584	1,349	1,309	2,538	15	51	53
	HALL	63,552	8%	66,505	31,801	31,751	32,680	836	7,577	22,460
	HAMILTON	9,083	7%	9,182	4,542	4,541	8,704	34	188	157
	HARLAN	2,958	1%	2,904	1,480	1,478	2,877	0	43	37
	HAYES	375	-25%	313	188	187	299	0	11	64
	HITCHCOCK	3,113	-3%	3,029	1,562	1,551	2,946	7	108	52
	HOLT	10,019	-1%	9,561	4,986	5,033	9,298	18	258	446
	HOOKER	889	0%	900	418	472	871	0	9	9
	HOWARD	6,352	6%	6,446	3,227	3,125	6,092	15	145	101
	JEFFERSON	7,485	-1%	7,283	3,694	3,791	6,936	24	274	252
	JOHNSON	5,657	0%	5,947	3,260	2,397	3,880	192	571	1,014
	KEARNEY	5,886	11%	5,736	2,890	2,996	5,383	9	205	288
	KEITH	8,051	3%	7,917	4,033	4,018	7,271	13	316	450
	KEYA PAHA	882	-18%	818	441	442	868	0	10	5
	KIMBALL	3,918	5%	3,867	1,958	1,960	3,298	6	393	221
	KNOX	9,664	-1%	9,755	4,759	4,906	8,223	8	1,284	150
	LANCASTER	323,703	15%	358,790	162,264	161,439	234,429	11,067	50,830	27,377
	LINCOLN	37,820	3%	38,834	18,697	19,123	33,139	312	1,516	2,852
	LOGAN	842	-4%	834	419	423	815	1	11	14
	LOUP	385	-8%	351	192	193	372	1	6	6
	MADISON	41,437	5%	42,777	20,608	20,829	27,175	385	4,303	9,575
	MCPHERSON	322	-27%	290	164	159	313	2	6	2
	MERRICK	7,509	3%	7,443	3,708	3,801	7,030	11	272	196
	MORRILL	5,395	-7%	5,367	2,684	2,711	4,144	12	395	844
	NANCE	3,501	-5%	3,356	1,751	1,750	3,334	8	77	82
	NEMAHA	7,092	-3%	6,984	3,455	3,637	6,742	46	157	147
	NUCKOLLS	4,097	-9%	3,893	2,008	2,090	3,822	5	119	152
	OTOE	15,463	-5%	15,826	7,540	7,922	12,214	63	1,763	1,422
	PAWNEE	2,636	-2%	2,546	1,316	1,320	2,534	10	68	24
	PERKINS	2,829	-16%	2,765	1,426	1,403	2,486	6	76	261
	PHELPS	8,931	-5%	8,775	4,411	4,520	8,161	18	306	447
	PIERCE	6,696	0%	6,687	3,383	3,313	6,426	13	107	150
	PLATTE	33,792	-6%	34,599	16,920	16,872	20,494	103	3,558	9,638
	POLK	4,709	-7%	4,591	2,327	2,382	4,416	6	107	180
	RED WILLOW	11,008	-9%	10,852	5,464	5,544	10,011	76	366	555
	RICHARDSON	8,377	3%	8,061	4,145	4,231	7,706	16	579	76
	ROCK	1,288	5%	1,272	639	649	1,256	1	28	3
	SALINE	16,463	0%	17,178	8,290	8,173	8,029	93	2,513	5,829
	SARPY	217,274	35%	314,549	107,937	109,337	172,436	5,760	19,938	19,140
	SAUNDERS	21,392	5%	22,173	10,809	10,583	20,127	70	600	595
	SCOTTS BLUFF	38,133	-2%	38,521	18,388	19,745	25,907	221	2,957	9,048
	SEWARD	16,957	3%	17,405	8,615	8,342	16,144	58	484	270
	SHERIDAN	5,299	-18%	5,042	2,549	2,750	3,568	11	1,487	233
	SHERMAN	2,881	-5%	2,766	1,415	1,467	2,782	1	32	67
	SIOUX	405	-32%	323	211	194	389	0	8	8
	STANTON	2,859	-20%	2,681	1,370	1,488	2,232	11	257	360

State	County	1-9	10-19	20-29	30-39	40-49	50-59	60-69	70 over	Managerial	Sales	Admin support	Service	Farming forestry, fishing	Production
NE	ADAMS	4,005	4,828	4,353	2,861	4,447	4,920	2,937	3,493	5,659	1,388	1,719	2,041	50	3,788
	ANTELOPE	560	672	439	375	785	1,001	628	884	1,524	168	191	252	57	379
	ARTHUR	59	45	19	39	40	63	52	58	118	0	3	2	7	13
	BANNER	35	51	26	22	50	84	49	42	130	6	17	9	5	4
	BLAINE	56	132	17	60	88	78	71	55	109	1	91	10	27	20
	BOONE	551	781	425	415	825	991	529	959	1,783	141	257	212	40	278
	BOX BUTTE	1,318	1,487	1,045	990	1,639	2,434	1,161	1,336	2,123	249	514	749	131	1,872
	BOYD	182	268	136	153	264	400	274	387	654	14	131	133	13	79
	BROWN	306	379	217	275	462	558	383	587	843	73	112	165	25	296
	BUFFALO	5,802	6,531	12,320	4,582	6,177	6,118	3,390	3,619	7,854	4,344	3,083	2,403	62	2,711
	BURT	744	835	502	523	1,026	1,175	762	1,199	1,506	324	350	500	17	663
	BUTLER	978	1,228	703	804	1,281	1,518	804	1,154	1,751	252	573	406	21	1,096
	CASS	3,266	3,818	2,224	2,705	4,485	4,604	2,805	2,480	5,005	1,270	1,644	1,534	3	2,749
	CEDAR	950	1,239	597	665	1,242	1,471	780	1,362	2,233	349	422	271	26	846
	CHASE	506	492	454	364	586	807	480	700	1,299	160	217	171	84	220
	CHERRY	561	642	500	472	717	806	646	797	1,391	160	152	341	106	194
	CHEYENNE	1,183	1,380	1,135	1,168	1,674	1,809	881	1,283	1,736	1,079	740	490	15	806
	CLAY	1,305	1,390	853	894	1,321	1,735	1,289	1,368	2,932	234	368	307	36	1,083
	COLFAX	2,042	1,804	1,571	1,356	1,670	1,612	751	979	1,668	153	237	411	96	2,984
	CUMING	1,030	1,128	692	692	1,347	1,186	827	1,412	1,884	142	361	329	80	1,076
	CUSTER	1,252	1,343	834	1,030	1,527	1,847	1,275	1,600	2,939	172	474	393	166	1,087
	DAKOTA	3,818	3,760	3,061	2,582	3,316	3,155	1,821	1,774	2,925	1,269	1,056	1,154	93	4,585
	DAWES	828	1,640	2,138	690	948	1,295	809	1,164	1,506	814	557	557	157	649
	DAWSON	4,492	3,930	3,327	2,831	3,446	3,888	2,072	2,396	3,170	686	879	1,739	255	6,702
	DEUEL	205	193	114	155	378	345	250	327	534	66	102	104	17	109
	DIXON	757	968	571	566	896	1,133	643	733	1,453	257	267	217	78	698
	DODGE	4,956	5,075	4,532	4,154	5,830	5,932	4,102	5,614	5,478	2,528	2,982	2,933	54	4,674
	DOUGLAS	84,552	77,976	88,049	71,512	83,076	84,792	45,449	45,483	108,588	29,045	35,446	38,954	1,077	49,313
	DUNDY	188	204	126	139	265	339	217	311	410	46	193	71	15	154
	FILLMORE	567	827	383	408	835	984	607	977	1,449	139	273	359	24	487
	FRANKLIN	315	395	199	255	481	569	362	499	877	113	149	153	19	266
	FRONTIER	221	478	391	179	320	460	299	300	613	81	127	212	27	154
	FURNAS	615	743	416	432	778	1,232	646	862	1,518	188	203	337	36	617
	GAGE	2,488	2,854	2,083	2,014	3,477	3,740	2,242	3,249	4,455	1,169	969	1,207	35	2,529
	GARDEN	161	241	126	144	313	386	401	458	546	100	113	139	20	188
	GARFIELD	232	328	154	180	351	485	385	511	940	55	64	73	27	143
	GOSPER	228	276	161	177	337	502	439	564	449	166	100	170	8	407
	GRANT	87	125	76	82	224	171	123	104	200	58	31	17	79	26
	GREELEY	304	313	254	204	394	426	314	449	867	60	230	49	12	103
	HALL	9,627	8,479	7,773	7,419	9,035	9,489	5,390	6,340	8,157	3,222	4,228	3,770	206	10,450
	HAMILTON	1,035	1,365	675	821	1,468	1,722	935	1,060	2,070	216	731	452	31	722
	HARLAN	263	428	165	230	371	604	406	490	652	128	140	279	15	290
	HAYES	37	51	30	29	55	73	43	57	137	7	8	14	8	14
	HITCHCOCK	297	327	254	233	484	582	431	504	871	79	188	211	17	194
	HOLT	993	1,313	713	802	1,574	1,826	1,138	1,660	2,468	379	408	703	116	736
	HOOKER	79	133	45	87	103	158	131	152	202	79	37	23	57	48
	HOWARD	760	883	493	713	962	1,036	702	804	1,436	321	380	288	87	495
	JEFFERSON	784	847	620	639	996	1,471	876	1,251	1,361	208	429	587	24	1,007
	JOHNSON	581	572	588	788	957	953	533	685	1,436	80	535	289	12	475
	KEARNEY	701	780	510	544	918	1,065	586	783	1,011	337	425	282	27	644
	KEITH	783	930	657	712	1,086	1,482	1,199	1,201	1,721	463	422	483	50	658
	KEYA PAHA	90	91	38	61	127	178	125	173	416	4	10	7	2	8
	KIMBALL	409	455	348	261	552	748	485	660	819	207	290	209	27	344
	KNOX	1,186	1,312	708	780	1,351	1,676	1,054	1,599	3,002	375	235	475	44	765
	LANCASTER	42,369	41,894	61,657	37,827	42,161	47,202	26,280	25,252	55,928	13,598	17,649	21,359	362	26,446
	LINCOLN	4,873	4,833	4,441	4,097	5,186	6,257	3,681	4,452	5,274	1,551	2,453	3,046	182	5,952
	LOGAN	95	90	71	75	124	152	117	118	206	27	88	17	7	54
	LOUP	45	52	27	32	47	73	57	52	106	4	11	36	3	39
	MADISON	5,345	6,308	5,574	3,905	6,104	6,436	3,365	4,400	6,289	2,077	2,868	2,797	164	5,168
	MCPHERSON	46	48	25	25	54	53	30	42	154	0	1	0	0	3
	MERRICK	927	1,031	726	664	1,204	1,148	811	998	1,771	362	301	351	16	795
	MORRILL	602	718	505	471	784	954	630	732	1,363	213	272	343	17	528
	NANCE	402	459	317	303	524	579	389	527	838	159	122	129	23	525
	NEMAHA	745	998	962	502	907	1,343	657	977	1,350	398	411	488	19	747
	NUCKOLLS	391	429	288	305	584	728	528	843	1,043	233	193	291	25	254
	OTOE	1,917	1,974	1,583	1,543	2,301	2,484	1,533	2,127	2,816	686	885	1,387	14	1,591
	PAWNEE	274	338	171	190	389	423	343	507	674	50	247	157	3	169
	PERKINS	342	332	306	259	353	492	304	442	960	40	124	117	11	148
	PHELPS	1,056	1,168	790	822	1,322	1,411	997	1,365	1,912	400	541	577	48	738
	PIERCE	752	1,067	555	670	1,081	1,056	689	826	1,492	389	361	294	12	677
	PLATTE	4,470	4,930	3,512	3,592	5,147	5,181	3,018	3,942	5,673	1,136	1,490	1,772	168	5,264
	POLK	574	648	321	423	719	783	518	723	1,188	124	250	212	19	457
	RED WILLOW	1,243	1,430	1,202	957	1,590	1,802	1,052	1,732	1,936	591	482	1,111	67	999
	RICHARDSON	779	1,157	612	695	1,156	1,643	967	1,368	1,877	229	838	493	19	870
	ROCK	122	107	110	95	157	268	184	246	427	30	22	31	6	73
	SALINE	2,127	2,627	2,204	1,806	2,397	2,333	1,419	1,551	3,231	381	690	888	9	2,463
	SARPY	35,397	27,601	28,127	31,888	31,742	30,739	18,878	12,902	52,357	10,266	13,090	9,912	70	15,037
	SAUNDERS	2,782	3,005	1,725	2,239	3,613	3,565	2,228	2,235	4,271	622	1,398	1,187	15	2,303
	SCOTTS BLUFF	4,881	4,685	4,764	3,630	4,985	6,115	3,855	5,219	8,291	1,390	2,774	2,376	83	4,387
	SEWARD	1,896	2,750	2,285	1,523	2,430	2,645	1,570	1,858	3,642	275	1,054	920	16	1,789
	SHERIDAN	597	632	420	465	666	991	623	905	1,430	153	240	285	251	222
	SHERMAN	299	297	187	252	402	515	382	549	779	122	152	102	12	249
	SIOUX	33	39	32	26	54	83	54	84	173	13	9	3	1	9
	STANTON	341	441	196	269	445	434	277	457	731	56	127	118	10	382

State	County	Less than 9th grade	9th to 12th grade, no diploma	High school grad-uate	Some college, no degree	Assoc-iate degree	Bach-elor's degree	Grad. or pro-fessional degree	Less than $25,000	$25,000-$34,999	$35,000-$49,999	$50,000-$74,999	$75,000-$99,999	$100,000-$149,999	over $150,000
NE	ADAMS	776	1,384	7,090	7,794	1,704	4,287	2,766	1,618	593	1,245	1,803	1,784	840	346
	ANTELOPE	132	222	1,353	1,206	436	703	392	338	159	298	314	231	148	38
	ARTHUR	4	10	83	95	26	23	55	15	23	34	29	8	9	2
	BANNER	1	2	41	51	9	32	158	35	16	11	26	8	12	4
	BLAINE	3	1	24	187	179	11	1	32	32	29	62	22	0	2
	BOONE	128	136	1,452	1,257	691	572	319	311	168	339	394	133	94	61
	BOX BUTTE	224	377	2,276	4,216	546	1,389	395	803	252	377	584	438	523	143
	BOYD	33	111	633	509	162	196	110	111	87	138	141	59	12	14
	BROWN	88	197	604	933	157	472	207	318	102	171	182	82	31	20
	BUFFALO	430	1,657	5,223	7,535	2,678	16,515	6,038	1,839	949	1,385	3,229	1,856	1,522	1,189
	BURT	94	479	1,801	2,049	382	652	152	340	193	293	494	354	196	102
	BUTLER	177	288	2,243	1,784	475	1,378	548	301	218	482	609	319	285	74
	CASS	255	584	6,517	5,522	1,826	4,583	1,896	776	362	858	1,802	1,647	1,273	727
	CEDAR	239	298	2,120	1,849	609	875	767	414	228	373	585	315	222	73
	CHASE	39	254	1,483	955	310	397	192	242	173	189	273	207	126	50
	CHERRY	89	159	868	1,510	484	826	342	299	205	245	365	182	127	33
	CHEYENNE	218	398	2,959	2,743	588	1,440	243	501	228	439	533	607	407	168
	CLAY	435	315	1,604	2,987	472	1,810	601	570	278	445	965	382	245	64
	COLFAX	2,012	699	2,478	1,898	353	1,102	394	539	273	385	951	480	236	62
	CUMING	592	316	2,524	1,859	391	853	187	447	225	447	564	288	157	127
	CUSTER	130	416	2,280	2,745	984	1,493	745	635	406	482	790	429	224	75
	DAKOTA	2,883	2,324	4,901	4,030	795	1,776	942	1,190	552	833	1,207	966	992	191
	DAWES	229	349	1,297	2,048	1,439	1,569	1,334	638	240	397	361	353	164	44
	DAWSON	7,086	1,395	4,346	3,690	307	2,030	1,149	1,339	634	1,072	1,940	946	632	164
	DEUEL	25	135	497	454	147	309	93	120	79	97	148	72	33	17
	DIXON	242	355	1,531	1,267	598	768	278	253	195	294	472	303	150	61
	DODGE	1,112	2,396	12,156	9,140	2,135	4,178	1,715	2,077	1,040	1,445	2,940	1,567	1,369	486
	DOUGLAS	15,416	25,922	84,920	106,597	28,772	135,358	60,056	25,746	11,673	15,901	24,267	22,730	30,969	18,265
	DUNDY	39	48	289	591	292	155	81	128	41	92	111	40	48	34
	FILLMORE	107	173	1,553	1,178	557	696	385	289	169	317	306	238	147	60
	FRANKLIN	42	56	890	860	100	281	324	215	121	177	180	83	71	26
	FRONTIER	15	76	443	465	415	636	203	128	69	121	196	80	67	24
	FURNAS	97	243	1,727	1,231	291	969	193	357	192	305	446	162	105	92
	GAGE	696	1,082	6,176	4,701	1,170	3,068	1,313	1,134	521	1,017	1,475	1,006	622	209
	GARDEN	16	234	785	566	113	114	140	201	95	112	119	82	34	12
	GARFIELD	46	154	733	577	450	171	91	156	76	132	241	51	68	15
	GOSPER	24	221	909	769	69	219	103	144	82	154	150	197	57	73
	GRANT	7	104	143	120	56	332	83	89	31	75	66	28	14	4
	GREELEY	72	165	585	735	289	277	75	176	70	130	152	107	63	22
	HALL	3,851	3,634	16,967	13,246	3,074	6,191	2,699	3,398	1,535	2,576	4,111	2,560	1,749	902
	HAMILTON	43	204	1,683	2,391	571	1,575	898	307	173	501	664	524	357	123
	HARLAN	110	191	719	877	117	286	197	148	70	183	200	116	85	19
	HAYES	6	28	136	104	23	17	6	26	20	31	24	4	4	1
	HITCHCOCK	102	79	838	940	202	293	219	206	142	132	185	167	86	6
	HOLT	209	495	3,230	2,320	679	996	465	566	305	423	774	378	186	103
	HOOKER	0	30	172	313	41	97	83	58	21	52	51	40	15	8
	HOWARD	41	220	1,277	2,132	166	1,052	279	309	146	332	457	357	120	37
	JEFFERSON	179	356	2,179	1,911	689	723	243	467	193	320	589	335	137	87
	JOHNSON	322	344	1,573	841	434	958	307	318	128	223	500	252	147	16
	KEARNEY	173	102	1,737	1,416	234	936	219	221	133	267	544	219	201	68
	KEITH	125	408	1,797	2,284	473	1,271	409	404	219	352	421	355	425	103
	KEYA PAHA	8	51	202	170	102	101	114	74	38	59	34	27	21	7
	KIMBALL	46	117	1,101	1,434	116	404	84	233	110	163	197	143	209	36
	KNOX	214	365	2,404	1,928	963	1,092	799	663	328	457	719	323	123	54
	LANCASTER	6,923	13,154	50,602	64,525	21,294	71,748	34,585	13,864	6,507	8,647	15,577	13,316	14,952	7,935
	LINCOLN	827	1,626	7,903	11,073	2,990	4,491	1,645	2,287	704	1,182	1,866	1,927	1,665	663
	LOGAN	4	13	191	384	46	56	12	34	33	79	73	26	4	4
	LOUP	1	2	110	125	19	19	40	22	29	19	13	8	10	2
	MADISON	1,710	2,388	10,157	7,972	3,349	4,900	2,831	2,388	943	1,471	2,166	2,294	1,144	376
	MCPHERSON	1	4	51	27	29	134	1	22	10	15	42	5	12	0
	MERRICK	230	263	2,232	1,749	467	739	414	408	158	356	725	271	141	80
	MORRILL	137	553	1,103	1,639	298	577	123	326	188	316	260	217	97	77
	NANCE	88	238	1,026	824	326	234	137	170	112	164	204	126	112	70
	NEMAHA	221	241	1,294	1,618	794	1,415	396	461	187	258	404	299	199	86
	NUCKOLLS	118	147	963	1,330	270	384	285	289	209	155	296	94	60	61
	OTOE	385	804	3,642	3,309	1,318	1,656	1,439	819	288	540	952	818	581	225
	PAWNEE	62	128	735	758	102	270	156	129	94	163	159	121	52	34
	PERKINS	48	92	622	869	78	221	378	109	72	111	217	135	109	42
	PHELPS	76	491	1,737	2,397	600	1,415	543	475	248	459	503	410	198	140
	PIERCE	115	251	1,681	1,600	719	714	349	305	169	323	478	350	143	38
	PLATTE	1,059	1,541	8,583	7,335	2,088	4,281	2,084	1,323	873	1,332	2,461	1,531	1,173	443
	POLK	57	224	1,108	1,379	409	421	209	226	107	186	427	225	90	45
	RED WILLOW	196	405	2,592	3,179	1,251	1,101	407	724	299	535	643	506	312	53
	RICHARDSON	164	512	2,141	2,688	329	828	378	490	269	493	405	361	328	36
	ROCK	18	57	416	280	76	178	80	77	56	86	55	48	44	6
	SALINE	947	692	4,045	2,960	2,089	1,514	989	714	386	640	824	952	429	216
	SARPY	1,517	4,757	25,227	45,890	17,452	47,843	24,187	4,243	3,431	4,818	9,931	11,892	17,469	8,915
	SAUNDERS	280	826	5,186	4,722	1,579	3,556	995	681	364	643	1,207	1,256	1,302	338
	SCOTTS BLUFF	1,458	2,706	7,079	10,000	2,624	5,440	1,878	2,598	1,088	1,470	2,292	1,654	1,052	438
	SEWARD	410	422	2,583	3,339	1,565	3,460	2,247	527	232	479	838	1,083	831	306
	SHERIDAN	71	152	1,419	1,670	366	585	124	429	225	227	303	163	85	59
	SHERMAN	66	233	733	944	174	256	25	146	118	199	158	88	81	28
	SIOUX	1	5	95	131	9	66	45	44	16	14	24	7	1	9
	STANTON	100	148	700	497	210	408	226	128	71	152	209	88	110	11

2017 Consumer Spending ($Millions)

State	County	Average annual expend-itures	Food	Alcoholic beverages	Housing	Apparel and services	Transport-ation	Healthcare	Entertain-ment	Personal care products & services	Education	Personal insurance & pensions
NE	ADAMS	414.6	53.1	3.4	10.0	1.0	5.2	2.5	1.5	0.4	0.6	2.8
	ANTELOPE	74.3	9.6	0.6	11.9	1.2	6.4	3.0	1.8	0.4	0.7	3.8
	ARTHUR	5.8	0.8	0.0	18.2	1.8	9.9	4.6	2.9	0.7	1.1	6.2
	BANNER	5.1	0.7	0.0	1.0	0.1	0.5	0.2	0.1	0.0	0.1	0.3
	BLAINE	8.3	1.1	0.1	8.5	0.8	4.6	2.1	1.3	0.3	0.5	2.9
	BOONE	68.1	8.9	0.5	9.6	0.9	5.0	2.4	1.4	0.3	0.5	2.7
	BOX BUTTE	158.1	20.2	1.3	3.6	0.4	1.9	0.9	0.6	0.1	0.2	1.2
	BOYD	25.2	3.3	0.2	236.5	22.9	123.1	59.2	35.0	8.4	13.0	65.4
	BROWN	39.2	5.2	0.3	7.9	0.8	4.2	2.0	1.2	0.3	0.4	2.3
	BUFFALO	653.8	81.6	5.5	46.0	4.5	23.7	11.3	6.8	1.6	2.8	13.1
	BURT	97.7	12.5	0.8	5.5	0.5	2.9	1.4	0.8	0.2	0.3	1.6
	BUTLER	118.0	15.1	1.0	54.3	5.2	26.7	12.5	7.8	1.9	4.0	13.6
	CASS	428.8	53.2	3.7	53.6	5.1	27.6	13.4	7.8	1.9	2.9	14.1
	CEDAR	107.6	13.9	0.9	149.7	14.6	77.5	36.8	22.4	5.4	9.1	43.8
	CHASE	61.8	8.0	0.5	145.3	14.2	77.9	37.0	22.1	5.2	8.1	44.9
	CHERRY	69.5	9.0	0.5	15.8	1.5	8.2	3.9	2.4	0.6	0.9	4.7
	CHEYENNE	155.0	19.6	1.3	9.3	0.9	5.0	2.3	1.4	0.3	0.5	2.9
	CLAY	143.2	18.5	1.1	49.2	4.8	26.2	12.4	7.5	1.8	2.8	15.3
	COLFAX	144.9	18.6	1.2	16.6	1.6	8.8	4.2	2.5	0.6	0.9	4.7
	CUMING	110.4	14.2	0.9	19.6	1.9	10.6	5.0	3.0	0.7	1.1	6.3
	CUSTER	145.7	18.9	1.2	79.7	7.9	42.5	20.0	12.2	2.9	4.6	25.3
	DAKOTA	316.9	40.2	2.6	179.9	18.2	96.6	44.9	28.4	6.6	11.5	63.4
	DAWES	103.3	13.4	0.8	131.2	12.8	70.1	33.2	20.1	4.8	7.3	41.1
	DAWSON	332.1	42.7	2.7	142.1	13.9	75.3	35.6	21.7	5.2	8.3	45.0
	DEUEL	26.5	3.4	0.2	1.7	0.2	0.9	0.4	0.3	0.1	0.1	0.4
	DIXON	88.0	11.3	0.7	28.7	2.8	15.3	7.3	4.3	1.0	1.6	8.6
	DODGE	557.8	71.0	4.5	72.0	7.1	37.6	17.8	10.9	2.6	4.5	22.3
	DOUGLAS	8,275.5	1,026.9	71.6	247.1	23.8	130.1	62.5	36.7	8.8	13.2	69.0
	DUNDY	23.2	3.0	0.2	6.4	0.6	3.3	1.6	0.9	0.2	0.4	1.7
	FILLMORE	74.8	9.6	0.6	222.3	22.4	119.3	55.6	34.9	8.2	13.8	76.4
	FRANKLIN	39.8	5.2	0.3	24.8	0.9	4.6	2.2	1.3	0.3	0.5	2.5
	FRONTIER	33.2	4.3	0.3	484.0	48.7	260.8	120.6	76.4	17.9	30.5	170.4
	FURNAS	78.3	10.1	0.6	85.6	8.3	44.9	21.4	12.8	3.1	4.8	25.0
	GAGE	299.3	38.4	2.4	68.4	6.7	36.1	17.1	10.3	2.5	3.9	20.3
	GARDEN	29.3	3.8	0.2	21.8	2.2	11.7	5.5	3.4	0.8	1.3	7.2
	GARFIELD	35.6	4.6	0.3	3.0	0.3	1.7	0.8	0.5	0.1	0.2	1.0
	GOSPER	45.4	5.7	0.4	2.5	0.2	1.4	0.7	0.4	0.1	0.1	0.7
	GRANT	13.6	1.8	0.1	11.1	1.1	6.0	2.8	1.7	0.4	0.6	3.6
	GREELEY	35.3	4.5	0.3	6.5	0.6	3.4	1.6	1.0	0.2	0.4	1.9
	HALL	849.6	108.4	7.0	34.8	3.3	17.7	8.6	5.0	1.2	2.0	8.8
	HAMILTON	141.9	18.0	1.2	17.0	1.6	8.7	4.2	2.4	0.6	1.0	4.2
	HARLAN	41.0	5.3	0.3	16.4	1.6	8.6	4.1	2.5	0.6	0.9	4.8
	HAYES	4.8	0.6	0.0	1.2	0.1	0.6	0.3	0.2	0.0	0.1	0.4
	HITCHCOCK	44.6	5.8	0.4	18.7	1.8	9.7	4.6	2.8	0.7	1.1	5.2
	HOLT	131.3	16.9	1.0	91.1	9.1	48.5	22.7	14.1	3.3	5.6	30.0
	HOOKER	11.7	1.5	0.1	0.6	0.1	0.3	0.1	0.1	0.0	0.0	0.2
	HOWARD	87.3	11.3	0.7	11.8	1.1	6.2	3.0	1.8	0.4	0.7	3.2
	JEFFERSON	105.3	13.5	0.9	21.2	2.0	10.9	5.3	3.1	0.7	1.2	5.5
	JOHNSON	78.9	10.2	0.6	295.7	28.8	155.7	74.2	44.7	10.6	16.9	89.0
	KEARNEY	85.9	10.9	0.7	12.9	1.3	6.4	3.0	1.9	0.5	0.9	3.7
	KEITH	122.2	15.5	1.0	28.2	2.8	14.9	7.1	4.3	1.0	1.7	8.8
	KEYA PAHA	11.4	1.5	0.1	9.7	0.9	5.1	2.5	1.4	0.3	0.4	2.6
	KIMBALL	56.9	7.2	0.5	6.6	0.6	3.5	1.7	1.0	0.2	0.4	2.0
	KNOX	121.2	15.8	0.9	24.5	2.4	13.1	6.2	3.8	0.9	1.4	7.9
	LANCASTER	4,476.2	557.7	38.4	151.0	14.6	78.6	37.8	22.4	5.4	8.6	41.5
	LINCOLN	540.7	68.4	4.5	138.7	13.8	73.5	34.5	21.4	5.0	8.5	45.1
	LOGAN	11.8	1.5	0.1	4.8	0.5	2.5	1.2	0.7	0.2	0.3	1.4
	LOUP	4.9	0.6	0.0	1.4	0.1	0.7	0.3	0.2	0.0	0.1	0.3
	MADISON	536.6	69.0	4.4	253.9	25.1	131.0	61.8	38.6	9.1	16.7	79.2
	MCPHERSON	5.1	0.7	0.0	2.8	0.3	1.4	0.7	0.4	0.1	0.2	0.7
	MERRICK	104.6	13.4	0.8	16.7	1.6	8.8	4.2	2.5	0.6	0.9	4.8
	MORRILL	71.6	9.2	0.6	124.7	12.4	66.7	31.3	19.3	4.5	7.5	41.2
	NANCE	50.9	6.4	0.4	4.6	0.4	2.4	1.2	0.7	0.2	0.2	1.3
	NEMAHA	95.9	12.2	0.8	26.6	2.6	13.8	6.6	4.0	1.0	1.5	7.5
	NUCKOLLS	51.3	6.7	0.4	11.1	1.1	5.9	2.8	1.7	0.4	0.6	3.3
	OTOE	226.6	28.6	1.9	25.1	2.4	12.9	6.3	3.7	0.9	1.3	6.4
	PAWNEE	38.2	4.9	0.3	29.9	2.8	15.4	7.5	4.3	1.0	1.5	7.3
	PERKINS	42.6	5.4	0.4	8.4	0.8	4.5	2.1	1.3	0.3	0.4	2.4
	PHELPS	121.3	15.5	1.0	9.8	1.0	5.1	2.4	1.5	0.3	0.6	3.0
	PIERCE	90.5	11.6	0.7	202.2	20.9	107.9	49.6	32.5	7.5	14.3	76.0
	PLATTE	479.0	60.8	3.9	18.4	1.8	9.8	4.6	2.8	0.7	1.1	5.8
	POLK	65.0	8.3	0.5	15.0	1.4	7.9	3.8	2.2	0.5	0.8	4.3
	RED WILLOW	149.7	19.4	1.2	23.3	2.3	12.4	5.8	3.6	0.9	1.4	7.6
	RICHARDSON	120.6	15.5	1.0	15.9	1.6	8.2	4.0	2.4	0.6	0.9	4.4
	ROCK	17.9	2.3	0.1	2.3	0.2	1.2	0.6	0.4	0.1	0.1	0.8
	SALINE	212.8	27.2	1.8	137.0	13.3	73.2	34.9	20.6	4.9	7.1	39.6
	SARPY	3,881.9	470.6	34.9	48.4	4.7	25.7	12.2	7.4	1.7	2.7	14.7
	SAUNDERS	336.5	42.0	2.9	117.8	11.5	62.4	29.7	17.8	4.2	6.6	35.5
	SCOTTS BLUFF	521.5	66.9	4.2	26.4	2.6	13.9	6.5	4.1	1.0	1.6	8.5
	SEWARD	242.1	30.3	2.1	13.6	1.3	6.9	3.4	2.0	0.5	0.8	3.5
	SHERIDAN	66.8	8.7	0.5	123.4	12.1	65.1	31.0	18.7	4.4	7.0	37.6
	SHERMAN	40.2	5.2	0.3	26.1	2.5	13.8	6.6	3.9	0.9	1.4	7.7
	SIOUX	4.5	0.6	0.0	0.9	0.1	0.5	0.2	0.1	0.0	0.1	0.3
	STANTON	38.8	5.0	0.3	2.8	0.3	1.5	0.7	0.4	0.1	0.2	0.9

State	County	U.S. Population			2017 Gender		2017 Race			
		Total 2017	2010-2017 % chg.	Total 2022	Male	Female	White	Black	Other Race	Hispanic
	THAYER	5,180	-14%	4,973	2,543	2,637	5,003	12	91	73
	THOMAS	900	-9%	949	465	435	869	1	15	15
	THURSTON	7,131	-6%	7,209	3,524	3,607	2,463	14	4,460	193
	VALLEY	3,988	-12%	3,820	1,986	2,003	3,802	8	101	78
	WASHINGTON	19,898	-7%	20,829	9,875	10,023	18,493	106	530	769
	WAYNE	9,073	5%	9,129	4,545	4,528	7,797	154	371	751
	WEBSTER	3,848	-4%	3,774	1,844	2,004	3,438	16	210	183
	WHEELER	525	-3%	515	258	267	519	0	4	3
	YORK	13,997	1%	13,899	6,827	7,170	11,456	179	806	1,556
NE Total		2,012,653	1%	2,224,208	998,735	1,013,918	1,450,738	80,880	212,492	268,544

State	County	2017 Age Ranges (Years)								2017 Occupations					
		1-9	10-19	20-29	30-39	40-49	50-59	60-69	70 over	Mana-gerial	Sales	Admin support	Service	Farming forestry, fishing	Prod-uction
	THAYER	533	633	340	393	697	976	622	987	1,347	151	358	224	17	486
	THOMAS	99	89	77	68	116	201	111	138	241	15	4	44	35	45
	THURSTON	1,473	1,354	790	662	865	880	483	623	1,310	1,141	461	1,003	31	421
	VALLEY	426	484	287	388	533	685	466	719	982	181	159	245	31	345
	WASHINGTON	2,501	2,997	2,022	1,939	3,306	3,241	1,940	1,952	3,306	970	1,479	1,206	2	1,769
	WAYNE	797	1,602	2,293	672	1,005	1,181	622	901	1,478	504	596	711	48	524
	WEBSTER	386	547	263	315	612	661	401	663	1,159	117	158	270	21	293
	WHEELER	40	66	39	27	85	103	89	76	114	3	11	53	9	57
	YORK	1,422	1,784	1,700	1,171	2,121	2,342	1,439	2,017	2,652	516	551	1,014	9	1,931
NE Total		272,728	270,407	280,351	226,451	285,327	306,335	176,595	194,460	387,637	92,797	116,782	123,217	5,677	195,108

State	County	2017 Educational Attainment							2017 Family Income						
		Less than 9th grade	9th to 12th grade, no diploma	High school grad-uate	Some college, no degree	Assoc-iate degree	Bach-elor's degree	Grad. or pro-fessional degree	Less than $25,000	$25,000-$34,999	$35,000-$49,999	$50,000-$74,999	$75,000-$99,999	$100,000-$149,999	over $150,000
	THAYER	166	245	1,142	1,097	618	714	361	294	148	247	440	206	105	31
	THOMAS	18	33	153	155	242	137	24	38	10	69	92	31	21	5
	THURSTON	90	249	1,558	1,532	361	525	684	458	186	307	378	237	84	66
	VALLEY	68	147	876	1,085	315	583	232	259	107	190	260	109	163	42
	WASHINGTON	377	349	4,017	4,419	1,276	3,337	2,230	750	373	390	1,130	967	1,497	338
	WAYNE	353	219	1,583	1,557	354	2,239	1,530	337	181	263	501	336	300	44
	WEBSTER	174	85	1,201	954	191	443	145	229	108	202	220	199	79	24
	WHEELER	1	7	133	257	14	36	9	36	15	25	34	27	7	2
	YORK	180	757	3,409	3,283	1,242	1,922	977	600	381	591	902	730	316	268
NE Total		58,399	85,527	365,580	420,557	126,873	377,203	175,472	89,720	43,607	65,222	106,617	87,752	91,514	46,300

2017 Consumer Spending ($Millions)

State	County	Average annual expend-itures	Food	Alcoholic beverages	Housing	Apparel and services	Transport-ation	Healthcare	Entertain-ment	Personal care products & services	Education	Personal insurance & pensions
	THAYER	71.2	9.2	0.6	19.6	1.9	10.1	4.9	2.9	0.7	1.1	5.2
	THOMAS	13.0	1.7	0.1	5.3	0.5	2.8	1.3	0.8	0.2	0.3	1.8
	THURSTON	78.4	10.2	0.6	107.2	10.3	56.4	27.0	16.1	3.8	5.8	31.4
	VALLEY	55.2	7.1	0.4	7.5	0.7	3.9	1.9	1.1	0.3	0.4	2.0
	WASHINGTON	320.9	39.8	2.8	16.5	1.6	8.8	4.2	2.5	0.6	0.9	4.8
	WAYNE	103.8	13.2	0.9	24.6	2.4	13.2	6.2	3.8	0.9	1.4	7.9
	WEBSTER	51.7	6.7	0.4	26.5	2.6	14.0	6.6	4.0	0.9	1.6	8.2
	WHEELER	6.8	0.9	0.1	53.2	5.2	28.0	13.2	8.1	1.9	3.3	16.8
	YORK	189.4	24.2	1.6	40.4	3.9	20.7	9.9	5.9	1.4	2.3	10.8
NE Total		28,873.3	3,615.8	245.0	5,149.6	506.2	2,719.0	1,285.9	784.5	186.0	304.2	1,595.9

State	County	U.S. Population			2017 Gender		2017 Race			
		Total 2017	2010-2017 % chg.	Total 2022	Male	Female	White	Black	Other Race	Hispanic
NH	BELKNAP	73,337	19%	80,632	36,101	37,236	68,111	305	3,825	1,096
	CARROLL	63,792	9%	70,136	31,667	32,125	61,348	164	1,574	706
	CHESHIRE	89,971	14%	100,393	43,942	46,029	83,798	376	4,475	1,322
	COOS	32,274	5%	31,916	16,395	15,879	30,499	128	1,191	455
	GRAFTON	88,409	5%	91,235	43,642	44,768	77,628	741	7,984	2,056
	HILLSBOROUGH	431,555	7%	448,680	213,445	218,110	346,090	9,815	46,393	29,257
	MERRIMACK	145,716	13%	151,750	71,630	74,086	131,285	2,137	9,534	2,760
	ROCKINGHAM	323,341	10%	343,658	159,867	163,473	293,455	2,352	19,795	7,738
	STRAFFORD	120,153	6%	125,277	58,409	61,744	104,667	1,139	11,220	3,127
	SULLIVAN	47,787	8%	50,198	23,634	24,153	45,027	232	1,978	550
NH Total		1,416,336	9%	1,493,876	698,733	717,602	1,241,910	17,389	107,970	49,067

State	County	1-9	10-19	20-29	30-39	40-49	50-59	60-69	70 over	Managerial	Sales	Admin support	Service	Farming forestry, fishing	Production
NH	BELKNAP	6,668	9,007	5,967	6,726	12,047	15,370	8,931	8,620	11,919	3,494	4,185	5,512	48	8,425
	CARROLL	5,027	8,037	4,488	5,030	10,389	13,287	8,948	8,587	10,269	3,865	4,148	6,357	256	5,848
	CHESHIRE	8,126	12,367	11,557	7,990	12,952	17,608	9,853	9,518	14,794	4,642	7,011	5,784	238	8,884
	COOS	2,560	3,557	2,470	2,938	5,381	6,183	4,270	4,915	4,519	1,429	2,383	2,935	681	4,142
	GRAFTON	7,210	11,746	12,498	7,758	12,583	16,509	9,870	10,236	17,755	2,965	5,715	6,674	536	6,866
	HILLSBOROUGH	48,488	60,017	43,340	49,266	75,707	77,350	39,431	37,957	78,029	19,746	23,271	27,232	564	43,105
	MERRIMACK	14,332	20,445	15,345	14,308	25,121	27,167	14,509	14,488	27,082	8,030	9,992	8,891	351	12,113
	ROCKINGHAM	32,843	44,579	25,148	30,914	63,110	62,377	35,550	28,821	58,360	15,954	19,979	18,308	789	26,324
	STRAFFORD	11,864	17,037	18,390	12,434	19,520	18,822	10,413	11,673	20,732	5,874	7,800	10,234	143	8,700
	SULLIVAN	4,630	5,500	4,108	4,724	7,894	9,514	5,962	5,454	6,886	1,795	3,232	3,404	188	6,906
NH Total		141,747	192,292	143,310	142,088	244,703	264,188	147,737	140,270	250,346	67,795	87,716	95,331	3,794	131,313

State	County	Less than 9th grade	9th to 12th grade, no diploma	High school grad-uate	Some college, no degree	Assoc-iate degree	Bach-elor's degree	Grad. or pro-fessional degree	Less than $25,000	$25,000-$34,999	$35,000-$49,999	$50,000-$74,999	$75,000-$99,999	$100,000-$149,999	over $150,000
NH	BELKNAP	2,151	4,461	17,426	16,009	5,580	10,695	5,989	3,668	1,957	3,348	6,015	4,232	3,664	2,844
	CARROLL	809	3,787	15,833	12,238	4,722	8,659	8,672	4,061	2,087	3,286	5,172	3,617	3,421	2,992
	CHESHIRE	1,875	5,460	24,344	19,517	4,699	13,284	7,639	3,829	2,071	2,995	4,327	4,069	4,232	2,339
	COOS	1,107	3,311	10,790	6,143	3,051	2,389	1,200	2,532	1,058	1,734	1,988	1,167	837	348
	GRAFTON	1,074	4,207	18,530	13,764	5,885	15,777	17,249	3,649	1,889	3,245	4,241	3,792	3,049	2,787
	HILLSBOROUGH	7,677	23,295	89,003	76,708	33,854	78,652	42,878	15,412	6,600	10,460	17,212	16,979	26,886	23,154
	MERRIMACK	2,407	6,009	30,420	28,623	11,234	27,071	16,128	5,955	2,612	4,084	6,697	7,329	8,669	5,031
	ROCKINGHAM	3,354	13,315	64,600	55,918	28,236	64,665	37,204	8,937	4,618	7,173	12,861	12,672	22,551	18,900
	STRAFFORD	3,121	5,133	24,136	21,722	11,486	22,221	13,663	5,295	2,013	3,475	5,153	5,326	6,476	3,831
	SULLIVAN	929	3,020	15,479	9,262	2,894	4,786	3,887	2,299	1,428	2,023	3,244	2,647	2,433	1,396
NH Total		24,503	71,999	310,562	259,904	111,640	248,200	154,511	55,637	26,332	41,823	66,909	61,830	82,216	63,622

2017 Consumer Spending ($Millions)

State	County	Average annual expend-itures	Food	Alcoholic beverages	Housing	Apparel and services	Transport-ation	Healthcare	Entertain-ment	Personal care products & services	Education	Personal insurance & pensions
NH	BELKNAP	1,408.8	175.5	12.0	54.7	5.2	28.3	13.7	8.0	1.9	3.0	14.5
	CARROLL	1,271.5	159.6	10.7	250.7	24.4	132.0	62.8	37.8	9.0	14.1	74.4
	CHESHIRE	1,320.9	164.7	11.3	82.7	8.1	43.7	20.7	12.6	3.0	4.7	25.2
	COOS	456.3	59.1	3.6	437.4	43.1	232.7	109.8	67.2	15.9	25.6	139.2
	GRAFTON	1,191.2	149.2	10.1	351.7	34.6	184.5	87.6	53.3	12.6	20.9	107.9
	HILLSBOROUGH	7,012.3	848.7	63.1	136.8	13.5	72.5	34.3	20.9	4.9	8.0	42.6
	MERRIMACK	2,343.5	288.8	20.5	233.7	23.4	124.5	58.2	36.4	8.5	14.4	78.2
	ROCKINGHAM	5,486.9	658.9	49.9	274.6	26.4	143.8	69.1	40.7	9.8	14.8	76.4
	STRAFFORD	1,819.7	224.5	15.9	182.6	17.9	96.4	45.7	27.7	6.6	10.6	56.2
	SULLIVAN	839.5	105.2	7.1	120.1	11.8	63.2	30.0	18.3	4.3	7.1	37.1
NH Total		23,150.5	2,834.2	204.5	2,125.0	208.5	1,121.6	532.0	322.7	76.6	123.1	651.8

State	County	U.S. Population			2017 Gender		2017 Race			
		Total 2017	2010-2017 % chg.	Total 2022	Male	Female	White	Black	Other Race	Hispanic
NJ	ATLANTIC	263,571	6%	277,145	128,501	135,070	133,543	24,952	52,025	53,050
	BERGEN	943,450	5%	963,683	454,420	489,030	476,319	40,075	245,317	181,740
	BURLINGTON	509,345	29%	643,475	247,555	261,790	331,379	71,449	71,805	34,712
	CAMDEN	510,935	1%	517,400	246,123	264,811	251,897	83,754	79,704	95,580
	CAPE MAY	128,081	4%	128,611	61,941	66,140	94,899	6,682	13,811	12,690
	CUMBERLAND	158,201	7%	159,433	80,715	77,487	66,248	21,985	17,196	52,773
	ESSEX	805,887	2%	809,096	387,198	418,688	228,058	265,786	118,722	193,320
	GLOUCESTER	302,014	12%	328,736	146,689	155,326	223,538	27,096	32,537	18,843
	HUDSON	666,925	11%	706,039	330,663	336,262	153,760	53,215	166,897	293,053
	HUNTERDON	136,838	4%	143,750	68,197	68,640	107,739	5,417	13,327	10,354
	MERCER	402,278	5%	419,177	197,940	204,337	180,143	65,593	81,900	74,642
	MIDDLESEX	902,680	6%	946,316	442,966	459,714	325,525	62,340	327,607	187,208
	MONMOUTH	695,460	7%	733,815	338,380	357,080	482,196	40,148	90,000	83,117
	MORRIS	500,159	4%	518,268	245,019	255,140	321,279	12,125	93,988	72,767
	OCEAN	647,264	9%	707,450	310,060	337,204	505,181	22,692	49,565	69,826
	PASSAIC	535,722	3%	548,796	260,005	275,717	192,317	30,275	79,998	233,131
	SALEM	63,325	4%	64,543	30,830	32,495	43,320	7,915	4,631	7,459
	SOMERSET	264,799	7%	277,352	128,574	136,225	130,638	21,564	72,907	39,690
	SUSSEX	161,536	2%	168,443	80,094	81,442	130,927	4,099	13,121	13,388
	UNION	591,601	3%	601,824	287,089	304,512	217,113	87,356	85,385	201,746
	WARREN	126,716	12%	133,798	61,418	65,298	95,080	5,874	13,201	12,561
NJ Total		9,316,787	7%	9,797,150	4,534,376	4,782,410	4,691,099	960,392	1,723,644	1,941,652

State	County	2017 Age Ranges (Years)								2017 Occupations					
		1-9	10-19	20-29	30-39	40-49	50-59	60-69	70 over	Mana-gerial	Sales	Admin support	Service	Farming forestry, fishing	Prod-uction
NJ	ATLANTIC	31,760	36,246	27,775	28,784	43,987	43,113	25,782	26,124	34,642	15,301	16,991	45,888	1,162	21,505
	BERGEN	113,159	125,242	87,495	112,852	155,388	150,143	88,814	110,357	216,682	56,836	55,161	70,731	193	54,458
	BURLINGTON	61,461	66,538	46,446	56,422	88,857	86,715	47,275	55,630	96,517	22,132	52,211	36,727	360	33,481
	CAMDEN	61,868	71,302	60,224	60,500	81,193	82,746	43,606	49,495	85,707	27,112	41,351	56,336	384	47,981
	CAPE MAY	11,311	15,992	11,483	11,214	20,184	23,875	16,067	17,954	21,762	8,529	9,260	15,863	894	10,608
	CUMBERLAND	20,304	20,246	20,251	21,435	24,430	22,950	13,540	15,044	23,233	6,756	10,939	20,575	4,391	23,218
	ESSEX	110,926	110,530	99,343	109,291	126,399	116,523	65,256	67,617	156,877	48,965	65,067	97,557	321	71,362
	GLOUCESTER	36,359	43,185	32,330	34,340	53,275	48,831	26,277	27,418	52,864	14,161	26,931	24,379	319	28,998
	HUDSON	75,799	70,001	124,783	124,927	94,614	80,871	46,856	49,073	115,163	38,040	56,184	67,036	176	64,871
	HUNTERDON	14,226	20,222	10,101	11,733	25,860	28,895	13,881	11,920	35,026	6,246	6,737	8,373	90	6,614
	MERCER	48,278	57,735	53,457	47,553	63,110	61,507	32,975	37,663	92,527	14,496	28,718	38,866	115	24,313
	MIDDLESEX	112,880	124,394	109,479	118,942	143,473	133,342	71,992	88,178	201,070	35,742	66,726	58,714	739	70,006
	MONMOUTH	83,868	98,211	62,533	69,591	120,738	125,311	65,167	70,042	158,676	46,063	46,857	53,076	352	39,755
	MORRIS	61,839	67,507	40,771	55,351	85,167	84,520	50,150	54,854	127,960	22,809	24,766	29,188	57	23,879
	OCEAN	86,582	78,188	63,768	61,509	89,879	94,147	70,672	102,519	127,376	36,985	57,195	71,252	292	71,178
	PASSAIC	73,385	76,523	65,574	66,810	81,272	78,926	45,364	47,868	80,947	28,753	39,833	67,435	194	64,966
	SALEM	7,179	8,648	6,749	6,544	9,681	10,820	6,539	7,166	9,720	2,550	4,966	5,623	267	9,437
	SOMERSET	35,576	36,997	20,762	31,395	47,292	42,356	22,501	27,920	71,374	10,433	12,182	15,756	82	11,926
	SUSSEX	17,532	23,565	12,411	15,398	29,769	33,264	16,695	12,902	29,760	8,533	10,294	11,592	58	14,662
	UNION	81,544	81,326	65,780	79,192	96,216	86,826	46,267	54,450	109,338	29,052	42,970	54,124	75	63,688
	WARREN	15,177	18,391	9,983	13,028	23,385	22,454	11,500	12,798	26,636	5,597	8,981	9,653	58	9,330
NJ Total		######	######	######	######	######	######	827,177	946,992	1,873,857	485,090	684,319	858,744	10,579	766,237

State	County	2017 Educational Attainment							2017 Family Income						
		Less than 9th grade	9th to 12th grade, no diploma	High school grad-uate	Some college, no degree	Assoc-iate degree	Bach-elor's degree	Grad. or pro-fessional degree	Less than $25,000	$25,000-$34,999	$35,000-$49,999	$50,000-$74,999	$75,000-$99,999	$100,000-$149,999	over $150,000
NJ	ATLANTIC	7,534	25,044	72,123	46,975	12,010	30,072	20,239	14,206	5,848	7,840	10,963	10,681	11,712	7,724
	BERGEN	24,443	38,215	161,483	140,312	37,624	227,182	134,488	35,433	13,959	19,923	31,261	28,405	52,753	80,915
	BURLINGTON	6,184	38,476	108,240	98,155	28,424	86,429	46,542	13,992	8,021	12,083	18,160	19,172	36,581	28,728
	CAMDEN	15,627	50,530	122,718	98,135	24,419	65,260	36,683	24,704	9,427	13,440	19,762	18,404	28,594	17,119
	CAPE MAY	1,732	9,638	36,589	22,732	8,033	21,375	9,013	6,949	5,014	6,906	9,101	8,884	11,422	6,180
	CUMBERLAND	7,376	25,506	45,711	23,841	6,396	12,378	7,018	8,882	3,399	4,236	6,646	5,625	6,505	3,013
	ESSEX	40,436	74,753	165,259	132,366	25,938	114,361	85,430	46,626	16,455	21,175	27,087	20,412	29,875	40,943
	GLOUCESTER	3,941	19,337	80,519	54,480	17,323	45,526	22,770	9,659	4,317	6,098	11,233	12,587	20,293	15,481
	HUDSON	46,318	66,829	137,398	103,313	19,749	111,628	72,717	36,068	12,993	16,921	23,456	17,325	25,855	25,126
	HUNTERDON	3,061	5,395	20,770	20,436	7,367	30,896	23,499	2,667	1,578	1,860	3,698	3,713	7,485	15,440
	MERCER	10,882	33,301	72,740	60,342	19,624	67,778	62,223	16,308	5,971	7,804	12,993	10,412	19,095	27,762
	MIDDLESEX	36,983	47,004	170,828	127,932	39,070	179,305	127,230	30,624	14,108	20,614	31,976	30,827	64,419	67,565
	MONMOUTH	11,251	31,257	132,570	116,344	34,822	149,442	84,581	23,456	9,604	13,070	21,016	18,821	40,203	56,743
	MORRIS	9,648	16,014	74,574	64,041	20,279	127,117	89,566	13,079	5,552	8,835	14,147	13,835	29,430	48,993
	OCEAN	10,561	40,848	181,532	124,394	28,616	89,948	43,354	28,651	13,214	19,668	26,213	24,099	37,696	23,295
	PASSAIC	36,072	55,979	122,935	87,133	18,622	68,512	35,471	30,105	11,350	13,184	17,932	13,973	23,829	22,510
	SALEM	2,050	4,884	19,551	11,234	3,608	7,959	2,677	3,340	1,365	1,715	2,692	2,261	4,311	1,586
	SOMERSET	5,508	8,437	31,044	31,196	10,306	69,858	51,894	6,345	2,915	4,763	7,013	7,479	14,039	28,060
	SUSSEX	1,700	6,045	40,226	35,791	8,646	25,071	14,484	4,400	2,041	3,284	5,382	6,310	12,676	9,605
	UNION	32,491	46,961	126,253	88,017	23,463	89,163	61,598	26,849	11,772	15,820	21,845	18,996	29,424	36,170
	WARREN	1,578	6,327	31,077	22,245	7,499	20,764	12,502	4,459	1,679	2,609	4,536	4,990	9,035	6,971
NJ Total		315,377	650,779	1,954,140	1,509,416	401,840	1,640,023	1,043,981	386,801	160,583	221,849	327,112	297,212	515,232	569,930

2017 Consumer Spending ($Millions)

State	County	Average annual expend-itures	Food	Alcoholic beverages	Housing	Apparel and services	Transport-ation	Healthcare	Entertain-ment	Personal care products & services	Education	Personal insurance & pensions
NJ	ATLANTIC	3,695.3	461.7	31.7	3,236.3	342.7	1,725.0	779.1	532.8	121.7	252.0	1,324.6
	BERGEN	14,920.3	1,783.3	137.1	3,316.4	341.3	1,755.9	808.8	528.5	122.7	233.8	1,219.4
	BURLINGTON	8,481.8	1,020.7	77.0	3,720.2	378.9	1,951.1	904.4	585.2	136.5	260.2	1,310.6
	CAMDEN	7,442.3	918.4	65.0	3,826.7	395.2	2,039.9	936.1	614.8	142.4	271.4	1,441.4
	CAPE MAY	3,161.8	390.5	27.5	1,846.9	191.4	986.0	451.7	298.1	68.8	132.1	705.9
	CUMBERLAND	2,034.9	255.9	17.2	871.4	90.0	470.9	215.4	141.2	32.7	60.6	335.2
	ESSEX	10,166.7	1,259.5	88.5	440.6	43.6	235.0	110.7	67.7	16.0	25.6	140.7
	GLOUCESTER	4,908.9	592.7	44.4	2,339.0	242.2	1,244.8	570.7	376.1	87.1	166.9	882.3
	HUDSON	8,242.8	1,023.2	71.3	504.1	49.4	262.1	124.4	76.1	18.1	30.8	152.1
	HUNTERDON	2,086.7	244.2	19.8	1,017.8	99.1	520.3	247.6	151.8	36.4	63.9	298.9
	MERCER	5,621.5	676.5	51.2	4,261.3	429.0	2,206.6	1,032.2	658.2	154.6	292.7	1,411.9
	MIDDLESEX	16,019.8	1,912.4	147.3	949.5	93.6	499.5	234.8	145.3	34.5	58.6	301.9
	MONMOUTH	10,736.9	1,277.5	99.2	6,815.0	707.9	3,614.0	1,652.3	1,099.1	253.5	500.8	2,610.6
	MORRIS	7,785.3	918.7	72.8	4,766.2	489.7	2,539.8	1,169.4	762.4	177.1	332.0	1,766.3
	OCEAN	9,986.6	1,228.2	87.4	5,536.2	561.8	2,903.1	1,346.6	867.0	203.1	381.6	1,917.4
	PASSAIC	7,376.4	905.6	65.1	599.0	58.6	315.2	150.1	90.4	21.5	34.0	179.6
	SALEM	988.2	122.5	8.5	955.0	98.2	514.7	236.2	153.7	35.7	65.5	358.9
	SOMERSET	3,997.8	470.7	37.6	1,126.8	115.2	589.3	272.2	177.6	41.3	80.3	403.4
	SUSSEX	2,734.9	328.2	25.0	1,411.6	143.2	751.9	348.3	223.3	52.2	94.1	503.7
	UNION	8,893.2	1,082.9	79.4	500.1	50.7	265.0	123.0	78.6	18.3	33.2	174.9
	WARREN	2,118.8	255.2	19.2	1,523.1	155.8	813.4	374.6	243.0	56.5	104.2	560.5
NJ Total		141,400.9	17,128.4	1,272.1	49,563.3	5,077.6	26,203.4	12,088.8	7,870.7	1,830.6	3,474.7	18,000.1

State	County	U.S. Population		2017 Gender		2017 Race			
		Total 2017	2010-2017 % chg.	Total 2022	Male	Female	White	Black	Other Race	Hispanic
NM	BERNALILLO	711,951	7%	801,064	348,682	363,270	217,794	11,118	108,069	374,971
	CATRON	4,163	6%	4,924	2,169	1,994	3,068	13	339	743
	CHAVES	60,507	1%	58,848	30,039	30,469	16,464	501	5,346	38,196
	CIBOLA	23,024	-16%	24,370	11,743	11,281	2,522	107	12,364	8,032
	COLFAX	11,131	-8%	10,924	5,652	5,479	3,905	30	657	6,539
	CURRY	47,822	1%	49,313	24,024	23,798	18,253	1,656	5,247	22,666
	DE BACA	1,926	-28%	1,903	946	980	990	2	93	840
	DONA ANA	202,620	-6%	204,981	99,347	103,274	35,743	1,383	20,594	144,900
	EDDY	51,885	-10%	52,981	25,897	25,988	20,274	377	5,137	26,097
	GRANT	28,315	1%	30,990	13,885	14,430	10,486	101	2,209	15,519
	GUADALUPE	5,122	-19%	5,497	2,868	2,254	361	17	334	4,409
	HARDING	462	-23%	412	244	217	190	1	21	249
	HIDALGO	4,720	-11%	4,510	2,357	2,363	1,094	4	190	3,432
	LEA	61,789	-11%	63,281	31,545	30,244	18,508	1,092	4,402	37,786
	LINCOLN	21,549	-3%	25,620	10,545	11,005	11,016	49	2,256	8,229
	LOS ALAMOS	17,160	-4%	17,119	8,631	8,528	12,102	82	2,345	2,632
	LUNA	24,808	-12%	26,287	12,324	12,485	5,269	75	1,762	17,701
	MCKINLEY	51,255	-6%	51,573	24,761	26,494	4,743	239	39,407	6,866
	MORA	3,792	20%	4,346	1,933	1,858	320	4	210	3,258
	OTERO	53,714	0%	55,007	26,766	26,948	26,086	1,393	9,712	16,523
	QUAY	8,279	-4%	8,044	4,079	4,199	4,029	34	504	3,711
	RIO ARRIBA	41,489	-12%	45,689	20,446	21,043	2,405	67	8,296	30,721
	ROOSEVELT	19,932	5%	20,998	10,023	9,909	8,672	277	1,578	9,405
	SAN JUAN	132,107	12%	147,230	65,469	66,638	47,351	533	57,940	26,282
	SAN MIGUEL	26,827	-17%	27,195	13,352	13,475	2,353	74	2,023	22,377
	SANDOVAL	132,050	-2%	137,553	64,583	67,466	48,672	1,662	29,686	52,030
	SANTA FE	136,326	0%	138,331	66,745	69,581	48,720	603	15,039	71,964
	SIERRA	10,277	14%	10,595	5,165	5,112	5,777	24	956	3,520
	SOCORRO	17,343	18%	18,361	8,881	8,462	4,635	72	3,418	9,218
	TAOS	26,529	-1%	26,973	13,018	13,511	5,451	59	4,195	16,825
	TORRANCE	14,451	-9%	15,415	7,522	6,928	5,633	178	2,080	6,560
	UNION	4,569	-7%	4,781	2,593	1,976	1,929	44	678	1,919
	VALENCIA	81,353	0%	88,765	40,995	40,358	18,528	458	7,575	54,791
NM Total		2,039,246	-2%	2,183,882	1,007,230	1,032,016	613,346	22,331	354,661	1,048,909

State	County	2017 Age Ranges (Years)								2017 Occupations					
		1-9	10-19	20-29	30-39	40-49	50-59	60-69	70 over	Managerial	Sales	Admin support	Service	Farming forestry, fishing	Production
NM	BERNALILLO	93,310	90,776	100,437	82,999	98,945	108,075	67,166	70,243	131,478	40,140	55,816	73,105	199	55,793
	CATRON	328	400	254	217	425	968	912	658	1,327	273	111	261	36	449
	CHAVES	8,530	9,375	7,451	6,315	8,324	8,283	5,525	6,704	10,146	2,308	5,849	5,338	1,879	6,967
	CIBOLA	2,635	2,674	3,221	2,327	5,254	2,684	2,302	1,926	1,385	780	1,551	6,113	3,009	1,100
	COLFAX	1,032	1,187	1,070	963	1,412	2,139	1,649	1,679	1,959	245	764	1,383	208	1,545
	CURRY	7,457	6,553	7,459	5,929	6,247	5,739	4,187	4,253	8,175	3,663	3,890	6,609	658	5,238
	DE BACA	189	249	135	163	252	328	255	354	550	58	147	135	20	199
	DONA ANA	28,571	32,418	30,315	21,463	25,862	26,464	18,152	19,376	32,485	10,204	12,449	25,058	7,073	25,857
	EDDY	6,454	7,198	6,144	5,291	7,612	8,725	4,980	5,481	7,960	3,703	4,346	5,287	685	7,530
	GRANT	2,823	2,999	2,536	2,438	2,924	5,378	4,390	4,829	6,246	1,332	1,433	4,196	49	4,017
	GUADALUPE	517	581	671	636	873	714	553	577	1,081	192	269	1,127	8	528
	HARDING	18	39	24	21	61	100	78	121	154	14	6	33	13	16
	HIDALGO	488	633	462	455	668	709	613	692	576	188	310	924	84	717
	LEA	9,402	8,621	8,955	7,192	8,953	8,325	4,830	5,511	10,439	3,102	3,667	9,218	768	9,940
	LINCOLN	1,798	2,087	1,672	1,648	2,845	4,213	4,048	3,238	3,308	2,182	1,190	2,242	89	2,425
	LOS ALAMOS	1,871	2,261	1,005	1,749	2,633	3,312	1,980	2,347	5,539	503	463	882	0	330
	LUNA	3,219	3,341	2,604	2,255	3,097	3,333	3,054	3,906	3,045	693	1,923	5,543	134	5,234
	MCKINLEY	7,445	8,766	6,563	5,587	7,437	7,036	4,497	3,926	13,945	2,548	3,454	5,316	1,885	6,208
	MORA	270	478	277	289	556	846	563	513	824	35	277	855	48	627
	OTERO	6,396	6,278	7,013	5,286	7,103	7,849	6,530	7,259	9,667	3,777	3,307	6,319	1,080	8,705
	QUAY	771	939	627	698	1,086	1,472	1,339	1,346	1,836	908	511	746	50	714
	RIO ARRIBA	5,058	5,489	4,682	4,463	6,100	7,273	4,534	3,890	9,125	2,246	3,129	4,457	1,115	3,260
	ROOSEVELT	2,662	3,699	3,859	1,984	2,491	2,255	1,759	1,680	4,643	845	878	1,912	578	2,221
	SAN JUAN	19,251	19,871	18,807	14,347	19,000	18,985	10,910	10,935	16,727	8,161	10,197	18,534	224	20,731
	SAN MIGUEL	2,441	3,699	3,224	2,434	3,775	5,094	3,399	2,762	5,811	2,209	2,053	3,444	95	1,983
	SANDOVAL	15,301	20,044	12,921	13,703	21,352	23,773	13,689	11,266	26,676	8,398	7,920	14,101	133	12,012
	SANTA FE	13,477	14,519	13,206	13,612	19,333	26,759	19,867	15,552	26,865	5,298	8,153	15,171	104	9,576
	SIERRA	811	1,008	796	700	1,364	1,822	1,757	2,019	1,525	746	529	1,604	721	1,459
	SOCORRO	2,141	2,485	2,539	1,690	2,280	2,682	2,043	1,482	4,152	339	1,003	2,662	173	1,671
	TAOS	2,520	2,848	2,335	2,578	4,093	5,054	4,072	3,031	5,486	966	2,947	3,294	141	1,459
	TORRANCE	1,566	1,919	1,634	1,474	2,197	2,558	1,797	1,306	3,303	347	1,215	1,511	24	1,825
	UNION	437	505	548	544	680	726	573	557	1,114	182	345	210	242	293
	VALENCIA	10,133	12,417	8,888	8,514	12,439	12,690	8,793	7,479	13,084	4,529	7,106	8,453	107	12,402
NM Total		259,323	275,897	262,333	219,965	287,671	316,364	210,796	206,897	370,635	111,113	147,207	236,041	21,634	213,029

State	County	Less than 9th grade	9th to 12th grade, no diploma	High school grad-uate	Some college, no degree	Assoc-iate degree	Bach-elor's degree	Grad. or pro-fessional degree	Less than $25,000	$25,000-$34,999	$35,000-$49,999	$50,000-$74,999	$75,000-$99,999	$100,000-$149,999	over $150,000
NM	BERNALILLO	32,774	46,154	115,022	142,692	35,375	114,138	89,970	40,586	17,410	25,967	31,187	25,318	23,748	19,062
	CATRON	98	623	1,208	808	206	550	172	357	76	417	299	68	67	15
	CHAVES	4,613	5,673	11,090	13,973	2,950	5,648	3,794	12,291	6,265	5,988	7,498	3,454	1,981	512
	CIBOLA	1,153	1,064	6,599	3,347	3,986	2,819	210	2,420	1,058	1,042	1,168	1,980	833	137
	COLFAX	223	967	3,484	2,561	785	1,067	465	983	359	494	623	274	290	143
	CURRY	1,914	4,736	8,723	10,392	5,320	3,602	2,451	3,523	1,628	1,597	2,403	2,078	1,020	663
	DE BACA	101	127	359	534	80	254	151	168	58	89	97	62	41	16
	DONA ANA	37,526	16,911	25,817	27,529	10,041	18,389	22,907	28,893	8,978	10,910	10,725	8,845	7,682	4,182
	EDDY	2,332	4,466	14,233	10,559	2,992	4,840	2,669	3,313	1,363	2,020	2,634	2,258	1,354	1,310
	GRANT	949	1,763	7,441	6,802	1,444	3,043	2,599	2,276	1,100	1,232	1,384	900	693	261
	GUADALUPE	227	580	1,112	1,824	190	142	258	453	221	240	227	123	48	8
	HARDING	36	38	121	127	34	51	23	44	24	28	16	5	10	3
	HIDALGO	940	477	1,815	490	36	135	43	597	146	161	230	151	473	7
	LEA	6,457	7,354	13,429	11,740	3,231	3,825	2,316	3,775	2,034	2,368	3,020	2,153	1,977	1,185
	LINCOLN	642	1,605	3,356	5,562	1,784	2,711	3,050	1,587	587	1,099	1,050	835	617	383
	LOS ALAMOS	215	115	1,025	1,726	1,120	3,350	6,516	214	147	230	385	668	1,095	2,310
	LUNA	3,700	3,338	6,304	4,161	601	1,314	612	2,575	780	1,257	1,313	373	215	231
	MCKINLEY	3,449	4,894	8,579	11,126	4,425	3,696	3,670	3,797	1,042	1,595	2,177	1,209	1,213	587
	MORA	144	328	806	1,538	127	65	303	255	58	193	155	36	158	63
	OTERO	2,549	4,636	10,042	13,461	5,684	5,417	2,591	3,752	1,948	2,732	2,682	2,252	1,507	425
	QUAY	187	1,505	1,791	1,803	292	896	584	893	346	298	329	273	114	70
	RIO ARRIBA	1,460	4,383	8,778	8,506	2,392	3,751	4,420	3,480	1,025	1,569	1,831	1,379	1,371	808
	ROOSEVELT	997	1,508	4,055	3,565	1,197	2,870	1,711	1,567	769	579	1,037	653	220	196
	SAN JUAN	4,231	12,064	28,589	31,541	11,173	10,633	5,542	6,421	3,015	4,606	5,710	6,592	5,125	2,908
	SAN MIGUEL	1,070	3,167	3,707	5,006	3,048	4,318	2,588	2,369	549	1,147	1,083	860	646	191
	SANDOVAL	3,945	6,710	25,259	26,148	10,247	21,765	12,710	8,393	3,332	7,483	11,149	12,535	9,329	8,480
	SANTA FE	15,366	8,251	17,500	26,843	7,306	20,619	19,635	20,905	7,225	10,749	13,348	13,033	15,620	9,041
	SIERRA	780	914	2,164	3,182	532	868	548	1,112	298	451	460	142	128	37
	SOCORRO	976	2,167	3,620	2,665	1,423	1,856	1,386	1,724	403	602	688	358	453	177
	TAOS	672	2,613	3,835	5,231	1,128	4,686	4,430	1,889	728	1,223	1,146	610	919	383
	TORRANCE	637	1,834	2,758	3,542	814	2,048	277	1,498	427	616	515	346	314	88
	UNION	108	99	1,638	1,053	74	146	769	305	162	258	254	191	47	63
	VALENCIA	4,744	9,243	17,845	14,929	5,441	9,233	3,735	5,611	2,410	2,878	4,258	3,236	2,243	712
NM Total		135,215	160,304	362,103	404,966	125,477	258,746	203,105	168,027	65,972	92,118	111,080	93,252	81,547	54,657

2017 Consumer Spending ($Millions)

State	County	Average annual expend-itures	Food	Alcoholic beverages	Housing	Apparel and services	Transport-ation	Healthcare	Entertain-ment	Personal care products & services	Education	Personal insurance & pensions
NM	BERNALILLO	9,514.7	1,196.3	80.5	604.4	60.6	324.5	151.3	94.9	22.3	37.8	208.8
	CATRON	58.0	7.6	0.4	86.3	8.7	46.7	21.8	13.6	3.2	5.3	29.7
	CHAVES	1,644.1	217.1	12.6	69.6	6.7	35.3	16.9	10.2	2.5	4.4	18.8
	CIBOLA	416.0	54.0	3.4	228.0	22.8	121.3	56.8	35.6	8.4	14.2	76.8
	COLFAX	149.7	19.3	1.2	29.9	2.9	16.2	7.6	4.6	1.1	1.7	9.8
	CURRY	614.5	79.2	5.0	19.3	1.9	10.3	4.9	2.9	0.7	1.0	5.5
	DE BACA	25.0	3.2	0.2	29.8	2.9	16.1	7.6	4.6	1.1	1.6	9.3
	DONA ANA	3,635.2	471.7	29.1	154.6	15.4	82.5	38.7	23.9	5.6	9.2	50.6
	EDDY	729.5	92.2	6.1	12.9	1.3	7.0	3.3	2.0	0.5	0.7	4.2
	GRANT	367.5	47.6	2.9	157.7	15.1	81.4	39.2	23.1	5.6	8.8	42.4
	GUADALUPE	55.2	7.4	0.4	97.7	10.2	52.4	24.0	15.9	3.7	7.1	38.1
	HARDING	5.7	0.8	0.0	6.8	0.7	3.7	1.7	1.1	0.3	0.4	2.4
	HIDALGO	90.5	11.6	0.7	21.7	2.1	11.7	5.5	3.3	0.8	1.2	6.9
	LEA	845.2	107.1	7.0	87.3	8.5	46.1	22.0	13.2	3.1	4.9	26.1
	LINCOLN	297.8	38.2	2.4	199.2	20.2	106.0	49.2	31.3	7.3	13.1	69.4
	LOS ALAMOS	344.1	39.4	3.4	36.7	3.7	19.8	9.2	5.8	1.4	2.3	12.5
	LUNA	274.4	36.5	2.1	10.6	1.0	5.6	2.7	1.6	0.4	0.6	3.1
	MCKINLEY	549.9	70.8	4.5	504.8	49.5	262.6	124.3	76.3	18.2	31.1	152.9
	MORA	48.9	6.1	0.4	23.7	2.3	12.7	6.0	3.6	0.9	1.3	7.4
	OTERO	722.6	93.9	5.8	180.6	18.3	96.5	44.9	28.5	6.6	11.6	63.9
	QUAY	100.3	13.2	0.8	174.4	17.9	94.2	43.3	28.0	6.5	11.6	64.7
	RIO ARRIBA	585.7	74.2	4.9	357.0	35.0	188.8	89.3	54.2	12.9	20.7	109.7
	ROOSEVELT	223.6	29.2	1.8	76.7	7.4	40.2	19.4	11.4	2.7	4.0	21.0
	SAN JUAN	1,873.4	234.9	16.0	897.1	87.5	471.3	223.7	135.5	32.3	52.8	271.8
	SAN MIGUEL	314.5	41.0	2.5	99.1	9.9	53.3	25.0	15.5	3.6	5.9	33.4
	SANDOVAL	3,397.8	420.5	29.6	444.5	44.0	236.1	111.2	68.5	16.2	26.9	143.5
	SANTA FE	4,708.9	591.4	40.0	326.2	32.4	172.6	81.3	50.2	11.9	19.7	104.9
	SIERRA	105.5	14.1	0.8	200.7	19.6	106.3	50.5	30.5	7.3	11.3	61.8
	SOCORRO	198.3	25.8	1.6	187.2	18.7	99.2	46.6	29.0	6.8	11.6	61.9
	TAOS	337.0	43.2	2.8	168.6	17.3	90.7	41.8	27.0	6.3	11.3	62.2
	TORRANCE	169.6	22.2	1.3	42.5	4.1	22.5	10.7	6.4	1.5	2.4	12.8
	UNION	56.1	7.4	0.4	61.2	6.2	33.0	15.4	9.7	2.3	3.8	21.6
	VALENCIA	1,038.4	133.8	8.4	60.6	6.1	32.5	15.1	9.5	2.2	3.7	20.8
NM Total		33,497.6	4,250.8	278.9	5,657.5	560.7	2,999.4	1,410.7	871.2	206.1	344.0	1,828.5

State	County	U.S. Population			2017 Gender		2017 Race			
		Total 2017	2010-2017 % chg.	Total 2022	Male	Female	White	Black	Other Race	Hispanic
NV	CARSON CITY	53,062	-7%	56,083	27,550	25,512	29,147	711	8,335	14,870
	CHURCHILL	23,874	-4%	25,686	12,002	11,873	14,802	284	5,217	3,572
	CLARK	2,149,086	8%	3,363,383	1,079,421	1,069,666	720,103	154,124	548,966	725,893
	DOUGLAS	28,422	-9%	32,610	14,028	14,394	21,418	66	3,643	3,295
	ELKO	35,350	-16%	35,057	18,370	16,980	23,080	191	4,357	7,721
	ESMERALDA	264	-34%	210	148	117	230	0	22	12
	EUREKA	1,674	-16%	1,762	885	789	1,201	2	252	219
	HUMBOLDT	16,189	-43%	17,415	8,461	7,728	9,785	48	1,928	4,428
	LANDER	5,038	-23%	5,030	2,555	2,483	3,009	14	768	1,247
	LINCOLN	44,773	-10%	45,046	22,342	22,431	28,776	1,079	9,491	5,428
	LYON	66,271	21%	89,518	33,388	32,883	41,473	416	12,271	12,111
	MINERAL	3,559	-41%	3,341	1,748	1,811	2,292	135	812	320
	NYE	24,224	-23%	24,719	12,150	12,074	18,652	675	1,884	3,013
	PERSHING	5,726	-18%	6,327	3,786	1,939	2,923	1,012	529	1,262
	STOREY	10,395	-23%	10,219	5,220	5,175	7,165	170	1,920	1,140
	WASHOE	410,602	-11%	454,351	206,941	203,661	208,376	7,358	82,200	112,668
	WHITE PINE	6,650	-30%	6,429	3,806	2,844	4,580	357	725	988
NV Total		2,885,158	-5%	4,177,186	1,452,800	1,432,358	1,137,013	166,641	683,319	898,185

State	County	1-9	10-19	20-29	30-39	40-49	50-59	60-69	70 over	Mana-gerial	Sales	Admin support	Service	Farming forestry, fishing	Prod-uction
NV	CARSON CITY	5,579	6,513	5,812	5,285	7,531	8,980	6,326	7,036	8,134	3,098	4,615	5,631	32	6,216
	CHURCHILL	2,988	3,367	2,705	2,418	3,459	3,672	2,754	2,513	3,564	1,484	2,159	1,911	128	3,701
	CLARK	285,091	305,867	278,849	327,421	324,321	282,232	184,380	160,925	329,402	127,802	163,009	268,796	463	198,132
	DOUGLAS	2,439	3,437	1,796	1,873	3,858	5,416	4,237	5,367	6,678	1,014	2,506	2,331	15	2,060
	ELKO	4,938	5,649	4,011	3,939	5,615	6,077	3,257	1,863	4,195	2,010	1,968	3,937	163	5,114
	ESMERALDA	10	15	5	13	22	47	79	71	51	7	14	14	0	34
	EUREKA	200	224	91	184	259	335	197	183	404	87	103	179	15	85
	HUMBOLDT	2,271	2,425	1,703	1,681	2,702	2,736	1,527	1,143	1,971	1,180	971	1,255	87	3,157
	LANDER	631	708	490	458	713	929	703	406	763	71	507	526	21	812
	LINCOLN	4,504	4,571	3,772	5,945	9,753	6,389	6,415	3,424	12,066	2,021	757	1,574	474	4,879
	LYON	8,303	9,133	6,106	6,885	9,127	11,091	8,080	7,545	8,490	3,756	9,841	4,556	135	7,141
	MINERAL	236	356	286	225	486	643	633	692	655	198	295	537	2	301
	NYE	1,887	2,208	1,274	1,640	2,680	4,455	5,542	4,537	2,704	2,821	2,779	3,734	96	2,273
	PERSHING	385	525	728	920	1,215	1,031	527	394	1,034	119	365	1,301	118	720
	STOREY	1,216	1,683	679	967	1,860	2,032	1,275	683	1,191	613	379	740	0	1,945
	WASHOE	49,125	57,193	55,635	43,843	59,400	64,527	43,199	37,680	57,478	21,876	31,459	35,949	175	44,178
	WHITE PINE	627	705	815	816	1,036	1,155	792	704	1,019	416	806	1,221	68	400
NV Total		370,431	404,581	364,759	404,511	434,037	401,748	269,923	235,167	439,799	168,571	222,532	334,191	1,992	281,146

2017 Age Ranges (Years)   **2017 Occupations**

State	County	2017 Educational Attainment							2017 Family Income						
		Less than 9th grade	9th to 12th grade, no diploma	High school grad-uate	Some college, no degree	Assoc-iate degree	Bach-elor's degree	Grad. or pro-fessional degree	Less than $25,000	$25,000-$34,999	$35,000-$49,999	$50,000-$74,999	$75,000-$99,999	$100,000-$149,999	over $150,000
NV	CARSON CITY	2,746	5,682	10,418	13,713	2,395	6,096	3,239	2,849	996	1,669	2,567	2,028	2,348	1,136
	CHURCHILL	519	1,004	4,635	6,879	1,566	2,541	1,996	920	899	993	1,255	1,174	807	484
	CLARK	162,471	153,309	346,721	427,993	84,850	308,139	226,142	108,041	54,805	83,000	126,372	110,037	144,531	95,732
	DOUGLAS	301	748	5,022	8,874	2,642	4,357	2,397	887	612	971	1,864	1,736	1,424	1,216
	ELKO	1,784	2,406	6,587	9,698	1,687	2,753	2,582	990	557	1,194	1,537	2,197	2,268	598
	ESMERALDA	1	10	124	89	11	9	3	21	8	9	14	5	19	3
	EUREKA	52	209	258	600	16	122	109	61	39	41	79	142	72	18
	HUMBOLDT	734	1,524	3,219	4,142	961	1,287	788	781	289	467	809	606	845	396
	LANDER	221	288	1,210	1,599	191	459	100	221	51	130	393	293	227	50
	LINCOLN	599	2,608	14,121	8,217	3,006	8,704	713	1,491	898	1,594	9,045	19,822	7,729	1,440
	LYON	1,181	5,204	12,030	24,237	3,156	5,397	2,002	3,145	2,139	3,443	4,124	2,148	2,985	655
	MINERAL	75	527	1,037	948	114	272	181	330	100	118	226	101	76	57
	NYE	317	1,623	7,474	4,252	6,397	679	409	1,868	866	994	1,034	607	817	606
	PERSHING	199	841	1,454	1,849	139	257	363	227	63	126	317	222	135	40
	STOREY	101	331	1,016	4,352	194	1,093	1,251	832	650	1,356	1,386	1,206	2,477	2,022
	WASHOE	29,022	24,823	69,282	91,992	23,206	60,121	35,027	22,040	11,110	15,739	23,993	23,429	25,744	18,472
	WHITE PINE	111	356	1,729	2,480	206	415	407	431	220	232	500	221	179	122
NV Total		200,434	201,491	486,338	611,914	130,738	402,700	277,709	145,136	74,302	112,078	175,515	165,973	192,682	123,046

2017 Consumer Spending ($Millions)

State	County	Average annual expend-itures	Food	Alcoholic beverages	Housing	Apparel and services	Transport-ation	Healthcare	Entertain-ment	Personal care products & services	Education	Personal insurance & pensions
NV	CARSON CITY	728.8	91.5	6.2	54.6	5.5	29.3	13.7	8.5	2.0	3.2	18.1
	CHURCHILL	349.2	44.0	2.9	142.7	15.1	76.3	34.4	23.5	5.4	11.0	58.5
	CLARK	41,560.0	5,119.4	363.5	1,518.7	151.1	804.0	376.9	234.4	55.5	94.2	494.4
	DOUGLAS	494.9	61.1	4.3	204.0	19.8	105.9	50.5	30.4	7.3	12.0	58.1
	ELKO	557.9	69.3	4.8	101.7	10.0	52.0	24.5	15.3	3.6	6.8	30.1
	ESMERALDA	3.9	0.5	0.0	145.6	14.2	76.2	36.3	21.9	5.2	8.4	43.0
	EUREKA	25.1	3.2	0.2	12.9	1.3	7.0	3.2	2.1	0.5	0.8	4.7
	HUMBOLDT	237.3	29.5	2.0	97.8	9.3	48.9	23.5	14.1	3.4	6.1	24.7
	LANDER	75.4	9.5	0.6	13.5	1.3	7.2	3.5	2.0	0.5	0.7	4.1
	LINCOLN	2,600.3	324.4	22.8	552.4	54.9	290.7	137.0	84.9	20.1	34.1	177.9
	LYON	991.8	125.8	8.2	40.6	4.1	22.0	10.2	6.5	1.5	2.5	14.5
	MINERAL	49.8	6.3	0.4	15.8	1.6	8.5	4.0	2.5	0.6	0.9	5.4
	NYE	338.5	42.9	2.8	466.6	50.4	246.2	110.1	78.1	17.6	39.8	202.8
	PERSHING	59.9	7.6	0.5	24.7	2.5	13.4	6.2	3.9	0.9	1.5	8.9
	STOREY	582.6	70.8	5.2	44.7	4.6	24.2	11.2	7.2	1.7	2.9	16.4
	WASHOE	7,841.0	970.8	68.0	463.6	46.2	245.3	115.2	71.7	16.9	29.1	153.0
	WHITE PINE	92.5	11.8	0.8	29.4	2.9	15.8	7.5	4.5	1.1	1.6	9.2
NV Total		56,588.9	6,988.3	493.3	3,929.3	394.7	2,073.0	967.8	611.4	143.7	255.8	1,323.6

State	County	U.S. Population			2017 Gender		2017 Race			
		Total 2017	2010-2017 % chg.	Total 2022	Male	Female	White	Black	Other Race	Hispanic
NY	ALBANY	289,873	4%	291,988	140,064	149,809	188,731	38,802	44,631	17,709
	ALLEGANY	49,300	4%	49,262	24,819	24,481	45,064	867	2,456	913
	BRONX	1,463,698	5%	1,512,918	680,776	782,922	126,254	237,626	204,352	895,466
	BROOME	203,065	3%	199,734	99,601	103,464	156,161	11,717	26,193	8,993
	CATTARAUGUS	82,597	2%	81,477	41,673	40,924	71,444	1,212	7,837	2,104
	CAYUGA	78,303	1%	77,222	39,952	38,350	68,574	2,773	4,425	2,530
	CHAUTAUQUA	135,878	1%	134,881	67,071	68,807	113,372	3,099	8,973	10,435
	CHEMUNG	86,727	7%	85,871	43,121	43,606	70,707	5,629	7,166	3,225
	CHENANGO	55,673	3%	56,384	27,744	27,929	52,234	301	2,007	1,131
	CLINTON	78,628	5%	82,180	38,876	39,751	72,032	1,873	3,347	1,376
	COLUMBIA	61,256	13%	62,088	30,777	30,479	50,588	2,871	4,554	3,244
	CORTLAND	52,321	12%	53,921	25,606	26,715	47,640	786	2,778	1,118
	DELAWARE	42,852	7%	43,353	21,561	21,291	37,872	917	2,185	1,878
	DUTCHESS	317,188	6%	328,990	157,967	159,222	201,306	26,349	42,424	47,109
	ERIE	921,964	2%	918,655	444,019	477,945	668,407	120,948	82,271	50,337
	ESSEX	44,726	-2%	44,956	24,645	20,081	38,490	2,248	1,607	2,382
	FRANKLIN	58,356	15%	61,245	31,954	26,402	46,247	4,140	6,241	1,728
	FULTON	51,004	4%	51,248	25,141	25,863	45,652	1,119	2,250	1,983
	GENESEE	62,752	4%	63,002	31,123	31,629	53,484	1,704	5,209	2,355
	GREENE	54,091	10%	56,970	28,271	25,819	46,223	2,907	2,277	2,683
	HAMILTON	4,113	-5%	3,978	2,086	2,027	3,934	33	93	53
	HERKIMER	63,068	11%	64,020	30,892	32,176	57,402	1,060	3,233	1,375
	JEFFERSON	117,377	10%	118,252	59,262	58,116	95,117	4,937	10,241	7,083
	KINGS	2,608,299	4%	2,662,889	1,231,345	1,376,954	803,577	713,509	572,606	518,607
	LEWIS	25,420	1%	25,483	12,747	12,673	24,283	235	539	363
	LIVINGSTON	69,936	0%	71,130	35,209	34,727	59,699	3,227	3,791	3,219
	MADISON	70,917	1%	72,346	34,803	36,113	63,249	1,468	4,578	1,622
	MONROE	769,020	3%	780,281	371,363	397,656	506,920	106,604	87,531	67,964
	MONTGOMERY	60,219	6%	60,616	29,555	30,664	48,604	1,002	3,395	7,218
	NASSAU	1,390,775	1%	1,405,814	672,919	717,856	756,284	127,340	259,667	247,485
	NEW YORK	1,626,652	7%	1,680,102	764,649	862,000	702,874	135,158	345,147	443,471
	NIAGARA	214,303	-3%	211,763	103,932	110,370	176,181	14,347	18,680	5,095
	ONEIDA	232,558	6%	230,641	115,892	116,666	184,777	12,914	22,117	12,751
	ONONDAGA	477,031	1%	479,185	229,982	247,049	339,258	50,761	62,534	24,477
	ONTARIO	112,584	1%	118,015	54,988	57,597	98,295	2,396	6,835	5,058
	ORANGE	399,452	9%	417,669	199,579	199,873	226,431	31,572	50,011	91,438
	ORLEANS	42,794	2%	42,781	21,196	21,598	36,149	2,264	2,300	2,080
	OSWEGO	127,957	1%	128,991	63,779	64,178	115,978	990	7,513	3,475
	OTSEGO	66,978	-6%	68,889	32,349	34,629	59,321	1,302	3,555	2,801
	PUTNAM	108,779	7%	113,459	54,303	54,476	75,381	2,830	12,522	18,046
	QUEENS	2,345,820	5%	2,415,073	1,140,836	1,204,983	460,912	338,927	881,380	664,600
	RENSSELAER	163,856	4%	166,177	80,904	82,952	128,043	11,366	16,314	8,132
	RICHMOND	511,314	10%	538,888	248,020	263,294	281,944	38,520	85,719	105,131
	ROCKLAND	334,015	0%	349,310	163,851	170,164	180,270	32,250	57,622	63,873
	SAINT LAWRENCE	111,667	7%	112,802	56,755	54,912	98,828	3,275	6,498	3,067
	SARATOGA	234,518	13%	249,871	115,297	119,221	202,380	3,263	21,343	7,532
	SCHENECTADY	175,334	-1%	177,033	84,782	90,552	115,736	15,172	32,743	11,684
	SCHOHARIE	32,364	3%	33,244	16,141	16,224	29,135	471	1,356	1,403
	SCHUYLER	17,408	19%	18,531	8,683	8,725	16,445	126	464	372
	SENECA	32,278	-5%	32,499	16,686	15,592	28,491	957	1,959	872
	STEUBEN	99,927	0%	99,997	49,589	50,338	89,464	1,588	7,049	1,826
	SUFFOLK	1,525,671	4%	1,557,313	750,557	775,114	918,501	88,011	196,936	322,223
	SULLIVAN	83,274	13%	88,766	42,645	40,628	55,804	6,001	7,118	14,351
	TIOGA	51,756	3%	51,610	25,676	26,080	48,247	430	2,053	1,026
	TOMPKINS	107,957	-6%	111,355	53,185	54,772	75,121	3,460	23,541	5,835
	ULSTER	188,488	8%	196,712	93,402	95,086	135,588	11,432	20,301	21,167
	WARREN	68,924	11%	71,272	33,660	35,264	63,644	581	3,302	1,397
	WASHINGTON	71,194	4%	74,769	36,861	34,333	64,818	2,321	2,288	1,767
	WAYNE	99,427	4%	100,418	49,372	50,055	84,296	2,837	7,438	4,855
	WESTCHESTER	986,846	5%	1,011,467	475,017	511,829	465,648	98,270	163,024	259,904
	WYOMING	43,198	7%	43,411	23,460	19,738	38,398	2,206	1,280	1,314
	YATES	28,761	3%	29,429	13,959	14,802	26,958	214	1,110	480
NY Total		20,092,479	5%	20,542,595	9,724,931	10,367,544	10,242,864	2,343,515	3,480,905	4,025,191

State	County	1-9	10-19	20-29	30-39	40-49	50-59	60-69	70 over	Mana-gerial	Sales	Admin support	Service	Farming forestry, fishing	Prod-uction
NY	ALBANY	28,197	39,582	44,838	30,381	42,986	47,038	26,199	30,653	66,846	12,264	19,038	24,222	117	17,432
	ALLEGANY	4,725	7,872	8,146	4,278	6,094	7,491	5,226	5,468	9,228	2,155	2,776	4,965	601	6,865
	BRONX	209,978	230,854	215,887	192,174	213,247	178,732	113,003	109,822	262,088	101,320	133,034	294,503	988	148,096
	BROOME	19,351	28,414	26,915	17,834	29,598	33,862	19,811	27,280	34,898	12,705	17,587	19,586	394	19,356
	CATTARAUGUS	9,281	10,760	8,509	8,084	12,872	14,751	8,910	9,431	13,956	4,307	5,451	7,493	457	11,281
	CAYUGA	7,503	10,115	8,211	7,810	13,336	14,016	8,106	9,205	13,433	4,497	4,405	8,135	464	9,220
	CHAUTAUQUA	13,704	19,740	16,645	12,341	19,592	23,179	14,130	16,545	21,823	6,008	9,800	13,763	738	18,595
	CHEMUNG	9,560	10,885	9,705	9,057	13,384	14,972	8,553	10,610	16,747	5,623	5,259	10,171	90	8,766
	CHENANGO	5,647	7,346	4,842	5,323	8,512	10,444	6,918	6,641	10,864	2,326	3,310	5,201	204	7,559
	CLINTON	6,669	10,477	9,954	7,944	13,129	12,950	8,541	8,963	12,934	2,330	5,803	9,541	344	10,544
	COLUMBIA	5,258	7,920	5,396	5,319	9,716	11,886	8,065	7,696	11,613	2,502	4,355	5,786	392	6,156
	CORTLAND	5,360	8,084	8,215	5,123	7,321	8,327	5,096	4,796	8,532	2,790	3,427	6,053	241	5,497
	DELAWARE	3,763	5,563	4,083	3,762	5,753	8,078	5,826	6,025	9,490	1,523	2,527	4,166	656	4,612
	DUTCHESS	32,718	47,743	34,000	31,493	54,062	53,194	31,737	32,241	57,939	16,520	23,216	31,831	856	29,722
	ERIE	95,490	126,379	115,318	89,543	140,633	152,292	87,312	114,997	186,406	41,642	77,653	84,497	472	81,627
	ESSEX	3,556	4,917	4,683	5,588	7,631	7,817	5,216	5,319	7,079	2,308	2,466	6,168	392	5,351
	FRANKLIN	5,461	7,698	7,679	6,619	9,890	9,730	5,658	5,622	10,986	3,808	3,804	8,497	439	5,963
	FULTON	5,188	6,524	5,284	5,412	8,143	8,927	5,614	5,911	8,213	2,533	3,906	4,983	201	7,325
	GENESEE	6,261	8,568	6,472	6,233	10,472	10,898	6,521	7,327	10,143	2,819	4,009	6,500	472	6,258
	GREENE	4,878	6,994	5,387	5,210	8,712	10,203	6,624	6,083	10,282	2,548	4,959	5,932	678	5,412
	HAMILTON	287	343	227	270	583	891	778	733	644	174	340	398	322	350
	HERKIMER	6,514	8,515	6,467	6,174	9,623	11,083	6,941	7,752	10,876	3,256	6,111	6,689	200	5,547
	JEFFERSON	16,779	15,048	17,831	14,087	17,752	16,608	9,534	9,739	23,118	8,422	8,401	15,403	3,434	11,438
	KINGS	341,379	334,624	428,930	381,585	354,142	334,913	214,582	218,145	526,490	162,604	199,372	398,318	816	260,338
	LEWIS	2,910	3,424	2,427	2,647	4,059	4,339	2,535	3,080	4,380	1,268	1,530	2,622	512	3,368
	LIVINGSTON	6,205	10,042	9,579	6,408	11,726	12,016	7,076	6,883	12,933	3,764	4,503	5,589	540	7,780
	MADISON	6,850	10,885	8,673	6,317	11,390	12,396	7,043	7,364	14,115	3,661	4,725	6,498	319	6,546
	MONROE	83,250	112,508	97,438	76,939	114,696	127,482	71,148	85,560	162,715	39,042	49,685	69,966	264	56,842
	MONTGOMERY	6,661	8,065	6,134	6,151	9,265	10,394	6,045	7,503	10,950	3,479	4,208	5,343	213	7,608
	NASSAU	165,057	199,873	133,602	143,794	225,559	224,231	124,318	174,341	312,223	80,050	92,429	129,521	148	82,111
	NEW YORK	131,916	133,624	358,911	275,557	217,369	208,011	148,457	152,804	389,927	97,104	82,980	135,814	2,597	63,240
	NIAGARA	21,467	28,085	23,224	20,791	35,167	37,921	20,762	26,886	36,073	11,084	18,957	18,776	533	24,148
	ONEIDA	24,112	31,235	25,871	23,122	36,581	38,722	23,035	29,879	42,068	10,170	19,451	26,982	1,354	24,337
	ONONDAGA	53,125	69,978	58,403	47,252	73,999	77,793	43,101	53,379	96,493	25,271	32,167	46,153	1,061	37,657
	ONTARIO	12,185	15,591	10,509	10,594	18,159	20,485	12,440	12,622	21,635	5,366	6,610	9,584	218	9,603
	ORANGE	56,868	63,743	42,985	43,201	65,928	62,461	33,340	30,926	72,109	25,662	30,555	44,871	778	37,398
	ORLEANS	4,136	5,988	4,464	4,288	7,612	7,522	4,259	4,525	7,917	1,422	3,126	4,855	90	6,183
	OSWEGO	13,392	18,986	15,242	12,534	21,560	22,016	12,622	11,605	18,150	7,042	9,538	12,544	325	20,188
	OTSEGO	5,399	9,649	9,977	5,259	9,375	11,610	7,547	8,163	14,548	2,840	4,812	6,337	205	6,254
	PUTNAM	11,833	15,804	8,601	10,759	20,988	20,487	11,125	9,182	23,828	3,966	5,404	9,316	24	7,929
	QUEENS	267,627	274,609	352,008	348,614	358,466	330,233	199,237	215,025	398,284	136,071	169,690	322,458	425	253,227
	RENSSELAER	16,952	22,309	20,381	17,362	26,288	28,526	15,795	16,243	33,713	5,853	12,589	13,063	65	13,447
	RICHMOND	60,886	69,256	60,460	61,710	79,815	82,808	48,949	47,430	102,377	23,246	44,398	63,270	57	39,510
	ROCKLAND	53,209	51,870	35,071	34,519	44,091	47,618	33,179	34,459	78,539	17,646	18,632	35,815	146	18,916
	SAINT LAWRENCE	11,787	15,464	15,921	11,058	16,857	17,955	11,136	11,489	20,976	6,220	8,849	13,872	909	12,130
	SARATOGA	26,119	30,247	21,868	26,865	40,051	40,555	24,738	24,075	50,029	9,476	15,123	16,996	392	16,538
	SCHENECTADY	19,820	24,780	18,125	18,528	27,974	30,643	15,695	19,770	34,679	8,217	13,253	17,967	188	14,384
	SCHOHARIE	2,886	4,582	3,532	3,007	4,958	5,846	3,915	3,637	6,068	1,532	2,277	2,733	318	4,224
	SCHUYLER	1,632	2,019	1,628	1,720	2,675	3,456	2,156	2,124	3,527	877	1,260	1,405	64	1,812
	SENECA	3,192	4,094	3,760	3,285	4,752	5,861	3,391	3,942	5,822	1,919	2,271	3,257	71	3,727
	STEUBEN	11,017	13,481	9,812	9,971	15,634	17,468	10,733	11,810	21,227	3,554	6,503	8,836	403	12,009
	SUFFOLK	186,580	210,670	150,613	175,607	257,181	239,519	148,690	156,812	286,643	79,265	110,998	134,354	1,879	138,693
	SULLIVAN	9,380	11,319	8,004	8,435	13,392	15,261	9,337	8,144	15,615	4,644	6,142	10,867	920	8,386
	TIOGA	5,542	6,872	4,407	4,936	8,357	9,417	6,112	6,112	8,789	2,300	3,663	4,093	228	6,458
	TOMPKINS	7,511	18,158	31,005	9,100	11,724	14,368	8,009	7,999	29,208	2,091	6,789	8,538	177	3,962
	ULSTER	17,481	24,868	20,137	19,177	31,156	34,815	20,762	20,092	33,285	11,767	13,534	18,204	686	16,607
	WARREN	6,416	8,394	6,154	6,672	11,206	13,176	8,315	8,592	11,811	4,698	4,843	7,405	419	5,161
	WASHINGTON	6,978	8,837	7,738	7,779	12,328	12,228	7,697	7,609	10,285	5,373	5,323	7,572	406	8,068
	WAYNE	10,654	14,009	8,349	10,082	16,717	18,036	11,143	10,438	17,960	4,617	6,284	6,408	433	12,507
	WESTCHESTER	128,039	140,420	94,104	113,722	158,167	151,074	91,229	110,092	239,386	54,818	59,827	88,301	90	56,221
	WYOMING	4,033	5,188	4,661	4,979	7,941	7,638	4,497	4,260	7,032	1,967	3,548	4,674	890	4,580
	YATES	3,379	4,592	2,897	2,134	3,890	5,065	3,379	3,426	4,738	1,114	1,856	3,998	225	2,976
NY Total		######	######	######	######	######	######	######	######	4,004,684	1,116,238	1,439,343	2,311,658	32,535	1,748,046

State	County	Less than 9th grade	9th to 12th grade, no diploma	High school grad-uate	Some college, no degree	Assoc-iate degree	Bach-elor's degree	Grad. or pro-fessional degree	Less than $25,000	$25,000-$34,999	$35,000-$49,999	$50,000-$74,999	$75,000-$99,999	$100,000-$149,999	over $150,000
NY	ALBANY	4,270	17,016	54,158	43,631	27,707	49,462	48,303	14,500	5,072	9,707	13,175	9,298	13,597	10,084
	ALLEGANY	771	3,027	15,046	7,958	4,207	4,770	6,100	4,031	1,565	2,021	2,528	1,634	1,306	394
	BRONX	146,372	229,346	251,182	225,141	86,241	123,342	85,765	137,662	36,606	46,144	50,217	30,401	33,267	17,634
	BROOME	4,536	13,465	51,862	37,453	18,232	22,558	23,406	13,993	5,320	6,420	11,725	6,082	8,001	4,940
	CATTARAUGUS	2,037	5,777	26,775	13,555	6,888	6,576	6,208	5,645	2,482	3,600	5,174	3,625	1,929	730
	CAYUGA	1,864	7,826	22,285	12,400	8,138	7,448	6,056	4,374	2,046	2,679	4,127	3,896	3,742	1,532
	CHAUTAUQUA	3,323	9,565	38,425	24,195	13,140	13,432	11,719	9,136	3,746	5,134	6,625	5,191	3,890	1,622
	CHEMUNG	2,038	7,319	23,219	14,734	6,895	10,048	7,732	5,506	2,157	2,996	4,164	2,923	3,144	1,647
	CHENANGO	1,524	4,939	17,258	9,624	5,036	4,602	3,485	3,519	1,379	2,381	2,969	2,143	1,589	753
	CLINTON	3,402	8,255	19,282	12,834	7,335	7,994	8,571	4,469	1,748	2,388	3,979	3,005	3,077	1,129
	COLUMBIA	1,631	4,335	16,381	9,366	5,311	6,961	8,570	2,821	1,539	2,013	3,911	2,642	2,970	1,950
	CORTLAND	1,456	3,527	15,090	10,073	5,561	4,255	3,884	3,195	1,193	2,006	2,473	1,870	1,578	722
	DELAWARE	1,302	3,603	12,362	7,380	3,586	4,017	4,616	2,777	1,315	2,055	2,398	1,727	1,436	375
	DUTCHESS	9,296	25,689	64,545	54,042	25,622	44,701	38,055	12,320	4,950	7,103	11,122	10,554	18,056	16,240
	ERIE	18,707	58,142	191,287	172,164	83,490	139,201	103,447	54,095	20,746	28,486	38,677	33,530	42,837	24,367
	ESSEX	1,218	3,822	14,704	7,145	4,429	3,548	3,982	3,756	1,687	2,843	3,682	3,146	2,214	1,051
	FRANKLIN	3,757	12,184	13,323	6,366	5,303	4,551	4,130	3,295	1,483	1,928	2,487	2,119	2,088	436
	FULTON	1,177	5,019	15,511	8,352	5,107	4,261	3,248	3,341	1,303	1,841	2,728	1,867	1,880	561
	GENESEE	1,646	3,046	20,253	10,158	7,388	5,968	4,013	3,459	1,745	2,188	3,477	3,038	2,479	952
	GREENE	1,687	7,135	15,447	8,707	3,586	4,669	4,794	3,447	1,624	2,000	2,658	2,246	1,880	1,048
	HAMILTON	84	238	1,002	664	589	426	639	202	110	180	252	207	179	68
	HERKIMER	1,287	5,606	17,212	12,100	6,650	5,942	3,898	3,956	1,847	2,350	3,435	3,046	1,712	662
	JEFFERSON	2,469	7,061	29,231	25,469	10,077	9,903	8,887	7,451	3,085	5,289	6,345	5,244	3,244	1,210
	KINGS	211,261	311,765	484,074	312,039	153,434	398,659	236,836	196,779	60,478	77,405	92,168	59,060	75,274	60,787
	LEWIS	526	1,767	10,389	3,192	1,855	1,554	1,553	1,577	814	1,185	1,635	1,183	798	242
	LIVINGSTON	1,677	8,120	15,443	12,591	7,108	7,036	7,630	3,152	1,308	2,236	3,248	3,116	2,812	1,168
	MADISON	1,463	5,372	14,726	12,618	6,976	10,706	7,526	3,349	1,442	2,726	3,502	2,760	2,780	1,598
	MONROE	13,551	51,125	145,081	120,561	65,695	131,280	106,890	44,120	18,645	21,902	30,596	26,466	33,812	22,642
	MONTGOMERY	1,236	4,785	18,589	9,105	6,189	4,977	4,693	3,385	1,670	2,093	3,294	2,722	2,626	676
	NASSAU	56,664	68,824	240,870	192,758	83,844	265,153	215,463	43,077	16,829	26,563	41,909	38,461	79,046	122,222
	NEW YORK	120,500	144,759	154,833	160,639	45,690	436,669	374,950	89,025	25,249	32,242	41,721	29,298	43,068	106,752
	NIAGARA	2,866	14,174	61,971	38,943	21,350	23,118	17,281	13,016	5,448	6,688	9,776	7,656	11,685	4,323
	ONEIDA	7,779	24,873	59,918	39,350	22,269	22,045	17,832	13,639	5,422	7,840	11,227	8,644	9,119	3,957
	ONONDAGA	7,294	30,542	100,401	73,469	41,753	70,133	67,148	25,563	10,330	13,412	19,392	15,718	23,792	14,010
	ONTARIO	1,617	4,492	24,922	19,180	12,445	15,284	14,937	5,081	2,430	3,529	5,705	4,475	5,386	3,101
	ORANGE	11,527	31,260	88,871	65,306	29,932	47,883	35,655	15,793	6,552	8,437	14,153	13,296	25,577	17,289
	ORLEANS	1,310	5,234	14,720	5,949	2,842	3,334	2,443	2,401	933	1,478	2,151	1,876	1,344	307
	OSWEGO	3,177	10,819	39,748	23,626	8,627	12,090	8,266	7,811	3,286	4,638	6,130	4,643	4,904	1,776
	OTSEGO	1,689	5,065	17,671	13,948	5,078	7,586	7,120	4,182	1,767	2,677	3,469	2,157	2,109	899
	PUTNAM	2,193	3,668	20,802	19,587	5,517	21,518	15,048	2,634	1,677	1,769	3,446	3,511	7,137	9,145
	QUEENS	188,074	250,105	479,232	344,220	130,467	354,236	204,988	128,393	49,167	66,710	90,975	69,893	95,197	69,661
	RENSSELAER	2,898	9,176	41,141	27,710	14,995	22,774	18,145	7,639	3,492	4,642	7,304	6,123	8,634	4,900
	RICHMOND	15,920	37,910	129,244	92,089	31,413	67,670	42,150	25,674	8,383	11,198	17,311	17,282	27,944	24,216
	ROCKLAND	16,168	19,721	44,978	46,334	20,670	59,048	47,029	14,651	5,053	6,547	9,323	8,369	16,381	23,408
	SAINT LAWRENCE	3,105	9,892	31,433	19,884	10,519	9,720	9,135	7,336	2,749	3,884	5,468	3,969	3,116	1,234
	SARATOGA	2,476	11,085	46,048	35,965	22,019	42,517	32,555	8,207	3,899	6,286	10,150	10,369	14,102	10,228
	SCHENECTADY	3,373	12,650	37,598	28,555	15,908	23,501	21,663	9,083	3,338	4,608	7,905	6,571	9,149	5,361
	SCHOHARIE	470	2,383	9,209	4,822	4,358	2,977	3,202	1,757	728	1,221	1,748	1,178	1,373	864
	SCHUYLER	236	1,042	5,801	3,457	1,275	1,609	1,413	822	541	670	1,209	638	608	193
	SENECA	1,336	3,831	8,504	4,304	3,068	3,676	2,349	1,748	840	1,133	1,672	1,221	1,485	364
	STEUBEN	1,647	5,792	28,394	17,407	9,980	9,709	9,354	6,275	2,687	3,983	5,228	3,387	3,716	1,632
	SUFFOLK	54,764	93,509	339,825	231,765	104,049	226,785	178,293	41,793	19,059	30,046	48,679	48,953	96,519	108,401
	SULLIVAN	2,926	10,336	19,530	13,932	7,197	7,636	6,922	5,608	2,006	2,898	3,886	2,784	2,642	1,576
	TIOGA	845	3,756	14,472	9,433	4,738	5,472	4,035	2,610	1,300	1,897	3,184	1,948	2,079	1,344
	TOMPKINS	1,165	2,974	16,082	10,496	7,111	26,001	32,275	5,929	1,961	2,894	3,789	2,701	3,257	3,102
	ULSTER	5,024	16,617	45,219	30,295	13,603	25,058	24,054	8,673	3,827	5,060	7,539	6,859	9,521	6,641
	WARREN	922	4,581	18,518	10,808	5,972	9,090	8,484	3,853	1,925	2,369	3,690	2,840	2,702	1,471
	WASHINGTON	1,661	7,461	22,020	11,124	6,601	7,119	3,820	3,698	1,678	2,556	4,008	3,127	2,555	1,020
	WAYNE	2,016	5,934	27,272	17,994	10,511	10,862	7,189	4,808	2,342	3,181	5,334	4,793	4,620	1,650
	WESTCHESTER	49,759	64,655	138,885	117,365	42,120	184,342	187,883	40,905	15,947	21,073	28,870	23,614	39,962	84,041
	WYOMING	858	3,876	13,665	7,118	5,157	3,678	2,351	2,067	850	1,571	2,463	2,491	1,845	312
	YATES	1,143	1,545	7,552	4,491	2,688	2,451	3,481	1,604	611	1,106	1,764	1,363	649	740
NY Total		######	1,751,415	3,983,493	2,945,937	1,345,540	3,073,591	2,391,553	1,114,666	401,410	546,108	753,352	594,245	835,421	813,358

2017 Consumer Spending ($Millions)

State	County	Average annual expend-itures	Food	Alcoholic beverages	Housing	Apparel and services	Transport-ation	Healthcare	Entertain-ment	Personal care products & services	Education	Personal insurance & pensions
NY	ALBANY	4,173.3	516.4	36.2	1,999.0	199.8	1,042.3	488.7	307.7	72.6	131.3	651.3
	ALLEGANY	634.9	82.2	5.1	704.1	70.6	368.5	171.7	108.8	25.6	46.6	232.2
	BRONX	15,750.7	2,047.6	127.1	229.8	22.6	121.9	57.6	35.1	8.4	13.6	72.3
	BROOME	2,882.2	363.7	24.1	654.1	64.5	342.1	161.5	99.2	23.6	40.0	200.3
	CATTARAUGUS	1,111.5	143.7	8.9	1,224.3	124.1	655.0	303.7	193.3	45.2	79.4	431.7
	CAYUGA	1,202.0	151.4	10.1	743.1	75.1	397.7	184.4	117.4	27.5	48.5	262.4
	CHAUTAUQUA	1,754.3	224.6	14.4	1,601.5	160.8	856.0	399.0	250.0	58.9	100.1	540.6
	CHEMUNG	1,137.1	144.3	9.4	341.3	35.9	180.9	82.2	55.6	12.7	26.1	135.2
	CHENANGO	732.0	93.7	6.0	320.9	31.0	168.6	80.9	47.8	11.5	17.2	90.7
	CLINTON	1,032.7	130.8	8.6	856.5	85.5	455.1	213.7	132.8	31.4	52.6	281.9
	COLUMBIA	966.4	120.5	8.2	725.9	72.3	381.4	179.3	111.6	26.3	45.6	233.9
	CORTLAND	668.7	85.0	5.6	498.0	49.0	259.3	122.9	75.2	17.9	30.2	149.6
	DELAWARE	594.1	76.5	4.8	1,367.0	135.5	724.4	340.8	210.4	49.8	82.6	440.0
	DUTCHESS	4,744.4	574.9	42.7	221.4	21.3	115.6	55.7	32.6	7.8	11.7	59.9
	ERIE	12,912.2	1,617.3	110.1	981.6	94.4	515.5	247.8	145.1	34.8	51.4	268.8
	ESSEX	931.4	118.7	7.6	1,243.0	125.4	663.7	308.5	195.4	45.8	80.1	433.4
	FRANKLIN	700.9	89.7	5.7	889.9	90.0	478.1	221.3	140.8	33.0	57.4	315.3
	FULTON	683.8	87.3	5.6	175.1	17.5	93.0	43.7	27.1	6.4	10.7	57.7
	GENESEE	916.7	116.0	7.6	282.9	27.3	147.1	70.5	41.8	10.0	15.9	78.5
	GREENE	767.4	97.2	6.4	2,464.3	255.6	1,312.0	600.0	396.9	91.5	178.3	936.7
	HAMILTON	63.4	8.0	0.5	169.7	17.0	89.2	41.6	26.4	6.2	11.1	57.0
	HERKIMER	846.3	108.6	6.9	121.9	11.8	64.0	30.7	18.1	4.3	6.6	33.9
	JEFFERSON	1,541.8	197.9	12.5	742.2	72.2	389.0	185.8	111.0	26.5	41.6	214.5
	KINGS	29,988.7	3,812.6	250.4	556.1	54.3	294.7	140.0	84.1	20.1	31.0	167.9
	LEWIS	376.1	48.2	3.1	120.0	11.7	63.4	30.1	18.1	4.3	6.7	36.0
	LIVINGSTON	929.0	116.8	7.9	629.3	62.6	335.2	157.4	97.2	22.8	37.9	205.3
	MADISON	964.8	121.3	8.1	420.9	41.4	220.6	104.6	63.7	15.2	25.1	127.2
	MONROE	10,561.1	1,318.9	90.4	1,515.1	147.8	790.8	376.7	227.4	54.3	88.2	446.0
	MONTGOMERY	858.1	109.1	7.1	116.5	11.4	61.4	29.1	17.6	4.2	6.7	34.9
	NASSAU	21,877.2	2,590.0	203.8	1,394.6	139.8	740.6	346.1	217.2	51.1	88.1	468.5
	NEW YORK	16,752.5	2,066.5	147.5	1,298.1	128.9	686.0	322.6	199.9	47.2	79.9	420.2
	NIAGARA	3,169.6	397.6	26.8	353.4	34.3	186.1	88.9	52.6	12.6	19.1	99.9
	ONEIDA	3,101.3	392.6	25.9	530.3	51.8	278.1	132.7	79.8	19.0	30.4	156.3
	ONONDAGA	6,655.9	828.2	57.3	1,553.8	157.4	826.9	383.6	244.4	57.3	102.4	541.2
	ONTARIO	1,622.6	202.3	13.8	309.0	29.6	161.5	77.8	45.3	10.9	16.0	82.4
	ORANGE	6,044.0	734.8	54.0	541.9	52.7	285.0	136.1	81.3	19.4	30.1	158.0
	ORLEANS	532.3	68.2	4.4	291.7	28.0	151.8	73.2	42.7	10.3	15.3	77.0
	OSWEGO	1,714.7	217.7	14.2	494.8	49.5	258.1	121.0	76.1	17.9	32.4	159.7
	OTSEGO	847.9	108.6	6.9	814.0	81.2	431.8	202.2	126.1	29.7	50.7	269.6
	PUTNAM	1,829.9	216.3	17.1	113.5	11.1	59.5	28.2	17.3	4.1	6.9	35.0
	QUEENS	30,509.2	3,800.5	262.3	892.0	88.3	472.4	222.8	137.1	32.5	53.7	285.3
	RENSSELAER	2,422.1	299.7	21.0	1,494.2	150.5	794.5	370.0	233.9	55.0	96.4	512.4
	RICHMOND	7,521.1	918.4	67.0	223.6	22.3	118.8	55.7	34.7	8.2	14.1	74.9
	ROCKLAND	4,782.0	573.6	43.7	209.9	20.3	111.4	53.3	31.5	7.5	11.2	60.7
	SAINT LAWRENCE	1,376.6	176.3	11.3	1,025.7	99.7	539.7	257.3	154.0	36.8	57.4	300.7
	SARATOGA	3,755.1	458.3	33.4	496.2	48.7	259.9	123.1	75.1	17.8	29.8	150.5
	SCHENECTADY	2,583.9	319.9	22.4	973.0	100.4	514.3	236.7	155.4	36.0	69.5	360.5
	SCHOHARIE	469.2	58.9	4.0	1,199.3	121.5	634.0	294.8	188.4	44.1	80.1	417.9
	SCHUYLER	238.0	30.4	1.9	305.3	32.1	161.4	73.5	49.6	11.4	23.1	119.6
	SENECA	450.3	57.0	3.7	45.1	4.3	23.4	11.4	6.6	1.6	2.3	11.7
	STEUBEN	1,371.5	174.2	11.3	1,513.2	158.0	805.6	366.7	245.6	56.5	111.9	592.1
	SUFFOLK	24,339.7	2,897.2	224.9	1,675.3	165.0	877.2	414.6	254.5	60.6	102.1	517.5
	SULLIVAN	1,065.7	135.6	8.8	786.3	76.5	411.7	196.6	118.0	28.2	44.9	230.6
	TIOGA	777.1	97.2	6.6	128.0	12.7	68.6	32.2	19.8	4.7	7.5	41.8
	TOMPKINS	1,207.4	151.2	10.3	608.3	59.5	315.1	149.3	91.0	21.7	36.4	177.9
	ULSTER	2,706.2	333.9	23.6	1,877.1	189.2	995.8	463.8	293.7	69.0	122.1	642.6
	WARREN	992.7	125.1	8.3	253.5	24.1	131.1	63.6	37.0	9.0	13.4	66.7
	WASHINGTON	970.1	123.1	8.0	437.9	42.1	226.0	108.8	64.5	15.5	24.6	119.6
	WAYNE	1,484.1	186.1	12.6	209.3	20.1	109.3	52.6	30.9	7.4	11.2	57.1
	WESTCHESTER	13,037.5	1,571.4	118.3	2,700.2	271.8	1,432.7	668.1	422.6	99.0	175.3	926.3
	WYOMING	621.6	79.0	5.2	379.1	36.3	196.9	95.4	55.7	13.4	20.0	101.4
	YATES	392.5	49.8	3.3	401.2	40.5	213.9	100.0	62.8	14.7	25.3	136.4
NY Total		267,647.3	33,162.2	2,324.5	47,442.6	4,736.5	25,065.4	11,752.7	7,333.2	1,728.8	2,977.7	15,567.1

		U.S. Population		2017 Gender		2017 Race			
State	County	Total 2017	2010-2017 % chg.	Total 2022	Male	Female	White	Black	Other Race	Hispanic
OH	ADAMS	32,614	-20%	33,498	16,193	16,421	29,892	143	2,140	439
	ALLEN	101,767	0%	101,026	51,359	50,407	76,181	12,112	10,239	3,234
	ASHLAND	55,235	9%	57,300	27,004	28,231	52,360	385	1,821	670
	ASHTABULA	105,577	4%	106,543	52,406	53,172	90,034	4,091	6,986	4,466
	ATHENS	71,319	-5%	74,210	35,994	35,324	62,676	1,843	5,659	1,141
	AUGLAIZE	56,890	2%	57,525	28,245	28,645	52,622	467	2,947	855
	BELMONT	67,735	-1%	67,578	34,209	33,526	60,266	3,763	2,880	826
	BROWN	42,596	8%	44,606	21,064	21,532	40,749	362	1,093	392
	BUTLER	400,963	10%	429,519	196,198	204,765	279,758	27,287	67,217	26,700
	CARROLL	21,973	7%	22,604	11,009	10,964	20,778	123	639	432
	CHAMPAIGN	39,077	6%	39,784	19,303	19,774	34,973	777	2,881	447
	CLARK	135,757	0%	133,798	65,728	70,030	100,062	10,134	20,686	4,876
	CLERMONT	234,264	6%	256,946	115,642	118,622	210,090	2,689	17,140	4,345
	CLINTON	52,097	17%	55,817	25,618	26,480	46,359	1,016	3,716	1,008
	COLUMBIANA	113,857	-2%	113,799	57,197	56,660	99,936	5,060	6,922	1,939
	COSHOCTON	34,060	4%	34,171	16,735	17,325	31,038	293	2,403	325
	CRAWFORD	45,244	0%	44,648	22,008	23,236	41,678	585	2,223	758
	CUYAHOGA	1,271,900	-1%	1,243,878	603,970	667,930	690,833	381,604	125,430	74,034
	DARKE	46,945	-6%	46,445	22,986	23,959	44,544	190	1,481	730
	DEFIANCE	38,948	-3%	38,766	19,194	19,754	33,234	711	1,490	3,514
	DELAWARE	204,371	13%	238,102	100,871	103,500	157,582	8,403	31,725	6,661
	ERIE	81,690	4%	81,815	39,935	41,755	64,412	6,005	7,620	3,652
	FAIRFIELD	202,549	18%	237,523	99,375	103,174	146,814	36,737	12,214	6,785
	FAYETTE	26,981	-1%	27,179	13,209	13,772	24,086	507	1,613	774
	FRANKLIN	1,262,045	8%	1,365,152	614,385	647,660	668,769	256,803	242,195	94,278
	FULTON	50,436	3%	51,836	24,865	25,571	44,069	335	1,850	4,182
	GALLIA	32,688	2%	33,179	16,079	16,609	29,892	715	1,750	332
	GEAUGA	97,359	6%	103,584	47,851	49,507	91,757	1,455	2,681	1,465
	GREENE	141,948	2%	144,501	69,172	72,777	110,797	11,384	15,835	3,932
	GUERNSEY	41,096	10%	41,498	20,124	20,973	37,098	538	3,021	440
	HAMILTON	822,199	0%	820,180	395,229	426,970	486,192	202,855	100,179	32,974
	HANCOCK	72,664	11%	75,465	35,272	37,392	63,681	1,127	4,182	3,674
	HARDIN	33,384	1%	33,733	16,620	16,764	30,852	309	1,449	774
	HARRISON	17,328	4%	17,469	8,630	8,698	16,533	324	376	95
	HENRY	27,993	-3%	27,748	13,825	14,168	24,617	114	1,032	2,229
	HIGHLAND	44,254	6%	45,979	21,705	22,548	42,211	543	1,046	453
	HOCKING	28,642	-4%	29,495	14,008	14,634	27,502	131	812	197
	HOLMES	29,212	-3%	29,350	14,638	14,573	27,489	282	773	667
	HURON	76,875	5%	78,247	39,248	37,627	64,109	2,554	4,701	5,511
	JACKSON	32,667	2%	33,303	15,924	16,743	31,363	175	885	244
	JEFFERSON	70,150	3%	69,954	33,694	36,456	61,778	3,013	4,536	823
	KNOX	70,346	17%	77,511	34,434	35,912	66,173	430	2,730	1,013
	LAKE	239,082	4%	243,771	116,558	122,525	187,003	7,461	32,210	12,408
	LAWRENCE	64,080	6%	64,774	31,175	32,905	58,786	1,179	3,262	853
	LICKING	160,316	1%	169,578	78,385	81,931	141,812	3,782	11,743	2,979
	LOGAN	52,182	4%	53,599	25,755	26,427	45,957	683	4,803	738
	LORAIN	311,157	7%	325,513	153,041	158,115	226,427	24,416	30,497	29,817
	LUCAS	439,675	1%	441,877	212,733	226,943	277,172	86,037	44,667	31,798
	MADISON	54,755	9%	57,705	29,574	25,182	48,068	2,632	2,487	1,569
	MAHONING	236,137	-1%	232,142	114,032	122,105	169,052	37,963	15,573	13,549
	MARION	68,915	2%	69,835	36,150	32,765	58,773	4,312	4,119	1,710
	MEDINA	194,795	3%	212,922	95,915	98,879	176,275	2,308	12,214	3,998
	MEIGS	20,990	-3%	21,394	10,266	10,724	20,318	180	383	109
	MERCER	41,601	-2%	41,787	20,817	20,783	39,369	159	1,201	871
	MIAMI	110,266	0%	113,321	54,236	56,030	98,283	1,986	8,183	1,814
	MONROE	14,759	6%	15,273	7,354	7,405	14,402	38	224	95
	MONTGOMERY	583,949	4%	604,994	281,252	302,697	369,644	129,012	68,020	17,272
	MORGAN	13,701	-4%	14,163	6,791	6,910	11,681	401	1,543	77
	MORROW	29,699	3%	32,476	14,789	14,911	28,172	78	1,169	280
	MUSKINGUM	95,278	0%	97,640	46,212	49,066	81,230	2,822	10,210	1,015
	NOBLE	12,660	4%	13,347	7,596	5,064	12,060	378	187	35
	OTTAWA	45,641	19%	48,488	22,602	23,039	42,229	269	1,332	1,811
	PAULDING	17,819	-1%	17,651	8,795	9,024	16,159	152	630	877
	PERRY	41,640	2%	43,093	20,851	20,788	40,483	158	782	216
	PICKAWAY	57,375	-1%	59,240	30,117	27,258	50,988	1,737	3,933	717
	PIKE	27,860	10%	29,206	13,739	14,121	26,540	219	854	247
	PORTAGE	162,359	5%	167,831	79,268	83,091	137,902	8,588	13,640	2,229
	PREBLE	40,472	2%	40,592	20,008	20,463	38,825	145	1,200	301
	PUTNAM	35,594	3%	36,193	17,813	17,781	32,196	85	1,094	2,219
	RICHLAND	126,144	0%	125,181	62,345	63,798	103,534	10,054	10,326	2,230
	ROSS	84,624	15%	89,027	44,556	40,068	73,268	4,453	6,066	836
	SANDUSKY	54,533	0%	54,623	26,951	27,582	44,434	1,539	2,751	5,808
	SCIOTO	82,698	8%	82,835	40,912	41,786	73,142	2,332	6,153	1,071
	SENECA	61,724	-4%	61,335	30,574	31,149	54,333	1,544	2,475	3,371
	SHELBY	49,037	2%	50,377	24,412	24,625	42,455	1,008	4,575	999
	STARK	385,290	5%	388,074	186,487	198,804	313,826	28,542	35,868	7,054
	SUMMIT	583,498	0%	596,210	282,298	301,199	425,516	79,601	67,080	11,302
	TRUMBULL	208,955	8%	212,554	101,900	107,055	176,793	16,041	12,857	3,263
	TUSCARAWAS	106,039	6%	109,499	52,179	53,860	94,660	680	8,003	2,696
	UNION	48,693	15%	54,388	22,564	26,129	42,830	945	4,133	785
	VAN WERT	24,043	-2%	23,786	11,674	12,369	22,376	239	724	704
	VINTON	12,886	5%	13,366	6,425	6,461	12,431	108	264	83
	WARREN	235,271	17%	269,249	118,283	116,988	189,186	8,594	30,983	6,507
	WASHINGTON	65,578	-1%	66,701	32,050	33,528	60,021	527	4,472	558

State	County	1-9	10-19	20-29	30-39	40-49	50-59	60-69	70 over	Managerial	Sales	Admin support	Service	Farming forestry, fishing	Production
OH	ADAMS	4,263	4,172	3,222	3,885	4,896	5,374	3,607	3,193	4,534	1,560	2,054	2,621	161	7,449
	ALLEN	12,346	14,462	12,841	10,400	14,225	16,275	9,413	11,806	14,710	4,706	6,275	9,059	100	19,036
	ASHLAND	6,535	7,761	6,686	5,396	7,610	9,172	5,704	6,372	7,403	3,311	3,278	4,011	174	8,903
	ASHTABULA	12,125	13,617	10,750	11,197	16,625	18,217	11,220	11,826	12,584	4,573	6,762	11,119	286	19,307
	ATHENS	5,747	11,782	19,941	6,503	8,052	8,458	5,929	4,907	14,803	3,642	4,889	8,613	135	7,049
	AUGLAIZE	6,740	7,992	5,128	5,697	8,931	9,926	5,528	6,947	8,189	1,534	3,717	5,046	82	8,076
	BELMONT	6,292	7,589	7,793	7,091	10,504	12,128	7,238	9,100	9,403	5,201	5,574	8,328	40	9,255
	BROWN	5,252	5,711	4,257	5,089	6,794	6,613	4,641	4,238	6,021	2,223	3,368	2,894	46	7,645
	BUTLER	54,725	58,766	52,251	47,386	61,623	57,751	33,801	34,660	71,462	20,051	29,077	28,095	65	45,628
	CARROLL	2,463	2,593	1,941	2,159	3,208	4,384	2,703	2,521	2,345	1,341	1,079	2,205	11	4,172
	CHAMPAIGN	4,847	5,533	3,897	4,355	5,729	6,453	4,496	3,768	5,301	1,314	2,676	3,478	98	5,871
	CLARK	16,104	17,839	14,663	13,568	18,291	22,722	15,458	17,113	18,966	5,904	10,832	11,424	337	21,192
	CLERMONT	31,900	33,201	23,878	27,613	39,020	38,274	21,593	18,784	41,407	14,203	18,216	15,897	23	20,889
	CLINTON	6,852	7,163	5,881	5,876	8,167	8,533	4,978	4,647	6,373	1,749	5,264	3,572	27	7,842
	COLUMBIANA	11,809	13,705	11,175	12,393	17,683	20,360	12,277	14,455	13,911	6,337	7,713	12,173	504	19,126
	COSHOCTON	3,967	4,571	3,530	3,556	5,010	5,399	3,850	4,176	4,650	950	2,761	2,155	118	6,952
	CRAWFORD	5,029	5,773	4,174	4,809	6,339	7,686	5,366	6,068	5,174	2,417	3,222	2,937	35	9,216
	CUYAHOGA	142,489	174,837	144,668	135,144	193,120	209,603	114,001	158,037	244,031	62,813	100,224	124,543	410	116,968
	DARKE	5,948	5,959	4,234	4,863	6,799	7,830	5,278	6,034	6,992	1,941	3,278	3,535	100	7,193
	DEFIANCE	4,754	4,957	4,220	3,938	5,454	6,790	4,219	4,617	4,400	1,714	2,223	2,082	7	7,980
	DELAWARE	34,813	28,221	16,644	29,650	36,647	29,470	16,780	12,146	51,319	10,864	9,316	9,580	38	8,193
	ERIE	8,296	10,127	7,459	7,548	11,623	15,217	10,023	11,396	11,872	4,526	5,942	7,324	29	11,168
	FAIRFIELD	29,076	28,502	23,308	25,762	30,874	30,468	18,696	15,862	37,240	10,334	14,750	14,171	71	16,557
	FAYETTE	3,546	3,499	3,005	3,135	3,913	4,156	2,844	2,882	3,839	1,305	1,970	1,548	23	4,740
	FRANKLIN	174,793	166,520	210,522	176,050	180,360	172,671	90,052	91,077	229,376	51,100	90,371	99,167	187	94,959
	FULTON	6,009	7,210	4,723	5,094	8,128	9,095	4,794	5,385	6,680	1,949	4,704	3,246	95	7,124
	GALLIA	3,883	4,082	3,506	3,358	4,788	5,387	3,851	3,833	5,388	2,354	2,585	2,242	69	6,452
	GEAUGA	12,302	15,545	7,008	7,821	15,223	18,216	10,895	10,349	19,641	5,192	6,308	6,352	316	8,926
	GREENE	15,415	19,636	25,385	13,721	18,255	20,666	12,996	15,874	23,468	9,141	10,223	13,448	103	14,840
	GUERNSEY	5,029	5,365	4,214	4,172	6,092	6,847	4,884	4,493	5,581	1,761	3,288	4,389	68	7,753
	HAMILTON	98,007	112,943	112,579	89,292	122,329	130,284	71,450	85,315	151,509	40,379	59,157	77,019	803	71,787
	HANCOCK	8,577	10,236	9,617	7,629	10,776	11,498	6,793	7,538	10,723	2,578	4,316	4,215	9	11,792
	HARDIN	4,176	4,903	5,476	3,466	4,373	4,870	3,146	2,974	4,078	1,604	2,218	2,577	48	6,419
	HARRISON	1,903	1,931	1,558	1,575	2,594	3,245	2,244	2,278	2,375	614	1,192	1,322	57	3,886
	HENRY	3,364	3,806	2,771	2,876	4,177	4,765	2,850	3,383	3,174	667	2,440	1,462	32	5,915
	HIGHLAND	5,969	6,186	4,539	5,134	6,402	6,958	4,644	4,423	6,117	2,298	2,925	2,251	18	9,673
	HOCKING	3,521	3,890	2,811	3,174	4,464	4,494	3,438	2,848	4,046	950	1,969	3,179	71	5,211
	HOLMES	4,961	4,844	3,551	3,254	3,605	3,896	2,511	2,589	4,508	1,984	1,515	1,682	63	5,540
	HURON	9,325	10,788	8,439	8,946	11,887	12,351	7,418	7,720	9,357	2,674	4,905	6,616	133	14,459
	JACKSON	3,997	4,338	3,811	3,712	4,893	5,391	3,303	3,224	4,996	1,904	1,946	2,527	313	6,653
	JEFFERSON	6,668	8,192	7,706	6,510	10,196	12,221	8,231	10,424	9,750	5,571	7,469	7,968	454	8,417
	KNOX	9,316	10,375	8,166	7,207	10,047	11,584	6,785	6,865	11,963	2,698	5,192	4,889	58	10,694
	LAKE	25,482	29,989	22,311	24,448	37,226	43,559	25,402	30,666	37,771	11,556	16,634	18,793	529	23,460
	LAWRENCE	7,491	7,873	6,768	7,692	9,324	10,424	7,281	7,226	10,353	4,714	5,130	9,678	66	7,668
	LICKING	20,101	23,136	16,924	17,864	24,980	25,717	16,582	15,011	23,569	6,924	13,817	14,539	97	17,545
	LOGAN	6,711	7,172	4,874	5,731	8,054	8,957	5,311	5,373	7,216	1,712	3,208	3,115	29	9,690
	LORAIN	37,442	41,089	30,250	34,849	49,448	51,827	31,817	34,436	47,233	14,445	24,913	23,483	419	42,689
	LUCAS	54,293	60,784	60,208	48,126	62,758	71,227	38,022	44,257	67,024	20,813	32,063	41,330	341	58,986
	MADISON	6,376	7,125	5,224	7,104	9,912	8,895	5,199	4,921	9,529	3,199	3,800	4,478	12	6,863
	MAHONING	24,148	29,777	24,878	22,620	33,635	42,187	22,785	36,107	34,654	14,619	17,244	26,748	307	32,091
	MARION	7,390	8,434	8,237	8,093	10,842	11,484	6,967	7,467	8,310	3,252	5,818	6,293	105	12,423
	MEDINA	24,747	27,815	16,650	22,187	33,684	32,146	19,881	17,685	36,184	8,235	14,594	13,387	177	17,110
	MEIGS	2,357	2,651	2,103	2,409	3,198	3,636	2,350	2,286	2,604	1,315	1,290	2,284	1,568	3,188
	MERCER	5,235	6,259	4,010	4,000	6,218	6,990	3,898	4,991	7,646	1,547	2,210	3,172	92	5,541
	MIAMI	13,453	14,815	10,654	12,037	16,380	18,635	12,154	12,133	16,452	4,883	7,101	8,132	187	14,235
	MONROE	1,527	1,705	1,293	1,468	2,003	2,763	2,052	1,949	2,755	1,157	1,128	1,366	52	2,042
	MONTGOMERY	68,067	78,089	68,592	60,778	83,236	94,667	59,160	71,359	99,346	30,606	37,519	56,189	174	66,268
	MORGAN	1,424	1,804	1,214	1,339	2,151	2,235	1,733	1,800	2,379	741	796	1,885	171	1,800
	MORROW	3,794	4,066	2,923	3,513	4,793	4,727	3,067	2,817	4,559	1,280	2,284	1,954	18	4,399
	MUSKINGUM	11,065	13,347	10,675	10,532	13,905	15,151	9,947	10,655	15,099	4,085	6,553	9,249	129	13,954
	NOBLE	945	1,229	1,322	1,083	1,745	2,059	2,332	1,945	2,862	246	1,279	1,523	7	1,937
	OTTAWA	4,412	5,379	3,599	4,342	6,689	9,085	5,938	6,197	6,158	2,457	2,855	3,960	143	6,640
	PAULDING	2,145	2,271	1,686	1,840	2,703	3,127	2,039	2,007	2,496	745	1,062	1,331	44	2,983
	PERRY	5,191	6,133	4,088	4,675	6,578	6,867	4,383	3,724	5,623	2,212	2,724	2,396	81	8,869
	PICKAWAY	6,362	7,795	5,916	7,036	9,303	9,455	5,991	5,517	12,192	2,329	5,597	3,630	30	6,665
	PIKE	3,518	3,670	2,890	3,284	4,178	4,345	2,882	3,093	2,795	4,114	2,623	1,835	118	5,057
	PORTAGE	16,590	23,048	23,438	16,356	25,383	26,025	15,610	15,910	24,321	7,756	11,120	11,724	62	18,286
	PREBLE	4,800	5,346	3,777	4,187	6,091	6,994	4,602	4,676	6,576	1,752	2,384	2,535	71	6,357
	PUTNAM	4,490	5,307	3,344	3,659	5,869	5,992	3,075	3,858	5,823	1,374	1,747	2,515	42	5,788
	RICHLAND	14,538	16,068	12,644	13,390	17,928	20,277	14,577	16,721	16,032	6,430	8,444	13,674	255	20,199
	ROSS	9,550	10,755	8,964	10,596	13,756	14,120	8,765	8,118	12,164	3,895	6,491	8,638	102	14,873
	SANDUSKY	6,620	6,779	5,367	5,765	8,206	9,803	5,620	6,243	7,306	1,985	2,689	3,014	49	11,245
	SCIOTO	9,366	10,503	10,939	9,645	11,837	12,567	8,586	9,257	12,216	5,508	5,201	11,391	402	14,964
	SENECA	7,129	8,110	7,215	6,204	8,898	10,801	6,116	7,250	7,581	1,530	3,756	4,412	68	12,588
	SHELBY	6,923	7,228	4,746	5,564	7,704	7,755	4,440	4,678	6,601	1,380	2,905	3,353	113	8,970
	STARK	43,330	51,175	40,620	37,894	56,590	67,122	39,396	49,163	57,064	17,040	31,222	30,204	469	55,053
	SUMMIT	66,941	78,744	64,670	61,387	90,013	98,966	55,190	67,586	99,715	32,258	44,377	45,570	225	60,093
	TRUMBULL	21,666	25,350	20,459	20,332	29,942	37,728	24,360	29,117	29,605	13,236	15,479	19,690	369	31,423
	TUSCARAWAS	13,603	15,153	11,681	10,934	15,143	16,791	10,628	12,105	15,246	5,895	5,846	8,424	358	18,430
	UNION	7,253	7,392	5,685	7,689	8,342	6,159	3,209	2,965	7,481	2,441	4,397	3,434	72	5,289
	VAN WERT	2,941	3,339	2,326	2,451	3,348	4,115	2,464	3,062	2,987	1,233	1,148	1,819	8	4,294
	VINTON	1,578	1,721	1,294	1,406	2,116	2,112	1,425	1,235	1,627	734	1,054	682	185	3,300
	WARREN	36,124	34,810	20,070	31,787	41,824	32,387	18,898	19,370	52,916	13,177	15,905	12,832	38	18,860
	WASHINGTON	6,644	7,860	6,705	6,470	9,557	11,490	8,280	8,571	8,605	4,584	5,644	6,499	148	8,584

State	County	Less than 9th grade	9th to 12th grade, no diploma	High school grad-uate	Some college, no degree	Assoc-iate degree	Bach-elor's degree	Grad. or pro-fessional degree	Less than $25,000	$25,000-$34,999	$35,000-$49,999	$50,000-$74,999	$75,000-$99,999	$100,000-$149,999	over $150,000
OH	ADAMS	1,373	3,761	11,329	4,920	1,578	1,854	1,403	2,734	1,001	1,407	1,920	1,023	731	274
	ALLEN	1,569	7,126	32,742	18,013	9,052	8,278	6,294	7,274	2,588	3,334	5,200	3,661	3,485	1,137
	ASHLAND	1,289	2,711	19,992	7,986	3,453	5,686	4,102	3,041	1,556	2,116	2,910	2,920	1,870	475
	ASHTABULA	2,544	7,609	36,317	20,287	5,968	8,360	5,642	7,254	2,725	4,301	6,217	4,213	3,364	1,114
	ATHENS	984	4,051	18,291	13,014	4,833	9,919	11,585	5,075	1,254	1,919	2,496	1,631	1,521	646
	AUGLAIZE	648	2,041	20,996	9,165	4,606	5,234	3,519	1,996	1,401	2,082	3,549	3,029	2,615	1,153
	BELMONT	987	4,598	24,255	13,934	4,394	5,893	3,850	4,329	2,299	2,724	3,421	3,042	2,007	1,183
	BROWN	1,168	4,041	16,741	5,666	2,276	3,352	1,215	2,536	1,144	1,931	2,553	2,172	1,247	394
	BUTLER	4,765	24,353	94,585	71,653	23,180	68,240	31,056	18,208	8,581	13,151	18,103	17,111	20,493	11,723
	CARROLL	488	1,638	9,106	3,587	940	1,922	498	1,148	783	1,084	1,287	1,042	765	232
	CHAMPAIGN	751	2,176	14,550	8,118	2,003	2,709	1,288	2,129	1,084	1,323	2,129	1,907	1,770	645
	CLARK	1,639	9,734	42,950	27,514	7,749	14,441	6,886	8,487	3,455	5,364	6,761	5,282	6,104	1,876
	CLERMONT	2,674	12,929	51,138	36,859	15,650	41,511	24,241	8,147	4,214	7,119	11,673	10,277	12,891	10,751
	CLINTON	719	2,918	15,576	11,328	3,820	4,601	2,814	2,696	1,308	1,784	3,226	2,671	2,000	776
	COLUMBIANA	1,597	8,232	44,273	20,979	5,521	10,253	4,406	7,134	3,547	4,550	6,440	5,211	3,562	903
	COSHOCTON	870	2,562	14,706	4,251	1,804	2,057	1,624	2,281	988	1,464	2,045	1,348	1,029	272
	CRAWFORD	637	3,960	18,219	8,167	2,666	2,360	1,284	2,695	1,296	2,380	2,884	1,780	1,286	347
	CUYAHOGA	19,741	84,190	273,203	260,903	57,380	207,914	141,045	86,206	30,919	42,163	53,078	41,593	49,885	37,308
	DARKE	483	2,761	19,306	7,961	2,573	3,092	1,757	2,915	1,192	2,099	2,714	2,182	1,540	565
	DEFIANCE	501	2,049	14,517	6,568	2,380	3,261	2,472	2,129	1,009	1,672	2,328	1,683	1,552	423
	DELAWARE	491	3,272	23,279	27,872	9,076	64,715	24,766	3,967	2,230	3,354	6,718	8,458	15,825	16,673
	ERIE	924	5,023	24,429	18,227	4,937	9,714	5,129	4,910	1,984	3,083	3,785	3,497	3,640	1,569
	FAIRFIELD	1,199	6,457	47,448	41,344	13,506	35,125	13,309	8,498	4,176	6,369	10,380	10,940	12,063	4,600
	FAYETTE	393	1,599	10,211	5,218	1,230	1,956	1,001	1,627	1,004	1,162	1,475	976	796	316
	FRANKLIN	20,012	71,171	222,566	218,674	51,127	275,719	146,239	67,115	25,891	37,665	53,755	42,269	51,027	40,220
	FULTON	597	2,543	15,073	11,753	3,488	5,147	2,226	2,042	1,398	1,727	3,175	2,855	2,329	556
	GALLIA	780	3,236	10,901	5,882	2,455	2,236	1,306	2,875	797	1,261	1,569	1,270	974	365
	GEAUGA	5,610	3,591	18,933	15,894	4,538	17,742	10,385	3,600	1,519	2,990	4,362	3,564	6,019	4,233
	GREENE	2,384	8,069	35,373	30,022	8,858	17,923	15,976	7,912	3,140	4,703	6,373	4,820	6,269	3,585
	GUERNSEY	1,275	3,240	13,994	7,755	2,637	1,808	2,681	3,091	1,348	1,657	2,450	1,624	1,161	247
	HAMILTON	11,435	55,032	179,120	138,941	42,134	152,745	90,927	48,779	18,436	23,749	33,050	26,899	33,269	24,725
	HANCOCK	371	3,422	20,290	12,312	5,338	9,740	7,799	4,172	1,620	2,533	3,737	3,049	3,190	1,250
	HARDIN	738	2,251	13,926	4,628	2,198	1,980	1,483	2,190	869	1,210	1,926	1,246	965	287
	HARRISON	490	1,062	5,714	2,203	2,881	1,287	792	1,408	589	833	935	694	371	124
	HENRY	499	1,501	11,029	4,538	2,335	1,966	844	1,499	714	1,017	1,710	1,229	1,217	388
	HIGHLAND	633	3,991	15,774	7,976	2,258	2,004	2,378	3,009	1,359	1,823	3,147	1,724	1,082	283
	HOCKING	427	1,916	11,702	4,598	2,150	1,516	832	1,884	829	1,353	1,673	1,198	841	239
	HOLMES	4,648	1,721	8,077	3,086	519	2,498	1,088	1,377	816	1,323	1,469	891	979	339
	HURON	1,335	5,708	27,723	15,132	3,892	6,017	2,205	4,138	2,019	2,945	4,657	4,113	3,261	1,876
	JACKSON	812	2,549	11,637	5,116	1,817	2,833	1,650	2,686	1,031	1,422	1,496	1,526	932	221
	JEFFERSON	1,204	3,613	23,577	13,403	5,091	6,633	6,190	5,293	2,039	3,310	4,237	2,590	2,134	608
	KNOX	2,308	3,950	19,204	12,363	3,850	6,795	7,834	3,035	1,474	2,883	4,183	3,440	2,388	1,247
	LAKE	2,621	13,534	61,258	52,846	14,491	34,565	18,953	10,640	5,252	8,090	12,137	10,686	12,783	6,314
	LAWRENCE	1,652	5,683	22,353	12,959	2,530	4,368	3,068	4,865	2,412	2,879	3,353	2,531	1,878	568
	LICKING	1,919	8,097	45,696	27,918	10,242	24,634	10,015	7,623	3,583	5,213	8,684	7,829	7,637	3,829
	LOGAN	518	2,614	19,583	8,729	2,780	4,138	3,465	2,753	1,278	2,078	3,169	2,073	2,522	560
	LORAIN	3,933	18,850	81,432	70,256	17,718	39,551	21,323	14,753	6,645	9,544	14,611	11,685	15,001	12,169
	LUCAS	5,196	30,101	96,622	90,194	30,073	65,740	39,133	32,603	11,404	14,092	18,080	13,551	15,580	8,502
	MADISON	775	3,638	17,247	9,239	2,811	7,974	3,234	2,220	1,114	1,548	2,234	2,600	2,658	1,769
	MAHONING	2,386	16,974	70,840	48,524	11,438	32,141	15,680	16,686	6,469	8,335	11,935	8,618	8,547	3,304
	MARION	990	6,129	26,126	12,583	4,164	4,651	2,771	4,264	1,923	2,453	3,419	2,744	2,623	671
	MEDINA	1,201	7,730	46,303	34,211	9,682	39,253	16,947	6,550	3,298	5,347	9,370	9,749	13,569	6,870
	MEIGS	537	2,520	7,925	3,731	1,321	826	500	2,026	821	865	1,125	700	404	117
	MERCER	444	2,108	14,650	6,121	2,736	3,952	3,215	1,901	885	1,531	2,638	2,261	1,935	383
	MIAMI	1,582	8,190	34,724	19,221	8,471	11,015	6,149	5,994	3,069	4,021	6,424	5,181	5,209	2,037
	MONROE	407	1,316	4,733	3,070	1,144	1,038	601	1,140	482	848	872	434	385	124
	MONTGOMERY	8,486	37,570	129,224	122,699	38,728	80,721	60,342	35,978	14,997	18,612	24,558	19,701	25,046	14,783
	MORGAN	139	662	3,928	2,905	645	466	2,688	1,223	578	599	773	308	368	62
	MORROW	470	2,340	10,339	6,058	533	3,221	921	1,353	731	1,108	1,880	1,318	1,680	471
	MUSKINGUM	1,101	7,535	32,993	15,961	6,674	7,559	5,717	6,769	2,381	3,700	5,299	4,057	2,645	1,048
	NOBLE	116	1,009	3,409	4,524	1,051	811	237	769	223	537	611	353	156	122
	OTTAWA	473	2,402	14,804	10,635	3,044	4,134	3,178	2,207	1,047	1,752	2,415	2,421	2,386	1,159
	PAULDING	172	1,264	7,027	3,462	1,098	776	741	1,087	548	780	931	964	652	112
	PERRY	510	2,854	14,775	8,185	2,564	2,154	2,311	2,267	1,179	1,803	2,770	2,232	1,032	418
	PICKAWAY	531	5,899	18,541	10,543	2,941	5,399	3,274	2,257	1,313	1,919	2,724	2,959	2,876	855
	PIKE	828	2,773	10,054	4,037	884	3,071	845	1,957	795	1,173	1,598	781	702	655
	PORTAGE	1,649	8,470	51,672	30,803	7,315	23,892	11,883	8,225	3,397	4,961	7,514	7,397	6,611	4,217
	PREBLE	498	2,376	15,806	6,799	1,796	3,261	2,402	1,924	999	1,787	2,712	1,945	1,578	652
	PUTNAM	456	1,075	11,143	5,183	3,836	3,701	3,107	1,194	835	1,092	2,168	1,962	1,839	706
	RICHLAND	2,412	10,890	44,232	23,992	7,463	9,050	5,749	7,357	3,640	4,892	6,348	4,667	5,815	1,268
	ROSS	1,540	8,705	29,203	14,734	3,905	7,676	3,765	5,008	2,511	3,157	4,488	3,321	2,930	933
	SANDUSKY	1,282	3,634	18,034	10,144	4,421	3,880	3,161	2,884	1,380	2,300	3,122	2,782	1,841	626
	SCIOTO	2,352	7,909	29,685	14,391	5,678	5,361	3,027	7,427	2,513	3,079	3,807	3,014	1,937	801
	SENECA	1,055	3,687	21,754	11,619	3,793	5,076	4,079	3,715	1,916	2,463	3,451	2,873	1,642	571
	SHELBY	635	3,135	17,725	6,681	3,309	4,936	1,948	2,419	1,415	1,605	2,830	2,657	1,984	694
	STARK	5,093	23,547	124,382	68,806	20,672	46,613	27,851	23,350	10,183	15,334	19,745	16,422	13,048	7,072
	SUMMIT	4,941	30,841	143,437	114,830	25,835	99,883	57,784	31,355	12,833	19,487	27,364	21,103	26,755	18,939
	TRUMBULL	2,915	13,459	70,892	37,913	11,599	27,768	10,010	14,214	5,816	8,033	10,624	8,203	8,558	2,201
	TUSCARAWAS	7,724	6,461	36,168	14,394	4,762	9,154	6,157	6,459	3,295	4,535	6,463	4,463	2,949	948
	UNION	466	1,570	15,431	9,832	2,584	6,098	1,386	1,689	828	1,313	2,733	3,313	2,213	665
	VAN WERT	166	1,114	9,613	3,384	1,932	2,270	988	1,249	753	1,197	1,713	1,193	579	306
	VINTON	374	1,361	5,141	1,896	636	551	472	976	434	707	551	486	408	59
	WARREN	2,395	8,610	42,613	34,782	12,398	53,111	25,337	5,717	3,412	4,795	10,138	10,332	16,662	13,627
	WASHINGTON	837	4,077	20,252	12,235	5,693	4,958	7,353	4,533	2,082	2,496	3,868	2,701	1,883	907

2017 Consumer Spending ($Millions)

State	County	Average annual expend-itures	Food	Alcoholic beverages	Housing	Apparel and services	Transport-ation	Healthcare	Entertain-ment	Personal care products & services	Education	Personal insurance & pensions
OH	ADAMS	417.6	54.3	3.3	80.7	7.9	43.0	20.4	12.2	2.9	4.4	24.2
	ALLEN	1,317.6	168.8	10.8	62.6	6.0	33.4	16.1	9.4	2.2	3.2	17.8
	ASHLAND	760.1	97.3	6.2	114.2	11.1	60.6	28.8	17.3	4.1	6.4	34.6
	ASHTABULA	1,446.6	185.5	11.8	83.2	8.1	44.1	21.1	12.5	3.0	4.5	24.4
	ATHENS	666.4	86.4	5.4	195.9	19.0	103.7	49.3	29.5	7.0	10.8	58.5
	AUGLAIZE	882.3	110.5	7.5	8.6	0.8	4.5	2.2	1.3	0.3	0.4	2.2
	BELMONT	969.4	123.3	8.0	135.3	13.4	72.2	34.1	20.9	4.9	7.9	43.8
	BROWN	609.6	78.0	5.0	86.3	8.7	46.9	21.7	13.7	3.2	5.3	30.6
	BUTLER	6,142.9	760.4	53.4	71.2	7.2	38.4	17.8	11.2	2.6	4.4	24.7
	CARROLL	325.7	41.6	2.7	252.5	25.5	132.9	61.8	39.4	9.2	16.9	85.8
	CHAMPAIGN	584.2	73.8	4.9	101.1	9.9	53.3	25.3	15.3	3.6	5.8	31.0
	CLARK	1,937.9	246.0	16.1	181.9	17.6	95.8	45.8	27.0	6.4	9.7	51.1
	CLERMONT	3,860.1	470.9	34.3	39.6	3.9	21.1	9.9	6.0	1.4	2.2	12.2
	CLINTON	772.6	97.6	6.5	91.8	9.1	49.0	23.1	14.1	3.3	5.4	29.6
	COLUMBIANA	1,555.8	200.0	12.6	459.7	45.1	244.2	115.7	69.9	16.6	25.8	141.1
	COSHOCTON	464.6	59.8	3.7	77.1	7.4	40.4	19.5	11.4	2.7	4.1	21.3
	CRAWFORD	618.7	79.8	4.9	21.3	2.1	11.6	5.4	3.3	0.8	1.2	7.0
	CUYAHOGA	17,301.9	2,179.2	146.2	344.7	33.7	182.0	86.6	52.1	12.4	19.5	103.4
	DARKE	660.4	84.6	5.4	50.6	4.9	26.7	12.8	7.6	1.8	2.7	14.4
	DEFIANCE	557.8	71.1	4.6	44.1	4.4	23.8	11.1	6.9	1.6	2.7	14.9
	DELAWARE	3,614.1	428.4	33.6	192.7	18.9	102.4	48.4	29.4	7.0	11.3	60.5
	ERIE	1,171.0	148.1	9.8	25.7	2.6	13.8	6.5	4.0	0.9	1.5	8.5
	FAIRFIELD	3,270.7	407.0	28.2	205.6	19.7	106.6	51.3	30.3	7.3	11.3	55.9
	FAYETTE	362.4	46.5	2.9	6.6	0.6	3.5	1.7	1.0	0.2	0.3	1.8
	FRANKLIN	16,764.1	2,092.8	143.7	491.1	47.5	256.7	123.0	73.0	17.5	27.0	138.5
	FULTON	772.9	97.6	6.5	54.1	5.4	29.3	13.6	8.5	2.0	3.3	18.6
	GALLIA	436.4	56.2	3.5	142.0	14.3	75.5	35.3	22.3	5.1	9.3	49.4
	GEAUGA	1,526.4	186.8	13.5	36.6	3.6	19.6	9.3	5.5	1.3	1.9	10.8
	GREENE	2,006.9	250.5	17.2	38.8	3.8	20.8	10.0	5.9	1.4	2.0	11.5
	GUERNSEY	552.4	71.5	4.4	697.0	68.4	366.4	173.8	105.6	25.2	40.7	212.4
	HAMILTON	10,819.2	1,356.0	92.1	1,629.3	162.9	865.8	405.6	253.2	59.5	102.0	543.4
	HANCOCK	1,033.3	130.5	8.7	87.0	8.4	45.9	22.1	12.9	3.1	4.5	24.2
	HARDIN	423.3	54.5	3.4	21.9	2.1	11.6	5.6	3.3	0.8	1.1	6.3
	HARRISON	225.8	29.5	1.8	537.9	56.5	294.6	132.8	89.2	20.6	39.2	221.3
	HENRY	406.1	51.5	3.4	61.7	6.0	32.9	15.6	9.4	2.2	3.4	18.9
	HIGHLAND	590.0	76.5	4.7	6.4	0.6	3.4	1.6	1.0	0.2	0.3	2.0
	HOCKING	397.6	51.1	3.2	77.4	7.5	40.9	19.6	11.6	2.7	4.2	22.4
	HOLMES	364.6	46.6	3.0	161.8	15.7	85.1	40.7	24.2	5.8	8.9	46.9
	HURON	1,227.4	154.4	10.3	41.8	4.1	22.3	10.6	6.4	1.5	2.3	12.9
	JACKSON	437.3	56.9	3.5	10.1	1.0	5.5	2.6	1.6	0.4	0.6	3.3
	JEFFERSON	970.1	125.3	7.8	199.5	19.4	105.9	50.4	30.1	7.2	10.8	59.3
	KNOX	1,002.4	126.4	8.4	99.2	9.8	53.3	25.1	15.3	3.6	5.7	32.1
	LAKE	3,716.3	462.1	31.9	37.3	3.7	19.9	9.4	5.7	1.4	2.1	11.6
	LAWRENCE	890.1	114.9	7.1	24.2	2.3	12.7	6.2	3.6	0.9	1.2	6.6
	LICKING	2,465.7	307.9	21.1	237.8	23.3	125.2	59.3	36.0	8.6	13.8	71.6
	LOGAN	761.3	96.6	6.3	54.6	5.3	29.1	13.9	8.2	2.0	2.9	15.9
	LORAIN	4,788.6	589.4	41.9	245.4	23.7	128.7	61.6	36.5	8.8	13.2	69.2
	LUCAS	5,591.7	712.5	46.3	445.1	44.0	238.0	112.0	68.7	16.3	26.1	144.6
	MADISON	785.9	97.5	6.8	115.2	12.0	61.6	28.1	18.7	4.3	8.3	44.4
	MAHONING	3,186.9	406.9	26.1	778.0	77.8	416.8	195.2	121.4	28.5	47.7	262.8
	MARION	920.9	117.6	7.6	49.3	4.8	25.9	12.4	7.3	1.8	2.6	13.7
	MEDINA	3,278.5	402.2	28.9	75.5	7.3	39.7	18.8	11.4	2.7	4.2	22.6
	MEIGS	267.9	35.2	2.1	24.6	2.4	13.0	6.2	3.6	0.9	1.3	6.9
	MERCER	625.8	79.2	5.2	17.5	1.7	9.3	4.5	2.6	0.6	0.9	5.0
	MIAMI	1,724.1	217.0	14.5	90.1	8.7	48.2	23.0	13.0	3.2	4.8	27.0
	MONROE	201.6	26.1	1.6	225.8	23.6	123.6	55.9	37.2	8.8	10.0	91.3
	MONTGOMERY	8,110.3	1,017.6	68.8	397.5	38.5	210.0	100.2	59.8	14.3	21.8	117.2
	MORGAN	180.0	23.4	1.4	330.8	32.5	175.1	82.8	50.4	12.0	19.4	102.2
	MORROW	488.3	61.0	4.2	10.3	1.0	5.4	2.5	1.6	0.4	0.7	3.3
	MUSKINGUM	1,272.5	163.4	10.3	656.8	64.7	348.2	164.5	100.5	23.9	38.7	206.9
	NOBLE	130.7	16.9	1.0	126.7	13.7	67.6	30.2	21.3	4.8	10.6	55.5
	OTTAWA	744.9	93.0	6.4	42.0	4.1	22.3	10.6	6.4	1.5	2.3	12.7
	PAULDING	257.7	33.1	2.1	161.2	15.8	85.4	40.4	24.6	5.9	9.4	50.9
	PERRY	581.5	74.7	4.7	434.0	43.1	226.2	106.5	66.3	15.7	27.6	136.6
	PICKAWAY	842.3	105.5	7.2	20.5	2.0	10.9	5.2	3.0	0.7	1.0	5.5
	PIKE	395.9	49.9	3.3	22.1	2.2	11.6	5.5	3.3	0.8	1.3	6.7
	PORTAGE	2,298.8	287.4	19.7	75.6	7.4	40.1	19.1	11.4	2.7	4.1	22.2
	PREBLE	608.1	77.1	5.0	23.1	2.2	12.3	5.9	3.5	0.8	1.2	6.8
	PUTNAM	555.6	69.4	4.7	22.6	2.2	11.9	5.7	3.4	0.8	1.2	6.3
	RICHLAND	1,764.4	224.5	14.5	56.8	5.6	30.2	14.3	8.6	2.1	3.2	17.4
	ROSS	1,121.5	143.5	9.1	162.1	15.8	85.7	40.7	24.6	5.9	9.4	49.8
	SANDUSKY	775.3	98.8	6.4	38.1	3.8	20.6	9.6	6.0	1.4	2.2	12.8
	SCIOTO	1,042.1	135.3	8.3	133.5	13.0	71.1	33.9	20.1	4.8	7.1	39.2
	SENECA	819.7	105.5	6.6	28.5	2.8	15.4	7.3	4.4	1.0	1.6	9.1
	SHELBY	730.4	92.3	6.1	40.7	3.9	21.6	10.4	6.1	1.5	2.1	11.7
	STARK	5,336.9	678.5	44.2	1,725.5	176.1	922.7	426.0	274.6	64.2	115.8	624.5
	SUMMIT	8,524.6	1,061.5	73.2	543.4	54.3	286.7	134.5	84.0	19.7	34.3	178.6
	TRUMBULL	2,907.4	371.7	23.8	275.2	27.9	148.6	68.9	43.7	10.2	17.5	98.3
	TUSCARAWAS	1,434.3	184.5	11.6	395.8	39.2	208.0	98.2	60.5	14.3	24.2	125.7
	UNION	734.0	91.9	6.3	186.8	18.7	99.8	46.6	29.0	6.9	11.4	62.0
	VAN WERT	351.6	45.0	2.9	35.3	3.4	18.6	9.0	5.2	1.3	1.8	9.9
	VINTON	172.5	22.4	1.4	43.4	4.1	23.0	11.1	6.4	1.5	2.2	12.2
	WARREN	3,957.6	477.1	35.8	81.3	8.0	43.3	20.5	12.4	2.9	4.7	25.6
	WASHINGTON	897.5	115.3	7.3	56.5	5.5	30.3	14.3	8.6	2.0	3.0	17.2

State	County	U.S. Population			2017 Gender		2017 Race			
		Total 2017	2010-2017 % chg.	Total 2022	Male	Female	White	Black	Other Race	Hispanic
	WAYNE	131,136	6%	136,894	64,944	66,192	118,437	1,432	8,971	2,297
	WILLIAMS	40,238	-1%	40,477	19,978	20,260	36,393	398	1,602	1,844
	WOOD	129,908	-4%	132,544	63,506	66,401	111,268	3,573	7,869	7,198
	WYANDOT	24,785	9%	25,174	12,264	12,521	23,116	44	747	879
OH Total		12,063,533	3%	12,465,961	5,891,287	6,172,247	8,883,667	1,467,209	1,221,280	491,378

State	County	1-9	10-19	20-29	30-39	40-49	50-59	60-69	70 over	Mana-gerial	Sales	Admin support	Service	Farming forestry, fishing	Prod-uction
	WAYNE	17,594	19,365	14,898	13,276	18,587	20,371	13,227	13,818	20,528	4,346	8,772	9,148	435	19,959
	WILLIAMS	4,574	5,126	4,108	4,152	6,081	7,329	4,147	4,719	5,531	1,119	1,752	2,192	21	8,091
	WOOD	13,488	20,106	20,525	13,062	18,294	20,717	11,530	12,186	21,706	4,423	7,806	8,991	159	16,542
	WYANDOT	2,989	3,266	2,410	2,787	3,806	3,936	2,600	2,991	2,709	730	1,341	1,843	44	5,085
OH Total		######	######	######	######	######	######	######	######	2,008,808	589,927	868,902	1,014,301	14,406	1,441,283

State	County	2017 Educational Attainment							2017 Family Income						
		Less than 9th grade	9th to 12th grade, no diploma	High school grad-uate	Some college, no degree	Assoc-iate degree	Bach-elor's degree	Grad. or pro-fessional degree	Less than $25,000	$25,000-$34,999	$35,000-$49,999	$50,000-$74,999	$75,000-$99,999	$100,000-$149,999	over $150,000
	WAYNE	9,674	7,226	41,519	18,048	4,988	14,493	8,214	6,109	3,448	5,203	7,698	6,097	4,462	1,901
	WILLIAMS	633	2,521	14,958	8,088	1,887	3,293	1,830	2,209	1,203	1,638	2,480	2,218	1,112	304
	WOOD	899	5,900	30,537	25,606	8,278	21,151	16,026	7,130	2,779	4,535	6,023	5,725	6,311	4,700
	WYANDOT	445	1,779	9,589	3,730	1,711	2,164	681	1,090	603	971	1,576	1,733	582	398
OH Total		189,420	738,497	3,161,141	2,234,313	660,399	1,779,503	1,032,596	679,639	286,327	406,746	576,220	472,998	510,420	305,546

2017 Consumer Spending ($Millions)

State	County	Average annual expend-itures	Food	Alcoholic beverages	Housing	Apparel and services	Transport-ation	Healthcare	Entertain-ment	Personal care products & services	Education	Personal insurance & pensions
	WAYNE	1,801.9	229.2	14.8	585.2	58.8	312.4	145.8	91.6	21.5	36.9	200.3
	WILLIAMS	564.0	72.4	4.6	217.9	22.1	117.6	54.5	34.6	8.1	13.8	78.0
	WOOD	2,039.3	253.3	17.6	451.1	45.2	240.3	112.4	70.2	16.6	27.9	151.2
	WYANDOT	361.3	46.0	3.0	44.3	4.3	23.6	11.2	6.7	1.6	2.4	13.3
OH Total		171,235.1	21,499.8	1,450.5	17,171.5	1,706.9	9,127.6	4,288.2	2,652.0	626.3	1,041.0	5,596.6

State	County	U.S. Population		2017 Gender		2017 Race			
		Total 2017	2010-2017 % chg.	Total 2022	Male	Female	White	Black	Other Race	Hispanic
OK	ADAIR	26,177	6%	27,794	13,104	13,073	6,493	127	18,099	1,458
	ALFALFA	5,813	-6%	5,771	3,496	2,317	4,869	229	436	279
	ATOKA	13,734	25%	14,411	7,170	6,565	6,247	363	6,677	447
	BEAVER	5,511	-4%	5,519	2,800	2,711	3,007	48	604	1,852
	BECKHAM	24,083	6%	25,286	12,951	11,132	16,063	1,703	2,725	3,591
	BLAINE	12,185	-8%	12,320	7,104	5,080	5,319	119	2,282	4,464
	BRYAN	47,475	8%	51,480	23,244	24,231	30,172	555	13,786	2,963
	CADDO	32,908	4%	33,734	17,142	15,766	16,432	525	11,997	3,954
	CANADIAN	125,088	22%	139,837	62,070	63,018	87,988	2,640	23,999	10,461
	CARTER	50,556	-6%	52,260	24,647	25,909	30,825	2,629	14,328	2,774
	CHEROKEE	49,533	-9%	54,439	24,409	25,124	14,430	345	30,476	4,281
	CHOCTAW	15,560	10%	15,710	7,518	8,041	7,902	1,140	6,032	485
	CIMARRON	2,259	-13%	2,119	1,120	1,139	1,531	2	199	528
	CLEVELAND	279,465	11%	307,658	139,458	140,007	168,772	12,070	72,969	25,654
	COAL	4,981	-13%	4,914	2,446	2,535	2,438	8	2,252	283
	COMANCHE	125,548	0%	128,574	64,595	60,952	63,162	18,973	27,283	16,129
	COTTON	6,017	-2%	5,891	2,958	3,059	4,303	152	1,210	353
	CRAIG	18,216	1%	19,056	9,304	8,912	8,941	345	8,588	343
	CREEK	71,962	-3%	74,874	35,671	36,291	42,826	1,178	25,704	2,254
	CUSTER	27,471	-1%	27,664	13,651	13,819	17,271	606	4,981	4,613
	DELAWARE	38,933	2%	43,109	19,050	19,883	17,728	65	19,273	1,868
	DEWEY	5,322	6%	5,357	2,676	2,646	4,366	12	567	377
	ELLIS	4,179	2%	4,185	2,041	2,138	3,638	11	255	276
	GARFIELD	61,925	-10%	63,001	30,521	31,404	38,569	1,204	14,571	7,582
	GARVIN	32,068	5%	33,109	15,736	16,332	20,265	622	7,853	3,329
	GRADY	70,826	0%	72,252	34,848	35,978	52,749	2,530	11,966	3,580
	GRANT	4,320	-9%	4,115	2,149	2,171	3,677	33	472	137
	GREER	6,123	0%	6,049	3,500	2,623	4,331	444	646	702
	HARMON	2,634	-12%	2,472	1,258	1,376	1,399	154	261	820
	HARPER	3,929	-14%	3,972	1,958	1,971	2,347	3	453	1,126
	HASKELL	15,272	-10%	16,681	7,611	7,661	10,051	50	4,651	520
	HUGHES	15,178	9%	15,579	8,148	7,030	7,330	836	6,262	750
	JACKSON	26,647	-7%	26,555	13,280	13,367	14,672	1,304	4,088	6,583
	JEFFERSON	6,947	8%	6,990	3,468	3,479	4,992	36	1,205	715
	JOHNSTON	9,900	4%	10,003	4,860	5,040	6,562	200	2,646	492
	KAY	49,831	0%	49,693	24,616	25,215	30,819	904	14,000	4,108
	KINGFISHER	16,018	19%	17,523	7,931	8,087	10,542	111	2,225	3,140
	KIOWA	9,307	-6%	8,945	4,602	4,705	6,526	314	1,509	958
	LATIMER	9,302	2%	9,527	4,673	4,629	5,945	44	2,978	335
	LE FLORE	53,037	15%	56,063	26,759	26,277	27,050	822	18,735	6,429
	LINCOLN	31,741	5%	32,236	15,684	16,057	21,727	390	8,579	1,045
	LOGAN	27,769	21%	28,566	13,684	14,085	20,831	1,614	3,975	1,349
	LOVE	9,581	7%	10,040	4,693	4,888	6,045	90	1,994	1,452
	MAJOR	7,143	3%	7,032	3,501	3,642	5,770	26	585	761
	MARSHALL	18,300	19%	20,318	9,165	9,135	8,511	152	6,116	3,521
	MAYES	43,938	1%	46,538	21,905	22,033	18,829	93	23,924	1,093
	MCCLAIN	50,192	14%	61,279	24,925	25,267	34,973	231	11,492	3,497
	MCCURTAIN	34,670	-3%	35,176	17,003	17,667	17,878	1,988	12,836	1,969
	MCINTOSH	22,483	13%	24,351	11,088	11,395	14,174	389	7,585	336
	MURRAY	13,142	1%	13,406	6,551	6,591	7,998	192	3,881	1,071
	MUSKOGEE	80,446	2%	83,335	39,351	41,095	34,295	5,801	35,426	4,924
	NOBLE	10,862	0%	10,844	5,331	5,530	8,092	171	2,370	229
	NOWATA	10,786	3%	10,891	5,338	5,448	5,537	151	4,935	163
	OKFUSKEE	13,305	17%	13,979	7,088	6,217	7,257	970	4,549	528
	OKLAHOMA	760,067	8%	796,942	371,696	388,370	339,252	95,934	180,589	144,291
	OKMULGEE	35,253	-2%	34,998	17,475	17,778	15,779	2,226	16,230	1,018
	OSAGE	35,205	-1%	34,972	17,759	17,447	14,156	4,732	14,403	1,915
	OTTAWA	41,528	8%	43,314	20,382	21,145	19,354	195	19,560	2,419
	PAWNEE	18,291	13%	19,333	9,146	9,146	12,252	108	5,406	525
	PAYNE	84,521	10%	89,077	42,807	41,713	58,846	3,002	18,892	3,780
	PITTSBURG	40,482	-15%	41,317	20,641	19,841	22,241	1,168	15,188	1,885
	PONTOTOC	39,803	-5%	41,404	19,302	20,501	21,034	713	16,253	1,802
	POTTAWATOMIE	80,241	14%	88,406	38,347	41,894	48,074	1,713	27,154	3,300
	PUSHMATAHA	11,418	3%	11,567	5,641	5,776	6,765	73	4,223	355
	ROGER MILLS	3,602	-9%	3,643	1,783	1,818	2,771	12	619	199
	ROGERS	78,694	13%	81,150	38,909	39,784	38,167	549	36,583	3,395
	SEMINOLE	23,277	1%	23,360	11,344	11,934	10,736	629	11,079	834
	SEQUOYAH	44,882	10%	48,016	22,224	22,658	20,453	441	21,056	2,932
	STEPHENS	45,558	13%	46,201	22,223	23,334	29,965	724	10,688	4,181
	TEXAS	22,640	7%	23,876	11,765	10,875	6,442	350	2,130	13,718
	TILLMAN	6,954	-9%	6,472	3,471	3,483	3,802	377	866	1,909
	TULSA	692,191	9%	741,127	338,343	353,848	334,054	51,280	214,269	92,588
	WAGONER	78,106	9%	88,170	38,397	39,708	41,206	2,318	30,638	3,944
	WASHINGTON	52,648	6%	53,486	25,485	27,162	32,440	1,049	16,658	2,500
	WASHITA	22,399	-3%	22,230	11,105	11,294	17,373	277	2,838	1,911
	WOODS	8,920	-7%	8,923	4,784	4,135	6,734	584	1,059	543
	WOODWARD	20,091	-4%	20,400	10,467	9,625	14,119	322	2,579	3,071
OK Total		4,007,368	3%	4,230,866	1,983,350	2,024,017	2,140,480	234,487	1,186,450	445,950

		2017 Age Ranges (Years)								2017 Occupations					
State	County	1-9	10-19	20-29	30-39	40-49	50-59	60-69	70 over	Mana-gerial	Sales	Admin support	Service	Farming forestry, fishing	Prod-uction
OK	ADAIR	3,779	3,768	3,014	3,092	3,855	3,843	2,751	2,075	3,913	1,320	1,049	2,543	287	5,602
	ALFALFA	485	526	453	692	1,188	1,027	689	753	1,787	287	325	409	15	598
	ATOKA	1,610	1,629	1,868	1,654	2,034	1,995	1,553	1,392	2,470	285	1,055	1,522	109	3,108
	BEAVER	758	754	479	555	851	892	598	624	1,117	259	487	197	89	653
	BECKHAM	3,182	2,738	4,169	3,248	3,573	3,280	1,911	1,982	3,882	1,186	1,785	3,603	68	3,239
	BLAINE	1,216	1,388	2,182	1,863	1,776	1,536	1,112	1,110	3,464	440	791	840	114	1,533
	BRYAN	6,144	6,240	7,254	5,307	5,970	6,720	5,119	4,722	7,724	3,160	3,621	3,867	132	7,192
	CADDO	4,034	4,622	3,903	3,846	4,847	4,940	3,488	3,229	7,349	1,741	1,884	3,059	159	5,221
	CANADIAN	17,346	17,297	14,325	16,015	18,324	18,941	13,410	9,429	21,782	5,348	8,895	8,579	170	14,026
	CARTER	6,812	6,783	6,087	5,593	7,287	7,779	5,059	5,156	7,254	3,134	4,119	5,489	103	7,522
	CHEROKEE	6,112	7,912	8,561	5,206	6,274	6,596	4,615	4,258	7,702	2,393	4,672	4,367	805	7,287
	CHOCTAW	2,060	1,868	1,663	1,536	2,075	2,574	1,938	1,846	4,035	1,042	995	1,466	66	1,693
	CIMARRON	308	261	190	185	261	397	263	393	813	67	74	62	29	138
	CLEVELAND	34,504	37,233	50,089	33,343	37,434	39,340	23,776	23,745	47,770	16,163	21,542	22,667	143	23,253
	COAL	663	658	459	496	757	749	559	641	1,005	392	169	707	36	630
	COMANCHE	17,336	17,476	22,651	15,878	17,381	15,482	9,297	10,046	19,279	8,552	13,107	16,884	295	18,297
	COTTON	751	833	578	660	868	946	674	708	1,461	221	432	401	39	873
	CRAIG	2,126	2,365	1,794	1,899	2,867	2,986	2,162	2,019	2,605	1,360	1,094	1,844	60	3,095
	CREEK	8,828	10,238	7,409	8,180	10,566	11,512	8,414	6,815	9,703	3,302	6,504	6,127	85	12,410
	CUSTER	3,413	3,828	5,401	2,602	3,290	3,668	2,445	2,825	4,701	1,580	1,957	2,055	111	3,259
	DELAWARE	4,541	5,547	3,664	3,796	5,110	6,060	5,379	4,837	5,927	2,928	2,438	4,183	96	6,859
	DEWEY	624	696	423	451	771	990	685	682	1,524	234	224	367	58	420
	ELLIS	564	442	375	388	518	713	594	585	1,028	214	135	257	39	364
	GARFIELD	8,810	7,724	8,269	6,526	8,641	9,074	5,771	7,109	9,074	3,144	3,190	7,186	132	9,679
	GARVIN	4,156	4,220	3,410	3,772	4,560	4,957	3,380	3,614	4,044	2,484	3,066	3,189	132	4,483
	GRADY	11,258	8,677	9,277	9,367	10,549	10,051	6,699	4,948	7,966	10,925	4,625	3,319	211	8,643
	GRANT	452	594	322	347	694	814	466	631	1,146	155	387	230	51	278
	GREER	638	619	877	879	1,021	815	530	743	1,801	281	422	545	63	748
	HARMON	359	332	267	267	348	440	306	315	655	102	200	278	11	288
	HARPER	531	503	430	359	535	614	428	530	915	135	192	272	184	275
	HASKELL	2,135	1,925	1,666	1,530	2,133	2,245	1,978	1,660	3,440	643	662	1,170	45	2,866
	HUGHES	1,770	1,775	1,916	2,126	2,042	2,305	1,640	1,603	3,439	715	1,681	924	263	2,307
	JACKSON	3,598	3,598	3,365	3,100	3,685	4,277	2,550	2,475	4,155	1,193	1,547	2,937	113	5,508
	JEFFERSON	910	847	669	685	867	1,200	898	872	1,555	333	419	795	184	840
	JOHNSTON	1,278	1,308	1,119	1,075	1,321	1,564	1,236	999	1,623	1,011	756	639	29	1,548
	KAY	6,243	7,254	5,159	4,879	6,478	7,933	5,488	6,396	7,664	2,475	3,575	5,578	74	7,696
	KINGFISHER	2,251	2,327	1,572	1,916	2,473	2,277	1,563	1,640	2,812	609	807	945	46	2,819
	KIOWA	1,032	1,221	872	955	1,381	1,603	1,112	1,131	2,249	190	497	1,225	50	1,054
	LATIMER	1,134	1,384	1,044	1,041	1,277	1,368	1,049	1,005	1,376	411	480	1,115	589	1,589
	LE FLORE	7,013	6,999	6,267	5,983	7,211	8,152	6,045	5,367	9,123	3,181	2,929	3,856	748	10,600
	LINCOLN	4,068	4,474	3,121	3,223	4,831	5,016	3,801	3,207	4,432	1,863	2,511	2,447	54	5,640
	LOGAN	3,355	3,673	3,209	2,818	3,971	4,665	3,203	2,874	4,208	1,034	1,962	3,214	51	3,541
	LOVE	1,236	1,175	1,086	943	1,193	1,618	1,247	1,083	1,551	551	502	894	23	1,568
	MAJOR	830	884	653	646	1,038	1,337	847	907	1,536	407	295	381	53	887
	MARSHALL	2,419	2,471	1,661	1,935	2,432	2,923	2,363	2,096	1,878	708	922	2,096	103	4,700
	MAYES	5,977	6,270	4,777	5,219	5,638	6,706	4,865	4,486	5,504	1,696	3,937	3,735	362	8,796
	MCCLAIN	7,322	7,277	4,592	6,252	7,588	7,589	5,689	3,884	8,088	2,882	2,954	3,762	222	7,381
	MCCURTAIN	4,568	4,780	3,501	4,030	4,583	5,433	4,142	3,634	4,877	2,561	2,132	3,969	1,525	5,224
	MCINTOSH	2,293	2,575	1,923	1,952	2,898	3,670	3,686	3,487	3,954	1,798	1,213	2,025	73	4,385
	MURRAY	1,753	1,516	1,553	1,408	1,650	2,110	1,678	1,473	2,264	758	721	924	23	2,248
	MUSKOGEE	10,379	10,664	10,118	9,082	11,178	12,690	8,252	8,084	12,775	4,470	4,778	10,553	844	12,630
	NOBLE	1,407	1,414	1,049	1,123	1,642	1,667	1,303	1,256	1,955	481	433	1,051	14	1,568
	NOWATA	1,349	1,426	1,104	1,074	1,511	1,686	1,343	1,293	1,662	660	599	728	93	2,112
	OKFUSKEE	1,500	1,674	1,465	1,491	1,985	2,250	1,437	1,466	3,200	703	704	1,178	467	1,922
	OKLAHOMA	104,407	99,128	118,175	90,015	102,064	110,707	64,810	70,761	114,686	38,503	60,409	70,890	927	98,202
	OKMULGEE	4,447	5,035	4,431	3,534	4,442	5,472	3,987	3,904	4,416	1,618	4,122	4,761	86	5,547
	OSAGE	4,439	4,498	4,365	3,861	5,004	5,969	3,641	3,427	6,835	1,635	3,014	3,921	61	4,522
	OTTAWA	5,325	5,739	4,589	4,228	5,332	6,208	5,009	5,098	6,075	1,271	2,343	6,138	738	5,907
	PAWNEE	2,336	2,489	1,754	1,803	2,675	2,944	2,332	1,958	2,930	733	1,637	1,271	67	3,194
	PAYNE	8,821	11,806	23,690	8,205	9,389	10,411	5,851	6,348	16,572	3,251	4,921	7,904	78	6,941
	PITTSBURG	4,922	4,577	5,014	4,655	5,688	6,621	4,310	4,695	7,064	2,513	2,606	6,032	165	5,318
	PONTOTOC	5,105	5,406	6,562	4,280	5,093	5,375	4,058	3,924	7,151	2,005	2,967	3,717	78	5,011
	POTTAWATOMIE	10,496	11,076	10,952	9,350	11,174	11,148	8,303	7,742	14,561	5,239	5,279	6,860	34	11,387
	PUSHMATAHA	1,387	1,420	992	1,120	1,540	1,771	1,670	1,517	2,046	559	463	1,387	181	2,219
	ROGER MILLS	491	460	380	326	507	557	455	426	959	307	159	208	30	152
	ROGERS	9,921	12,154	8,668	9,041	11,138	11,058	8,804	7,909	12,910	3,140	6,120	5,085	23	11,794
	SEMINOLE	3,086	3,457	2,573	2,397	3,144	3,605	2,607	2,410	3,526	1,313	1,688	2,684	261	4,068
	SEQUOYAH	5,848	6,324	4,523	5,255	6,503	6,604	5,246	4,578	7,394	3,070	3,218	4,425	55	7,169
	STEPHENS	5,711	5,717	5,022	4,668	6,495	7,498	4,863	5,584	8,421	3,169	2,857	3,891	78	6,915
	TEXAS	3,788	3,357	4,030	2,952	2,822	2,592	1,587	1,512	4,538	411	856	1,314	670	3,462
	TILLMAN	838	914	710	692	1,039	1,078	824	859	1,267	240	456	649	134	1,405
	TULSA	97,615	96,461	92,457	82,954	96,132	102,850	60,109	63,613	119,908	36,712	55,074	51,452	144	70,240
	WAGONER	11,546	10,499	7,927	9,954	10,552	11,848	9,152	6,627	11,025	5,254	6,136	5,360	92	9,967
	WASHINGTON	6,221	6,725	5,973	4,877	6,911	8,571	5,848	7,522	8,220	4,248	3,009	5,695	40	7,014
	WASHITA	2,913	4,276	1,687	2,227	4,171	3,478	1,821	1,827	4,423	823	1,996	2,330	160	1,556
	WOODS	889	1,091	2,112	820	1,001	1,152	830	1,025	1,509	401	610	1,068	96	861
	WOODWARD	2,538	2,469	2,715	2,364	2,990	3,058	1,891	2,065	3,267	1,562	1,368	1,627	71	2,523
OK Total		532,345	541,762	552,604	462,068	551,036	592,588	389,493	385,472	658,920	222,142	297,762	361,322	14,209	526,472

		2017 Educational Attainment							2017 Family Income						
State	County	Less than 9th grade	9th to 12th grade, no diploma	High school graduate	Some college, no degree	Associate degree	Bachelor's degree	Grad. or professional degree	Less than $25,000	$25,000-$34,999	$35,000-$49,999	$50,000-$74,999	$75,000-$99,999	$100,000-$149,999	over $150,000
OK	ADAIR	1,412	2,884	9,731	4,025	328	1,441	635	2,590	1,051	1,280	1,271	595	285	101
	ALFALFA	211	417	1,982	1,546	95	553	266	309	180	258	272	179	98	81
	ATOKA	703	1,649	5,411	2,008	515	701	307	1,148	489	569	673	388	136	68
	BEAVER	124	395	1,374	1,010	565	694	244	338	146	203	287	227	290	89
	BECKHAM	576	1,942	7,142	4,980	811	2,694	1,506	1,383	711	1,001	1,235	761	684	294
	BLAINE	638	1,316	4,096	2,338	212	1,299	345	745	346	480	638	396	173	174
	BRYAN	1,630	5,207	12,510	8,929	2,473	5,251	2,413	3,672	1,611	2,413	2,535	1,494	948	421
	CADDO	728	3,111	10,037	5,673	2,591	3,276	1,168	2,319	1,032	1,288	1,803	1,372	659	216
	CANADIAN	970	7,065	28,496	26,323	6,063	21,691	8,116	4,471	2,093	4,195	7,304	6,596	6,082	4,681
	CARTER	895	5,782	15,220	9,462	1,681	5,101	2,130	3,671	1,897	2,176	2,792	1,969	1,204	427
	CHEROKEE	1,638	5,932	15,166	7,708	1,370	5,075	3,188	4,903	1,318	2,250	2,375	1,040	802	241
	CHOCTAW	425	1,807	4,041	3,680	399	1,623	585	1,672	686	554	704	352	345	65
	CIMARRON	98	135	459	371	169	518	62	184	69	117	86	130	33	11
	CLEVELAND	2,732	15,298	56,714	62,248	16,714	47,623	26,890	12,807	5,827	9,657	13,852	12,285	11,997	6,762
	COAL	244	495	1,406	844	80	514	398	410	126	194	268	157	188	31
	COMANCHE	2,029	7,795	29,030	33,660	6,568	13,954	7,432	7,009	3,218	4,469	7,700	4,878	3,260	1,672
	COTTON	59	514	1,628	1,198	156	954	360	374	147	219	420	287	177	39
	CRAIG	287	1,499	6,749	3,688	668	1,402	551	1,002	729	851	1,088	655	373	117
	CREEK	1,490	5,924	24,451	14,723	4,082	4,698	2,483	4,769	2,347	3,267	3,707	2,948	2,170	1,285
	CUSTER	794	1,595	6,935	6,110	345	4,264	2,565	1,832	855	1,058	1,189	984	647	381
	DELAWARE	464	5,525	11,587	6,342	2,508	2,564	2,806	3,202	1,580	2,033	2,203	1,355	550	263
	DEWEY	75	317	1,655	1,011	33	763	530	341	109	332	263	228	119	117
	ELLIS	58	359	1,152	704	85	871	165	289	137	158	232	233	139	92
	GARFIELD	1,400	4,247	16,457	13,390	3,184	6,815	3,940	3,906	2,255	2,500	3,121	2,815	1,608	951
	GARVIN	1,287	2,829	11,389	5,132	996	3,101	1,014	2,118	1,070	1,599	1,727	1,270	820	491
	GRADY	1,431	5,396	21,827	18,213	1,250	5,329	1,590	3,288	1,599	2,954	3,475	12,761	6,834	7,233
	GRANT	103	166	1,392	1,004	331	443	158	251	132	226	252	212	97	57
	GREER	98	517	2,006	1,079	643	576	248	429	187	271	252	244	54	17
	HARMON	125	465	851	368	35	128	145	262	87	154	67	57	52	27
	HARPER	134	197	869	901	26	431	595	202	152	211	288	170	103	42
	HASKELL	487	1,891	4,291	2,804	782	1,383	514	1,240	524	835	886	440	238	331
	HUGHES	411	1,604	5,423	3,039	647	1,026	421	1,265	452	517	831	472	319	143
	JACKSON	712	2,541	5,179	5,561	2,526	3,137	1,746	1,782	807	1,202	1,388	1,110	703	251
	JEFFERSON	220	830	1,973	1,184	127	985	283	545	275	344	374	176	198	27
	JOHNSTON	392	958	1,968	1,410	742	1,629	877	715	326	524	382	517	182	90
	KAY	1,157	5,598	14,155	9,545	3,339	4,775	1,569	4,137	1,462	1,940	2,560	1,636	1,407	601
	KINGFISHER	419	1,326	4,101	3,645	362	2,111	667	727	360	643	923	879	555	390
	KIOWA	215	527	2,742	1,807	616	1,170	567	838	253	424	367	270	325	67
	LATIMER	254	1,106	3,505	1,463	405	607	224	678	222	412	593	283	279	82
	LE FLORE	1,827	5,940	17,386	8,544	2,248	4,362	2,421	3,981	1,910	2,276	3,231	1,596	1,274	268
	LINCOLN	451	2,621	10,259	6,568	1,370	2,935	1,282	2,348	1,003	1,418	1,608	1,363	1,004	348
	LOGAN	408	2,735	8,480	5,958	1,528	2,213	1,375	2,091	974	958	1,411	993	799	320
	LOVE	480	981	3,543	1,507	150	625	432	629	244	349	508	473	536	77
	MAJOR	261	567	2,396	1,649	96	617	286	463	135	350	478	316	241	125
	MARSHALL	589	2,087	5,318	3,730	538	1,876	392	1,317	643	902	1,561	430	398	75
	MAYES	900	5,067	14,344	7,331	1,882	3,353	2,042	2,956	1,275	1,899	3,147	1,777	1,003	192
	MCCLAIN	1,051	3,360	12,404	9,592	4,195	6,475	1,796	2,594	1,185	1,699	2,921	2,486	2,469	1,271
	MCCURTAIN	1,218	4,487	10,417	5,667	2,332	2,426	1,186	3,463	1,301	1,222	1,749	949	847	249
	MCINTOSH	576	3,055	7,384	3,768	1,146	1,790	1,192	2,016	767	1,066	951	796	865	212
	MURRAY	249	1,375	4,245	2,397	828	1,002	558	833	370	846	845	514	245	156
	MUSKOGEE	1,561	9,406	19,775	16,776	5,067	8,283	4,076	6,321	2,441	3,291	3,480	3,036	2,094	885
	NOBLE	165	816	3,350	2,362	214	1,175	634	780	318	530	585	455	311	115
	NOWATA	219	1,103	3,924	1,633	720	985	156	621	530	386	706	382	330	89
	OKFUSKEE	780	1,218	4,618	2,749	489	797	286	966	495	634	785	346	120	31
	OKLAHOMA	28,561	56,759	154,497	154,940	32,914	109,792	69,983	49,190	21,477	27,385	34,765	23,616	26,621	16,160
	OKMULGEE	1,107	3,339	10,141	5,894	2,983	3,156	1,879	2,547	998	1,298	2,094	1,418	884	288
	OSAGE	1,286	3,343	9,172	8,519	1,627	3,027	1,680	3,011	1,315	1,369	1,249	979	932	217
	OTTAWA	1,052	3,895	11,715	8,057	2,794	3,926	1,885	3,365	1,446	2,538	2,735	1,160	776	435
	PAWNEE	378	1,741	5,267	4,106	948	1,316	945	1,267	633	951	1,235	816	376	130
	PAYNE	1,120	4,814	16,573	15,667	2,348	18,169	13,164	6,499	2,155	2,445	3,308	2,322	2,371	2,025
	PITTSBURG	1,139	2,347	14,125	7,826	2,736	3,559	1,650	2,607	1,083	1,591	2,020	1,937	1,178	495
	PONTOTOC	709	3,696	10,684	7,461	850	4,646	4,201	2,882	1,194	1,963	1,985	1,291	926	555
	POTTAWATOMIE	1,245	6,309	21,697	16,237	3,062	8,672	7,243	5,509	2,084	3,536	4,209	2,623	2,894	947
	PUSHMATAHA	355	1,253	2,967	2,507	251	1,512	518	1,153	358	620	469	309	247	33
	ROGER MILLS	116	397	943	652	75	528	169	169	92	136	196	186	147	98
	ROGERS	1,470	6,175	18,884	17,490	5,677	9,033	3,741	5,293	3,422	4,363	7,594	7,530	5,473	2,306
	SEMINOLE	580	2,328	6,793	4,835	1,237	1,495	1,181	2,126	790	815	1,373	781	383	136
	SEQUOYAH	1,598	5,661	13,098	8,325	1,661	3,183	2,310	3,733	1,386	1,698	2,784	1,588	1,129	392
	STEPHENS	720	5,431	14,330	7,960	1,307	4,985	2,214	3,098	1,385	2,117	2,537	1,785	1,601	888
	TEXAS	4,424	1,584	3,033	3,985	344	2,975	945	1,135	611	991	1,305	859	738	280
	TILLMAN	365	1,169	2,181	1,011	131	612	183	599	216	232	372	241	168	50
	TULSA	20,614	39,655	124,740	134,436	43,432	116,053	67,890	37,261	17,776	24,511	32,657	26,597	27,428	19,052
	WAGONER	1,080	6,726	18,918	14,400	5,498	11,723	2,810	3,102	1,808	2,952	4,852	4,108	4,755	1,411
	WASHINGTON	565	3,082	14,589	11,435	2,683	5,860	5,097	3,774	1,647	2,187	2,581	1,578	1,844	1,670
	WASHITA	230	1,424	5,390	3,809	1,793	3,354	1,025	1,712	906	1,578	2,480	1,962	1,803	4,396
	WOODS	192	704	2,897	1,877	167	1,488	313	553	196	331	584	202	268	55
	WOODWARD	420	1,924	6,223	4,111	865	2,084	713	1,085	403	833	1,249	1,088	560	248
OK Total		107,188	315,731	971,800	804,900	202,705	521,232	289,558	254,875	113,838	158,047	208,980	163,706	141,170	85,109

2017 Consumer Spending ($Millions)

State	County	Average annual expend-itures	Food	Alcoholic beverages	Housing	Apparel and services	Transport-ation	Healthcare	Entertain-ment	Personal care products & services	Education	Personal insurance & pensions
OK	ADAIR	303.6	40.3	2.3	416.6	40.9	218.6	103.3	63.3	15.1	25.2	128.7
	ALFALFA	64.3	8.3	0.5	138.7	13.5	72.3	34.5	20.8	5.0	8.1	40.7
	ATOKA	149.4	19.7	1.1	61.9	6.0	32.1	15.3	9.1	2.2	3.5	17.0
	BEAVER	83.7	10.6	0.7	191.1	18.8	100.6	47.6	29.1	6.9	11.3	59.5
	BECKHAM	298.3	38.3	2.4	90.1	8.7	47.1	22.6	13.5	3.2	5.1	25.8
	BLAINE	140.1	18.0	1.1	302.3	29.2	155.8	74.5	44.9	10.8	18.2	86.5
	BRYAN	599.0	78.1	4.7	319.9	31.5	168.5	79.5	48.7	11.6	19.2	99.1
	CADDO	414.0	53.6	3.3	39.6	3.8	20.9	10.0	5.9	1.4	2.1	11.2
	CANADIAN	2,053.2	252.9	18.0	267.2	26.3	140.6	66.6	40.7	9.7	15.9	82.5
	CARTER	667.2	86.5	5.3	339.3	33.6	175.9	82.9	51.5	12.2	21.7	104.9
	CHEROKEE	558.3	73.6	4.3	462.5	44.6	237.0	113.9	68.2	16.5	27.3	128.3
	CHOCTAW	188.3	24.8	1.4	239.9	23.5	124.5	59.1	36.2	8.7	14.7	72.8
	CIMARRON	29.2	3.8	0.2	28.2	2.8	15.0	7.1	4.3	1.0	1.6	8.6
	CLEVELAND	3,968.0	496.9	33.8	235.8	23.1	119.5	56.6	35.2	8.4	15.9	68.7
	COAL	67.7	8.7	0.5	16.0	1.5	8.3	4.1	2.3	0.6	0.8	4.0
	COMANCHE	1,604.3	205.1	13.1	363.5	36.3	191.7	89.8	56.4	13.3	23.4	121.4
	COTTON	82.8	10.6	0.7	185.3	18.3	98.2	46.2	28.4	6.7	11.0	58.6
	CRAIG	229.7	29.8	1.8	136.1	13.2	70.5	33.6	20.2	4.9	8.0	39.0
	CREEK	1,017.2	129.9	8.3	224.2	23.1	120.5	55.3	36.2	8.4	15.6	85.1
	CUSTER	331.5	42.7	2.7	595.3	60.1	316.1	146.7	93.3	21.9	38.8	205.6
	DELAWARE	499.2	65.5	3.9	175.3	17.3	92.0	43.5	26.9	6.4	10.9	55.6
	DEWEY	74.8	9.5	0.6	490.4	47.8	255.6	121.3	73.8	17.6	29.4	146.9
	ELLIS	68.0	8.6	0.6	202.9	20.6	108.4	50.4	32.1	7.5	13.4	72.3
	GARFIELD	844.6	108.2	6.9	964.2	95.4	506.9	238.8	147.7	35.1	59.5	305.4
	GARVIN	442.4	56.8	3.6	272.7	26.9	143.1	67.6	41.5	9.9	16.6	84.7
	GRADY	2,421.0	293.0	22.2	225.8	22.1	118.5	56.3	34.2	8.1	13.2	68.6
	GRANT	59.7	7.7	0.5	199.0	19.1	102.0	49.2	29.2	7.0	11.5	53.6
	GREER	65.4	8.6	0.5	153.9	14.9	79.1	37.6	22.9	5.5	9.4	44.2
	HARMON	30.4	4.0	0.2	243.1	23.6	126.3	60.2	36.4	8.7	14.4	71.3
	HARPER	56.6	7.3	0.5	129.2	12.2	65.3	31.8	18.6	4.5	7.3	32.3
	HASKELL	200.9	26.1	1.6	154.2	15.4	80.5	37.8	23.6	5.6	9.8	49.1
	HUGHES	184.2	23.9	1.5	83.7	8.1	43.5	20.8	12.4	3.0	4.6	23.4
	JACKSON	351.6	45.4	2.8	693.4	67.3	360.7	172.5	103.4	24.7	40.3	201.5
	JEFFERSON	89.4	11.7	0.7	169.8	17.1	88.9	41.6	26.3	6.2	11.3	56.9
	JOHNSTON	131.2	17.0	1.1	198.2	19.1	101.4	49.0	29.3	7.1	11.6	55.4
	KAY	656.7	84.6	5.3	314.1	30.9	162.1	76.9	47.4	11.3	19.7	95.7
	KINGFISHER	236.8	29.8	2.0	116.6	11.4	60.9	28.8	17.7	4.2	7.1	35.9
	KIOWA	120.1	15.6	1.0	397.4	40.5	210.5	97.3	62.9	14.7	27.4	142.2
	LATIMER	121.2	15.7	1.0	109.4	10.5	54.7	26.3	15.9	3.8	7.1	29.3
	LE FLORE	679.3	88.3	5.3	498.9	48.2	258.6	123.7	73.8	17.8	28.5	139.2
	LINCOLN	441.6	56.9	3.6	181.0	17.6	93.4	44.7	27.1	6.4	11.2	53.4
	LOGAN	364.0	46.8	2.9	44.8	4.3	23.2	11.1	6.6	1.6	2.5	12.1
	LOVE	145.9	18.6	1.2	188.5	18.2	95.9	45.7	27.7	6.6	11.6	51.5
	MAJOR	105.0	13.4	0.9	269.2	25.8	137.4	66.1	39.4	9.5	15.9	72.6
	MARSHALL	247.2	32.2	1.9	237.0	23.0	121.4	58.2	35.2	8.5	14.3	67.5
	MAYES	590.0	76.4	4.7	130.7	13.0	69.1	32.4	20.1	4.8	8.0	42.1
	MCCLAIN	808.7	101.0	6.9	313.4	31.5	165.5	77.5	48.8	11.5	20.2	105.6
	MCCURTAIN	438.6	57.3	3.4	333.9	32.4	172.8	82.5	49.6	11.9	19.4	94.5
	MCINTOSH	315.3	40.8	2.5	17.0	1.6	8.7	4.2	2.5	0.6	1.0	4.7
	MURRAY	183.1	23.6	1.5	5.2	0.5	2.7	1.3	0.8	0.2	0.3	1.4
	MUSKOGEE	1,013.1	131.1	8.2	517.6	50.4	265.7	126.6	76.9	18.5	31.5	147.4
	NOBLE	153.4	19.7	1.3	124.9	11.8	63.7	31.1	18.0	4.4	6.8	31.6
	NOWATA	147.3	19.0	1.2	161.7	16.2	86.6	40.2	25.4	6.0	10.3	56.2
	OKFUSKEE	148.5	19.0	1.1	47.9	4.7	25.6	12.0	7.3	1.8	2.7	15.1
	OKLAHOMA	9,947.8	1,263.1	82.4	2,023.4	201.1	1,063.5	499.9	310.9	73.6	126.8	651.6
	OKMULGEE	461.0	59.4	3.7	191.5	18.7	99.9	47.6	28.8	6.9	11.2	56.4
	OSAGE	410.8	53.7	3.3	528.6	53.8	283.0	130.7	83.7	19.7	34.9	188.1
	OTTAWA	568.3	74.0	4.5	118.5	11.5	62.0	29.5	17.8	4.3	6.9	34.9
	PAWNEE	256.0	33.2	2.0	233.6	23.4	124.9	58.3	36.5	8.6	14.8	79.9
	PAYNE	1,012.9	129.0	8.4	415.2	41.4	219.6	102.9	64.5	15.2	26.2	139.1
	PITTSBURG	531.3	68.4	4.3	223.2	21.5	113.6	54.8	32.7	7.9	13.3	60.2
	PONTOTOC	509.7	65.8	4.1	58.2	5.5	29.8	14.4	8.4	2.0	3.2	14.9
	POTTAWATOMIE	1,084.9	138.9	8.8	88.0	8.5	46.4	22.0	13.2	3.2	4.9	26.0
	PUSHMATAHA	137.8	18.2	1.1	106.7	10.3	55.0	26.5	15.8	3.8	6.1	29.2
	ROGER MILLS	53.6	6.8	0.5	556.3	55.9	294.2	137.4	86.7	20.3	35.8	187.7
	ROGERS	1,978.5	248.7	16.7	135.6	13.6	70.9	33.4	20.9	4.9	8.6	43.9
	SEMINOLE	283.7	37.2	2.2	85.8	8.3	44.4	21.0	12.4	3.0	4.6	21.9
	SEQUOYAH	593.7	77.0	4.7	133.8	13.3	71.1	33.4	20.8	4.9	8.3	44.6
	STEPHENS	687.6	87.2	5.7	322.3	31.4	169.0	80.4	48.4	11.5	18.6	94.3
	TEXAS	298.4	38.1	2.4	77.2	7.7	41.0	19.2	11.9	2.8	4.7	25.0
	TILLMAN	89.9	11.6	0.7	337.8	33.2	176.8	83.6	51.3	12.2	20.5	104.3
	TULSA	9,654.0	1,213.5	81.5	2,433.3	242.8	1,276.6	598.5	375.3	88.7	156.9	796.8
	WAGONER	1,305.4	163.2	11.1	143.3	13.6	73.0	35.4	20.9	5.1	8.3	37.6
	WASHINGTON	752.6	95.2	6.2	195.9	19.4	103.0	48.3	30.1	7.1	12.4	63.5
	WASHITA	736.1	89.9	6.5	396.2	38.9	207.7	98.4	60.1	14.3	23.6	121.0
	WOODS	106.3	13.7	0.8	113.8	11.2	60.3	28.5	17.4	4.2	6.8	35.8
	WOODWARD	274.4	35.1	2.2	108.0	10.2	54.7	26.6	15.5	3.8	6.0	26.5
OK Total		57,019.9	7,237.0	473.3	22,044.8	2,173.6	11,525.1	5,445.0	3,353.6	797.4	1,359.5	6,850.0

State	County	U.S. Population		2017 Gender		2017 Race			
		Total 2017	2010-2017 % chg.	Total 2022	Male	Female	White	Black	Other Race	Hispanic
OR	BAKER	15,999	-22%	16,427	8,079	7,920	13,874	56	1,548	520
	BENTON	80,813	2%	85,014	40,521	40,293	57,771	623	14,900	7,519
	CLACKAMAS	351,250	2%	375,648	171,853	179,397	252,507	4,026	57,347	37,369
	CLATSOP	34,907	0%	36,212	17,371	17,536	26,378	211	4,524	3,795
	COLUMBIA	53,422	-2%	57,393	26,778	26,644	44,478	255	6,345	2,343
	COOS	62,351	-3%	63,429	30,755	31,596	45,352	283	13,136	3,581
	CROOK	23,424	-8%	25,885	11,590	11,834	18,672	29	2,482	2,241
	CURRY	22,725	-5%	23,596	11,221	11,504	17,539	53	3,474	1,658
	DESCHUTES	197,053	25%	234,229	97,506	99,547	148,463	623	28,767	19,201
	DOUGLAS	100,363	-6%	99,128	49,490	50,873	81,451	355	13,347	5,210
	GILLIAM	1,816	1%	1,845	936	879	1,636	3	99	78
	GRANT	7,820	3%	8,485	3,890	3,930	7,126	12	462	220
	HARNEY	6,796	-4%	7,346	3,457	3,338	5,784	26	684	301
	HOOD RIVER	23,543	1%	25,100	11,765	11,778	12,143	51	2,566	8,783
	JACKSON	216,999	3%	235,441	105,677	111,322	154,900	2,248	30,195	29,656
	JEFFERSON	20,330	12%	22,060	10,605	9,724	7,817	76	6,626	5,810
	JOSEPHINE	90,261	10%	97,469	43,936	46,325	73,140	375	9,930	6,817
	KLAMATH	65,257	4%	68,033	32,435	32,822	44,969	307	11,807	8,174
	LAKE	6,716	14%	6,990	3,561	3,155	5,376	33	726	582
	LANE	361,896	-2%	380,359	178,076	183,820	261,233	3,046	63,201	34,415
	LINCOLN	45,724	3%	47,569	22,271	23,454	29,253	142	11,013	5,316
	LINN	119,551	-2%	119,112	58,983	60,568	89,176	466	17,603	12,305
	MALHEUR	32,967	-13%	34,787	17,868	15,098	16,323	643	3,614	12,387
	MARION	335,367	1%	357,706	166,930	168,437	165,219	2,695	57,973	109,480
	MORROW	12,306	6%	13,517	6,338	5,968	5,653	40	1,350	5,263
	MULTNOMAH	773,556	1%	806,345	383,089	390,467	418,715	35,107	205,054	114,680
	POLK	81,398	10%	90,391	39,620	41,778	57,730	411	10,664	12,592
	SHERMAN	1,741	-5%	1,728	885	856	1,418	4	142	177
	TILLAMOOK	22,914	1%	23,850	11,619	11,295	15,606	30	3,182	4,096
	UMATILLA	79,569	4%	84,921	41,504	38,065	42,261	503	10,581	26,224
	UNION	25,488	-2%	26,086	12,531	12,957	20,976	120	3,194	1,198
	WALLOWA	6,768	5%	6,782	3,323	3,446	6,152	23	476	117
	WASCO	24,642	-10%	25,617	12,193	12,449	16,832	87	2,626	5,098
	WASHINGTON	582,818	3%	641,167	286,867	295,951	291,447	9,681	157,665	124,025
	WHEELER	1,299	-12%	1,283	649	649	1,089	0	89	121
	YAMHILL	109,805	9%	121,790	55,044	54,762	71,756	749	16,893	20,407
OR Total		3,999,652	1%	4,272,741	1,979,213	2,020,439	2,530,216	63,392	774,283	631,761

		2017 Age Ranges (Years)								2017 Occupations					
State	**County**	1-9	10-19	20-29	30-39	40-49	50-59	60-69	70 over	Mana-gerial	Sales	Admin support	Service	Farming forestry, fishing	Prod-uction
OR	BAKER	1,484	1,791	1,337	1,258	2,157	3,019	2,612	2,341	3,853	675	966	1,677	138	1,793
	BENTON	6,124	12,420	19,649	6,455	8,752	12,975	6,762	7,677	20,313	2,257	4,012	6,655	369	5,903
	CLACKAMAS	38,890	48,160	37,894	37,569	51,918	65,455	36,502	34,861	64,456	21,566	25,767	22,643	466	30,804
	CLATSOP	3,462	4,200	4,169	3,266	4,895	6,791	4,183	3,942	5,168	2,842	2,180	4,142	561	2,900
	COLUMBIA	5,853	7,311	4,977	5,925	8,286	10,097	6,116	4,858	8,490	1,991	4,241	3,972	307	8,347
	COOS	5,259	6,724	5,901	5,109	7,681	12,301	9,167	10,209	12,026	3,092	4,572	8,480	1,013	6,327
	CROOK	2,452	2,848	1,937	2,273	3,317	4,013	3,508	3,074	4,561	1,043	1,498	2,323	346	3,105
	CURRY	1,457	2,150	1,507	1,385	2,685	4,806	3,837	4,898	4,429	1,205	2,099	2,914	429	2,373
	DESCHUTES	23,286	24,594	22,722	22,260	29,089	32,448	22,386	20,269	32,767	13,458	14,000	16,146	825	20,311
	DOUGLAS	9,140	11,610	9,070	8,390	12,711	18,184	14,741	16,517	15,475	5,522	8,367	11,565	1,221	11,720
	GILLIAM	128	177	137	133	296	401	243	301	240	43	171	159	8	241
	GRANT	677	856	580	624	947	1,397	1,343	1,397	1,811	465	603	617	113	633
	HARNEY	684	945	497	745	928	1,155	981	859	1,441	116	412	419	239	740
	HOOD RIVER	2,995	3,529	2,478	2,760	3,776	3,780	1,912	2,313	4,777	929	1,095	2,833	744	1,534
	JACKSON	23,535	27,347	25,799	20,915	28,049	38,210	25,141	28,003	42,407	12,722	14,159	23,013	1,168	20,784
	JEFFERSON	2,690	3,169	2,360	2,338	3,020	3,014	1,997	1,742	4,066	584	1,008	2,250	536	2,680
	JOSEPHINE	8,557	10,735	8,024	7,539	11,075	16,989	12,761	14,581	16,009	7,011	8,648	11,492	276	10,338
	KLAMATH	7,285	8,280	7,515	6,238	8,417	11,312	8,255	7,955	12,874	4,519	4,705	7,084	597	6,546
	LAKE	442	721	498	587	960	1,438	1,024	1,046	1,161	56	759	890	155	697
	LANE	34,484	46,670	56,584	37,995	45,836	62,478	38,839	39,010	63,034	17,759	24,405	32,400	1,844	39,091
	LINCOLN	3,703	4,539	4,306	3,606	5,681	10,032	7,216	6,642	6,759	4,217	3,185	5,853	634	3,905
	LINN	14,615	15,955	13,429	13,008	16,549	19,319	13,517	13,160	18,933	6,013	8,472	11,571	760	16,017
	MALHEUR	4,091	4,384	4,819	4,044	4,461	4,582	3,055	3,530	5,993	1,901	1,455	5,801	647	4,398
	MARION	46,884	50,228	45,220	39,352	43,684	49,295	29,910	30,794	51,864	15,294	26,073	31,017	10,605	40,438
	MORROW	1,751	2,001	1,307	1,367	1,676	1,862	1,308	1,034	2,044	563	868	936	403	1,977
	MULTNOMAH	87,183	85,381	129,894	121,306	112,652	122,094	60,360	54,688	137,289	35,966	52,091	62,816	2,054	67,700
	POLK	9,801	12,360	11,276	8,192	10,530	12,319	7,979	8,941	14,491	3,643	6,049	7,149	1,938	7,946
	SHERMAN	147	195	155	134	236	352	214	308	433	111	152	72	6	169
	TILLAMOOK	2,314	2,787	2,344	2,074	2,973	4,423	3,116	2,883	3,458	816	1,169	2,619	912	2,724
	UMATILLA	11,242	11,693	10,046	9,323	11,031	12,143	7,023	7,067	12,429	3,549	6,427	6,667	977	12,168
	UNION	2,842	3,296	3,577	2,130	3,040	4,333	3,169	3,101	4,639	1,518	1,832	2,781	243	2,435
	WALLOWA	588	623	477	421	936	1,502	1,076	1,145	1,508	426	744	413	58	567
	WASCO	2,842	2,982	2,884	2,341	2,944	4,650	2,845	3,153	3,569	1,883	1,635	3,250	332	2,536
	WASHINGTON	82,833	78,653	78,123	85,167	87,626	86,131	44,206	40,079	120,036	26,264	35,516	37,997	2,856	41,703
	WHEELER	103	142	82	87	129	248	228	282	329	87	34	170	45	79
	YAMHILL	13,623	16,884	14,493	12,983	15,961	16,197	9,618	10,047	16,108	4,106	7,842	12,474	2,446	13,252
OR Total		463,447	516,340	536,065	479,297	554,903	659,745	397,150	392,705	719,242	204,213	277,211	353,262	36,270	394,879

		2017 Educational Attainment							2017 Family Income						
State	County	Less than 9th grade	9th to 12th grade, no diploma	High school grad-uate	Some college, no degree	Assoc-iate degree	Bach-elor's degree	Grad. or pro-fessional degree	Less than $25,000	$25,000-$34,999	$35,000-$49,999	$50,000-$74,999	$75,000-$99,999	$100,000-$149,999	over $150,000
OR	BAKER	438	1,223	3,456	4,904	524	2,119	1,044	1,300	533	654	863	637	321	144
	BENTON	2,049	1,855	8,290	14,458	6,120	21,630	16,548	5,132	1,669	1,672	2,621	2,382	2,871	2,103
	CLACKAMAS	5,961	15,732	58,255	89,926	17,821	64,181	36,373	13,306	5,961	10,968	15,550	16,278	21,293	12,760
	CLATSOP	460	2,605	7,367	9,744	2,203	4,155	3,076	1,983	929	1,786	1,668	1,201	1,350	495
	COLUMBIA	564	2,604	13,122	15,700	3,362	5,750	2,728	2,578	1,169	1,544	3,290	2,962	2,435	837
	COOS	1,235	5,001	13,848	19,814	3,709	5,514	5,018	4,837	1,940	2,687	3,743	2,267	1,166	749
	CROOK	846	1,187	6,880	5,289	1,056	1,780	2,473	1,444	696	1,133	1,435	1,138	571	255
	CURRY	225	2,636	4,796	6,177	1,734	2,093	2,610	2,037	730	1,080	1,210	885	507	237
	DESCHUTES	1,923	9,351	36,781	46,540	12,494	34,055	20,063	9,151	5,680	7,316	12,931	9,779	6,309	4,263
	DOUGLAS	1,709	8,912	28,039	29,157	4,987	7,352	5,620	11,117	5,332	8,472	9,502	7,551	4,916	2,604
	GILLIAM	80	48	542	699	102	60	83	101	62	73	133	93	48	12
	GRANT	56	385	1,824	2,063	429	1,167	799	686	311	325	412	187	206	74
	HARNEY	129	465	2,258	1,225	806	554	234	499	197	419	380	240	207	81
	HOOD RIVER	1,699	902	3,905	5,593	874	3,976	1,847	902	546	702	1,392	1,063	874	586
	JACKSON	4,071	14,598	46,664	52,601	10,025	33,403	18,951	13,498	5,979	7,671	11,596	9,502	6,468	3,757
	JEFFERSON	2,219	1,854	4,082	4,685	834	1,762	600	1,102	491	1,289	1,295	323	616	129
	JOSEPHINE	1,062	7,449	18,978	29,967	5,617	8,210	5,321	7,119	2,962	3,982	4,816	3,568	1,988	1,194
	KLAMATH	1,579	4,927	17,393	15,475	2,687	7,288	4,711	4,868	1,866	2,397	3,412	2,704	1,728	718
	LAKE	444	533	1,604	1,900	362	693	393	651	172	237	335	312	148	81
	LANE	4,864	19,393	66,816	96,313	23,032	55,716	41,427	21,967	9,425	12,909	19,570	13,439	10,961	5,593
	LINCOLN	1,049	2,919	8,257	13,801	2,950	6,342	4,743	3,419	1,346	1,732	2,423	1,827	1,440	743
	LINN	2,703	7,715	28,056	32,567	7,159	12,467	6,191	12,831	4,891	8,520	11,699	10,383	7,569	1,535
	MALHEUR	2,450	5,272	8,037	7,838	1,120	1,439	674	2,278	739	1,256	1,613	985	621	211
	MARION	25,146	24,469	55,450	76,868	15,236	42,136	24,991	20,872	9,788	15,189	20,052	13,912	14,996	7,297
	MORROW	1,369	1,147	2,509	2,744	707	678	388	633	290	526	722	533	369	174
	MULTNOMAH	34,672	41,982	121,335	161,079	35,335	165,813	85,650	40,626	16,844	24,383	37,975	32,565	41,303	25,231
	POLK	3,291	3,409	14,697	19,433	4,890	13,537	6,732	3,506	1,400	2,688	4,150	4,018	4,050	1,440
	SHERMAN	21	231	395	409	99	225	111	129	38	56	148	52	53	16
	TILLAMOOK	294	1,717	7,305	5,021	979	2,781	1,279	1,686	636	1,213	1,386	835	494	281
	UMATILLA	5,404	7,030	14,997	17,918	4,255	6,001	7,028	4,043	1,928	2,989	4,626	3,590	2,237	816
	UNION	433	1,354	5,098	6,726	1,537	3,607	2,504	1,778	685	970	1,304	999	761	349
	WALLOWA	111	274	1,824	1,320	572	858	900	500	178	310	385	302	225	78
	WASCO	707	1,726	5,959	6,895	1,324	2,013	1,794	1,329	894	1,128	1,152	1,066	940	292
	WASHINGTON	26,867	22,980	72,203	115,174	25,609	131,623	64,752	20,973	10,051	15,243	23,592	22,753	34,456	24,723
	WHEELER	66	78	313	342	58	247	28	100	57	61	81	42	13	15
	YAMHILL	4,126	7,872	24,082	23,351	3,665	15,377	9,946	4,600	2,319	3,772	5,974	4,958	4,091	2,023
OR Total		140,325	231,833	715,416	943,719	204,273	666,600	387,631	223,582	98,735	147,350	213,435	175,329	178,603	101,900

2017 Consumer Spending ($Millions)

State	County	Average annual expend-itures	Food	Alcoholic beverages	Housing	Apparel and services	Transport-ation	Healthcare	Entertain-ment	Personal care products & services	Education	Personal insurance & pensions
OR	BAKER	205.9	26.8	1.6	34.6	3.3	18.0	8.7	5.0	1.2	1.7	8.9
	BENTON	932.2	117.3	8.0	459.3	45.7	245.9	115.2	71.2	16.7	27.4	151.6
	CLACKAMAS	5,543.3	683.0	48.5	383.5	37.0	196.4	94.1	56.6	13.7	23.1	106.4
	CLATSOP	479.7	61.1	3.9	368.3	35.8	193.6	92.8	55.1	13.2	20.1	106.2
	COLUMBIA	816.0	102.6	6.9	193.6	18.7	99.1	47.5	28.4	6.9	11.3	52.2
	COOS	816.5	105.6	6.5	328.0	32.7	173.7	81.3	50.7	12.0	20.5	107.7
	CROOK	330.7	42.5	2.7	51.3	5.0	26.6	12.8	7.6	1.8	2.9	14.6
	CURRY	309.0	40.2	2.5	48.2	4.7	25.4	12.2	7.2	1.7	2.6	13.4
	DESCHUTES	2,902.6	366.6	24.2	18.4	1.8	9.4	4.6	2.7	0.6	1.0	4.7
	DOUGLAS	2,461.5	315.1	20.1	692.3	67.6	358.3	170.5	103.6	24.8	42.0	202.5
	GILLIAM	26.2	3.4	0.2	19.7	1.9	10.4	5.0	2.9	0.7	1.0	5.4
	GRANT	100.7	13.1	0.8	90.7	8.6	46.7	22.7	13.1	3.2	4.8	22.8
	HARNEY	100.7	12.9	0.8	10.4	1.0	5.3	2.6	1.5	0.4	0.6	2.6
	HOOD RIVER	318.9	40.1	2.7	36.7	3.5	18.9	9.1	5.4	1.3	2.0	10.0
	JACKSON	2,936.6	374.1	24.2	73.1	7.0	37.5	18.1	10.6	2.6	4.0	18.8
	JEFFERSON	256.4	33.0	2.0	102.2	9.8	52.4	25.2	14.9	3.6	5.8	27.1
	JOSEPHINE	1,192.5	154.5	9.6	89.5	8.5	44.8	21.8	12.8	3.1	5.2	21.4
	KLAMATH	850.4	109.6	6.9	556.5	54.1	289.8	138.3	83.4	20.0	33.0	162.8
	LAKE	91.3	11.8	0.7	45.4	4.3	23.5	11.4	6.6	1.6	2.3	11.5
	LANE	4,675.3	596.7	38.4	1,739.0	171.8	914.0	431.1	265.2	62.9	105.3	544.0
	LINCOLN	646.8	82.5	5.3	205.1	19.8	106.6	50.9	30.6	7.4	11.8	59.0
	LINN	2,936.4	375.9	24.0	1,066.5	107.0	560.1	261.4	165.8	38.9	71.0	358.9
	MALHEUR	358.4	46.6	2.8	74.7	7.1	38.7	18.8	10.8	2.6	3.7	18.5
	MARION	5,281.2	668.5	43.9	397.3	38.5	207.2	99.0	59.2	14.2	22.4	113.7
	MORROW	168.3	21.4	1.4	244.1	23.3	127.1	61.3	35.9	8.6	13.1	66.0
	MULTNOMAH	11,972.6	1,489.8	103.1	513.6	49.9	266.8	127.4	76.5	18.3	29.6	146.7
	POLK	1,192.5	149.2	10.2	348.5	34.3	186.9	88.2	53.4	12.6	19.7	109.3
	SHERMAN	23.0	3.0	0.2	59.9	5.6	30.5	15.0	8.6	2.1	3.1	14.5
	TILLAMOOK	305.4	39.6	2.4	114.1	10.8	58.5	28.4	16.5	4.0	6.1	28.6
	UMATILLA	1,023.2	130.9	8.4	97.1	9.1	49.4	24.2	13.8	3.4	5.1	22.9
	UNION	337.9	43.3	2.8	87.3	8.3	45.3	22.1	12.8	3.1	4.5	22.9
	WALLOWA	98.3	12.6	0.8	55.8	5.3	29.3	14.2	8.2	2.0	2.8	14.5
	WASCO	347.0	44.3	2.9	37.9	3.6	19.4	9.4	5.5	1.3	2.0	9.7
	WASHINGTON	8,976.4	1,095.5	79.7	366.3	35.4	189.5	90.6	54.1	13.0	21.0	101.8
	WHEELER	15.9	2.1	0.1	158.6	15.1	81.5	39.6	23.1	5.6	8.5	41.4
	YAMHILL	1,489.1	187.5	12.5	280.2	28.4	146.6	68.4	43.6	10.2	18.9	94.7
OR Total		60,518.8	7,602.3	511.7	9,447.9	924.2	4,933.1	2,344.0	1,422.7	339.3	559.9	2,818.1

State	County	Total 2017	2010-2017 % chg.	Total 2022	Male	Female	White	Black	Other Race	Hispanic
					2017 Gender		**2017 Race**			
PA	ADAMS	107,658	13%	115,211	53,104	54,554	89,776	1,484	6,235	10,163
	ALLEGHENY	1,208,572	-3%	1,189,373	578,686	629,886	898,140	161,713	124,348	24,371
	ARMSTRONG	63,624	2%	63,551	31,459	32,165	60,660	739	1,867	358
	BEAVER	161,689	0%	158,463	77,888	83,801	138,068	10,329	10,490	2,802
	BEDFORD	53,387	6%	55,993	27,039	26,348	50,893	649	1,252	594
	BERKS	447,904	10%	475,520	219,631	228,273	294,938	16,521	40,166	96,279
	BLAIR	132,759	0%	133,198	64,521	68,238	121,905	2,563	6,674	1,616
	BRADFORD	65,690	1%	67,325	32,338	33,352	62,387	358	1,863	1,082
	BUCKS	667,990	2%	690,783	327,681	340,309	528,485	23,249	79,868	36,388
	BUTLER	196,260	5%	203,303	96,655	99,605	181,325	2,416	9,468	3,051
	CAMBRIA	143,346	1%	143,013	70,228	73,118	128,388	4,833	7,838	2,287
	CAMERON	4,974	-7%	4,780	2,443	2,531	4,869	13	75	17
	CARBON	68,004	-1%	71,467	33,485	34,519	58,665	1,982	4,062	3,295
	CENTRE	166,763	11%	177,344	86,945	79,818	136,566	5,806	18,412	5,979
	CHESTER	547,656	12%	593,177	270,000	277,657	402,114	28,903	66,454	50,186
	CLARION	38,986	0%	39,198	18,849	20,137	37,016	619	999	352
	CLEARFIELD	81,464	-1%	85,005	41,748	39,716	75,541	1,530	2,599	1,794
	CLINTON	35,650	8%	36,426	17,448	18,202	31,718	1,231	2,100	601
	COLUMBIA	73,764	10%	75,612	35,417	38,346	65,307	2,180	4,494	1,783
	CRAWFORD	92,301	10%	94,023	45,098	47,203	85,194	2,313	3,676	1,118
	CUMBERLAND	221,827	1%	221,480	109,567	112,261	178,826	9,221	24,852	8,929
	DAUPHIN	278,694	1%	287,217	134,696	143,998	165,764	46,097	38,998	27,835
	DELAWARE	613,885	8%	621,971	293,452	320,433	396,267	125,606	72,315	19,697
	ELK	33,232	5%	34,244	16,479	16,753	32,449	89	460	234
	ERIE	291,973	3%	293,000	143,824	148,149	235,840	21,362	20,930	13,841
	FAYETTE	147,613	3%	150,216	71,960	75,653	131,641	6,284	8,490	1,198
	FOREST	10,066	25%	12,245	6,748	3,318	7,443	1,597	508	518
	FRANKLIN	141,032	0%	141,043	68,955	72,077	116,889	3,885	10,464	9,794
	FULTON	17,200	5%	19,236	8,626	8,574	16,210	183	610	199
	GREENE	37,896	-4%	38,320	19,653	18,243	31,617	4,368	1,277	633
	HUNTINGDON	47,426	3%	48,552	25,170	22,256	42,482	2,604	1,532	809
	INDIANA	94,395	-4%	99,439	47,018	47,377	87,451	2,891	2,840	1,213
	JEFFERSON	46,394	-1%	46,680	22,816	23,578	44,001	150	1,701	542
	JUNIATA	58,576	-2%	59,774	28,692	29,883	51,691	764	4,234	1,887
	LACKAWANNA	210,205	2%	209,745	100,932	109,273	164,304	5,396	22,601	17,904
	LANCASTER	566,311	5%	596,507	276,633	289,679	429,351	20,783	50,293	65,885
	LAWRENCE	96,428	0%	94,926	46,502	49,926	86,521	3,631	5,050	1,226
	LEBANON	136,975	-1%	140,335	66,950	70,025	96,892	3,287	8,934	27,861
	LEHIGH	353,983	13%	371,274	171,883	182,100	203,635	13,135	49,967	87,246
	LUZERNE	322,025	0%	323,128	157,644	164,380	242,708	18,195	25,973	35,148
	LYCOMING	118,822	2%	118,356	58,072	60,750	102,395	6,264	7,994	2,169
	MCKEAN	43,017	-4%	42,524	21,967	21,050	39,646	1,243	1,329	799
	MERCER	117,918	2%	118,852	57,815	60,102	102,401	6,370	7,388	1,758
	MIFFLIN	45,965	-3%	46,892	22,427	23,538	43,746	543	979	697
	MONROE	209,455	22%	244,916	103,505	105,950	111,515	36,429	24,917	36,595
	MONTGOMERY	849,105	10%	896,052	413,030	436,076	577,320	88,410	136,579	46,796
	MONTOUR	19,592	2%	19,860	9,389	10,203	18,082	342	760	408
	NORTHAMPTON	331,497	2%	341,876	161,479	170,018	237,813	16,999	31,195	45,490
	NORTHUMBERLAND	95,817	-3%	96,158	47,881	47,936	82,316	5,844	3,701	3,955
	PERRY	52,613	12%	55,778	26,385	26,229	50,378	283	1,080	872
	PHILADELPHIA	1,529,502	-3%	1,517,504	721,747	807,755	428,247	610,814	266,991	223,450
	PIKE	86,662	17%	109,670	43,358	43,304	60,976	6,890	9,056	9,739
	POTTER	18,848	2%	19,345	9,413	9,435	18,247	77	298	226
	SCHUYLKILL	144,613	-4%	144,996	73,459	71,154	125,670	5,746	5,391	7,806
	SNYDER	40,579	3%	41,674	20,127	20,452	37,683	534	1,227	1,134
	SOMERSET	83,140	12%	88,264	42,661	40,480	77,367	2,918	1,901	954
	SULLIVAN	5,486	-9%	5,541	2,750	2,736	5,252	16	165	54
	SUSQUEHANNA	45,213	-4%	47,179	22,692	22,521	42,858	208	1,262	885
	TIOGA	44,444	4%	45,519	21,826	22,618	42,067	330	1,423	624
	UNION	48,268	8%	50,408	26,386	21,882	37,030	5,469	2,738	3,031
	VENANGO	53,011	10%	53,520	25,999	27,012	49,735	784	1,966	526
	WARREN	41,116	7%	42,081	20,465	20,651	39,205	191	1,287	434
	WASHINGTON	220,275	3%	227,678	107,414	112,860	197,275	6,448	13,722	2,830
	WAYNE	62,444	1%	69,805	32,864	29,580	53,374	2,548	3,909	2,612
	WESTMORELAND	374,475	1%	380,709	182,265	192,210	344,770	8,334	17,135	4,236
	WYOMING	33,426	3%	34,049	16,812	16,614	30,500	264	1,614	1,049
	YORK	480,954	9%	530,311	237,109	243,846	373,586	31,131	37,040	39,198
PA Total		13,280,834	3%	13,671,611	6,478,162	6,802,672	9,543,389	1,404,391	1,328,014	1,005,041

U.S. Population

State	County	1-9	10-19	20-29	30-39	40-49	50-59	60-69	70 over	Mana-gerial	Sales	Admin support	Service	Farming forestry, fishing	Prod-uction
PA	ADAMS	11,414	15,174	11,268	10,934	17,792	17,607	11,481	11,988	16,030	4,173	8,045	8,608	1,032	12,746
	ALLEGHENY	117,330	148,201	160,449	122,465	177,410	206,446	110,679	165,593	255,352	65,717	89,093	115,318	374	88,611
	ARMSTRONG	6,207	7,232	5,619	6,078	10,050	11,991	6,930	9,518	9,953	3,417	5,198	6,149	394	9,946
	BEAVER	15,836	19,201	15,773	15,195	25,314	28,959	16,400	25,012	24,679	9,259	13,788	14,839	38	21,248
	BEDFORD	5,685	6,359	4,767	5,619	8,440	8,877	6,121	7,520	9,456	2,265	3,100	3,373	150	9,674
	BERKS	54,993	67,050	49,208	49,067	71,166	67,733	39,420	49,267	71,105	19,651	31,879	34,160	13,125	48,810
	BLAIR	14,236	16,585	14,584	13,587	19,368	22,431	14,047	17,922	20,616	7,564	10,690	12,295	1,670	16,856
	BRADFORD	6,932	8,241	5,624	6,304	9,966	11,568	8,220	8,834	11,350	3,015	3,894	5,173	487	10,731
	BUCKS	72,708	91,047	59,179	66,105	115,368	119,959	66,802	76,822	136,603	37,529	44,250	40,585	319	46,866
	BUTLER	21,836	26,973	18,764	20,019	33,980	33,676	18,361	22,651	39,343	11,536	12,362	14,240	289	19,662
	CAMBRIA	13,756	16,509	15,639	13,895	20,445	26,303	15,012	21,787	25,447	8,181	11,449	17,862	1,541	16,642
	CAMERON	372	611	379	419	709	960	683	841	566	455	122	431	5	1,165
	CARBON	7,054	8,024	5,908	7,037	11,706	12,262	7,431	8,582	9,871	3,971	6,586	6,346	12	9,100
	CENTRE	13,578	27,018	41,275	16,196	20,980	19,917	12,836	14,963	37,537	6,418	10,410	18,026	549	10,739
	CHESTER	71,209	81,324	56,431	58,842	92,106	88,282	48,165	51,297	132,781	24,066	31,590	32,437	2,718	31,675
	CLARION	3,539	5,127	5,951	3,491	5,711	6,033	4,089	5,046	6,050	1,983	2,444	3,983	1,306	5,233
	CLEARFIELD	7,622	9,112	8,653	9,497	13,418	13,835	8,631	10,697	11,171	4,759	6,792	8,624	1,070	12,293
	CLINTON	3,824	4,853	6,029	3,327	4,541	5,243	3,496	4,338	4,852	1,654	2,980	3,574	172	5,615
	COLUMBIA	6,607	10,595	11,036	6,919	10,213	11,654	7,425	9,315	9,616	3,732	6,720	6,971	182	9,958
	CRAWFORD	9,970	12,356	9,476	9,192	13,319	16,306	10,529	11,151	15,455	3,826	6,195	8,621	403	14,743
	CUMBERLAND	24,040	28,017	26,801	24,969	33,266	35,044	22,019	27,672	40,679	11,432	17,260	18,109	262	18,409
	DAUPHIN	33,274	36,954	33,027	30,759	43,172	47,006	25,966	28,535	54,326	11,471	20,815	22,894	1,906	23,644
	DELAWARE	71,466	91,956	72,687	63,414	95,722	97,567	50,164	70,908	138,975	30,701	45,110	55,790	138	37,055
	ELK	2,947	3,884	2,466	3,249	5,644	6,257	3,795	4,991	4,687	1,114	1,780	2,446	190	6,293
	ERIE	32,035	39,966	38,753	28,976	43,218	48,469	26,252	34,304	46,147	14,309	21,720	31,345	1,133	34,624
	FAYETTE	14,547	16,561	15,974	15,372	22,424	26,884	15,583	20,269	23,097	9,995	10,740	17,029	635	22,534
	FOREST	507	1,177	1,775	1,388	1,470	1,531	1,167	1,051	1,533	330	411	1,385	263	2,265
	FRANKLIN	17,528	18,010	13,962	16,098	20,826	21,470	14,737	18,401	21,682	5,736	10,986	13,103	504	16,372
	FULTON	2,045	2,130	1,608	1,952	2,588	2,550	2,156	2,171	2,297	574	1,425	1,387	28	3,031
	GREENE	3,385	4,214	5,016	4,474	6,108	6,861	3,917	3,921	6,029	2,383	3,284	4,202	158	6,580
	HUNTINGDON	4,727	5,623	5,372	5,521	7,097	7,823	5,347	5,917	8,130	2,012	2,885	5,716	513	7,210
	INDIANA	8,523	13,447	15,138	8,025	12,747	15,472	9,260	11,785	13,795	5,351	8,294	10,709	918	12,501
	JEFFERSON	4,879	5,862	4,460	4,667	7,340	7,829	4,842	6,516	6,006	2,381	2,840	3,947	460	9,373
	JUNIATA	6,790	7,705	5,402	6,063	9,523	10,309	6,286	6,498	7,717	2,255	7,470	3,099	451	7,692
	LACKAWANNA	21,394	26,441	25,547	22,121	30,978	34,434	20,523	28,767	36,730	14,243	19,261	20,601	281	18,506
	LANCASTER	72,909	79,836	65,761	59,045	84,923	84,742	52,034	67,062	92,529	26,582	39,360	41,606	1,629	66,573
	LAWRENCE	10,044	12,296	9,371	9,223	14,358	16,671	9,804	14,661	15,507	5,204	8,364	8,060	88	14,415
	LEBANON	16,764	17,433	14,087	14,547	20,224	21,807	14,353	17,759	20,169	5,530	9,971	12,642	399	16,614
	LEHIGH	43,342	50,477	37,754	38,610	55,734	55,770	31,993	40,303	65,083	16,118	24,955	31,342	324	35,023
	LUZERNE	31,479	40,138	35,720	34,530	50,620	53,012	32,556	43,970	54,665	16,964	29,352	28,614	334	36,715
	LYCOMING	11,850	15,312	14,737	11,448	17,686	20,471	12,173	15,145	16,261	6,279	9,883	12,543	318	15,744
	MCKEAN	4,420	5,378	4,803	4,864	6,521	7,294	4,338	5,399	6,786	1,512	2,903	3,963	290	7,610
	MERCER	11,699	16,063	12,329	10,560	17,929	19,680	12,046	17,610	21,007	7,481	8,803	11,275	232	14,471
	MIFFLIN	5,442	5,691	4,159	4,760	6,688	7,245	5,349	6,630	6,954	2,683	2,867	3,716	226	8,043
	MONROE	22,323	35,887	20,458	19,505	37,780	36,608	19,220	17,674	38,766	14,397	15,200	19,518	67	19,917
	MONTGOMERY	102,464	113,418	84,488	99,175	138,549	135,795	74,992	100,225	199,105	41,376	50,033	54,814	421	46,040
	MONTOUR	1,996	2,256	1,827	1,836	3,115	3,355	2,372	2,835	4,133	472	1,761	1,078	209	2,523
	NORTHAMPTON	35,065	44,782	35,361	34,494	52,911	54,422	31,153	43,309	65,351	16,299	24,457	27,320	230	30,447
	NORTHUMBERLAND	9,246	10,507	9,503	10,379	14,340	16,250	10,562	15,029	14,932	4,513	7,579	9,961	440	13,137
	PERRY	5,906	7,059	5,002	5,579	8,546	9,568	5,788	5,165	7,779	2,126	4,322	3,764	159	7,105
	PHILADELPHIA	185,956	217,069	274,060	192,917	206,190	202,932	117,301	133,079	262,060	89,306	155,711	249,323	1,614	129,789
	PIKE	8,691	14,085	5,669	8,005	16,179	14,624	10,113	9,295	15,297	4,658	7,171	10,196	64	10,082
	POTTER	1,976	2,415	1,613	1,671	2,809	3,224	2,465	2,676	3,765	1,028	1,326	960	360	2,676
	SCHUYLKILL	14,407	16,927	14,709	17,221	23,824	24,299	14,078	20,149	23,349	6,857	12,023	15,241	405	20,743
	SNYDER	4,519	5,814	4,903	4,211	5,994	6,349	4,211	4,578	6,572	1,702	2,850	2,694	123	6,172
	SOMERSET	7,461	9,222	8,357	9,000	13,019	14,426	9,390	12,266	13,433	3,895	5,200	9,443	610	11,955
	SULLIVAN	387	495	438	416	870	1,114	853	913	794	171	563	537	43	913
	SUSQUEHANNA	4,118	5,816	3,728	4,027	7,366	8,537	5,874	5,748	8,042	2,230	3,042	3,673	219	6,457
	TIOGA	4,227	5,800	5,127	4,060	6,403	7,285	5,577	5,964	6,695	2,343	3,178	4,276	441	6,707
	UNION	4,338	6,044	7,261	6,283	7,371	6,993	4,354	5,622	11,034	2,369	2,989	4,359	130	7,070
	VENANGO	5,351	6,585	4,797	4,907	7,912	9,807	6,164	7,488	8,017	3,078	3,868	4,617	259	9,228
	WARREN	3,785	5,207	3,569	3,724	5,987	7,736	5,089	6,018	6,546	1,823	3,093	3,387	538	5,593
	WASHINGTON	23,572	27,470	20,350	22,047	35,187	39,301	22,901	29,446	40,207	11,032	18,646	21,530	100	23,429
	WAYNE	5,024	7,281	4,865	6,151	10,415	11,839	8,677	8,193	11,572	3,664	6,484	5,674	239	6,457
	WESTMORELAND	34,826	44,782	32,965	35,010	59,861	70,068	41,176	55,787	63,808	17,912	31,887	35,520	557	43,744
	WYOMING	3,320	4,128	3,281	3,256	5,156	6,710	4,030	3,545	4,203	1,742	2,563	3,155	259	5,350
	YORK	58,125	63,646	50,464	54,588	79,100	77,613	48,570	48,850	78,274	22,848	32,237	33,190	608	52,530
PA Total		######	######	######	######	######	######	######	######	2,452,359	681,712	1,014,545	1,251,368	45,608	1,311,674

State	County	Less than 9th grade	9th to 12th grade, no diploma	High school grad-uate	Some college, no degree	Assoc-iate degree	Bach-elor's degree	Grad. or pro-fessional degree	Less than $25,000	$25,000-$34,999	$35,000-$49,999	$50,000-$74,999	$75,000-$99,999	$100,000-$149,999	over $150,000
PA	ADAMS	2,728	7,075	36,736	16,358	5,852	11,365	8,968	4,320	2,286	3,335	6,934	5,772	4,861	1,742
	ALLEGHENY	13,440	57,314	282,127	201,217	84,636	225,788	157,102	70,356	27,376	37,754	52,118	41,677	48,035	37,605
	ARMSTRONG	1,192	4,057	25,836	9,057	4,541	6,678	2,413	3,921	1,670	2,705	4,163	2,759	2,375	722
	BEAVER	2,536	7,785	50,702	30,415	13,778	21,721	9,912	8,166	4,531	5,868	8,596	7,276	7,168	3,585
	BEDFORD	1,126	3,934	21,223	8,775	3,056	3,848	2,284	3,642	1,863	2,730	3,864	2,441	1,164	628
	BERKS	14,909	34,844	132,078	69,546	23,430	56,247	30,058	21,056	10,689	12,989	22,047	18,922	22,717	10,881
	BLAIR	2,107	6,890	53,194	19,853	8,756	14,390	6,226	8,840	3,605	5,138	8,052	4,999	3,964	1,634
	BRADFORD	1,518	5,016	22,793	11,359	3,836	6,081	3,983	4,162	2,095	2,556	3,824	2,695	2,030	797
	BUCKS	6,048	29,216	157,314	108,580	35,568	129,722	81,867	21,678	10,729	16,238	27,592	27,977	46,739	54,632
	BUTLER	1,964	8,101	49,825	27,472	11,976	37,806	24,200	7,569	3,855	5,857	9,393	8,385	11,493	6,781
	CAMBRIA	3,427	11,189	53,144	21,014	10,694	15,455	7,358	9,338	4,059	6,114	8,111	5,886	4,111	1,283
	CAMERON	63	411	1,576	1,498	138	466	165	289	182	193	289	325	43	40
	CARBON	1,114	4,722	22,664	13,502	5,440	6,522	2,800	3,462	1,866	2,785	4,391	3,241	2,442	864
	CENTRE	3,749	6,536	34,537	22,258	6,469	30,242	41,830	7,260	2,863	4,751	6,866	5,151	5,401	3,132
	CHESTER	8,697	20,110	95,768	68,638	21,175	130,999	88,845	15,337	7,808	10,568	17,929	18,981	32,292	43,696
	CLARION	726	2,634	16,206	4,667	1,653	5,414	2,190	2,458	1,010	1,514	2,245	1,411	914	320
	CLEARFIELD	1,685	7,140	32,898	11,553	4,885	6,868	4,343	5,812	2,450	3,598	4,506	3,165	2,159	520
	CLINTON	641	3,117	14,684	4,250	2,400	2,983	1,850	2,558	985	1,417	2,195	1,213	763	340
	COLUMBIA	1,468	6,142	28,052	11,605	2,927	8,292	4,947	4,638	1,944	2,958	3,856	2,587	2,352	920
	CRAWFORD	2,221	5,779	34,839	14,134	4,191	10,489	4,928	5,879	2,761	3,676	4,989	4,104	2,393	845
	CUMBERLAND	3,903	12,999	61,512	35,570	9,718	37,177	23,581	9,393	5,577	9,294	14,791	12,625	14,924	7,530
	DAUPHIN	5,242	18,881	71,524	43,904	14,550	39,667	33,536	13,259	6,015	8,905	12,308	12,086	14,040	7,151
	DELAWARE	9,159	31,037	133,576	87,546	30,860	115,061	92,374	25,538	11,260	16,160	22,931	19,548	30,043	31,003
	ELK	469	2,565	11,391	6,675	2,691	2,775	1,690	1,706	965	1,491	2,248	1,488	1,008	357
	ERIE	4,374	16,253	92,763	47,671	13,666	38,701	28,429	18,302	7,381	10,546	14,996	11,317	10,728	4,712
	FAYETTE	4,052	14,741	53,813	20,183	9,718	13,594	8,883	11,394	4,694	5,505	8,781	5,196	4,790	1,326
	FOREST	242	1,289	5,197	1,334	204	475	481	723	340	511	559	174	209	25
	FRANKLIN	2,868	10,498	48,172	24,745	7,559	12,157	8,310	9,327	5,608	8,641	13,864	12,150	8,650	4,132
	FULTON	518	1,895	6,255	2,405	1,155	1,047	724	1,012	519	693	1,219	927	484	162
	GREENE	1,045	5,334	15,808	4,802	1,551	2,780	1,320	2,308	1,001	1,244	1,807	1,665	1,533	388
	HUNTINGDON	1,335	8,444	15,858	6,566	1,435	4,118	2,341	2,729	1,254	2,041	2,986	2,029	1,128	585
	INDIANA	2,985	6,289	37,204	13,563	4,954	7,727	8,506	6,466	2,524	3,335	4,800	3,628	2,655	928
	JEFFERSON	1,020	2,911	19,949	5,931	2,661	4,182	2,131	3,103	1,538	2,200	2,873	1,997	977	407
	JUNIATA	1,826	5,579	27,780	4,932	3,212	3,131	1,363	2,753	1,849	3,878	5,378	4,493	3,531	18,780
	LACKAWANNA	3,020	14,909	65,856	33,467	11,033	29,760	18,584	12,992	5,043	7,561	9,854	8,157	7,689	3,798
	LANCASTER	22,763	42,939	164,445	76,143	22,755	83,599	42,061	25,166	11,785	19,212	32,472	25,548	24,788	12,244
	LAWRENCE	1,783	5,978	32,780	15,746	6,269	11,941	5,907	5,897	2,604	4,364	5,443	3,877	3,365	1,085
	LEBANON	3,848	9,976	49,748	17,806	5,313	13,143	11,641	6,552	2,788	4,978	7,947	6,433	6,456	2,329
	LEHIGH	11,192	24,875	88,772	53,911	22,428	51,045	33,370	22,658	8,589	12,265	17,972	13,845	18,922	11,798
	LUZERNE	6,051	22,270	101,111	61,143	23,736	37,279	20,360	23,072	9,467	12,595	17,612	14,246	12,914	5,006
	LYCOMING	2,440	10,125	41,777	18,341	8,778	11,926	7,003	7,380	3,325	4,896	7,229	4,233	3,529	1,247
	MCKEAN	491	3,759	15,915	7,415	2,236	3,909	2,403	2,907	1,232	1,826	2,436	1,755	888	298
	MERCER	1,536	7,643	40,944	19,305	6,805	14,691	7,853	7,198	3,488	4,717	6,718	5,056	3,285	1,450
	MIFFLIN	1,702	3,660	19,057	5,641	1,644	3,943	1,845	3,491	1,603	2,223	3,087	1,772	874	302
	MONROE	4,598	14,798	54,208	40,935	11,861	28,440	15,479	10,786	4,958	8,165	13,575	12,311	13,466	5,997
	MONTGOMERY	11,600	41,166	151,876	115,533	38,549	189,558	139,098	28,148	13,061	18,718	29,945	31,088	52,624	53,555
	MONTOUR	332	1,074	6,484	3,352	646	2,345	2,271	1,015	521	793	851	895	630	461
	NORTHAMPTON	7,691	23,654	86,119	55,066	21,632	49,223	31,983	14,880	6,602	9,467	15,188	14,195	18,401	11,090
	NORTHUMBERLAND	1,808	7,967	37,169	17,370	5,180	7,847	4,070	6,782	3,114	4,006	5,785	3,908	3,192	710
	PERRY	1,693	4,035	18,930	7,702	4,201	4,228	2,495	2,060	1,220	2,047	3,402	3,140	2,469	603
	PHILADELPHIA	53,053	213,615	409,667	247,707	67,712	147,195	110,771	133,824	36,243	44,446	52,544	36,708	34,905	18,538
	PIKE	574	4,520	21,899	20,758	5,829	10,148	7,127	3,658	1,997	3,269	5,609	4,583	3,548	2,244
	POTTER	292	1,428	6,150	3,815	1,253	1,423	1,328	1,287	502	809	1,203	805	426	204
	SCHUYLKILL	2,599	14,825	52,687	24,485	8,941	12,807	5,798	8,564	3,838	5,202	8,645	6,077	4,863	1,696
	SNYDER	1,878	3,260	16,181	5,583	1,773	3,058	1,784	1,978	1,297	1,794	2,694	1,659	1,013	451
	SOMERSET	2,487	6,961	34,171	10,785	5,898	7,592	3,287	5,822	3,022	3,843	5,485	3,697	1,991	1,180
	SULLIVAN	89	523	1,974	813	300	563	634	362	192	205	308	249	152	63
	SUSQUEHANNA	557	3,426	16,955	7,339	3,678	3,545	2,837	2,665	1,245	2,046	2,695	1,875	1,534	685
	TIOGA	805	3,374	15,942	8,246	2,835	3,664	2,896	3,007	1,255	1,924	2,991	1,459	1,007	442
	UNION	1,091	11,592	12,729	5,074	1,256	5,412	4,398	1,940	1,026	1,627	2,386	1,640	1,246	804
	VENANGO	1,439	3,479	20,679	6,534	3,745	5,225	3,436	3,555	1,592	2,440	3,169	2,127	1,438	401
	WARREN	642	1,941	15,429	6,958	3,168	4,857	1,946	2,710	1,233	1,924	2,281	1,752	1,167	301
	WASHINGTON	3,330	11,100	67,084	31,217	15,748	37,923	16,631	11,181	5,029	7,404	11,394	9,646	11,529	5,481
	WAYNE	1,169	5,287	19,632	14,079	3,379	6,292	3,946	3,129	1,629	2,367	4,206	2,663	2,131	1,086
	WESTMORELAND	4,843	18,566	112,813	63,830	28,375	58,959	30,499	21,824	9,995	13,709	19,420	16,191	16,853	8,802
	WYOMING	500	2,615	12,110	6,347	1,773	2,950	1,848	1,861	975	1,371	1,857	1,357	1,467	388
	YORK	8,952	33,194	144,099	67,707	34,053	63,489	39,399	20,777	11,505	17,625	30,488	25,808	27,620	14,302
PA Total		277,244	949,261	3,722,389	2,061,727	742,116	1,931,947	1,284,928	727,879	307,129	437,022	648,396	527,045	584,498	417,494

State	County	Average annual expend-itures	Food	Alcoholic beverages	Housing	Apparel and services	Transport-ation	Healthcare	Entertain-ment	Personal care products & services	Education	Personal insurance & pensions
PA	ADAMS	1,604.6	201.8	13.5	3,120.9	325.1	1,660.5	759.5	504.6	116.2	227.7	1,200.1
	ALLEGHENY	16,298.4	2,043.0	138.4	3,222.1	316.9	1,690.6	803.0	487.6	115.6	189.1	974.5
	ARMSTRONG	930.5	118.8	7.6	285.5	27.6	147.6	71.0	42.3	10.2	16.2	79.0
	BEAVER	2,456.7	308.1	20.8	270.8	26.1	140.8	67.6	39.9	9.6	14.7	73.8
	BEDFORD	782.6	101.1	6.2	356.3	34.6	187.3	89.7	53.3	12.7	19.6	103.0
	BERKS	6,596.3	823.0	56.4	631.3	62.7	332.9	156.8	97.2	23.0	38.9	204.3
	BLAIR	1,775.3	227.7	14.4	570.7	56.1	296.5	140.9	86.0	20.5	34.2	170.5
	BRADFORD	891.7	114.5	7.2	1,083.8	110.3	579.6	268.2	171.9	40.1	71.6	388.4
	BUCKS	12,288.5	1,471.7	112.4	3,964.2	393.7	2,083.1	982.4	607.1	143.7	244.5	1,257.3
	BUTLER	3,099.0	381.5	27.1	359.2	35.0	187.7	89.7	53.9	12.9	20.4	105.2
	CAMBRIA	1,905.3	245.3	15.4	914.3	89.5	476.6	227.0	137.4	32.8	53.4	270.0
	CAMERON	66.9	8.6	0.5	141.4	13.9	73.7	35.0	21.3	5.1	8.4	42.2
	CARBON	997.6	126.7	8.2	397.5	38.7	209.1	99.4	59.8	14.3	22.4	117.2
	CENTRE	1,844.0	232.4	15.5	483.6	46.2	249.0	120.2	70.5	17.1	26.6	127.1
	CHESTER	8,664.0	1,033.3	79.9	1,157.3	115.7	613.9	287.3	179.9	42.2	72.7	387.2
	CLARION	471.8	61.0	3.8	1,043.9	104.6	559.3	261.3	163.2	38.3	64.0	355.3
	CLEARFIELD	1,061.2	137.4	8.5	644.2	62.3	332.8	159.6	95.2	22.9	36.7	177.9
	CLINTON	454.1	58.5	3.6	877.8	85.5	450.8	216.2	130.1	31.2	52.0	247.8
	COLUMBIA	951.8	121.9	7.8	451.9	43.5	229.8	111.2	66.1	16.0	26.4	121.2
	CRAWFORD	1,206.8	155.4	9.7	815.4	81.2	432.3	203.0	126.1	29.8	50.3	266.9
	CUMBERLAND	4,271.1	529.1	36.9	487.0	49.3	255.4	119.0	76.0	17.8	32.7	166.6
	DAUPHIN	4,031.4	503.7	34.5	532.8	51.2	275.7	132.7	78.5	19.0	29.5	145.4
	DELAWARE	8,718.1	1,065.7	77.2	3,624.0	365.7	1,934.2	899.2	570.2	133.8	232.6	1,261.4
	ELK	464.1	59.5	3.8	118.5	11.6	62.9	29.8	18.1	4.3	6.8	36.9
	ERIE	3,937.6	501.3	32.5	1,268.0	124.9	661.0	312.9	192.2	45.7	77.9	388.4
	FAYETTE	2,020.4	260.1	16.2	2,265.7	230.0	1,201.7	555.9	358.3	83.5	153.1	812.5
	FOREST	115.4	15.1	0.9	62.3	6.1	32.2	15.4	9.4	2.2	3.7	18.6
	FRANKLIN	3,359.2	423.5	28.2	2,037.4	216.8	1,079.4	486.8	336.1	76.6	163.6	842.0
	FULTON	252.2	32.3	2.0	407.9	42.4	215.9	98.9	65.7	15.1	29.9	155.1
	GREENE	513.2	65.4	4.2	471.0	45.2	242.8	117.2	69.2	16.7	26.3	127.5
	HUNTINGDON	635.4	81.4	5.2	1,369.0	140.0	724.4	335.4	216.5	50.4	93.6	488.3
	INDIANA	1,186.3	152.6	9.6	1,049.2	104.5	557.6	261.8	162.1	38.3	63.8	342.8
	JEFFERSON	624.0	80.8	5.0	847.8	83.2	449.9	212.7	129.0	30.6	48.8	261.1
	JUNIATA	2,450.4	283.6	23.6	111.6	10.7	58.3	28.1	16.4	4.0	5.8	30.1
	LACKAWANNA	2,813.0	356.9	23.3	508.4	49.6	266.3	126.7	76.4	18.2	29.4	150.4
	LANCASTER	8,189.3	1,027.5	69.2	3,906.5	390.7	2,075.4	972.2	606.9	142.8	243.3	1,302.3
	LAWRENCE	1,342.9	171.7	11.0	122.1	11.8	64.8	30.8	18.4	4.4	6.8	36.5
	LEBANON	2,020.8	254.6	17.0	107.9	10.3	55.3	26.7	15.7	3.8	6.1	28.4
	LEHIGH	5,633.8	704.2	48.0	961.5	94.0	500.1	237.4	144.7	34.6	58.2	287.5
	LUZERNE	4,768.5	608.5	39.2	3,736.5	373.4	1,968.8	923.0	577.8	136.2	236.6	1,229.2
	LYCOMING	1,561.9	200.6	12.6	1,685.6	164.5	862.6	411.4	250.5	59.9	103.8	479.9
	MCKEAN	538.6	69.8	4.3	445.5	42.9	233.5	111.8	66.4	15.9	24.7	127.0
	MERCER	1,578.7	202.4	12.8	115.7	11.3	61.1	29.1	17.4	4.1	15.5	34.4
	MIFFLIN	620.7	80.8	4.9	142.6	14.0	74.6	35.4	21.6	5.1	8.5	43.3
	MONROE	4,005.7	497.0	34.6	1,356.5	132.6	709.2	337.7	203.8	48.7	78.3	400.7
	MONTGOMERY	13,341.8	1,609.5	120.9	4,713.1	479.4	2,525.2	1,167.6	747.4	174.3	309.2	1,686.2
	MONTOUR	259.6	33.0	2.2	186.8	17.8	94.9	46.0	27.0	6.6	10.5	46.9
	NORTHAMPTON	5,171.4	637.7	45.2	591.0	58.3	311.9	147.6	90.0	21.4	34.6	182.1
	NORTHUMBERLAND	1,345.3	173.3	10.8	1,282.0	127.3	668.2	315.7	195.5	46.3	80.1	400.1
	PERRY	827.0	104.3	6.9	362.4	35.2	189.4	90.4	54.1	12.9	20.5	104.1
	PHILADELPHIA	16,172.9	2,098.3	131.0	776.7	75.8	404.4	192.7	116.5	27.8	45.7	227.9
	PIKE	1,349.5	169.2	11.4	331.6	32.4	173.3	82.5	50.0	12.0	19.5	99.5
	POTTER	252.2	32.5	2.0	136.0	13.6	70.2	33.0	20.8	4.9	9.1	43.7
	SCHUYLKILL	1,994.9	254.1	16.4	1,147.6	112.9	604.7	286.3	174.8	41.6	67.8	356.2
	SNYDER	544.9	69.0	4.4	590.5	59.5	309.9	145.4	91.2	21.3	38.0	193.6
	SOMERSET	1,196.5	154.3	9.6	1,002.3	99.8	526.6	247.4	154.4	30.4	63.4	327.0
	SULLIVAN	74.9	9.6	0.6	439.4	42.9	225.4	108.1	65.5	15.7	26.7	126.5
	SUSQUEHANNA	649.9	82.8	5.3	2,049.9	211.8	1,091.5	500.8	328.9	76.2	144.9	769.1
	TIOGA	575.9	74.3	4.6	286.3	27.8	148.5	70.9	42.7	10.2	16.8	82.4
	UNION	543.5	69.0	4.5	369.0	35.7	190.8	92.1	54.2	13.1	19.9	98.7
	VENANGO	714.2	92.2	5.7	669.6	68.2	357.8	165.7	106.3	24.7	44.6	241.5
	WARREN	551.1	71.2	4.4	313.0	30.7	167.1	78.9	47.7	11.4	17.4	96.9
	WASHINGTON	3,377.4	422.2	28.7	751.1	73.3	394.1	187.9	113.0	26.9	42.6	222.1
	WAYNE	890.9	112.9	7.4	568.9	55.3	295.6	141.6	84.7	20.3	32.2	162.1
	WESTMORELAND	5,720.0	718.3	48.3	2,908.4	284.1	1,513.3	721.3	435.9	104.2	170.9	850.0
	WYOMING	486.1	61.7	4.0	527.1	51.4	273.5	130.6	79.1	18.9	30.9	154.0
	YORK	8,384.5	1,042.1	72.0	7,055.1	726.0	3,758.7	1,730.1	1,127.6	261.8	489.5	2,607.2
PA Total		194,423.7	24,292.3	1,659.9	75,590.9	7,565.1	39,851.9	18,680.0	11,698.1	2,754.8	4,794.8	24,943.1

State	County	U.S. Population			2017 Gender		2017 Race			
		Total 2017	2010-2017 % chg.	Total 2022	Male	Female	White	Black	Other Race	Hispanic
RI	BRISTOL	51,303	2%	51,583	24,639	26,664	45,791	481	4,028	1,003
	KENT	173,089	9%	176,423	83,371	89,717	139,964	2,457	23,187	7,482
	NEWPORT	83,395	-6%	83,517	40,628	42,767	69,269	2,401	7,920	3,806
	PROVIDENCE	644,791	5%	652,431	311,176	333,614	335,362	40,971	112,163	156,294
	WASHINGTON	137,029	2%	143,179	66,606	70,423	117,871	1,389	13,887	3,882
RI Total		1,089,607	3%	1,107,133	526,421	563,185	708,256	47,698	161,185	172,467

State	County	2017 Age Ranges (Years)								2017 Occupations					
		1-9	10-19	20-29	30-39	40-49	50-59	60-69	70 over	Mana-gerial	Sales	Admin support	Service	Farming forestry, fishing	Prod-uction
RI	BRISTOL	4,800	7,766	5,398	4,128	8,515	8,878	4,905	6,913	13,289	1,582	3,339	3,893	39	2,641
	KENT	17,166	20,891	16,855	18,753	29,186	32,987	16,684	20,567	29,803	8,327	13,067	16,791	68	11,686
	NEWPORT	7,910	10,070	7,507	7,940	13,023	16,097	9,956	10,892	18,909	5,645	4,825	6,365	111	4,706
	PROVIDENCE	72,638	91,319	92,017	75,572	100,555	97,623	50,060	65,007	109,028	36,792	50,431	66,197	508	69,224
	WASHINGTON	12,276	20,077	14,756	10,459	22,851	26,575	15,316	14,718	28,118	6,118	8,446	11,549	1,073	7,669
RI Total		114,790	150,123	136,532	116,853	174,131	182,160	96,921	118,096	199,147	58,464	80,108	104,795	1,799	95,925

State	County	2017 Educational Attainment							2017 Family Income						
		Less than 9th grade	9th to 12th grade, no diploma	High school grad-uate	Some college, no degree	Assoc-iate degree	Bach-elor's degree	Grad. or pro-fessional degree	Less than $25,000	$25,000-$34,999	$35,000-$49,999	$50,000-$74,999	$75,000-$99,999	$100,000-$149,999	over $150,000
RI	BRISTOL	2,076	2,797	8,270	7,632	3,230	10,572	8,519	2,271	812	1,082	1,730	1,773	3,094	2,833
	KENT	2,911	9,877	40,684	34,320	12,851	29,506	14,963	8,604	3,524	4,761	7,891	7,606	8,875	5,522
	NEWPORT	1,447	3,130	12,071	13,502	4,830	21,009	14,460	3,345	1,446	2,039	3,810	2,961	5,257	4,494
	PROVIDENCE	40,896	71,130	134,085	105,771	40,314	80,074	59,802	43,692	12,284	17,869	24,896	21,092	25,050	16,532
	WASHINGTON	1,811	5,187	23,435	24,030	10,389	31,068	20,463	4,506	2,111	3,011	5,518	5,083	8,874	6,798
RI Total		49,142	92,121	218,545	185,256	71,614	172,229	118,206	62,420	20,177	28,762	43,845	38,515	51,150	36,179

2017 Consumer Spending ($Millions)

State	County	Average annual expend-itures	Food	Alcoholic beverages	Housing	Apparel and services	Transport-ation	Healthcare	Entertain-ment	Personal care products & services	Education	Personal insurance & pensions
RI	BRISTOL	789.0	95.7	7.1	2.2	0.2	1.1	0.5	0.3	0.1	0.1	0.6
	KENT	2,581.8	320.7	22.3	228.0	22.2	116.1	55.1	33.8	8.1	14.6	65.0
	NEWPORT	1,366.4	166.0	12.2	88.8	8.5	46.2	22.3	13.1	3.2	4.7	23.9
	PROVIDENCE	8,373.2	1,051.7	71.3	1,048.3	101.3	544.2	261.4	155.3	37.3	59.1	293.1
	WASHINGTON	2,177.8	263.6	19.6	390.8	38.8	205.2	96.8	59.7	14.1	23.9	122.7
RI Total		15,288.2	1,897.7	132.5	1,758.1	171.0	913.0	436.1	262.2	62.8	102.4	505.4

State	County	U.S. Population			2017 Gender		2017 Race			
		Total 2017	2010-2017 % chg.	Total 2022	Male	Female	White	Black	Other Race	Hispanic
SC	ABBEVILLE	21,914	-8%	22,616	10,534	11,380	14,119	6,592	1,019	184
	AIKEN	156,643	5%	158,453	76,515	80,127	95,573	32,772	15,266	13,032
	ALLENDALE	10,721	-3%	10,703	5,733	4,988	2,452	7,573	368	328
	ANDERSON	194,299	14%	213,255	93,710	100,589	136,175	33,013	16,416	8,695
	BAMBERG	14,985	2%	14,629	7,137	7,849	5,617	8,775	357	236
	BARNWELL	25,558	13%	26,468	12,197	13,362	12,595	10,812	1,312	839
	BEAUFORT	188,650	16%	215,088	93,308	95,342	97,300	26,852	20,031	44,467
	BERKELEY	169,081	8%	192,056	83,854	85,227	92,742	41,253	24,006	11,081
	CALHOUN	10,627	2%	10,389	5,148	5,479	4,555	4,754	394	924
	CHARLESTON	372,065	3%	386,984	180,773	191,292	220,252	85,828	39,815	26,171
	CHEROKEE	53,400	-3%	55,920	25,847	27,554	31,593	9,430	6,558	5,820
	CHESTER	53,687	22%	56,468	25,952	27,735	35,965	13,207	2,367	2,149
	CHESTERFIELD	47,404	10%	49,885	22,941	24,463	27,796	15,614	1,936	2,059
	CLARENDON	35,935	12%	37,738	17,600	18,335	17,113	15,411	1,633	1,778
	COLLETON	39,923	12%	41,562	19,273	20,650	23,394	11,977	2,844	1,708
	DARLINGTON	66,242	-4%	66,206	31,476	34,766	34,857	24,938	4,026	2,420
	DILLON	35,648	-12%	38,929	16,762	18,886	13,716	15,668	3,328	2,936
	DORCHESTER	179,494	12%	201,953	87,719	91,775	100,671	43,594	20,929	14,300
	EDGEFIELD	21,760	13%	23,418	12,086	9,673	9,488	8,204	1,492	2,576
	FAIRFIELD	24,506	5%	25,216	11,762	12,744	9,410	12,950	1,243	904
	FLORENCE	140,241	1%	138,780	66,100	74,141	72,579	51,929	10,215	5,517
	GEORGETOWN	126,890	14%	138,810	60,919	65,971	91,296	18,138	9,913	7,543
	GREENVILLE	513,721	6%	547,060	249,301	264,420	263,879	67,427	110,752	71,663
	GREENWOOD	79,015	13%	82,753	37,104	41,911	40,232	18,703	8,395	11,685
	HAMPTON	26,324	-12%	27,605	13,402	12,922	10,130	12,679	921	2,595
	HORRY	251,593	19%	282,814	123,160	128,434	163,367	29,772	32,781	25,674
	JASPER	28,487	8%	32,822	14,926	13,561	7,283	7,074	2,185	11,945
	KERSHAW	76,877	14%	86,261	37,344	39,533	43,972	16,420	8,816	7,670
	LANCASTER	64,191	3%	65,579	31,873	32,318	35,849	16,258	7,168	4,915
	LAURENS	56,803	-1%	57,050	27,558	29,245	32,677	12,607	5,312	6,208
	LEE	17,543	-1%	17,976	9,162	8,381	5,566	11,182	418	377
	LEXINGTON	318,526	18%	360,471	156,036	162,490	216,643	40,134	31,486	30,262
	MARION	32,278	-5%	32,104	14,728	17,550	12,932	16,488	1,318	1,541
	MARLBORO	29,608	-9%	30,030	15,705	13,903	10,655	12,820	4,999	1,134
	MCCORMICK	10,706	-2%	11,377	5,163	5,543	5,543	6,395	3,993	130
	NEWBERRY	43,369	-2%	45,750	21,127	22,243	21,971	8,891	3,376	9,131
	OCONEE	79,617	11%	84,595	39,315	40,302	58,876	4,349	10,420	5,972
	ORANGEBURG	99,352	9%	102,477	46,778	52,574	32,722	54,701	9,110	2,820
	PICKENS	134,804	1%	137,566	67,340	67,464	107,248	7,176	12,673	7,707
	RICHLAND	405,185	8%	435,426	197,497	207,688	156,274	180,958	43,364	24,590
	SALUDA	17,213	0%	17,882	8,730	8,483	4,180	2,684	952	9,398
	SPARTANBURG	289,431	2%	302,621	140,352	149,080	174,283	48,770	36,646	29,732
	SUMTER	115,619	0%	120,981	55,558	60,061	45,949	52,552	12,003	5,114
	UNION	27,017	0%	26,647	12,841	14,176	16,418	8,549	1,630	420
	WILLIAMSBURG	33,998	0%	35,072	16,738	17,259	10,215	21,610	1,417	756
	YORK	261,643	12%	294,976	126,328	135,314	158,070	39,263	43,552	20,758
SC Total		5,002,595	6%	5,363,419	2,435,411	2,567,184	2,785,041	1,194,346	575,345	447,864

State	County	1-9	10-19	20-29	30-39	40-49	50-59	60-69	70 over	Mana-gerial	Sales	Admin support	Service	Farming forestry, fishing	Prod-uction
SC	ABBEVILLE	2,596	2,971	2,369	2,138	3,079	3,605	2,521	2,635	3,192	839	1,486	1,375	7	4,698
	AIKEN	18,313	19,662	17,908	16,749	22,761	26,483	17,813	16,954	31,274	7,137	8,672	15,501	1,104	18,164
	ALLENDALE	1,182	1,217	1,283	1,311	1,560	2,024	1,208	936	1,379	1,192	759	1,883	40	1,879
	ANDERSON	26,412	24,670	21,371	22,882	27,614	29,759	20,369	21,222	29,533	8,104	15,210	14,846	338	30,839
	BAMBERG	1,558	2,181	1,836	1,303	1,930	2,665	1,769	1,743	3,759	811	1,015	1,372	51	2,024
	BARNWELL	3,199	3,548	2,632	2,708	3,780	4,416	2,648	2,628	2,949	1,730	1,934	2,384	45	5,680
	BEAUFORT	22,069	21,257	24,489	19,383	22,072	24,952	26,425	28,002	30,729	14,844	10,603	22,236	743	23,342
	BERKELEY	22,131	23,316	23,596	20,983	25,108	24,490	17,323	12,134	28,007	9,018	12,160	16,565	1,394	23,932
	CALHOUN	1,142	1,275	1,028	929	1,557	2,166	1,300	1,229	1,862	346	583	1,282	24	1,702
	CHARLESTON	41,498	41,660	60,077	44,302	52,890	58,826	36,416	36,395	77,301	23,895	22,887	38,949	684	22,102
	CHEROKEE	7,157	7,135	6,267	6,283	8,178	8,431	5,183	4,768	5,863	2,623	4,316	4,711	24	10,302
	CHESTER	6,758	6,149	5,322	6,690	8,604	8,333	6,618	5,212	7,248	2,233	4,394	4,238	149	9,689
	CHESTERFIELD	5,910	6,499	4,948	5,600	7,304	7,809	5,118	4,217	6,235	3,796	3,585	5,189	367	7,167
	CLARENDON	3,735	4,582	4,345	3,087	4,723	6,394	4,997	4,072	5,153	2,733	4,089	3,945	251	5,162
	COLLETON	4,981	5,170	3,902	3,837	5,950	6,953	5,021	4,110	6,754	2,902	2,761	3,822	404	6,579
	DARLINGTON	8,418	8,353	7,093	7,123	9,585	11,629	7,441	6,599	11,563	3,615	5,050	5,479	127	10,503
	DILLON	5,141	4,912	4,451	3,884	5,310	5,742	3,252	2,957	3,929	2,322	3,058	3,825	335	6,663
	DORCHESTER	24,408	26,533	19,659	22,999	28,348	26,689	17,691	13,167	30,416	9,575	14,287	14,697	339	22,908
	EDGEFIELD	1,903	2,625	2,902	3,104	3,802	3,421	2,198	1,804	3,084	626	1,954	4,249	113	3,021
	FAIRFIELD	2,721	2,854	2,387	2,333	3,858	4,888	2,950	2,515	2,945	2,117	1,239	2,693	228	4,214
	FLORENCE	17,623	17,743	17,463	16,364	20,190	22,789	14,604	13,466	26,399	7,249	7,948	13,394	240	18,920
	GEORGETOWN	12,936	12,226	10,518	12,111	16,675	23,475	18,248	20,701	20,248	7,939	8,983	15,220	1,275	12,187
	GREENVILLE	70,955	68,318	64,734	67,372	75,341	73,712	47,411	45,878	85,065	29,285	29,247	41,792	580	57,819
	GREENWOOD	9,883	10,875	10,297	8,970	11,066	11,092	8,146	8,686	12,294	2,790	4,687	8,965	220	11,819
	HAMPTON	2,824	3,456	3,055	3,118	4,022	4,258	3,195	2,396	3,371	1,322	2,711	3,747	240	4,239
	HORRY	27,551	28,381	31,926	28,289	35,632	37,846	32,497	29,471	31,283	18,036	16,127	29,156	864	24,941
	JASPER	3,732	3,664	4,757	4,087	4,276	3,551	2,439	1,980	2,895	1,866	2,898	3,299	64	4,787
	KERSHAW	10,359	10,053	7,811	8,872	11,348	12,401	8,700	7,332	13,007	3,950	4,693	7,200	361	8,271
	LANCASTER	7,718	8,122	7,582	7,589	9,743	9,931	7,039	6,466	7,243	2,718	5,454	5,359	71	12,447
	LAURENS	6,749	7,471	6,598	5,719	7,975	9,607	6,344	6,339	7,475	2,118	4,223	5,127	61	10,810
	LEE	1,807	1,965	2,525	2,021	2,696	2,985	1,722	1,822	2,593	895	873	2,200	154	3,848
	LEXINGTON	42,355	40,087	36,291	39,764	47,196	50,612	33,491	28,730	61,450	18,920	20,487	20,323	246	26,782
	MARION	4,087	3,891	3,754	3,304	4,429	5,722	3,748	3,343	5,158	1,777	2,382	3,162	246	5,793
	MARLBORO	3,002	3,394	3,812	4,339	4,725	5,001	2,830	2,506	3,086	1,545	1,698	2,845	132	8,109
	MCCORMICK	788	843	667	702	1,354	2,246	2,395	1,711	2,076	1,158	771	936	54	1,564
	NEWBERRY	5,169	5,440	5,074	4,551	6,122	7,606	4,832	4,574	6,492	2,312	3,379	3,126	770	7,015
	OCONEE	8,712	9,299	7,621	8,262	10,205	12,815	12,173	10,530	13,552	4,629	4,366	6,371	242	11,913
	ORANGEBURG	11,613	13,042	13,201	9,309	13,774	16,437	11,284	10,692	18,077	6,204	8,499	9,660	322	13,459
	PICKENS	14,581	20,832	22,963	14,234	18,254	18,355	13,233	12,352	21,158	4,789	8,693	14,138	381	16,307
	RICHLAND	49,479	59,410	71,247	49,218	55,608	56,844	32,440	30,939	90,794	19,647	28,698	33,952	246	29,600
	SALUDA	2,348	2,170	2,484	1,978	2,265	2,638	1,643	1,687	2,344	602	1,167	1,427	122	3,428
	SPARTANBURG	40,019	39,523	33,293	34,588	42,428	43,160	29,428	26,992	46,458	14,729	22,769	20,462	337	38,888
	SUMTER	13,421	14,898	13,215	11,053	15,557	20,677	14,607	12,189	18,309	5,954	8,041	11,169	273	20,858
	UNION	3,082	3,436	2,607	2,863	4,000	4,590	3,138	3,302	3,461	1,253	2,146	2,461	215	4,895
	WILLIAMSBURG	3,574	4,267	3,704	3,651	4,964	6,642	3,837	3,359	6,002	1,630	1,741	5,661	185	4,894
	YORK	36,820	37,375	28,999	35,597	42,961	37,812	22,836	19,243	47,483	12,910	19,024	16,777	257	27,720
SC Total		622,421	646,752	634,066	585,551	720,820	772,480	530,519	489,986	850,948	276,681	341,745	457,169	14,925	611,881

		2017 Educational Attainment							2017 Family Income						
State	County	Less than 9th grade	9th to 12th grade, no diploma	High school grad-uate	Some college, no degree	Assoc-iate degree	Bach-elor's degree	Grad. or pro-fessional degree	Less than $25,000	$25,000-$34,999	$35,000-$49,999	$50,000-$74,999	$75,000-$99,999	$100,000-$149,999	over $150,000
SC	ABBEVILLE	829	1,465	6,309	4,511	1,182	1,710	1,927	2,193	722	810	827	998	441	138
	AIKEN	3,552	12,268	32,133	33,059	8,312	23,478	16,098	11,749	4,273	4,843	6,540	5,250	6,604	5,246
	ALLENDALE	434	2,452	2,485	2,654	323	556	83	1,336	226	256	290	127	182	72
	ANDERSON	5,892	20,833	49,611	37,296	13,699	18,696	9,220	14,795	5,854	6,700	11,346	7,666	6,414	2,754
	BAMBERG	987	2,622	3,161	1,765	900	2,367	771	1,705	356	399	537	630	191	61
	BARNWELL	979	4,043	6,903	4,317	1,043	1,538	1,824	2,603	678	810	1,312	939	433	294
	BEAUFORT	4,184	9,991	34,457	35,279	12,257	32,470	26,990	11,631	8,252	12,043	15,258	12,233	10,904	7,839
	BERKELEY	4,528	12,443	38,313	35,054	9,734	14,671	21,589	7,856	3,402	5,970	9,311	8,325	6,712	3,932
	CALHOUN	547	1,157	2,822	1,960	715	1,076	594	1,006	292	368	455	361	381	128
	CHARLESTON	7,474	25,464	52,670	69,263	19,493	86,678	50,160	23,503	9,773	12,467	18,708	14,421	17,812	13,916
	CHEROKEE	1,966	7,196	17,031	7,588	1,753	4,191	2,894	5,309	1,356	2,200	2,993	1,695	1,046	453
	CHESTER	1,538	7,525	14,881	13,120	2,906	2,295	1,529	5,977	2,869	4,093	6,256	4,228	2,528	850
	CHESTERFIELD	2,117	6,727	13,299	8,650	2,455	3,048	1,943	5,020	1,422	1,976	2,109	1,147	1,105	331
	CLARENDON	1,670	4,911	10,315	6,863	2,084	2,544	1,773	3,014	1,115	1,503	1,994	908	703	339
	COLLETON	1,198	4,694	13,679	5,793	1,308	2,533	3,107	4,419	1,169	1,448	1,781	1,095	944	283
	DARLINGTON	3,218	8,452	16,774	14,047	3,265	5,617	2,403	5,567	1,930	2,625	3,136	2,150	1,692	997
	DILLON	2,698	5,555	10,096	5,313	1,484	2,324	697	4,234	1,139	1,139	1,120	1,055	498	170
	DORCHESTER	5,394	12,957	35,366	36,008	11,960	23,698	15,846	8,407	3,558	6,553	8,870	8,198	9,707	4,093
	EDGEFIELD	1,367	2,190	7,044	4,481	1,212	1,960	394	1,598	544	571	982	633	726	290
	FAIRFIELD	885	3,629	6,837	3,913	966	2,282	1,842	2,237	646	894	978	719	843	330
	FLORENCE	5,229	15,842	33,443	25,279	6,897	16,009	11,029	10,370	4,094	5,907	6,826	4,391	4,833	1,908
	GEORGETOWN	1,972	8,093	30,776	33,357	8,173	17,889	7,680	14,008	7,980	9,720	11,756	8,432	6,481	3,936
	GREENVILLE	16,506	40,124	92,604	90,831	29,552	92,340	46,019	33,711	12,788	18,312	24,254	17,928	22,059	15,669
	GREENWOOD	3,075	7,595	20,270	12,524	6,284	10,004	4,177	5,978	2,186	3,117	3,403	2,990	2,663	927
	HAMPTON	1,156	3,430	7,891	4,130	1,012	3,140	962	2,441	688	933	1,002	1,022	641	225
	HORRY	7,377	20,218	61,891	57,755	15,528	32,292	16,146	16,733	7,607	11,427	15,832	7,840	6,602	3,464
	JASPER	822	3,830	6,598	5,728	756	4,735	691	1,817	737	1,380	1,089	951	543	499
	KERSHAW	1,931	6,692	19,008	14,520	4,263	11,631	3,056	5,000	2,218	2,939	4,406	2,736	2,502	1,999
	LANCASTER	2,583	7,663	19,337	13,112	4,562	3,329	1,830	6,069	2,109	2,502	3,103	2,099	1,361	447
	LAURENS	2,888	6,614	17,714	9,143	3,218	3,935	2,905	4,755	1,678	2,368	3,201	1,890	1,637	278
	LEE	919	3,141	5,134	2,572	1,170	1,270	620	1,741	385	450	719	527	420	70
	LEXINGTON	5,757	18,064	65,991	59,949	19,669	62,624	23,621	15,652	6,486	10,281	15,676	16,189	17,986	7,343
	MARION	1,384	3,338	11,079	6,667	1,048	1,910	992	2,919	905	1,279	1,560	778	737	524
	MARLBORO	1,467	5,873	9,232	4,323	1,469	899	1,641	2,789	1,073	1,252	1,327	562	396	123
	MCCORMICK	502	538	1,774	1,578	1,219	1,125	2,806	735	219	440	582	491	314	66
	NEWBERRY	2,108	5,503	11,466	6,776	2,529	4,880	2,305	3,033	1,164	1,529	2,383	1,771	1,344	707
	OCONEE	3,706	5,719	21,388	11,341	4,270	9,722	10,325	5,995	2,567	3,489	4,511	3,075	2,553	1,574
	ORANGEBURG	3,388	11,556	25,681	20,053	4,790	9,661	6,889	9,267	2,985	3,593	4,307	3,248	2,452	1,565
	PICKENS	4,182	13,786	30,491	26,325	6,891	17,109	13,206	13,992	3,453	4,810	6,400	5,242	4,644	2,378
	RICHLAND	6,608	21,932	64,134	80,605	22,267	83,193	51,639	21,610	9,096	12,807	17,232	12,681	15,651	10,827
	SALUDA	737	1,695	5,986	2,263	698	1,742	756	1,257	463	812	763	594	624	147
	SPARTANBURG	8,300	25,006	60,437	49,493	16,490	40,517	29,389	19,737	7,220	9,948	14,160	11,733	12,493	5,958
	SUMTER	3,316	25,548	23,971	22,036	5,539	9,804	4,773	7,405	3,456	4,888	6,855	3,978	3,137	1,265
	UNION	965	2,978	8,295	4,715	1,245	2,738	1,266	2,398	889	1,091	1,239	1,121	751	219
	WILLIAMSBURG	1,066	5,697	9,548	6,082	1,863	2,566	1,538	4,013	792	1,420	1,238	747	542	480
	YORK	6,163	23,016	51,602	52,658	14,750	38,645	18,427	14,448	5,720	9,111	12,713	11,205	11,986	8,337
SC Total		145,561	450,061	1,089,928	954,749	283,201	717,443	426,370	352,029	138,534	193,471	261,339	197,000	195,218	113,450

2017 Consumer Spending ($Millions)

State	County	Average annual expend-itures	Food	Alcoholic beverages	Housing	Apparel and services	Transport-ation	Healthcare	Entertain-ment	Personal care products & services	Education	Personal insurance & pensions
SC	ABBEVILLE	278.6	36.4	2.2	502.6	51.2	267.6	123.5	79.5	18.6	33.8	179.1
	AIKEN	2,335.1	291.8	20.0	651.0	64.3	344.1	162.8	99.7	23.6	38.8	205.6
	ALLENDALE	100.1	13.3	0.8	186.7	18.1	96.9	46.3	27.8	6.7	10.8	53.4
	ANDERSON	2,746.3	351.2	22.5	956.7	95.9	505.5	236.5	148.9	35.1	61.7	322.1
	BAMBERG	164.5	21.8	1.3	108.6	10.5	54.6	26.2	15.8	3.8	6.8	28.9
	BARNWELL	319.6	41.6	2.6	233.4	22.5	121.3	58.3	34.6	8.3	12.9	65.6
	BEAUFORT	4,064.5	512.1	34.0	173.1	16.9	91.2	43.6	26.1	6.2	9.8	51.7
	BERKELEY	2,454.8	308.1	20.8	1,409.5	149.9	745.7	336.0	232.2	52.9	113.2	580.9
	CALHOUN	142.8	18.4	1.2	60.7	5.7	30.2	14.8	8.6	2.1	3.5	14.3
	CHARLESTON	5,814.1	726.1	49.8	2,121.8	215.4	1,121.7	519.9	333.7	77.8	143.9	743.7
	CHEROKEE	672.9	87.9	5.3	493.1	48.6	256.6	121.4	74.3	17.7	30.1	148.8
	CHESTER	1,297.5	167.5	10.4	327.1	33.2	175.2	81.1	51.6	12.2	21.4	114.1
	CHESTERFIELD	568.2	74.7	4.4	442.4	43.9	231.6	109.2	67.8	16.1	27.6	141.5
	CLARENDON	434.7	56.6	3.4	781.5	77.8	403.2	190.7	118.7	28.3	50.1	243.3
	COLLETON	485.4	63.7	3.8	674.9	69.9	355.8	163.4	108.3	25.0	49.5	254.4
	DARLINGTON	845.6	109.2	6.9	271.3	27.4	141.5	66.1	42.1	9.9	18.3	91.0
	DILLON	387.7	51.5	3.0	1,094.8	117.0	579.7	260.3	181.5	41.2	89.4	460.2
	DORCHESTER	2,781.3	346.8	23.9	965.0	101.1	516.0	234.5	157.4	36.3	71.8	381.6
	EDGEFIELD	273.4	34.7	2.3	296.9	30.8	157.2	71.8	47.8	11.0	21.9	113.3
	FAIRFIELD	318.2	40.9	2.6	340.3	33.2	177.9	85.1	51.0	12.2	19.2	98.8
	FLORENCE	1,854.6	238.2	15.1	903.1	90.5	477.1	223.6	140.3	33.1	57.3	300.9
	GEORGETOWN	3,095.8	395.2	25.3	748.6	76.2	396.2	183.8	118.2	27.5	51.2	266.0
	GREENVILLE	7,515.9	943.3	63.7	2,391.1	244.3	1,270.3	586.0	379.6	88.6	164.2	862.5
	GREENWOOD	1,033.3	132.8	8.4	805.5	84.5	430.6	195.4	131.6	30.2	60.2	320.2
	HAMPTON	309.6	40.5	2.5	90.2	9.1	48.4	22.6	14.1	3.4	5.6	30.7
	HORRY	3,339.8	429.5	26.8	1,865.6	195.4	992.2	452.0	303.2	69.7	139.3	731.5
	JASPER	329.1	42.4	2.7	15.1	1.5	8.0	3.8	2.3	0.5	0.8	4.3
	KERSHAW	1,102.0	139.4	9.2	360.3	35.7	182.8	87.0	54.2	12.9	23.8	109.2
	LANCASTER	791.7	103.6	6.3	360.3	34.9	187.7	89.8	53.7	12.9	20.4	102.7
	LAURENS	742.1	96.4	5.9	1,147.2	116.2	606.1	281.7	179.9	42.0	75.9	397.8
	LEE	187.5	24.7	1.5	117.5	12.0	61.8	28.6	18.5	4.3	8.3	41.8
	LEXINGTON	4,995.3	624.0	42.7	1,546.5	152.3	804.0	382.2	233.6	55.7	93.5	466.2
	MARION	395.4	51.2	3.2	275.7	27.9	144.5	67.1	43.0	10.1	18.7	94.4
	MARLBORO	311.9	41.5	2.4	1,199.9	123.7	641.5	294.6	192.3	44.5	83.5	447.8
	MCCORMICK	141.0	18.2	1.1	118.1	11.0	56.4	27.1	16.5	4.0	8.4	26.3
	NEWBERRY	581.6	74.5	4.8	760.6	75.9	395.9	186.8	116.6	27.5	48.9	243.4
	OCONEE	1,153.2	147.7	9.4	622.3	63.0	328.4	152.9	97.6	22.8	41.3	214.9
	ORANGEBURG	1,241.7	161.1	10.0	2,293.7	232.0	1,195.7	559.1	356.4	83.4	154.8	775.0
	PICKENS	1,908.0	246.2	15.7	739.6	76.5	397.6	182.0	119.4	27.7	51.8	280.6
	RICHLAND	5,193.4	652.0	44.0	3,078.9	307.3	1,609.8	757.5	472.5	111.7	195.1	985.1
	SALUDA	228.6	29.4	1.9	320.6	30.9	163.4	78.4	47.1	11.3	19.4	87.1
	SPARTANBURG	4,200.8	531.2	35.2	2,572.8	258.9	1,344.6	628.6	398.2	93.7	170.0	853.0
	SUMTER	1,516.7	194.9	12.3	1,171.2	117.6	609.6	285.9	180.5	42.6	77.4	385.3
	UNION	360.4	46.8	2.9	325.4	33.1	171.6	79.4	51.4	12.0	22.4	115.3
	WILLIAMSBURG	411.0	53.4	3.3	746.1	81.3	389.9	173.9	125.1	28.0	66.0	328.6
	YORK	3,962.7	494.5	34.0	807.2	79.0	418.8	199.3	121.4	29.0	49.1	240.4
SC Total		73,388.1	9,307.0	611.3	37,475.0	3,803.8	19,706.1	9,160.4	5,874.4	1,374.1	2,542.0	13,002.6

		U.S. Population		2017 Gender		2017 Race			
State	County	Total 2017	2010-2017 % chg.	Total 2022	Male	Female	White	Black	Other Race	Hispanic
SD	AURORA	2,607	-1%	2,567	1,327	1,279	2,259	10	158	179
	BEADLE	16,998	-11%	16,810	8,563	8,435	11,993	153	3,081	1,771
	BENNETT	3,383	3%	3,405	1,654	1,729	800	3	2,503	77
	BON HOMME	7,693	4%	7,780	4,463	3,230	6,615	63	914	100
	BROOKINGS	35,171	9%	37,681	18,033	17,138	30,218	378	3,548	1,027
	BROWN	37,363	-2%	37,742	18,185	19,178	32,814	513	3,484	553
	BRULE	5,392	1%	5,413	2,615	2,777	3,820	11	1,470	91
	BUFFALO	1,659	-7%	1,640	807	852	162	3	1,471	23
	BUTTE	11,676	18%	12,540	5,889	5,787	10,667	22	657	331
	CAMPBELL	939	-23%	836	470	469	904	1	17	17
	CHARLES MIX	8,969	1%	9,041	4,420	4,549	4,925	9	3,693	342
	CLARK	4,057	6%	4,088	2,027	2,030	3,847	9	113	88
	CLAY	14,606	9%	14,748	7,100	7,506	12,177	306	1,827	295
	CODINGTON	29,741	-2%	31,191	14,821	14,921	24,480	78	4,057	1,126
	CORSON	3,331	15%	3,361	1,726	1,605	1,199	2	2,018	111
	CUSTER	8,954	6%	9,597	4,529	4,425	7,279	30	1,360	284
	DAVISON	21,384	8%	21,981	10,582	10,802	18,960	153	1,691	580
	DAY	5,474	-6%	5,238	2,745	2,729	4,392	7	1,019	55
	DEUEL	4,630	-2%	4,706	2,393	2,237	4,410	9	107	104
	DEWEY	5,886	-11%	6,255	2,861	3,025	687	6	5,134	59
	DOUGLAS	3,297	-2%	3,302	1,655	1,642	3,133	13	118	33
	EDMUNDS	4,396	15%	4,546	2,231	2,165	4,237	4	94	61
	FALL RIVER	7,989	14%	8,070	4,061	3,928	6,697	51	1,047	194
	FAULK	2,564	3%	2,485	1,282	1,282	2,512	3	29	20
	GRANT	7,504	2%	7,369	3,815	3,689	6,920	10	310	265
	GREGORY	4,576	4%	4,545	2,310	2,265	3,983	8	545	40
	HAAKON	1,852	2%	1,747	936	916	1,655	3	188	7
	HAMLIN	6,577	7%	6,973	3,265	3,312	6,093	13	186	286
	HAND	2,568	-10%	2,409	1,260	1,308	2,506	1	47	14
	HANSON	3,083	6%	3,312	1,554	1,529	3,039	0	35	9
	HARDING	1,029	-2%	951	548	481	944	1	72	13
	HUGHES	18,566	13%	19,244	9,054	9,511	14,467	129	3,597	372
	HUTCHINSON	7,357	1%	7,222	3,594	3,763	7,009	27	188	132
	HYDE	1,351	23%	1,319	701	651	1,246	1	89	16
	JACKSON	3,018	27%	3,181	1,525	1,492	1,119	6	1,867	26
	JERAULD	2,056	-2%	2,001	993	1,062	1,920	0	56	79
	JONES	1,021	3%	975	505	516	916	1	86	17
	KINGSBURY	7,684	11%	9,265	3,909	3,775	7,498	5	110	71
	LAKE	12,122	3%	12,499	6,165	5,956	11,153	58	532	379
	LAWRENCE	26,298	39%	30,738	12,937	13,361	23,215	92	2,288	703
	LINCOLN	23,491	7%	26,236	11,791	11,700	22,487	76	712	216
	LYMAN	4,207	12%	4,723	2,201	2,006	2,309	3	1,871	25
	MARSHALL	4,217	-11%	4,126	2,278	1,939	3,417	6	414	380
	MCCOOK	5,743	-4%	5,750	2,868	2,875	5,444	8	122	168
	MCPHERSON	2,068	-19%	1,897	1,005	1,063	1,997	1	45	24
	MEADE	25,433	6%	26,642	12,899	12,534	21,963	226	2,473	770
	MELLETTE	2,098	3%	2,155	1,073	1,025	541	1	1,531	24
	MINER	2,072	-19%	1,907	1,043	1,029	1,959	2	55	56
	MINNEHAHA	223,799	9%	251,230	111,315	112,485	170,226	9,810	31,102	12,661
	MOODY	5,618	-3%	5,572	2,802	2,816	3,929	31	1,562	96
	PENNINGTON	109,620	9%	114,993	54,620	55,000	79,366	904	24,625	4,725
	PERKINS	3,333	-2%	3,254	1,658	1,675	2,847	2	467	16
	POTTER	2,479	-13%	2,370	1,237	1,242	2,161	4	294	21
	ROBERTS	10,146	-3%	10,230	5,089	5,057	5,064	10	4,957	115
	SANBORN	2,607	1%	2,529	1,358	1,249	2,490	1	55	61
	SHANNON	13,593	12%	15,599	6,717	6,876	298	3	13,106	186
	SPINK	6,917	6%	6,873	3,504	3,413	6,609	16	224	68
	STANLEY	3,190	11%	3,351	1,602	1,588	2,669	8	501	11
	SULLY	1,110	9%	1,062	592	519	1,065	0	40	6
	TODD	6,454	2%	6,266	3,191	3,263	321	9	6,035	90
	TRIPP	5,720	-14%	5,618	2,812	2,907	4,351	6	1,304	58
	TURNER	8,740	1%	8,867	4,408	4,332	8,381	20	215	124
	UNION	17,860	11%	19,840	8,942	8,918	16,513	152	822	372
	WALWORTH	5,806	18%	5,796	2,842	2,964	4,162	6	1,597	40
	YANKTON	23,865	-5%	25,020	12,266	11,599	19,266	388	3,249	962
	ZIEBACH	1,278	-11%	1,197	635	644	321	3	938	17
SD Total		876,287	4%	931,875	438,258	438,029	683,027	13,888	148,126	31,246

State	County	1-9	10-19	20-29	30-39	40-49	50-59	60-69	70 over	Mana-gerial	Sales	Admin support	Service	Farming forestry, fishing	Prod-uction
SD	AURORA	345	363	246	249	374	368	271	391	770	112	100	148	44	153
	BEADLE	2,093	2,120	1,909	1,488	2,474	3,047	1,470	2,397	3,761	337	652	1,158	65	2,142
	BENNETT	606	651	465	317	414	382	229	318	1,190	93	141	85	17	585
	BON HOMME	758	868	900	844	1,277	1,308	714	1,023	2,728	144	259	502	7	626
	BROOKINGS	3,643	5,492	10,382	3,261	3,967	4,083	2,032	2,311	5,041	733	2,025	1,992	232	3,851
	BROWN	4,587	4,631	5,183	3,648	5,187	5,931	3,347	4,850	5,084	1,298	4,395	2,348	123	3,298
	BRULE	629	768	481	521	815	895	528	756	1,552	274	257	371	3	270
	BUFFALO	366	343	245	166	208	188	78	66	269	285	72	400	6	254
	BUTTE	1,585	1,586	1,209	1,066	1,592	2,028	1,301	1,309	1,914	350	687	1,308	110	1,269
	CAMPBELL	51	131	49	56	154	155	106	236	299	17	79	42	1	36
	CHARLES MIX	1,468	1,471	844	769	1,178	1,236	826	1,176	2,809	426	478	1,132	11	329
	CLARK	465	600	337	352	592	628	423	661	1,361	91	150	205	32	247
	CLAY	1,296	2,223	4,718	1,106	1,559	1,636	944	1,124	2,113	610	1,758	1,543	6	739
	CODINGTON	4,017	4,039	3,850	3,166	4,867	4,161	2,446	3,196	4,039	1,174	1,573	1,760	129	4,348
	CORSON	582	538	402	290	452	446	297	325	1,138	215	185	363	44	286
	CUSTER	745	1,023	618	562	1,138	2,131	1,502	1,234	1,634	976	695	680	15	597
	DAVISON	2,669	3,055	2,978	2,065	3,024	2,997	1,832	2,764	3,593	821	1,179	1,591	77	2,718
	DAY	573	615	449	421	764	1,068	652	932	1,458	173	368	376	76	512
	DEUEL	496	662	427	442	784	724	486	608	1,253	77	202	154	4	547
	DEWEY	1,250	1,104	875	714	763	564	312	303	1,094	344	826	759	4	713
	DOUGLAS	304	527	240	233	385	621	356	631	1,141	28	69	157	13	334
	EDMUNDS	500	586	368	357	734	658	484	710	1,355	157	283	283	6	295
	FALL RIVER	746	832	582	550	1,006	1,671	1,222	1,379	1,735	269	584	621	15	1,174
	FAULK	291	333	226	196	355	457	234	470	825	88	44	80	26	302
	GRANT	743	969	582	663	1,153	1,445	865	1,083	1,856	426	340	403	18	658
	GREGORY	455	561	300	379	607	802	606	866	1,520	130	149	233	7	263
	HAAKON	192	186	108	147	237	447	210	326	575	37	71	54	9	107
	HAMLIN	1,137	987	652	658	792	941	557	854	1,512	201	423	431	14	918
	HAND	238	280	198	191	364	434	251	613	647	79	123	196	23	158
	HANSON	583	487	251	329	491	432	211	299	683	230	337	69	10	219
	HARDING	79	152	76	81	132	282	121	107	375	8	42	15	18	23
	HUGHES	2,084	2,309	2,025	1,976	2,957	3,476	1,845	1,893	3,895	911	1,222	827	76	1,186
	HUTCHINSON	691	1,111	455	608	1,151	1,114	685	1,541	2,474	180	176	381	13	530
	HYDE	140	163	123	96	200	206	166	259	466	2	105	59	6	27
	JACKSON	482	524	387	288	398	396	235	308	1,142	174	150	126	10	385
	JERAULD	256	169	155	202	250	360	223	440	654	75	41	66	3	224
	JONES	107	120	81	90	151	200	102	171	206	91	69	18	11	36
	KINGSBURY	783	978	605	669	1,094	1,266	752	1,537	1,630	81	268	161	17	1,647
	LAKE	1,230	1,809	1,744	985	1,689	2,069	1,165	1,432	1,746	881	673	676	17	1,443
	LAWRENCE	2,316	4,203	4,056	1,993	3,627	4,350	2,579	3,175	4,671	1,521	1,359	3,065	207	2,004
	LINCOLN	4,337	3,182	3,344	3,325	3,519	3,106	1,385	1,293	3,873	1,141	2,117	770	1	2,236
	LYMAN	611	610	491	412	547	743	423	370	1,081	148	173	453	24	433
	MARSHALL	395	563	455	362	633	711	477	621	1,238	124	198	162	12	522
	MCCOOK	792	733	431	621	802	1,057	526	782	1,639	240	287	310	6	436
	MCPHERSON	165	247	91	129	260	340	260	573	762	37	191	74	8	71
	MEADE	3,478	3,062	3,497	2,587	3,780	4,163	2,582	2,285	3,864	1,617	2,730	1,883	32	2,290
	MELLETTE	377	334	221	180	302	296	194	194	780	18	248	122	35	69
	MINER	210	255	133	160	417	353	187	357	687	68	31	49	2	172
	MINNEHAHA	32,042	29,813	31,385	29,342	34,704	31,826	16,690	17,998	37,965	8,843	17,682	9,418	253	18,379
	MOODY	711	834	602	542	851	930	571	577	1,180	83	220	763	4	391
	PENNINGTON	13,921	14,531	14,736	11,895	15,977	16,956	10,212	11,391	17,792	4,968	7,855	9,975	308	10,832
	PERKINS	349	458	244	242	447	636	391	565	1,005	35	217	115	5	256
	POTTER	239	241	143	173	315	492	346	529	719	57	113	150	8	177
	ROBERTS	1,553	1,608	942	1,019	1,400	1,448	1,026	1,149	2,951	387	545	882	34	751
	SANBORN	233	345	229	193	453	517	254	303	768	29	48	102	7	254
	SHANNON	2,733	3,113	2,123	1,542	1,565	1,448	631	439	3,818	903	2,755	1,351	25	1,350
	SPINK	775	1,033	543	525	1,081	1,182	699	1,079	1,861	425	298	516	9	639
	STANLEY	374	366	291	323	488	576	457	315	584	112	205	87	8	164
	SULLY	127	145	89	88	184	198	132	148	359	18	8	95	1	46
	TODD	1,549	1,184	1,093	631	692	702	350	254	2,022	127	337	1,368	63	422
	TRIPP	630	746	475	480	849	889	593	1,059	1,705	108	425	325	77	260
	TURNER	1,005	1,089	847	858	1,285	1,625	839	1,192	1,888	354	752	384	7	724
	UNION	2,383	2,322	1,667	2,013	2,929	3,095	1,583	1,868	4,936	962	694	498	22	785
	WALWORTH	699	705	548	463	682	955	676	1,078	1,491	125	577	460	83	387
	YANKTON	2,605	3,025	2,693	2,525	3,949	4,049	2,151	2,868	3,329	1,583	2,235	1,901	8	2,309
	ZIEBACH	223	240	129	133	191	179	88	94	452	105	150	25	1	118
SD Total		114,100	120,354	117,222	92,958	127,661	134,075	76,385	93,531	170,956	36,782	63,702	57,071	2,572	79,924

State	County	2017 Educational Attainment							2017 Family Income						
		Less than 9th grade	9th to 12th grade, no diploma	High school grad-uate	Some college, no degree	Assoc-iate degree	Bach-elor's degree	Grad. or pro-fessional degree	Less than $25,000	$25,000-$34,999	$35,000-$49,999	$50,000-$74,999	$75,000-$99,999	$100,000-$149,999	over $150,000
SD	AURORA	128	112	730	538	242	242	78	104	84	135	190	98	74	8
	BEADLE	545	614	4,393	3,868	1,109	2,733	692	946	518	638	794	1,136	335	240
	BENNETT	144	398	610	597	245	363	90	310	116	128	137	49	31	21
	BON HOMME	378	323	2,278	1,871	380	974	320	349	225	252	529	322	147	62
	BROOKINGS	556	465	6,924	7,541	2,102	8,576	3,771	1,662	773	887	1,723	1,255	884	525
	BROWN	1,520	1,062	9,186	7,682	2,731	6,300	2,118	2,112	942	1,542	2,515	1,387	968	456
	BRULE	108	502	913	995	602	1,108	193	260	180	187	388	155	132	39
	BUFFALO	62	204	175	583	33	76	11	131	50	18	106	6	17	3
	BUTTE	425	886	3,390	2,682	642	1,137	216	802	328	489	795	402	199	179
	CAMPBELL	41	33	210	350	13	145	25	73	36	52	45	40	10	6
	CHARLES MIX	511	873	2,033	1,301	713	960	376	648	293	324	507	258	124	60
	CLARK	416	145	1,018	540	697	283	184	204	128	149	379	94	107	53
	CLAY	427	189	2,404	3,320	447	3,952	1,969	874	201	339	477	328	402	243
	CODINGTON	596	885	7,377	6,015	2,050	5,404	1,572	1,541	888	1,027	1,835	1,125	1,162	379
	CORSON	126	246	772	774	160	391	24	317	82	140	131	11	74	25
	CUSTER	125	274	1,711	2,210	684	1,722	1,058	353	215	454	749	364	322	97
	DAVISON	430	1,424	5,551	4,324	1,126	3,311	1,248	1,066	514	728	1,373	1,013	589	221
	DAY	172	405	1,775	1,042	280	775	149	358	126	309	334	230	91	33
	DEUEL	98	132	1,172	1,389	235	462	319	176	151	274	302	232	121	43
	DEWEY	26	644	889	1,393	560	375	216	532	202	180	234	149	61	15
	DOUGLAS	378	98	645	964	191	346	114	173	97	179	194	134	63	40
	EDMUNDS	464	212	1,045	1,078	124	589	99	200	134	207	377	173	106	61
	FALL RIVER	115	566	1,915	2,609	99	764	792	667	242	252	346	304	212	88
	FAULK	219	134	480	899	87	269	28	177	78	110	212	82	43	39
	GRANT	408	427	2,120	1,158	314	1,057	829	369	221	296	609	329	186	75
	GREGORY	159	344	1,428	1,199	175	352	198	322	172	227	296	124	53	45
	HAAKON	61	134	591	390	65	285	53	72	80	103	103	106	40	17
	HAMLIN	327	288	2,092	1,312	142	376	423	278	143	255	396	299	197	109
	HAND	220	105	770	452	178	393	80	120	75	152	214	64	66	5
	HANSON	203	51	642	879	90	318	41	114	76	155	235	181	79	13
	HARDING	10	110	166	279	150	170	17	64	21	46	68	42	15	10
	HUGHES	375	469	3,377	3,701	1,210	4,711	1,469	664	379	520	764	1,361	802	415
	HUTCHINSON	553	429	1,455	2,111	394	936	239	365	195	321	485	377	140	164
	HYDE	56	65	433	262	142	114	55	70	48	59	71	58	49	19
	JACKSON	51	234	705	888	54	276	67	216	97	62	179	68	37	26
	JERAULD	102	43	814	421	35	214	92	103	86	102	137	45	72	36
	JONES	6	42	257	276	79	179	21	47	17	43	81	36	43	15
	KINGSBURY	251	872	2,181	980	222	1,594	313	308	179	408	671	415	142	56
	LAKE	244	665	2,970	3,689	438	1,675	609	668	240	457	702	526	342	150
	LAWRENCE	616	1,518	7,231	6,242	785	4,238	2,154	3,003	544	803	1,118	925	716	381
	LINCOLN	343	1,070	5,404	4,903	1,803	3,501	460	471	316	759	1,834	1,725	1,109	280
	LYMAN	46	254	1,129	1,393	91	235	146	218	135	185	280	81	89	31
	MARSHALL	164	384	1,200	740	200	671	213	244	126	223	295	143	100	43
	MCCOOK	129	319	1,632	1,235	250	701	291	192	158	256	321	367	124	89
	MCPHERSON	188	153	637	470	105	206	34	163	86	93	114	74	69	8
	MEADE	276	1,214	7,020	7,287	1,164	2,073	1,477	1,238	746	1,202	1,409	1,347	864	433
	MELLETTE	53	135	445	388	84	456	13	160	57	56	66	112	34	9
	MINER	84	140	724	318	170	229	97	117	85	96	145	63	51	17
	MINNEHAHA	2,489	7,486	37,560	44,198	12,023	43,201	30,054	7,977	4,074	7,169	12,607	12,902	9,344	4,884
	MOODY	107	332	1,176	1,680	303	538	345	186	126	260	265	506	111	28
	PENNINGTON	1,862	7,249	24,534	22,188	8,307	14,787	9,568	5,045	2,992	4,463	6,663	4,522	3,769	1,858
	PERKINS	173	133	1,030	796	165	355	109	435	136	186	188	96	58	66
	POTTER	71	162	790	550	84	399	76	136	85	113	187	100	64	23
	ROBERTS	326	769	2,826	1,794	474	1,108	548	497	259	349	599	693	180	82
	SANBORN	95	72	968	756	91	198	44	138	48	133	167	136	58	27
	SHANNON	508	1,425	2,964	2,560	648	1,036	290	1,046	402	292	564	147	146	10
	SPINK	204	173	2,157	1,536	141	1,133	288	321	218	254	400	291	207	108
	STANLEY	64	52	769	533	277	700	257	99	31	146	249	236	61	91
	SULLY	17	19	215	361	20	117	165	41	27	58	92	60	24	9
	TODD	95	976	1,136	1,580	149	268	68	586	111	253	162	141	146	29
	TRIPP	257	323	1,860	1,110	153	847	188	402	115	307	392	185	86	30
	TURNER	177	362	2,189	2,342	575	1,071	479	313	196	440	695	469	255	95
	UNION	169	576	2,156	3,052	722	5,085	2,519	411	298	418	1,086	848	1,016	946
	WALWORTH	252	455	1,664	1,394	118	670	224	425	185	303	364	182	99	54
	YANKTON	472	1,048	6,034	5,462	1,325	3,884	1,585	1,093	520	824	1,593	1,024	525	340
	ZIEBACH	55	115	311	142	190	79	41	137	30	37	70	18	11	4
SD Total		20,327	42,021	193,355	187,572	49,657	141,695	71,802	42,909	20,737	31,885	51,586	40,771	27,848	14,066

2017 Consumer Spending ($Millions)

State	County	Average annual expend-itures	Food	Alcoholic beverages	Housing	Apparel and services	Transport-ation	Healthcare	Entertain-ment	Personal care products & services	Education	Personal insurance & pensions
SD	AURORA	34.7	4.5	0.3	6.6	0.6	3.5	1.7	1.0	0.2	0.4	2.0
	BEADLE	230.2	29.5	1.9	477.6	48.3	247.9	115.8	74.3	17.4	33.2	162.0
	BENNETT	32.2	4.3	0.2	672.0	64.0	338.4	164.6	96.5	23.6	38.3	166.2
	BON HOMME	92.5	11.9	0.7	471.0	48.2	248.6	114.8	74.5	17.3	32.9	167.9
	BROOKINGS	393.7	50.0	3.3	209.7	21.6	111.2	51.1	33.4	7.7	14.6	76.8
	BROWN	483.2	62.1	3.9	1,698.8	160.7	857.3	415.9	243.6	59.4	97.3	420.0
	BRULE	65.1	8.4	0.5	351.1	35.4	187.0	86.8	55.4	13.1	23.4	123.5
	BUFFALO	13.5	1.8	0.1	635.2	70.9	331.7	145.2	109.2	24.1	61.0	301.9
	BUTTE	146.4	19.0	1.2	112.7	11.8	60.4	27.4	18.4	4.2	8.3	44.5
	CAMPBELL	12.0	1.6	0.1	173.1	18.9	91.1	40.4	29.3	6.5	15.4	77.9
	CHARLES MIX	96.6	12.7	0.7	615.9	64.8	327.3	149.0	100.4	22.9	46.4	244.1
	CLARK	54.3	7.0	0.4	957.2	93.3	504.8	240.7	144.0	34.4	53.9	281.2
	CLAY	148.8	18.7	1.3	676.5	67.9	357.5	167.0	105.0	24.7	43.6	226.3
	CODINGTON	397.6	50.8	3.2	415.5	40.9	216.5	102.7	62.7	14.9	24.9	124.0
	CORSON	33.2	4.4	0.3	496.8	50.5	266.5	123.5	78.7	18.3	32.3	177.4
	CUSTER	133.5	17.0	1.1	376.4	38.1	200.8	93.3	59.2	13.9	24.2	131.7
	DAVISON	284.4	36.2	2.3	118.2	12.4	62.2	28.2	19.3	4.4	9.2	47.6
	DAY	69.6	9.1	0.6	722.2	71.1	374.4	177.5	109.1	25.9	44.6	218.7
	DEUEL	65.3	8.4	0.5	157.5	15.8	82.6	38.8	24.4	5.8	10.2	52.2
	DEWEY	56.9	7.6	0.4	345.8	35.2	184.9	85.6	55.0	12.8	23.1	125.1
	DOUGLAS	43.0	5.5	0.3	493.3	49.6	264.5	123.1	77.3	18.2	30.7	168.5
	EDMUNDS	62.9	8.0	0.5	662.9	63.1	336.2	163.2	95.8	23.3	37.9	169.2
	FALL RIVER	101.4	13.1	0.8	25.5	2.5	13.6	6.5	3.9	0.9	1.5	7.9
	FAULK	34.8	4.5	0.3	550.3	52.2	275.2	133.9	78.5	19.2	31.8	132.4
	GRANT	102.9	13.2	0.8	846.4	80.9	434.3	210.8	123.2	29.9	46.0	219.5
	GREGORY	55.7	7.3	0.4	670.2	63.8	340.9	165.6	96.8	23.5	37.5	168.8
	HAAKON	26.1	3.4	0.2	918.0	87.0	462.9	225.7	132.0	32.3	52.6	229.5
	HAMLIN	86.4	11.0	0.7	258.9	25.7	133.3	63.0	39.4	9.3	17.2	80.7
	HAND	33.9	4.4	0.3	29.0	2.7	14.1	7.0	4.0	1.0	1.7	6.4
	HANSON	43.7	5.6	0.4	876.1	89.9	473.5	216.7	141.3	32.8	59.9	331.8
	HARDING	12.6	1.6	0.1	381.9	39.2	206.6	95.2	61.1	14.2	25.2	140.3
	HUGHES	282.6	35.2	2.5	27.4	2.5	13.0	6.5	3.7	0.9	1.7	5.3
	HUTCHINSON	100.3	12.8	0.8	445.8	45.8	239.6	109.7	71.9	16.7	30.9	169.8
	HYDE	19.5	2.5	0.2	82.8	8.2	43.8	20.5	12.7	3.0	5.1	26.1
	JACKSON	30.1	3.9	0.2	145.9	13.7	73.0	35.6	20.7	5.1	8.6	35.0
	JERAULD	27.6	3.6	0.2	160.9	15.4	82.1	39.8	23.5	5.7	9.3	42.0
	JONES	14.7	1.9	0.1	320.7	30.3	161.3	78.7	45.8	11.2	17.9	78.2
	KINGSBURY	112.1	14.4	0.9	480.2	48.4	255.1	118.8	75.1	17.6	30.8	165.1
	LAKE	160.0	20.3	1.3	371.6	35.7	193.1	93.5	54.6	13.2	19.5	99.2
	LAWRENCE	331.1	43.2	2.7	943.4	98.1	493.9	226.2	151.0	34.8	70.8	354.1
	LINCOLN	366.2	46.1	3.1	154.7	15.2	82.7	39.0	23.6	5.6	8.7	48.3
	LYMAN	47.7	6.2	0.4	353.5	33.3	176.9	86.4	49.8	12.3	19.0	80.4
	MARSHALL	57.0	7.3	0.5	623.0	60.9	327.2	155.5	94.1	22.4	36.5	188.1
	MCCOOK	78.8	10.0	0.7	22.4	2.2	11.8	5.5	3.4	0.8	1.4	7.3
	MCPHERSON	28.1	3.7	0.2	213.3	20.3	109.7	53.1	31.2	7.6	11.8	56.0
	MEADE	384.1	48.6	3.2	1,220.3	127.4	657.9	298.7	199.2	45.8	88.5	482.9
	MELLETTE	23.0	3.0	0.2	76.5	7.4	39.0	18.8	11.1	2.7	4.5	19.9
	MINER	27.6	3.6	0.2	505.2	50.5	271.3	126.5	79.0	18.5	31.2	172.0
	MINNEHAHA	3,247.9	407.0	27.7	997.1	98.8	526.2	248.1	153.0	36.1	60.5	318.8
	MOODY	78.6	10.1	0.7	300.1	31.3	161.0	73.4	48.7	11.2	21.7	116.5
	PENNINGTON	1,494.1	190.0	12.3	1,844.5	189.4	987.9	453.4	296.1	68.9	127.6	688.8
	PERKINS	50.2	6.6	0.4	855.8	88.3	458.7	210.7	137.9	31.8	60.0	325.3
	POTTER	34.5	4.4	0.3	581.0	57.4	304.1	143.2	88.6	21.1	36.3	182.4
	ROBERTS	133.2	17.1	1.1	652.2	62.7	336.5	161.9	96.0	23.1	36.8	177.1
	SANBORN	35.2	4.5	0.3	150.6	14.8	79.8	30.0	22.8	5.4	8.5	45.5
	SHANNON	107.3	14.3	0.8	905.7	94.9	488.0	221.3	148.5	34.1	66.6	363.1
	SPINK	92.0	11.7	0.8	568.9	55.4	293.7	140.6	84.7	20.3	33.6	162.4
	STANLEY	50.1	6.3	0.4	50.3	4.7	25.2	12.4	7.1	1.7	2.6	11.2
	SULLY	15.7	2.0	0.1	54.2	5.1	26.7	13.1	7.6	1.9	3.3	12.1
	TODD	61.5	8.1	0.5	223.4	20.9	110.4	54.6	31.5	7.8	12.8	51.2
	TRIPP	69.5	9.1	0.5	278.0	26.6	142.0	68.6	40.6	9.8	16.0	73.6
	TURNER	130.5	16.6	1.1	349.3	34.8	180.1	84.6	53.2	12.6	23.1	110.0
	UNION	299.1	36.3	2.7	246.5	23.4	127.1	62.0	35.9	8.7	13.1	63.8
	WALWORTH	71.2	9.3	0.6	679.7	66.0	351.8	168.3	100.8	24.2	38.9	189.3
	YANKTON	293.2	37.5	2.4	669.7	68.4	360.4	166.5	106.6	24.8	44.0	241.8
	ZIEBACH	12.4	1.7	0.1	151.1	15.2	80.3	37.4	23.7	5.6	9.7	52.0
SD Total		11,813.8	1,501.2	97.9	31,107.9	3,100.3	16,281.2	7,651.3	4,780.5	1,128.9	1,990.4	10,040.6

State	County	U.S. Population			2017 Gender		2017 Race			
		Total 2017	2010-2017 % chg.	Total 2022	Male	Female	White	Black	Other Race	Hispanic
TN	ANDERSON	68,032	-5%	69,650	32,757	35,275	55,609	2,440	8,150	1,833
	BEDFORD	50,620	7%	55,658	25,105	25,515	27,047	1,997	10,025	11,552
	BENTON	17,949	-1%	18,885	8,805	9,143	16,045	323	1,168	413
	BLEDSOE	10,850	6%	11,453	5,925	4,925	9,489	433	566	363
	BLOUNT	117,599	4%	121,766	56,947	60,652	100,648	3,138	8,789	5,023
	BRADLEY	91,608	18%	93,869	44,608	47,000	70,942	3,314	9,928	7,425
	CAMPBELL	45,513	8%	50,356	22,237	23,276	42,439	85	2,417	572
	CANNON	14,536	-3%	15,354	7,169	7,367	13,417	127	654	338
	CARROLL	33,560	0%	35,395	16,220	17,340	27,841	2,779	1,904	1,035
	CARTER	45,369	0%	45,977	22,215	23,154	40,005	496	3,905	963
	CHEATHAM	45,081	16%	51,398	22,515	22,566	39,615	523	3,344	1,600
	CHESTER	16,550	14%	17,886	7,931	8,619	12,524	1,361	2,246	419
	CLAIBORNE	36,869	3%	39,572	18,053	18,816	35,349	338	732	450
	CLAY	5,349	8%	5,446	2,635	2,714	4,744	83	385	138
	COCKE	39,862	3%	42,590	19,369	20,493	37,325	729	1,067	740
	COFFEE	59,786	14%	63,841	29,085	30,701	48,993	1,736	5,132	3,925
	CROCKETT	15,512	-8%	16,595	7,480	8,032	9,273	1,236	951	4,053
	CUMBERLAND	23,650	-18%	20,980	11,317	12,332	18,764	161	3,055	1,670
	DAVIDSON	682,163	3%	726,802	330,745	351,419	284,895	141,343	141,939	113,987
	DECATUR	12,848	-5%	13,330	6,323	6,525	11,419	294	697	438
	DEKALB	20,487	8%	21,896	10,126	10,362	14,757	322	2,308	3,099
	DICKSON	56,113	9%	61,252	27,548	28,565	45,838	1,846	6,494	1,936
	DYER	36,738	2%	37,353	17,678	19,060	26,446	4,897	4,188	1,207
	FAYETTE	78,165	7%	96,059	38,576	39,590	53,664	12,059	7,310	5,132
	FENTRESS	21,379	-8%	22,931	10,668	10,711	19,486	250	1,244	398
	FRANKLIN	42,684	-1%	47,421	20,763	21,921	37,316	1,824	1,739	1,805
	GIBSON	59,152	9%	63,906	28,275	30,877	45,481	9,553	2,253	1,865
	GILES	30,070	-2%	30,937	14,657	15,413	23,783	2,458	3,189	640
	GRAINGER	25,844	6%	27,781	12,881	12,963	23,435	72	547	1,790
	GREENE	61,518	5%	60,667	30,214	31,303	52,661	989	5,514	2,354
	GRUNDY	16,728	4%	17,144	8,127	8,600	15,050	135	504	1,039
	HAMBLEN	71,023	9%	75,255	34,600	36,423	34,657	1,311	16,943	18,112
	HAMILTON	349,061	1%	365,901	168,159	180,902	218,770	64,986	42,006	23,299
	HANCOCK	5,380	-12%	5,316	2,656	2,724	4,916	10	435	19
	HARDEMAN	30,564	10%	32,917	17,005	13,559	17,467	12,188	603	306
	HARDIN	22,821	-12%	23,194	11,086	11,735	18,480	645	2,317	1,379
	HAWKINS	60,876	0%	66,885	29,937	30,939	56,346	480	2,540	1,511
	HAYWOOD	16,111	-20%	15,606	7,548	8,563	6,202	8,293	728	887
	HENDERSON	27,557	10%	29,364	13,240	14,318	24,091	2,058	846	563
	HENRY	33,405	0%	34,989	16,154	17,251	28,490	2,430	1,750	735
	HICKMAN	30,717	23%	35,339	16,637	14,080	27,775	1,353	1,140	450
	HOUSTON	8,606	5%	8,927	4,226	4,380	8,020	136	268	182
	HUMPHREYS	19,991	-1%	21,183	9,832	10,159	18,309	447	454	780
	JACKSON	7,542	-16%	7,441	3,746	3,795	7,109	7	242	184
	JEFFERSON	60,902	14%	67,854	29,977	30,925	50,383	920	3,930	5,668
	JOHNSON	20,951	-5%	22,270	11,289	9,662	18,622	906	801	622
	KNOX	456,677	4%	479,503	222,137	234,540	330,792	34,581	67,054	24,249
	LAKE	8,539	5%	8,896	5,393	3,146	5,751	2,422	168	198
	LAUDERDALE	31,537	5%	33,305	16,424	15,114	18,760	10,241	1,786	750
	LAWRENCE	49,482	1%	52,138	24,257	25,225	44,143	703	3,210	1,426
	LEWIS	11,251	9%	11,987	5,464	5,787	9,522	275	1,045	409
	LINCOLN	38,457	9%	42,698	18,715	19,742	31,722	1,884	3,276	1,574
	LOUDON	62,758	19%	70,443	30,867	31,891	45,324	456	8,733	8,245
	MACON	20,868	7%	22,705	10,231	10,636	16,923	56	923	2,966
	MADISON	104,140	-3%	111,457	49,341	54,799	49,505	33,990	14,072	6,572
	MARION	16,732	-5%	16,963	8,227	8,505	14,952	942	640	197
	MARSHALL	34,299	27%	37,918	16,815	17,484	26,345	1,564	3,553	2,838
	MAURY	126,733	14%	167,211	61,409	65,323	87,673	9,462	11,612	17,985
	MCMINN	53,314	9%	56,556	25,907	27,407	41,200	1,622	6,423	4,069
	MCNAIRY	31,876	3%	34,459	15,689	16,187	28,525	1,652	762	936
	MEIGS	18,435	12%	20,506	9,212	9,223	17,546	160	366	363
	MONROE	50,146	17%	55,790	24,803	25,343	44,137	878	3,495	1,636
	MONTGOMERY	182,858	11%	205,999	89,109	93,749	103,265	30,443	29,153	19,997
	MOORE	3,269	0%	3,359	1,587	1,682	3,048	110	73	38
	MORGAN	18,064	8%	20,215	10,347	7,717	15,854	1,733	348	129
	OBION	30,781	-4%	31,397	14,842	15,939	23,741	2,731	2,495	1,814
	OVERTON	43,111	1%	43,831	21,362	21,749	40,134	79	1,993	904
	PERRY	8,218	2%	8,601	4,118	4,100	7,251	103	551	313
	PICKETT	4,074	11%	4,334	2,040	2,034	3,911	2	66	95
	POLK	18,409	-2%	19,905	9,204	9,205	17,643	46	362	358
	PUTNAM	86,105	5%	91,860	42,466	43,639	69,283	1,107	7,693	8,022
	RHEA	37,377	12%	40,171	18,399	18,977	31,944	567	2,948	1,918
	ROANE	60,146	7%	63,432	29,563	30,583	55,976	1,131	2,463	576
	ROBERTSON	79,232	15%	88,862	38,893	40,339	57,968	3,397	9,108	8,760
	RUTHERFORD	306,083	19%	359,159	151,128	154,955	167,217	34,815	70,628	33,422
	SCOTT	21,539	3%	22,502	10,555	10,984	20,946	18	464	110
	SEQUATCHIE	23,391	10%	25,317	11,592	11,799	21,853	74	666	797
	SEVIER	100,847	14%	112,157	49,704	51,142	84,104	645	8,066	8,032
	SHELBY	874,646	-3%	902,955	417,936	456,709	254,096	436,329	110,871	73,350
	SMITH	19,053	4%	20,416	9,368	9,686	16,720	357	1,307	669
	STEWART	16,458	28%	18,896	8,228	8,230	14,394	199	1,640	225
	SULLIVAN	163,183	1%	167,092	78,810	84,373	142,906	3,516	12,811	3,951
	SUMNER	167,466	14%	186,276	81,796	85,670	120,607	9,148	24,407	13,304
	TIPTON	106,475	9%	113,460	51,503	54,972	70,389	25,982	6,699	3,405

America's Neighborhoods-Counties-Volume 1

2017 Age Ranges (Years) / 2017 Occupations

State	County	1-9	10-19	20-29	30-39	40-49	50-59	60-69	70 over	Mana-gerial	Sales	Admin support	Service	Farming forestry, fishing	Prod-uction
TN	ANDERSON	7,293	8,028	6,459	6,683	9,776	11,989	7,881	9,922	11,573	3,528	6,698	5,914	45	8,696
	BEDFORD	7,993	6,894	6,361	6,514	7,019	7,086	4,600	4,153	6,333	1,955	3,543	3,232	414	8,941
	BENTON	1,818	2,073	1,405	1,804	2,787	2,901	2,711	2,450	2,085	990	1,207	1,757	87	4,098
	BLEDSOE	1,094	1,280	981	1,270	1,787	1,892	1,308	1,238	1,436	521	822	731	142	2,535
	BLOUNT	13,684	14,706	11,727	13,207	17,803	19,885	13,626	12,961	19,290	6,031	8,155	9,363	187	16,143
	BRADLEY	12,022	11,248	11,422	10,938	12,929	13,185	10,962	8,904	13,574	5,022	7,293	6,852	196	12,203
	CAMPBELL	5,503	5,197	4,449	5,800	6,542	7,142	5,776	5,104	6,545	2,427	3,510	4,620	120	10,227
	CANNON	1,649	1,795	1,456	1,672	2,286	2,350	1,798	1,530	1,796	833	905	1,670	151	1,990
	CARROLL	3,805	4,455	3,573	3,673	4,767	5,270	4,111	3,904	4,635	2,091	1,760	3,431	61	5,895
	CARTER	4,883	5,000	4,338	5,190	6,849	7,341	6,087	5,681	6,295	2,328	4,119	4,593	57	6,989
	CHEATHAM	5,773	6,322	4,030	5,638	8,075	7,552	4,476	3,215	7,732	1,265	2,784	2,734	128	5,697
	CHESTER	2,080	2,673	2,490	1,943	2,101	2,043	1,550	1,670	2,458	1,067	1,107	1,170	9	2,876
	CLAIBORNE	3,739	4,428	4,193	4,034	5,342	6,214	4,798	4,120	5,378	2,207	3,604	3,209	99	6,806
	CLAY	645	541	410	488	941	768	832	724	797	345	397	313	183	902
	COCKE	4,509	4,487	3,509	4,579	5,929	6,873	5,608	4,369	4,510	2,297	2,317	4,746	10	8,080
	COFFEE	7,539	7,873	6,220	6,873	8,844	8,704	6,824	6,908	11,067	3,067	3,111	3,896	311	9,298
	CROCKETT	2,074	2,075	1,658	1,848	2,284	2,372	1,653	1,548	1,946	699	1,047	941	124	3,570
	CUMBERLAND	2,176	2,276	2,081	2,015	2,556	2,951	4,379	5,217	4,151	1,715	2,336	1,939	137	3,177
	DAVIDSON	88,296	78,080	120,567	98,268	98,272	95,905	52,590	50,186	126,974	26,239	47,545	47,888	126	62,687
	DECATUR	1,489	1,397	1,152	1,330	1,601	2,140	1,962	1,776	1,943	352	359	1,570	18	2,636
	DEKALB	2,518	2,452	2,231	2,647	3,150	3,098	2,353	2,038	3,713	889	1,424	1,728	154	2,700
	DICKSON	7,415	7,545	5,959	7,116	9,128	8,546	5,552	4,854	6,917	3,533	3,340	4,484	121	9,268
	DYER	4,693	5,157	3,745	4,360	5,349	5,751	4,285	3,398	6,478	1,909	2,437	3,003	1	5,702
	FAYETTE	12,682	11,539	6,791	11,202	13,394	11,243	6,925	4,390	18,500	3,534	5,252	4,058	18	5,876
	FENTRESS	2,314	3,550	2,277	2,101	2,877	3,359	2,611	2,291	2,812	1,243	3,051	1,394	607	3,325
	FRANKLIN	4,747	5,572	4,786	4,628	5,862	6,886	5,015	5,188	7,190	2,185	3,055	2,088	236	7,644
	GIBSON	8,127	7,799	5,749	7,152	8,480	8,972	6,420	6,453	9,896	2,793	3,571	3,648	133	10,505
	GILES	3,221	3,749	3,189	3,182	4,367	5,221	3,844	3,297	4,071	1,237	1,835	1,877	481	5,639
	GRAINGER	2,936	3,130	2,302	3,108	4,079	4,312	3,431	2,546	4,626	1,316	1,910	1,435	208	4,334
	GREENE	6,714	7,423	5,802	7,151	8,704	9,653	8,600	7,470	8,745	2,498	3,917	6,632	654	9,091
	GRUNDY	1,675	2,276	3,140	1,659	1,882	2,292	2,095	1,710	1,854	1,076	506	2,800	109	3,263
	HAMBLEN	9,458	8,478	7,898	8,750	9,614	9,771	9,030	8,024	9,532	3,373	3,792	4,819	313	13,401
	HAMILTON	40,089	42,150	45,524	40,510	49,439	56,178	37,038	38,134	64,956	16,587	23,760	25,964	97	37,846
	HANCOCK	631	626	529	579	784	920	695	614	1,265	174	228	379	28	1,231
	HARDEMAN	2,871	3,251	4,462	4,145	5,053	5,118	2,991	2,673	6,039	1,702	1,732	4,439	249	4,604
	HARDIN	2,518	2,626	2,077	2,395	3,195	3,970	3,144	2,896	3,064	1,180	872	3,165	281	3,979
	HAWKINS	7,018	7,559	5,444	7,165	9,544	10,173	7,631	6,342	6,189	3,259	4,223	4,528	134	14,771
	HAYWOOD	2,151	2,211	1,754	1,641	2,543	2,752	1,667	1,392	2,340	448	909	1,929	54	3,160
	HENDERSON	3,563	3,543	2,913	3,410	4,079	4,290	3,053	2,706	3,979	1,336	2,039	1,872	6	4,915
	HENRY	3,866	3,799	3,144	3,426	4,666	5,535	4,607	4,361	5,013	2,864	2,062	2,180	152	5,610
	HICKMAN	3,363	4,119	3,873	4,270	4,892	4,591	2,900	2,710	4,969	1,569	2,586	3,296	59	4,863
	HOUSTON	1,086	1,097	802	956	1,174	1,291	1,197	1,003	1,185	262	629	687	125	2,002
	HUMPHREYS	2,339	2,524	1,842	2,218	2,782	3,321	2,550	2,414	2,026	532	1,419	1,673	7	4,744
	JACKSON	751	804	598	783	1,143	1,351	1,225	887	1,383	363	439	483	167	1,278
	JEFFERSON	7,536	8,078	6,696	7,114	9,010	8,679	7,732	6,058	7,969	3,371	4,066	7,346	8	8,396
	JOHNSON	1,818	2,006	2,162	2,804	3,485	3,328	2,927	2,421	3,581	969	956	4,549	90	2,609
	KNOX	54,389	56,887	68,862	55,765	65,722	68,988	42,667	43,397	85,454	24,678	34,900	40,951	315	32,775
	LAKE	730	709	1,490	1,285	1,420	1,201	916	789	1,351	408	957	1,494	129	1,287
	LAUDERDALE	3,954	4,025	4,135	4,408	4,892	4,679	3,155	2,290	5,828	926	3,081	2,288	108	6,155
	LAWRENCE	6,558	6,659	4,769	5,831	7,033	7,622	5,528	5,482	7,759	1,990	3,355	3,268	740	9,607
	LEWIS	1,294	1,583	1,122	1,272	1,646	1,789	1,328	1,217	1,360	286	700	1,699	564	1,650
	LINCOLN	4,872	4,939	3,685	4,382	6,069	5,754	4,586	4,170	6,425	1,989	3,501	1,813	92	5,590
	LOUDON	6,880	7,008	5,175	6,480	8,764	10,289	10,137	8,027	10,619	2,917	4,834	4,339	95	9,270
	MACON	2,841	2,792	2,196	2,657	3,015	2,954	2,333	2,078	2,433	865	1,557	1,728	164	3,849
	MADISON	13,705	14,949	14,284	11,674	15,014	16,071	9,341	9,101	16,968	4,309	7,531	8,147	72	13,909
	MARION	1,788	1,820	1,665	1,820	2,638	2,950	2,287	1,764	2,558	480	743	742	1,810	2,519
	MARSHALL	4,744	4,549	3,736	4,301	5,681	5,357	3,164	2,767	4,517	2,360	1,578	2,072	41	6,000
	MAURY	20,759	16,347	14,047	17,988	19,901	18,996	10,057	8,639	19,294	5,885	8,401	8,103	209	17,625
	MCMINN	5,987	6,796	5,087	5,839	7,587	8,646	6,926	6,446	7,261	2,617	3,670	4,751	114	9,660
	MCNAIRY	3,862	4,176	3,034	3,591	4,308	5,043	4,215	3,647	5,009	1,744	1,601	3,095	107	5,392
	MEIGS	2,165	2,105	1,583	2,252	2,866	3,163	2,619	1,682	1,377	837	1,667	1,571	290	4,418
	MONROE	6,147	5,627	4,839	5,666	6,848	8,074	7,647	5,298	7,294	2,349	3,440	4,155	302	10,148
	MONTGOMERY	30,681	27,151	31,342	26,640	25,483	19,152	11,930	10,480	26,817	8,271	15,935	17,516	65	32,292
	MOORE	303	402	279	338	448	504	431	563	522	353	289	270	0	312
	MORGAN	1,625	2,013	2,312	2,648	3,202	2,779	2,060	1,424	2,265	455	1,114	2,703	545	4,029
	OBION	3,632	3,754	3,098	3,577	4,290	5,067	4,026	3,338	3,668	1,227	2,368	3,010	291	5,295
	OVERTON	4,787	5,048	3,687	4,795	6,121	6,759	6,564	5,350	5,370	3,673	3,233	3,576	826	5,122
	PERRY	928	1,037	802	871	1,028	1,361	1,098	1,092	1,183	254	542	896	12	1,602
	PICKETT	369	401	318	373	496	648	824	645	627	164	513	530	12	364
	POLK	2,213	2,182	1,668	2,391	2,875	2,808	2,533	1,739	1,765	753	1,235	1,693	330	3,616
	PUTNAM	10,216	10,728	12,619	9,877	11,723	12,424	9,396	9,122	13,943	6,483	6,270	7,258	567	8,667
	RHEA	4,789	4,684	4,058	4,500	5,239	5,834	4,661	3,611	3,830	1,812	3,271	3,722	360	6,886
	ROANE	6,319	7,248	5,180	6,314	8,891	10,659	7,727	7,808	10,907	2,221	3,840	4,286	175	10,523
	ROBERTSON	11,189	11,139	8,956	10,530	13,543	11,076	7,058	5,742	12,825	3,076	6,545	5,148	133	8,849
	RUTHERFORD	46,904	45,069	51,215	45,575	44,860	36,663	19,937	15,859	53,370	12,428	19,711	19,104	109	31,618
	SCOTT	2,855	2,731	2,175	2,834	3,153	3,376	2,394	2,020	3,467	1,572	919	1,582	51	5,135
	SEQUATCHIE	3,046	2,791	2,434	2,810	3,326	3,589	3,149	2,247	2,622	951	1,857	2,101	42	5,188
	SEVIER	12,064	12,373	11,138	12,276	15,337	15,323	12,207	10,129	11,342	9,163	7,187	11,955	60	8,360
	SHELBY	117,901	132,361	118,323	100,601	124,759	137,119	74,404	69,176	141,123	42,266	73,895	84,116	310	102,547
	SMITH	2,286	2,591	1,919	2,092	2,996	2,998	2,256	1,628	3,316	629	1,896	1,052	105	2,644
	STEWART	2,120	2,615	1,456	1,827	2,465	2,597	1,860	1,518	2,916	469	2,209	1,019	29	2,459
	SULLIVAN	17,002	18,777	14,761	17,985	23,521	26,932	20,923	23,282	27,437	11,960	11,632	13,507	285	21,496
	SUMNER	21,894	23,187	18,003	20,864	26,038	25,969	17,159	14,352	25,997	8,435	14,859	10,624	147	19,181
	TIPTON	13,696	15,137	13,659	14,170	17,545	15,734	9,706	6,829	16,939	5,190	11,076	5,866	49	14,784

State	County	2017 Educational Attainment							2017 Family Income						
		Less than 9th grade	9th to 12th grade, no diploma	High school grad-uate	Some college, no degree	Assoc-iate degree	Bach-elor's degree	Grad. or pro-fessional degree	Less than $25,000	$25,000-$34,999	$35,000-$49,999	$50,000-$74,999	$75,000-$99,999	$100,000-$149,999	over $150,000
TN	ANDERSON	2,270	5,336	18,224	13,476	3,272	8,155	6,042	4,885	1,735	2,499	3,464	2,333	2,972	1,538
	BEDFORD	2,234	4,185	16,593	7,785	2,637	3,780	1,925	3,735	1,283	2,292	2,497	2,339	1,365	456
	BENTON	766	2,410	7,745	3,139	271	348	425	1,765	668	994	808	678	374	55
	BLEDSOE	673	1,001	4,556	1,541	475	583	310	810	331	532	647	456	39	64
	BLOUNT	3,096	7,772	30,260	22,174	6,583	14,562	11,931	6,972	3,561	4,840	7,354	4,755	4,451	2,409
	BRADLEY	3,490	6,955	16,902	23,050	5,057	12,085	6,745	6,385	2,564	3,922	4,788	3,583	3,133	1,303
	CAMPBELL	3,708	7,408	15,334	7,709	729	1,369	1,058	4,836	1,498	2,097	2,455	1,442	557	235
	CANNON	390	2,171	4,697	2,859	315	1,023	558	1,086	561	605	925	648	260	142
	CARROLL	1,546	3,733	10,834	5,580	957	3,320	1,703	2,652	1,048	1,668	1,726	1,400	624	497
	CARTER	2,522	4,194	13,845	10,152	1,875	3,408	1,855	4,545	1,694	1,889	2,760	1,576	658	278
	CHEATHAM	643	3,739	10,559	6,314	5,658	4,808	4,346	1,887	1,131	1,523	2,641	2,455	2,321	995
	CHESTER	391	1,581	4,197	4,012	295	2,269	585	1,093	332	565	1,092	599	369	318
	CLAIBORNE	3,142	6,540	11,733	5,751	968	1,864	1,067	3,506	1,307	1,759	2,330	990	699	170
	CLAY	587	796	1,756	1,023	48	100	144	709	169	204	274	75	158	20
	COCKE	2,895	5,512	14,658	6,115	1,477	1,515	895	4,413	1,280	1,516	2,618	871	699	215
	COFFEE	1,766	6,026	17,001	11,931	2,360	5,952	3,252	4,740	1,994	2,149	3,296	2,623	1,591	788
	CROCKETT	1,042	2,148	3,813	2,933	312	1,051	1,113	1,184	554	655	1,197	421	322	121
	CUMBERLAND	1,206	2,074	6,827	5,276	954	2,248	1,766	1,753	853	1,698	1,216	767	782	302
	DAVIDSON	18,820	49,518	117,654	129,190	27,105	143,607	71,474	37,809	16,269	23,607	30,160	21,511	21,544	17,271
	DECATUR	700	1,932	4,316	1,644	661	856	581	1,247	415	445	666	502	195	304
	DEKALB	1,233	1,835	7,209	3,225	981	1,098	1,113	1,766	460	919	1,284	902	371	131
	DICKSON	1,435	5,763	16,940	10,714	3,573	4,392	1,989	3,452	1,776	2,897	3,265	2,020	1,962	603
	DYER	1,589	5,026	12,316	4,764	1,218	3,089	1,472	3,170	871	1,750	1,773	1,537	869	386
	FAYETTE	725	3,395	10,479	16,445	5,920	17,480	4,818	2,159	1,011	2,292	4,564	4,462	4,696	2,855
	FENTRESS	2,043	2,477	7,948	2,038	563	1,023	1,637	2,722	705	990	846	606	1,449	101
	FRANKLIN	1,762	3,281	13,108	7,498	2,333	2,941	4,291	2,965	1,223	2,133	2,342	1,638	1,199	807
	GIBSON	1,610	4,405	18,855	12,845	1,447	5,121	2,670	4,358	1,607	2,438	3,206	2,443	2,232	615
	GILES	941	2,519	12,650	4,874	936	1,959	1,139	2,499	852	1,096	1,648	1,024	1,127	337
	GRAINGER	2,058	2,571	8,327	3,965	1,207	1,889	1,271	2,395	985	1,152	1,606	897	572	213
	GREENE	3,652	5,655	20,668	10,307	2,230	4,690	3,903	5,283	2,047	2,760	3,824	2,160	1,297	648
	GRUNDY	1,302	2,774	5,193	2,358	807	1,015	753	3,133	528	737	1,155	380	237	252
	HAMBLEN	3,744	8,437	20,212	12,476	2,937	5,199	4,081	5,421	2,441	2,828	4,270	2,586	1,900	1,006
	HAMILTON	6,131	26,328	69,370	76,231	19,921	52,561	38,314	21,575	9,511	12,141	16,295	13,844	13,761	8,847
	HANCOCK	404	635	1,666	459	300	231	740	629	200	201	391	44	34	5
	HARDEMAN	1,170	2,572	9,205	6,009	3,252	1,084	2,819	2,372	910	1,123	1,372	614	468	261
	HARDIN	1,393	1,974	7,710	3,429	791	2,862	892	2,159	854	1,127	887	992	353	209
	HAWKINS	2,896	6,311	21,123	11,356	3,566	2,860	1,611	5,873	1,943	2,720	3,465	2,597	1,296	529
	HAYWOOD	588	1,657	5,975	2,535	244	1,098	827	1,567	556	710	700	424	348	142
	HENDERSON	913	2,804	9,843	4,356	1,200	1,993	1,067	1,758	964	1,306	1,328	1,450	809	476
	HENRY	1,179	3,530	10,925	5,964	665	3,560	1,811	2,544	1,281	1,697	1,977	1,079	876	315
	HICKMAN	1,322	3,441	10,555	5,812	1,997	1,620	622	1,851	663	1,591	2,203	1,056	570	258
	HOUSTON	224	688	2,827	1,513	426	901	345	662	270	479	445	357	197	73
	HUMPHREYS	486	2,717	7,163	3,516	1,083	755	752	1,311	594	787	1,124	828	833	174
	JACKSON	395	1,268	3,050	892	211	417	182	758	260	443	331	240	123	41
	JEFFERSON	2,534	7,080	17,970	11,415	3,290	5,182	1,897	4,961	1,966	2,953	3,643	1,709	1,577	701
	JOHNSON	1,656	3,320	6,503	3,287	1,073	1,768	470	1,673	743	797	1,511	679	243	78
	KNOX	11,094	29,765	90,455	84,861	24,431	78,189	56,267	25,674	12,159	17,113	25,950	21,292	21,317	15,465
	LAKE	814	1,986	2,927	1,032	187	352	191	688	121	337	282	299	70	22
	LAUDERDALE	1,525	5,064	9,892	4,299	881	1,338	2,626	2,551	954	1,125	1,721	821	793	250
	LAWRENCE	2,791	5,065	17,252	6,693	2,539	3,685	1,516	3,961	1,898	2,290	2,945	1,826	900	419
	LEWIS	350	778	4,055	2,256	372	1,188	128	915	290	330	657	436	439	65
	LINCOLN	1,374	3,002	12,773	6,762	2,213	3,408	1,496	2,618	1,072	1,675	2,142	1,525	1,211	889
	LOUDON	2,256	4,505	14,352	10,760	3,951	10,395	5,949	3,637	1,869	2,491	3,635	3,138	2,460	1,923
	MACON	1,344	3,243	6,487	2,713	1,775	806	217	1,922	563	958	1,655	525	308	137
	MADISON	2,185	7,352	26,141	19,509	4,237	14,691	9,825	7,661	2,970	3,844	5,106	3,863	2,913	1,993
	MARION	660	1,610	4,979	3,192	1,728	872	931	1,080	423	733	785	967	614	241
	MARSHALL	827	2,857	12,389	5,613	2,102	2,339	1,185	2,237	1,201	1,254	1,865	1,520	1,339	352
	MAURY	1,824	5,864	32,347	28,771	8,574	14,219	5,591	5,591	2,631	4,664	6,597	6,613	8,187	1,961
	MCMINN	1,846	5,661	17,383	9,279	3,870	3,625	2,195	4,527	1,482	2,365	3,135	1,767	1,839	554
	MCNAIRY	1,576	3,277	9,409	6,353	1,141	2,490	1,727	2,626	948	1,659	1,830	1,444	401	445
	MEIGS	705	3,054	5,080	3,398	339	940	1,646	1,334	772	695	1,245	676	629	67
	MONROE	2,139	4,124	15,390	10,759	2,706	2,794	3,209	4,034	1,769	2,186	3,350	1,637	1,058	486
	MONTGOMERY	2,396	12,535	35,907	43,553	13,315	18,577	11,682	9,056	4,712	7,438	12,239	7,957	6,367	1,930
	MOORE	63	415	837	774	150	370	142	244	91	93	226	116	34	109
	MORGAN	788	4,825	6,369	1,948	308	671	489	1,191	580	651	1,104	611	403	76
	OBION	1,150	2,989	10,820	5,814	782	2,315	1,266	2,338	1,041	1,390	1,836	1,184	772	407
	OVERTON	3,598	4,434	17,022	4,212	2,461	3,133	702	8,649	3,749	5,698	6,593	2,629	1,295	486
	PERRY	340	1,449	2,632	1,793	181	149	203	748	313	424	408	210	192	93
	PICKETT	168	352	1,559	723	498	92	90	395	255	160	254	79	61	41
	POLK	1,123	2,055	6,087	1,555	862	781	2,524	1,519	603	955	1,097	1,032	414	139
	PUTNAM	3,799	5,375	19,075	21,713	1,729	13,215	5,734	6,581	2,575	3,512	4,136	3,094	2,530	993
	RHEA	1,684	5,127	10,742	8,012	1,698	1,515	1,383	3,009	1,328	2,027	1,970	1,063	1,023	276
	ROANE	3,052	5,003	17,925	9,882	3,631	4,340	6,083	4,541	1,779	2,503	3,249	3,166	1,775	763
	ROBERTSON	2,281	5,866	22,697	17,108	3,640	7,652	2,821	3,448	1,713	3,185	5,117	4,491	3,490	1,300
	RUTHERFORD	5,856	19,652	61,818	51,492	13,660	64,215	20,307	14,175	6,167	11,591	16,259	15,605	13,176	6,421
	SCOTT	1,307	3,350	6,131	2,962	2,178	804	636	2,277	744	931	1,399	595	242	67
	SEQUATCHIE	1,107	2,755	8,160	4,025	869	1,723	299	2,179	796	1,006	1,170	1,042	643	161
	SEVIER	2,521	9,596	30,229	19,098	4,878	8,035	8,079	6,352	3,241	5,046	7,340	3,218	2,856	1,816
	SHELBY	32,632	72,771	164,716	164,063	36,726	138,241	82,511	58,975	21,680	28,106	35,195	26,856	31,498	24,843
	SMITH	1,133	1,681	6,350	3,243	324	1,755	931	1,198	387	988	1,362	804	565	208
	STEWART	470	782	5,242	2,817	1,737	816	1,054	1,098	455	662	1,270	714	590	158
	SULLIVAN	5,984	12,629	46,134	32,168	8,901	18,967	11,632	13,638	5,036	6,846	8,320	5,465	4,901	3,764
	SUMNER	4,391	13,704	40,415	33,102	10,826	22,699	8,229	8,437	4,180	5,944	9,857	7,048	8,144	4,178
	TIPTON	2,089	7,673	25,776	26,818	8,958	9,090	4,627	8,266	4,561	8,901	11,280	12,261	10,492	3,734

2017 Consumer Spending ($Millions)

State	County	Average annual expend-itures	Food	Alcoholic beverages	Housing	Apparel and services	Transport-ation	Healthcare	Entertain-ment	Personal care products & services	Education	Personal insurance & pensions
TN	ANDERSON	1,014.4	127.8	8.5	363.3	36.6	191.4	89.3	56.5	13.2	23.8	121.9
	BEDFORD	687.7	88.5	5.6	156.3	16.6	83.6	37.8	25.8	5.9	12.2	64.5
	BENTON	236.6	31.2	1.8	406.1	41.4	214.3	99.1	64.0	14.9	27.8	143.6
	BLEDSOE	129.1	16.9	1.0	6.2	0.6	3.2	1.6	0.9	0.2	0.3	1.6
	BLOUNT	1,765.7	223.7	14.6	474.5	46.1	247.8	118.3	71.0	17.0	27.3	137.9
	BRADLEY	1,273.1	162.9	10.4	48.2	4.7	25.2	12.1	7.2	1.7	2.7	13.9
	CAMPBELL	557.4	73.8	4.3	176.7	17.2	91.9	44.0	26.4	6.3	10.2	50.8
	CANNON	202.7	26.2	1.6	161.5	17.2	84.7	38.3	26.5	6.0	13.0	65.6
	CARROLL	449.6	58.2	3.6	1,229.6	121.6	630.7	297.6	186.2	44.2	82.1	378.3
	CARTER	586.0	77.1	4.5	145.9	14.0	74.3	35.7	21.3	5.1	8.6	39.2
	CHEATHAM	726.6	90.8	6.2	169.5	17.1	89.3	41.7	26.3	6.2	10.9	56.4
	CHESTER	220.1	27.9	1.8	172.6	17.2	87.7	41.4	26.1	6.2	11.8	53.5
	CLAIBORNE	473.4	62.3	3.7	274.4	26.5	143.8	69.2	40.9	9.8	15.1	78.2
	CLAY	67.8	9.0	0.5	71.9	7.6	38.8	17.5	11.9	2.7	5.5	29.7
	COCKE	495.3	65.3	3.8	142.0	13.8	74.0	35.4	21.1	5.1	7.8	39.4
	COFFEE	819.2	105.6	6.6	140.5	14.7	73.9	33.8	22.7	5.2	10.6	54.1
	CROCKETT	203.3	26.5	1.6	303.8	30.0	160.4	75.7	46.7	11.1	18.3	97.1
	CUMBERLAND	349.5	45.2	2.8	142.3	14.2	74.1	34.8	21.8	5.1	9.3	45.8
	DAVIDSON	8,406.2	1,063.6	70.2	580.7	56.5	300.5	144.0	86.4	20.7	33.5	164.8
	DECATUR	163.8	21.3	1.3	644.0	67.6	339.1	154.2	104.5	23.9	49.7	253.3
	DEKALB	262.2	34.3	2.1	93.0	10.2	49.2	21.9	15.7	3.5	8.1	41.1
	DICKSON	801.6	102.7	6.5	357.7	36.0	186.0	87.4	55.3	13.0	23.9	118.6
	DYER	482.4	62.6	3.9	228.8	21.9	115.9	56.2	33.2	8.1	13.3	59.4
	FAYETTE	1,320.1	161.9	11.6	1,491.5	149.6	788.6	368.3	231.9	54.6	95.8	500.8
	FENTRESS	362.5	46.7	2.9	102.2	10.3	55.3	25.5	16.1	3.8	6.4	35.9
	FRANKLIN	607.9	77.7	5.0	26.8	2.6	14.1	6.8	4.0	1.0	1.4	7.5
	GIBSON	845.3	108.3	6.9	647.5	64.7	341.3	160.2	99.9	23.5	40.5	211.7
	GILES	415.8	53.5	3.4	53.3	5.6	28.3	12.8	8.7	2.0	4.1	21.7
	GRAINGER	354.3	46.2	2.8	479.0	48.7	254.9	118.0	75.8	17.7	32.1	171.5
	GREENE	825.4	107.3	6.5	242.7	23.9	127.6	60.4	36.9	8.8	14.5	75.0
	GRUNDY	264.2	34.9	2.1	263.4	25.8	138.3	65.9	39.7	9.5	15.1	78.4
	HAMBLEN	975.3	125.6	7.9	351.3	33.9	182.2	87.7	51.9	12.5	19.3	96.5
	HAMILTON	4,914.5	620.6	41.2	305.7	29.6	159.1	76.5	45.4	10.9	17.0	86.1
	HANCOCK	59.1	7.9	0.4	2.5	0.2	1.3	0.6	0.4	0.1	0.2	0.7
	HARDEMAN	317.0	41.4	2.5	1,643.4	161.7	864.8	409.4	250.1	59.6	98.1	511.3
	HARDIN	283.9	37.5	2.2	304.1	30.6	159.8	74.5	47.2	11.1	20.2	102.1
	HAWKINS	845.8	110.1	6.7	175.6	17.1	91.8	43.6	26.4	6.3	10.4	51.8
	HAYWOOD	199.3	26.0	1.6	402.4	38.6	206.6	99.7	58.9	14.2	22.9	107.0
	HENDERSON	405.5	51.8	3.3	774.5	80.5	415.8	189.7	125.5	28.9	55.5	299.6
	HENRY	464.9	60.1	3.7	1,174.0	123.9	627.1	283.8	193.0	44.1	90.2	477.2
	HICKMAN	397.8	51.3	3.2	357.7	35.9	185.7	87.3	54.9	12.9	23.4	115.1
	HOUSTON	117.1	15.2	0.9	13.0	1.3	7.0	3.3	2.0	0.5	0.8	4.3
	HUMPHREYS	293.4	37.6	2.4	96.3	9.3	51.1	24.3	14.5	3.5	5.3	29.0
	JACKSON	92.7	12.3	0.7	253.8	26.1	134.2	61.7	40.5	9.4	18.1	93.4
	JEFFERSON	814.6	105.5	6.5	8.9	0.8	4.5	2.2	1.3	0.3	0.5	2.2
	JOHNSON	252.3	33.2	1.9	210.1	20.4	108.5	52.0	31.0	7.5	12.0	58.0
	KNOX	7,388.4	924.4	62.9	227.4	21.6	115.1	56.1	32.7	8.0	12.9	56.4
	LAKE	77.6	10.3	0.6	556.9	59.2	295.9	133.5	91.8	20.9	44.1	228.8
	LAUDERDALE	379.7	49.3	3.0	624.9	61.8	328.8	155.0	95.5	22.7	38.0	196.8
	LAWRENCE	653.8	85.2	5.1	68.6	6.8	36.5	17.1	10.5	2.5	4.0	21.5
	LEWIS	154.7	19.9	1.2	5.3	0.5	2.8	1.4	0.8	0.2	0.3	1.6
	LINCOLN	556.8	70.7	4.6	401.9	39.3	212.4	100.7	61.1	14.5	23.4	123.9
	LOUDON	994.7	125.2	8.4	86.4	8.4	44.6	21.4	12.9	3.1	5.1	24.7
	MACON	267.4	35.1	2.1	15.1	1.5	8.0	3.8	2.3	0.5	0.8	4.5
	MADISON	1,360.1	174.3	11.2	365.7	36.3	185.3	87.6	55.3	13.1	25.5	110.7
	MARION	251.4	32.0	2.1	80.7	8.1	42.8	20.0	12.5	2.0	5.1	27.3
	MARSHALL	497.8	63.6	4.1	179.1	18.0	94.1	44.0	27.8	6.6	11.7	59.0
	MAURY	2,067.3	258.6	17.6	143.4	15.2	76.0	34.3	23.6	5.4	11.4	58.4
	MCMINN	754.1	97.1	6.1	299.2	29.5	155.5	73.8	45.4	10.8	18.5	91.6
	MCNAIRY	420.4	54.9	3.3	688.6	70.0	363.1	168.6	108.2	25.2	46.7	239.5
	MEIGS	261.6	33.8	2.1	108.3	10.7	57.3	27.2	16.5	3.9	6.5	33.3
	MONROE	672.6	87.3	5.3	15.7	1.6	8.4	4.0	2.4	0.6	0.9	5.2
	MONTGOMERY	2,575.5	328.0	21.2	389.1	38.8	205.5	96.5	60.1	14.2	24.3	127.2
	MOORE	43.2	5.5	0.4	0.2	0.0	0.5	0.1	0.1	0.0	0.0	0.0
	MORGAN	217.2	28.2	1.7	89.4	8.6	46.5	22.4	13.2	3.2	4.9	24.9
	OBION	418.6	54.2	3.4	1,459.5	154.9	783.0	352.4	241.4	55.3	113.6	603.3
	OVERTON	1,272.8	167.7	9.7	937.3	96.1	500.0	230.4	149.9	34.6	65.0	347.9
	PERRY	109.8	14.3	0.9	10.9	1.1	5.8	2.7	1.7	0.4	0.7	3.6
	PICKETT	55.7	7.3	0.4	11.7	1.2	6.4	2.9	1.9	0.4	0.8	4.5
	POLK	274.7	35.6	2.2	181.9	17.8	94.9	45.1	27.4	6.5	10.8	54.4
	PUTNAM	1,117.3	144.2	9.0	1,001.8	106.3	536.7	241.8	165.9	37.8	78.4	417.3
	RHEA	495.9	64.5	3.9	417.7	42.0	221.1	103.5	65.1	15.3	26.8	140.9
	ROANE	880.7	113.0	7.2	11.3	1.1	5.9	2.9	1.7	0.4	0.6	3.0
	ROBERTSON	1,222.9	154.5	10.2	484.6	50.1	260.2	118.9	78.3	18.2	34.3	184.9
	RUTHERFORD	4,535.3	569.7	38.6	259.2	25.9	137.2	64.3	40.1	9.4	16.1	84.9
	SCOTT	268.0	35.4	2.0	130.1	12.9	68.3	32.2	19.9	4.7	7.9	40.6
	SEQUATCHIE	325.3	42.3	2.6	67.8	6.6	35.2	16.9	10.0	2.4	3.8	18.7
	SEVIER	1,486.7	189.6	12.1	39.5	3.8	20.8	10.0	5.9	1.4	2.2	11.4
	SHELBY	11,202.8	1,417.5	93.9	4,475.5	464.2	2,384.6	1,090.3	721.5	166.8	323.4	1,703.5
	SMITH	276.1	35.4	2.2	682.2	69.6	362.5	167.7	108.0	25.1	46.1	244.0
	STEWART	246.3	31.6	2.0	427.3	44.0	225.9	104.0	68.2	15.8	30.5	157.5
	SULLIVAN	2,307.5	294.9	18.9	109.5	10.8	57.2	27.1	16.5	3.9	6.6	33.7
	SUMNER	2,592.0	324.5	22.0	449.2	47.3	239.6	108.5	73.7	16.8	34.5	182.2
	TIPTON	3,345.2	419.4	28.4	609.6	57.9	307.7	149.7	87.4	21.4	34.2	150.1

| State | County | U.S. Population | | 2017 Gender | | 2017 Race | | | |
		Total 2017	2010-2017 % chg.	Total 2022	Male	Female	White	Black	Other Race	Hispanic
	TROUSDALE	7,608	9%	8,090	3,739	3,869	5,919	534	716	439
	UNICOI	18,818	0%	19,323	9,234	9,583	16,170	20	700	1,927
	UNION	15,746	3%	16,192	7,886	7,861	15,221	24	330	171
	VAN BUREN	3,906	5%	3,896	1,945	1,961	3,748	17	114	27
	WARREN	44,529	1%	46,655	21,959	22,570	29,461	791	6,469	7,808
	WASHINGTON	143,960	8%	154,321	70,298	73,661	120,228	5,796	11,124	6,812
	WAYNE	15,923	9%	16,898	9,074	6,848	12,901	2,357	273	391
	WEAKLEY	32,948	-9%	33,432	16,131	16,816	26,183	2,448	2,482	1,834
	WHITE	29,872	-2%	32,173	14,686	15,186	26,231	429	2,537	675
	WILLIAMSON	196,729	6%	221,514	95,843	100,885	143,145	6,932	30,494	16,158
	WILSON	116,580	11%	129,162	57,165	59,415	83,820	5,577	22,038	5,146
TN Total		6,760,336	4%	7,270,976	3,298,451	3,461,884	4,443,028	971,857	816,556	528,894

State	County	1-9	10-19	20-29	30-39	40-49	50-59	60-69	70 over	Mana-gerial	Sales	Admin support	Service	Farming forestry, fishing	Prod-uction
	TROUSDALE	929	1,111	811	871	1,148	1,287	815	637	1,038	437	737	486	90	1,210
	UNICOI	1,970	2,010	1,620	2,015	2,751	3,244	2,486	2,722	2,132	754	2,113	1,426	45	3,767
	UNION	2,042	1,920	1,628	1,753	2,444	2,616	2,083	1,261	2,302	602	1,037	2,214	25	2,639
	VAN BUREN	450	407	311	462	511	665	598	503	418	159	303	274	80	874
	WARREN	5,853	5,661	4,679	5,569	6,542	6,680	4,959	4,585	5,980	1,889	2,336	3,936	877	7,473
	WASHINGTON	15,485	16,959	20,375	17,411	20,852	22,091	15,493	15,292	24,252	8,562	10,031	12,421	137	14,744
	WAYNE	1,343	1,549	2,137	2,563	2,412	2,361	1,791	1,765	3,447	957	537	3,038	188	1,831
	WEAKLEY	3,323	4,752	5,993	3,071	4,468	4,520	3,441	3,380	4,333	1,992	2,070	3,531	88	5,216
	WHITE	3,392	3,708	2,853	3,329	4,283	4,818	3,919	3,572	3,227	1,526	2,301	2,137	84	6,454
	WILLIAMSON	28,641	31,413	14,628	22,572	36,051	33,270	17,623	12,531	52,370	10,123	7,785	8,982	38	9,787
	WILSON	15,229	16,435	11,332	15,298	19,232	17,901	12,049	9,106	20,478	5,550	8,983	6,341	21	11,566
TN Total		860,314	884,208	849,645	832,252	998,597	######	687,513	621,950	1,116,550	334,177	492,777	547,552	18,429	870,586

State	County	2017 Educational Attainment							2017 Family Income						
		Less than 9th grade	9th to 12th grade, no diploma	High school grad-uate	Some college, no degree	Assoc-iate degree	Bach-elor's degree	Grad. or pro-fessional degree	Less than $25,000	$25,000-$34,999	$35,000-$49,999	$50,000-$74,999	$75,000-$99,999	$100,000-$149,999	over $150,000
	TROUSDALE	474	1,088	2,606	1,161	216	461	144	542	252	224	421	231	105	249
	UNICOI	1,122	2,525	5,866	3,250	720	744	1,512	1,801	686	709	1,056	790	445	146
	UNION	1,428	2,882	4,707	1,600	1,096	447	580	1,736	417	697	833	470	333	156
	VAN BUREN	252	347	1,282	559	22	83	724	378	149	198	248	68	58	26
	WARREN	1,832	5,981	15,793	7,254	1,246	2,271	1,327	4,058	1,326	1,907	2,803	1,408	815	352
	WASHINGTON	4,480	10,565	34,184	28,187	6,657	22,097	14,091	10,985	4,550	5,573	6,392	5,056	5,221	2,763
	WAYNE	767	2,674	4,010	3,069	810	1,083	1,474	1,290	500	665	725	422	148	77
	WEAKLEY	1,096	2,976	10,381	5,720	590	4,323	2,741	2,842	986	1,139	1,399	904	876	391
	WHITE	1,757	3,546	10,522	5,699	795	1,244	1,041	2,590	1,114	1,640	1,340	1,167	587	342
	WILLIAMSON	2,166	4,690	18,963	24,164	7,684	62,623	30,139	4,157	2,344	3,955	6,256	7,229	13,716	18,421
	WILSON	2,778	7,198	29,686	23,354	6,752	16,589	6,159	4,836	2,312	3,831	6,820	6,607	6,378	3,121
TN Total		224,667	564,195	1,635,248	1,267,085	330,124	912,140	525,317	449,608	186,212	267,993	361,241	268,533	247,130	150,819

2017 Consumer Spending ($Millions)

State	County	Average annual expend-itures	Food	Alcoholic beverages	Housing	Apparel and services	Transport-ation	Healthcare	Entertain-ment	Personal care products & services	Education	Personal insurance & pensions
	TROUSDALE	94.0	12.0	0.8	61.2	5.9	32.1	15.3	9.1	2.2	3.3	17.3
	UNICOI	259.6	33.8	2.0	118.9	11.6	62.1	29.5	17.9	4.2	6.9	35.2
	UNION	203.5	26.7	1.6	2.3	0.2	1.2	0.6	0.3	0.1	0.1	0.6
	VAN BUREN	46.7	6.2	0.4	212.7	22.1	114.9	52.4	34.6	8.0	15.0	82.7
	WARREN	568.1	74.2	4.5	160.1	17.1	84.9	38.2	26.6	6.0	13.0	68.0
	WASHINGTON	1,939.1	248.8	15.9	159.4	15.0	80.1	39.2	22.6	5.5	8.8	37.6
	WAYNE	165.0	21.8	1.3	138.2	14.4	74.2	33.6	22.6	5.2	10.2	55.3
	WEAKLEY	384.1	50.0	3.1	784.4	83.7	418.7	188.0	130.2	29.6	62.8	329.6
	WHITE	397.4	51.9	3.2	727.3	75.7	392.3	178.9	118.4	27.2	52.1	285.1
	WILLIAMSON	3,427.4	405.2	32.0	829.6	84.5	435.6	202.2	130.1	30.4	56.6	288.7
	WILSON	1,901.6	237.0	16.3	66.7	6.5	34.6	16.6	9.9	2.4	3.8	18.9
TN Total		97,217.0	12,342.8	806.9	35,242.1	3,576.7	18,590.0	8,634.5	5,533.7	1,293.2	2,382.1	12,286.3

State	County	U.S. Population		2017 Gender		2017 Race			
		Total 2017	2010-2017 % chg.	Total 2022	Male	Female	White	Black	Other Race	Hispanic
TX	ANDERSON	60,592	2%	58,293	36,079	24,513	32,309	10,146	5,601	12,536
	ANDREWS	14,597	-1%	14,745	7,274	7,323	5,289	113	755	8,440
	ANGELINA	86,336	-3%	87,478	42,246	44,090	46,384	9,563	7,328	23,060
	ARANSAS	20,824	8%	21,621	10,263	10,561	13,924	182	1,508	5,209
	ARCHER	6,133	9%	6,408	3,075	3,058	4,867	14	355	897
	ARMSTRONG	1,698	-1%	1,659	829	870	1,481	5	93	119
	ATASCOSA	44,984	9%	49,522	22,048	22,936	11,163	123	1,740	31,957
	AUSTIN	34,079	12%	37,602	16,967	17,112	18,967	1,894	2,685	10,533
	BAILEY	7,569	-38%	7,745	3,840	3,728	1,686	28	880	4,975
	BANDERA	26,017	10%	31,119	12,962	13,055	19,541	81	1,490	4,906
	BASTROP	94,421	19%	111,463	48,215	46,207	48,869	4,720	7,729	33,103
	BAYLOR	3,737	-2%	3,641	1,805	1,932	2,953	37	178	569
	BEE	31,859	3%	32,934	19,338	12,521	8,327	2,029	985	20,518
	BELL	358,039	2%	393,266	178,337	179,702	156,883	58,177	51,911	91,069
	BEXAR	2,076,160	23%	2,602,654	1,017,206	1,058,954	501,512	77,343	170,868	1,326,437
	BLANCO	11,622	11%	13,236	5,848	5,774	8,553	51	782	2,235
	BORDEN	229	-17%	192	118	112	149	0	31	49
	BOSQUE	20,638	1%	22,048	10,225	10,413	14,977	230	1,633	3,798
	BOWIE	99,025	12%	105,008	49,862	49,163	55,630	21,038	12,386	9,971
	BRAZORIA	392,989	15%	462,855	199,932	193,057	167,127	44,503	60,377	120,983
	BRAZOS	206,408	7%	221,486	104,503	101,905	115,677	13,682	22,369	54,680
	BREWSTER	9,842	32%	10,779	4,965	4,876	4,389	84	1,000	4,369
	BRISCOE	1,600	-35%	1,541	794	806	1,076	27	46	452
	BROOKS	7,420	12%	7,259	3,686	3,734	182	4	126	7,108
	BROWN	38,528	-2%	38,787	19,045	19,483	26,345	1,035	2,344	8,803
	BURLESON	18,065	2%	19,289	8,940	9,125	11,314	1,620	1,159	3,972
	BURNET	53,152	27%	66,961	25,992	27,160	37,965	811	2,823	11,553
	CALDWELL	41,971	12%	46,271	20,938	21,032	14,263	1,351	2,635	23,722
	CALHOUN	21,250	-3%	21,727	10,756	10,495	7,991	238	2,071	10,951
	CALLAHAN	13,067	4%	13,325	6,382	6,685	10,910	119	802	1,236
	CAMERON	440,302	9%	474,436	211,982	228,320	20,715	340	9,074	410,173
	CAMP	14,022	-7%	14,125	6,888	7,134	6,570	1,491	1,532	4,428
	CARSON	5,482	-3%	5,295	2,704	2,777	4,686	31	281	484
	CASS	30,746	-4%	30,772	14,903	15,843	22,534	4,611	2,364	1,238
	CASTRO	6,875	3%	6,611	3,469	3,406	1,817	52	318	4,688
	CHAMBERS	13,536	9%	15,062	6,799	6,737	7,585	842	1,319	3,790
	CHEROKEE	47,035	7%	49,585	23,927	23,108	22,092	5,434	3,347	16,162
	CHILDRESS	7,755	36%	8,054	4,537	3,218	4,113	802	285	2,555
	CLAY	6,970	-11%	6,613	3,397	3,573	6,089	41	491	350
	COCHRAN	2,754	-11%	2,545	1,354	1,401	830	44	183	1,697
	COKE	3,113	1%	3,086	1,513	1,600	2,161	7	163	783
	COLEMAN	8,665	-2%	8,512	4,299	4,367	6,324	153	627	1,562
	COLLIN	901,941	30%	1,168,076	443,075	458,866	467,124	76,666	213,065	145,086
	COLLINGSWORTH	2,700	-7%	2,568	1,311	1,389	1,281	72	335	1,012
	COLORADO	19,610	12%	20,870	9,666	9,944	10,356	1,893	1,193	6,168
	COMAL	168,946	36%	216,358	83,207	85,739	105,016	2,188	11,612	50,129
	COMANCHE	12,128	-8%	11,931	5,929	6,200	7,666	83	647	3,732
	CONCHO	4,771	0%	5,271	3,264	1,507	1,649	41	165	2,917
	COOKE	94,211	3%	94,931	46,430	47,781	55,212	3,969	12,952	22,078
	CORYELL	62,849	-1%	66,283	29,802	33,048	38,659	6,494	7,909	9,787
	COTTLE	1,381	-8%	1,263	653	728	876	104	55	346
	CRANE	3,986	-5%	3,910	1,944	2,042	1,106	45	180	2,655
	CROCKETT	3,634	-2%	3,557	1,789	1,845	719	4	310	2,601
	CROSBY	5,664	-5%	5,385	2,732	2,932	1,727	82	393	3,462
	CULBERSON	2,213	-5%	2,075	1,082	1,131	235	4	108	1,866
	DALLAM	13,247	13%	14,514	7,507	5,740	6,508	752	714	5,272
	DALLAS	2,843,395	12%	3,096,633	1,406,738	1,436,657	709,482	427,676	427,298	1,278,940
	DAWSON	14,324	-11%	14,286	8,099	6,225	4,561	559	633	8,572
	DE WITT	18,110	3%	19,032	9,567	8,543	9,548	1,132	1,061	6,369
	DEAF SMITH	19,658	1%	19,828	9,806	9,852	3,203	70	788	15,598
	DELTA	5,077	30%	5,278	2,504	2,572	3,759	348	685	284
	DENTON	713,681	22%	866,451	351,463	362,218	366,611	48,288	121,043	177,740
	DICKENS	2,651	-4%	2,661	1,493	1,158	1,544	82	206	819
	DIMMIT	9,553	-4%	9,429	4,618	4,934	478	10	109	8,955
	DONLEY	3,739	-7%	3,744	1,857	1,881	2,822	158	314	444
	DUVAL	11,002	-15%	11,050	5,655	5,347	435	12	138	10,416
	EASTLAND	19,306	-3%	19,469	9,432	9,874	13,792	229	1,915	3,370
	ECTOR	148,786	0%	158,537	73,573	75,214	45,100	2,750	9,017	91,920
	EDWARDS	1,948	2%	1,901	994	954	678	6	186	1,078
	EL PASO	823,417	-2%	872,879	399,233	424,183	64,475	7,149	25,566	726,227
	ELLIS	206,345	16%	238,946	101,827	104,517	116,181	20,765	13,150	56,249
	ERATH	40,942	13%	44,151	20,103	20,840	26,420	442	3,598	10,483
	FALLS	15,540	-6%	15,381	7,329	8,210	6,668	3,229	1,138	4,505
	FANNIN	36,549	8%	39,274	19,466	17,083	25,203	2,238	3,311	5,797
	FAYETTE	27,482	8%	29,500	13,486	13,996	18,179	1,325	1,594	6,385
	FISHER	3,311	-4%	3,170	1,622	1,689	2,014	77	231	988
	FLOYD	5,855	-7%	5,449	2,880	2,975	1,870	83	310	3,592
	FOARD	1,278	-9%	1,192	614	663	1,031	30	39	178
	FORT BEND	554,461	20%	693,508	270,831	283,630	170,038	90,917	173,187	120,319
	FRANKLIN	9,511	-4%	9,549	4,666	4,845	6,719	365	674	1,754
	FREESTONE	19,538	10%	21,082	10,330	9,208	11,148	2,100	1,830	4,460
	FRIO	19,125	5%	20,273	11,154	7,971	2,031	152	916	16,026
	GAINES	17,494	15%	18,329	8,763	8,731	9,654	237	649	6,954
	GALVESTON	338,517	8%	366,145	167,249	171,268	176,914	33,569	39,198	88,837

			2017 Age Ranges (Years)								2017 Occupations				

State	County	1-9	10-19	20-29	30-39	40-49	50-59	60-69	70 over	Mana-gerial	Sales	Admin support	Service	Farming forestry, fishing	Prod-uction
TX	ANDERSON	5,572	5,909	8,090	9,380	11,393	9,625	5,765	4,857	8,769	5,057	4,581	8,566	167	8,095
	ANDREWS	1,990	2,158	1,867	1,521	2,194	2,097	1,273	1,496	2,129	1,291	706	2,026	83	2,223
	ANGELINA	12,079	12,209	10,631	9,986	12,078	12,507	8,343	8,502	14,183	3,986	5,141	8,677	1,079	14,376
	ARANSAS	1,727	2,047	1,446	1,544	2,531	3,815	3,847	3,867	2,976	1,209	3,270	2,052	145	2,534
	ARCHER	607	906	381	626	1,052	940	760	862	1,331	200	205	201	151	899
	ARMSTRONG	168	224	133	163	237	330	232	212	459	68	77	104	1	159
	ATASCOSA	6,382	6,804	4,645	5,134	6,584	6,763	4,492	4,180	7,549	2,299	2,942	4,722	324	7,400
	AUSTIN	4,053	4,888	3,169	3,572	5,231	6,085	3,749	3,332	6,388	2,416	2,555	1,940	96	4,182
	BAILEY	1,350	1,089	905	836	855	963	695	875	1,889	185	155	636	352	980
	BANDERA	2,265	3,507	1,735	1,959	4,462	4,904	3,986	3,199	5,997	1,035	1,758	2,383	102	2,529
	BASTROP	12,911	13,061	9,521	11,594	15,791	15,207	9,489	6,847	21,074	3,445	6,308	4,500	126	12,680
	BAYLOR	410	434	286	309	461	661	532	644	1,456	46	239	253	57	157
	BEE	3,034	3,454	6,216	5,162	5,568	3,825	2,456	2,144	4,405	1,872	1,565	9,596	700	2,946
	BELL	55,314	46,423	60,614	46,042	49,377	48,544	28,684	23,041	56,973	18,805	29,898	33,876	24,868	48,664
	BEXAR	296,010	303,938	291,622	270,505	294,973	282,109	169,939	167,066	374,698	142,037	167,249	192,643	2,898	223,558
	BLANCO	1,154	1,386	799	1,068	1,693	2,467	1,615	1,441	2,564	791	1,021	547	63	1,102
	BORDEN	18	47	13	25	42	38	27	19	82	0	4	12	1	5
	BOSQUE	2,125	2,719	1,616	1,861	2,583	3,927	3,033	2,774	4,507	1,232	1,717	1,246	104	2,565
	BOWIE	12,382	12,573	12,884	12,053	14,260	14,911	9,703	10,259	14,591	8,847	6,581	13,511	212	12,114
	BRAZORIA	58,697	54,601	42,172	54,698	66,162	56,939	31,905	27,815	80,693	20,252	24,924	27,816	440	51,130
	BRAZOS	23,481	39,577	59,090	20,004	20,581	20,453	12,380	10,842	38,541	9,335	14,148	21,949	385	17,368
	BREWSTER	1,059	1,045	1,439	880	1,370	1,568	1,307	1,173	1,644	372	769	1,588	53	536
	BRISCOE	167	187	132	154	189	246	251	274	438	37	95	202	24	71
	BROOKS	1,035	1,060	864	557	943	1,069	872	1,021	1,736	232	454	1,450	341	680
	BROWN	4,362	5,106	4,271	4,132	5,173	6,253	4,720	4,511	7,157	1,711	2,755	4,375	25	5,506
	BURLESON	2,220	2,293	1,655	1,688	2,952	2,918	1,991	2,348	3,560	704	1,224	2,015	12	2,386
	BURNET	5,150	5,765	4,376	4,655	6,697	9,844	8,182	8,483	10,348	5,696	2,731	3,900	115	6,226
	CALDWELL	5,630	6,053	4,772	5,338	6,826	6,204	3,802	3,346	6,242	2,456	4,653	3,385	92	6,160
	CALHOUN	2,775	2,975	2,236	2,052	3,034	3,387	2,332	2,459	3,604	326	1,413	1,866	452	4,436
	CALLAHAN	1,394	1,755	1,184	1,177	2,007	2,063	1,791	1,697	2,498	900	805	1,189	30	1,676
	CAMERON	78,903	72,413	55,904	55,372	55,737	48,272	33,840	39,861	88,245	24,860	32,997	67,530	2,995	65,327
	CAMP	1,988	1,977	1,534	1,411	1,808	2,092	1,601	1,610	2,383	1,302	716	1,280	135	2,151
	CARSON	632	739	458	501	864	913	623	751	1,232	186	364	342	45	618
	CASS	3,323	3,768	2,835	3,033	4,090	5,168	4,428	4,101	4,696	1,218	2,665	3,874	509	4,749
	CASTRO	998	961	765	660	933	1,010	680	867	1,981	210	327	363	338	651
	CHAMBERS	1,737	1,880	1,430	1,435	2,158	2,097	1,203	1,596	1,627	497	1,569	898	199	2,839
	CHEROKEE	6,753	6,898	5,472	5,521	6,254	6,870	4,537	4,730	5,185	1,779	3,039	3,781	6,638	6,629
	CHILDRESS	786	798	1,943	1,154	792	963	654	665	1,818	476	525	1,036	127	918
	CLAY	703	964	576	620	1,066	1,210	905	927	1,186	522	481	394	118	754
	COCHRAN	364	444	281	239	385	339	341	361	849	65	145	292	181	135
	COKE	314	419	203	254	440	497	477	511	840	165	157	403	13	267
	COLEMAN	953	1,060	714	790	1,066	1,578	1,275	1,230	1,900	251	690	629	51	1,464
	COLLIN	148,779	127,202	76,832	145,796	159,917	121,330	74,709	47,377	264,138	42,847	34,191	35,800	274	33,670
	COLLINGSWORTH	379	395	252	272	371	402	284	344	889	71	135	305	28	148
	COLORADO	2,344	2,764	1,912	1,711	2,798	3,154	2,229	2,697	3,526	706	1,058	2,508	108	2,655
	COMAL	20,077	24,590	15,566	18,369	27,440	26,364	19,075	17,466	34,157	13,066	9,847	11,717	83	15,941
	COMANCHE	1,454	1,596	1,020	1,093	1,597	1,820	1,852	1,695	2,084	639	942	1,118	211	1,637
	CONCHO	264	305	618	975	1,012	740	457	401	1,980	134	224	499	15	431
	COOKE	17,722	14,747	10,353	14,243	15,515	10,331	6,144	5,158	12,938	7,253	4,584	6,149	167	15,321
	CORYELL	9,002	8,798	9,448	8,233	9,412	8,086	5,299	4,570	12,982	2,686	6,616	6,429	189	10,261
	COTTLE	162	162	103	105	204	198	199	247	339	27	103	169	9	125
	CRANE	510	624	387	366	645	671	395	386	468	309	140	308	565	593
	CROCKETT	455	471	315	365	464	719	449	397	361	195	172	670	10	530
	CROSBY	813	813	483	622	696	807	671	758	1,570	189	503	408	123	592
	CULBERSON	262	297	187	287	418	284	249	339	75	151	234	166	247
	DALLAM	1,769	1,509	1,687	2,131	2,442	1,769	1,056	874	3,025	384	948	1,016	395	1,163
	DALLAS	429,114	407,315	415,850	409,851	415,424	380,012	204,858	180,972	447,156	121,382	217,828	208,375	810	375,242
	DAWSON	1,703	1,569	2,600	2,097	1,882	1,679	1,263	1,532	2,178	614	2,039	3,084	145	1,045
	DE WITT	1,730	2,007	1,630	2,110	3,315	2,974	2,077	2,267	4,308	528	1,042	2,224	126	2,336
	DEAF SMITH	3,269	3,116	2,358	2,235	2,586	2,550	1,588	1,956	4,005	951	901	2,218	224	3,221
	DELTA	584	664	476	548	659	853	693	599	712	138	300	509	21	1,059
	DENTON	108,280	110,819	92,921	104,628	116,552	96,781	51,567	32,132	136,799	35,199	43,504	37,951	299	59,337
	DICKENS	259	221	350	404	330	453	314	320	571	193	116	554	43	131
	DIMMIT	1,474	1,377	1,002	1,020	1,183	1,373	1,013	1,110	1,127	667	556	2,416	185	1,180
	DONLEY	401	578	436	301	480	534	491	516	1,139	128	112	373	42	218
	DUVAL	1,480	1,530	1,456	1,365	1,423	1,315	1,111	1,322	2,399	342	674	1,736	43	1,795
	EASTLAND	2,064	2,802	1,923	1,623	2,524	3,209	2,449	2,713	4,183	1,038	960	1,774	86	2,799
	ECTOR	21,444	21,969	22,158	16,007	21,695	20,558	12,421	12,535	21,517	12,310	10,140	17,398	212	21,646
	EDWARDS	188	172	134	133	259	363	334	365	820	44	57	134	16	95
	EL PASO	122,637	133,551	113,893	96,396	113,441	107,744	62,695	73,060	139,157	45,659	83,204	102,136	1,213	119,806
	ELLIS	30,198	34,436	21,654	26,404	31,696	29,979	18,024	13,953	36,603	10,277	12,539	12,472	155	28,940
	ERATH	4,693	6,709	8,268	4,125	5,354	5,180	3,347	3,266	9,687	1,038	2,374	3,107	929	4,208
	FALLS	1,708	1,988	1,968	1,936	2,546	2,358	1,461	1,574	2,993	955	982	1,563	121	3,308
	FANNIN	4,014	4,597	4,675	4,787	5,338	5,266	4,024	3,848	6,971	2,007	2,995	3,176	163	5,846
	FAYETTE	2,901	3,438	2,214	2,676	3,712	5,092	3,431	4,016	5,371	1,033	1,566	2,101	44	3,948
	FISHER	343	444	263	303	451	524	406	578	865	119	190	311	10	331
	FLOYD	781	900	534	549	889	770	543	889	2,026	244	175	511	73	450
	FOARD	110	167	103	99	200	191	184	224	304	45	38	107	14	187
	FORT BEND	84,337	90,726	51,812	71,395	90,966	92,185	43,482	29,559	163,555	28,024	31,519	26,077	1,414	26,626
	FRANKLIN	1,128	1,303	912	915	1,296	1,446	1,313	1,197	2,080	422	750	733	235	1,109
	FREESTONE	2,365	2,325	2,112	2,467	2,733	3,391	2,192	1,952	4,341	1,096	1,036	2,302	82	2,372
	FRIO	2,230	2,330	3,659	2,922	2,406	2,300	1,698	1,580	3,334	1,747	1,248	3,304	762	1,809
	GAINES	3,220	3,113	2,397	1,967	2,391	1,881	1,194	1,330	3,481	779	1,273	1,104	435	3,289
	GALVESTON	46,014	47,850	37,827	41,395	53,508	53,967	29,903	28,053	64,335	20,913	20,683	31,295	1,405	31,391

State	County	Less than 9th grade	9th to 12th grade, no diploma	High school grad-uate	Some college, no degree	Assoc-iate degree	Bach-elor's degree	Grad. or pro-fessional degree	Less than $25,000	$25,000-$34,999	$35,000-$49,999	$50,000-$74,999	$75,000-$99,999	$100,000-$149,999	over $150,000
TX	ANDERSON	3,204	15,509	12,389	11,711	1,588	4,677	3,028	7,981	4,152	4,889	5,527	4,813	2,604	1,720
	ANDREWS	1,168	1,555	4,290	1,856	740	1,332	589	858	452	497	592	431	605	545
	ANGELINA	5,298	9,432	20,695	17,837	3,384	8,120	3,105	5,955	3,026	3,697	3,967	3,233	2,337	877
	ARANSAS	713	2,088	4,403	5,632	1,076	2,667	1,547	1,468	446	893	1,138	918	622	533
	ARCHER	667	900	1,402	1,233	158	568	113	425	152	233	380	259	183	58
	ARMSTRONG	27	124	298	436	91	387	74	71	48	76	79	72	134	27
	ATASCOSA	4,038	5,620	10,276	7,405	1,262	4,084	2,437	2,465	1,389	1,617	2,585	1,716	1,560	714
	AUSTIN	2,314	2,261	8,744	6,350	3,034	3,832	1,077	1,673	678	1,079	1,683	1,394	1,405	1,547
	BAILEY	1,151	462	1,877	984	635	366	193	518	270	359	443	296	120	36
	BANDERA	565	1,017	5,180	5,139	6,345	2,654	1,105	1,691	817	1,147	1,303	1,014	1,135	382
	BASTROP	3,594	5,107	20,608	22,178	5,026	12,693	5,592	3,481	1,655	2,855	5,491	4,205	4,489	2,045
	BAYLOR	97	686	911	900	76	258	194	349	134	148	221	82	80	60
	BEE	1,619	2,301	15,095	4,242	1,215	1,341	1,520	1,964	756	1,289	1,176	679	373	322
	BELL	12,826	20,806	55,386	85,776	28,189	43,335	31,720	16,030	8,874	14,727	19,968	15,197	12,988	8,200
	BEXAR	116,174	161,746	366,225	379,004	112,232	308,461	185,901	105,164	46,913	66,465	95,009	71,998	83,809	66,007
	BLANCO	368	429	2,569	2,145	918	1,897	1,398	482	316	711	402	465	583	363
	BORDEN	4	0	54	11	63	8	50	15	2	8	25	5	4	3
	BOSQUE	650	1,079	4,507	4,814	1,939	2,726	1,410	1,303	608	867	1,132	1,095	498	364
	BOWIE	3,716	8,973	24,529	21,491	3,684	11,979	6,206	7,385	2,469	3,297	4,607	4,065	2,754	1,676
	BRAZORIA	15,400	25,713	65,607	74,174	23,738	56,515	45,442	14,274	6,064	9,781	14,246	15,893	25,645	17,582
	BRAZOS	12,806	14,641	29,365	31,658	10,353	39,420	34,710	13,072	3,288	4,484	6,519	4,646	5,764	5,017
	BREWSTER	755	464	2,043	2,890	280	1,096	763	681	403	478	446	218	252	72
	BRISCOE	47	150	418	336	38	265	93	126	81	81	97	51	19	3
	BROOKS	1,328	1,175	1,628	1,261	55	106	326	1,136	206	121	230	127	107	35
	BROWN	1,893	3,607	11,703	8,106	667	3,687	2,041	2,622	1,332	1,580	2,339	1,206	896	421
	BURLESON	601	1,841	5,420	2,908	774	2,354	773	1,142	442	759	937	986	613	169
	BURNET	1,307	2,495	10,235	12,363	1,601	11,580	5,548	2,334	1,455	1,965	3,422	2,847	2,349	1,685
	CALDWELL	1,574	4,045	12,693	7,640	1,042	4,902	1,242	2,166	937	1,724	2,226	1,969	1,160	380
	CALHOUN	1,368	2,889	5,722	3,668	981	1,615	818	1,380	632	842	1,142	651	746	398
	CALLAHAN	301	779	4,035	3,212	623	1,494	332	750	406	728	670	581	516	172
	CAMERON	66,681	54,773	61,062	70,143	15,347	30,923	25,363	38,615	13,392	15,958	18,358	8,044	8,207	4,050
	CAMP	615	1,549	3,502	2,627	527	1,714	456	916	456	625	651	355	451	462
	CARSON	77	325	919	1,799	372	718	245	269	111	250	341	255	228	129
	CASS	587	3,213	9,080	6,669	1,015	3,650	1,349	2,743	904	1,298	1,442	1,219	948	334
	CASTRO	583	597	1,456	1,019	605	752	365	481	263	382	295	159	188	55
	CHAMBERS	725	1,975	3,618	2,249	660	1,127	537	693	316	538	674	499	705	216
	CHEROKEE	3,232	6,899	12,612	8,153	1,170	3,601	1,332	3,736	1,448	1,993	2,283	1,195	1,034	565
	CHILDRESS	643	1,286	1,986	2,047	286	225	158	385	155	330	365	259	100	95
	CLAY	62	517	2,319	1,276	376	1,151	83	356	195	253	433	401	324	93
	COCHRAN	392	280	473	627	141	92	176	189	100	136	152	100	78	16
	COKE	147	255	1,034	584	128	322	160	237	106	111	218	111	35	15
	COLEMAN	296	840	3,068	1,764	201	714	305	972	300	329	315	191	224	124
	COLLIN	20,467	20,163	63,060	121,739	44,855	269,086	140,298	22,970	12,998	19,277	32,943	37,404	66,990	83,088
	COLLINGSWORTH	109	270	478	735	132	231	156	265	71	81	179	72	30	69
	COLORADO	1,524	1,930	4,789	3,410	813	2,233	1,278	1,295	502	663	1,106	655	546	390
	COMAL	3,891	8,135	30,350	31,596	6,308	28,964	26,888	5,516	3,774	4,748	8,763	7,766	8,470	8,832
	COMANCHE	559	754	2,697	3,551	418	1,321	531	950	423	479	810	306	352	87
	CONCHO	246	1,794	809	532	314	479	189	202	106	84	175	145	98	49
	COOKE	2,587	6,324	20,949	18,488	3,840	11,580	4,397	4,890	3,859	6,552	12,366	16,479	17,031	6,140
	CORYELL	2,531	3,993	15,440	13,876	4,276	5,291	3,945	2,345	1,658	2,236	3,125	3,448	1,583	600
	COTTLE	73	115	374	220	96	211	46	120	43	92	77	20	46	5
	CRANE	827	352	727	406	104	257	512	304	98	146	219	101	163	31
	CROCKETT	363	515	966	881	39	58	119	236	115	100	190	179	177	0
	CROSBY	473	577	1,323	1,383	96	469	156	492	165	282	231	121	135	49
	CULBERSON	280	327	391	482	49	224	47	189	76	158	132	12	13	19
	DALLAM	970	2,249	2,776	2,309	581	1,126	667	559	274	447	873	329	451	267
	DALLAS	342,047	284,017	415,975	437,180	106,137	393,474	228,186	155,904	74,570	96,028	119,755	81,103	99,880	88,755
	DAWSON	1,093	1,281	5,147	2,579	217	1,119	428	911	451	562	667	310	347	153
	DE WITT	906	1,619	5,350	4,122	1,241	1,335	892	975	610	604	841	586	553	416
	DEAF SMITH	2,896	2,392	4,121	3,086	490	1,270	676	1,256	719	974	1,109	575	291	200
	DELTA	150	319	1,879	1,008	130	576	117	469	147	203	202	291	81	30
	DENTON	29,943	36,351	103,194	136,573	32,846	154,828	52,649	24,532	17,179	25,968	36,922	33,923	59,463	42,138
	DICKENS	107	239	880	891	14	127	25	189	87	91	128	81	26	33
	DIMMIT	1,072	911	2,518	1,902	113	743	138	1,075	248	254	611	195	64	30
	DONLEY	54	290	652	1,051	205	392	512	228	101	166	233	188	64	43
	DUVAL	998	1,289	2,276	2,624	215	739	662	854	247	525	440	277	330	72
	EASTLAND	913	1,609	5,944	3,744	1,094	2,175	536	1,583	761	862	710	726	453	312
	ECTOR	15,995	17,563	27,695	27,677	8,211	11,259	8,589	8,617	4,034	4,960	8,276	5,018	4,480	3,550
	EDWARDS	220	145	593	358	12	290	61	157	55	104	76	75	46	11
	EL PASO	130,813	84,463	127,180	143,423	31,587	75,222	43,363	74,541	27,131	35,485	40,627	25,853	26,278	11,422
	ELLIS	7,091	17,492	40,705	43,746	11,754	27,720	9,460	10,542	4,994	7,589	12,553	10,949	10,855	9,087
	ERATH	2,249	3,058	8,504	6,968	1,148	8,345	3,446	3,634	1,047	1,557	1,596	985	1,323	728
	FALLS	847	2,784	4,261	2,841	1,053	803	309	1,164	698	441	451	490	209	97
	FANNIN	1,081	4,663	10,338	8,173	1,612	2,886	1,423	2,142	1,065	1,296	2,154	1,273	1,017	417
	FAYETTE	1,148	2,823	7,677	4,184	1,115	4,083	1,820	1,417	818	1,020	1,713	918	1,227	607
	FISHER	203	166	1,091	899	101	253	66	286	105	137	249	129	36	23
	FLOYD	1,026	484	1,407	850	151	620	71	515	214	191	252	242	142	37
	FOARD	75	125	417	389	13	64	21	116	38	69	45	49	27	6
	FORT BEND	20,442	25,554	51,581	67,338	20,849	142,429	91,751	17,203	9,356	14,080	21,294	21,735	44,060	58,510
	FRANKLIN	322	464	2,873	1,464	461	1,697	459	724	323	394	520	346	339	147
	FREESTONE	473	1,434	5,261	3,276	1,981	1,909	1,712	1,146	502	585	811	926	703	394
	FRIO	2,151	3,016	3,744	4,246	1,318	1,220	190	1,230	618	748	750	532	294	167
	GAINES	2,847	2,143	3,917	2,211	243	1,058	366	1,317	307	655	868	448	470	503
	GALVESTON	12,768	23,307	60,051	78,822	19,601	48,397	25,657	15,402	6,693	9,286	13,866	12,346	19,032	14,297

2017 Consumer Spending ($Millions)

State	County	Average annual expend-itures	Food	Alcoholic beverages	Housing	Apparel and services	Transport-ation	Healthcare	Entertain-ment	Personal care products & services	Education	Personal insurance & pensions
TX	ANDERSON	1,493.1	192.9	12.1	234.5	22.8	123.1	58.4	35.3	8.4	13.4	69.4
	ANDREWS	204.2	25.5	1.7	52.4	4.8	25.8	12.8	7.2	1.8	2.7	11.1
	ANGELINA	1,116.3	143.9	9.0	133.9	13.2	71.1	33.5	20.6	4.9	7.8	42.7
	ARANSAS	303.8	38.5	2.5	25.3	2.3	13.5	6.4	3.8	0.9	1.2	8.0
	ARCHER	80.6	10.4	0.7	57.3	5.6	30.5	14.5	8.7	2.1	3.2	17.4
	ARMSTRONG	29.4	3.7	0.3	10.3	1.0	4.9	2.5	1.4	0.3	0.6	1.9
	ATASCOSA	613.7	78.0	5.0	1,535.6	156.9	813.9	377.2	242.7	56.6	104.0	545.1
	AUSTIN	496.2	61.6	4.3	130.3	12.7	67.7	32.4	19.3	4.6	7.4	36.6
	BAILEY	92.7	12.2	0.7	30.2	3.0	15.7	7.4	4.6	1.1	1.9	9.8
	BANDERA	377.7	48.2	3.1	471.1	46.1	248.5	118.1	71.3	17.0	26.5	141.6
	BASTROP	1,356.2	169.2	11.6	268.1	25.6	139.5	67.2	39.4	9.5	14.6	73.1
	BAYLOR	47.5	6.2	0.4	42.9	4.1	22.9	11.0	6.4	1.5	2.1	11.9
	BEE	289.3	37.8	2.3	631.3	64.9	339.5	156.1	101.3	23.5	42.8	235.5
	BELL	5,110.5	642.9	43.1	961.9	94.4	506.9	240.8	145.9	34.7	55.7	293.8
	BEXAR	28,532.0	3,558.7	244.3	10,514.8	1,064.9	5,623.9	2,613.0	1,655.9	387.4	674.1	3,670.4
	BLANCO	177.8	22.3	1.5	27.4	2.6	13.5	6.5	3.9	1.0	1.7	6.3
	BORDEN	2.8	0.4	0.0	3.4	0.3	1.6	0.8	0.5	0.1	0.2	0.6
	BOSQUE	294.1	37.5	2.4	191.6	18.6	101.3	48.6	28.6	6.8	10.0	54.3
	BOWIE	1,279.4	163.8	10.5	77.5	7.6	40.9	19.3	11.9	2.8	4.7	24.5
	BRAZORIA	6,206.1	755.1	55.5	501.4	48.7	263.0	125.8	74.8	18.0	27.6	143.0
	BRAZOS	2,090.3	264.2	17.7	187.4	18.6	100.3	46.9	29.0	6.8	10.9	61.8
	BREWSTER	118.8	15.4	0.9	6.9	0.7	3.5	1.6	1.1	0.2	0.5	2.4
	BRISCOE	20.2	2.7	0.2	4.0	0.4	2.1	1.0	0.6	0.1	0.2	1.2
	BROOKS	77.5	10.3	0.6	130.6	12.7	68.6	32.8	19.4	4.6	7.1	36.7
	BROWN	484.6	62.8	3.8	379.5	36.8	200.4	96.0	56.7	13.5	20.4	108.9
	BURLESON	256.6	32.9	2.1	141.7	13.3	70.9	34.7	19.9	4.9	7.8	32.2
	BURNET	859.4	107.6	7.3	59.6	5.9	31.3	14.8	9.0	2.1	3.5	18.1
	CALDWELL	525.4	67.5	4.3	14.8	1.4	7.4	3.7	2.1	0.5	0.8	3.1
	CALHOUN	295.5	37.4	2.4	593.9	58.2	310.8	147.6	89.5	21.4	34.8	177.2
	CALLAHAN	202.2	25.7	1.7	46.5	4.6	24.4	11.6	7.1	1.7	2.7	14.4
	CAMERON	4,647.5	608.6	36.4	1,929.3	191.8	1,016.3	478.8	296.0	70.0	117.5	612.4
	CAMP	183.0	23.3	1.5	10.0	1.0	5.2	2.4	1.5	0.4	0.7	3.2
	CARSON	85.9	10.8	0.7	191.9	18.7	99.1	47.1	28.6	6.9	11.6	55.5
	CASS	416.1	53.9	3.3	239.2	23.7	126.5	59.6	36.8	8.7	14.4	76.8
	CASTRO	85.2	11.1	0.7	120.1	12.4	63.5	29.1	19.1	4.4	8.4	44.2
	CHAMBERS	201.6	25.3	1.7	81.7	8.4	45.1	20.6	13.2	3.1	5.2	30.7
	CHEROKEE	567.3	73.4	4.5	110.3	10.9	58.6	27.7	16.8	4.0	6.3	34.5
	CHILDRESS	80.7	10.4	0.6	17.2	1.7	9.2	4.3	2.6	0.6	1.0	5.4
	CLAY	106.5	13.6	0.9	20.7	2.1	11.2	5.3	3.3	0.8	1.2	6.7
	COCHRAN	36.8	4.8	0.3	107.3	11.8	56.3	24.9	18.3	4.1	9.8	49.4
	COKE	37.1	4.9	0.3	13.0	1.2	6.6	3.2	1.8	0.5	0.6	2.9
	COLEMAN	108.7	14.2	0.9	808.0	79.1	426.6	203.1	122.1	28.9	45.7	241.8
	COLLIN	16,649.1	1,980.1	154.1	802.6	78.6	422.8	200.3	121.6	28.9	46.9	243.6
	COLLINGSWORTH	33.1	4.3	0.3	22.3	2.0	11.3	5.6	3.1	0.8	1.2	5.2
	COLORADO	250.6	32.0	2.0	312.1	31.4	165.1	77.1	48.5	11.4	20.0	104.2
	COMAL	2,664.4	326.9	23.4	919.5	93.6	493.6	228.4	145.7	34.0	59.5	326.9
	COMANCHE	160.8	20.8	1.3	105.5	10.1	54.7	26.4	15.5	3.7	5.7	28.2
	CONCHO	45.2	5.7	0.4	105.2	10.4	54.8	25.9	16.0	3.8	6.6	33.2
	COOKE	4,142.6	510.1	36.4	198.8	19.6	104.9	49.6	30.5	7.2	11.9	62.9
	CORYELL	778.9	99.4	6.4	54.8	5.4	29.1	13.6	8.5	2.0	3.3	18.1
	COTTLE	18.2	2.4	0.1	0.8	0.1	0.4	0.2	0.1	0.0	0.0	0.2
	CRANE	53.5	6.8	0.4	3.7	0.3	1.8	0.9	0.5	0.1	0.2	0.7
	CROCKETT	51.5	6.6	0.4	16.9	1.6	8.5	4.3	2.4	0.6	0.8	3.8
	CROSBY	66.0	8.6	0.5	5.0	0.5	2.5	1.2	0.7	0.2	0.3	1.3
	CULBERSON	24.3	3.2	0.2	71.6	6.8	36.0	18.0	10.4	2.5	3.8	18.3
	DALLAM	162.1	20.5	1.3	9.2	0.9	4.7	2.3	1.3	0.3	0.5	2.3
	DALLAS	36,304.3	4,561.8	306.1	3,689.2	371.7	1,964.5	912.1	580.7	135.7	240.6	1,297.3
	DAWSON	157.8	20.4	1.3	41.5	4.0	21.1	10.2	6.0	1.5	2.4	10.8
	DE WITT	223.5	28.5	1.8	617.7	60.8	321.9	151.9	93.2	22.2	37.8	185.3
	DEAF SMITH	242.3	31.3	1.9	47.0	4.6	24.4	11.5	7.1	1.7	2.9	14.4
	DELTA	65.0	8.5	0.5	45.0	4.4	23.8	11.3	6.9	1.6	2.6	14.1
	DENTON	14,479.9	1,759.5	129.2	458.5	45.2	242.3	114.3	70.1	16.6	27.3	144.9
	DICKENS	26.7	3.5	0.2	779.5	75.5	405.8	193.5	116.5	28.1	45.6	226.9
	DIMMIT	102.1	13.6	0.8	48.4	4.5	24.0	11.7	6.8	1.7	2.9	10.9
	DONLEY	49.7	6.4	0.4	125.8	12.5	66.2	31.2	19.3	4.6	7.8	40.0
	DUVAL	126.5	16.5	1.0	63.1	6.1	33.4	15.9	9.5	2.3	3.5	18.4
	EASTLAND	247.1	32.1	2.0	142.1	13.9	74.9	35.8	21.4	5.1	7.9	42.0
	ECTOR	1,915.4	243.4	15.8	37.9	3.6	19.6	9.5	5.5	1.4	2.1	10.2
	EDWARDS	24.1	3.1	0.2	28.5	2.8	15.1	7.1	4.4	1.0	1.7	8.8
	EL PASO	11,403.6	1,470.5	91.9	1,293.1	124.8	667.6	321.5	191.0	45.9	73.1	355.8
	ELLIS	3,732.0	461.1	32.4	597.3	57.4	310.4	149.1	87.9	21.2	32.1	160.2
	ERATH	504.0	65.0	4.1	24.2	2.4	13.0	6.1	3.7	0.9	1.3	7.4
	FALLS	160.1	20.9	1.3	170.9	16.7	91.1	43.3	25.9	6.1	9.4	51.5
	FANNIN	456.5	58.6	3.7	45.4	4.5	24.2	11.4	7.0	1.6	2.6	14.5
	FAYETTE	399.8	50.5	3.3	91.5	8.8	47.3	22.6	13.5	3.3	5.2	25.3
	FISHER	42.4	5.6	0.3	7.2	0.7	3.7	1.8	1.0	0.3	0.4	1.7
	FLOYD	73.7	9.6	0.6	218.8	22.6	114.4	52.5	34.8	8.1	16.2	79.9
	FOARD	15.5	2.0	0.1	1.9	0.2	1.0	0.5	0.3	0.1	0.1	0.6
	FORT BEND	11,386.2	1,348.6	105.9	191.2	18.9	102.2	47.9	29.6	7.0	11.6	62.6
	FRANKLIN	132.5	17.1	1.1	14.9	1.5	7.6	3.5	2.4	0.5	1.2	5.6
	FREESTONE	252.2	32.1	2.1	79.7	7.8	42.7	20.4	12.2	2.9	4.4	24.9
	FRIO	204.3	26.4	1.6	655.5	66.3	348.8	162.4	102.9	24.1	42.4	227.1
	GAINES	214.0	27.3	1.7	39.3	4.0	21.0	9.7	6.2	1.5	2.7	14.1
	GALVESTON	5,164.4	634.1	45.5	488.5	48.9	263.4	122.9	76.7	17.9	29.8	168.6

State	County	U.S. Population			2017 Gender		2017 Race			
		Total 2017	2010-2017 % chg.	Total 2022	Male	Female	White	Black	Other Race	Hispanic
	GARZA	6,646	4%	7,036	4,225	2,421	2,263	203	368	3,812
	GILLESPIE	28,410	28%	31,390	13,711	14,700	19,965	81	1,852	6,512
	GLASSCOCK	839	-13%	767	448	391	472	14	45	308
	GOLIAD	5,528	1%	5,473	2,735	2,793	2,734	178	291	2,325
	GONZALES	38,826	12%	39,487	19,034	19,792	23,098	810	1,753	13,166
	GRAY	21,578	-26%	21,218	11,206	10,372	11,518	898	2,243	6,919
	GRAYSON	130,282	11%	137,627	63,638	66,644	89,419	4,690	15,504	20,669
	GREGG	160,979	6%	173,950	78,628	82,351	85,198	22,250	16,538	36,993
	GRIMES	34,014	34%	38,847	18,266	15,748	20,757	3,270	1,580	8,407
	GUADALUPE	144,051	22%	179,850	70,638	73,413	70,173	10,194	11,222	52,461
	HALE	37,700	-1%	38,057	19,464	18,235	10,286	839	2,284	24,290
	HALL	2,937	-5%	2,785	1,456	1,480	1,459	136	186	1,155
	HAMILTON	10,331	-14%	11,196	5,123	5,209	8,309	38	495	1,489
	HANSFORD	6,005	6%	6,048	3,008	2,997	2,458	21	341	3,185
	HARDEMAN	3,951	-7%	3,741	1,958	1,994	2,551	174	192	1,033
	HARDIN	83,906	5%	87,724	41,513	42,393	63,497	4,016	7,549	8,844
	HARRIS	4,808,643	13%	5,477,491	2,391,927	2,416,715	1,281,515	563,286	694,080	2,269,761
	HARRISON	53,137	-7%	53,734	26,008	27,129	30,378	8,750	4,698	9,310
	HARTLEY	1,153	-11%	1,126	605	548	667	2	98	386
	HASKELL	5,501	-8%	5,359	2,901	2,600	3,552	147	328	1,474
	HAYS	216,499	38%	280,258	108,607	107,892	94,442	4,402	18,337	99,319
	HEMPHILL	3,721	-1%	3,753	1,884	1,837	2,126	9	243	1,343
	HENDERSON	61,712	7%	65,399	30,164	31,549	42,972	3,426	5,030	10,285
	HIDALGO	818,733	3%	883,138	397,711	421,022	22,952	523	18,069	777,189
	HILL	39,187	9%	42,498	19,207	19,980	24,714	1,536	3,307	9,631
	HOCKLEY	18,279	-19%	17,485	8,963	9,316	7,303	373	1,004	9,598
	HOOD	67,674	29%	79,837	33,393	34,280	53,453	297	4,913	9,011
	HOPKINS	37,361	26%	40,217	18,511	18,850	23,872	1,953	3,676	7,860
	HOUSTON	25,498	2%	26,201	13,513	11,985	15,588	5,286	1,423	3,201
	HOWARD	36,125	-20%	37,007	20,386	15,739	15,132	1,491	2,545	16,958
	HUDSPETH	3,594	-12%	3,832	1,776	1,819	323	20	124	3,128
	HUNT	81,817	8%	86,403	40,441	41,375	53,311	4,825	9,529	14,152
	HUTCHINSON	21,344	-6%	20,654	10,661	10,683	13,739	345	1,687	5,573
	IRION	1,451	-2%	1,411	735	716	840	8	228	374
	JACK	9,504	14%	10,067	5,300	4,204	6,144	652	569	2,139
	JACKSON	12,376	0%	12,255	6,081	6,295	6,710	665	736	4,265
	JASPER	34,479	6%	35,599	16,921	17,558	23,465	5,175	2,525	3,313
	JEFF DAVIS	2,510	-7%	2,647	1,271	1,239	1,477	24	127	882
	JEFFERSON	252,345	2%	254,906	129,357	122,989	92,621	65,944	34,568	59,212
	JIM HOGG	5,426	1%	5,481	2,686	2,741	106	2	40	5,279
	JIM WELLS	42,064	-8%	42,888	20,784	21,280	6,642	55	799	34,568
	JOHNSON	191,181	11%	207,879	95,758	95,424	130,834	3,826	15,127	41,394
	JONES	11,509	-14%	10,805	5,645	5,864	7,227	378	759	3,145
	KARNES	18,709	8%	20,445	11,032	7,676	6,344	1,591	882	9,891
	KAUFMAN	142,753	21%	177,509	70,264	72,489	89,334	8,501	13,103	31,815
	KENDALL	41,982	5%	48,808	20,542	21,440	28,781	90	2,296	10,815
	KENEDY	247	-52%	232	122	126	20	1	14	212
	KENT	731	5%	713	350	381	575	5	43	109
	KERR	54,886	20%	60,295	26,597	28,289	37,260	640	3,338	13,647
	KIMBLE	4,670	-27%	4,871	2,299	2,371	3,240	13	177	1,240
	KINNEY	3,809	6%	3,956	2,070	1,739	1,267	18	128	2,395
	KLEBERG	32,555	-4%	32,978	16,585	15,969	5,134	328	1,521	25,572
	KNOX	2,951	-7%	2,754	1,450	1,501	1,498	134	248	1,070
	LA SALLE	7,565	24%	8,175	4,450	3,115	497	5	95	6,968
	LAMAR	50,704	7%	52,168	24,509	26,195	34,510	5,120	6,343	4,731
	LAMB	13,760	-14%	13,586	6,846	6,914	3,818	259	1,499	8,184
	LAMPASAS	24,938	17%	28,092	12,315	12,624	16,826	614	2,834	4,664
	LAVACA	24,018	-3%	24,279	11,755	12,263	16,202	1,142	1,184	5,491
	LEE	16,946	6%	18,115	8,596	8,350	9,881	1,275	752	5,038
	LEON	21,936	4%	23,643	10,935	11,002	14,593	1,253	1,789	4,301
	LIBERTY	94,424	7%	100,994	46,480	47,944	51,626	7,108	9,722	25,969
	LIMESTONE	23,807	6%	24,578	12,348	11,459	12,169	3,025	1,897	6,716
	LIPSCOMB	2,831	-10%	2,831	1,430	1,402	1,256	11	627	936
	LIVE OAK	9,899	-11%	10,352	5,434	4,465	4,820	359	385	4,335
	LLANO	20,100	17%	23,051	9,695	10,405	16,926	90	843	2,241
	LOVING	59	-27%	54	33	26	33	0	13	13
	LUBBOCK	295,338	5%	318,364	145,483	149,856	144,049	14,039	24,852	112,398
	LYNN	5,680	-2%	5,546	2,829	2,852	2,242	63	291	3,085
	MADISON	13,925	5%	14,540	8,160	5,765	6,677	2,308	1,242	3,698
	MARION	7,936	-4%	7,815	3,851	4,085	5,391	1,620	684	242
	MARTIN	4,308	-19%	4,309	2,154	2,154	2,037	38	108	2,125
	MASON	4,015	-16%	4,131	1,979	2,036	2,936	13	115	951
	MATAGORDA	38,625	-9%	39,576	19,330	19,296	15,316	2,583	3,225	17,501
	MAVERICK	61,480	-6%	67,527	29,958	31,522	423	3	974	60,080
	MCCULLOCH	8,297	7%	8,289	4,069	4,228	4,923	101	596	2,678
	MCLENNAN	255,021	7%	271,398	124,730	130,291	127,871	27,729	25,558	73,864
	MCMULLEN	658	6%	631	340	318	372	5	33	248
	MEDINA	50,014	7%	56,809	25,794	24,220	19,990	1,350	2,499	26,175
	MENARD	2,221	27%	2,227	1,129	1,092	1,136	15	168	902
	MIDLAND	136,608	1%	141,372	67,083	69,525	59,291	5,097	9,752	62,468
	MILAM	25,398	-13%	26,248	12,520	12,878	14,675	1,589	2,133	7,001
	MILLS	5,131	3%	5,439	2,535	2,596	3,781	21	267	1,062
	MITCHELL	10,473	-12%	11,097	6,458	4,015	4,022	1,265	747	4,439
	MONTAGUE	23,146	14%	24,810	11,397	11,749	18,798	48	1,235	3,065

		2017 Age Ranges (Years)								2017 Occupations					
State	**County**	1-9	10-19	20-29	30-39	40-49	50-59	60-69	70 over	Mana-gerial	Sales	Admin support	Service	Farming forestry, fishing	Prod-uction
	GARZA	592	777	1,449	960	953	881	553	482	2,174	82	293	883	1	505
	GILLESPIE	2,605	3,329	1,965	2,264	3,652	4,918	4,016	5,661	6,979	1,587	1,725	2,387	138	1,922
	GLASSCOCK	96	141	45	99	145	119	115	79	319	8	23	13	10	69
	GOLIAD	536	739	391	456	789	985	793	838	1,069	278	490	423	21	738
	GONZALES	3,473	4,644	2,661	3,339	4,216	6,161	5,562	8,771	11,938	970	919	1,982	441	3,789
	GRAY	2,812	2,594	2,623	2,526	3,245	3,183	2,019	2,576	2,940	920	744	5,351	143	2,559
	GRAYSON	16,311	17,991	14,622	14,356	18,946	20,482	14,059	13,515	23,006	7,330	11,051	9,151	199	15,915
	GREGG	20,939	21,969	21,678	17,188	21,789	23,279	14,726	19,410	27,191	12,764	10,771	13,108	137	20,773
	GRIMES	4,006	4,081	3,540	3,664	5,573	5,995	3,777	3,378	6,256	1,723	3,020	3,202	140	5,382
	GUADALUPE	19,908	22,689	14,523	18,162	24,337	19,361	13,182	11,889	28,886	6,763	10,663	10,156	82	16,591
	HALE	5,296	5,609	5,314	4,193	5,229	5,035	3,103	3,920	7,981	1,929	2,649	3,238	291	5,399
	HALL	404	415	234	276	342	421	370	475	807	77	81	450	62	261
	HAMILTON	1,080	1,369	904	1,038	1,364	1,601	1,443	1,532	2,601	289	498	627	239	1,424
	HANSFORD	914	931	551	617	852	913	585	642	1,269	252	275	435	186	702
	HARDEMAN	464	512	332	390	526	722	482	523	854	90	115	401	74	540
	HARDIN	11,359	12,511	8,383	9,902	13,554	13,844	8,020	6,332	9,874	2,760	5,540	9,307	2,129	13,444
	HARRIS	734,838	704,828	679,718	654,819	693,108	680,421	360,560	300,349	794,981	248,323	355,380	422,675	1,298	617,011
	HARRISON	6,992	7,250	6,612	5,800	7,672	8,385	5,682	4,744	8,663	2,673	5,195	4,028	75	8,212
	HARTLEY	223	185	132	196	143	118	81	75	221	9	54	157	25	94
	HASKELL	507	651	478	576	784	925	643	937	1,650	124	168	678	20	513
	HAYS	28,380	33,535	43,194	26,069	29,177	29,266	16,084	10,794	37,740	11,294	15,173	17,863	109	19,882
	HEMPHILL	522	542	401	395	589	597	366	308	1,062	72	277	220	18	252
	HENDERSON	7,245	8,139	6,118	6,359	8,765	9,355	7,732	7,998	10,246	3,499	4,496	5,681	321	9,452
	HIDALGO	160,937	137,855	117,776	109,589	98,781	79,173	52,881	61,742	131,988	49,103	47,536	138,343	12,102	116,817
	HILL	4,838	5,563	4,168	3,819	5,526	6,200	4,587	4,485	7,269	3,133	2,236	3,175	187	5,828
	HOCKLEY	2,281	2,811	2,461	1,684	2,420	2,755	1,869	1,997	3,537	1,099	1,501	1,769	204	1,903
	HOOD	7,130	8,404	5,952	5,629	9,639	11,267	9,131	10,523	11,707	5,800	4,161	5,828	60	8,347
	HOPKINS	4,666	5,426	3,944	4,264	5,228	5,904	4,093	3,837	6,709	1,751	2,575	2,311	163	5,865
	HOUSTON	2,531	3,015	2,268	2,539	4,316	4,318	3,112	3,399	4,437	1,304	2,272	4,580	155	3,001
	HOWARD	3,863	4,624	4,963	4,263	6,213	5,482	3,052	3,664	8,244	1,164	2,155	5,985	315	4,185
	HUDSPETH	488	694	338	341	519	481	370	362	254	233	124	450	265	976
	HUNT	10,433	11,802	10,357	9,363	11,702	11,839	8,661	7,659	14,203	4,190	7,343	6,271	321	10,386
	HUTCHINSON	2,784	2,923	2,348	2,244	2,867	3,747	1,863	2,568	2,986	1,027	1,385	2,708	69	3,742
	IRION	110	240	82	125	238	262	235	159	335	57	89	85	29	127
	JACK	883	1,289	1,476	1,239	1,573	1,244	948	852	1,492	469	386	2,135	11	1,078
	JACKSON	1,617	1,700	1,484	1,263	1,752	1,833	1,201	1,526	2,383	311	1,026	1,198	70	1,880
	JASPER	4,536	4,306	3,801	3,730	4,791	5,589	3,979	3,748	4,792	2,607	2,685	4,389	428	5,509
	JEFF DAVIS	168	332	117	157	326	581	459	369	621	91	225	145	41	142
	JEFFERSON	30,591	34,465	38,034	30,835	37,761	36,967	19,300	24,392	39,307	17,946	19,718	32,395	734	34,231
	JIM HOGG	808	761	612	662	659	617	702	604	686	443	178	975	8	1,031
	JIM WELLS	5,997	6,226	4,894	4,523	5,473	6,300	4,284	4,368	7,090	3,073	3,965	5,249	285	5,594
	JOHNSON	27,930	28,318	20,627	24,232	29,004	27,933	18,389	14,749	28,374	10,959	16,788	11,146	146	26,529
	JONES	1,390	1,505	1,009	1,112	1,584	1,952	1,420	1,537	2,126	822	554	1,295	90	1,525
	KARNES	1,516	1,818	3,513	2,813	3,107	2,277	1,647	2,019	4,556	1,140	1,025	2,522	263	2,574
	KAUFMAN	21,051	22,286	15,091	19,008	21,899	20,402	12,758	10,258	23,031	5,840	10,947	9,334	185	22,235
	KENDALL	4,930	6,494	3,138	4,082	6,263	6,879	5,348	4,846	9,414	1,696	2,408	3,811	34	3,601
	KENEDY	24	34	27	15	42	24	27	54	59	4	12	33	21	5
	KENT	62	110	33	50	91	109	120	157	225	19	43	15	1	81
	KERR	4,941	6,315	4,726	4,242	6,730	8,766	8,043	11,123	10,167	2,567	4,506	5,773	442	8,151
	KIMBLE	424	517	343	425	571	801	802	787	1,520	143	150	236	21	466
	KINNEY	326	436	317	371	468	566	479	845	1,511	233	108	323	27	334
	KLEBERG	4,283	4,893	6,881	3,447	3,492	3,871	2,814	2,874	5,537	1,674	2,386	5,215	345	3,638
	KNOX	360	400	243	296	395	421	289	548	759	61	197	342	71	333
	LA SALLE	837	896	2,030	769	867	831	733	602	1,023	242	205	1,902	704	946
	LAMAR	6,167	7,121	5,458	5,595	7,249	7,001	6,104	5,318	9,008	3,131	3,667	5,281	80	6,482
	LAMB	1,936	2,189	1,353	1,282	2,013	1,918	1,334	1,735	2,825	536	1,049	1,199	246	2,121
	LAMPASAS	2,846	3,578	2,308	2,549	3,868	3,797	3,196	2,797	6,146	1,093	1,346	1,903	158	2,489
	LAVACA	2,809	3,119	1,935	2,209	3,488	3,940	3,009	3,510	5,075	677	1,591	1,946	39	3,330
	LEE	2,008	2,604	1,581	1,729	2,698	2,615	1,750	1,961	2,789	558	994	1,475	48	2,776
	LEON	2,329	2,566	1,835	1,996	2,999	3,769	3,240	3,202	3,637	1,517	2,085	2,158	139	2,912
	LIBERTY	12,184	13,541	12,656	12,010	14,682	14,488	8,433	6,430	11,370	4,210	8,159	10,939	294	18,619
	LIMESTONE	2,660	3,205	3,424	2,528	3,279	3,773	2,613	2,326	4,694	1,075	1,499	3,188	51	3,444
	LIPSCOMB	364	409	319	298	392	370	246	434	727	94	146	292	84	206
	LIVE OAK	797	1,089	1,257	1,370	1,507	1,472	1,182	1,225	2,517	227	632	1,626	44	1,083
	LLANO	1,887	1,869	2,002	1,484	2,566	3,558	3,157	3,577	4,278	877	1,690	1,193	12	3,735
	LOVING	2	4	9	1	12	15	10	5	1	0	13	1	0	1
	LUBBOCK	38,854	39,088	56,592	32,236	37,954	37,972	23,992	28,650	50,790	15,017	24,160	26,964	646	26,666
	LYNN	720	888	456	517	914	926	603	655	2,139	134	247	384	49	357
	MADISON	1,427	1,793	2,264	2,134	2,031	1,709	1,350	1,216	1,707	699	775	2,958	586	2,272
	MARION	709	850	675	682	1,128	1,415	1,351	1,125	1,534	472	413	1,288	46	929
	MARTIN	626	671	495	452	637	577	472	379	1,211	150	339	426	26	423
	MASON	343	492	211	344	493	755	736	642	1,182	61	156	235	46	384
	MATAGORDA	4,654	5,577	4,265	3,441	5,876	6,474	4,111	4,227	6,302	2,444	1,848	3,901	1,329	6,426
	MAVERICK	11,071	10,910	7,719	7,358	8,155	7,082	4,234	4,951	8,911	2,571	4,548	13,509	414	12,217
	MCCULLOCH	939	1,086	675	750	1,079	1,395	1,179	1,190	1,727	595	325	763	117	1,237
	MCLENNAN	33,976	38,174	40,960	27,755	33,674	34,299	21,572	24,611	42,442	13,760	21,100	24,810	181	30,876
	MCMULLEN	37	67	46	39	104	117	107	140	108	43	85	9	4	118
	MEDINA	6,250	6,867	6,085	5,442	7,747	7,741	5,053	4,830	8,695	2,620	3,344	6,246	215	6,519
	MENARD	173	258	159	143	273	435	359	421	674	60	79	197	7	183
	MIDLAND	18,344	21,188	18,528	14,377	19,887	20,141	10,370	13,774	22,993	7,046	9,681	13,640	117	17,247
	MILAM	3,300	3,555	2,330	2,385	3,518	4,279	2,810	3,220	3,928	1,346	2,014	2,173	141	4,157
	MILLS	608	741	317	439	710	858	698	760	1,788	124	173	265	141	345
	MITCHELL	801	1,016	2,353	1,605	1,676	1,396	813	813	2,244	152	1,132	2,223	17	1,211
	MONTAGUE	2,576	2,849	2,104	2,248	3,494	3,769	3,156	2,949	4,697	1,387	1,768	1,925	187	2,675

State	County	Less than 9th grade	9th to 12th grade, no diploma	High school grad-uate	Some college, no degree	Assoc-iate degree	Bach-elor's degree	Grad. or pro-fessional degree	Less than $25,000	$25,000-$34,999	$35,000-$49,999	$50,000-$74,999	$75,000-$99,999	$100,000-$149,999	over $150,000
	GARZA	220	734	2,237	2,003	35	275	252	580	153	265	350	118	163	105
	GILLESPIE	886	1,507	7,465	6,212	1,051	4,063	2,893	1,284	693	1,083	2,235	1,494	828	658
	GLASSCOCK	80	53	60	145	37	238	56	31	16	14	27	38	51	28
	GOLIAD	270	510	1,509	1,416	237	490	222	378	124	202	406	239	172	82
	GONZALES	2,691	3,769	19,592	4,481	268	1,899	377	1,860	1,348	1,743	2,270	6,564	5,406	4,340
	GRAY	789	2,651	5,184	5,478	1,253	1,496	722	1,365	677	794	1,104	802	746	287
	GRAYSON	3,243	9,452	27,644	29,224	10,096	17,425	8,163	7,419	3,089	5,355	6,782	6,015	4,849	2,441
	GREGG	6,875	15,452	35,353	34,889	8,146	19,041	9,818	10,715	4,243	6,484	7,679	6,139	5,434	3,284
	GRIMES	1,530	5,140	7,662	7,048	1,714	3,985	845	1,964	885	1,018	1,718	1,377	1,119	361
	GUADALUPE	4,509	8,297	21,701	29,032	12,174	24,169	12,709	4,818	2,406	3,789	7,619	7,908	8,809	4,719
	HALE	3,332	4,746	8,858	6,354	1,194	3,277	1,920	2,391	1,282	1,586	1,883	1,103	800	422
	HALL	471	459	717	338	48	169	109	283	115	163	113	46	27	27
	HAMILTON	354	927	2,315	2,516	245	1,586	583	646	348	564	739	238	265	189
	HANSFORD	896	457	1,289	798	55	737	400	329	185	211	434	254	219	68
	HARDEMAN	184	463	1,017	961	92	272	237	341	121	152	283	132	57	36
	HARDIN	9,804	9,243	21,927	13,093	2,668	7,394	2,117	10,983	4,719	6,463	9,209	3,881	4,831	3,768
	HARRIS	540,050	457,564	712,025	776,220	174,124	667,508	387,747	251,935	115,560	149,738	189,760	149,035	192,693	183,009
	HARRISON	1,387	4,605	14,601	9,893	2,688	7,183	2,275	3,310	1,346	2,175	2,517	2,361	1,764	1,226
	HARTLEY	23	84	211	178	108	212	17	29	33	40	107	34	63	10
	HASKELL	279	417	1,876	967	29	743	392	584	143	229	251	153	162	94
	HAYS	8,957	10,467	42,778	42,994	9,556	37,106	21,864	7,803	3,004	5,080	7,654	7,880	11,846	8,085
	HEMPHILL	164	186	536	1,038	97	850	87	226	74	135	146	306	88	74
	HENDERSON	2,814	4,808	14,762	14,814	3,852	6,892	2,366	4,771	2,599	3,388	4,912	2,753	3,070	1,280
	HIDALGO	138,912	128,881	114,579	99,447	18,530	50,465	35,651	134,063	42,470	53,326	50,898	28,189	23,497	12,794
	HILL	1,333	4,021	10,679	8,434	1,869	3,394	1,888	2,992	1,218	1,529	2,167	1,403	1,254	388
	HOCKLEY	1,850	2,018	4,206	2,818	1,571	1,562	875	1,202	548	581	1,119	696	506	266
	HOOD	838	4,765	14,903	16,146	2,347	10,018	7,367	3,075	2,198	2,912	3,846	2,393	3,157	2,399
	HOPKINS	1,754	2,531	10,047	7,653	1,204	5,563	1,308	2,220	1,269	1,817	2,191	1,235	1,218	517
	HOUSTON	1,729	3,122	6,663	5,139	1,174	1,958	1,804	2,337	696	836	1,082	693	546	311
	HOWARD	3,582	3,236	9,888	8,438	1,849	2,670	551	2,317	973	1,146	1,851	831	973	490
	HUDSPETH	1,347	307	422	249	154	227	101	485	134	124	80	33	51	17
	HUNT	2,854	7,020	22,607	16,848	2,422	8,122	5,615	5,505	2,274	2,981	3,852	2,830	3,448	1,241
	HUTCHINSON	582	1,416	6,496	4,909	1,191	1,492	1,073	1,284	697	956	1,053	944	969	244
	IRION	63	70	248	304	97	412	24	73	37	71	47	81	63	49
	JACK	292	604	2,970	1,992	567	905	688	475	358	362	419	387	246	185
	JACKSON	467	579	3,771	2,546	559	1,592	398	696	356	508	629	580	427	327
	JASPER	1,423	2,991	11,334	6,550	1,488	3,361	718	2,772	934	1,759	1,331	1,502	992	327
	JEFF DAVIS	135	237	271	182	279	534	583	108	82	119	216	47	106	32
	JEFFERSON	10,971	23,813	65,861	58,651	9,612	26,825	10,456	17,268	6,303	7,818	10,040	7,278	10,809	4,704
	JIM HOGG	562	397	1,111	845	1,058	157	72	333	230	288	252	182	93	43
	JIM WELLS	2,249	5,438	12,709	6,787	826	3,158	1,724	3,103	1,351	1,555	2,078	1,259	1,240	457
	JOHNSON	4,905	16,162	45,699	43,943	7,446	22,491	8,316	10,392	6,469	10,154	14,832	14,818	11,540	8,390
	JONES	553	912	4,070	2,251	693	565	321	882	548	584	619	239	224	127
	KARNES	1,314	4,652	5,750	2,159	623	886	973	1,091	361	437	990	360	571	235
	KAUFMAN	4,418	14,209	32,944	31,674	6,990	16,409	3,019	5,571	2,795	4,116	8,126	8,015	7,207	3,784
	KENDALL	2,143	1,967	6,711	7,736	1,507	9,618	3,794	1,682	761	1,145	1,656	1,621	2,679	2,349
	KENEDY	36	46	37	25	0	23	42	23	5	13	29	3	0	1
	KENT	19	26	161	254	7	73	74	53	36	22	42	32	28	1
	KERR	2,104	3,365	13,850	11,031	2,684	9,379	4,667	3,603	1,553	2,369	3,292	1,943	1,627	1,138
	KIMBLE	200	537	1,507	842	81	423	384	344	143	311	313	107	82	67
	KINNEY	385	248	838	615	158	671	352	435	139	119	173	85	15	78
	KLEBERG	2,732	4,234	6,477	5,985	814	4,116	1,975	2,794	898	760	1,226	1,118	842	424
	KNOX	298	192	826	586	72	220	181	293	111	102	146	87	49	13
	LA SALLE	1,107	1,833	1,898	1,279	27	167	51	805	265	212	210	166	71	30
	LAMAR	1,357	4,335	14,474	10,955	2,999	4,853	2,055	3,646	1,596	1,996	2,769	1,949	1,736	623
	LAMB	1,601	1,203	3,184	2,714	861	860	365	1,062	684	637	504	377	265	181
	LAMPASAS	758	1,487	5,474	5,524	1,535	2,898	2,637	1,066	817	1,072	1,310	998	961	772
	LAVACA	1,028	2,061	7,433	4,965	924	2,026	1,188	1,541	885	791	1,520	665	1,221	265
	LEE	1,791	1,000	5,535	2,475	725	1,558	610	863	482	673	913	598	640	331
	LEON	798	2,219	6,919	4,512	562	2,378	995	1,731	613	793	1,113	919	976	474
	LIBERTY	4,327	13,652	28,068	20,309	2,438	4,473	2,519	7,046	2,953	5,177	6,925	5,404	4,500	2,678
	LIMESTONE	1,706	2,918	6,014	5,299	1,136	1,338	1,206	1,393	651	931	1,321	941	579	295
	LIPSCOMB	511	196	465	527	28	313	203	138	60	87	207	113	125	28
	LIVE OAK	832	1,644	2,204	1,729	455	515	1,236	555	171	380	339	286	458	129
	LLANO	250	1,585	5,224	4,878	534	3,358	1,437	1,337	699	921	1,020	426	1,266	471
	LOVING	0	1	14	31	6	0	3	0	1	0	4	10	3	0
	LUBBOCK	11,572	26,357	59,954	66,695	10,606	40,566	22,398	19,863	7,407	11,070	13,467	9,610	8,864	6,069
	LYNN	651	324	622	1,250	258	823	583	344	169	210	323	364	120	42
	MADISON	607	878	6,905	1,397	242	1,237	285	875	350	574	524	327	232	173
	MARION	187	1,069	2,335	2,367	184	332	307	801	226	410	349	221	173	78
	MARTIN	378	212	1,129	854	20	637	118	304	121	232	207	140	75	70
	MASON	141	198	609	1,407	118	785	136	207	121	152	158	148	244	179
	MATAGORDA	3,786	4,607	9,476	6,974	2,021	3,793	698	2,858	889	1,265	1,420	1,289	1,807	625
	MAVERICK	13,558	8,185	9,745	5,694	1,840	4,102	1,729	5,520	2,220	2,352	2,329	1,166	707	348
	MCCULLOCH	265	1,168	2,764	1,291	186	508	553	725	223	473	304	319	122	158
	MCLENNAN	13,940	21,943	53,490	49,808	15,789	27,556	20,521	16,278	6,206	9,003	10,759	8,377	9,054	5,596
	MCMULLEN	28	57	162	155	101	72	7	92	15	17	26	16	18	4
	MEDINA	2,376	3,653	13,227	10,571	2,982	5,774	1,705	2,582	1,192	1,691	2,704	2,575	1,536	1,048
	MENARD	153	187	559	423	24	367	204	150	96	115	144	73	43	24
	MIDLAND	9,306	12,884	24,282	28,704	8,632	18,328	6,208	7,099	3,983	4,441	6,509	4,731	5,060	5,002
	MILAM	903	2,971	8,222	4,880	724	2,387	408	1,823	766	1,012	1,132	865	1,015	402
	MILLS	160	175	1,574	655	21	1,147	410	359	214	174	282	172	88	89
	MITCHELL	313	1,276	4,740	1,540	412	640	350	584	267	329	570	156	157	84
	MONTAGUE	679	2,282	6,740	6,013	884	1,882	539	1,490	694	1,023	1,368	951	816	378

2017 Consumer Spending ($Millions)

State	County	Average annual expend-itures	Food	Alcoholic beverages	Housing	Apparel and services	Transport-ation	Healthcare	Entertain-ment	Personal care products & services	Education	Personal insurance & pensions
	GARZA	82.8	10.6	0.7	6.8	0.6	3.5	1.7	1.0	0.2	0.3	1.6
	GILLESPIE	436.5	55.0	3.6	255.5	25.6	133.2	62.3	39.5	9.3	17.1	84.8
	GLASSCOCK	12.5	1.5	0.1	94.4	8.8	47.8	23.4	13.3	3.3	4.9	21.3
	GOLIAD	79.6	10.2	0.6	131.7	12.9	68.2	32.5	19.8	4.7	8.0	39.0
	GONZALES	1,514.9	182.9	13.9	830.8	85.7	439.2	199.7	134.5	31.1	62.7	325.9
	GRAY	289.0	36.9	2.4	295.7	28.8	151.2	72.2	43.8	10.5	18.1	82.8
	GRAYSON	1,857.0	235.5	15.5	328.2	33.1	175.5	81.7	51.5	12.1	20.6	112.7
	GREGG	2,193.7	279.2	18.2	357.3	35.2	189.8	89.6	54.7	13.0	20.6	112.5
	GRIMES	429.3	54.8	3.5	414.5	40.0	214.2	103.0	61.3	14.7	23.7	114.4
	GUADALUPE	2,423.4	297.3	21.4	1,220.1	126.7	657.9	297.8	200.2	46.1	89.3	494.4
	HALE	444.2	57.5	3.5	424.5	41.0	221.1	105.6	62.5	15.0	23.0	115.7
	HALL	32.5	4.3	0.2	55.3	5.6	29.1	13.5	8.7	2.0	3.8	19.3
	HAMILTON	139.4	18.0	1.1	68.3	6.8	36.3	17.2	10.5	2.5	3.9	21.5
	HANSFORD	86.5	11.0	0.7	470.3	47.0	249.0	116.6	72.9	17.2	29.6	156.3
	HARDEMAN	51.4	6.7	0.4	31.8	3.1	17.0	8.0	4.9	1.2	1.8	10.2
	HARDIN	2,090.4	267.2	17.1	80.6	8.1	43.0	20.2	12.5	2.9	4.9	26.7
	HARRIS	64,872.1	8,066.3	558.1	9,341.1	954.3	5,054.3	2,327.0	1,495.2	347.7	614.6	3,437.1
	HARRISON	760.8	96.1	6.4	138.1	13.9	73.5	34.4	21.6	5.1	8.8	47.3
	HARTLEY	17.3	2.2	0.1	58.5	5.5	28.9	14.2	8.2	2.0	3.4	13.4
	HASKELL	74.6	9.6	0.6	14.6	1.4	7.5	3.6	2.2	0.5	0.9	4.4
	HAYS	3,051.4	372.5	27.2	238.0	23.6	127.4	59.7	36.8	8.8	13.9	77.7
	HEMPHILL	54.1	6.9	0.5	1.4	0.1	0.8	0.4	0.2	0.0	0.1	0.3
	HENDERSON	1,135.9	145.0	9.3	343.5	34.0	182.4	85.9	52.8	12.5	20.5	110.1
	HIDALGO	14,775.8	1,943.7	115.4	2,259.2	225.3	1,182.3	555.8	346.9	82.1	143.1	725.5
	HILL	532.6	68.5	4.3	160.5	15.3	84.2	40.6	23.7	5.7	8.4	43.8
	HOCKLEY	241.5	30.9	2.0	14.3	1.4	7.5	3.6	2.1	0.5	0.8	4.0
	HOOD	1,083.6	134.9	9.2	51.9	5.2	28.1	13.1	8.1	1.9	3.0	17.3
	HOPKINS	519.6	66.5	4.2	101.8	10.0	53.9	25.5	15.5	3.7	5.9	31.2
	HOUSTON	293.7	38.1	2.3	2.6	0.3	1.4	0.7	0.4	0.1	0.2	1.0
	HOWARD	419.1	53.6	3.4	0.7	0.1	0.3	0.1	0.1	0.0	0.1	0.2
	HUDSPETH	34.5	4.7	0.3	8.2	0.8	4.2	2.0	1.2	0.3	0.4	2.2
	HUNT	1,125.6	143.1	9.3	68.6	6.8	35.6	16.9	10.4	2.5	4.2	21.2
	HUTCHINSON	321.9	40.9	2.7	110.1	11.1	58.1	27.0	17.2	4.0	7.4	38.1
	IRION	23.2	2.9	0.2	14.9	1.4	7.7	3.8	2.2	0.5	0.8	4.1
	JACK	124.9	15.8	1.0	87.7	8.9	46.6	21.7	13.8	3.2	5.8	30.9
	JACKSON	177.6	22.5	1.5	589.2	58.0	308.4	146.1	89.5	21.2	35.2	181.5
	JASPER	460.7	59.6	3.7	5.2	0.5	2.8	1.3	0.8	0.2	0.3	1.5
	JEFF DAVIS	38.1	4.8	0.3	2.2	0.2	1.2	0.5	0.3	0.1	0.1	0.7
	JEFFERSON	3,296.1	416.8	27.6	59.6	5.8	31.7	15.2	8.9	2.1	3.1	16.7
	JIM HOGG	64.2	8.4	0.5	16.9	1.7	9.1	4.2	2.6	0.6	0.9	5.2
	JIM WELLS	530.6	68.3	4.3	306.7	30.6	163.2	76.6	47.3	11.1	18.4	99.2
	JOHNSON	4,305.4	535.1	37.1	123.6	12.2	65.7	31.1	18.9	4.5	7.2	39.1
	JONES	149.9	19.4	1.2	44.6	4.4	22.9	10.8	6.6	1.6	2.7	12.7
	KARNES	202.6	25.7	1.7	1,572.0	165.0	837.8	381.3	256.2	58.7	118.0	621.1
	KAUFMAN	2,234.2	278.0	19.2	472.7	47.6	253.4	118.1	74.1	17.4	29.8	161.6
	KENDALL	692.6	84.2	6.2	592.4	62.6	316.2	142.8	97.2	22.3	45.4	239.7
	KENEDY	3.1	0.4	0.0	7.0	0.7	3.6	1.8	1.1	0.3	0.4	2.0
	KENT	10.6	1.4	0.1	4.6	0.4	2.3	1.1	0.7	0.2	0.3	1.1
	KERR	777.0	98.8	6.4	1,316.5	132.2	697.5	326.5	205.5	48.2	84.6	448.3
	KIMBLE	65.9	8.5	0.5	118.5	12.6	62.8	28.4	19.5	4.4	9.4	48.8
	KINNEY	47.0	6.1	0.4	6.5	0.6	3.1	1.5	0.9	0.2	0.4	1.2
	KLEBERG	363.4	47.2	2.9	105.8	10.2	56.0	26.6	16.1	3.8	6.0	33.2
	KNOX	34.3	4.5	0.3	22.5	2.2	11.7	5.6	3.3	0.8	1.3	6.2
	LA SALLE	09.3	9.3	0.5	767.6	78.1	403.8	187.9	120.2	28.2	51.5	265.9
	LAMAR	701.3	90.0	5.7	285.1	27.7	148.2	71.0	42.4	10.2	16.1	80.1
	LAMB	169.8	22.0	1.3	1,120.5	112.9	599.2	278.0	176.4	41.2	72.0	394.6
	LAMPASAS	385.6	48.0	3.3	130.3	13.2	68.5	32.0	20.2	4.7	8.4	43.9
	LAVACA	354.0	45.0	2.9	856.0	84.4	447.2	211.6	129.3	30.8	51.4	258.0
	LEE	235.3	29.7	2.0	83.2	8.0	43.7	20.8	12.5	3.0	4.7	24.3
	LEON	345.1	43.6	2.9	384.6	38.0	202.1	95.1	58.9	14.0	24.0	122.3
	LIBERTY	1,836.1	231.3	15.4	190.6	19.2	100.8	47.1	29.7	7.0	12.2	64.2
	LIMESTONE	312.1	39.8	2.6	90.8	8.8	48.1	23.0	13.7	3.3	4.9	27.1
	LIPSCOMB	39.1	5.0	0.3	368.1	35.6	191.0	91.8	54.6	13.1	20.7	103.3
	LIVE OAK	121.8	15.4	1.0	1,240.9	125.6	661.2	307.6	194.9	45.7	79.2	430.1
	LLANO	318.8	40.2	2.6	107.5	10.5	57.2	27.1	16.4	3.9	6.2	32.9
	LOVING	1.1	0.1	0.0	5.8	0.5	3.0	1.5	0.8	0.2	0.3	1.3
	LUBBOCK	3,740.9	476.8	30.9	229.7	22.6	118.5	56.2	34.5	8.2	14.3	68.3
	LYNN	78.8	10.1	0.6	11.3	1.1	5.8	2.8	1.6	0.4	0.6	2.8
	MADISON	143.7	18.5	1.2	313.5	31.6	168.1	78.2	49.3	11.6	20.1	107.4
	MARION	96.5	12.7	0.8	2.9	0.3	1.5	0.7	0.4	0.1	0.2	0.8
	MARTIN	56.6	7.2	0.5	22.3	2.1	11.1	5.5	3.2	0.8	1.2	5.0
	MASON	63.0	7.9	0.5	207.3	20.3	109.2	51.8	31.3	7.5	11.9	61.5
	MATAGORDA	528.9	66.9	4.4	301.3	29.3	159.2	75.9	45.4	10.8	16.7	89.0
	MAVERICK	609.4	80.9	4.6	112.8	10.9	58.5	28.0	16.8	4.0	6.5	32.0
	MCCULLOCH	102.5	13.4	0.8	225.7	22.5	119.6	56.3	34.8	8.2	13.5	72.5
	MCLENNAN	3,308.1	418.8	27.7	1,710.3	181.4	904.0	409.6	280.0	63.7	133.8	689.2
	MCMULLEN	7.9	1.0	0.1	293.1	30.1	155.6	71.8	46.6	10.8	20.3	106.7
	MEDINA	715.7	90.0	6.1	1,365.2	137.6	726.5	339.0	213.8	50.2	87.2	467.3
	MENARD	28.7	3.8	0.2	383.5	38.3	205.6	96.0	60.0	14.1	23.6	130.5
	MIDLAND	1,884.7	236.0	16.0	697.8	69.0	367.9	173.3	106.5	25.4	41.7	220.3
	MILAM	346.5	44.3	2.8	29.6	2.9	15.9	7.6	4.5	1.1	1.6	9.1
	MILLS	61.1	8.0	0.5	104.2	10.1	53.9	25.9	15.3	3.7	5.7	27.8
	MITCHELL	98.7	12.8	0.8	1.8	0.2	0.9	0.4	0.3	0.1	0.1	0.6
	MONTAGUE	328.2	42.1	2.7	21.8	2.1	10.7	5.3	3.1	0.8	1.4	5.3

State	County	U.S. Population		2017 Gender		2017 Race			
		Total 2017	2010-2017 % chg.	Total 2022	Male	Female	White	Black	Other Race	Hispanic
	MONTGOMERY	526,101	18%	625,967	260,951	265,150	303,583	17,348	55,133	150,037
	MOORE	18,252	6%	18,378	9,292	8,960	6,374	147	1,528	10,203
	MORRIS	14,433	6%	14,846	6,965	7,468	8,913	2,904	1,304	1,312
	MOTLEY	1,013	11%	986	518	495	820	15	54	125
	NACOGDOCHES	63,347	-4%	63,476	30,236	33,111	30,129	9,272	5,993	17,953
	NAVARRO	46,399	17%	47,652	22,938	23,461	22,319	4,002	5,193	14,885
	NEWTON	10,830	-7%	10,916	5,650	5,180	7,082	2,804	359	586
	NOLAN	15,453	1%	15,173	7,693	7,759	8,608	469	826	5,549
	NUECES	361,415	3%	385,486	177,336	184,080	94,847	5,570	21,696	239,302
	OCHILTREE	10,302	12%	10,585	5,258	5,043	3,377	25	418	6,482
	OLDHAM	1,651	-8%	1,570	805	846	1,395	24	70	163
	ORANGE	84,208	-2%	83,768	41,866	42,342	66,788	5,762	6,149	5,509
	PALO PINTO	29,853	7%	30,027	15,656	14,196	18,603	1,295	2,507	7,448
	PANOLA	23,901	-6%	24,743	11,826	12,075	16,350	3,309	1,799	2,443
	PARKER	103,533	-2%	117,863	51,529	52,004	79,765	960	8,791	14,018
	PARMER	9,818	-1%	9,848	5,025	4,793	2,347	28	500	6,943
	PECOS	16,133	-13%	16,370	9,117	7,016	3,079	379	444	12,231
	POLK	47,609	-1%	50,064	25,578	22,031	27,704	4,506	5,301	10,099
	POTTER	131,223	-1%	140,402	67,253	63,970	48,430	11,947	13,907	56,940
	PRESIDIO	2,487	-1%	2,394	1,223	1,264	469	6	108	1,903
	RAINS	11,545	15%	12,881	5,800	5,744	8,707	234	1,014	1,590
	RANDALL	145,550	26%	176,740	70,998	74,551	103,895	3,486	10,634	27,535
	REAGAN	2,982	-12%	2,796	1,546	1,437	706	30	114	2,133
	REAL	3,722	10%	4,008	1,843	1,879	2,658	18	159	888
	RED RIVER	12,942	5%	12,762	6,332	6,610	8,965	1,637	795	1,545
	REEVES	12,188	-1%	11,733	7,331	4,857	1,143	146	1,631	9,268
	REFUGIO	9,867	7%	9,854	4,921	4,945	2,819	240	349	6,459
	ROBERTS	771	-8%	744	389	382	672	1	40	58
	ROBERTSON	14,846	-3%	14,804	7,329	7,517	8,320	2,501	827	3,198
	ROCKWALL	89,373	16%	106,844	44,193	45,180	56,269	3,609	9,801	19,694
	RUNNELS	11,773	2%	11,939	5,857	5,916	6,282	116	1,168	4,207
	RUSK	46,025	-2%	47,684	24,408	21,616	24,123	6,262	4,599	11,040
	SABINE	14,414	2%	15,242	7,083	7,331	12,270	749	744	651
	SAN AUGUSTINE	8,595	1%	8,759	4,223	4,372	4,910	1,740	802	1,144
	SAN JACINTO	19,096	9%	20,514	9,514	9,582	13,553	1,934	1,372	2,238
	SAN PATRICIO	71,325	6%	73,622	35,521	35,805	26,872	1,007	3,765	39,681
	SAN SABA	6,425	20%	6,812	3,527	2,898	3,671	414	362	1,978
	SCHLEICHER	3,385	0%	3,483	1,682	1,703	1,429	26	144	1,786
	SCURRY	16,457	-19%	16,307	8,785	7,672	8,189	384	855	7,030
	SHACKELFORD	2,859	-10%	2,801	1,365	1,493	2,470	15	79	295
	SHELBY	28,243	6%	29,509	13,980	14,263	12,567	2,902	4,735	8,039
	SHERMAN	2,258	23%	2,169	1,153	1,104	839	11	147	1,261
	SMITH	237,158	13%	259,735	114,786	122,372	131,879	28,622	22,574	54,083
	SOMERVELL	9,853	15%	11,192	4,845	5,008	7,100	49	584	2,120
	STARR	73,723	8%	84,844	35,638	38,084	429	3	583	72,709
	STEPHENS	9,393	-11%	9,454	4,866	4,527	5,740	149	846	2,658
	STERLING	1,120	-2%	1,065	565	556	623	10	95	392
	STONEWALL	1,264	-20%	1,200	605	659	903	27	175	159
	SUTTON	4,225	1%	4,246	2,080	2,145	1,183	8	225	2,810
	SWISHER	8,471	0%	8,537	4,462	4,009	4,125	455	290	3,601
	TARRANT	1,940,930	17%	2,241,946	952,194	988,736	804,748	202,589	272,533	661,059
	TAYLOR	148,785	4%	155,401	75,377	73,408	86,754	10,532	13,490	38,010
	TERRELL	8	-64%	3	3	5	2	0	6	1
	TERRY	12,006	0%	11,819	6,384	5,622	4,291	349	577	6,789
	THROCKMORTON	1,897	48%	2,217	927	970	1,680	11	54	152
	TITUS	35,093	-15%	39,063	17,330	17,763	10,327	1,293	3,050	20,423
	TOM GREEN	112,674	-24%	115,605	55,094	57,581	55,501	2,975	7,122	47,076
	TRAVIS	1,275,125	27%	1,554,863	641,745	633,380	551,959	54,900	181,893	486,372
	TRINITY	15,848	6%	16,878	7,723	8,125	12,062	1,147	1,031	1,607
	TYLER	25,434	4%	28,195	13,809	11,625	17,361	2,574	2,027	3,472
	UPSHUR	37,925	6%	39,029	18,846	19,079	28,568	2,508	3,860	2,989
	UPTON	2,092	-32%	1,926	1,035	1,057	554	10	131	1,397
	UVALDE	28,139	13%	28,986	13,762	14,377	5,181	62	863	22,032
	VAL VERDE	52,410	-14%	55,218	26,222	26,188	4,453	141	796	47,022
	VAN ZANDT	55,584	5%	60,258	27,349	28,236	43,535	1,066	4,280	6,703
	VICTORIA	85,364	5%	86,030	41,602	43,762	34,105	2,674	5,357	43,227
	WALKER	71,158	106%	75,617	42,891	28,266	28,516	22,207	5,704	14,731
	WALLER	37,702	16%	42,604	18,976	18,726	12,970	3,436	3,436	17,860
	WARD	9,109	-5%	8,602	4,393	4,716	3,184	266	542	5,116
	WASHINGTON	37,236	2%	40,081	18,303	18,933	22,203	5,014	2,708	7,312
	WEBB	261,010	-1%	280,004	126,687	134,323	2,513	70	5,855	252,571
	WHARTON	40,214	-23%	40,452	19,752	20,463	16,644	3,431	2,184	17,956
	WHEELER	5,326	-4%	5,235	2,631	2,695	3,017	77	447	1,785
	WICHITA	149,580	6%	158,327	76,604	72,977	84,299	17,067	17,632	30,582
	WILBARGER	12,928	-17%	12,547	6,425	6,503	7,105	729	942	4,152
	WILLACY	23,035	10%	24,400	12,604	10,431	1,061	107	396	21,471
	WILLIAMSON	545,280	24%	705,842	268,581	276,699	289,316	25,962	88,948	141,053
	WILSON	46,727	1%	53,978	23,216	23,511	24,308	480	2,016	19,923
	WINKLER	6,587	-10%	6,306	3,290	3,297	2,036	54	287	4,210
	WISE	68,008	19%	79,466	34,250	33,758	46,860	443	5,862	14,843
	WOOD	52,637	15%	58,437	25,941	26,696	38,564	1,753	4,195	8,126
	YOAKUM	8,247	-7%	8,191	4,110	4,137	2,041	23	296	5,888
	YOUNG	19,016	17%	19,307	9,380	9,635	13,343	138	1,283	4,252
	ZAPATA	16,494	49%	20,422	8,295	8,199	354	1	106	16,032

State	County	1-9	10-19	20-29	30-39	40-49	50-59	60-69	70 over	Mana-gerial	Sales	Admin support	Service	Farming forestry, fishing	Prod-uction
	MONTGOMERY	81,081	76,298	58,030	68,477	78,494	81,356	47,024	35,342	97,790	29,437	31,654	42,243	809	62,505
	MOORE	2,841	2,811	2,125	2,098	2,701	2,526	1,389	1,761	2,861	751	858	2,081	284	2,869
	MORRIS	1,524	1,861	1,442	1,381	1,955	2,306	1,797	2,166	2,521	689	1,097	1,396	144	2,593
	MOTLEY	113	121	73	83	114	163	156	190	248	128	11	37	46	92
	NACOGDOCHES	8,785	10,442	10,861	6,498	7,560	8,630	5,214	5,356	7,789	2,247	3,825	6,775	1,279	11,559
	NAVARRO	6,265	7,108	5,145	5,277	6,451	7,099	4,960	4,094	6,585	2,505	3,310	3,514	65	9,810
	NEWTON	1,088	1,463	1,216	1,176	1,474	1,758	1,364	1,292	1,137	774	1,322	1,422	411	1,800
	NOLAN	1,948	2,076	1,540	1,498	2,001	2,472	1,902	2,015	3,724	703	743	1,726	38	1,815
	NUECES	46,213	48,310	49,531	39,443	49,792	57,216	33,639	37,270	60,946	23,642	29,007	39,412	279	42,243
	OCHILTREE	1,775	1,640	1,289	1,234	1,463	1,300	776	824	1,526	392	736	654	387	1,629
	OLDHAM	211	157	158	178	258	227	232	229	387	96	111	34	65	119
	ORANGE	10,202	11,933	9,328	9,437	12,756	13,029	8,485	9,039	11,586	4,460	6,975	7,653	138	15,338
	PALO PINTO	3,385	3,751	3,930	3,582	4,429	4,288	3,467	3,020	4,456	1,956	2,409	2,289	150	5,401
	PANOLA	3,015	3,117	2,729	2,545	3,214	3,791	2,802	2,688	4,258	1,150	1,808	1,707	407	4,400
	PARKER	13,820	16,013	9,785	10,976	16,343	15,741	11,299	9,556	16,090	5,843	6,487	10,001	288	11,912
	PARMER	1,543	1,579	1,197	1,066	1,401	1,188	851	994	2,935	283	538	525	173	1,277
	PECOS	1,879	1,794	2,616	2,092	2,536	2,308	1,486	1,421	1,950	603	607	4,327	373	1,955
	POLK	5,010	5,313	5,556	5,727	7,009	7,505	5,503	5,986	8,883	1,439	4,506	6,714	1,434	6,836
	POTTER	19,668	18,137	19,117	15,397	19,496	17,951	9,991	11,465	14,831	7,923	10,129	19,703	268	19,603
	PRESIDIO	268	245	284	233	313	391	339	413	447	49	344	221	132	219
	RAINS	1,077	1,542	1,001	1,056	1,600	1,929	1,868	1,472	1,785	904	841	1,202	13	1,565
	RANDALL	19,361	20,698	20,102	17,299	20,213	20,771	13,234	13,873	30,351	7,295	6,755	11,535	67	10,802
	REAGAN	399	432	300	344	475	485	246	302	652	114	239	302	21	339
	REAL	327	459	208	277	403	650	724	675	1,108	194	143	292	52	466
	RED RIVER	1,510	1,494	1,223	1,349	1,740	2,136	1,754	1,737	1,783	349	1,090	1,460	188	2,343
	REEVES	1,275	1,386	1,901	1,856	2,015	1,460	1,056	1,238	1,535	733	982	1,896	28	2,662
	REFUGIO	1,008	1,489	674	938	1,427	1,569	1,242	1,520	1,318	236	431	1,218	607	1,461
	ROBERTS	95	86	83	59	100	123	113	112	225	8	78	30	1	27
	ROBERTSON	1,881	2,183	1,499	1,480	2,229	2,166	1,683	1,725	2,637	653	1,290	1,522	160	2,465
	ROCKWALL	14,154	13,468	7,564	11,885	14,348	12,929	8,807	6,219	17,939	5,967	4,557	4,799	116	8,886
	RUNNELS	1,385	1,611	993	1,082	1,647	2,000	1,478	1,576	3,098	529	698	797	84	1,402
	RUSK	5,518	5,579	6,441	5,688	6,928	7,266	4,577	4,027	6,083	3,030	3,479	3,587	1,044	9,206
	SABINE	1,280	1,695	962	1,094	1,981	2,410	2,466	2,526	3,277	608	1,490	896	426	2,572
	SAN AUGUSTINE	916	982	713	788	1,220	1,220	1,348	1,407	2,087	155	516	658	153	1,679
	SAN JACINTO	2,195	2,601	1,651	1,949	2,469	3,291	2,574	2,366	2,956	593	2,207	2,037	387	3,372
	SAN PATRICIO	9,653	10,271	8,128	7,624	10,179	10,943	7,358	7,169	15,550	3,851	7,326	7,649	423	8,437
	SAN SABA	604	837	847	683	772	974	849	861	1,408	401	354	608	246	723
	SCHLEICHER	589	482	364	350	428	483	375	315	1,150	27	226	202	35	177
	SCURRY	1,909	2,211	1,991	1,711	2,786	2,291	1,587	1,971	3,125	989	1,128	1,595	96	2,231
	SHACKELFORD	341	400	221	269	440	466	375	347	521	150	346	258	4	271
	SHELBY	4,290	3,779	3,464	3,115	3,836	4,078	2,918	2,762	6,162	1,377	1,874	1,934	578	4,482
	SHERMAN	356	376	159	282	321	304	225	235	775	78	56	183	28	115
	SMITH	32,669	34,577	30,731	26,940	30,514	33,054	22,746	25,928	39,289	13,517	15,877	23,519	715	31,855
	SOMERVELL	998	1,644	780	943	1,621	1,566	1,274	1,029	1,744	535	348	1,287	32	1,046
	STARR	14,017	13,037	10,305	9,716	8,683	7,167	5,248	5,551	15,132	4,510	3,134	16,966	3,466	9,361
	STEPHENS	1,100	1,183	1,281	943	1,339	1,368	1,014	1,165	1,960	239	501	1,415	68	1,119
	STERLING	118	130	102	93	184	185	138	170	295	42	60	82	40	64
	STONEWALL	119	146	89	105	179	213	171	242	344	30	79	88	6	146
	SUTTON	577	580	374	430	649	716	447	451	678	88	337	377	20	676
	SWISHER	1,050	1,107	1,169	903	1,158	1,056	841	1,188	3,051	91	291	468	121	810
	TARRANT	292,605	293,473	242,973	255,341	303,259	273,935	150,462	128,882	336,938	100,507	150,583	139,642	208	199,205
	TAYLOR	17,837	19,560	27,157	16,390	21,277	19,334	12,476	14,753	26,252	7,887	10,810	19,244	114	16,280
	TERRELL	1	0	0	0	1	1	1	4	1	0	0	0	5	0
	TERRY	1,461	1,440	1,906	1,294	1,660	1,638	1,176	1,431	1,858	735	696	1,157	920	1,803
	THROCKMORTON	177	030	123	169	290	289	230	281	569	16	191	57	34	119
	TITUS	6,182	5,903	4,429	4,430	4,994	4,112	2,595	2,449	5,762	1,723	2,268	3,781	717	5,711
	TOM GREEN	13,519	15,525	19,030	10,979	14,846	15,515	10,542	12,719	16,600	7,161	9,470	13,327	178	13,020
	TRAVIS	178,614	160,957	229,769	194,739	188,960	166,959	85,010	70,117	255,114	58,656	60,174	67,740	337	117,739
	TRINITY	1,550	1,862	1,360	1,487	2,092	2,724	2,277	2,495	2,801	590	877	1,343	777	3,211
	TYLER	2,516	2,878	3,501	3,273	3,371	3,695	3,091	3,108	4,342	1,938	1,706	2,552	699	5,011
	UPSHUR	4,572	5,043	3,591	3,927	5,482	6,810	4,646	3,855	5,370	2,389	2,839	2,665	189	7,148
	UPTON	250	277	229	199	218	337	251	329	352	54	79	377	75	342
	UVALDE	4,031	4,264	2,942	2,982	3,772	3,756	2,919	3,473	4,770	925	1,607	3,916	411	4,755
	VAL VERDE	8,262	7,663	7,024	6,426	6,886	6,061	4,867	5,222	8,677	2,490	3,967	8,744	60	9,072
	VAN ZANDT	6,597	7,914	5,458	5,751	7,691	8,673	6,754	6,747	10,144	2,817	4,051	5,483	735	7,697
	VICTORIA	11,425	11,535	10,571	8,748	11,451	13,676	8,556	9,402	12,874	4,996	5,320	8,560	129	11,895
	WALKER	5,506	8,472	16,177	9,675	11,036	10,306	5,504	4,481	8,038	1,217	4,673	20,725	3,034	5,668
	WALLER	5,772	5,412	4,616	4,438	5,877	5,788	3,363	2,437	6,987	1,394	2,772	2,908	221	5,866
	WARD	1,154	1,184	955	827	1,347	1,449	941	1,250	1,927	440	489	1,250	45	1,277
	WASHINGTON	4,171	5,334	3,730	3,416	5,627	5,990	3,967	5,001	5,923	1,950	2,932	3,344	69	5,380
	WEBB	52,602	45,626	36,165	37,172	34,554	25,893	14,005	14,993	58,478	15,461	16,531	30,763	1,177	43,143
	WHARTON	5,300	5,703	4,679	4,046	5,769	6,380	3,984	4,354	8,103	1,950	1,724	3,635	626	5,818
	WHEELER	703	722	542	514	669	859	686	631	1,002	110	436	691	62	426
	WICHITA	17,226	20,610	24,264	16,075	20,399	20,014	13,245	17,746	23,499	8,999	12,231	18,223	254	18,587
	WILBARGER	1,563	2,029	1,555	1,252	1,822	1,976	1,366	1,365	2,459	1,078	512	1,605	14	1,204
	WILLACY	2,938	3,136	4,217	3,216	2,941	2,783	1,788	2,016	3,281	1,475	1,233	6,656	367	2,365
	WILLIAMSON	90,304	77,668	57,553	88,847	91,102	71,982	38,852	28,972	125,559	36,164	31,000	19,184	108	36,987
	WILSON	5,705	7,062	3,800	5,296	8,255	7,662	4,807	4,141	10,057	2,667	3,512	3,961	12	5,038
	WINKLER	953	921	763	660	1,128	979	573	610	615	207	299	1,669	8	1,232
	WISE	9,143	9,097	7,314	8,109	10,995	10,646	6,938	4,869	12,850	3,649	5,053	4,933	162	7,786
	WOOD	5,486	6,120	4,936	4,619	6,746	8,076	8,410	8,244	9,827	2,484	4,216	6,059	559	6,815
	YOAKUM	1,260	1,318	824	839	1,149	1,248	767	843	1,523	450	519	535	331	1,397
	YOUNG	2,235	2,356	1,833	1,646	2,695	3,330	2,262	2,659	3,375	1,092	1,630	1,751	68	2,216
	ZAPATA	3,066	2,797	2,423	1,945	1,847	1,769	1,448	1,198	1,855	427	523	5,247	108	2,037

State	County	Less than 9th grade	9th to 12th grade, no diploma	High school grad-uate	Some college, no degree	Assoc-iate degree	Bach-elor's degree	Grad. or pro-fessional degree	Less than $25,000	$25,000-$34,999	$35,000-$49,999	$50,000-$74,999	$75,000-$99,999	$100,000-$149,999	over $150,000
	MONTGOMERY	25,430	38,159	92,896	90,986	24,101	94,134	39,149	20,231	10,358	16,026	21,696	21,481	26,686	29,444
	MOORE	1,769	1,836	4,311	3,542	437	1,462	619	898	552	672	1,150	1,100	431	200
	MORRIS	692	1,958	4,387	3,159	459	947	392	1,273	358	571	783	627	378	195
	MOTLEY	20	109	279	245	26	115	45	89	48	72	36	25	10	13
	NACOGDOCHES	8,976	9,498	13,690	8,593	734	5,346	3,590	11,159	3,208	4,064	5,455	3,211	2,486	2,397
	NAVARRO	2,732	3,607	14,835	9,264	2,456	2,358	1,224	3,298	1,915	1,577	4,435	2,252	1,262	579
	NEWTON	409	1,613	4,196	1,536	588	279	421	880	312	410	625	369	270	80
	NOLAN	825	1,663	4,027	3,167	745	1,663	398	1,184	480	714	808	379	472	204
	NUECES	21,823	32,326	69,574	82,609	16,924	42,698	26,148	22,856	9,661	12,048	15,761	12,870	13,286	7,012
	OCHILTREE	1,927	904	1,486	1,581	377	1,139	302	758	201	326	648	501	359	135
	OLDHAM	88	87	251	422	292	198	28	108	34	60	132	45	77	40
	ORANGE	2,449	6,806	27,990	20,483	2,987	6,256	1,260	4,712	2,334	2,540	4,086	3,786	4,222	2,139
	PALO PINTO	1,725	3,733	7,195	7,250	1,262	2,012	1,388	1,988	933	1,162	1,619	968	786	248
	PANOLA	588	2,524	7,591	4,902	1,088	2,249	539	1,482	574	1,017	1,227	1,245	881	365
	PARKER	3,576	8,440	20,831	21,224	4,280	14,371	8,757	4,170	1,762	2,770	4,622	3,910	6,501	5,965
	PARMER	1,702	599	1,671	1,533	132	1,598	286	498	344	466	423	302	405	108
	PECOS	2,304	2,076	4,079	2,641	280	1,176	919	1,090	347	615	727	537	349	149
	POLK	1,633	5,503	15,382	9,965	1,851	3,898	1,705	3,607	1,422	2,182	2,241	1,780	1,188	316
	POTTER	12,384	15,679	27,832	22,945	4,685	10,867	8,210	8,675	4,030	4,777	6,548	4,117	3,361	1,657
	PRESIDIO	361	302	531	299	61	183	362	179	80	101	126	91	60	17
	RAINS	649	898	3,258	2,108	159	2,291	310	823	406	469	775	364	466	100
	RANDALL	1,534	5,578	24,644	34,752	8,323	23,085	18,291	7,233	3,133	4,275	6,904	6,334	7,415	4,435
	REAGAN	484	412	609	576	79	117	88	121	48	143	185	192	55	44
	REAL	107	294	736	812	93	867	277	357	124	147	326	50	61	8
	RED RIVER	766	1,510	3,153	2,908	1,161	598	601	1,092	444	607	799	343	346	57
	REEVES	2,357	2,766	2,735	1,083	230	648	493	1,149	299	374	461	361	152	111
	REFUGIO	558	1,118	2,773	1,995	412	1,168	222	1,098	380	748	706	1,299	274	159
	ROBERTS	7	19	107	208	19	159	105	35	29	18	40	39	52	20
	ROBERTSON	821	1,656	4,815	2,031	646	1,396	583	1,372	318	433	749	602	358	179
	ROCKWALL	9,394	4,906	13,529	16,585	3,491	13,391	6,984	2,473	1,129	2,196	4,228	4,729	4,814	5,440
	RUNNELS	628	705	3,908	2,310	95	1,494	423	887	441	586	558	331	329	173
	RUSK	2,340	5,157	13,469	8,900	1,870	4,268	1,832	2,767	1,344	1,767	2,496	1,769	1,474	863
	SABINE	423	1,158	3,485	3,257	1,586	1,500	866	1,320	615	804	749	383	346	142
	SAN AUGUSTINE	246	689	2,977	2,098	9	378	817	1,023	251	459	413	100	155	104
	SAN JACINTO	416	1,566	5,740	5,849	433	911	674	1,626	420	785	1,215	592	276	661
	SAN PATRICIO	3,137	5,869	17,937	17,603	2,496	6,757	2,892	4,003	1,893	2,317	3,531	2,902	2,572	1,309
	SAN SABA	514	786	1,666	1,215	137	494	623	403	182	297	393	168	92	113
	SCHLEICHER	673	409	330	371	177	472	129	247	90	113	233	92	96	64
	SCURRY	1,434	852	4,216	4,071	924	1,119	967	1,247	340	617	744	577	514	331
	SHACKELFORD	62	162	704	626	200	402	178	198	104	123	187	109	73	26
	SHELBY	1,082	2,664	8,441	5,088	761	2,350	1,746	2,277	1,071	1,121	1,241	1,185	517	423
	SHERMAN	236	170	316	336	32	412	205	93	109	89	182	50	71	66
	SMITH	10,946	18,593	48,419	46,639	11,269	35,373	16,964	14,389	6,389	9,533	11,425	9,130	8,343	5,733
	SOMERVELL	189	729	2,473	2,078	293	1,847	493	466	259	464	383	272	436	368
	STARR	16,131	17,201	8,053	6,815	1,407	1,589	2,000	7,908	2,595	2,271	2,404	1,095	843	598
	STEPHENS	512	1,248	1,559	2,763	529	582	565	680	285	412	527	284	251	69
	STERLING	134	98	194	273	17	164	64	88	34	52	85	23	22	12
	STONEWALL	61	153	318	350	8	128	61	70	36	60	88	75	20	11
	SUTTON	440	561	1,232	606	294	172	37	197	124	250	298	117	130	94
	SWISHER	701	539	1,558	1,664	415	1,607	385	590	272	325	491	304	156	53
	TARRANT	118,488	131,224	298,365	358,088	94,726	341,530	151,957	91,945	41,591	59,706	87,260	75,742	101,009	72,083
	TAYLOR	3,764	18,073	34,762	29,593	8,664	17,753	10,020	9,009	4,136	5,729	7,443	4,873	4,416	1,832
	TERRELL	0	0	0	7	0	0	0	1	0	0	0	0	0	0
	TERRY	1,668	1,593	3,604	1,905	219	633	199	1,079	444	488	373	323	268	120
	THROCKMORTON	35	273	364	634	13	203	52	123	101	104	110	37	41	18
	TITUS	4,615	4,442	6,466	5,451	936	2,631	1,308	2,136	1,302	1,621	1,489	1,096	975	372
	TOM GREEN	5,247	10,960	27,424	22,789	4,902	15,664	5,562	7,896	3,424	4,275	6,508	3,867	3,229	1,737
	TRAVIS	100,787	65,214	138,473	168,161	52,262	301,075	189,222	44,666	22,211	33,634	46,401	38,197	59,527	62,623
	TRINITY	631	1,105	6,463	3,437	505	976	283	1,174	652	939	893	468	301	178
	TYLER	520	4,167	9,141	5,149	518	1,310	741	1,858	1,118	1,172	1,188	1,027	611	447
	UPSHUR	854	3,152	13,203	9,005	1,023	2,508	1,214	3,497	2,125	3,144	3,992	2,776	1,991	852
	UPTON	262	224	552	459	23	104	83	139	46	54	92	61	141	18
	UVALDE	4,481	3,142	5,442	4,831	766	2,289	1,003	2,389	1,152	1,091	1,117	1,088	506	269
	VAL VERDE	8,747	6,225	10,522	6,634	763	3,149	4,016	3,816	1,580	2,418	2,311	1,656	1,018	644
	VAN ZANDT	1,685	6,647	15,892	10,989	2,158	5,029	2,603	3,419	1,613	2,744	3,428	2,156	1,991	526
	VICTORIA	6,400	7,296	19,589	17,719	4,233	8,026	4,992	5,328	2,497	2,642	4,361	3,329	3,363	1,312
	WALKER	16,882	13,418	15,735	7,038	784	5,204	3,838	4,851	1,608	1,780	2,251	1,517	1,108	633
	WALLER	2,761	3,722	9,827	7,273	565	4,008	999	1,942	986	1,059	1,814	1,068	2,022	792
	WARD	599	799	2,538	1,627	160	524	1,128	672	207	462	493	243	299	153
	WASHINGTON	2,442	3,435	8,765	6,340	2,145	5,861	1,930	2,621	894	1,219	1,914	1,370	1,151	667
	WEBB	34,748	35,036	28,448	26,063	9,469	22,558	28,641	16,314	7,148	10,227	11,661	5,850	6,162	2,605
	WHARTON	2,846	3,181	9,919	7,463	2,127	3,926	2,734	2,974	1,141	1,290	1,875	1,206	1,299	771
	WHEELER	279	527	1,135	1,301	358	500	170	340	142	177	262	216	184	178
	WICHITA	9,810	15,521	31,476	28,560	7,912	21,811	8,417	8,157	4,123	6,165	7,490	5,041	4,861	2,496
	WILBARGER	551	1,068	3,202	2,501	570	1,746	803	852	324	438	550	485	353	346
	WILLACY	4,010	1,446	4,478	4,745	281	783	271	2,505	532	665	819	272	310	115
	WILLIAMSON	6,752	12,924	67,595	95,471	34,880	135,142	59,698	10,502	7,311	14,336	30,637	29,868	43,981	35,776
	WILSON	1,830	3,171	10,680	10,151	4,332	5,993	1,199	1,733	715	1,445	2,711	2,945	2,157	1,245
	WINKLER	1,043	852	1,262	1,283	174	494	84	444	229	239	410	223	227	50
	WISE	1,968	5,249	15,943	13,621	4,345	8,173	4,320	2,432	1,218	2,615	3,558	4,545	2,774	1,588
	WOOD	1,477	4,145	13,209	12,259	2,535	4,981	5,511	3,491	1,886	2,546	3,026	1,914	1,340	850
	YOAKUM	2,194	829	1,018	1,304	352	415	206	616	215	239	489	303	312	94
	YOUNG	701	1,644	5,680	3,768	805	2,012	957	1,514	665	676	1,217	573	468	337
	ZAPATA	2,924	1,873	3,226	1,375	61	1,027	269	1,583	471	484	380	270	331	364

2017 Consumer Spending ($Millions)

State	County	Average annual expend-itures	Food	Alcoholic beverages	Housing	Apparel and services	Transport-ation	Healthcare	Entertain-ment	Personal care products & services	Education	Personal insurance & pensions
	MONTGOMERY	8,065.9	987.5	71.3	1,045.8	103.4	554.4	261.8	159.8	37.8	61.2	328.1
	MOORE	260.4	33.2	2.1	14.8	1.4	7.8	3.7	2.2	0.5	0.8	4.5
	MORRIS	201.9	26.0	1.6	80.8	8.0	43.0	20.4	12.4	2.9	4.6	25.0
	MOTLEY	13.2	1.7	0.1	348.9	35.9	187.1	85.5	55.9	13.0	24.1	130.4
	NACOGDOCHES	1,428.4	184.9	11.5	31.8	3.2	16.8	7.8	4.9	1.2	2.0	10.5
	NAVARRO	740.8	95.3	5.9	170.8	17.4	92.0	42.7	27.1	6.3	11.0	61.1
	NEWTON	134.3	17.5	1.1	25.1	2.5	13.4	6.3	3.9	0.9	1.5	8.1
	NOLAN	200.9	25.9	1.6	12.2	1.2	6.4	3.1	1.8	0.4	0.6	3.0
	NUECES	4,748.6	602.2	39.5	776.8	77.1	410.7	192.8	119.4	28.4	48.1	248.9
	OCHILTREE	147.0	18.8	1.2	336.3	33.8	179.5	83.2	52.9	12.4	21.7	118.5
	OLDHAM	26.3	3.3	0.2	12.4	1.2	6.0	2.8	1.7	0.4	0.8	2.4
	ORANGE	1,317.2	164.4	11.3	34.7	3.4	18.6	8.8	5.3	1.3	1.9	10.6
	PALO PINTO	364.5	47.2	2.9	75.3	7.4	40.3	19.0	11.5	2.8	4.2	23.5
	PANOLA	356.0	45.2	3.0	271.0	26.7	144.2	68.0	41.4	9.8	15.7	84.9
	PARKER	1,736.8	210.8	15.5	121.0	11.8	64.5	30.8	18.3	4.4	6.6	36.4
	PARMER	131.8	16.8	1.1	14.7	1.3	7.5	3.7	2.0	0.5	0.6	3.2
	PECOS	180.7	23.4	1.5	48.8	4.4	23.7	11.9	6.7	1.7	2.7	9.8
	POLK	595.0	77.4	4.7	118.5	12.3	63.5	29.1	19.1	4.4	8.3	44.8
	POTTER	1,605.6	206.2	13.0	380.9	37.8	199.8	94.0	58.4	13.8	23.8	121.8
	PRESIDIO	31.5	4.1	0.3	8.2	0.8	4.3	2.1	1.2	0.3	0.4	2.2
	RAINS	170.6	21.8	1.4	37.1	3.7	19.7	9.2	5.7	1.4	2.2	11.9
	RANDALL	2,161.6	269.4	18.5	278.4	28.7	147.7	67.7	44.7	10.3	20.0	105.6
	REAGAN	42.6	5.4	0.4	0.8	0.1	0.3	0.2	0.1	0.0	0.1	0.1
	REAL	46.7	6.1	0.4	63.7	6.3	33.0	15.6	9.7	2.3	4.1	19.9
	RED RIVER	171.1	22.3	1.3	33.8	3.2	17.6	8.5	4.9	1.2	1.7	8.7
	REEVES	128.4	16.8	1.0	10.4	1.0	5.3	2.6	1.6	0.4	0.6	2.8
	REFUGIO	232.7	30.0	1.9	208.9	19.8	107.1	52.1	29.9	7.3	10.9	50.6
	ROBERTS	12.6	1.6	0.1	152.5	15.1	79.6	37.6	23.2	5.5	9.6	47.2
	ROBERTSON	183.4	23.8	1.5	16.1	1.6	8.7	4.2	2.4	0.6	0.8	4.8
	ROCKWALL	1,548.8	186.4	14.1	285.4	30.3	155.4	69.8	47.5	10.9	21.5	119.2
	RUNNELS	156.5	20.2	1.3	52.3	4.9	27.3	13.2	7.6	1.8	2.8	13.8
	RUSK	618.0	78.8	5.1	429.0	43.4	227.7	105.8	67.1	15.7	27.8	147.3
	SABINE	204.2	26.5	1.6	5.5	0.5	2.9	1.3	0.8	0.2	0.3	1.8
	SAN AUGUSTINE	106.0	13.9	0.8	39.6	3.9	21.3	10.0	6.1	1.4	2.3	12.8
	SAN JACINTO	253.6	32.4	2.1	38.6	3.9	21.2	9.7	6.2	1.5	2.5	14.3
	SAN PATRICIO	964.4	121.9	8.1	158.8	15.7	83.5	39.4	24.2	5.7	9.4	49.2
	SAN SABA	76.5	9.9	0.6	15.6	1.5	8.3	3.9	2.4	0.6	0.9	5.3
	SCHLEICHER	43.2	5.6	0.3	8.1	0.8	4.3	2.1	1.2	0.3	0.4	2.1
	SCURRY	214.4	27.3	1.8	33.5	3.1	16.8	8.2	4.8	1.2	1.9	8.0
	SHACKELFORD	39.8	5.1	0.3	6.9	0.7	3.7	1.7	1.0	0.2	0.4	2.1
	SHELBY	359.7	46.7	2.9	21.8	2.2	11.7	5.5	3.3	0.8	1.2	6.8
	SHERMAN	33.2	4.2	0.3	12.7	1.2	6.1	3.0	1.7	0.4	0.8	2.5
	SMITH	3,262.8	413.8	27.1	377.2	38.4	201.8	93.1	59.9	14.0	25.1	135.7
	SOMERVELL	140.2	17.5	1.2	118.1	12.4	63.7	28.8	19.5	4.5	8.8	48.5
	STARR	714.4	95.0	5.4	861.0	85.5	452.1	213.0	132.3	31.3	54.4	277.4
	STEPHENS	118.4	15.3	0.9	0.5	0.1	0.3	0.1	0.1	0.0	0.0	0.1
	STERLING	14.7	1.9	0.1	11.2	1.1	6.0	2.9	1.7	0.4	0.6	3.1
	STONEWALL	17.8	2.3	0.1	3.2	0.3	1.7	0.8	0.5	0.1	0.1	0.9
	SUTTON	60.7	7.7	0.5	234.6	23.2	124.9	58.9	35.8	8.5	13.4	72.7
	SWISHER	101.6	13.2	0.8	90.4	8.6	45.3	21.9	13.1	3.2	5.5	23.3
	TARRANT	29,258.0	3,621.3	253.8	1,306.5	130.4	695.5	325.9	203.2	47.7	80.7	436.9
	TAYLOR	1,832.8	235.1	14.9	290.3	27.6	148.0	71.7	42.0	10.2	16.4	74.1
	TERRELL	0.0	0.0	0.0	5.5	0.5	2.9	1.4	0.8	0.2	0.3	1.3
	TERRY	136.2	17.9	1.1	1.8	0.2	0.9	0.4	0.3	0.1	0.1	0.4
	THROCKMORTON	24.8	3.2	0.2	19.0	1.9	10.0	4.7	2.9	0.7	1.2	6.3
	TITUS	429.2	55.4	3.4	222.1	22.7	118.7	54.8	35.2	8.2	14.8	80.1
	TOM GREEN	1,508.1	193.1	12.2	284.3	28.0	147.9	70.2	43.0	10.2	17.4	86.2
	TRAVIS	16,980.2	2,076.7	150.2	2,202.5	214.6	1,149.4	548.3	328.2	78.7	124.1	627.7
	TRINITY	212.3	27.6	1.7	4.1	0.4	2.2	1.0	0.6	0.1	0.2	1.3
	TYLER	362.2	46.4	2.9	82.0	8.0	43.6	21.0	12.4	2.9	4.4	23.9
	UPSHUR	907.9	116.5	7.4	164.6	17.1	88.5	40.5	26.6	6.2	11.6	63.0
	UPTON	30.2	3.8	0.3	17.6	1.7	9.0	4.3	2.7	0.6	1.1	5.3
	UVALDE	341.3	44.7	2.7	49.7	5.0	25.3	12.0	7.5	1.8	3.4	15.6
	VAL VERDE	636.7	82.2	5.1	32.7	3.1	17.0	8.3	4.7	1.1	1.7	8.2
	VAN ZANDT	782.9	100.7	6.3	60.1	6.1	31.7	14.6	9.6	2.2	4.3	22.1
	VICTORIA	1,163.1	147.9	9.6	609.3	59.4	313.3	149.5	90.7	21.7	37.0	174.1
	WALKER	619.1	80.6	5.0	797.4	79.6	426.1	199.3	124.1	29.1	48.8	267.9
	WALLER	510.3	64.2	4.3	212.2	21.2	111.1	52.3	32.7	7.7	13.5	69.1
	WARD	120.9	15.5	1.0	108.5	10.5	56.5	27.1	16.1	3.9	6.0	30.6
	WASHINGTON	483.3	61.7	4.0	36.4	3.6	19.0	8.9	5.5	1.3	2.3	11.3
	WEBB	2,862.1	368.9	22.9	2,266.4	231.2	1,225.1	566.4	362.7	84.5	147.7	830.0
	WHARTON	526.4	66.9	4.3	774.9	77.6	416.7	194.3	121.2	28.5	47.3	263.0
	WHEELER	76.6	9.6	0.6	450.9	47.3	237.5	108.3	73.1	16.8	34.5	175.9
	WICHITA	1,904.1	243.0	15.6	33.3	3.3	17.8	8.4	5.2	1.2	2.0	10.9
	WILBARGER	166.4	21.1	1.4	50.9	5.0	27.5	12.9	7.9	1.9	2.9	16.5
	WILLACY	207.2	27.7	1.6	469.0	47.0	246.5	115.7	72.5	17.0	29.9	154.4
	WILLIAMSON	11,199.1	1,341.4	102.4	555.5	55.0	292.8	137.8	85.1	20.1	34.1	176.3
	WILSON	742.1	92.2	6.4	908.8	89.2	471.4	223.9	136.9	32.6	55.5	272.2
	WINKLER	88.4	11.4	0.7	180.4	15.9	84.1	43.3	23.5	6.1	9.8	28.5
	WISE	1,024.7	128.7	8.7	126.8	13.0	67.5	31.2	20.3	4.7	8.7	47.0
	WOOD	730.6	93.8	5.9	102.1	10.2	55.1	25.8	15.9	3.7	6.0	34.5
	YOAKUM	109.3	14.1	0.9	34.3	3.3	18.1	8.5	5.2	1.2	2.0	10.3
	YOUNG	256.8	33.0	2.1	20.6	2.0	10.9	5.2	3.1	0.7	1.0	5.7
	ZAPATA	174.8	22.5	1.4	574.4	57.8	308.7	143.7	90.1	21.1	35.3	197.0

State	County	U.S. Population			2017 Gender		2017 Race			
		Total 2017	2010-2017 % chg.	Total 2022	Male	Female	White	Black	Other Race	Hispanic
	ZAVALA	11,616	2%	11,562	5,723	5,893	222	5	122	11,268
TX Total		28,408,377	8%	32,277,508	14,087,960	14,320,415	10,595,641	2,301,818	3,315,931	12,194,986

State	County	1-9	10-19	20-29	30-39	40-49	50-59	60-69	70 over	Mana-gerial	Sales	Admin support	Service	Farming forestry, fishing	Prod-uction
	ZAVALA	1,897	1,829	1,595	1,176	1,421	1,561	1,027	1,110	2,455	759	439	2,646	104	1,779
TX Total		######	######	######	######	######	######	######	######	5,152,228	1,518,224	2,004,154	2,535,558	115,201	3,377,576

State	County	2017 Educational Attainment							2017 Family Income						
		Less than 9th grade	9th to 12th grade, no diploma	High school grad-uate	Some college, no degree	Assoc-iate degree	Bach-elor's degree	Grad. or pro-fessional degree	Less than $25,000	$25,000-$34,999	$35,000-$49,999	$50,000-$74,999	$75,000-$99,999	$100,000-$149,999	over $150,000
	ZAVALA	2,239	1,976	1,880	1,159	505	338	751	1,259	352	487	259	233	109	58
TX Total		######	2,433,589	4,854,857	4,969,027	1,238,693	4,143,001	2,296,319	1,610,297	713,844	977,821	1,310,712	1,032,077	1,238,913	997,191

2017 Consumer Spending ($Millions)

State	County	Average annual expend-itures	Food	Alcoholic beverages	Housing	Apparel and services	Transport-ation	Healthcare	Entertain-ment	Personal care products & services	Education	Personal insurance & pensions
	ZAVALA	107.2	14.5	0.8	28.7	2.7	14.1	6.9	4.0	1.0	1.7	6.3
TX Total		415,965.1	51,924.3	3,555.6	89,516.6	8,976.5	47,473.8	22,191.5	13,923.0	3,273.3	5,660.0	30,012.3

State	County	U.S. Population			2017 Gender		2017 Race			
		Total 2017	2010-2017 % chg.	Total 2022	Male	Female	White	Black	Other Race	Hispanic
UT	BEAVER	6,124	5%	6,496	3,156	2,968	4,315	13	814	982
	BOX ELDER	54,756	1%	59,939	27,554	27,202	44,937	155	3,943	5,722
	CACHE	114,506	10%	121,138	56,940	57,565	81,307	766	14,909	17,524
	CARBON	20,826	-3%	21,050	10,323	10,503	16,817	92	1,435	2,482
	DAGGETT	1,083	9%	1,167	608	475	987	3	56	37
	DAVIS	341,840	13%	383,355	171,642	170,198	261,624	4,103	41,408	34,704
	DUCHESNE	25,097	25%	30,470	12,787	12,311	19,648	40	3,988	1,421
	EMERY	4,912	-26%	4,546	2,474	2,438	3,652	14	505	741
	GARFIELD	3,836	10%	4,039	1,982	1,853	3,450	12	161	212
	GRAND	11,158	-28%	12,294	5,615	5,543	7,875	23	1,952	1,308
	IRON	47,596	2%	48,118	23,622	23,974	36,370	247	5,670	5,309
	JUAB	10,619	13%	12,213	5,401	5,218	9,725	23	339	532
	KANE	8,389	10%	8,939	4,150	4,240	7,623	17	323	426
	MILLARD	9,567	2%	9,369	4,851	4,715	5,788	8	1,345	2,425
	MORGAN	11,106	13%	12,631	5,596	5,510	10,366	18	430	292
	PIUTE	519	-26%	522	267	252	499	0	12	8
	RICH	2,504	7%	2,765	1,289	1,215	2,361	0	63	80
	SALT LAKE	1,071,514	8%	1,126,713	539,491	532,023	641,775	15,036	187,789	226,916
	SAN JUAN	10,062	7%	10,279	5,049	5,013	5,148	16	4,410	488
	SANPETE	25,011	12%	27,877	13,364	11,648	18,296	186	3,389	3,140
	SEVIER	16,773	23%	17,163	8,480	8,293	14,851	34	1,088	800
	SUMMIT	37,601	3%	40,182	19,402	18,199	24,057	103	5,088	8,353
	TOOELE	114,985	7%	131,519	57,782	57,203	90,123	835	9,445	14,582
	UINTAH	34,279	8%	37,985	17,465	16,814	27,501	90	4,002	2,686
	UTAH	589,345	17%	683,243	295,162	294,184	419,952	3,913	72,112	93,368
	WASATCH	28,541	26%	34,446	14,489	14,052	19,626	120	3,998	4,797
	WASHINGTON	149,131	9%	170,734	73,663	75,469	102,153	589	22,932	23,457
	WAYNE	2,052	-14%	2,065	1,025	1,027	1,835	1	118	98
	WEBER	271,952	11%	301,277	136,578	135,374	180,270	2,575	30,111	58,997
UT Total		3,025,686	8%	3,322,535	1,520,207	1,505,479	2,062,932	29,031	421,834	511,888

State	County	1-9	10-19	20-29	30-39	40-49	50-59	60-69	70 over	Mana-gerial	Sales	Admin support	Service	Farming forestry, fishing	Prod-uction
UT	BEAVER	1,067	1,006	754	693	725	804	546	530	1,024	295	309	559	589	648
	BOX ELDER	9,977	9,450	7,138	6,654	6,959	6,077	3,911	4,590	7,639	3,100	2,818	5,071	227	10,782
	CACHE	19,972	18,657	29,456	13,276	11,126	10,298	5,838	5,883	19,705	5,959	8,190	8,918	543	12,706
	CARBON	2,893	2,824	3,163	2,173	2,463	3,349	1,899	2,062	2,292	1,481	2,200	2,110	2	3,244
	DAGGETT	115	107	128	120	137	175	189	112	243	63	109	102	10	57
	DAVIS	64,041	54,921	51,822	46,345	42,242	38,486	21,941	22,040	61,202	25,974	29,294	24,582	308	31,476
	DUCHESNE	5,037	3,882	3,647	2,597	2,675	3,231	2,032	1,996	4,289	1,017	1,579	2,418	1,008	4,408
	EMERY	784	698	604	492	584	719	527	505	565	354	467	421	90	911
	GARFIELD	459	598	388	403	491	588	450	458	1,098	110	219	413	22	275
	GRAND	1,268	1,274	1,490	1,321	1,666	1,998	1,066	1,076	2,064	427	427	1,507	26	898
	IRON	7,827	7,862	10,320	5,225	4,645	5,210	3,384	3,124	6,698	4,150	3,062	2,966	477	6,435
	JUAB	2,381	1,928	1,447	1,358	1,176	1,134	655	540	1,847	488	603	1,060	22	1,800
	KANE	948	930	716	665	956	1,759	1,311	1,105	1,585	671	806	719	33	586
	MILLARD	1,388	1,612	1,039	991	1,200	1,478	929	929	1,614	685	273	801	517	1,630
	MORGAN	2,040	2,097	1,080	1,257	1,568	1,317	990	756	2,364	488	793	848	26	1,366
	PIUTE	56	84	35	42	48	81	84	87	46	4	214	9	2	27
	RICH	465	340	291	242	261	404	280	221	873	137	78	201	18	108
	SALT LAKE	169,215	148,326	186,048	150,326	137,320	134,301	75,879	70,099	175,238	63,297	97,519	69,429	119	111,535
	SAN JUAN	1,652	1,837	1,248	1,150	1,196	1,203	915	862	2,069	981	862	1,566	6	829
	SANPETE	3,433	5,366	4,504	2,809	2,822	2,604	1,781	1,691	5,047	1,397	2,105	3,250	232	3,053
	SEVIER	2,604	2,544	2,411	1,879	1,957	2,012	1,623	1,742	2,621	1,303	1,029	2,205	141	2,234
	SUMMIT	4,734	4,867	4,449	7,164	7,344	3,679	1,413	7,800	2,191	1,402	2,298	50	2,310
	TOOELE	29,498	17,344	16,635	17,130	15,540	9,775	4,899	4,164	12,847	15,891	8,202	6,438	901	14,013
	UINTAH	6,376	5,255	5,494	4,138	4,244	3,803	2,346	2,624	4,347	2,306	2,413	3,832	239	5,932
	UTAH	127,315	97,980	130,806	77,690	55,318	46,303	26,881	27,053	134,739	41,721	47,315	36,151	227	49,172
	WASATCH	5,864	4,443	3,408	3,931	3,730	3,448	2,176	1,542	6,137	1,928	2,023	1,986	12	2,608
	WASHINGTON	23,899	21,721	21,718	17,064	14,486	16,111	14,609	19,523	26,054	15,432	10,348	14,061	138	19,529
	WAYNE	338	276	215	208	228	358	233	197	487	73	89	203	11	262
	WEBER	46,209	41,183	45,527	35,623	35,060	30,927	17,632	19,790	36,903	16,967	19,987	23,270	456	40,058
UT Total		541,853	459,412	535,485	400,250	357,989	335,297	198,685	196,716	529,437	208,968	244,735	217,394	6,453	328,890

State	County	2017 Educational Attainment							2017 Family Income						
		Less than 9th grade	9th to 12th grade, no diploma	High school grad-uate	Some college, no degree	Assoc-iate degree	Bach-elor's degree	Grad. or pro-fessional degree	Less than $25,000	$25,000-$34,999	$35,000-$49,999	$50,000-$74,999	$75,000-$99,999	$100,000-$149,999	over $150,000
UT	BEAVER	235	506	1,217	1,280	204	390	717	368	180	297	227	313	153	58
	BOX ELDER	1,019	2,808	10,612	14,586	2,807	6,404	1,995	1,944	1,262	1,962	3,286	3,174	2,063	607
	CACHE	4,393	4,459	14,327	19,977	7,173	18,975	17,493	4,701	2,691	3,774	5,600	3,975	4,070	1,857
	CARBON	178	1,870	5,171	5,127	2,401	1,392	570	1,426	571	662	931	1,005	739	191
	DAGGETT	51	49	301	321	18	160	8	59	46	32	68	40	45	4
	DAVIS	3,195	10,072	46,780	74,140	23,178	63,357	29,495	7,159	4,301	8,175	16,332	16,474	20,475	12,048
	DUCHESNE	559	2,811	6,241	4,928	1,023	1,968	630	1,150	417	868	1,748	908	1,040	303
	EMERY	251	334	1,297	1,103	256	317	211	205	120	159	278	271	205	12
	GARFIELD	15	320	482	1,122	155	345	672	210	74	147	281	169	59	41
	GRAND	27	1,227	1,264	2,434	650	1,396	2,259	590	283	648	675	269	277	158
	IRON	347	3,143	7,287	12,829	3,034	6,740	3,288	7,263	3,213	4,535	5,138	3,002	2,778	892
	JUAB	11	895	1,620	1,788	873	688	1,373	338	177	310	625	456	462	115
	KANE	86	657	1,091	2,115	265	1,807	980	396	350	635	632	311	408	129
	MILLARD	745	635	2,096	2,575	374	819	207	434	152	298	367	362	663	111
	MORGAN	106	304	1,632	2,889	837	1,461	832	138	152	304	491	650	704	362
	PIUTE	3	54	105	166	39	59	3	37	25	25	34	23	7	0
	RICH	9	26	363	755	117	409	193	78	39	113	164	182	67	16
	SALT LAKE	45,188	61,891	162,292	218,931	60,135	189,492	92,578	31,872	18,033	34,579	58,344	52,855	64,530	32,156
	SAN JUAN	218	524	1,473	3,061	1,020	964	237	607	201	398	451	263	222	94
	SANPETE	805	1,461	4,199	7,243	1,430	2,824	1,968	850	572	873	1,242	882	652	162
	SEVIER	150	1,237	3,578	3,937	1,059	1,362	1,671	879	517	682	1,174	986	500	198
	SUMMIT	3,513	596	2,454	4,251	1,235	11,629	6,766	728	310	672	1,325	1,287	1,885	3,454
	TOOELE	1,545	3,195	19,965	30,211	4,899	12,096	4,029	1,688	1,056	2,043	4,454	2,829	5,577	1,638
	UINTAH	414	3,265	8,898	6,900	1,768	2,982	1,163	1,397	587	737	2,347	1,479	1,465	866
	UTAH	12,777	15,064	52,969	111,522	34,872	129,154	61,255	15,493	9,025	17,227	34,341	26,295	32,030	14,697
	WASATCH	158	859	2,956	6,870	1,851	5,453	2,310	635	232	977	1,867	1,548	1,182	872
	WASHINGTON	3,299	7,444	18,986	36,778	10,632	25,237	12,137	7,149	3,342	5,992	9,973	5,346	8,002	2,315
	WAYNE	5	71	234	491	291	243	253	82	34	97	131	154	24	13
	WEBER	9,047	16,523	54,560	63,961	14,509	31,155	15,819	9,424	5,003	8,757	14,805	12,682	13,111	5,070
UT Total		88,351	142,301	434,452	642,293	177,108	519,277	261,113	97,298	52,964	95,978	167,331	138,191	163,393	78,435

2017 Consumer Spending ($Millions)

State	County	Average annual expend-itures	Food	Alcoholic beverages	Housing	Apparel and services	Transport-ation	Healthcare	Entertain-ment	Personal care products & services	Education	Personal insurance & pensions
UT	BEAVER	76.9	10.0	0.6	433.2	44.0	232.2	107.3	68.9	16.1	28.4	156.5
	BOX ELDER	780.9	98.7	6.5	3,643.7	367.5	1,934.3	899.8	570.5	133.6	237.0	1,248.4
	CACHE	1,406.9	177.6	11.7	2,322.9	236.8	1,244.9	574.2	368.9	86.1	154.0	836.2
	CARBON	277.9	35.6	2.3	54.0	5.4	28.7	13.3	8.4	2.0	3.4	18.2
	DAGGETT	14.6	1.9	0.1	1.5	0.1	0.8	0.4	0.2	0.1	0.1	0.4
	DAVIS	5,220.8	636.8	46.4	56.7	5.5	30.2	14.3	8.6	2.1	3.2	17.2
	DUCHESNE	340.9	43.1	2.8	98.4	9.9	52.4	24.4	15.3	3.6	6.1	32.7
	EMERY	66.5	8.5	0.5	9.3	0.9	5.0	2.4	1.4	0.3	0.5	2.8
	GARFIELD	46.6	6.0	0.4	89.3	8.7	46.8	22.2	13.5	3.2	5.3	26.9
	GRAND	142.3	18.2	1.1	7.9	0.7	4.1	2.1	1.1	0.3	0.3	1.9
	IRON	1,263.5	163.6	10.0	636.9	65.1	342.4	157.9	101.5	23.7	41.9	231.2
	JUAB	137.7	17.3	1.2	81.8	8.3	44.0	20.3	13.0	3.0	5.3	29.6
	KANE	142.8	18.3	1.2	495.3	50.0	267.5	123.9	78.6	18.3	31.4	177.4
	MILLARD	134.8	16.9	1.1	34.2	3.4	18.3	8.6	5.3	1.2	2.1	11.5
	MORGAN	175.8	21.5	1.6	17.0	1.6	8.8	4.3	2.5	0.6	0.8	4.2
	PIUTE	6.9	0.9	0.1	247.5	25.5	131.4	60.5	39.6	9.2	17.4	91.8
	RICH	34.7	4.4	0.3	8.7	0.8	4.4	2.1	1.3	0.3	0.5	2.4
	SALT LAKE	17,166.6	2,118.3	149.5	4,045.7	426.5	2,144.9	972.4	662.0	151.9	313.0	1,624.1
	SAN JUAN	108.5	14.0	0.9	660.6	65.2	351.8	165.4	101.3	24.0	38.5	209.5
	SANPETE	268.2	34.3	2.2	66.1	6.6	35.0	16.4	10.2	2.4	4.1	21.9
	SEVIER	250.0	32.0	2.0	480.5	49.9	254.8	116.6	77.6	17.9	35.4	184.9
	SUMMIT	577.5	68.1	5.4	261.8	26.1	140.7	65.6	40.8	9.6	15.7	88.2
	TOOELE	1,143.7	141.3	9.9	712.8	70.4	391.5	182.4	112.8	26.5	41.2	251.8
	UINTAH	495.6	61.6	4.2	789.0	81.2	422.8	193.7	126.7	29.4	54.9	295.3
	UTAH	8,673.8	1,073.4	74.9	1,117.3	111.6	595.9	279.2	173.3	40.8	67.6	368.0
	WASATCH	401.2	50.0	3.4	161.3	16.1	86.2	40.3	25.1	5.9	9.9	54.3
	WASHINGTON	2,279.3	287.0	19.0	556.6	54.8	288.9	137.2	83.9	20.0	33.9	166.3
	WAYNE	27.1	3.5	0.2	274.1	27.1	143.8	67.6	41.9	9.9	17.2	87.9
	WEBER	3,887.1	485.5	33.2	1,701.5	166.0	897.8	427.5	256.4	61.0	96.4	502.6
UT Total		45,549.0	5,648.3	392.8	19,065.6	1,935.8	10,150.4	4,702.3	3,010.5	703.0	1,265.7	6,744.2

State	County	U.S. Population		2017 Gender		2017 Race			
		Total 2017	2010-2017 % chg.	Total 2022	Male	Female	White	Black	Other Race	Hispanic
VA	ACCOMACK	32,641	-3%	34,137	15,939	16,701	16,953	7,234	2,338	6,115
	ALBEMARLE	77,670	6%	78,921	37,019	40,651	55,985	5,841	10,768	5,075
	ALEXANDRIA CITY	143,490	5%	151,363	69,014	74,476	66,323	24,633	26,182	26,352
	ALLEGHANY	288	3%	290	148	140	278	0	5	6
	AMELIA	13,921	0%	15,298	6,819	7,102	10,425	2,790	449	257
	AMHERST	32,035	0%	33,047	15,528	16,506	22,148	5,586	3,482	817
	APPOMATTOX	15,267	11%	16,043	7,419	7,848	10,450	3,255	1,277	286
	ARLINGTON	219,847	3%	230,899	109,578	110,269	126,870	13,604	42,489	36,883
	AUGUSTA	54,008	7%	60,697	28,032	25,976	48,405	2,886	1,399	1,318
	BATH	5,209	8%	5,244	2,632	2,577	4,825	212	85	87
	BEDFORD	64,382	11%	72,892	32,054	32,327	57,200	2,770	3,525	887
	BEDFORD CITY	20,012	6%	20,707	9,604	10,409	15,855	2,350	1,543	266
	BLAND	6,733	5%	6,757	3,710	3,023	6,411	220	70	33
	BOTETOURT	60,771	12%	65,076	29,602	31,169	50,756	4,092	4,347	1,576
	BRISTOL	29,854	1%	30,151	14,444	15,410	25,433	820	3,166	434
	BRUNSWICK	17,657	-3%	18,136	9,323	8,334	7,298	9,512	564	283
	BUCHANAN	22,888	3%	22,401	11,822	11,066	21,962	640	188	98
	BUCKINGHAM	14,444	-7%	15,644	8,494	5,950	8,142	5,340	690	273
	BUENA VISTA CITY	8,820	0%	8,880	4,190	4,630	7,938	421	348	113
	CAMPBELL	41,285	-7%	44,486	20,161	21,124	32,169	6,951	1,486	678
	CAROLINE	34,817	11%	42,315	17,170	17,647	21,655	8,993	1,876	2,293
	CARROLL	20,493	0%	20,291	10,072	10,421	19,097	92	688	616
	CHARLES CITY	5,494	7%	5,776	2,707	2,787	2,379	2,322	769	23
	CHARLOTTE	15,716	5%	16,505	7,688	8,028	10,691	4,055	570	400
	CHARLOTTESVILLE CITY	76,758	15%	86,561	37,192	39,566	43,586	11,007	15,268	6,896
	CHESAPEAKE CITY	244,809	8%	263,437	119,395	125,414	128,084	64,188	38,025	14,512
	CHESTERFIELD	353,091	7%	371,916	169,774	183,317	189,582	61,868	63,571	38,069
	CLARKE	13,491	8%	13,840	6,758	6,733	11,222	580	733	957
	CLIFTON FORGE CITY	6,295	0%	6,069	3,000	3,296	5,518	495	205	77
	COLONIAL HEIGHTS CITY	27,392	7%	28,634	12,862	14,530	16,574	6,041	3,389	1,388
	COVINGTON CITY	13,521	-6%	12,983	6,653	6,869	11,837	803	543	338
	CRAIG	4,676	-13%	4,891	2,306	2,369	4,593	5	50	27
	CULPEPER	53,834	30%	65,425	28,290	25,544	29,385	5,797	9,536	9,116
	CUMBERLAND	6,226	-4%	6,611	3,042	3,184	3,898	1,968	210	150
	DANVILLE CITY	59,617	-1%	58,482	27,759	31,858	26,546	20,013	9,719	3,338
	DICKENSON	13,912	12%	13,816	6,952	6,960	13,692	44	131	45
	DINWIDDIE	16,476	0%	17,191	8,157	8,318	12,097	3,670	475	233
	EMPORIA CITY	18,092	7%	18,931	10,500	7,592	5,826	10,868	452	946
	ESSEX	12,400	-2%	13,493	5,866	6,534	5,949	4,273	1,791	388
	FAIRFAX	1,089,546	6%	1,137,762	537,602	551,944	451,064	76,064	358,650	203,767
	FAIRFAX CITY	96,551	13%	107,558	48,104	48,447	38,772	5,236	39,121	13,422
	FALLS CHURCH CITY	16,090	-1%	16,408	7,870	8,220	10,144	519	2,993	2,434
	FAUQUIER	70,373	8%	75,903	34,702	35,671	55,325	5,755	4,936	4,358
	FLOYD	14,071	6%	14,844	7,057	7,014	12,677	297	309	787
	FLUVANNA	33,414	21%	41,567	15,324	18,089	25,680	4,657	1,940	1,137
	FRANKLIN	51,606	14%	55,729	25,380	26,226	41,925	3,816	3,219	2,645
	FRANKLIN CITY	14,105	3%	14,350	6,482	7,623	6,502	6,485	881	237
	FREDERICK	90,660	8%	105,011	45,117	45,543	69,155	2,801	11,249	7,455
	FREDERICKSBURG CITY	25,810	6%	27,484	11,843	13,967	12,530	4,506	4,618	4,157
	GALAX CITY	18,344	2%	18,514	8,828	9,517	12,453	439	2,009	3,444
	GILES	18,218	-7%	18,527	8,941	9,276	17,130	254	502	332
	GLOUCESTER	38,853	8%	40,983	19,220	19,632	31,167	2,816	3,493	1,377
	GOOCHLAND	21,533	22%	24,923	10,325	11,208	16,320	4,237	574	403
	GRAYSON	11,842	0%	11,650	5,841	6,001	9,973	157	759	954
	GREENE	20,166	17%	22,600	9,913	10,252	14,167	907	2,911	2,181
	GREENSVILLE	1,127	66%	1,453	551	576	968	151	5	2
	HALIFAX	35,545	-9%	35,469	16,918	18,626	20,608	11,628	2,063	1,246
	HAMPTON CITY	139,058	-9%	139,397	66,545	72,513	50,051	63,592	18,285	7,131
	HANOVER	155,677	12%	182,930	76,063	79,614	123,950	12,081	15,679	3,967
	HARRISONBURG CITY	35,782	-6%	35,121	17,142	18,639	19,377	824	6,706	8,875
	HENRICO	259,536	3%	268,416	122,600	136,935	119,659	69,171	51,330	19,376
	HENRY	41,324	11%	41,933	20,061	21,263	23,160	4,749	7,136	6,279
	HIGHLAND	2,320	0%	2,348	1,166	1,153	2,270	6	26	17
	HOPEWELL CITY	32,938	3%	34,474	17,619	15,319	13,648	12,639	4,208	2,442
	ISLE OF WIGHT	39,012	10%	42,956	19,035	19,977	27,865	8,158	1,955	1,034
	JAMES CITY	59,337	-10%	74,109	28,432	30,905	39,319	5,251	12,466	2,302
	KING AND QUEEN	12,133	10%	15,263	7,875	4,257	6,518	5,109	339	167
	KING GEORGE	31,372	19%	38,770	15,741	15,631	20,003	4,033	6,025	1,310
	KING WILLIAM	20,467	30%	25,324	9,967	10,500	16,428	2,415	1,099	525
	LANCASTER	13,396	9%	14,151	6,279	7,118	9,537	3,455	246	158
	LEE	23,912	1%	24,370	12,415	11,496	21,553	798	1,249	312
	LEXINGTON CITY	17,783	6%	18,526	9,162	8,621	14,548	730	1,788	718
	LOUDOUN	383,708	19%	480,013	189,023	194,685	219,692	23,765	94,201	46,050
	LOUISA	36,855	23%	42,452	18,216	18,639	28,677	4,816	1,834	1,528
	LUNENBURG	10,369	-1%	10,615	5,625	4,744	4,927	3,624	434	1,383
	LYNCHBURG CITY	105,610	4%	111,443	50,030	55,580	62,805	23,900	14,173	4,732
	MADISON	11,246	4%	12,229	5,441	5,805	9,847	832	380	186
	MANASSAS CITY	81,461	0%	84,623	41,370	40,091	19,400	8,866	18,397	34,799
	MANASSAS PARK CITY	59,703	6%	63,873	30,148	29,555	30,316	4,750	9,978	14,659
	MARTINSVILLE CITY	31,820	-3%	31,054	14,945	16,875	14,778	9,321	6,006	1,715
	MATHEWS	8,783	2%	9,666	4,203	4,580	7,924	564	207	87
	MECKLENBURG	36,582	11%	39,060	18,075	18,507	21,456	12,589	1,403	1,133
	MIDDLESEX	16,499	11%	17,924	8,022	8,476	13,214	2,214	562	509
	MONTGOMERY	97,748	6%	104,015	50,587	47,161	77,590	3,546	13,162	3,450

State	County	1-9	10-19	20-29	30-39	40-49	50-59	60-69	70 over	Mana-gerial	Sales	Admin support	Service	Farming forestry, fishing	Prod-uction
VA	ACCOMACK	3,746	3,747	3,385	3,125	4,607	5,983	3,963	4,084	4,288	1,334	1,768	2,633	2,307	3,798
	ALBEMARLE	9,501	9,867	6,376	7,640	12,419	13,944	8,671	9,251	23,001	2,991	3,186	4,442	291	3,441
	ALEXANDRIA CITY	17,203	9,701	24,020	30,394	21,504	20,970	10,934	8,763	32,282	3,371	4,951	7,207	22	6,707
	ALLEGHANY	35	33	24	47	36	46	34	33	3	0	93	0	0	41
	AMELIA	1,593	1,719	1,386	1,399	2,228	2,404	1,691	1,501	1,809	636	1,355	1,118	24	1,683
	AMHERST	3,413	4,192	2,935	3,077	4,631	5,567	4,298	3,923	5,063	1,140	3,196	2,091	170	4,752
	APPOMATTOX	1,643	1,886	1,504	1,520	2,200	2,592	2,096	1,827	1,884	871	1,370	1,780	24	1,936
	ARLINGTON	21,915	15,292	51,489	43,498	30,252	29,733	15,237	12,431	54,372	4,086	6,114	9,992	27	6,710
	AUGUSTA	5,847	6,688	4,862	6,328	8,660	9,014	6,437	6,173	7,098	3,291	3,540	4,106	190	7,703
	BATH	338	662	371	501	841	859	834	803	496	180	397	492	159	739
	BEDFORD	6,979	8,445	4,240	6,297	10,605	11,379	9,227	7,211	12,245	3,074	4,707	4,694	155	4,878
	BEDFORD CITY	2,039	2,460	1,725	2,023	3,027	3,359	2,489	2,889	2,271	1,388	1,958	1,586	6	3,079
	BLAND	531	656	578	811	1,084	1,257	949	866	1,623	623	190	455	177	764
	BOTETOURT	6,653	7,690	4,712	6,231	9,649	10,953	7,912	6,972	10,843	2,765	4,594	3,680	47	5,625
	BRISTOL	3,270	3,428	3,013	3,361	4,422	4,807	3,568	3,986	4,318	2,447	3,084	1,568	12	4,462
	BRUNSWICK	1,567	1,966	2,359	2,174	2,615	2,899	1,943	2,134	4,114	1,009	1,104	2,478	256	1,846
	BUCHANAN	1,827	2,046	2,320	2,605	3,598	4,390	3,339	2,763	4,543	2,306	2,526	2,401	1,051	2,356
	BUCKINGHAM	1,168	1,510	1,804	1,914	2,702	2,418	1,628	1,300	1,781	557	849	2,673	324	2,875
	BUENA VISTA CITY	1,039	1,172	1,081	991	1,112	1,342	1,085	998	578	174	497	1,434	18	1,482
	CAMPBELL	4,504	5,456	3,816	4,282	6,732	6,973	4,912	4,611	6,406	1,764	3,921	2,638	100	5,794
	CAROLINE	5,175	4,387	3,540	4,560	5,469	5,280	3,446	2,960	6,093	1,691	2,701	2,822	37	3,633
	CARROLL	2,053	2,259	1,612	2,156	3,024	3,428	2,958	3,003	2,935	1,118	1,004	2,503	105	2,699
	CHARLES CITY	485	511	495	447	1,022	1,126	748	660	1,061	183	321	370	39	662
	CHARLOTTE	1,748	2,214	1,369	1,414	2,400	2,511	1,853	2,207	3,257	709	1,140	1,332	83	2,132
	CHARLOTTESVILLE CITY	7,103	10,447	21,955	9,581	9,007	8,510	5,103	5,052	21,086	2,442	3,305	6,790	86	3,987
	CHESAPEAKE CITY	30,839	38,778	27,205	28,372	41,472	38,796	20,201	19,147	53,558	12,524	18,594	19,376	329	20,172
	CHESTERFIELD	42,670	52,093	33,698	39,511	55,570	61,830	35,350	32,370	69,158	17,563	22,773	23,321	41	27,800
	CLARKE	1,444	2,162	855	1,099	2,379	2,340	1,672	1,540	3,213	524	514	578	72	1,481
	CLIFTON FORGE CITY	627	753	487	617	859	1,025	834	1,093	1,137	159	497	625	25	1,151
	COLONIAL HEIGHTS CITY	3,412	3,831	3,072	2,801	3,802	4,108	2,634	3,732	4,837	1,575	2,146	1,617	3	3,252
	COVINGTON CITY	1,450	1,581	1,124	1,388	1,830	2,528	1,945	1,676	1,399	427	703	1,550	68	3,229
	CRAIG	472	552	338	446	769	869	694	535	675	464	446	248	0	587
	CULPEPER	7,235	7,625	5,836	7,078	8,896	7,748	5,310	4,105	7,537	2,922	2,678	6,780	114	5,975
	CUMBERLAND	648	821	633	731	963	980	774	676	861	253	918	431	40	815
	DANVILLE CITY	6,783	7,374	6,230	5,563	8,369	10,367	6,643	8,288	8,631	3,961	4,993	6,273	94	8,147
	DICKENSON	1,315	1,446	1,307	1,550	2,062	2,574	1,897	1,761	913	1,063	1,318	3,707	143	1,902
	DINWIDDIE	1,723	1,949	1,346	1,588	2,669	2,958	2,320	1,924	3,070	711	1,354	529	12	2,269
	EMPORIA CITY	1,570	1,713	2,571	2,700	3,356	2,862	1,643	1,676	3,189	998	1,078	2,322	411	3,210
	ESSEX	1,329	1,539	1,279	1,175	1,888	2,273	1,526	1,390	1,972	1,058	1,070	859	38	1,201
	FAIRFAX	210,327	126,687	100,471	139,331	163,766	172,982	96,310	79,672	247,128	37,651	41,306	81,404	168	71,281
	FAIRFAX CITY	11,545	12,971	16,215	15,151	13,884	12,443	6,843	7,499	26,460	3,408	3,395	5,686	5	3,252
	FALLS CHURCH CITY	2,353	2,285	1,390	1,850	2,700	2,961	1,337	1,214	4,660	348	351	1,243	1	308
	FAUQUIER	19,308	8,551	3,499	5,969	11,588	11,397	5,764	4,297	4,604	1,959	2,643	4,964	137	17,904
	FLOYD	1,696	1,527	1,274	1,535	2,164	2,308	1,968	1,598	1,939	684	1,161	1,670	228	1,453
	FLUVANNA	4,235	3,664	2,866	4,863	5,392	5,123	3,533	3,738	7,093	1,970	2,374	2,545	209	2,346
	FRANKLIN	5,691	6,366	4,794	5,093	7,508	9,056	6,859	6,238	7,474	3,225	3,561	5,053	222	5,936
	FRANKLIN CITY	1,684	1,804	1,406	1,326	1,979	2,498	1,519	1,889	2,141	580	784	1,565	12	2,611
	FREDERICK	12,486	12,850	8,243	11,508	15,336	13,445	9,264	7,529	14,867	3,964	5,812	5,064	33	11,243
	FREDERICKSBURG CITY	3,078	3,835	6,282	3,238	2,992	3,056	1,554	1,776	5,267	1,620	1,345	2,662	1	1,204
	GALAX CITY	2,065	2,156	1,794	1,858	2,734	3,050	2,277	2,411	1,732	847	1,061	1,525	72	3,918
	GILES	2,085	2,090	1,564	2,116	2,620	3,130	2,375	2,239	3,020	915	1,375	1,665	22	2,586
	GLOUCESTER	3,796	5,293	3,631	3,892	6,577	7,219	4,381	4,064	6,651	1,399	2,172	4,495	191	4,183
	GOOCHLAND	2,260	2,251	1,403	2,102	4,289	4,400	3,042	1,786	3,845	1,262	1,307	1,952	5	1,629
	GRAYSON	937	1,226	922	1,188	1,579	2,184	1,832	1,972	1,800	841	498	1,080	183	2,013
	GREENE	2,717	2,535	1,760	2,541	3,190	3,207	2,325	1,890	3,579	828	1,312	1,810	19	1,396
	GREENSVILLE	75	88	143	92	284	235	133	78	186	0	330	9	22	82
	HALIFAX	3,979	4,169	3,030	3,353	4,837	6,218	4,924	5,034	6,663	2,608	2,272	2,789	47	5,726
	HAMPTON CITY	16,310	19,901	21,003	14,810	20,398	20,366	12,521	13,750	25,417	9,709	11,965	12,834	171	14,697
	HANOVER	25,904	21,909	13,347	17,501	28,441	23,068	13,410	12,098	31,241	11,838	9,769	7,121	111	9,531
	HARRISONBURG CITY	3,090	5,992	13,897	2,761	2,826	2,939	1,895	2,381	7,726	2,196	2,247	4,724	53	1,965
	HENRICO	33,039	32,315	33,277	34,321	40,743	40,374	20,651	24,817	50,143	11,538	18,347	18,833	84	17,171
	HENRY	4,442	4,506	3,544	4,233	6,167	6,446	5,793	6,193	5,259	2,091	3,118	2,750	142	7,729
	HIGHLAND	125	207	141	151	309	529	457	401	573	86	208	80	28	264
	HOPEWELL CITY	3,699	3,769	4,754	4,627	5,382	4,530	3,053	3,124	3,819	994	3,011	3,989	15	5,895
	ISLE OF WIGHT	4,134	5,325	2,845	3,649	7,097	7,302	4,715	3,945	8,542	1,510	2,767	2,122	89	4,450
	JAMES CITY	6,452	6,750	4,728	6,068	8,421	8,435	9,183	9,301	11,646	3,262	5,352	4,451	42	4,529
	KING AND QUEEN	1,143	1,410	1,399	2,064	2,031	1,939	1,200	947	2,165	410	94	864	72	2,355
	KING GEORGE	4,972	4,342	2,882	4,427	5,016	4,772	2,942	2,018	4,944	3,472	1,792	2,201	80	3,003
	KING WILLIAM	2,706	3,047	1,931	2,587	3,346	3,624	1,812	1,413	2,924	1,187	2,096	913	66	2,352
	LANCASTER	916	1,177	800	711	1,530	2,298	2,502	3,464	2,536	1,113	786	2,134	322	1,079
	LEE	2,331	2,584	2,561	3,137	3,672	3,984	3,071	2,572	6,206	595	1,903	2,869	13	3,228
	LEXINGTON CITY	1,296	2,584	3,519	1,272	1,967	2,223	2,135	2,788	4,599	802	806	1,644	91	2,290
	LOUDOUN	184,194	33,559	17,192	50,041	50,149	30,879	11,282	6,411	42,911	13,076	4,651	24,512	229	78,877
	LOUISA	4,106	4,564	3,260	3,936	6,187	6,507	4,850	3,445	5,848	1,487	4,030	2,337	175	4,617
	LUNENBURG	902	1,007	1,263	1,261	1,734	1,825	1,160	1,216	1,940	621	802	1,889	47	876
	LYNCHBURG CITY	11,443	16,838	19,567	10,350	12,308	14,308	9,255	11,539	17,741	4,954	9,114	8,345	107	13,062
	MADISON	1,127	1,633	1,030	1,060	1,913	1,870	1,350	1,264	2,142	416	722	515	175	1,464
	MANASSAS CITY	35,670	7,617	7,152	10,628	9,184	7,108	2,566	1,536	1,112	1,153	721	5,023	15	27,612
	MANASSAS PARK CITY	24,385	6,773	2,948	5,730	8,766	7,483	2,688	930	1,929	745	539	2,443	6	20,806
	MARTINSVILLE CITY	3,224	3,527	2,804	2,980	4,836	5,515	4,127	4,807	4,356	2,019	2,739	3,129	46	4,842
	MATHEWS	634	1,134	600	674	1,182	1,603	1,435	1,519	1,328	455	999	654	14	1,092
	MECKLENBURG	3,535	3,886	3,457	3,608	5,094	6,007	5,338	5,658	5,351	2,111	3,441	2,937	275	6,013
	MIDDLESEX	1,016	3,601	1,759	1,074	1,862	2,750	2,233	2,204	3,445	501	2,114	796	228	1,658
	MONTGOMERY	8,111	15,866	30,108	9,534	9,994	10,241	7,018	6,876	22,706	4,554	5,596	9,835	89	6,093

State	County	Less than 9th grade	9th to 12th grade, no diploma	High school grad-uate	Some college, no degree	Assoc-iate degree	Bach-elor's degree	Grad. or pro-fessional degree	Less than $25,000	$25,000-$34,999	$35,000-$49,999	$50,000-$74,999	$75,000-$99,999	$100,000-$149,999	over $150,000
VA	ACCOMACK	2,154	4,506	7,933	5,905	934	2,480	3,243	2,637	1,038	1,911	1,724	1,029	1,086	685
	ALBEMARLE	1,671	2,379	8,724	9,721	3,884	17,815	18,246	2,614	1,461	2,396	3,388	3,400	3,907	3,853
	ALEXANDRIA CITY	9,862	7,063	10,038	14,146	4,386	36,576	39,681	3,766	1,947	2,608	4,514	3,400	5,950	9,327
	ALLEGHANY	0	7	59	137	23	0	0	44	36	34	2	16	156	0
	AMELIA	631	1,212	3,555	3,196	1,242	1,000	612	699	248	457	1,096	415	588	421
	AMHERST	2,007	2,065	9,282	7,344	1,585	3,038	1,123	1,962	755	1,198	1,696	1,275	1,634	528
	APPOMATTOX	693	1,745	4,453	3,504	485	785	978	1,207	318	472	1,048	762	551	153
	ARLINGTON	14,323	8,739	14,916	14,973	4,600	56,513	75,788	3,747	2,070	3,654	4,573	4,903	9,114	17,928
	AUGUSTA	1,864	4,335	16,435	8,501	2,287	9,062	2,290	2,430	1,186	2,052	3,466	2,153	3,283	740
	BATH	274	454	1,801	1,229	236	251	251	245	141	295	355	332	110	47
	BEDFORD	884	3,146	14,347	12,478	3,777	11,805	6,347	2,401	1,559	2,408	4,079	3,496	2,959	2,922
	BEDFORD CITY	326	1,965	7,088	3,470	1,455	1,765	687	1,418	606	846	1,203	599	773	184
	BLAND	473	556	1,700	1,048	418	775	908	447	199	333	337	221	282	57
	BOTETOURT	931	3,100	14,359	12,349	5,012	8,461	5,492	2,066	1,232	1,795	3,591	3,930	3,090	2,297
	BRISTOL	1,074	2,702	9,413	5,968	1,395	3,266	989	2,253	1,031	1,595	1,440	1,045	738	575
	BRUNSWICK	1,110	2,077	4,934	3,275	580	2,283	885	1,174	537	599	953	520	361	50
	BUCHANAN	3,401	2,621	6,055	2,818	2,978	1,086	1,107	2,559	781	988	1,060	847	258	119
	BUCKINGHAM	797	2,111	4,889	1,445	1,779	1,212	278	1,015	441	332	536	445	255	100
	BUENA VISTA CITY	367	625	2,336	2,189	379	490	857	784	270	409	466	323	187	50
	CAMPBELL	1,546	5,020	10,658	9,594	1,609	3,578	1,873	2,765	835	1,760	2,400	2,247	1,470	319
	CAROLINE	385	3,074	8,196	10,014	913	2,898	1,856	1,364	693	1,471	2,209	1,496	1,574	863
	CARROLL	1,047	1,913	5,269	4,562	1,672	1,884	875	1,694	721	1,255	1,288	634	424	140
	CHARLES CITY	125	1,006	1,804	735	420	396	283	216	130	355	262	415	130	115
	CHARLOTTE	838	1,637	4,451	3,464	367	962	1,058	1,143	584	501	1,002	766	298	98
	CHARLOTTESVILLE CITY	3,720	8,375	11,573	8,486	1,928	14,534	18,002	4,802	1,260	1,855	3,852	2,811	1,968	1,730
	CHESAPEAKE CITY	2,616	11,335	38,110	47,774	12,457	41,579	40,240	7,597	4,013	5,848	11,203	13,175	16,089	8,786
	CHESTERFIELD	6,179	19,339	63,032	69,024	18,601	69,367	38,230	12,766	7,541	13,213	19,980	21,100	33,324	22,329
	CLARKE	440	895	2,857	2,087	1,363	2,036	1,235	376	249	452	825	843	988	529
	CLIFTON FORGE CITY	304	401	1,845	1,183	529	576	483	482	151	215	432	181	183	43
	COLONIAL HEIGHTS CITY	303	1,493	6,262	6,798	1,824	3,447	1,830	1,043	798	1,271	1,149	1,283	1,617	559
	COVINGTON CITY	375	1,424	4,134	3,322	521	1,261	223	765	408	628	859	703	366	253
	CRAIG	93	389	898	1,963	81	380	116	143	158	343	274	275	155	23
	CULPEPER	2,886	6,953	14,646	9,459	1,476	3,870	3,417	3,145	716	1,749	2,460	2,941	2,902	1,202
	CUMBERLAND	294	1,121	2,193	894	124	392	169	350	272	233	322	304	115	77
	DANVILLE CITY	2,122	6,051	17,114	14,188	2,575	4,094	3,064	5,847	1,787	2,336	2,565	1,672	1,604	623
	DICKENSON	1,512	1,357	4,761	2,509	788	809	161	1,587	779	526	639	360	222	80
	DINWIDDIE	415	1,352	5,278	3,204	969	1,648	946	708	478	593	736	996	862	390
	EMPORIA CITY	1,546	3,659	6,431	1,213	240	1,704	845	1,286	506	595	666	409	335	122
	ESSEX	936	1,080	3,798	2,054	492	1,050	916	842	405	441	586	582	399	131
	FAIRFAX	69,058	39,154	94,257	117,214	37,393	241,888	211,288	20,621	9,507	17,952	31,933	33,165	65,393	119,270
	FAIRFAX CITY	4,080	2,821	10,743	9,320	3,555	20,693	28,214	2,059	806	1,158	2,560	2,226	4,895	9,192
	FALLS CHURCH CITY	326	273	1,568	1,273	349	4,222	4,520	261	123	281	371	202	883	2,011
	FAUQUIER	6,146	5,560	16,716	10,853	3,427	2,657	1,169	1,950	1,190	1,982	2,871	3,054	4,462	3,878
	FLOYD	1,108	1,396	4,300	2,092	722	1,082	872	1,127	365	638	925	478	509	210
	FLUVANNA	989	1,813	6,777	5,138	1,261	5,087	6,209	1,062	587	1,025	2,161	1,978	1,684	1,213
	FRANKLIN	2,390	5,525	13,082	11,292	1,740	5,229	3,668	3,359	1,368	2,356	3,375	2,071	1,674	697
	FRANKLIN CITY	697	1,515	3,837	3,635	391	1,176	337	1,242	495	487	600	464	476	177
	FREDERICK	1,720	7,118	23,799	16,967	4,194	10,000	7,622	2,844	1,783	2,646	4,508	4,349	5,846	3,695
	FREDERICKSBURG CITY	478	2,339	4,651	4,709	1,525	3,122	4,712	1,314	590	742	705	595	794	537
	GALAX CITY	1,490	2,339	6,294	2,532	930	1,074	517	1,820	593	694	1,254	565	283	123
	GILES	688	1,238	5,990	3,153	1,026	1,830	1,096	1,271	544	923	1,111	829	553	226
	GLOUCESTER	799	2,628	10,491	9,151	2,377	3,145	3,959	1,312	949	1,082	2,668	2,159	1,886	1,035
	GOOCHLAND	807	1,152	5,385	3,238	486	3,647	3,279	768	218	514	975	952	1,392	1,194
	GRAYSON	593	1,386	3,376	1,472	414	1,344	1,699	1,055	378	490	568	558	212	101
	GREENE	337	986	4,909	4,659	601	3,314	1,317	571	564	668	1,241	1,052	1,264	414
	GREENSVILLE	60	134	671	111	23	7	16	83	0	71	39	87	27	0
	HALIFAX	1,629	5,191	10,869	5,918	2,102	2,192	1,547	3,426	1,066	1,304	1,676	1,081	884	600
	HAMPTON CITY	2,388	9,119	32,228	33,591	10,065	16,130	10,454	7,196	3,393	4,406	6,928	5,877	5,820	2,230
	HANOVER	2,344	8,478	26,082	24,629	5,794	39,021	11,485	4,121	2,136	3,251	5,321	9,630	10,604	9,325
	HARRISONBURG CITY	1,665	2,042	3,745	5,953	2,080	10,020	5,805	1,737	479	623	862	932	667	411
	HENRICO	5,107	14,935	42,001	48,476	9,374	58,187	31,733	10,765	5,504	7,992	12,012	10,674	12,508	8,527
	HENRY	2,207	4,806	10,229	7,261	1,917	2,137	5,950	3,708	1,716	1,775	2,367	1,057	1,188	421
	HIGHLAND	61	298	647	698	73	139	182	145	53	173	107	117	59	34
	HOPEWELL CITY	1,187	4,437	9,633	7,202	1,251	2,431	1,321	2,350	1,331	1,383	1,516	1,287	977	353
	ISLE OF WIGHT	690	3,326	8,202	7,171	2,335	5,903	4,526	1,596	570	825	2,001	1,897	2,762	1,853
	JAMES CITY	307	1,595	8,131	13,146	3,116	14,460	8,609	1,801	1,022	1,713	3,833	2,858	3,458	2,582
	KING AND QUEEN	808	1,382	3,723	2,611	728	673	252	1,187	446	622	742	1,652	1,466	63
	KING GEORGE	663	2,489	7,621	6,934	691	3,274	2,280	759	417	778	1,125	1,930	1,946	1,622
	KING WILLIAM	246	1,379	5,345	5,885	583	1,254	1,540	579	505	547	1,417	1,377	1,093	453
	LANCASTER	378	1,469	2,575	1,806	1,035	2,159	2,508	891	465	573	826	460	569	290
	LEE	1,857	2,906	7,523	3,602	1,251	1,643	1,445	2,487	929	1,039	1,434	672	309	104
	LEXINGTON CITY	1,136	1,364	3,576	2,040	868	3,523	3,224	945	480	481	476	476	576	424
	LOUDOUN	11,408	12,130	56,354	34,208	17,796	45,499	5,602	7,365	2,748	7,424	14,083	16,830	28,677	31,170
	LOUISA	971	3,083	8,364	8,281	1,397	6,353	1,979	1,742	804	1,231	2,095	2,040	1,675	951
	LUNENBURG	637	1,446	2,173	3,430	191	906	227	858	274	416	476	288	248	47
	LYNCHBURG CITY	2,800	8,688	27,733	20,925	4,148	16,126	8,258	7,570	2,818	3,798	4,293	2,995	3,587	1,936
	MADISON	444	1,152	3,808	2,018	202	885	819	655	269	286	740	579	545	167
	MANASSAS CITY	10,931	6,320	15,826	5,723	1,914	1,098	138	2,967	1,482	2,839	4,726	3,470	3,235	1,324
	MANASSAS PARK CITY	3,343	4,816	14,225	5,201	2,405	1,640	320	1,264	362	1,229	2,610	2,676	4,372	3,436
	MARTINSVILLE CITY	1,656	3,758	9,451	5,789	1,862	2,154	2,167	3,671	919	1,391	1,415	669	560	289
	MATHEWS	58	428	2,691	1,856	502	984	950	510	134	388	436	559	450	272
	MECKLENBURG	1,386	5,607	11,594	7,088	1,054	3,040	1,347	3,221	1,029	1,680	1,755	899	1,281	280
	MIDDLESEX	1,320	1,506	3,366	4,026	1,541	1,671	1,314	1,095	403	990	2,281	602	633	666
	MONTGOMERY	1,946	4,409	19,259	13,956	4,164	18,006	23,426	5,223	1,521	2,614	2,883	3,317	2,458	2,329

2017 Consumer Spending ($Millions)

State	County	Average annual expend-itures	Food	Alcoholic beverages	Housing	Apparel and services	Transport-ation	Healthcare	Entertain-ment	Personal care products & services	Education	Personal insurance & pensions
VA	ACCOMACK	484.3	62.1	3.9	2,939.0	301.2	1,545.5	714.8	464.8	108.3	206.5	1,055.0
	ALBEMARLE	1,197.5	146.5	10.6	2,738.4	277.3	1,446.2	672.9	429.4	100.7	182.6	949.6
	ALEXANDRIA CITY	1,782.4	213.6	16.3	527.0	52.7	276.0	129.6	81.3	19.2	34.0	172.3
	ALLEGHANY	18.4	2.3	0.2	35.3	3.7	18.7	8.6	5.7	1.3	2.5	13.3
	AMELIA	214.9	26.7	1.8	400.1	39.0	209.0	99.7	59.9	14.3	22.6	116.1
	AMHERST	492.1	61.9	4.2	338.1	33.8	178.4	83.6	52.7	12.4	22.1	113.9
	APPOMATTOX	228.2	29.2	1.9	237.2	24.6	125.2	57.3	38.1	8.8	17.5	90.0
	ARLINGTON	2,650.8	312.1	25.0	1,439.1	148.8	751.3	346.0	229.1	52.9	106.5	532.2
	AUGUSTA	865.7	108.4	7.3	1,149.3	118.2	611.8	281.7	183.8	42.7	80.1	425.8
	BATH	78.4	10.0	0.6	225.7	21.6	116.1	56.2	33.0	8.0	12.4	60.1
	BEDFORD	1,097.6	135.8	9.5	1,612.3	163.1	849.9	395.5	252.2	59.2	107.7	557.5
	BEDFORD CITY	280.4	35.9	2.3	2.3	0.2	1.2	0.6	0.4	0.1	0.1	0.7
	BLAND	94.8	12.1	0.8	512.7	49.6	266.0	127.4	76.2	18.3	29.4	146.4
	BOTETOURT	1,027.2	127.0	8.9	1,511.4	158.6	794.6	362.0	245.2	56.2	117.0	593.6
	BRISTOL	420.6	53.9	3.4	296.3	31.2	158.2	71.7	48.6	11.2	22.5	119.2
	BRUNSWICK	193.5	25.3	1.5	1,282.7	129.3	676.9	315.4	199.9	47.0	84.0	433.6
	BUCHANAN	281.1	37.2	2.2	708.0	74.0	380.3	172.8	115.4	26.7	51.4	278.4
	BUCKINGHAM	142.7	18.6	1.1	821.5	86.3	435.2	198.0	133.6	30.6	62.5	324.2
	BUENA VISTA CITY	109.6	14.4	0.9	102.8	10.4	53.5	25.0	16.0	3.8	7.1	34.7
	CAMPBELL	598.7	76.7	4.9	540.2	53.2	280.5	132.6	81.8	19.5	34.1	165.9
	CAROLINE	559.0	69.3	4.8	756.9	77.1	400.6	185.9	119.8	28.0	51.7	270.8
	CARROLL	285.4	37.2	2.2	680.9	67.1	355.6	168.7	103.0	24.6	40.7	206.2
	CHARLES CITY	83.3	10.6	0.7	221.9	24.0	115.9	51.8	36.8	8.3	19.2	94.7
	CHARLOTTE	210.2	27.2	1.7	1,816.0	189.3	950.0	434.7	291.6	67.1	137.9	690.8
	CHARLOTTESVILLE CITY	900.9	114.3	7.6	367.6	36.7	192.5	90.7	56.6	13.4	23.3	118.7
	CHESAPEAKE CITY	4,014.0	491.8	35.5	943.5	96.2	493.5	229.3	148.4	34.6	65.8	334.1
	CHESTERFIELD	7,890.5	959.2	70.5	2,925.7	299.7	1,544.1	710.9	464.3	107.9	207.7	1,062.1
	CLARKE	245.2	30.3	2.1	417.5	43.0	219.9	101.5	66.7	15.4	30.2	155.0
	CLIFTON FORGE CITY	80.8	10.4	0.6	53.6	5.2	27.1	12.9	7.9	1.9	3.5	14.9
	COLONIAL HEIGHTS CITY	440.0	54.9	3.8	222.9	21.9	119.6	56.0	34.2	8.1	13.1	70.3
	COVINGTON CITY	205.9	26.1	1.7	0.0	0.0	0.0	0.0	0.0	0.0	0.0	0.0
	CRAIG	70.7	9.1	0.6	368.0	37.2	189.6	88.8	57.0	13.4	25.9	125.3
	CULPEPER	856.9	106.8	7.3	2,111.1	216.3	1,111.0	513.7	334.1	77.7	148.4	760.0
	CUMBERLAND	78.5	10.2	0.6	326.7	32.7	171.5	80.5	50.4	11.9	20.8	107.1
	DANVILLE CITY	743.4	96.8	5.9	19.5	2.1	10.5	4.7	3.3	0.7	1.6	8.5
	DICKENSON	174.0	23.1	1.3	796.1	80.8	419.0	194.7	125.0	29.2	54.3	278.1
	DINWIDDIE	277.2	34.4	2.4	1,593.6	155.5	831.8	396.5	239.4	57.3	92.9	470.7
	EMPORIA CITY	173.5	22.7	1.4	75.2	7.3	39.1	18.9	11.3	2.7	4.3	21.7
	ESSEX	174.3	22.2	1.4	1,445.1	148.7	765.6	352.6	230.5	53.4	101.9	532.5
	FAIRFAX	18,046.7	2,108.7	171.6	4,705.2	468.0	2,442.4	1,151.8	717.9	169.9	302.9	1,487.5
	FAIRFAX CITY	1,413.8	164.7	13.5	31.7	3.5	16.5	7.3	5.4	1.2	3.0	14.5
	FALLS CHURCH CITY	235.6	27.2	2.3	169.4	16.3	87.8	42.2	25.0	6.0	9.4	46.1
	FAUQUIER	1,173.4	142.0	10.6	2,558.4	253.5	1,316.0	621.8	387.5	91.9	167.7	790.0
	FLOYD	212.4	27.1	1.7	705.2	70.6	363.0	170.7	108.3	25.6	48.2	229.9
	FLUVANNA	557.9	68.9	4.9	1,021.5	104.3	541.7	250.7	161.7	37.7	69.2	365.3
	FRANKLIN	749.9	95.8	6.1	1,129.8	114.4	587.6	274.7	175.8	41.3	77.4	385.3
	FRANKLIN CITY	184.2	23.8	1.5	229.0	22.9	120.8	56.7	35.4	8.4	14.4	75.5
	FREDERICK	1,551.3	189.5	13.7	986.3	102.0	518.0	238.1	157.7	36.5	72.8	367.1
	FREDERICKSBURG CITY	265.7	33.6	2.2	0.0	0.0	0.0	0.0	0.0	0.0	0.0	0.0
	GALAX CITY	227.4	30.0	1.8	70.5	6.8	36.4	17.4	10.4	2.5	4.2	20.0
	GILES	265.7	34.2	2.1	1,709.4	175.5	900.9	416.0	271.1	63.0	120.4	618.3
	GLOUCESTER	629.7	78.3	5.4	410.2	42.3	218.3	100.1	65.8	15.2	29.0	154.5
	GOOCHLAND	346.5	42.2	3.1	644.8	64.9	340.9	159.4	100.4	23.5	41.4	217.0
	GRAYSON	153.9	20.1	1.2	658.3	62.8	339.4	164.6	96.0	23.2	35.2	172.5
	GREENE	339.0	42.1	2.9	265.2	28.8	138.3	61.7	44.3	10.0	23.3	115.8
	GREENSVILLE	15.4	2.0	0.1	208.2	20.3	108.7	51.8	31.3	7.5	12.1	61.9
	HALIFAX	453.7	58.8	3.6	130.5	12.7	68.1	32.7	19.7	4.7	7.5	38.8
	HAMPTON CITY	1,921.6	242.2	16.2	1,220.4	122.4	650.7	303.7	190.7	44.9	76.1	415.1
	HANOVER	2,748.9	331.5	25.1	1,246.3	128.1	653.3	301.3	197.4	45.8	89.2	450.6
	HARRISONBURG CITY	277.3	35.5	2.3	233.7	25.8	123.1	54.1	40.0	8.9	21.6	109.2
	HENRICO	3,777.4	468.3	32.7	1,974.1	203.3	1,035.3	477.3	314.2	72.8	143.5	727.4
	HENRY	566.8	73.5	4.5	1,061.4	108.8	559.3	258.7	168.1	39.1	74.0	382.8
	HIGHLAND	34.6	4.4	0.3	613.4	63.7	326.2	149.5	99.0	22.8	44.5	236.0
	HOPEWELL CITY	442.8	57.1	3.6	179.5	17.3	92.0	44.2	26.4	6.4	10.6	48.7
	ISLE OF WIGHT	697.8	84.8	6.2	328.9	32.7	172.1	80.8	50.3	11.8	20.5	105.5
	JAMES CITY	1,011.6	123.9	8.9	256.4	25.2	132.4	62.8	38.6	9.2	16.1	77.8
	KING AND QUEEN	345.8	43.8	2.9	1,198.6	124.6	628.7	288.2	191.9	44.3	89.2	449.3
	KING GEORGE	522.3	63.4	4.7	596.8	59.1	313.6	148.1	91.3	21.7	36.4	189.2
	KING WILLIAM	359.3	44.4	3.1	703.5	72.5	372.5	171.5	112.4	26.0	50.0	260.5
	LANCASTER	204.8	26.0	1.7	791.4	82.1	417.6	191.3	126.9	29.4	58.3	297.5
	LEE	297.4	39.3	2.3	304.3	30.2	159.5	75.3	46.3	11.0	18.6	94.9
	LEXINGTON CITY	205.6	25.9	1.7	230.5	23.0	122.0	57.2	35.7	8.5	14.3	76.1
	LOUDOUN	6,634.5	789.9	61.4	3,128.3	303.9	1,599.3	767.1	462.8	111.1	188.8	876.4
	LOUISA	567.6	71.2	4.8	363.7	36.4	190.9	89.8	56.1	13.2	23.1	118.2
	LUNENBURG	117.7	15.4	0.9	359.7	35.0	165.3	76.3	51.5	12.2	33.4	92.1
	LYNCHBURG CITY	1,323.6	168.9	10.9	208.0	21.1	109.6	50.8	32.8	7.7	14.4	74.0
	MADISON	177.1	22.3	1.5	1,747.9	176.8	918.0	427.9	272.6	63.9	116.8	595.7
	MANASSAS CITY	1,090.0	137.1	9.2	134.6	13.0	68.0	32.6	19.7	4.7	8.4	36.5
	MANASSAS PARK CITY	986.5	118.7	9.0	334.4	31.4	168.1	82.9	47.4	11.6	17.8	78.0
	MARTINSVILLE CITY	368.3	48.8	2.8	58.0	6.0	30.8	14.3	9.3	2.2	4.0	21.5
	MATHEWS	157.5	19.5	1.4	2,570.5	263.3	1,370.1	632.2	408.3	95.1	174.5	930.3
	MECKLENBURG	471.4	61.2	3.7	1,211.8	127.0	630.7	287.2	195.7	44.8	96.1	471.5
	MIDDLESEX	339.8	42.8	2.8	1,832.9	187.0	971.9	450.1	288.9	67.5	122.0	645.6
	MONTGOMERY	1,034.4	130.3	8.8	952.6	99.9	508.3	231.1	155.5	35.8	71.6	378.8

State	County	U.S. Population			2017 Gender		2017 Race			
		Total 2017	2010-2017 % chg.	Total 2022	Male	Female	White	Black	Other Race	Hispanic
	NELSON	19,855	-4%	20,689	9,744	10,111	16,055	2,110	936	754
	NEW KENT	24,202	17%	27,124	12,288	11,914	18,945	2,931	1,598	728
	NEWPORT NEWS CITY	181,127	-1%	179,655	87,530	93,597	69,213	55,128	39,389	17,396
	NORFOLK CITY	251,796	-3%	258,078	130,973	120,823	94,305	97,056	38,719	21,716
	NORTHAMPTON	10,824	15%	10,466	5,124	5,701	5,816	3,378	630	1,000
	NORTHUMBERLAND	13,275	14%	14,711	6,451	6,824	9,184	3,342	391	358
	NORTON CITY	7,271	16%	7,922	3,402	3,869	6,445	218	550	59
	NOTTOWAY	16,866	-4%	17,165	8,563	8,303	8,237	5,390	1,809	1,430
	ORANGE	52,848	15%	63,178	25,995	26,853	41,564	6,535	2,822	1,927
	PAGE	24,585	8%	25,280	12,114	12,471	22,728	507	523	827
	PATRICK	19,910	15%	21,480	9,805	10,104	17,959	880	523	548
	PETERSBURG CITY	62,664	1%	63,175	29,377	33,288	19,288	34,889	5,739	2,749
	PITTSYLVANIA	45,743	0%	47,394	22,542	23,201	33,850	9,533	1,146	1,214
	POQUOSON CITY	12,544	3%	12,841	6,191	6,352	10,902	103	1,169	370
	PORTSMOUTH CITY	93,997	5%	92,648	45,170	48,827	33,057	46,386	11,429	3,125
	POWHATAN	27,789	14%	31,012	14,012	13,777	22,771	2,054	2,178	786
	PRINCE EDWARD	27,281	5%	28,479	13,435	13,846	16,994	8,046	1,666	577
	PRINCE GEORGE	23,290	-5%	24,525	11,422	11,869	12,428	6,033	2,437	2,393
	PRINCE WILLIAM	362,814	18%	437,342	180,062	182,752	139,674	60,116	81,476	81,547
	PULASKI	30,130	5%	30,460	14,955	15,175	27,366	1,415	710	639
	RADFORD	22,599	8%	22,391	10,812	11,787	17,991	1,448	2,697	463
	RAPPAHANNOCK	11,361	13%	12,467	5,718	5,643	10,444	324	345	248
	RICHMOND	28,942	6%	29,402	15,113	13,829	21,728	4,069	1,274	1,871
	RICHMOND CITY	200,981	1%	204,014	95,428	105,554	50,867	91,246	36,783	22,086
	ROANOKE	67,262	5%	71,701	31,818	35,444	57,690	2,660	4,416	2,496
	ROANOKE CITY	102,795	-5%	102,970	49,283	53,512	52,439	23,382	19,592	7,383
	ROCKBRIDGE	12,276	9%	12,806	6,099	6,177	11,186	360	587	143
	ROCKINGHAM	99,112	7%	106,972	48,016	51,096	73,119	2,559	9,228	14,206
	RUSSELL	28,879	-5%	29,064	14,170	14,709	27,648	349	394	487
	SALEM	39,357	4%	41,039	19,077	20,281	32,090	2,368	3,583	1,317
	SCOTT	23,574	-4%	23,607	11,679	11,895	22,821	153	347	252
	SHENANDOAH	47,506	2%	51,767	23,224	24,283	37,489	769	3,919	5,329
	SMYTH	33,332	-4%	33,619	16,252	17,080	29,478	578	1,812	1,464
	SOUTHAMPTON	14,329	5%	14,811	7,611	6,718	9,038	4,795	356	141
	SPOTSYLVANIA	123,863	16%	146,390	60,202	63,661	64,627	17,911	27,750	13,574
	STAFFORD	139,790	13%	151,365	69,326	70,463	69,325	23,276	31,713	15,476
	STAUNTON CITY	35,792	4%	36,105	16,565	19,228	29,229	3,027	2,751	786
	SUFFOLK CITY	101,091	7%	117,906	48,481	52,610	44,906	37,789	14,282	4,115
	SURRY	7,041	-1%	7,195	3,510	3,530	3,630	3,143	159	109
	SUSSEX	13,936	-5%	13,610	7,687	6,249	5,482	7,333	714	407
	TAZEWELL	42,806	-5%	43,368	20,688	22,118	40,572	808	1,037	389
	VIRGINIA BEACH CITY	445,567	-5%	447,879	217,977	227,590	243,115	86,776	82,995	32,681
	WARREN	38,606	-5%	40,819	19,130	19,477	31,719	1,902	3,283	1,702
	WASHINGTON	41,510	3%	42,503	20,414	21,096	38,502	609	1,606	792
	WAYNESBORO CITY	33,323	6%	34,619	16,043	17,280	23,923	2,222	4,266	2,913
	WESTMORELAND	17,500	2%	17,960	8,520	8,979	9,117	3,502	1,644	3,236
	WILLIAMSBURG CITY	49,953	8%	53,660	23,980	25,973	31,580	5,847	9,001	3,525
	WINCHESTER CITY	22,595	-19%	20,367	11,104	11,490	8,255	1,792	6,121	6,427
	WISE	42,661	1%	42,959	22,129	20,532	37,095	3,884	971	712
	WYTHE	33,079	16%	34,270	16,280	16,799	30,871	677	1,220	312
	YORK	58,853	12%	66,931	28,752	30,101	37,489	5,609	11,637	4,118
VA Total		8,599,693	5%	9,222,181	4,221,726	4,377,967	4,853,359	1,415,973	1,464,231	866,131

| | | 2017 Age Ranges (Years) | | | | | | | | 2017 Occupations | | | | | |
State	County	1-9	10-19	20-29	30-39	40-49	50-59	60-69	70 over	Mana-gerial	Sales	Admin support	Service	Farming forestry, fishing	Prod-uction
	NELSON	1,809	2,063	1,536	1,616	2,849	4,205	3,005	2,773	3,792	595	1,752	1,509	482	1,918
	NEW KENT	2,437	3,079	1,730	2,570	4,367	4,547	3,019	2,453	3,444	1,753	1,945	1,858	81	2,161
	NEWPORT NEWS CITY	23,444	25,616	32,684	21,734	26,402	24,531	12,932	13,783	32,807	13,253	18,470	16,995	110	15,425
	NORFOLK CITY	28,460	32,403	63,955	29,532	33,469	31,772	14,858	17,348	47,215	16,946	21,992	31,706	117	27,189
	NORTHAMPTON	1,023	1,109	981	796	1,430	1,917	1,591	1,977	1,678	535	589	1,688	685	1,041
	NORTHUMBERLAND	1,161	1,308	826	855	1,576	2,162	2,800	2,588	3,157	210	912	1,694	492	965
	NORTON CITY	857	758	923	748	1,131	1,210	851	793	728	406	550	669	166	1,779
	NOTTOWAY	1,893	1,937	2,009	1,950	2,644	2,722	1,747	1,962	2,938	1,511	976	1,835	58	2,411
	ORANGE	6,542	6,580	4,520	5,510	8,940	7,931	6,192	6,632	6,847	1,856	5,817	6,970	379	4,608
	PAGE	2,640	2,910	2,277	2,745	3,841	3,952	3,121	3,098	2,960	700	1,829	2,361	27	4,321
	PATRICK	1,920	1,858	1,401	2,537	2,868	3,354	3,038	2,933	2,236	1,669	936	1,101	377	3,736
	PETERSBURG CITY	6,649	9,611	8,879	6,037	9,732	10,101	5,616	6,039	11,002	2,941	4,717	5,777	2	10,411
	PITTSYLVANIA	4,540	5,224	4,033	4,809	7,086	8,313	5,755	5,982	6,111	1,998	3,212	3,429	232	8,193
	POQUOSON CITY	1,293	1,922	807	1,137	1,926	2,344	1,733	1,382	3,115	270	578	1,068	97	1,070
	PORTSMOUTH CITY	12,170	11,468	14,104	10,933	13,477	14,302	7,420	10,122	16,020	5,167	10,376	10,152	55	11,377
	POWHATAN	3,643	4,236	1,705	3,062	5,160	4,613	3,248	2,122	5,244	1,308	2,209	1,960	46	3,193
	PRINCE EDWARD	2,706	4,082	5,532	2,408	3,338	3,752	2,416	3,049	6,394	1,463	1,823	2,562	290	2,650
	PRINCE GEORGE	3,295	3,531	2,737	2,660	3,609	3,294	2,122	2,042	3,747	601	2,471	2,300	1,210	2,179
	PRINCE WILLIAM	96,879	45,213	36,879	48,451	53,452	43,649	23,901	14,391	53,070	14,751	20,798	24,890	277	53,419
	PULASKI	2,944	3,071	2,724	3,482	4,444	5,393	4,356	3,717	3,802	1,263	2,116	2,824	303	5,139
	RADFORD	1,839	3,910	6,383	1,995	2,160	2,695	1,809	1,808	3,787	1,518	1,937	2,464	14	1,674
	RAPPAHANNOCK	2,514	1,242	496	860	1,591	2,210	1,470	978	1,063	115	322	853	8	2,736
	RICHMOND	2,920	3,465	2,818	3,323	4,886	5,469	3,316	2,744	9,745	301	1,215	2,496	492	830
	RICHMOND CITY	23,180	26,259	45,482	23,729	27,131	27,670	13,836	13,694	34,195	9,598	17,074	21,904	73	19,864
	ROANOKE	6,875	8,842	6,136	6,251	9,879	12,016	7,717	9,546	14,337	2,582	4,897	4,694	5	5,035
	ROANOKE CITY	12,957	11,749	12,841	12,735	15,758	16,808	8,984	10,963	14,172	4,906	10,252	9,992	26	12,477
	ROCKBRIDGE	1,130	1,261	1,014	1,158	1,814	2,147	1,803	1,950	1,775	392	862	868	347	1,850
	ROCKINGHAM	12,092	14,842	12,386	10,820	14,808	14,454	9,501	10,210	13,470	4,005	5,515	6,801	580	15,152
	RUSSELL	2,902	3,029	2,860	3,185	4,262	5,134	4,016	3,491	5,443	2,125	2,971	2,271	79	4,517
	SALEM	3,740	5,310	4,720	3,600	5,613	6,766	4,395	5,214	6,198	1,609	3,584	3,846	36	3,642
	SCOTT	2,361	2,418	2,199	2,704	3,407	3,821	3,317	3,347	3,602	2,626	2,400	1,905	109	2,867
	SHENANDOAH	5,420	6,027	4,226	5,028	7,041	7,693	5,971	6,101	5,870	3,016	3,912	3,785	160	5,510
	SMYTH	3,573	3,773	2,960	3,945	4,916	5,259	4,363	4,544	4,768	2,267	2,084	2,962	52	5,348
	SOUTHAMPTON	1,322	1,626	1,122	1,449	2,615	2,880	1,841	1,475	2,505	1,166	1,117	1,149	104	2,211
	SPOTSYLVANIA	18,734	19,177	13,136	15,604	20,739	18,473	9,452	8,548	25,035	6,118	9,077	9,225	2	8,767
	STAFFORD	20,165	24,074	13,018	16,873	26,376	22,637	9,633	7,014	36,281	5,487	8,061	9,118	16	6,976
	STAUNTON CITY	3,640	4,175	3,890	3,595	4,966	6,021	4,303	5,201	5,323	1,711	2,761	3,234	34	4,526
	SUFFOLK CITY	15,143	14,724	9,933	13,680	17,061	14,529	8,467	7,555	19,617	5,553	10,314	7,869	60	10,679
	SURRY	662	817	814	633	1,363	1,310	739	703	832	564	536	1,034	11	957
	SUSSEX	1,229	1,414	2,047	1,710	2,214	2,295	1,511	1,516	2,731	613	1,649	1,003	347	1,895
	TAZEWELL	4,274	4,435	4,211	4,422	6,060	8,192	5,625	5,587	6,677	2,275	3,374	5,085	150	7,341
	VIRGINIA BEACH CITY	51,272	59,108	62,749	54,435	69,203	68,548	40,046	40,206	81,375	25,509	39,178	39,988	44	40,033
	WARREN	4,841	5,641	3,726	4,538	6,530	6,170	3,789	3,371	6,293	1,272	2,673	3,735	33	4,682
	WASHINGTON	4,067	4,359	4,273	4,489	6,170	7,390	5,558	5,203	8,216	2,688	2,798	2,582	190	4,493
	WAYNESBORO CITY	4,171	3,938	3,754	3,649	4,740	5,026	3,696	4,349	4,471	1,548	3,441	3,177	164	3,948
	WESTMORELAND	1,687	1,975	1,568	1,503	2,394	3,128	2,600	2,645	2,565	1,878	1,069	1,818	150	2,043
	WILLIAMSBURG CITY	4,694	6,698	6,065	4,073	6,554	7,682	5,936	8,251	12,912	3,753	3,010	3,525	4	3,223
	WINCHESTER CITY	2,887	2,962	3,992	2,619	2,871	2,916	1,859	2,488	3,518	842	1,753	1,698	43	2,454
	WISE	4,404	4,885	5,872	5,187	6,295	6,923	4,623	4,472	6,236	3,149	2,985	5,747	1,950	5,280
	WYTHE	3,596	3,569	3,021	3,843	4,987	5,909	4,111	4,043	3,072	2,172	2,585	3,630	92	4,788
	YORK	7,436	9,553	4,888	5,632	9,600	10,774	6,161	4,808	17,773	1,971	3,168	3,154	67	3,142
VA Total		######	######	######	######	######	######	783,842	745,070	1,581,420	403,880	550,387	691,585	22,389	913,727

State	County	Less than 9th grade	9th to 12th grade, no diploma	High school grad-uate	Some college, no degree	Assoc-iate degree	Bach-elor's degree	Grad. or pro-fessional degree	Less than $25,000	$25,000-$34,999	$35,000-$49,999	$50,000-$74,999	$75,000-$99,999	$100,000-$149,999	over $150,000
	NELSON	867	1,852	2,796	3,254	1,464	2,581	4,204	964	416	783	1,172	1,081	937	295
	NEW KENT	424	2,049	5,536	6,531	938	3,761	889	746	538	589	1,166	998	1,905	931
	NEWPORT NEWS CITY	2,891	9,757	36,415	46,438	13,056	26,425	11,325	8,858	4,327	6,597	10,511	8,041	6,095	2,613
	NORFOLK CITY	5,601	21,910	51,902	60,074	11,763	29,651	29,746	14,567	6,104	8,700	10,530	6,890	6,912	4,622
	NORTHAMPTON	876	952	2,823	1,906	643	1,479	576	925	283	519	619	267	329	252
	NORTHUMBERLAND	513	948	3,152	1,674	712	2,595	1,856	749	285	508	1,197	509	552	204
	NORTON CITY	548	1,113	1,976	1,383	440	581	48	709	191	320	498	187	149	30
	NOTTOWAY	611	2,615	4,942	2,725	1,138	1,209	735	1,267	426	645	902	528	355	255
	ORANGE	1,822	4,656	12,703	10,488	2,236	5,560	5,447	2,641	921	1,810	3,096	2,171	2,611	2,092
	PAGE	2,091	2,460	8,920	3,880	305	1,319	1,532	1,618	953	1,063	1,456	993	606	379
	PATRICK	1,287	3,348	6,389	2,433	1,402	1,765	376	1,601	768	1,072	1,168	923	282	103
	PETERSBURG CITY	3,599	6,929	19,224	11,237	2,807	5,219	3,197	4,311	1,765	2,972	2,997	2,063	2,097	1,467
	PITTSYLVANIA	2,297	5,712	14,166	8,996	2,282	2,927	2,140	3,852	1,624	2,113	2,689	1,627	1,157	435
	POQUOSON CITY	159	542	2,952	2,577	637	1,691	1,745	310	137	290	447	410	1,219	858
	PORTSMOUTH CITY	2,783	8,540	20,894	24,883	6,765	8,353	4,334	5,441	2,136	3,724	4,951	3,799	2,737	1,133
	POWHATAN	348	1,835	5,666	5,884	1,730	5,903	674	942	419	854	1,219	1,443	1,339	1,066
	PRINCE EDWARD	1,245	3,501	5,134	5,292	2,183	3,512	2,413	1,887	845	695	958	1,230	631	1,508
	PRINCE GEORGE	912	1,616	4,412	5,386	1,407	3,138	1,290	662	286	816	993	1,320	1,393	708
	PRINCE WILLIAM	12,464	14,136	70,439	59,133	18,574	40,440	27,324	6,475	3,455	6,242	11,889	14,696	25,349	28,613
	PULASKI	1,195	1,797	10,562	6,439	2,784	1,715	1,076	2,304	900	1,310	2,069	913	719	414
	RADFORD	497	657	3,924	5,873	1,219	5,302	2,417	1,515	345	521	829	551	542	133
	RAPPAHANNOCK	1,069	669	3,238	1,068	331	706	1,111	485	258	408	438	777	585	463
	RICHMOND	337	3,617	2,760	1,671	224	15,555	207	1,139	406	707	13,970	1,167	1,325	2,208
	RICHMOND CITY	6,362	22,496	44,630	37,914	4,907	32,449	18,764	14,856	4,965	6,111	7,523	4,825	4,208	2,707
	ROANOKE	1,244	2,501	16,142	11,906	3,617	12,737	7,165	2,807	1,798	2,722	3,440	3,171	3,181	2,387
	ROANOKE CITY	2,407	11,087	25,495	18,727	5,803	12,650	7,685	7,545	3,125	4,265	4,954	3,744	1,914	1,132
	ROCKBRIDGE	800	1,307	2,820	1,614	376	1,418	2,170	817	402	668	755	451	351	148
	ROCKINGHAM	7,443	11,142	28,542	14,466	3,237	10,773	4,979	5,653	2,911	4,010	5,573	4,903	3,691	1,999
	RUSSELL	1,946	2,943	8,417	6,068	1,612	2,341	1,191	3,216	923	1,360	1,698	707	557	199
	SALEM	1,534	3,277	10,933	7,818	2,489	4,770	2,476	1,952	1,003	1,617	1,906	1,828	1,490	948
	SCOTT	1,681	1,598	6,393	4,651	2,724	2,295	603	2,407	840	1,049	1,079	1,166	611	238
	SHENANDOAH	1,666	3,578	15,195	9,565	1,902	5,049	2,068	2,598	1,159	1,937	2,929	2,150	2,173	727
	SMYTH	1,503	2,722	9,876	7,554	1,384	3,795	1,071	2,774	1,252	1,497	2,160	1,044	544	427
	SOUTHAMPTON	963	3,007	2,870	2,584	582	1,746	446	862	313	569	526	653	567	216
	SPOTSYLVANIA	1,363	6,534	22,216	28,449	4,630	23,230	8,459	3,706	1,255	2,491	5,332	7,177	7,257	6,416
	STAFFORD	906	3,769	19,757	24,921	10,032	23,137	24,712	2,796	1,767	3,778	8,299	10,336	13,342	16,190
	STAUNTON CITY	1,416	3,149	10,804	6,519	1,029	4,559	2,728	2,406	748	1,264	1,999	1,392	1,133	429
	SUFFOLK CITY	2,296	6,412	18,660	19,293	7,450	13,961	10,282	4,201	1,522	3,193	4,716	5,691	5,788	3,162
	SURRY	199	1,186	2,063	1,450	471	494	161	252	143	209	346	242	472	90
	SUSSEX	643	4,158	3,161	909	527	1,168	1,473	1,125	326	594	680	661	378	1,026
	TAZEWELL	2,504	5,882	11,562	7,383	2,473	3,020	3,531	3,616	1,648	2,066	2,439	1,415	1,018	280
	VIRGINIA BEACH CITY	6,558	18,545	80,815	115,077	29,565	74,444	40,163	17,222	9,434	18,687	31,127	24,858	28,127	16,132
	WARREN	1,751	2,794	11,239	5,642	1,800	5,691	1,932	1,779	870	1,228	1,601	1,779	1,685	1,423
	WASHINGTON	1,765	3,012	11,330	7,835	2,147	4,711	4,517	2,705	1,466	1,908	2,641	1,462	1,136	800
	WAYNESBORO CITY	748	2,822	9,822	5,890	953	4,610	2,278	2,387	795	1,224	1,979	1,105	1,186	957
	WESTMORELAND	827	1,669	5,209	4,434	202	1,472	1,077	968	367	892	1,050	596	868	271
	WILLIAMSBURG CITY	377	1,671	7,194	7,754	2,215	13,560	9,629	1,707	939	1,562	1,974	1,781	2,812	2,861
	WINCHESTER CITY	779	1,743	3,145	4,943	873	3,076	3,957	1,365	535	754	919	677	638	597
	WISE	3,061	5,317	11,265	7,300	3,408	2,822	2,939	3,907	1,703	1,957	2,345	1,237	872	408
	WYTHE	1,927	3,344	8,417	7,754	2,050	3,115	1,090	2,357	1,037	1,745	1,867	1,271	1,161	460
	YORK	727	2,008	5,343	10,983	3,560	13,941	9,820	932	693	1,067	1,464	1,826	4,511	6,119
VA Total		321,690	566,096	1,643,688	1,481,086	404,296	1,344,577	977,517	367,830	163,402	259,184	406,824	354,714	436,642	414,115

2017 Consumer Spending ($Millions)

State	County	Average annual expend-itures	Food	Alcoholic beverages	Housing	Apparel and services	Transport-ation	Healthcare	Entertain-ment	Personal care products & services	Education	Personal insurance & pensions
	NELSON	305.0	38.5	2.6	1,549.8	158.1	819.5	379.4	244.7	57.1	105.6	551.0
	NEW KENT	425.7	51.8	3.8	1,060.1	107.2	565.6	263.0	166.1	39.1	67.4	362.5
	NEWPORT NEWS CITY	2,440.0	309.8	20.2	1,145.2	116.1	602.5	280.7	179.6	41.9	77.2	398.8
	NORFOLK CITY	2,895.6	368.3	24.0	893.6	88.4	468.5	221.1	136.6	32.4	55.4	283.6
	NORTHAMPTON	145.1	18.7	1.2	506.9	50.9	267.4	125.3	78.4	18.5	31.8	165.8
	NORTHUMBERLAND	204.9	26.0	1.7	718.6	73.3	381.4	176.6	113.5	26.4	48.4	255.1
	NORTON CITY	92.0	12.1	0.7	19.3	1.8	9.6	4.7	2.6	0.7	1.0	3.8
	NOTTOWAY	205.8	26.5	1.7	943.1	103.7	490.6	217.2	159.9	35.3	87.3	431.6
	ORANGE	858.6	106.0	7.4	1,465.4	148.3	776.3	361.5	229.9	54.0	96.5	508.1
	PAGE	344.9	44.2	2.8	611.8	60.8	320.6	151.2	93.8	22.2	38.1	195.7
	PATRICK	264.1	34.8	2.0	1,355.2	137.7	711.7	331.4	212.6	49.7	91.9	470.0
	PETERSBURG CITY	879.7	111.8	7.3	647.4	64.8	341.0	159.6	99.9	23.6	40.7	212.0
	PITTSYLVANIA	640.6	82.8	5.1	1,241.4	127.0	654.6	302.3	196.8	45.8	87.3	449.4
	POQUOSON CITY	230.4	27.6	2.1	4.3	0.4	2.2	1.0	0.7	0.2	0.3	1.5
	PORTSMOUTH CITY	1,210.7	154.6	9.9	71.3	6.9	37.2	17.8	10.6	2.6	4.1	20.5
	POWHATAN	428.2	52.5	3.8	304.1	31.6	164.2	74.9	49.5	11.4	21.5	117.9
	PRINCE EDWARD	404.3	49.9	3.6	1,103.0	114.1	582.1	267.4	176.5	40.7	80.4	411.1
	PRINCE GEORGE	365.8	45.1	3.2	214.7	20.8	111.6	53.4	32.1	7.7	12.4	62.3
	PRINCE WILLIAM	6,166.6	729.8	57.6	1,476.1	145.8	756.7	359.2	222.5	52.9	95.2	449.5
	PULASKI	424.5	54.3	3.4	454.2	45.1	237.5	112.2	69.3	16.5	28.2	142.6
	RADFORD	212.1	27.4	1.7	247.1	25.9	129.4	59.2	39.9	9.2	19.0	96.1
	RAPPAHANNOCK	196.5	24.3	1.7	962.2	96.8	502.5	234.8	149.1	35.1	64.3	322.3
	RICHMOND	1,122.9	139.2	9.2	722.9	71.3	378.3	179.1	110.1	26.2	44.1	225.9
	RICHMOND CITY	2,072.6	268.0	16.7	883.3	88.2	460.4	215.8	135.7	32.0	58.0	286.5
	ROANOKE	1,083.9	134.6	9.4	1,052.1	108.3	557.3	256.9	167.7	39.0	73.7	386.1
	ROANOKE CITY	1,244.3	161.3	10.0	747.1	79.3	395.0	178.5	122.8	28.0	59.6	305.7
	ROCKBRIDGE	177.5	22.8	1.4	349.9	35.9	186.0	85.5	55.6	13.0	24.2	126.7
	ROCKINGHAM	1,491.8	189.0	12.4	3,129.9	327.2	1,643.7	750.2	506.0	116.3	239.8	1,214.1
	RUSSELL	376.5	49.5	2.9	310.5	30.4	160.6	77.0	46.3	11.1	18.2	90.0
	SALEM	562.0	70.9	4.7	71.7	7.2	38.1	17.7	11.3	2.7	4.7	25.2
	SCOTT	339.0	44.2	2.7	306.9	29.2	157.2	77.0	44.2	10.7	15.9	75.3
	SHENANDOAH	725.2	91.7	6.0	1,176.7	121.0	615.8	284.3	186.4	43.3	85.0	426.5
	SMYTH	431.7	56.3	3.4	202.8	19.1	102.6	50.2	28.9	7.1	10.9	48.6
	SOUTHAMPTON	193.4	24.5	1.6	596.9	61.1	315.7	145.9	94.9	22.2	41.6	216.4
	SPOTSYLVANIA	2,160.6	259.9	19.7	409.9	42.7	219.6	100.2	66.5	15.4	29.6	158.3
	STAFFORD	3,616.6	428.8	33.7	551.0	54.8	289.1	135.9	84.7	20.0	34.9	179.4
	STAUNTON CITY	468.8	59.9	3.8	627.2	64.2	337.7	155.3	100.6	23.4	42.1	233.7
	SUFFOLK CITY	1,639.4	202.7	14.3	314.1	30.9	162.1	77.2	47.3	11.3	19.3	94.1
	SURRY	104.3	13.0	0.9	718.3	70.8	376.7	178.3	109.0	25.9	42.9	220.3
	SUSSEX	249.4	30.7	2.2	1,535.5	155.9	819.1	379.9	242.4	56.7	101.0	541.9
	TAZEWELL	575.4	75.0	4.5	687.5	67.1	357.1	170.6	102.8	24.6	39.9	198.9
	VIRGINIA BEACH CITY	8,478.3	1,047.0	73.7	464.8	45.2	241.6	115.8	69.3	16.6	26.5	133.5
	WARREN	576.9	71.4	5.0	185.4	19.6	97.8	44.5	30.3	6.9	14.5	74.5
	WASHINGTON	589.2	75.4	4.8	530.9	56.0	280.3	127.3	86.7	19.8	41.4	212.1
	WAYNESBORO CITY	478.6	60.6	4.0	153.0	15.1	81.3	38.4	23.4	5.6	8.9	48.0
	WESTMORELAND	263.0	33.3	2.2	856.6	85.9	452.0	212.1	132.9	31.3	54.5	285.3
	WILLIAMSBURG CITY	776.5	94.5	6.9	58.6	5.9	30.3	14.2	9.1	2.1	4.1	19.8
	WINCHESTER CITY	280.1	35.3	2.4	160.4	14.9	78.5	38.6	22.3	5.5	9.5	34.6
	WISE	549.0	71.9	4.3	291.6	29.4	153.9	72.0	45.4	10.6	18.8	98.2
	WYTHE	469.1	60.6	3.8	731.1	72.9	382.6	180.0	112.2	26.6	46.2	234.7
	YORK	1,166.7	135.1	11.2	160.0	16.0	83.2	38.9	24.8	5.9	10.9	54.3
VA Total		134,831.4	16,549.8	1,186.7	107,018.0	10,857.9	56,152.9	26,119.4	16,755.2	3,919.5	7,292.4	37,062.8

State	County	U.S. Population			2017 Gender		2017 Race			
		Total 2017	2010-2017 % chg.	Total 2022	Male	Female	White	Black	Other Race	Hispanic
VT	ADDISON	37,280	8%	38,423	18,609	18,672	32,723	538	3,096	924
	BENNINGTON	36,706	-2%	37,059	17,731	18,976	33,376	254	2,184	893
	CALEDONIA	31,597	5%	32,850	15,719	15,877	30,042	143	956	455
	CHITTENDEN	164,000	5%	168,256	79,955	84,044	138,655	4,672	17,461	3,212
	ESSEX	6,785	3%	7,040	3,417	3,368	6,540	17	169	59
	FRANKLIN	47,301	7%	50,088	23,462	23,839	43,170	269	3,146	715
	GRAND ISLE	7,741	13%	8,256	3,863	3,877	7,274	21	368	78
	LAMOILLE	30,013	18%	35,209	14,997	15,016	28,126	228	1,282	377
	ORANGE	28,004	3%	28,855	13,912	14,093	26,585	109	970	340
	ORLEANS	31,199	0%	34,178	15,615	15,583	29,497	150	1,234	317
	RUTLAND	63,557	4%	64,279	31,380	32,177	58,349	456	3,899	853
	WASHINGTON	62,570	3%	64,625	30,945	31,624	55,662	474	5,479	954
	WINDHAM	44,578	3%	45,282	21,919	22,659	40,171	481	2,881	1,045
	WINDSOR	57,604	4%	58,919	28,242	29,362	53,157	419	3,226	801
VT Total		648,934	4%	673,322	319,766	329,168	583,327	8,232	46,352	11,022

State	County	2017 Age Ranges (Years)								2017 Occupations					
		1-9	10-19	20-29	30-39	40-49	50-59	60-69	70 over	Mana-gerial	Sales	Admin support	Service	Farming forestry, fishing	Prod-uction
VT	ADDISON	3,147	5,434	4,186	3,217	5,828	7,794	3,997	3,678	7,688	1,618	1,867	2,771	228	2,644
	BENNINGTON	3,243	4,663	3,219	2,931	5,552	7,290	4,749	5,059	6,150	1,403	1,885	3,254	92	4,434
	CALEDONIA	3,084	4,085	3,201	2,990	4,752	6,290	3,511	3,684	5,583	1,075	2,458	2,417	438	3,323
	CHITTENDEN	15,333	23,624	24,824	17,058	26,014	27,233	14,948	14,966	32,718	6,333	9,219	9,943	102	12,423
	ESSEX	535	777	509	630	979	1,373	1,067	914	1,007	141	501	517	76	1,191
	FRANKLIN	5,356	6,528	4,477	5,499	8,454	8,339	4,620	4,028	9,223	1,568	3,402	2,591	307	5,105
	GRAND ISLE	609	945	528	720	1,375	1,767	1,116	679	1,426	260	705	420	28	763
	LAMOILLE	3,328	3,880	3,233	3,571	4,791	5,576	3,106	2,528	6,046	962	1,540	2,254	179	2,112
	ORANGE	2,514	3,335	2,505	2,403	4,450	6,197	3,729	2,871	4,523	1,379	1,837	1,731	389	2,757
	ORLEANS	2,987	3,852	2,908	3,163	4,660	5,636	4,091	3,902	5,235	1,262	2,035	2,694	992	3,802
	RUTLAND	5,204	8,027	6,241	5,411	10,053	13,023	8,009	7,590	10,145	4,142	4,334	5,110	257	6,248
	WASHINGTON	5,748	7,974	6,231	6,297	10,311	12,248	7,319	6,441	11,893	2,333	4,091	4,909	143	3,981
	WINDHAM	3,670	5,442	4,124	3,761	6,937	9,756	5,826	5,061	7,983	1,651	2,377	4,087	243	3,723
	WINDSOR	4,795	6,758	5,051	4,985	8,958	12,398	7,517	7,143	11,768	2,711	3,525	4,287	199	4,210
VT Total		59,554	85,324	71,238	62,636	103,114	124,919	73,605	68,543	121,389	26,838	39,776	46,986	3,672	56,716

State	County	2017 Educational Attainment							2017 Family Income						
		Less than 9th grade	9th to 12th grade, no diploma	High school grad-uate	Some college, no degree	Assoc-iate degree	Bach-elor's degree	Grad. or pro-fessional degree	Less than $25,000	$25,000-$34,999	$35,000-$49,999	$50,000-$74,999	$75,000-$99,999	$100,000-$149,999	over $150,000
VT	ADDISON	762	2,246	8,573	5,232	2,870	6,875	5,383	1,412	594	1,252	1,993	1,654	1,756	849
	BENNINGTON	601	2,129	10,600	6,558	2,242	5,478	3,783	2,174	899	1,302	1,948	1,388	1,311	859
	CALEDONIA	978	1,967	8,672	5,760	2,004	4,627	2,691	2,023	755	1,377	1,712	1,067	1,014	504
	CHITTENDEN	2,391	6,569	24,490	23,401	15,581	41,547	24,890	7,905	3,454	5,304	8,485	8,230	8,184	11,495
	ESSEX	328	713	2,403	819	688	545	380	537	237	366	404	220	106	52
	FRANKLIN	1,321	2,204	13,822	8,252	4,442	5,300	3,148	2,111	1,044	1,620	2,716	2,589	1,880	769
	GRAND ISLE	165	545	1,951	1,277	437	1,210	1,056	339	157	260	481	362	301	300
	LAMOILLE	449	1,242	5,322	5,649	2,281	6,500	3,477	1,361	638	1,021	1,920	1,103	1,244	580
	ORANGE	804	2,104	7,821	4,268	2,791	3,774	2,384	1,273	737	1,191	1,687	1,238	1,105	455
	ORLEANS	1,335	2,841	10,216	4,366	1,790	2,827	2,942	2,452	1,057	1,313	2,124	998	795	294
	RUTLAND	1,388	4,567	18,677	11,229	4,217	8,583	5,874	3,800	1,472	2,399	2,841	2,832	2,465	1,099
	WASHINGTON	1,320	2,187	12,879	10,113	4,602	13,045	9,010	2,642	1,280	1,925	3,069	3,292	2,764	1,419
	WINDHAM	661	2,310	9,934	8,088	2,445	7,779	7,093	2,252	1,013	1,513	2,392	1,820	1,781	946
	WINDSOR	864	2,104	12,363	10,522	3,962	10,824	8,737	2,990	1,402	2,139	3,026	2,401	2,295	1,745
VT Total		13,367	33,731	147,723	105,535	50,355	118,915	80,850	33,271	14,737	22,979	34,799	29,193	26,999	21,364

2017 Consumer Spending ($Millions)

State	County	Average annual expend-itures	Food	Alcoholic beverages	Housing	Apparel and services	Transport-ation	Healthcare	Entertain-ment	Personal care products & services	Education	Personal insurance & pensions
VT	ADDISON	539.7	67.1	4.6	2,416.2	255.8	1,277.8	578.0	396.2	90.6	190.7	979.2
	BENNINGTON	504.3	63.7	4.2	673.3	69.4	356.5	164.1	107.4	24.9	47.5	247.6
	CALEDONIA	423.8	54.0	3.5	1,291.5	132.8	677.7	312.1	205.1	47.7	93.4	470.7
	CHITTENDEN	3,013.7	366.5	27.0	2,408.3	254.0	1,269.1	576.2	392.2	89.5	188.1	957.2
	ESSEX	86.4	11.3	0.7	1,311.3	138.3	690.6	313.3	214.1	49.0	103.3	526.9
	FRANKLIN	693.8	87.4	5.8	1,226.8	130.3	640.8	290.0	201.2	45.7	101.1	502.0
	GRAND ISLE	119.5	14.8	1.0	840.6	87.8	442.9	202.0	135.8	31.3	63.9	324.6
	LAMOILLE	414.0	52.2	3.5	1,270.9	135.7	669.6	301.5	209.7	47.6	103.9	527.8
	ORANGE	406.6	51.4	3.4	1,995.4	197.1	1,039.8	492.5	303.3	72.0	123.8	620.1
	ORLEANS	426.5	55.2	3.4	3,115.5	323.7	1,636.7	750.2	500.5	115.3	234.0	1,183.2
	RUTLAND	879.8	111.5	7.4	5,750.0	608.9	3,054.7	1,380.0	944.6	215.7	450.7	2,341.5
	WASHINGTON	909.2	113.7	7.8	2,937.4	313.0	1,550.7	699.1	484.5	110.1	238.2	1,216.9
	WINDHAM	631.9	79.3	5.3	2,368.2	244.4	1,241.9	572.3	376.8	87.2	171.9	870.3
	WINDSOR	845.5	105.9	7.2	2,467.6	247.4	1,299.0	609.2	382.4	90.0	158.3	821.5
VT Total		9,894.8	1,234.0	84.7	30,073.2	3,138.8	15,847.8	7,240.7	4,853.7	1,116.7	2,268.7	11,589.5

State	County	U.S. Population			2017 Gender		2017 Race			
		Total 2017	2010-2017 % chg.	Total 2022	Male	Female	White	Black	Other Race	Hispanic
WA	ADAMS	21,682	-14%	23,271	11,043	10,639	4,893	39	1,578	15,172
	ASOTIN	22,345	5%	23,303	10,805	11,540	19,345	65	2,242	693
	BENTON	177,166	3%	185,863	88,518	88,647	108,275	1,728	23,518	43,645
	CHELAN	76,096	1%	81,762	37,915	38,181	38,144	183	10,019	27,750
	CLALLAM	73,218	1%	77,914	36,545	36,673	52,472	511	15,587	4,648
	CLARK	471,733	10%	526,799	233,075	238,658	309,678	8,844	107,543	45,668
	COLUMBIA	3,765	1%	3,836	1,858	1,907	3,308	10	285	162
	COWLITZ	110,136	0%	117,032	54,458	55,678	79,511	659	17,682	12,285
	DOUGLAS	40,782	13%	44,791	20,320	20,462	19,361	95	5,026	16,300
	FERRY	6,926	7%	7,289	3,602	3,324	4,741	25	1,914	245
	FRANKLIN	89,115	9%	105,125	46,114	43,001	18,664	1,023	10,341	59,086
	GARFIELD	2,211	-4%	2,179	1,087	1,124	2,010	1	123	77
	GRANT	94,887	0%	103,989	48,223	46,664	40,741	704	10,586	42,856
	GRAYS HARBOR	77,379	-5%	81,355	39,637	37,742	49,580	1,420	17,592	8,787
	ISLAND	66,510	13%	70,349	32,938	33,573	48,044	1,425	12,671	4,370
	JEFFERSON	31,773	10%	35,104	15,553	16,219	25,622	253	4,889	1,009
	KING	2,007,599	2%	2,096,017	1,000,810	1,006,789	979,253	102,832	713,264	212,250
	KITSAP	258,469	2%	272,094	130,701	127,768	173,216	5,632	61,873	17,747
	KITTITAS	39,166	-6%	42,601	19,849	19,318	30,017	532	4,884	3,735
	KLICKITAT	20,905	5%	21,879	10,557	10,348	15,876	42	2,572	2,414
	LEWIS	81,168	-3%	86,939	40,756	40,412	55,255	360	14,385	11,169
	LINCOLN	11,135	-2%	11,687	5,556	5,579	9,680	25	981	449
	MASON	72,883	-3%	87,282	37,620	35,264	44,866	1,849	18,672	7,496
	OKANOGAN	41,768	4%	44,347	21,063	20,705	22,866	137	9,124	9,641
	PACIFIC	19,460	-8%	19,975	9,734	9,726	14,225	55	3,193	1,987
	PEND OREILLE	13,159	10%	14,381	6,661	6,498	10,138	38	2,498	484
	PIERCE	828,503	3%	884,576	409,238	419,265	445,823	44,046	254,480	84,154
	SAN JUAN	18,063	5%	21,755	8,753	9,310	11,867	41	3,530	2,625
	SKAGIT	126,356	8%	136,442	62,648	63,708	79,228	1,029	18,578	27,521
	SKAMANIA	6,930	-8%	7,151	3,435	3,495	5,596	27	697	610
	SNOHOMISH	737,546	7%	806,491	369,233	368,312	408,537	18,829	222,287	87,893
	SPOKANE	507,152	5%	550,299	250,773	256,379	380,776	9,485	89,908	26,983
	STEVENS	40,829	15%	44,580	20,388	20,441	33,418	121	6,087	1,204
	THURSTON	254,927	3%	271,600	124,189	130,738	165,890	6,786	62,674	19,578
	WAHKIAKUM	4,017	14%	4,254	2,009	2,007	3,695	7	241	73
	WALLA WALLA	60,846	12%	63,939	30,901	29,944	39,227	1,012	5,643	14,963
	WHATCOM	225,719	7%	238,281	111,798	113,920	159,818	2,219	41,039	22,642
	WHITMAN	44,578	2%	46,176	22,722	21,856	32,473	681	8,777	2,647
	YAKIMA	257,290	3%	273,305	128,758	128,533	77,737	1,051	36,070	142,431
WA Total		7,044,189	3%	7,536,014	3,509,842	3,534,347	4,023,866	213,821	1,823,053	983,449

		2017 Age Ranges (Years)								2017 Occupations					
State	County	1-9	10-19	20-29	30-39	40-49	50-59	60-69	70 over	Mana-gerial	Sales	Admin support	Service	Farming forestry, fishing	Prod-uction
WA	ADAMS	4,204	3,734	2,761	2,641	2,562	2,405	1,650	1,726	3,751	526	1,055	1,639	2,979	2,398
	ASOTIN	2,351	2,572	2,417	1,988	2,885	4,138	3,040	2,954	4,568	1,184	1,328	2,352	135	2,143
	BENTON	25,033	26,983	22,032	19,992	25,329	27,371	15,441	14,984	31,827	8,344	12,083	15,307	2,506	19,144
	CHELAN	9,321	11,461	8,626	7,349	10,745	12,594	7,679	8,321	15,068	2,785	5,405	9,536	3,855	4,735
	CLALLAM	5,828	7,668	6,781	5,725	8,703	14,617	10,653	13,244	13,299	6,098	4,531	10,319	1,619	7,365
	CLARK	65,810	69,523	53,506	59,679	70,705	74,265	42,162	36,084	86,676	26,016	35,145	32,106	1,111	54,484
	COLUMBIA	377	396	288	265	491	805	540	604	798	125	289	526	40	306
	COWLITZ	13,491	15,088	11,656	11,651	15,094	19,221	12,297	11,639	15,075	5,761	8,018	12,842	1,346	16,466
	DOUGLAS	5,761	6,219	4,697	4,351	5,612	5,978	3,806	4,358	6,556	2,043	2,687	4,669	2,261	3,636
	FERRY	588	791	612	466	882	1,362	1,325	900	1,364	173	1,067	875	186	499
	FRANKLIN	19,723	13,618	13,522	11,810	10,671	10,017	5,030	4,723	13,432	3,669	5,377	10,407	7,806	10,534
	GARFIELD	176	307	133	196	299	385	321	394	697	171	80	135	3	139
	GRANT	15,577	15,465	12,874	10,646	12,473	12,304	7,498	8,050	17,207	4,410	6,982	7,731	7,391	10,844
	GRAYS HARBOR	7,774	9,789	8,437	7,876	10,914	14,228	9,593	8,770	10,718	4,112	5,052	10,183	3,325	10,120
	ISLAND	6,895	7,779	8,327	6,287	8,796	11,437	8,334	8,654	13,774	3,376	4,012	10,523	127	7,917
	JEFFERSON	1,932	2,764	2,061	1,834	3,611	7,653	6,192	5,726	6,610	1,922	2,710	3,503	418	2,479
	KING	226,067	237,361	287,756	287,894	314,672	328,112	165,506	160,231	435,615	83,161	107,148	140,053	1,375	119,187
	KITSAP	26,852	34,684	32,864	25,556	38,883	48,227	28,165	23,239	52,182	15,625	17,461	32,481	742	21,583
	KITTITAS	3,499	5,829	10,385	3,201	4,218	5,402	3,501	3,130	7,515	2,796	2,930	3,642	329	2,668
	KLICKITAT	2,085	2,426	1,585	1,973	2,850	4,247	3,428	2,311	5,134	717	1,595	1,387	762	2,132
	LEWIS	8,932	11,137	8,868	7,819	11,136	13,717	9,944	9,615	12,022	5,348	5,447	9,832	3,254	10,969
	LINCOLN	1,189	1,557	893	837	1,517	1,987	1,660	1,496	3,447	477	667	816	60	812
	MASON	7,374	8,783	8,520	7,403	10,224	13,037	8,795	8,748	10,886	4,416	5,995	9,284	2,127	9,260
	OKANOGAN	4,798	5,408	3,907	3,783	5,460	7,443	6,002	4,967	9,054	1,723	2,629	5,888	2,433	2,374
	PACIFIC	1,546	1,944	1,484	1,413	2,379	3,842	3,331	3,522	3,119	1,095	1,781	3,432	593	1,523
	PEND OREILLE	1,227	1,546	965	963	1,844	2,837	2,223	1,553	2,590	867	1,030	1,961	129	1,680
	PIERCE	106,070	117,543	108,250	101,661	129,453	129,009	70,772	65,745	134,756	46,046	64,093	84,118	5,080	95,000
	SAN JUAN	1,110	1,887	1,338	1,311	2,027	4,799	3,023	2,568	2,812	1,026	617	3,082	81	1,392
	SKAGIT	14,965	17,536	14,555	13,320	17,210	20,601	13,584	14,586	20,477	6,224	10,024	11,392	4,893	13,827
	SKAMANIA	688	853	597	685	1,126	1,372	921	687	1,731	250	255	1,103	13	513
	SNOHOMISH	89,474	107,042	89,294	93,691	125,854	118,664	58,439	55,089	144,324	31,744	46,156	60,893	801	68,086
	SPOKANE	59,726	70,562	73,311	54,745	72,203	82,636	46,697	47,273	89,083	27,434	41,218	48,813	4,911	48,586
	STEVENS	4,131	5,446	3,060	3,104	5,003	8,817	6,394	4,875	8,028	2,520	2,608	4,591	605	5,969
	THURSTON	29,093	34,096	32,561	29,854	36,333	45,161	25,349	22,481	45,939	12,244	19,772	26,733	1,141	19,251
	WAHKIAKUM	310	382	245	254	492	838	848	647	943	55	589	150	183	352
	WALLA WALLA	6,593	8,733	9,284	6,092	8,550	9,398	5,278	6,917	14,689	2,077	3,880	6,361	1,352	4,754
	WHATCOM	23,556	32,219	36,890	22,644	29,958	35,933	23,160	21,359	41,690	10,354	15,920	20,799	1,979	19,391
	WHITMAN	3,430	7,779	15,126	3,693	3,887	4,872	2,863	2,929	10,714	1,793	4,273	4,107	65	1,704
	YAKIMA	41,794	42,142	32,940	29,861	33,726	34,327	20,784	21,715	42,413	11,907	15,185	25,284	26,260	26,263
WA Total		849,347	951,051	933,407	854,511	######	######	646,230	616,811	1,340,580	340,614	467,093	638,856	94,273	630,487

2017 Educational Attainment   2017 Family Income

State	County	Less than 9th grade	9th to 12th grade, no diploma	High school grad-uate	Some college, no degree	Assoc-iate degree	Bach-elor's degree	Grad. or pro-fessional degree	Less than $25,000	$25,000-$34,999	$35,000-$49,999	$50,000-$74,999	$75,000-$99,999	$100,000-$149,999	over $150,000
WA	ADAMS	4,926	1,778	3,445	3,031	577	1,103	791	1,153	782	1,059	1,572	475	238	189
	ASOTIN	135	1,084	5,610	6,239	760	2,672	2,337	1,295	724	1,088	1,369	747	693	253
	BENTON	7,785	11,956	27,383	36,941	14,656	22,961	16,950	10,163	4,970	6,695	9,940	9,707	11,612	9,095
	CHELAN	5,257	3,490	12,456	16,900	3,866	10,392	8,991	3,528	1,829	3,033	3,826	2,613	3,438	1,465
	CLALLAM	1,443	4,296	14,551	19,761	5,853	10,269	7,647	4,682	2,086	3,371	4,449	3,145	2,284	1,177
	CLARK	7,065	25,389	74,143	107,134	28,854	78,152	48,989	17,332	8,149	14,600	25,372	23,127	21,991	14,866
	COLUMBIA	25	232	1,008	1,239	99	381	206	283	75	136	196	159	123	60
	COWLITZ	1,451	8,054	26,762	29,783	7,746	8,234	7,250	6,672	2,694	4,176	5,621	4,332	4,457	1,983
	DOUGLAS	2,853	3,103	8,310	9,137	1,559	4,412	2,576	1,841	1,180	1,712	2,381	2,429	1,178	410
	FERRY	70	410	1,554	2,621	635	411	310	666	165	266	331	276	192	56
	FRANKLIN	17,392	10,244	9,687	12,233	3,001	5,061	4,933	4,235	2,180	2,955	4,796	3,481	2,449	1,083
	GARFIELD	92	111	370	697	178	335	109	111	52	90	107	174	87	32
	GRANT	12,000	6,847	15,272	18,514	6,331	6,744	5,947	5,283	2,606	3,404	4,824	3,601	2,980	1,454
	GRAYS HARBOR	1,908	5,582	19,953	22,208	5,448	4,975	4,961	4,992	2,510	3,330	4,328	2,797	2,442	631
	ISLAND	594	2,280	7,675	18,006	5,646	13,022	8,546	2,813	1,372	2,692	4,088	3,839	3,183	1,671
	JEFFERSON	78	753	5,281	8,595	2,193	5,786	5,804	1,865	910	1,456	1,955	1,152	1,278	788
	KING	59,141	74,824	236,516	341,884	114,770	521,533	318,496	77,514	33,786	52,858	81,241	79,079	130,449	128,727
	KITSAP	1,880	8,283	39,564	66,666	21,466	48,785	28,628	9,391	4,808	7,450	12,891	11,174	17,563	8,143
	KITTITAS	884	1,542	9,210	8,194	1,597	6,584	5,659	2,364	883	923	1,495	1,527	1,176	663
	KLICKITAT	676	732	5,146	4,770	1,182	2,883	2,096	1,712	679	935	1,042	736	421	366
	LEWIS	1,798	7,284	19,438	21,005	6,398	4,960	6,222	4,980	2,490	3,343	4,883	3,406	2,030	1,000
	LINCOLN	177	754	2,515	2,692	917	1,441	689	608	356	526	618	387	436	239
	MASON	760	5,566	15,483	20,687	3,359	7,514	8,014	4,427	1,823	2,554	4,418	3,599	2,014	978
	OKANOGAN	2,377	3,648	9,626	8,309	2,003	4,112	4,318	2,985	1,172	1,851	2,200	1,390	1,155	497
	PACIFIC	660	1,673	3,666	5,219	1,339	1,921	2,590	1,247	596	873	1,120	974	401	257
	PEND OREILLE	158	1,040	3,404	3,726	1,085	918	822	1,011	362	539	589	474	493	168
	PIERCE	15,508	47,999	163,212	217,678	57,829	102,605	61,023	34,647	18,349	30,485	45,034	45,177	53,606	29,341
	SAN JUAN	85	890	2,945	3,940	1,626	3,825	2,706	1,167	512	617	1,125	849	489	393
	SKAGIT	5,956	8,636	20,618	29,799	8,974	17,634	11,271	5,459	2,742	4,291	7,542	5,759	5,244	2,547
	SKAMANIA	96	265	1,703	1,824	491	1,042	413	401	173	260	446	297	245	101
	SNOHOMISH	13,233	32,124	117,730	173,919	54,614	133,285	70,532	23,294	10,983	18,711	34,081	34,755	51,313	22,548
	SPOKANE	7,838	21,554	96,477	111,637	39,643	81,904	55,776	26,652	11,472	16,767	26,096	21,814	19,361	10,174
	STEVENS	456	3,885	9,919	9,098	2,877	4,476	3,350	2,859	1,282	1,916	2,167	1,661	968	371
	THURSTON	3,284	10,822	39,157	59,445	15,336	44,694	36,566	8,901	4,518	7,048	13,707	12,585	13,635	7,839
	WAHKIAKUM	60	337	619	1,588	166	458	279	272	133	221	299	118	67	35
	WALLA WALLA	4,024	4,583	10,151	12,057	5,239	7,777	6,648	3,099	1,402	1,979	2,435	2,718	2,270	788
	WHATCOM	3,845	11,389	42,082	47,404	15,499	43,320	24,681	18,107	9,094	11,828	18,696	16,026	11,492	7,841
	WHITMAN	231	1,425	4,483	7,570	4,144	12,105	9,431	3,041	688	923	1,232	932	1,074	646
	YAKIMA	32,388	21,955	52,880	42,935	9,068	19,694	15,738	15,276	6,482	9,881	13,024	8,660	7,371	3,456
WA Total		218,588	356,818	1,140,002	1,515,087	457,023	1,248,379	802,293	316,327	147,067	226,844	351,537	316,154	381,900	262,330

2017 Consumer Spending ($Millions)

State	County	Average annual expend-itures	Food	Alcoholic beverages	Housing	Apparel and services	Transport-ation	Healthcare	Entertain-ment	Personal care products & services	Education	Personal insurance & pensions
WA	ADAMS	249.8	32.5	1.9	131.9	12.6	67.9	33.0	19.3	4.7	7.2	35.0
	ASOTIN	299.6	38.6	2.4	101.6	9.6	52.5	25.5	14.7	3.6	5.3	26.0
	BENTON	3,549.3	436.6	31.1	405.4	40.6	216.6	101.2	63.3	14.8	25.5	137.1
	CHELAN	1,042.0	131.4	8.7	531.2	54.9	284.2	130.3	85.5	19.8	37.3	201.0
	CLALLAM	1,048.4	134.2	8.6	839.2	85.9	433.7	201.6	131.7	30.6	61.1	297.8
	CLARK	7,082.6	877.7	61.4	838.7	86.4	436.4	201.3	132.6	30.7	61.8	302.5
	COLUMBIA	52.7	6.7	0.4	130.7	12.9	68.4	32.5	19.8	4.7	7.9	40.3
	COWLITZ	1,577.1	199.1	13.2	471.8	47.7	251.6	116.9	74.4	17.5	30.5	166.1
	DOUGLAS	575.2	73.5	4.7	799.8	82.2	428.9	197.0	128.2	29.8	54.5	297.2
	FERRY	88.7	11.6	0.7	775.5	78.1	406.1	190.1	120.6	28.3	51.4	261.7
	FRANKLIN	1,076.3	137.2	8.8	40.1	3.9	21.0	10.0	6.1	1.4	2.4	12.0
	GARFIELD	35.9	4.5	0.3	0.2	0.0	0.1	0.0	0.0	0.0	0.0	0.0
	GRANT	1,192.2	152.5	9.7	1,880.2	192.3	1,000.2	461.8	297.9	69.4	127.3	673.6
	GRAYS HARBOR	1,033.7	133.0	8.3	634.0	64.2	332.7	154.9	99.1	23.2	42.8	218.9
	ISLAND	1,090.7	136.4	9.3	908.5	95.2	480.7	219.1	147.3	33.8	68.5	354.9
	JEFFERSON	473.8	60.1	3.9	782.5	75.3	399.7	193.5	114.9	27.7	45.0	209.7
	KING	34,202.6	4,137.8	308.6	7,332.1	774.8	3,857.7	1,748.8	1,197.3	273.5	581.3	2,944.3
	KITSAP	4,225.0	519.9	37.0	1,144.1	114.2	606.5	284.3	177.1	41.9	71.0	377.0
	KITTITAS	465.9	59.0	4.0	344.8	34.9	183.6	85.6	54.1	12.7	22.1	118.9
	KLICKITAT	283.5	36.4	2.3	553.8	54.3	289.1	137.7	83.6	19.9	32.6	166.9
	LEWIS	1,088.9	139.7	8.8	799.5	79.2	419.1	197.6	122.4	29.0	49.6	254.4
	LINCOLN	159.8	20.3	1.3	530.5	52.9	275.5	130.3	81.3	19.2	34.3	170.2
	MASON	1,006.8	128.4	8.3	64.7	6.5	33.9	15.8	10.0	2.4	4.3	21.9
	OKANOGAN	532.3	68.8	4.3	913.3	92.2	484.0	225.8	142.9	33.5	59.3	314.0
	PACIFIC	267.5	34.4	2.2	146.2	14.3	75.6	36.1	21.9	5.2	8.8	43.0
	PEND OREILLE	176.8	22.7	1.4	235.1	23.7	122.9	57.5	36.5	8.6	15.5	78.3
	PIERCE	14,946.8	1,845.0	130.4	3,913.3	397.8	2,079.3	963.9	617.6	144.2	261.4	1,387.9
	SAN JUAN	247.5	31.7	2.0	286.0	27.4	147.8	71.5	41.8	10.2	15.4	76.1
	SKAGIT	1,829.6	229.5	15.4	627.8	68.1	327.9	146.5	104.9	23.6	54.8	272.5
	SKAMANIA	101.5	12.8	0.9	8.9	0.9	4.6	2.2	1.4	0.3	0.6	2.8
	SNOHOMISH	11,897.2	1,458.6	104.9	2,421.1	254.4	1,272.8	579.0	392.5	90.0	187.1	950.0
	SPOKANE	6,895.1	871.1	57.8	1,943.5	200.9	1,033.7	475.1	312.3	72.3	138.3	730.8
	STEVENS	528.3	68.5	4.2	1,500.7	151.1	796.3	375.7	234.3	54.3	96.7	504.4
	THURSTON	4,014.7	494.6	35.1	298.0	29.0	155.0	74.5	44.6	10.7	17.3	86.5
	WAHKIAKUM	51.3	6.7	0.4	22.1	2.1	11.4	5.5	3.3	0.8	1.3	6.1
	WALLA WALLA	772.3	97.9	6.5	761.2	74.5	396.8	189.3	114.7	27.4	44.9	227.4
	WHATCOM	4,827.6	609.8	40.5	1,371.8	141.3	717.5	331.1	217.5	50.4	99.4	498.3
	WHITMAN	404.7	51.8	3.3	1,391.7	142.3	739.4	343.9	220.8	51.2	94.5	497.0
	YAKIMA	3,198.9	408.6	26.1	1,694.9	175.8	904.9	414.1	273.6	63.3	121.5	647.7
WA Total		112,592.8	13,919.7	979.2	37,576.3	3,854.2	19,816.2	9,160.8	5,961.7	1,384.4	2,640.3	13,610.3

State	County	U.S. Population			2017 Gender		2017 Race			
		Total 2017	2010-2017 % chg.	Total 2022	Male	Female	White	Black	Other Race	Hispanic
WI	ADAMS	12,351	14%	12,782	6,262	6,090	11,416	121	499	315
	ASHLAND	17,495	17%	17,513	8,807	8,688	13,182	55	3,935	322
	BARRON	48,562	7%	50,590	24,158	24,405	43,556	414	3,133	1,459
	BAYFIELD	13,121	0%	13,385	6,723	6,399	10,202	33	2,701	185
	BROWN	273,126	7%	291,997	135,236	137,890	181,657	8,044	50,004	33,422
	BUFFALO	15,928	2%	16,726	7,973	7,955	15,254	93	325	255
	BURNETT	15,045	9%	15,742	7,580	7,465	12,672	100	2,000	273
	CALUMET	24,891	0%	25,279	12,551	12,340	22,808	75	1,059	948
	CHIPPEWA	65,240	5%	69,030	34,041	31,200	59,251	1,206	3,537	1,246
	CLARK	37,576	4%	38,546	19,061	18,516	32,312	97	2,537	2,630
	COLUMBIA	68,155	6%	71,905	34,774	33,381	58,479	957	5,374	3,345
	CRAWFORD	16,543	12%	16,900	8,528	8,015	15,391	594	422	136
	DANE	545,191	11%	600,913	269,226	275,965	378,366	28,699	90,187	47,939
	DODGE	93,256	6%	95,196	49,126	44,130	79,145	3,161	5,303	5,647
	DOOR	27,888	5%	28,350	13,727	14,161	23,240	285	3,411	952
	DOUGLAS	45,516	3%	46,153	22,787	22,729	39,250	557	5,059	650
	DUNN	45,769	-8%	47,896	23,108	22,661	41,205	150	3,525	890
	EAU CLAIRE	103,245	5%	107,005	50,441	52,804	86,283	1,001	13,062	2,899
	FLORENCE	3,942	-6%	4,017	2,025	1,917	3,801	24	95	22
	FOND DU LAC	99,785	0%	102,920	48,913	50,872	83,979	3,085	7,094	5,627
	FOREST	9,168	0%	9,289	4,640	4,528	6,641	54	2,179	294
	GRANT	53,429	-2%	53,473	27,839	25,589	48,861	1,844	1,480	1,243
	GREEN	39,165	7%	40,912	19,386	19,779	33,410	221	4,035	1,500
	GREEN LAKE	21,434	-1%	22,053	10,719	10,714	19,327	102	726	1,279
	IOWA	24,325	7%	25,488	12,172	12,153	23,237	86	630	372
	IRON	5,513	6%	5,458	2,762	2,752	4,949	3	525	37
	JACKSON	20,448	1%	21,550	10,876	9,572	15,565	899	3,081	903
	JEFFERSON	77,237	5%	79,279	38,392	38,844	61,424	510	5,717	9,585
	JUNEAU	29,380	6%	30,958	15,500	13,880	25,422	1,051	1,744	1,163
	KENOSHA	166,138	5%	173,072	82,261	83,877	108,207	11,286	20,380	26,264
	KEWAUNEE	22,262	3%	22,995	11,300	10,963	20,007	63	1,194	998
	LA CROSSE	120,857	5%	126,915	58,976	61,881	100,321	2,250	16,386	1,901
	LAFAYETTE	17,782	16%	19,889	9,039	8,743	16,467	39	465	811
	LANGLADE	21,126	8%	21,713	10,623	10,502	19,059	156	1,506	405
	LINCOLN	33,601	4%	34,296	16,862	16,739	30,694	160	1,973	774
	MANITOWOC	81,539	4%	82,471	40,481	41,057	68,118	447	7,958	5,015
	MARATHON	132,392	4%	137,890	66,432	65,960	106,771	2,225	19,577	3,819
	MARINETTE	45,810	3%	46,509	22,856	22,955	43,106	104	1,875	725
	MARQUETTE	21,011	6%	23,432	11,478	9,533	18,128	425	808	1,649
	MENOMINEE	4,050	1%	3,957	1,990	2,061	318	10	3,554	169
	MILWAUKEE	947,543	-1%	951,023	457,922	489,621	409,279	248,983	129,354	159,927
	MONROE	48,864	11%	52,250	24,762	24,101	39,341	1,277	4,585	3,661
	OCONTO	36,998	8%	38,896	18,817	18,182	32,775	103	3,346	773
	ONEIDA	38,642	8%	39,653	19,299	19,342	35,607	182	2,236	616
	OUTAGAMIE	216,976	11%	233,273	108,015	108,961	168,335	3,410	29,161	16,071
	OZAUKEE	92,196	7%	95,716	45,221	46,975	80,161	1,771	6,984	3,281
	PEPIN	7,619	2%	7,764	3,892	3,727	7,218	19	252	129
	PIERCE	52,098	4%	55,649	25,849	26,249	48,066	336	2,755	941
	POLK	54,405	5%	62,612	27,263	27,142	50,757	113	2,210	1,325
	PORTAGE	70,103	3%	71,941	34,973	35,129	59,969	461	6,741	2,932
	PRICE	13,758	-4%	13,447	6,967	6,790	12,956	62	565	175
	RACINE	216,593	0%	224,682	107,582	109,011	144,170	23,983	17,875	30,564
	RICHLAND	17,335	12%	18,064	8,650	8,685	15,213	114	872	1,137
	ROCK	164,110	6%	167,382	80,738	83,372	117,544	7,086	18,842	20,637
	RUSK	14,582	0%	14,473	7,328	7,255	13,861	96	440	186
	SAINT CROIX	90,363	18%	103,074	45,309	45,054	77,344	971	8,510	3,538
	SAUK	65,721	6%	70,057	32,670	33,052	56,091	555	4,036	5,039
	SAWYER	17,972	6%	18,689	9,061	8,910	12,704	37	4,857	374
	SHAWANO	39,883	2%	41,918	19,848	20,035	31,298	357	6,895	1,334
	SHEBOYGAN	121,184	8%	125,311	60,927	60,257	93,864	4,337	13,388	9,596
	TAYLOR	19,012	3%	19,443	9,680	9,332	17,228	40	1,105	639
	TREMPEALEAU	34,359	5%	35,568	17,552	16,806	27,938	54	1,735	4,632
	VERNON	32,385	3%	34,167	16,212	16,173	30,309	98	1,330	647
	VILAS	21,502	14%	22,881	10,951	10,551	17,992	32	3,055	424
	WALWORTH	115,172	7%	124,759	57,754	57,418	85,830	978	8,317	20,048
	WASHBURN	18,615	8%	19,206	9,301	9,313	17,400	27	788	399
	WASHINGTON	138,185	9%	145,056	68,574	69,612	122,420	1,401	8,765	5,599
	WAUKESHA	424,894	7%	449,239	208,573	216,321	361,225	8,763	34,557	20,348
	WAUPACA	63,329	2%	65,572	32,066	31,263	58,402	251	2,654	2,022
	WAUSHARA	24,145	12%	25,870	12,764	11,381	20,599	468	1,195	1,883
	WINNEBAGO	171,990	8%	178,971	85,938	86,051	143,002	4,662	15,780	8,546
	WOOD	84,024	1%	83,701	41,538	42,487	73,916	1,018	6,245	2,846
WI Total		5,993,849	5%	6,264,756	2,975,622	3,018,227	4,464,297	382,732	648,485	498,335

State	County	2017 Age Ranges (Years)								2017 Occupations					
		1-9	10-19	20-29	30-39	40-49	50-59	60-69	70 over	Mana-gerial	Sales	Admin support	Service	Farming forestry, fishing	Prod-uction
WI	ADAMS	1,037	1,425	790	930	1,669	2,219	2,036	2,245	2,178	724	671	1,293	44	2,070
	ASHLAND	1,783	2,311	1,959	1,574	2,767	3,265	1,906	1,931	2,767	510	1,099	1,872	375	2,258
	BARRON	4,968	5,944	4,824	4,685	7,544	8,652	5,808	6,138	8,099	2,511	2,404	4,069	205	5,712
	BAYFIELD	1,083	1,450	882	912	2,013	3,046	2,116	1,620	2,428	846	1,082	851	173	1,412
	BROWN	35,344	37,796	35,811	32,442	44,900	40,919	22,498	23,417	45,130	12,325	20,158	12,802	596	29,198
	BUFFALO	1,726	2,193	1,372	1,563	2,762	2,704	1,717	1,890	3,116	527	1,031	607	66	1,877
	BURNETT	1,322	1,651	1,104	1,112	2,182	2,889	2,517	2,268	2,886	895	663	1,400	42	2,141
	CALUMET	3,026	3,007	2,055	2,887	4,467	4,272	2,499	2,678	4,128	646	1,325	1,108	48	3,412
	CHIPPEWA	7,868	8,235	7,120	7,361	11,101	10,235	6,463	6,859	10,570	3,132	5,014	3,667	112	8,750
	CLARK	5,799	5,646	3,901	3,711	5,512	5,385	3,271	4,351	7,557	842	1,457	2,377	182	6,219
	COLUMBIA	7,722	8,604	6,790	7,809	11,827	11,885	6,779	6,738	11,401	3,106	4,362	4,323	49	7,975
	CRAWFORD	1,724	2,018	1,606	1,470	2,505	3,148	2,037	2,035	2,702	645	983	1,562	28	2,343
	DANE	64,010	70,152	91,465	69,495	80,336	83,830	44,681	41,222	110,984	18,612	27,423	24,284	930	34,749
	DODGE	9,595	11,609	10,612	10,946	16,570	14,663	8,444	10,817	16,412	2,990	5,073	6,446	197	13,179
	DOOR	2,113	2,786	1,905	2,126	4,009	6,039	4,497	4,413	4,366	1,315	1,775	1,932	128	3,801
	DOUGLAS	4,750	5,644	6,245	4,791	6,948	7,920	4,891	4,326	6,822	2,624	3,725	3,753	140	5,689
	DUNN	4,633	7,011	8,824	4,538	6,237	6,865	3,897	3,765	6,650	1,367	2,536	3,043	100	7,078
	EAU CLAIRE	10,994	14,280	20,931	10,595	13,059	15,553	8,396	9,436	16,250	5,816	6,425	7,173	374	10,064
	FLORENCE	255	362	214	248	687	910	679	587	740	141	185	326	20	634
	FOND DU LAC	10,939	12,809	11,804	10,686	15,817	17,332	9,472	10,926	14,324	3,306	5,495	6,080	191	15,082
	FOREST	955	1,288	881	873	1,350	1,502	1,105	1,215	1,075	305	800	1,455	246	1,281
	GRANT	5,362	7,853	8,686	4,562	7,245	8,294	4,996	6,430	10,959	2,161	2,524	3,727	181	5,420
	GREEN	4,564	5,174	3,368	4,120	6,627	7,181	3,780	4,352	6,870	1,193	2,252	2,234	65	4,602
	GREEN LAKE	2,560	2,701	1,753	2,025	3,384	3,885	2,378	2,748	3,485	732	1,668	1,314	65	2,773
	IOWA	3,150	3,114	2,061	2,822	4,293	4,186	2,297	2,401	5,253	969	987	1,071	23	1,992
	IRON	455	587	371	436	838	1,097	788	941	723	595	270	533	58	846
	JACKSON	2,261	2,420	2,381	2,439	3,286	3,257	2,239	2,165	3,396	766	1,376	1,886	117	2,919
	JEFFERSON	9,452	10,161	8,258	9,419	12,627	12,484	7,553	7,282	10,581	3,851	4,255	4,707	84	10,358
	JUNEAU	3,047	3,474	2,836	3,170	4,922	4,973	3,476	3,481	4,017	1,275	2,475	2,649	49	4,467
	KENOSHA	21,695	25,738	20,764	20,964	27,778	24,602	11,809	12,788	29,080	9,525	12,305	11,733	26	17,833
	KEWAUNEE	2,429	2,838	1,918	2,435	3,727	3,842	2,352	2,721	4,518	638	1,217	897	73	2,718
	LA CROSSE	12,785	17,149	21,192	11,851	17,125	18,371	10,597	11,788	18,397	5,710	9,271	8,748	24	11,193
	LAFAYETTE	2,104	2,687	1,641	1,603	3,244	2,635	1,781	2,088	4,477	399	863	655	57	1,450
	LANGLADE	1,957	2,399	1,733	1,928	3,350	3,793	2,720	3,246	3,277	976	1,461	1,413	221	3,349
	LINCOLN	3,212	4,316	2,522	3,140	5,926	6,024	3,886	4,575	4,385	1,420	3,831	1,695	103	4,699
	MANITOWOC	8,360	10,721	7,489	7,977	13,701	14,720	8,326	10,245	11,404	2,878	4,679	4,380	422	13,536
	MARATHON	16,239	18,156	13,992	14,952	21,608	21,452	12,125	13,868	24,465	5,760	8,528	6,444	191	13,915
	MARINETTE	3,965	5,388	4,222	3,749	7,233	8,759	6,031	6,463	7,323	1,910	3,645	3,329	293	6,780
	MARQUETTE	1,675	2,002	1,991	2,334	3,584	3,766	2,832	2,827	3,969	750	999	2,141	126	3,446
	MENOMINEE	752	770	488	387	587	505	307	255	672	78	362	1,234	14	313
	MILWAUKEE	126,772	136,072	148,936	116,290	134,769	133,706	67,078	83,921	160,222	36,920	72,756	91,058	1,384	114,153
	MONROE	6,737	7,123	5,135	5,143	7,494	7,888	4,577	4,768	9,344	1,763	2,886	3,632	156	6,429
	OCONTO	3,776	4,789	2,833	3,903	6,754	6,915	4,162	3,865	5,277	1,263	2,279	2,754	225	5,733
	ONEIDA	3,147	4,225	3,076	3,122	6,254	7,309	5,308	6,201	6,023	2,434	3,224	2,936	406	4,441
	OUTAGAMIE	28,957	30,839	24,156	27,039	37,880	33,361	16,891	17,853	37,846	8,489	13,878	9,630	1,410	24,773
	OZAUKEE	9,814	13,230	7,309	8,115	15,547	17,354	10,069	10,759	24,192	3,895	4,217	3,595	96	4,602
	PEPIN	738	965	688	693	1,300	1,455	817	963	1,651	224	332	241	19	1,049
	PIERCE	5,647	7,676	8,562	5,325	8,201	8,598	4,293	3,797	8,930	1,825	2,635	3,001	82	5,023
	POLK	6,179	7,417	4,656	5,714	9,352	9,715	5,819	5,554	8,170	1,686	3,188	3,221	654	8,867
	PORTAGE	6,830	9,632	11,930	6,840	10,335	11,561	6,382	6,593	11,826	3,226	4,949	4,580	143	6,336
	PRICE	1,072	1,466	799	1,152	2,411	2,786	1,936	2,137	2,245	451	710	1,255	230	2,090
	RACINE	25,786	30,454	22,432	23,950	36,512	36,212	19,618	21,629	39,162	10,825	15,609	14,025	64	25,844
	RICHLAND	2,064	2,256	1,554	1,672	2,670	3,023	1,785	2,312	3,186	572	918	926	46	2,648
	ROCK	20,954	23,063	18,406	19,813	25,497	25,133	14,907	16,336	23,100	6,913	11,358	11,103	90	25,093
	RUSK	1,481	1,828	1,134	1,234	2,372	2,717	1,703	2,112	2,690	695	529	736	25	2,826
	SAINT CROIX	13,261	12,825	9,096	12,282	15,261	14,492	7,454	5,694	16,255	2,976	5,513	4,476	54	8,800
	SAUK	7,769	8,744	6,861	7,540	10,951	10,551	6,390	6,914	11,236	3,044	3,245	6,169	72	5,536
	SAWYER	1,789	2,036	1,431	1,439	2,637	3,590	2,684	2,365	2,704	1,193	1,318	2,016	179	2,037
	SHAWANO	4,504	5,074	3,537	4,193	6,513	6,469	4,508	5,087	7,106	1,433	2,238	2,832	134	5,503
	SHEBOYGAN	14,174	16,115	12,950	13,042	20,430	20,313	11,089	13,070	17,429	3,730	6,635	7,452	198	18,720
	TAYLOR	2,136	2,422	1,638	1,948	3,458	3,110	1,892	2,409	3,387	449	1,026	987	71	3,042
	TREMPEALEAU	4,354	4,520	3,152	3,733	5,843	5,774	3,441	3,543	6,390	939	1,646	1,718	98	4,688
	VERNON	4,215	4,805	2,671	2,907	4,930	5,510	3,494	3,854	7,394	1,108	1,928	1,964	68	3,696
	VILAS	1,718	2,150	1,425	1,702	2,990	3,847	3,727	3,943	2,795	1,871	2,061	2,236	188	2,517
	WALWORTH	13,858	17,477	15,829	12,724	17,556	17,067	10,332	10,330	18,576	4,150	7,026	8,787	180	13,758
	WASHBURN	1,572	1,996	1,305	1,463	2,738	3,839	2,940	2,764	2,778	1,463	1,079	1,560	134	2,814
	WASHINGTON	16,457	18,545	11,514	15,625	24,899	23,199	13,396	14,551	24,828	5,301	7,980	7,806	99	12,884
	WAUKESHA	48,395	58,445	35,790	41,893	72,628	75,084	43,457	49,203	92,376	19,918	26,218	18,511	94	27,597
	WAUPACA	6,437	8,185	5,367	6,395	10,897	11,221	6,751	8,076	10,213	3,065	4,060	3,459	94	9,564
	WAUSHARA	2,124	2,774	2,084	2,292	3,868	4,241	3,164	3,598	3,024	883	1,912	2,280	289	4,226
	WINNEBAGO	19,125	23,429	23,903	19,691	28,064	25,798	14,911	17,067	26,748	7,372	11,142	11,567	126	19,683
	WOOD	8,433	10,507	7,553	7,812	13,716	15,033	9,312	11,658	12,522	3,516	5,332	6,337	244	12,383
WI Total		707,947	814,948	736,472	667,748	950,074	963,926	550,270	602,464	1,047,463	248,365	386,480	394,062	13,789	674,884

| | | 2017 Educational Attainment | | | | | | | 2017 Family Income | | | | | | |
State	County	Less than 9th grade	9th to 12th grade, no diploma	High school grad-uate	Some college, no degree	Assoc-iate degree	Bach-elor's degree	Grad. or pro-fessional degree	Less than $25,000	$25,000-$34,999	$35,000-$49,999	$50,000-$74,999	$75,000-$99,999	$100,000-$149,999	over $150,000
WI	ADAMS	264	1,324	4,231	2,429	426	918	1,024	816	409	584	801	646	189	63
	ASHLAND	287	653	5,286	3,103	1,815	2,460	1,022	1,069	531	808	1,030	653	279	143
	BARRON	1,005	2,864	14,966	9,997	3,949	5,543	2,469	2,544	1,390	2,180	3,490	1,963	1,259	642
	BAYFIELD	87	731	3,102	3,045	1,327	1,994	1,039	812	382	515	844	540	480	159
	BROWN	8,213	12,583	55,721	56,492	20,894	48,725	16,399	12,053	5,441	8,516	14,016	14,005	12,019	5,184
	BUFFALO	334	569	5,092	3,745	1,187	1,559	587	706	436	726	1,284	670	454	147
	BURNETT	185	934	4,269	4,137	759	2,066	575	847	466	805	1,040	513	450	150
	CALUMET	473	1,451	7,485	4,482	2,104	3,376	1,058	907	427	791	1,752	1,490	1,054	463
	CHIPPEWA	1,178	2,979	17,581	16,305	5,622	5,961	3,651	3,195	1,539	2,467	4,846	2,958	1,845	844
	CLARK	1,933	2,474	10,933	7,409	2,553	2,511	1,144	2,008	1,091	1,806	2,678	1,258	702	366
	COLUMBIA	790	3,449	19,668	15,595	4,282	7,634	4,636	2,332	1,419	2,403	4,276	3,967	2,842	1,240
	CRAWFORD	295	1,018	4,588	4,319	1,230	1,598	816	975	410	729	1,032	614	444	192
	DANE	9,269	15,081	66,595	95,354	35,110	139,131	87,902	19,221	8,655	12,893	22,988	26,090	28,564	18,785
	DODGE	1,885	6,212	30,181	19,927	6,418	9,202	4,134	3,470	1,896	3,193	6,017	5,262	3,447	1,126
	DOOR	326	1,099	7,969	6,367	1,857	4,226	2,681	1,344	651	1,273	1,699	1,250	1,282	477
	DOUGLAS	552	1,833	10,552	10,497	6,320	6,034	2,420	2,337	1,147	1,909	2,430	2,170	1,494	470
	DUNN	388	2,201	10,998	12,201	4,055	6,024	2,679	1,737	935	1,571	2,520	1,979	1,587	474
	EAU CLAIRE	1,856	2,547	20,447	21,059	7,774	23,665	9,195	5,424	2,107	3,168	4,914	4,144	3,285	1,590
	FLORENCE	30	265	1,481	1,028	123	440	167	247	104	251	201	147	118	36
	FOND DU LAC	1,316	6,786	27,375	22,890	7,037	12,483	5,094	4,406	1,830	3,487	5,973	5,191	3,984	1,477
	FOREST	90	465	2,939	2,917	222	705	288	562	280	381	681	321	214	66
	GRANT	1,307	3,344	13,892	12,630	3,080	6,167	4,811	2,654	1,192	2,317	3,256	2,305	1,305	459
	GREEN	849	1,987	10,174	8,943	2,172	4,284	3,519	1,577	856	1,343	2,613	2,162	1,543	739
	GREEN LAKE	567	1,291	6,574	4,860	1,107	2,510	615	925	491	936	1,469	1,271	562	306
	IOWA	211	842	6,071	5,187	1,957	3,764	1,520	863	469	872	1,746	1,466	982	257
	IRON	111	362	1,392	1,697	474	508	226	394	213	311	308	208	66	31
	JACKSON	254	1,883	5,977	5,235	1,404	1,607	607	917	476	832	1,341	907	555	184
	JEFFERSON	1,595	3,304	20,895	19,567	4,720	9,093	3,476	2,970	1,710	2,369	4,924	4,202	3,554	1,187
	JUNEAU	541	3,079	9,975	6,584	1,392	2,141	890	1,555	799	1,161	2,210	1,335	777	325
	KENOSHA	2,483	8,545	33,876	37,175	8,746	26,437	14,543	7,130	3,103	4,326	6,990	6,760	10,297	4,303
	KEWAUNEE	456	824	7,240	5,091	1,518	2,189	1,057	902	398	900	1,376	1,342	909	247
	LA CROSSE	1,185	3,748	27,373	26,705	10,865	19,251	11,939	5,481	2,494	3,428	5,922	5,620	4,442	2,276
	LAFAYETTE	175	657	4,775	5,130	891	1,472	1,393	811	380	853	1,336	832	413	188
	LANGLADE	386	1,476	7,511	4,582	885	1,797	1,377	1,263	612	1,116	1,656	932	296	135
	LINCOLN	533	2,108	11,045	7,204	2,812	3,122	1,578	1,593	740	1,281	2,398	1,947	1,170	322
	MANITOWOC	1,509	3,144	25,284	19,199	5,022	9,595	4,367	3,593	1,917	2,810	5,310	4,563	2,867	1,060
	MARATHON	3,397	5,564	31,819	27,793	9,893	18,808	9,787	5,522	2,834	4,454	7,671	7,387	5,287	2,590
	MARINETTE	661	2,987	15,944	9,689	2,496	4,342	3,212	2,622	1,347	1,951	2,799	2,185	1,422	365
	MARQUETTE	362	1,727	6,625	5,129	1,539	1,523	1,450	996	702	986	1,473	826	543	139
	MENOMINEE	14	307	656	622	80	949	318	309	112	106	200	65	116	14
	MILWAUKEE	32,818	89,399	189,461	169,893	46,106	147,080	82,111	59,966	22,333	28,530	37,426	31,153	33,547	15,910
	MONROE	2,133	3,355	13,450	9,745	3,251	4,785	1,766	2,207	1,324	1,817	3,110	2,542	1,402	527
	OCONTO	621	2,264	11,423	9,306	3,068	3,265	986	1,574	885	1,447	2,424	2,357	1,280	464
	ONEIDA	362	2,619	10,584	8,260	2,214	5,742	3,798	2,146	1,103	1,966	2,325	1,751	1,251	521
	OUTAGAMIE	2,506	7,043	46,342	41,691	15,099	42,918	17,087	7,890	4,050	6,350	12,355	11,732	10,244	5,199
	OZAUKEE	738	2,326	11,669	16,837	4,087	26,150	13,925	2,530	1,396	2,377	3,706	4,224	6,339	5,606
	PEPIN	128	215	2,638	1,549	598	844	483	338	173	289	554	424	217	79
	PIERCE	439	1,489	9,909	12,514	3,553	10,208	5,292	1,554	764	1,316	2,486	2,762	2,777	1,131
	POLK	525	3,134	15,066	13,490	2,955	5,806	3,632	2,189	1,517	2,140	3,403	2,870	1,854	1,005
	PORTAGE	1,309	3,064	16,938	14,572	5,086	12,426	5,905	3,827	1,661	3,067	5,228	4,913	3,848	2,128
	PRICE	229	949	4,273	3,197	1,426	1,379	530	866	347	671	874	670	264	135
	RACINE	4,141	14,202	46,354	48,841	14,159	31,118	16,611	9,744	4,996	5,972	10,641	9,128	11,692	5,530
	RICHLAND	344	868	5,371	4,534	635	1,641	901	919	495	677	1,376	765	347	96
	ROCK	3,143	9,877	40,016	41,972	8,896	18,863	8,964	9,781	5,465	7,128	10,926	9,955	11,335	3,140
	RUSK	335	1,084	5,462	3,147	661	1,195	362	880	484	678	933	565	334	86
	SAINT CROIX	519	1,671	17,087	21,165	5,517	17,796	6,418	2,498	1,227	2,526	4,519	4,959	5,718	3,235
	SAUK	1,029	3,415	16,640	14,874	3,928	9,698	3,849	2,678	1,172	2,349	4,066	3,497	2,965	1,088
	SAWYER	105	950	5,277	3,969	1,442	2,220	1,239	1,104	586	859	1,135	648	419	311
	SHAWANO	619	2,301	13,177	8,917	2,093	3,339	2,433	2,016	949	1,736	2,722	2,223	976	348
	SHEBOYGAN	2,035	6,952	34,563	24,996	6,254	15,849	8,457	4,912	2,541	3,898	6,814	6,830	5,171	2,059
	TAYLOR	590	1,204	6,746	3,760	1,201	1,626	569	1,051	529	791	1,351	823	392	254
	TREMPEALEAU	682	1,882	9,133	7,818	2,707	3,445	1,992	1,389	844	1,373	2,398	1,753	1,029	510
	VERNON	862	1,679	9,194	7,119	1,766	3,421	1,632	1,706	1,019	1,385	1,989	1,479	744	403
	VILAS	193	1,159	7,058	4,170	1,803	3,184	1,176	1,197	670	1,173	1,397	864	754	365
	WALWORTH	3,373	8,122	26,500	22,982	7,187	18,379	6,924	4,522	2,005	3,567	5,417	5,555	5,464	2,241
	WASHBURN	225	1,121	5,337	5,035	1,257	2,236	893	1,025	670	870	1,313	724	546	246
	WASHINGTON	1,829	3,833	29,301	31,157	10,653	23,195	11,945	4,357	2,296	3,376	6,529	7,519	9,774	4,950
	WAUKESHA	3,120	12,306	71,805	83,445	22,652	98,858	53,819	11,596	6,366	9,581	16,196	19,346	33,581	22,629
	WAUPACA	857	3,590	20,402	14,113	3,351	7,663	2,983	2,956	1,622	2,112	4,006	3,629	2,223	830
	WAUSHARA	452	2,382	8,059	5,991	984	1,802	1,011	1,285	759	1,261	1,654	1,191	619	196
	WINNEBAGO	1,802	9,120	46,084	31,543	9,426	32,419	11,567	7,371	3,752	5,468	9,969	7,578	7,286	3,337
	WOOD	1,424	5,017	23,847	19,279	5,071	11,217	4,665	4,475	2,278	3,255	5,001	4,277	3,139	1,162
WI Total		116,837	323,288	1,357,723	1,246,197	375,203	975,578	499,590	271,642	128,666	192,811	313,754	280,854	270,628	134,942

2017 Consumer Spending ($Millions)

State	County	Average annual expend-itures	Food	Alcoholic beverages	Housing	Apparel and services	Transport-ation	Healthcare	Entertain-ment	Personal care products & services	Education	Personal insurance & pensions
WI	ADAMS	167.9	21.8	1.3	285.4	29.7	155.0	70.4	46.6	10.8	19.9	111.8
	ASHLAND	213.6	27.7	1.7	682.1	70.0	364.4	167.5	109.0	25.3	47.0	251.3
	BARRON	670.4	85.8	5.4	727.9	76.8	385.3	174.5	119.0	27.3	57.1	291.7
	BAYFIELD	190.0	24.2	1.6	1,816.8	189.0	967.1	441.2	293.2	67.8	132.8	694.4
	BROWN	3,885.5	488.0	32.9	1,418.6	139.2	743.4	352.3	214.6	51.1	84.9	429.3
	BUFFALO	224.0	28.7	1.8	16.2	1.6	8.5	4.1	2.4	0.6	0.8	4.2
	BURNETT	210.1	27.0	1.7	812.7	86.7	431.0	193.9	134.7	30.5	66.0	341.5
	CALUMET	377.5	47.4	3.2	812.9	78.9	426.4	203.2	121.9	29.3	46.0	237.9
	CHIPPEWA	903.0	115.1	7.4	122.1	11.8	63.3	30.3	18.1	4.3	6.9	34.1
	CLARK	473.9	61.2	3.8	283.0	27.5	148.3	70.9	42.4	10.1	16.0	82.2
	COLUMBIA	1,019.0	128.0	8.6	1,026.9	106.2	548.5	251.5	165.2	38.2	72.6	387.4
	CRAWFORD	212.7	27.4	1.7	447.6	45.3	239.3	110.9	70.2	16.5	28.6	153.8
	DANE	7,972.4	980.6	70.2	1,752.6	176.5	929.2	432.8	273.6	64.3	113.2	594.2
	DODGE	1,324.9	167.4	11.1	470.1	47.6	247.2	115.1	73.5	17.2	31.4	161.5
	DOOR	421.7	53.3	3.5	147.7	14.6	79.4	37.4	22.8	5.4	8.5	47.9
	DOUGLAS	617.0	78.7	5.1	1,877.3	197.1	1,000.7	454.4	306.3	70.3	141.1	744.8
	DUNN	574.0	72.8	4.8	226.9	22.4	118.0	55.7	34.4	8.1	14.3	70.0
	EAU CLAIRE	1,278.2	161.9	10.6	26.0	2.5	14.0	6.6	4.0	0.9	1.4	8.2
	FLORENCE	54.5	7.0	0.4	341.5	34.4	181.7	84.3	53.4	12.6	21.8	117.2
	FOND DU LAC	1,408.2	178.0	11.8	983.3	98.1	515.3	241.8	151.6	35.7	63.4	320.5
	FOREST	121.2	15.6	1.0	386.8	41.8	203.7	91.1	64.6	14.6	32.8	166.5
	GRANT	675.0	86.6	5.5	1,527.5	155.0	814.0	377.3	241.1	56.4	100.7	538.5
	GREEN	590.3	74.2	5.0	651.9	67.5	346.8	158.8	105.0	24.2	47.0	248.0
	GREEN LAKE	308.5	39.3	2.5	514.5	51.9	271.5	126.3	80.3	18.8	34.1	175.1
	IOWA	364.2	46.0	3.0	824.4	85.8	443.2	202.1	133.9	31.0	58.9	319.1
	IRON	69.2	9.1	0.5	55.4	5.4	28.5	13.6	8.2	2.0	3.2	15.3
	JACKSON	267.6	34.2	2.2	318.4	30.9	168.0	80.3	47.9	11.4	17.7	94.6
	JEFFERSON	1,161.5	145.9	9.8	658.0	65.1	341.5	160.9	100.3	23.8	42.6	206.2
	JUNEAU	408.4	52.3	3.3	177.4	17.6	95.1	44.7	27.5	6.5	10.5	58.2
	KENOSHA	2,457.4	304.5	21.3	159.7	16.0	83.7	39.2	24.7	5.8	10.4	52.5
	KEWAUNEE	331.0	41.9	2.8	70.4	6.9	37.7	17.8	10.7	2.6	3.8	21.7
	LA CROSSE	1,587.6	199.8	13.4	294.7	29.5	158.2	74.1	46.0	10.8	17.8	99.0
	LAFAYETTE	243.6	31.2	2.0	353.3	35.6	187.5	87.3	55.4	13.0	23.0	122.0
	LANGLADE	282.5	36.7	2.2	308.4	29.7	160.7	77.1	45.5	11.0	16.9	85.3
	LINCOLN	495.2	63.1	4.1	64.9	6.2	34.4	16.5	9.7	2.3	3.3	18.1
	MANITOWOC	1,171.9	148.6	9.7	264.8	25.9	139.6	66.4	40.1	9.5	15.3	80.1
	MARATHON	1,942.6	244.3	16.4	381.9	37.4	203.1	96.5	57.9	13.8	21.1	115.8
	MARINETTE	634.2	81.5	5.1	1,124.2	113.4	598.1	278.4	176.2	41.4	72.8	386.5
	MARQUETTE	283.6	36.4	2.3	144.5	14.2	75.9	35.9	22.0	5.2	8.7	44.6
	MENOMINEE	43.0	5.6	0.3	40.9	4.1	22.4	10.3	6.5	1.5	2.4	14.5
	MILWAUKEE	11,560.6	1,468.3	96.2	1,680.8	171.5	887.7	410.1	265.8	61.9	117.0	601.3
	MONROE	665.1	84.9	5.5	246.4	24.1	130.5	61.9	37.4	8.9	14.1	75.3
	OCONTO	559.6	70.9	4.7	639.8	63.4	332.0	156.3	97.6	23.1	41.6	201.3
	ONEIDA	552.6	70.8	4.5	580.1	57.2	303.4	143.8	88.3	20.9	35.5	180.9
	OUTAGAMIE	3,249.1	405.0	27.8	1,009.9	102.3	533.0	247.2	158.5	37.1	68.4	351.5
	OZAUKEE	1,493.9	181.8	13.3	69.2	6.7	36.0	17.2	10.3	2.5	4.1	20.1
	PEPIN	107.9	13.7	0.9	12.7	1.2	6.7	3.2	1.9	0.5	0.7	3.7
	PIERCE	759.5	93.9	6.6	482.4	47.5	253.9	120.0	73.7	17.4	29.4	151.6
	POLK	805.0	101.5	6.7	1,534.3	157.8	815.9	374.8	245.4	56.9	108.4	569.6
	PORTAGE	1,340.5	168.1	11.4	319.6	33.1	168.8	77.3	51.2	11.8	23.3	119.5
	PRICE	182.3	23.6	1.5	282.7	27.4	147.3	70.5	42.3	10.1	16.4	82.3
	RACINE	3,206.4	399.4	27.4	388.1	39.6	205.0	94.9	61.3	14.3	26.8	138.3
	RICHLAND	228.8	29.5	1.8	225.3	22.7	117.7	54.9	34.9	8.2	15.0	74.9
	ROCK	3,191.5	401.1	27.0	840.0	86.2	448.1	206.5	134.0	31.2	57.5	306.6
	RUSK	191.0	24.7	1.5	336.4	34.7	179.2	82.2	53.9	12.5	23.8	125.9
	SAINT CROIX	1,467.4	180.2	12.9	1,105.1	112.1	586.0	271.8	173.9	40.7	73.9	387.3
	SAUK	984.3	123.6	8.3	836.5	84.7	449.0	207.8	132.5	31.1	54.4	298.3
	SAWYER	248.6	31.8	2.0	890.0	92.6	475.4	216.8	144.3	33.3	65.0	346.4
	SHAWANO	550.8	70.7	4.5	885.6	88.2	468.0	219.6	136.6	32.3	55.5	288.8
	SHEBOYGAN	1,787.3	224.3	15.1	200.5	19.5	105.4	50.3	30.1	7.2	11.1	59.1
	TAYLOR	257.3	33.0	2.1	233.8	22.7	121.9	58.4	34.9	8.3	13.4	67.3
	TREMPEALEAU	484.0	61.5	4.0	421.8	42.7	224.7	104.4	66.5	15.5	27.8	148.3
	VERNON	434.8	55.7	3.5	223.1	21.7	118.3	56.4	33.6	8.0	12.1	66.1
	VILAS	318.7	40.8	2.6	241.5	23.3	126.9	60.6	36.1	8.6	13.4	70.0
	WALWORTH	1,590.5	199.2	13.6	106.1	10.6	56.4	26.4	16.5	3.9	6.7	35.5
	WASHBURN	267.2	34.2	2.2	1,265.3	133.4	672.3	304.5	207.3	47.4	97.7	510.1
	WASHINGTON	2,361.6	289.0	20.9	39.3	3.7	19.9	9.7	5.7	1.4	2.2	10.1
	WAUKESHA	7,384.3	892.2	66.6	1,005.2	103.9	539.7	246.5	162.3	37.6	71.1	384.0
	WAUPACA	925.6	117.3	7.7	1,167.8	115.8	617.7	290.1	179.2	42.4	70.9	372.2
	WAUSHARA	346.2	44.6	2.8	760.5	77.8	409.5	188.3	121.7	28.3	51.1	280.9
	WINNEBAGO	2,418.4	303.8	20.4	770.3	80.2	411.0	187.5	124.6	28.7	56.1	295.9
	WOOD	1,209.5	154.1	9.9	1,128.4	109.7	590.8	281.9	169.3	40.4	64.0	332.1
WI Total		86,768.0	10,872.3	736.7	42,528.0	4,313.9	22,537.6	10,454.8	6,692.0	1,564.6	2,845.3	14,900.7

State	County	U.S. Population		2017 Gender		2017 Race			
		Total 2017	2010-2017 % chg.	Total 2022	Male	Female	White	Black	Other Race	Hispanic
WV	BARBOUR	14,579	-8%	14,498	7,297	7,283	13,462	195	877	46
	BERKELEY	114,710	12%	122,723	56,984	57,726	85,635	7,219	15,763	6,092
	BOONE	22,848	3%	23,825	11,345	11,503	22,364	122	266	96
	BRAXTON	14,547	5%	15,409	7,331	7,216	13,932	58	491	67
	BROOKE	19,299	12%	18,886	9,452	9,847	18,005	229	929	137
	CABELL	116,356	4%	118,660	56,730	59,627	98,280	5,093	11,208	1,775
	CALHOUN	8,472	11%	9,063	4,239	4,233	8,274	14	113	71
	CLAY	13,437	19%	15,935	6,661	6,776	13,155	99	142	42
	DODDRIDGE	5,540	26%	5,857	2,798	2,742	5,437	7	84	12
	FAYETTE	49,575	22%	53,959	24,306	25,269	45,194	1,782	2,068	530
	GILMER	10,463	16%	12,493	6,352	4,111	7,369	2,301	383	410
	GRANT	12,433	10%	13,581	6,154	6,280	11,846	59	332	197
	GREENBRIER	42,875	14%	45,899	20,348	22,527	38,040	1,356	2,828	651
	HAMPSHIRE	28,597	24%	33,946	14,452	14,145	27,493	264	570	270
	HANCOCK	33,844	0%	32,851	16,275	17,569	31,865	749	675	555
	HARDY	14,712	9%	15,611	7,427	7,285	12,224	337	1,025	1,126
	HARRISON	71,994	1%	72,849	35,245	36,748	65,123	1,292	4,826	752
	JACKSON	34,219	13%	36,619	16,930	17,288	33,397	89	564	170
	JEFFERSON	64,911	18%	73,116	32,130	32,781	49,684	4,299	6,877	4,051
	KANAWHA	194,476	4%	193,141	93,404	101,072	162,421	13,191	16,576	2,287
	LEWIS	18,399	9%	18,500	9,085	9,315	17,873	75	324	128
	LINCOLN	28,548	13%	35,456	14,306	14,242	28,217	17	211	103
	LOGAN	21,413	-23%	19,737	10,916	10,498	20,310	386	528	189
	MARION	59,869	0%	60,040	29,310	30,559	53,952	1,715	3,651	551
	MARSHALL	27,895	-11%	26,783	13,595	14,299	26,409	148	1,100	237
	MASON	26,076	9%	27,416	12,520	13,556	24,971	236	732	137
	MCDOWELL	10,221	-17%	8,776	5,068	5,154	9,150	812	200	59
	MERCER	62,262	-4%	61,896	29,729	32,533	55,376	3,707	2,686	493
	MINERAL	30,729	-3%	31,883	15,210	15,518	28,068	833	1,589	239
	MINGO	25,246	-5%	24,970	12,429	12,817	24,472	339	324	112
	MONONGALIA	93,375	6%	97,926	47,952	45,423	81,122	3,174	7,545	1,534
	MONROE	14,888	15%	16,560	7,369	7,519	14,444	70	296	78
	MORGAN	19,240	15%	20,858	9,612	9,628	18,374	170	494	202
	NICHOLAS	28,132	-7%	29,107	13,830	14,302	27,489	46	439	158
	OHIO	48,015	5%	46,967	22,974	25,041	40,979	1,550	5,091	396
	PENDLETON	8,064	4%	8,203	4,085	3,979	7,674	181	145	63
	PLEASANTS	7,380	0%	7,451	3,978	3,402	6,689	262	359	70
	POCAHONTAS	9,162	10%	10,029	4,703	4,459	8,923	62	125	53
	PRESTON	36,969	24%	40,594	19,071	17,899	34,875	1,243	534	317
	PUTNAM	52,795	5%	55,805	25,910	26,885	49,205	797	2,059	734
	RALEIGH	70,093	1%	70,523	35,505	34,587	53,662	10,505	4,511	1,414
	RANDOLPH	30,806	14%	31,610	15,893	14,913	29,280	477	815	234
	RITCHIE	12,051	-6%	12,563	6,225	5,826	11,614	101	247	89
	ROANE	14,214	2%	14,578	7,025	7,189	13,906	15	206	87
	SUMMERS	11,177	1%	11,293	5,445	5,732	10,683	204	215	77
	TAYLOR	14,498	-6%	14,614	7,377	7,121	13,733	280	374	111
	TUCKER	7,043	0%	7,220	3,520	3,523	6,923	11	73	36
	TYLER	7,969	-4%	7,958	3,893	4,076	7,815	11	99	43
	UPSHUR	26,616	4%	27,845	13,077	13,539	25,036	161	1,052	366
	WAYNE	28,236	-5%	28,755	13,915	14,322	27,664	43	367	162
	WEBSTER	8,865	-9%	8,743	4,380	4,486	8,707	14	109	36
	WETZEL	18,134	1%	18,631	8,898	9,236	17,687	17	326	104
	WIRT	6,801	-11%	7,306	3,385	3,416	6,674	9	78	40
	WOOD	90,028	-2%	92,136	43,384	46,645	82,609	936	5,197	1,287
	WYOMING	17,852	-1%	17,160	8,863	8,989	17,394	112	263	82
WV Total		1,880,949	5%	1,948,812	928,295	952,654	1,675,157	67,473	108,959	29,359

State	County	1-9	10-19	20-29	30-39	40-49	50-59	60-69	70 over	Managerial	Sales	Admin support	Service	Farming forestry, fishing	Production
WV	BARBOUR	1,495	1,743	1,667	1,570	2,230	2,386	1,884	1,604	2,836	506	1,180	1,525	168	2,332
	BERKELEY	15,483	15,466	12,541	15,187	18,731	17,612	11,353	8,336	16,918	4,747	8,954	9,079	40	14,865
	BOONE	3,002	2,492	2,476	2,694	3,205	4,083	2,476	2,420	2,664	2,256	3,774	1,740	68	3,591
	BRAXTON	1,389	1,625	1,531	1,598	2,229	2,740	1,849	1,587	1,878	669	1,220	2,083	205	3,005
	BROOKE	1,700	2,382	2,123	1,834	2,634	3,396	2,339	2,892	1,885	1,394	2,173	1,665	2	3,244
	CABELL	12,738	12,773	18,631	13,676	15,157	17,904	12,114	13,362	17,652	10,379	11,218	13,161	674	9,691
	CALHOUN	846	884	739	890	1,386	1,588	1,097	1,043	1,212	625	359	1,582	204	1,328
	CLAY	1,569	1,663	1,369	1,608	1,804	2,285	1,738	1,403	1,019	668	1,189	2,470	167	3,229
	DODDRIDGE	526	706	352	578	899	1,089	768	623	769	251	736	532	29	1,072
	FAYETTE	5,793	5,384	5,875	5,814	7,100	8,788	5,488	5,332	5,892	4,043	4,029	10,258	334	5,941
	GILMER	770	1,089	1,846	1,812	1,645	1,374	994	933	1,918	421	1,056	1,189	300	1,317
	GRANT	1,411	1,335	996	1,232	1,992	2,237	1,718	1,513	1,517	372	1,079	431	104	3,036
	GREENBRIER	3,974	4,465	4,676	4,401	6,230	7,937	5,598	5,595	7,767	3,702	4,400	4,284	1,116	3,802
	HAMPSHIRE	3,233	3,626	2,462	3,452	4,386	4,803	3,575	3,060	3,294	1,299	1,884	2,239	202	6,514
	HANCOCK	3,473	3,400	2,817	3,512	5,074	6,102	3,883	5,583	4,943	1,626	3,040	4,328	14	4,047
	HARDY	1,670	1,624	1,345	1,844	2,468	2,354	1,823	1,585	1,525	718	1,168	1,397	28	2,379
	HARRISON	7,974	8,523	7,620	8,091	11,143	12,535	7,758	8,349	13,106	4,094	5,508	9,475	196	7,984
	JACKSON	3,756	4,100	3,499	3,876	5,002	5,296	4,067	4,623	7,452	2,163	2,502	2,946	128	4,114
	JEFFERSON	8,241	8,630	6,884	7,784	11,187	10,476	6,633	5,076	12,924	2,745	2,657	6,579	38	5,587
	KANAWHA	21,174	20,645	21,639	21,455	28,220	35,012	21,602	24,729	36,300	12,330	15,569	18,787	187	18,969
	LEWIS	2,012	1,928	1,710	2,097	2,716	3,217	2,505	2,214	2,887	1,331	1,691	2,139	438	2,207
	LINCOLN	3,292	3,234	3,061	3,110	4,906	4,646	3,244	3,054	2,914	3,768	5,362	2,719	633	3,245
	LOGAN	2,103	1,936	2,316	2,656	3,132	4,114	2,612	2,543	4,061	2,280	1,996	2,030	299	2,922
	MARION	6,289	6,573	7,969	6,680	8,274	10,518	6,520	7,046	13,243	3,645	5,866	5,372	257	4,532
	MARSHALL	2,941	3,072	2,614	2,818	3,848	5,202	3,519	3,881	3,442	1,359	2,977	3,079	56	5,144
	MASON	3,020	2,934	2,704	2,992	3,629	4,369	3,240	3,189	3,855	1,929	1,991	2,654	461	4,958
	MCDOWELL	928	969	1,044	1,190	1,494	2,110	1,281	1,206	2,264	571	985	1,905	67	1,484
	MERCER	6,691	6,571	7,385	6,622	8,004	10,782	7,803	8,403	11,093	4,885	4,790	8,519	86	7,553
	MINERAL	3,278	3,824	3,115	3,274	4,351	5,234	3,830	3,823	3,598	1,500	2,548	3,571	363	4,975
	MINGO	2,555	2,560	2,558	2,878	4,153	4,966	3,032	2,544	4,791	2,544	1,912	2,937	1,472	3,351
	MONONGALIA	8,676	11,873	25,984	10,142	12,198	12,403	6,393	5,705	20,605	5,577	7,257	8,601	129	4,963
	MONROE	1,713	1,692	1,320	1,557	1,834	2,742	2,133	1,896	1,569	876	1,204	2,657	309	1,943
	MORGAN	1,861	2,146	1,531	1,923	3,279	3,352	2,539	2,609	1,933	933	1,276	2,945	23	3,174
	NICHOLAS	2,887	2,999	2,621	3,023	4,322	5,227	3,691	3,363	3,642	1,650	2,269	2,934	2,634	3,447
	OHIO	4,555	5,665	5,502	4,439	6,819	8,690	6,991	6,991	9,426	2,681	4,167	5,886	11	3,402
	PENDLETON	720	877	707	653	1,333	1,394	1,113	1,267	1,255	579	554	1,024	109	820
	PLEASANTS	693	867	715	882	1,205	1,338	863	817	775	326	1,557	693	4	877
	POCAHONTAS	787	959	919	951	1,400	1,731	1,324	1,091	1,029	306	651	1,558	1,121	706
	PRESTON	3,563	3,599	4,106	4,376	5,894	6,831	4,438	4,162	5,268	2,797	2,295	5,229	450	4,705
	PUTNAM	6,378	6,669	4,439	6,409	8,524	9,404	5,668	5,303	11,346	2,684	4,202	4,008	370	4,461
	RALEIGH	7,912	6,514	9,288	8,910	9,275	12,271	7,786	8,137	12,491	6,663	6,841	7,391	142	8,529
	RANDOLPH	3,060	3,176	3,128	3,334	4,516	5,839	4,044	3,708	4,823	1,910	2,475	3,511	639	4,212
	RITCHIE	1,232	1,341	1,228	1,363	1,916	2,162	1,514	1,295	1,267	1,553	1,126	1,158	94	1,786
	ROANE	1,600	1,499	1,428	1,528	2,007	2,515	1,873	1,765	2,704	665	1,338	1,116	304	2,531
	SUMMERS	1,061	1,087	924	1,103	1,725	1,951	1,618	1,708	1,198	529	1,224	2,097	219	1,851
	TAYLOR	1,531	1,526	1,540	1,832	2,333	2,285	1,712	1,739	3,595	295	841	1,618	9	2,271
	TUCKER	612	794	532	691	1,041	1,184	1,173	1,016	1,256	359	389	967	39	834
	TYLER	718	920	534	808	1,177	1,585	1,101	1,126	938	623	458	1,130	35	1,665
	UPSHUR	2,812	3,272	3,242	2,614	3,772	4,405	3,512	2,986	4,510	1,550	1,341	3,753	428	3,596
	WAYNE	3,429	3,336	2,679	3,528	4,042	4,609	3,373	3,241	3,598	1,830	4,554	3,208	95	4,025
	WEBSTER	945	891	845	957	1,240	1,678	1,203	1,106	1,790	828	393	745	1,031	1,118
	WETZEL	1,680	2,186	1,570	1,672	2,776	3,120	2,569	2,560	2,671	967	1,164	2,744	204	3,345
	WIRT	676	884	672	701	1,087	1,213	986	582	857	889	809	292	477	643
	WOOD	9,757	10,647	9,266	9,651	13,379	15,407	10,677	11,245	15,101	6,867	7,414	7,319	151	11,119
	WYOMING	1,807	1,816	1,698	1,845	2,586	3,599	2,372	2,128	2,409	736	1,748	3,216	1,017	2,709
WV Total		203,986	213,390	221,983	212,115	276,911	322,092	215,374	215,097	311,674	123,490	161,359	206,476	18,384	225,150

		2017 Educational Attainment							2017 Family Income						
State	County	Less than 9th grade	9th to 12th grade, no diploma	High school grad-uate	Some college, no degree	Assoc-iate degree	Bach-elor's degree	Grad. or pro-fessional degree	Less than $25,000	$25,000-$34,999	$35,000-$49,999	$50,000-$74,999	$75,000-$99,999	$100,000-$149,999	over $150,000
WV	BARBOUR	548	1,147	5,917	1,782	304	940	1,642	1,147	518	654	868	498	206	123
	BERKELEY	2,896	8,580	34,176	18,904	5,481	9,714	11,301	12,002	5,876	8,230	13,614	12,110	8,181	4,691
	BOONE	1,768	3,017	7,054	2,973	1,989	1,506	252	1,801	840	873	1,333	1,049	756	145
	BRAXTON	855	2,045	5,564	1,924	538	804	575	1,462	416	637	534	616	320	81
	BROOKE	580	1,327	8,161	2,999	1,124	2,292	235	1,224	639	785	915	726	924	162
	CABELL	2,278	9,334	33,375	23,489	5,627	13,559	10,204	9,800	3,270	3,815	5,137	3,905	3,552	2,160
	CALHOUN	951	876	2,909	1,264	98	407	704	1,213	390	378	277	139	162	36
	CLAY	1,120	1,818	5,087	2,042	228	425	321	1,602	440	742	715	391	270	89
	DODDRIDGE	391	782	2,167	963	80	243	56	500	272	283	263	225	45	15
	FAYETTE	2,559	4,791	18,036	7,878	1,968	4,650	1,409	4,608	1,766	2,218	2,660	1,848	1,048	364
	GILMER	420	918	3,962	1,117	740	1,218	736	997	252	408	476	334	128	93
	GRANT	556	1,677	4,374	1,903	329	1,068	436	1,013	445	592	829	540	189	35
	GREENBRIER	1,633	3,972	17,258	6,365	1,601	3,609	2,240	3,591	1,606	2,086	2,453	1,180	575	703
	HAMPSHIRE	1,286	4,122	10,538	3,249	1,285	2,033	963	2,943	1,051	1,429	1,677	691	402	64
	HANCOCK	586	1,536	13,031	6,703	1,937	3,483	1,280	2,868	1,311	1,545	1,448	1,322	1,032	368
	HARDY	424	1,412	6,073	2,505	248	554	973	1,218	654	601	655	475	466	84
	HARRISON	1,514	7,137	22,573	12,560	3,117	9,091	3,946	5,564	1,914	2,813	3,370	3,395	2,335	702
	JACKSON	965	2,239	10,102	7,211	2,266	4,062	1,614	2,014	988	1,124	1,687	1,939	1,956	305
	JEFFERSON	1,341	3,335	15,878	12,483	3,886	8,218	7,151	2,316	1,092	2,185	3,233	3,706	3,136	1,805
	KANAWHA	4,430	15,327	55,243	35,268	10,291	23,085	19,668	12,989	5,511	7,979	9,434	7,613	6,914	4,443
	LEWIS	619	1,604	6,861	3,662	159	1,826	716	1,545	573	1,038	972	563	322	209
	LINCOLN	2,227	4,684	8,043	6,809	958	385	657	3,230	872	1,030	2,118	752	302	112
	LOGAN	1,259	2,882	5,738	3,210	2,017	1,938	1,318	1,895	706	753	1,055	1,322	717	354
	MARION	1,471	4,316	18,582	11,693	2,996	6,555	4,986	4,507	1,770	2,478	3,013	2,325	1,816	698
	MARSHALL	1,021	1,837	11,730	4,925	1,377	1,537	1,051	2,253	1,022	1,117	1,322	1,173	793	205
	MASON	1,052	1,874	9,088	3,216	2,936	1,373	2,042	2,321	877	1,257	1,286	1,127	610	205
	MCDOWELL	1,384	2,038	3,023	1,189	320	558	318	1,510	534	513	493	340	138	119
	MERCER	2,719	6,269	20,195	12,028	2,023	5,437	3,788	6,465	2,099	2,841	3,318	1,749	997	549
	MINERAL	797	2,601	11,457	4,832	2,176	1,988	1,893	2,781	1,131	1,193	1,345	1,141	797	411
	MINGO	1,628	3,903	7,570	3,941	1,782	1,549	1,067	2,823	885	1,109	1,211	838	490	189
	MONONGALIA	1,374	5,392	14,909	14,717	3,013	16,132	25,286	5,379	1,632	2,466	3,434	4,369	3,399	1,691
	MONROE	563	1,174	5,476	2,440	627	1,386	659	1,172	478	762	1,008	603	342	64
	MORGAN	433	2,021	7,331	3,757	314	1,151	1,269	1,802	543	870	1,070	631	450	191
	NICHOLAS	1,610	3,688	9,509	5,018	1,093	1,811	1,135	2,408	898	1,315	1,494	1,277	654	215
	OHIO	750	2,697	13,688	9,963	2,571	6,463	4,638	3,562	1,367	1,597	2,309	1,703	1,225	874
	PENDLETON	346	1,102	2,695	1,749	179	556	277	779	277	505	295	280	174	40
	PLEASANTS	173	626	3,012	1,379	353	482	239	558	291	293	454	307	193	21
	POCAHONTAS	288	1,217	3,733	1,183	340	858	240	722	413	546	420	210	74	57
	PRESTON	1,319	3,904	14,621	5,510	1,008	2,496	2,817	2,571	1,139	1,783	2,384	1,297	1,002	439
	PUTNAM	687	2,002	11,758	10,599	3,722	10,010	4,050	2,219	1,221	1,670	2,146	2,796	3,522	1,988
	RALEIGH	2,518	9,195	19,292	14,778	3,510	5,846	3,911	6,426	2,630	2,262	3,278	2,976	2,200	891
	RANDOLPH	1,125	3,392	10,997	4,839	1,470	3,194	1,305	2,548	929	1,315	1,916	840	486	272
	RITCHIE	387	974	3,997	3,045	1,093	520	205	975	443	597	601	601	171	51
	ROANE	778	1,884	4,581	2,175	736	745	971	1,415	625	443	1,047	301	332	23
	SUMMERS	1,039	1,520	3,809	1,700	158	1,001	411	1,112	534	533	553	301	132	92
	TAYLOR	459	1,817	5,331	2,381	488	1,149	558	1,096	495	554	727	502	528	69
	TUCKER	158	420	3,024	1,121	178	899	261	602	240	383	382	294	145	27
	TYLER	286	977	3,216	1,474	342	328	137	635	302	333	533	322	168	42
	UPSHUR	850	2,533	11,157	3,601	632	2,478	1,232	2,153	928	1,236	1,630	801	516	149
	WAYNE	1,606	3,801	9,124	4,857	1,310	1,567	849	2,931	862	1,198	1,784	754	566	140
	WEBSTER	825	1,399	2,515	1,148	290	766	581	1,036	191	352	597	258	115	44
	WETZEL	463	2,272	6,980	3,419	659	601	936	1,690	586	661	747	878	587	120
	WIRT	266	774	2,709	1,048	156	456	234	383	340	243	480	133	360	23
	WOOD	2,103	5,853	28,259	19,616	4,996	8,701	5,295	7,201	2,314	3,321	4,217	3,072	3,738	1,681
	WYOMING	2,040	1,611	6,250	2,721	1,044	982	433	2,414	620	812	949	714	504	93
WV Total		63,729	169,643	591,740	333,327	90,159	184,683	141,470	153,988	60,019	78,757	102,163	80,256	61,161	28,812

2017 Consumer Spending ($Millions)

State	County	Average annual expend-itures	Food	Alcoholic beverages	Housing	Apparel and services	Transport-ation	Healthcare	Entertain-ment	Personal care products & services	Education	Personal insurance & pensions
WV	BARBOUR	181.6	23.7	1.4	32.8	3.2	17.4	8.3	5.0	1.2	1.8	9.9
	BERKELEY	3,475.7	437.5	29.3	273.7	26.5	143.9	68.8	41.0	9.8	15.2	79.3
	BOONE	328.3	42.4	2.6	1,613.0	161.8	856.9	399.6	251.4	59.0	102.5	545.1
	BRAXTON	183.8	24.1	1.5	213.7	21.4	112.9	52.9	33.2	7.8	13.7	72.0
	BROOKE	279.4	35.6	2.3	159.3	15.7	83.8	39.5	24.2	5.7	9.6	48.6
	CABELL	1,533.1	196.0	12.6	249.7	24.1	130.1	62.4	37.1	8.9	14.2	70.0
	CALHOUN	105.3	14.0	0.8	186.6	18.7	99.9	46.7	29.2	6.9	11.6	63.7
	CLAY	181.0	23.9	1.4	1,034.4	103.3	552.5	258.1	161.2	37.9	64.2	348.4
	DODDRIDGE	68.3	9.1	0.5	257.1	25.6	135.9	63.9	39.7	9.4	16.0	83.8
	FAYETTE	664.3	86.6	5.2	1,519.9	155.1	817.4	377.0	241.8	56.5	99.4	548.2
	GILMER	115.0	15.2	0.9	322.7	31.6	168.9	80.1	48.8	11.6	19.2	97.5
	GRANT	166.2	21.8	1.3	51.1	5.0	26.5	12.6	7.7	1.8	3.1	15.3
	GREENBRIER	557.6	72.2	4.5	1,071.4	108.0	573.1	266.6	168.7	39.6	68.8	374.4
	HAMPSHIRE	347.9	46.2	2.6	315.5	31.6	169.6	79.1	49.5	11.6	19.5	108.5
	HANCOCK	463.6	60.1	3.7	112.4	11.5	59.9	27.7	17.9	4.2	7.5	40.5
	HARDY	194.7	25.3	1.5	6.7	0.6	3.5	1.7	1.0	0.2	0.4	1.7
	HARRISON	974.7	125.7	7.9	876.6	89.3	465.6	216.0	138.9	32.4	59.0	313.6
	JACKSON	539.9	68.4	4.5	140.9	13.5	72.6	35.2	20.6	5.0	7.6	37.2
	JEFFERSON	998.3	123.9	8.6	489.4	50.9	259.9	118.7	79.2	18.2	36.1	189.6
	KANAWHA	2,748.3	349.1	22.8	2,001.3	203.2	1,068.6	495.5	316.5	73.8	131.5	709.9
	LEWIS	228.5	30.0	1.8	609.0	59.9	321.0	152.1	92.7	22.0	35.8	187.9
	LINCOLN	350.5	46.5	2.7	757.7	75.5	399.1	187.4	116.9	27.5	47.6	247.3
	LOGAN	337.0	43.2	2.8	1,039.5	105.2	558.0	258.5	164.3	38.4	67.1	368.2
	MARION	808.7	104.0	6.5	343.0	36.3	181.9	82.4	56.3	12.8	26.9	139.7
	MARSHALL	372.1	48.3	3.0	273.0	27.7	147.9	68.3	43.5	10.1	17.5	98.8
	MASON	352.9	46.0	2.8	221.4	22.2	116.3	54.3	34.3	8.1	14.5	72.9
	MCDOWELL	151.1	20.0	1.2	661.3	67.0	355.6	164.3	105.1	24.5	43.4	238.3
	MERCER	776.7	102.2	6.0	577.2	56.8	307.1	144.9	88.5	21.0	33.7	183.4
	MINERAL	414.3	53.5	3.4	110.7	11.3	59.1	27.3	17.6	4.1	7.5	39.5
	MINGO	331.7	43.5	2.6	616.8	61.5	328.8	154.2	95.5	22.5	37.1	202.1
	MONONGALIA	1,155.6	146.4	9.8	424.0	42.6	225.4	105.5	65.8	15.5	26.1	140.4
	MONROE	210.4	27.3	1.7	246.5	24.9	132.3	61.4	38.9	9.1	15.8	86.9
	MORGAN	255.6	33.2	2.0	19.0	1.9	9.9	4.6	3.0	0.7	1.3	6.6
	NICHOLAS	377.1	49.3	3.0	282.9	29.4	150.9	69.0	45.7	10.6	20.4	108.7
	OHIO	602.6	77.3	4.9	131.6	13.2	72.0	33.2	21.1	4.9	8.1	48.5
	PENDLETON	106.5	14.0	0.8	152.9	15.6	81.8	37.8	24.3	5.7	10.2	55.4
	PLEASANTS	101.0	13.1	0.8	7.5	0.7	4.0	1.9	1.1	0.3	0.4	2.2
	POCAHONTAS	107.3	14.1	0.8	357.1	35.8	190.5	89.0	55.6	13.1	22.3	119.6
	PRESTON	507.0	65.4	4.0	735.6	75.1	391.4	180.7	116.9	27.2	50.1	266.4
	PUTNAM	907.4	111.7	8.0	410.5	41.2	220.5	102.5	64.4	15.1	25.6	141.9
	RALEIGH	977.0	126.1	7.9	944.1	92.9	494.9	233.9	143.4	34.1	57.2	291.0
	RANDOLPH	374.6	48.8	2.9	332.8	32.2	169.7	81.1	49.2	11.8	20.8	93.5
	RITCHIE	154.8	20.3	1.2	681.5	68.1	359.5	168.5	105.2	24.8	42.8	222.8
	ROANE	183.4	24.1	1.4	387.6	38.9	205.5	96.0	60.3	14.2	24.6	130.8
	SUMMERS	140.7	18.5	1.1	429.6	44.0	231.8	106.8	68.6	16.0	28.1	156.0
	TAYLOR	188.4	24.4	1.5	47.5	4.5	25.1	12.0	7.2	1.7	2.6	14.3
	TUCKER	94.5	12.4	0.7	49.8	4.9	26.0	12.4	7.5	1.8	2.9	14.6
	TYLER	106.8	14.0	0.8	190.8	18.3	101.4	48.6	28.5	6.8	9.8	54.6
	UPSHUR	332.5	43.6	2.6	23.8	2.3	12.7	6.0	3.6	0.9	1.4	7.4
	WAYNE	356.7	47.0	2.8	385.5	38.8	205.2	95.6	60.5	14.2	24.8	133.0
	WEBSTER	109.7	14.5	0.8	43.6	4.2	22.9	11.0	6.5	1.5	2.3	12.2
	WETZEL	251.6	32.6	2.0	72.5	7.0	38.3	18.3	10.9	2.6	4.1	21.7
	WIRT	98.4	12.6	0.8	66.6	6.4	34.8	16.7	9.9	2.4	3.6	18.6
	WOOD	1,265.8	161.3	10.4	75.5	7.4	39.8	18.9	11.4	2.7	4.2	22.3
	WYOMING	268.6	35.3	2.1	1,477.9	148.0	789.1	368.8	230.6	54.2	92.0	500.6
WV Total		27,464.5	3,525.6	223.7	24,114.5	2,422.6	12,828.9	5,984.3	3,766.9	884.3	1,633.8	8,205.7

State	County	U.S. Population			2017 Gender		2017 Race			
		Total 2017	2010-2017 % chg.	Total 2022	Male	Female	White	Black	Other Race	Hispanic
WY	ALBANY	37,554	-40%	38,986	19,551	18,003	30,150	515	3,361	3,529
	BIG HORN	9,985	-8%	9,928	5,041	4,944	8,570	24	534	857
	CAMPBELL	41,798	-2%	40,730	21,996	19,802	34,221	206	3,580	3,791
	CARBON	15,830	-7%	15,723	8,533	7,296	11,558	113	1,303	2,857
	CONVERSE	14,841	-37%	15,596	7,539	7,302	13,038	47	650	1,105
	CROOK	7,763	4%	8,398	3,981	3,782	7,186	13	269	295
	FREMONT	42,740	4%	44,745	21,339	21,401	27,522	131	12,573	2,514
	GOSHEN	13,738	3%	14,057	7,152	6,585	11,870	115	443	1,310
	HOT SPRINGS	4,948	2%	4,906	2,457	2,491	4,595	12	227	113
	JOHNSON	9,619	14%	10,419	4,892	4,727	8,668	13	584	354
	LARAMIE	100,851	14%	106,883	50,437	50,414	76,759	1,837	8,012	14,244
	LINCOLN	18,919	1%	22,500	9,690	9,229	16,750	28	1,271	871
	NATRONA	80,219	20%	84,741	40,396	39,823	65,144	786	7,995	6,293
	NIOBRARA	2,685	-2%	2,767	1,248	1,437	2,549	5	85	45
	PARK	30,522	11%	31,981	15,178	15,344	25,968	51	2,670	1,833
	PLATTE	9,484	16%	9,680	4,712	4,772	8,347	26	477	634
	SHERIDAN	31,684	16%	33,201	15,850	15,835	28,353	91	2,127	1,113
	SUBLETTE	12,502	15%	15,023	6,764	5,738	10,031	28	1,133	1,310
	SWEETWATER	43,602	-11%	44,717	22,733	20,869	31,250	452	4,366	7,534
	TETON	27,042	4%	31,719	14,192	12,850	12,707	21	8,869	5,444
	UINTA	20,620	-17%	21,486	10,402	10,218	16,082	52	2,181	2,304
	WASHAKIE	8,818	4%	8,855	4,397	4,421	7,018	20	446	1,334
	WESTON	7,803	5%	8,042	4,112	3,691	6,478	25	833	467
WY Total		593,568	0%	625,084	302,592	290,976	464,813	4,614	63,991	60,150

| | | 2017 Age Ranges (Years) | | | | | | | | 2017 Occupations | | | | | |
State	County	1-9	10-19	20-29	30-39	40-49	50-59	60-69	70 over	Mana-gerial	Sales	Admin support	Service	Farming forestry, fishing	Prod-uction
WY	ALBANY	3,278	4,965	12,849	3,332	3,529	4,823	2,569	2,209	6,720	965	2,562	3,048	410	2,844
	BIG HORN	1,184	1,371	994	858	1,316	1,724	1,261	1,276	1,960	482	394	1,085	104	1,526
	CAMPBELL	6,012	5,694	6,448	4,557	7,025	7,516	2,812	1,734	4,308	1,181	1,975	2,091	52	8,811
	CARBON	1,783	1,709	1,886	1,763	2,408	2,900	1,883	1,499	1,942	783	1,015	1,988	149	2,096
	CONVERSE	1,794	1,881	1,651	1,485	2,315	2,671	1,552	1,492	1,710	575	1,019	1,274	57	2,513
	CROOK	874	932	671	677	1,149	1,480	1,185	797	1,330	233	356	620	36	1,275
	FREMONT	5,552	5,544	5,159	4,014	5,838	7,297	4,720	4,616	9,004	2,144	2,594	3,776	262	4,494
	GOSHEN	1,214	1,697	1,534	1,249	1,818	2,537	1,774	1,914	2,756	591	576	1,467	167	1,604
	HOT SPRINGS	415	498	458	315	621	1,056	770	815	1,055	164	240	575	62	270
	JOHNSON	1,068	1,043	867	931	1,313	1,859	1,252	1,285	3,129	336	259	483	111	636
	LARAMIE	13,045	12,555	13,741	11,445	14,411	15,931	10,024	9,699	16,687	4,554	8,468	7,591	171	14,545
	LINCOLN	2,553	2,569	1,621	1,995	2,580	3,338	2,442	1,821	2,681	1,221	1,393	1,023	183	3,716
	NATRONA	9,580	10,054	12,112	8,508	11,427	13,008	6,779	8,750	9,186	5,667	5,468	7,501	109	9,743
	NIOBRARA	207	284	253	301	389	485	413	355	401	144	248	193	32	295
	PARK	2,915	3,781	3,401	2,573	4,099	5,909	4,031	3,812	4,850	2,070	2,486	2,465	177	3,043
	PLATTE	784	1,094	780	710	1,350	1,972	1,437	1,357	1,863	220	715	618	93	1,054
	SHERIDAN	3,572	3,680	3,880	2,932	4,171	6,398	3,494	3,559	6,221	1,320	2,081	2,301	94	3,083
	SUBLETTE	1,616	1,450	1,530	1,608	2,007	2,281	1,283	727	1,921	677	781	773	74	1,577
	SWEETWATER	6,311	5,689	7,048	5,031	6,100	7,440	3,516	2,468	4,975	2,434	2,635	3,491	13	7,108
	TETON	2,492	2,517	5,391	3,910	4,206	4,196	2,827	1,503	3,439	707	717	3,296	13	1,075
	UINTA	2,868	3,013	2,440	2,203	2,850	4,150	1,751	1,345	2,774	1,026	1,014	2,162	85	3,267
	WASHAKIE	1,059	1,120	818	732	1,159	1,595	1,155	1,180	1,307	532	809	1,112	75	635
	WESTON	794	851	856	767	1,122	1,483	855	1,076	1,197	462	256	650	49	1,480
WY Total		70,968	73,990	86,388	61,896	83,203	102,049	59,786	55,287	91,419	28,489	38,062	49,581	2,576	76,690

State	County	\<2017 Educational Attainment\> Less than 9th grade	9th to 12th grade, no diploma	High school grad-uate	Some college, no degree	Assoc-iate degree	Bach-elor's degree	Grad. or pro-fessional degree	\<2017 Family Income\> Less than $25,000	$25,000-$34,999	$35,000-$49,999	$50,000-$74,999	$75,000-$99,999	$100,000-$149,999	over $150,000
WY	ALBANY	266	768	7,068	6,565	1,191	10,641	6,490	2,407	801	948	1,459	1,076	1,086	506
	BIG HORN	262	640	2,197	2,788	760	1,006	464	377	326	398	574	502	308	202
	CAMPBELL	608	2,494	9,979	11,112	3,588	3,375	1,921	897	537	843	1,943	2,467	2,676	1,998
	CARBON	405	1,660	3,771	3,920	703	1,797	956	641	446	665	749	927	764	404
	CONVERSE	350	953	3,542	4,147	961	1,786	432	773	348	476	950	863	568	260
	CROOK	237	410	2,064	1,528	510	688	1,051	274	268	358	417	371	50	
	FREMONT	672	1,996	9,938	9,035	4,137	5,735	3,101	2,363	1,017	1,729	2,455	1,773	1,174	837
	GOSHEN	171	700	3,634	3,066	1,251	2,317	640	747	421	768	772	507	381	151
	HOT SPRINGS	41	340	1,370	1,177	320	506	513	397	116	176	461	82	187	99
	JOHNSON	74	250	1,707	3,113	691	1,618	588	480	296	448	735	342	232	231
	LARAMIE	1,195	4,644	18,513	26,463	9,233	13,167	8,576	4,232	2,368	4,054	5,675	5,036	3,899	2,270
	LINCOLN	169	959	3,317	5,353	1,586	2,024	1,647	592	385	559	1,305	1,127	989	285
	NATRONA	964	4,704	18,138	20,292	7,080	8,752	6,073	3,405	2,250	2,911	4,391	3,867	3,220	1,568
	NIOBRARA	42	128	1,006	569	209	341	35	235	112	86	150	114	120	38
	PARK	521	1,469	6,816	6,269	2,414	4,675	3,797	1,567	907	1,161	2,068	1,190	878	574
	PLATTE	161	705	2,494	1,993	598	1,314	957	497	317	355	534	655	324	87
	SHERIDAN	213	1,536	5,933	8,144	2,977	5,556	2,107	1,386	1,019	1,063	1,773	1,691	989	524
	SUBLETTE	225	619	3,611	2,798	818	1,505	559	244	217	385	538	774	861	556
	SWEETWATER	368	2,199	10,291	10,285	3,717	5,098	2,641	1,392	757	1,013	2,175	2,312	2,782	1,404
	TETON	787	463	2,055	3,578	1,470	9,915	4,944	512	298	633	1,084	1,233	1,053	1,789
	UINTA	556	2,076	4,608	4,399	2,152	1,908	577	955	352	458	877	1,276	1,093	347
	WASHAKIE	83	473	2,204	2,656	508	847	415	378	226	300	527	484	398	145
	WESTON	298	500	2,417	1,961	365	768	315	321	265	276	415	476	350	115
WY Total		8,669	30,687	126,670	141,210	47,239	85,339	48,798	25,073	14,049	20,063	31,967	29,190	24,703	14,440

2017 Consumer Spending ($Millions)

State	County	Average annual expend-itures	Food	Alcoholic beverages	Housing	Apparel and services	Transport-ation	Healthcare	Entertain-ment	Personal care products & services	Education	Personal insurance & pensions
WY	ALBANY	403.8	51.7	3.3	340.4	34.6	180.3	83.6	53.8	12.5	23.1	122.0
	BIG HORN	146.5	18.4	1.2	266.7	27.7	142.7	65.3	43.1	10.0	19.1	102.0
	CAMPBELL	717.5	86.7	6.5	8.5	0.8	4.4	2.1	1.2	0.3	0.5	2.3
	CARBON	257.7	32.2	2.2	129.5	12.8	69.1	32.5	19.9	4.7	7.6	41.3
	CONVERSE	224.9	28.4	1.9	18.4	1.9	9.8	4.5	3.0	0.7	1.3	7.0
	CROOK	112.6	14.3	0.9	34.9	3.7	18.4	8.4	5.7	1.3	2.7	13.7
	FREMONT	590.0	74.6	4.9	38.3	3.9	20.3	9.4	6.1	1.4	2.6	13.7
	GOSHEN	187.5	24.0	1.5	46.4	4.8	24.5	11.4	7.3	1.7	3.2	16.5
	HOT SPRINGS	72.6	9.3	0.6	6.4	0.6	3.0	1.6	0.9	0.2	0.3	1.0
	JOHNSON	132.0	16.9	1.1	1.9	0.2	0.9	0.5	0.3	0.1	0.1	0.4
	LARAMIE	1,481.0	186.2	12.5	39.2	3.9	20.8	9.9	6.0	1.4	2.3	12.3
	LINCOLN	292.2	36.7	2.5	91.5	9.2	48.3	22.6	14.1	3.4	5.8	30.2
	NATRONA	1,143.1	144.3	9.6	7.7	0.7	4.1	1.9	1.1	0.3	0.4	2.2
	NIOBRARA	43.1	5.5	0.4	24.9	2.5	13.2	6.2	3.9	0.9	1.6	8.8
	PARK	436.3	55.1	3.6	8.1	0.8	4.3	2.0	1.3	0.3	0.5	2.7
	PLATTE	145.3	18.5	1.2	102.4	10.3	53.7	25.4	15.8	3.7	6.5	33.1
	SHERIDAN	438.6	55.7	3.6	15.4	1.5	8.0	3.8	2.3	0.5	0.9	4.5
	SUBLETTE	231.0	28.0	2.1	25.6	2.6	13.4	6.3	3.9	0.9	1.6	8.3
	SWEETWATER	712.0	87.4	6.3	136.3	13.9	73.1	33.6	21.9	5.1	9.4	50.7
	TETON	372.6	45.0	3.4	67.1	6.9	35.9	16.5	10.8	2.5	4.6	25.0
	UINTA	304.8	38.1	2.6	166.9	17.4	89.7	40.9	27.1	6.2	12.0	64.6
	WASHAKIE	129.3	16.4	1.1	0.0	0.0	0.0	0.0	0.0	0.0	0.0	0.0
	WESTON	120.2	15.2	1.0	3.9	0.4	2.0	1.0	0.6	0.1	0.2	1.0
WY Total		8,694.6	1,088.7	73.9	1,580.5	161.0	839.9	389.3	250.0	58.3	106.3	563.5

Definitions and Terms

Census Regions

The Northeast region includes the New England division:
Connecticut, Maine, Massachusetts, New Hampshire, Rhode Island, and Vermont;
and the Middle Atlantic division: New Jersey, New York, and Pennsylvania.

The Midwest region includes the East North Central division:
Illinois, Indiana, Michigan, Ohio, and Wisconsin;
and the West North Central division:
Iowa, Kansas, Minnesota, Missouri, Nebraska, North Dakota, and South Dakota.

The South region includes the South Atlantic division:
Delaware, District of Columbia, Florida, Georgia, Maryland,
North Carolina, South Carolina, Virginia, West Virginia;
the East South Central division:
Alabama, Kentucky, Mississippi, and Tennessee;
and the West South Central division:
Arkansas, Louisiana, Oklahoma, and Texas.

The West region includes the Mountain division:
Arizona, Colorado, Idaho, Montana, Nevada, New Mexico, Utah, and Wyoming;
and the Pacific division: Alaska, California, Hawaii, Oregon, and Washington.

Census Races

The term "White" refers to people having origins in any of the original peoples of
Europe, the Middle East, or North Africa. It includes people who reported "White" or
wrote in entries such as Irish, German, Italian, Lebanese, Near Easterner, Arab, or
Polish.

The term "Black or African American" refers to people having origins in any of
the Black race groups of Africa. It includes people who reported "Black, African Am.,
or Negro" or wrote in entries such as African American, Afro American,
Nigerian, or Haitian.

APPENDIX

Census Races (Continued)

The term American Indian is often used in the text of this report to refer to the American Indian and Alaska Native population, while American Indian and Alaska Native is used in the text tables and graphs. Census 2000 asked separate questions on race and Hispanic or Latino origin. Hispanics who reported their race as American Indian and Alaska Native, either alone or in combination with one or more races, are included in the number of American Indians.

The term "Asian" refers to people having origins in any of the original peoples of the Far East, Southeast Asia, or the Indian subcontinent (for example, Cambodia, China, India, Japan, Korea, Malaysia, Pakistan, the Philippine Islands, Thailand, and Vietnam). Asian groups are not limited to nationalities, but include ethnic terms, as well.

The term "Native Hawaiian and Other Pacific Islander" refers to people having origins in any of the original peoples of Hawaii, Guam, Samoa, or other Pacific Islands. Pacific Islanders include diverse populations that differ in language and culture. They are of Polynesian, Micronesian, and Melanesian cultural backgrounds.

In Census 2000, people of Spanish/Hispanic/Latino origin could identify as Mexican, Puerto Rican, Cuban, or other Spanish/Hispanic/Latino.